Bildwörterbuch der Kunst

Heinrich Lützeler

Bildwörterbuch der Kunst

mit 1241 Zeichnungen
von
Theo Siering

KOMET

2000 Lizenzausgabe für Komet MA-Service und
Verlagsgesellschaft mbH

Druck und Bindung: GGP Media, Pößneck

ISBN 3-89836-164-0

Printed in Germany

A

Abakus, der (lat. = Tafel). →Deckplatte, Abschluß eines →Säulenkapitells*.

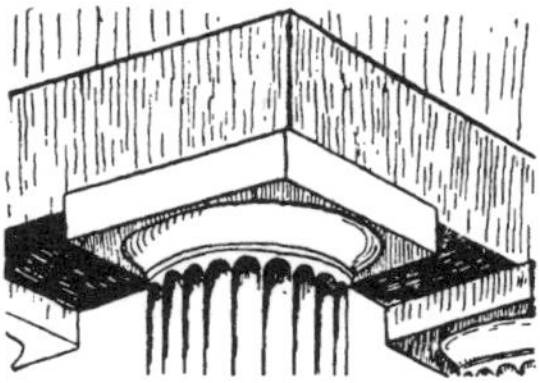

Abakus.

Abaton, das (griech.) = das Unbetretbare. In orthodoxen Kirchen das Allerheiligste hinter der →Ikonostase*.

Abendmahlsgerät. In der evang. Kirche das für die Feier des Abendmahles bestimmte Gerät: →Kelch*, Weinkanne, Löffel, Oblatendose, Hostien- bzw. Brotteller.

abfasen, auch abkanten. Kanten von Bauteilen abschrägen. Die abgeschrägte Kante heißt „Fase".

abfluchten. Bauteile auf der Fluchtlinie abstecken. →Flucht.

abgeschnürte Vierung. →Vierung 1*.

abgetreppt. Form des →Portals: Die Portalwände werden schräg in die Mauer geschnitten und verengen sich stufenweise zur Eingangspforte hin.

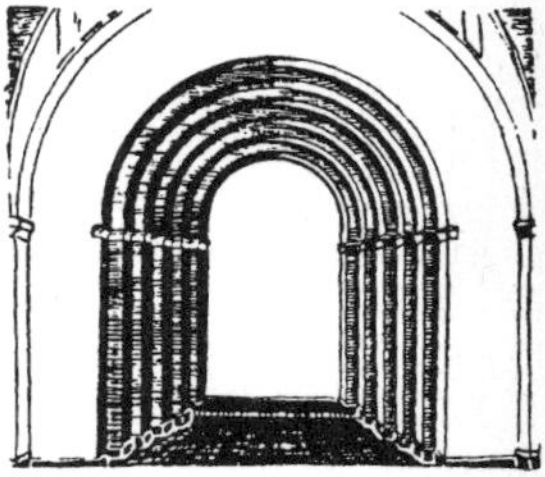

abgetreppt. Speyer: Dom. Gew. 1061. Westportal.

Abhängling, der. Weiterentwicklung des →Schlußsteins*: herabhängender Knauf am Schnittpunkt der →Gewölberippen*, bes. in der Spät→gotik*.

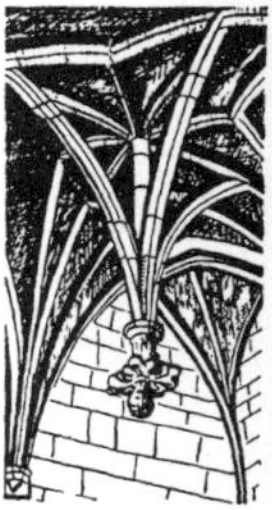

Abhängling. Prag: Dom. Sakristei, östl. Wölbung. Um 1355.

Abklatschverfahren. Eine Art des →Automatismus. Oscar Dominguez (1906–1957) führte diese Technik 1936 in die →surrealistische* Malerei ein. Der Maler streicht auf ein glattes weißes Papier mit einem dicken Pinsel an einigen Stellen Deckfarben, mehr oder weniger dünn. Er bedeckt dann dieses Blatt mit einem gleichen Blatt und drückt es leicht mit dem Handrücken an. Anschließend hebt er langsam das zweite Blatt vom oberen Rand her ab wie ein Abziehbild. Er wiederholt das Anpressen und Abheben so oft, bis das Blatt annähernd trocken ist.

Ablaßbilder. Bilder christl. Inhalts mit Angaben und Gebeten zur Ablaßerteilung.

Ablutionswanne (lat.) = Gefäß für die Abwaschung. In der →islam.* Kunst rechteckiges Marmorbecken für rituelle Waschungen.

Abraxas, der (griech.). Name eines Gottes auf →hellenistischen Zauber→papyri und den Abraxassteinen des Altertums und Mittelalters. Die Steine sind → gemmenartige* →Amulette, oft mit der Darstellung eines Fabelwesens, das einen menschlichen Rumpf, einen Hahnenkopf und→Schlangenfüße hat.

Abschied Christi von Maria. Eine weder in den Evangelien noch in den→Apokryphen berichtete Szene: Christus nimmt Abschied von seiner Mutter, bevor er seinen Leidensweg antritt. In der Kunst seit dem 15. Jahrh. →Passion Christi.

Abseite, die. Das Seitenschiff einer Kirche.

Absolute Malerei. →Abstrakte Malerei*, Konstruktivismus*.

Abstieg Christi in die Vorhölle. →Anastasis*.

Abstrakte Malerei. Sie verzichtet auf die Darstellung von Gegenständen, möchte also nicht Mensch und Natur, Götter oder Dämonen bildhaft darstellen. Sie gestaltet eine in sich folgerichtige und geordnete Komposition aus reinen Formen: aus Linie, Fläche, Volumen, aus Farbe und Rhythmus. Damit ist keineswegs Ausdruckslosigkeit verbunden; vielmehr sind auch der ~ alle Zonen menschlichen Erlebens erreichbar: Ordnung, Spiel, Leidenschaft, Werden, Ganzheit.

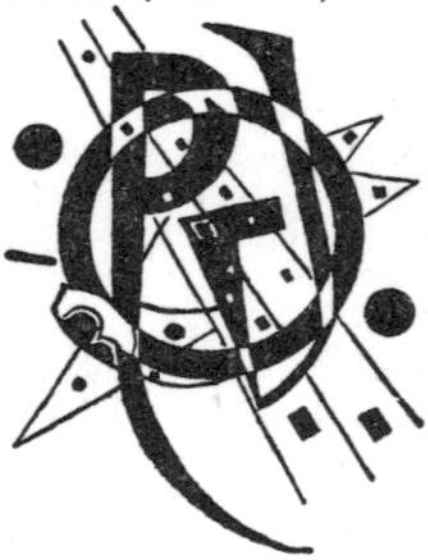

Abstrakte Malerei. Wassily Kandinsky (1866–1944): Kleine Welt.

Das erste abstrakte Bild war ein →Aquarell von W. Kandinsky, 1910. Seitdem verbreitete sich die ~ über ganz Europa und in Amerika. Künstler: W. Baumeister (1889–1955), W. Kandinsky (1866–1944), P. Klee (1879–1940), G. Meistermann (1911 geb.), P. Mondrian (1872–1944), J. Miró (1893 geb.), E. W. Nay (1902–1968), S. Poliakoff (1906 geb.), H. Trier (1915 geb.). →Action painting*, colour painting*, Hard edge*, Informel, Konkrete Malerei, Konstruktivismus*, peinture non figurative, Suprematismus, Tachismus.

Abstrakte Plastik. Auch in der →Plastik des 20. Jahrh. stellt die Gestaltung aus gegenstandsfreien Formen eine bemerkenswerte Richtung dar. Neuartige und bedeutende Werke entstanden u. a. durch H. Arp (1887–1967), M. Bill (1908 geb.), C. Brancusi (1876–1957),

A. Calder (1898 geb.), N. Gabo (1890–1977), K. Hartung (1908 geb.), J. Lipchitz (1891–1973), H. Moore (1898 geb.), A. Pevsner (1886–1962), H. Uhlmann (1900–1975). Kinetische Kunst* Op-Art.

abwalmen. →Dach 3*.

Accoudoir, das (franz.: akudoar) →Chorgestühl*.

Achämenidische Kunst. Epoche der →persischen Kunst. Nach dem persischen Herrschergeschlecht der Achämeniden (550–331 v. Chr.) benannt.

Acheiropoieten, die (griech. acheiropoieta = nicht mit Händen gemachte Bilder). →Byzant. Bilder von Christus, Maria und Heiligen, die auf wunderbare Weise als echte Porträts entstanden sein sollen, z. B. das Bild Christi durch Abdruck auf dem →Schweißtuch* der Veronika, das Bild Mariens durch den Hl. Lukas als Maler (→Lukasmadonna*), andere durch unmittelbare Überbringung aus dem Himmel.

Achill. Größter Held der Griechen im Trojanischen Krieg. →Amazone*.

Achtort, der. In der →gotischen* Baukunst das regelmäßige Achteck, das für die →Grundrißbildung gotischer →Türme*, Pfeiler usw. oft grundlegend ist („Ort" = der alte Steinmetzausdruck für Ecke, Spitze).

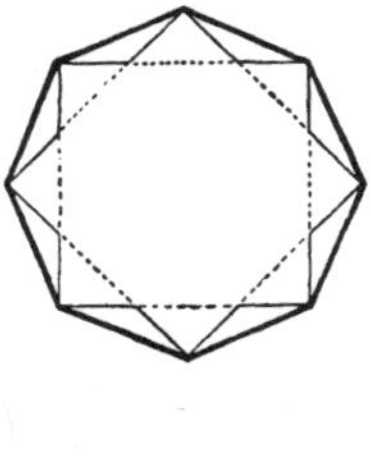

Achtort.

Acryl- oder Vinyl-Farbe. Kunstharzfarbe mit Wasser als Malmittel. Vor allem in der →Pop*-Malerei verwandt.

Action-painting, das (engl.: äkschen peinting); 1952 eingeführter Fachausdruck für eine Form →abstrakter Malerei, in der die Tätigkeit des Malers, der Ablauf des Malprozesses sichtbar wird – seine Spontaneität. Zwischen 1945 und 1955 vorherrschend. →Drip paintings, Informel, Tachismus.

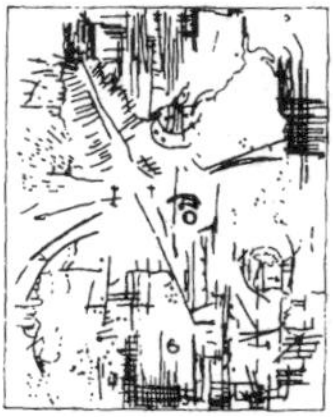

Action painting. Wols (1913–1951): Komposition. 1947.

Ada-Gruppe. Eine Gruppe →karolingischer Handschriften, die stilistisch mit der Ada-Handschrift, einem karolingischen →Evangeliar um 800, jetzt in der Stadtbibliothek zu Trier, verwandt sind.

Adam, alter und neuer ~. Der neue ~ ist Christus – nach dem Römerbrief des Hl. Paulus (5, 14). Christus bringt das neue Leben aus Gott. Darum wird Adam gern am Fuße des →Kreuzes* dargestellt.

Adler. In der Antike hl. Tier des →Zeus*. In der →Apotheose* der →röm. Kunst trägt ein ~ die Seele des toten Kaisers gen Himmel.

Adlerfibel, die. Gewandspange mit der stilisierten Darstellung eines Adlers (in der germanischen und deutschen Kunst).

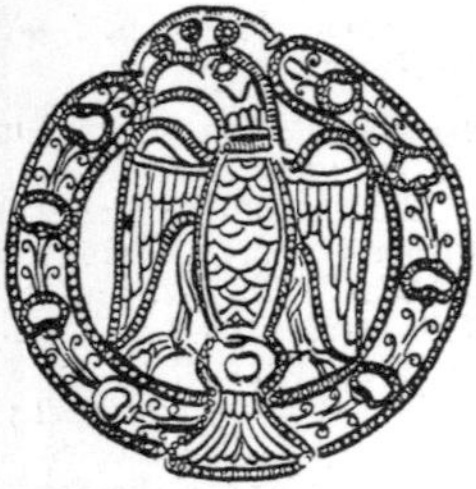

Adlerfibel. Mainz: Altertumsmuseum. Goldschmuck der Kaiserin Gisela. Um 1000.

Adlerkapitell, das. Zierform der →romanischen Baukunst. 4 Adler umgeben, meist diagonal, den Kern des→Kapitells*, wobei ihre Köpfe unter der vorspringenden→Deckplatte stehen und ihre Flügel die Seiten des Kapitells bedecken.

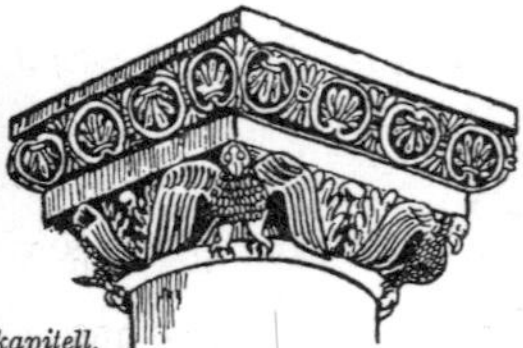

Adlerkapitell.
Regensburg: St. Jakob. 12. Jahrh.

Adlerpult, das. Gottesdienstliches Lesepult in Form eines meist →bronzenen→Adlers, dessen ausgebreitete Flügel das Buch tragen (vielleicht im Anschluß an das Evangelistensymbol des Apostels Johannes entstanden).

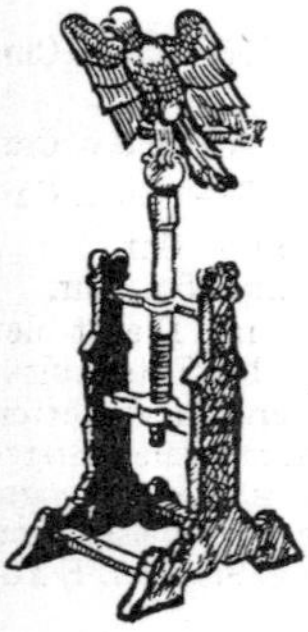

Adlerpult.
Holz. 15. Jahrh.
Herrieden bei
Ansbach: Kirche.

Adlerschalen. →Azteken.

Adonis, der (griech. Adonis). Gestalt des griech. Mythos: schöner Königssohn, den→Aphrodite liebte. Auf der Jagd von einem Eber getötet. Urspr. orientalisch – einer der sterbenden und wiederauferstehenden Götter.

Adorant, der (lat.). Anbetender zu Füßen Christi oder der Madonna.

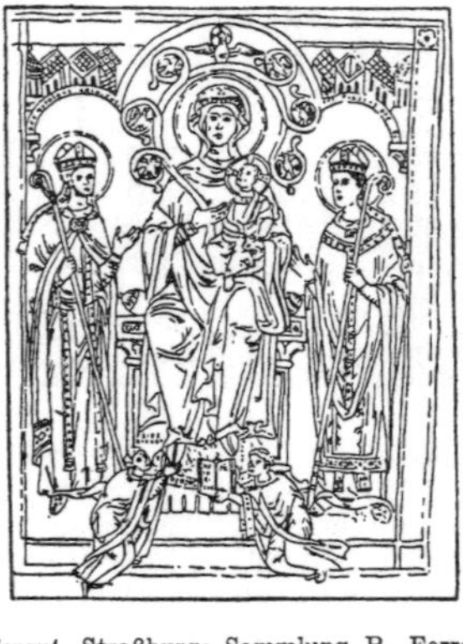

Adorant. Straßburg: Sammlung R. Forrer. Madonna mit dem Heiligen Nikolaus und Blasius. Federzeichnung. Wahrsch. aus Oberösterreich. 2. Hälfte 12. Jahrh. ∼en: Friedrich I., Abt von Berchtesgaden 1178–1188; Heinricus, Schreiber und Zeichner des Buches.

Adyton, das (griech.). Das Allerheiligste im griech.→Tempel*. Ort des Kultbildes (→Cella*). Nur einem kleinen Kreis von Personen und nur zu bestimmten Zeiten zugänglich. In manchen →griech. Tempeln* war der →Opistọdomos* ~.

Ädịkula, die (lat. = Häuschen).

I. In der →röm. Kunst: kleiner Aufbau im →Tempel* für die Aufstellung einer →Statue. Urspr. →Symbol des Hauses Gottes.

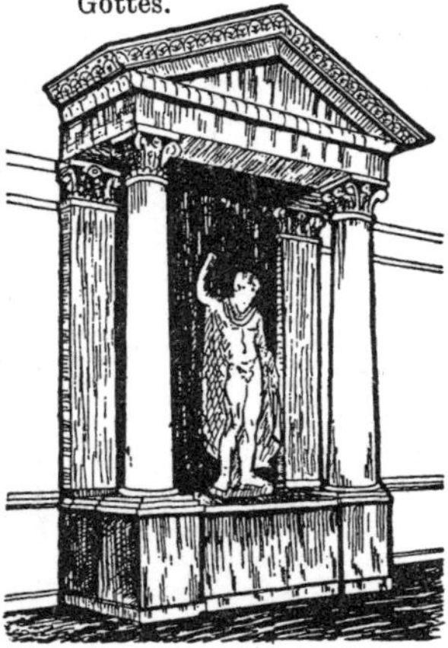

Ädikula.

II. In der →altchristlichen Kunst als Grabgebäude verwandt. Im frühen Mittelalter heißt ~ die nichtöffentliche Privat→kapelle.

III. Im modernen Sprachgebrauch: Von Stützen getragener Aufbau mit →Gebälk oder verbindenden →Bögen*, meist von einem →Giebel bekrönt. Nur geringe Tiefe. Steht mit einer Seite an der Wand.

Ägäische Kunst. Kunst des östl. Mittelmeers vor der Einwanderung der Griechen. Höhepunkt: →Kretische Kunst.

Äginẹtische Kunst. →Griech. Kunstschule auf der Insel Ạigina um 500 v. Chr., berühmt durch schriftliche Überlieferung. Der Höhepunkt ihres Stiles stellt sich uns in den →Giebelskulpturen des Aphạiatempels (um 480 v. Chr.) dar (Reste in der Münchener Glyptothek; Ergänzungen von Thorwaldsen, 1768 bis 1844) – Meisterwerke der →archaischen* Kunst.

Ägyptische Kunst. Eine der ältesten Kunstkulturen der Menschheit im Gebiet des Nils. Man unterscheidet folgende Epochen:

Vorgeschichte	3700–2800 v. Chr.
Thinitenzeit (1. u. 2. Dyn.)	2800–2650 v. Chr.
Altes Reich (3.–6. Dyn.)	2650–2263 v. Chr.
1. Zwischenzeit (7.–11. Dyn.)	2263–2040 v. Chr.
Mittleres Reich (11.–14. Dyn.)	2040–1680 v. Chr.
2. Zwischenzeit (15.–17. Dyn.)	1680–1580 v. Chr.
Neues Reich (18.–20. Dyn.)	1580–1085 v. Chr.
3. Zwischenzeit (21.–22. Dyn.)	1085– 730 v. Chr.
Niedergang (24.–31. Dyn.)	730– 332 v. Chr.
Griechische Zeit	332– 30 v. Chr.
Römische Zeit	30 v. Chr. bis 395 n. Chr.

Die Kunst steht im Dienst der Götterverehrung, des Totenkultes und des als Göttersohn verehrten Königs. →Monumentale Steinarchitektur von großer Strenge. Riesige →Tempel* mit vielsäuligen Sälen. Gewaltige →Statuen. Farb-

lich schöne →Reliefs* und Gemälde. Erlesene und vielgestaltige →Kleinkunst.
Neben den streng →stilisierten Werken finden sich solche von großem →Realismus und von frischer Natürlichkeit, neben hieratischer Starrheit Erzählbilder voll anmutiger Bewegung.
→Amarnakunst, Amun, Anubis*, Apis, Aton*, Buchrolle, Dienerfiguren, Falkengott, Felsentempel, Flügelsonne*, Grabbeigaben, Hathor*, Horus, Isis*, Kanope*, Kolossalstatue, Kuh, Lotos, Lotossäule*, Mastaba*, Mumienbildnisse*, Nekropole, Obelisk*, Osiris*, Palmensäule*, Papyrus, Pylon*, Pyramide*, Re, Relief (versenktes)*, Sachmet*, Salbkegel*, Sarapis, Schlange, Schminkpalette*, Schreiber*, Serapis, Skarabäus*, Sonnenheiligtum*, Sonnenschiff, Sphinx*, Stufenpyramide*, Taltempel, Totentempel*, Uräusschlange*, Uschebti*, Würfelhocker*.

Ägyptisches Kreuz. →Kreuz 3*.

Ältere Steinzeit. Etwa 600000 bis 80000 v. Chr. → Altsteinzeit.

Älteste, vierundzwanzig ~. In der

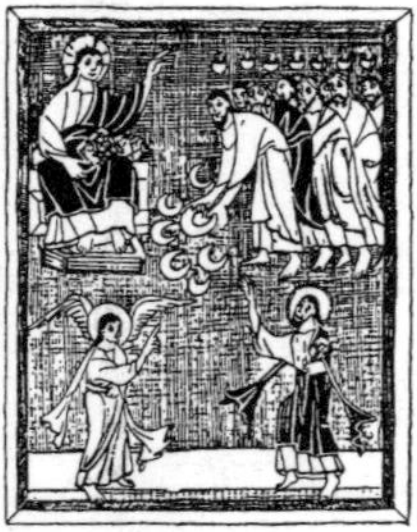

Älteste, vierundzwanzig. Bamberg: Staatl.Bibliothek bibl. 140. Apokalypse. Um 1020.

→Apokalypse des Johannes (Kap. 4) umstehen die ~ den Thron Gottes im Himmel, „mit weißen Gewändern angetan und goldene Kränze (Kronen) auf ihren Häuptern". Vor dem Thron niederfallend, bringen sie Gott ihre Kränze (Kronen) dar.→Ottonische Kunst.

Äskulap. →Asklepios.

Äskulapstab, der (lat.). →Schlangenstab des griech. Heilgottes →Asklepios. Abzeichen des ärztlichen Berufes.

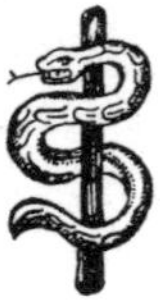

Äskulapstab.

Ästhetik, die (griech. = Lehre von den Empfindungen). Philosophische Lehre vom Schönen in Natur und Kunst - von seinem Wesen, vom Erleben des Schönen und vom Kunstschaffen.

Ätzgrund. →Kupferstich I.

Affe. Weitverbreitetes Motiv in der Malerei und →Plastik;

I. als göttliches Tier: →ägypt. und →ind. Kunst (→Hanuman, Sugriva);
II. als sittliches →Symbol (etwa der Torheit): →ostasiatische und europäische Kunst;
III. als Groteske und in der Tierfabel: →jap. und europäische Kunst (wichtig bei P. Picasso).

Agnus Dei, das (lat. = Lamm Gottes). Seit der→altchristl. Kunst übliches →Symbol Christi: Lamm mit Kreuznimbus, →Kreuz* bzw. Kreuzfahne und →Kelch*.

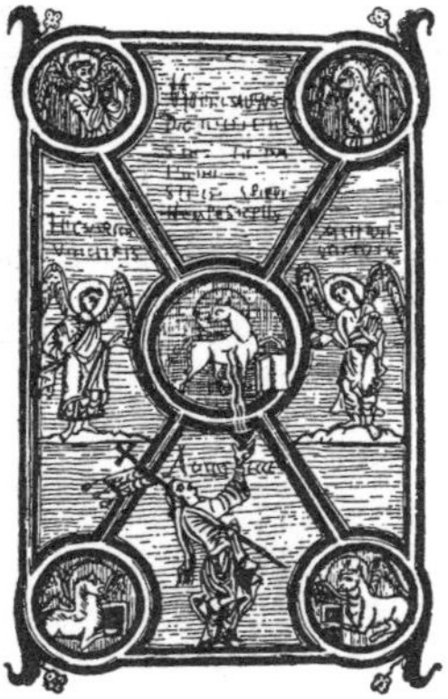

Agnus Dei. Aschaffenburg: Hofbibliothek. Lektionarfragment aus Mainz. Fulda. Ende 10. Jahrh.

Agora, die (griech.) = Markt. Platz einer antiken Stadt für Märkte und Versammlungen. →Forum*.

Agraffe, die (franz.).

1. →Schmuckspange an Gewändern.

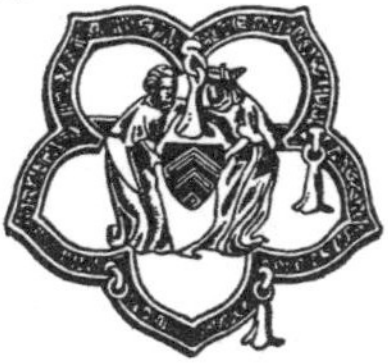

Agraffe 1. Stettin. Provinzialmuseum. Minnespange. Silber. Um 1335.

2. In der Baukunst →voluten-artige* Klammer, welche den →Scheitel eines Rund→bogens* mit einem darüberlaufenden →Gesims verbindet.

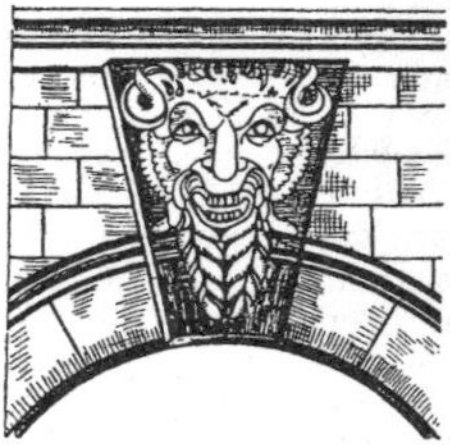

Agraffe 2. Verona: Palazzo Pompei. 1530. Michele Sanmicheli (1484–1559). Teil.

Ahnen Christi. →Vorfahren Christi, Jessebaum*.

Ahnenpfahl. Bei den →Naturvölkern ein Hauspfeiler, in den die Köpfe der Ahnen geschnitzt sind – eine magische Säule des Schutzes. →Säulenmonument*.

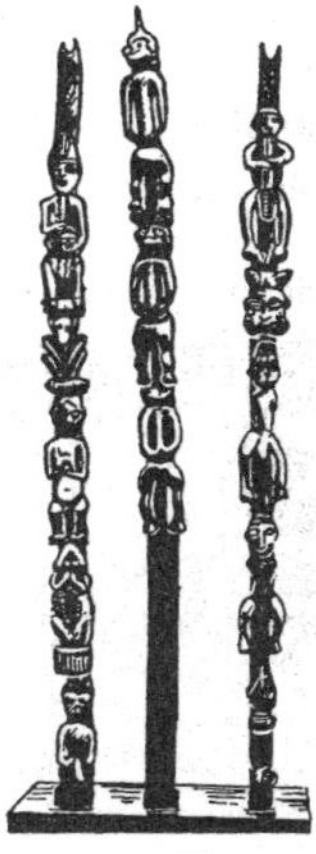

Ahnenpfahl. Leipzig: Museum für Völkerkunde. Hauspfeiler der Banyang, Kamerun.

Ahnenplastik. Bei den →Naturvölkern eine →plastische Figur, die den Ahnen darstellt. In ihr wohnt die Lebenskraft des Ahnen. →Kultstuhl*.

Aigrette, die (franz.: ägrätt). Eigtl. Federbusch auf dem Kopf der Reiher und anderer Vögel. Im 18. Jahrh. Federschmuck aus Edelmetall als Kopfschmuck der Damen.

Ajour-Arbeit (franz. : a [sch]uhr = durchsichtig).→Durchbrucharbeit.

Ajour-Fassung (franz.: a [sch]uhr = durchsichtig). Eine Art, Edelsteine zu fassen: Ober- und Unterseite des Steines bleiben frei, so daß sein Feuer stärker in Erscheinung tritt.

Akademie, die (griech.). Kunstschule. Das Wort leitet sich von dem Garten des Heros Akademos bei Athen her, wo Platon um 387 v. Chr. die älteste Philosophenschule gründete.

Akanthus, der (griech. akanthos = Bärenklau). In der →Ornamentkunst Blatt ohne Stiel mit „gesägtem", „gekerbtem" oder „gebuchtetem" Rand. Charakteristisch für die Ornamentik der spät→röm. Kaiserzeit. Abwandlungen während des Mittelalters und in der Neuzeit reich verwandt.

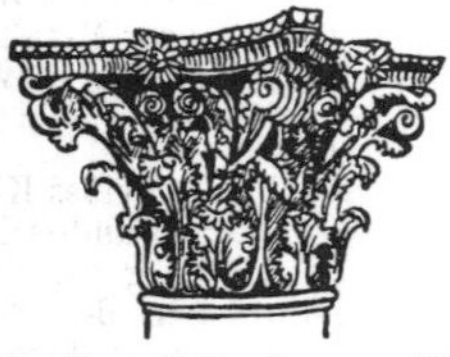

Akanthus. Rom: Nationalmuseum. Römisch-korinthisches Kapitell.

Akkadische Kunst. →Vorderasiatische Kunst.

Akkumulation, die. Eine Form der →Objekt- oder →Materialkunst: reliefartige Anhäufung von Gebrauchsgegenständen, z. B. Blechkannen, Ampullen, Maschinenteilen, und ihre Zusammenfassung in einem Gestell (beliebt ist Plexiglas). Hauptkünstler: Arman (1928 geb.), D. Spoerri (1930 geb.), J. Tinguely (1925 geb.). →Fallenbild, Materialbild*, -kunst, Nouveaux Réalistes, Objektkunst.

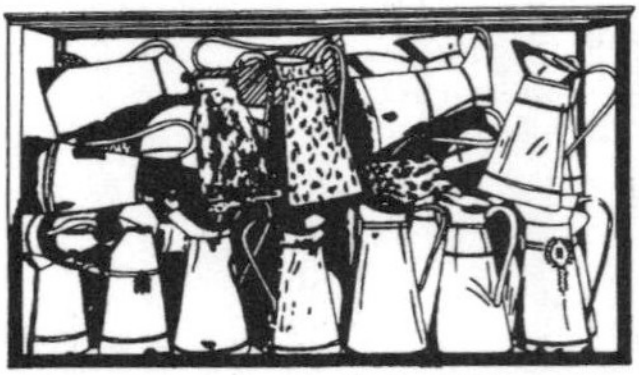

Akkumulation. Arman (geb. 1928): Anhäufung von Kannen. 1961. Köln: Wallraf-Richartz-Museum.

Aklei-, Akley-, Agleybecher, der. Pokal, dessen Formen der Blüte der Akelei angeglichen sind.

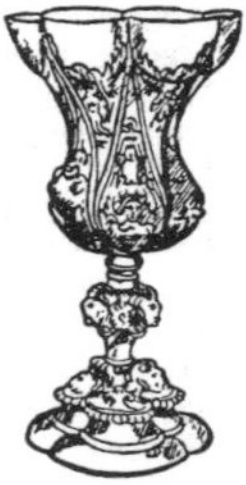

Akleybecher
London: Victoria- und Albert-Museum. 1573. Höhe 20.8 cm.

Akolythenleuchter. Zwei dieser Leuchter werden mit brennenden Kerzen bei der Messe dem Priester von Akolythen (griech. = Diener) vorangetragen.

Akrolith, der (griech. = an den Enden von Stein). Ein Holzbildwerk, dessen unbekleidete Teile (Kopf und Glieder) von Stein (Marmor) sind. →Chryselephantin.

Akropolis, die (griech. = Hochstadt). Befestigte Bergteile in antiken griech. Städten; am berühmtesten die Akropolis in Athen, wo Monumentaltreppen und Torbauten in den →Tempelbezirk* führen.

Akroterion, das (griech.). Verzierung oder Aufsatz auf der Spitze und beiden Ecken eines →Giebels, in Form von Ranken, →Palmetten*, →plastischen Figuren. →Eckakroter.

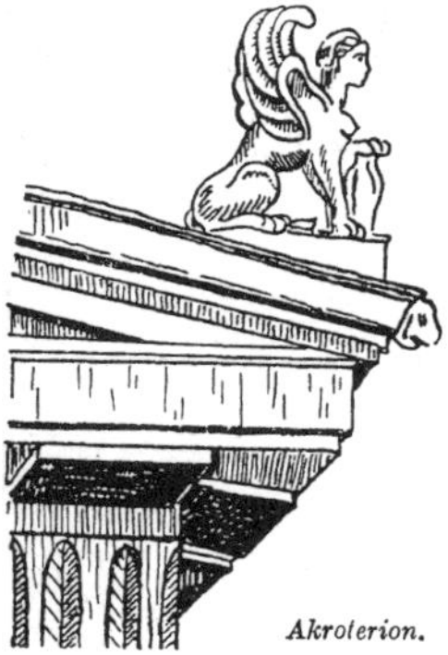

Akroterion.

Akt, der (lat. actus = Handlung, Bewegung). Urspr. Stellung eines nackten lebenden Modells zu Studienzwecken und die danach gefertigte Zeichnung oder →plastische Darstellung; später jede Darstellung des nackten Menschen.

Aktäon, der (griech. Aktaion). Griech. Heros, wohl alter Berggott, als Jäger vorgestellt. Er belauscht →Artemis im Bade, wird von ihr zur Strafe in einen Hirsch verwandelt und von seinen Hunden zerrissen.

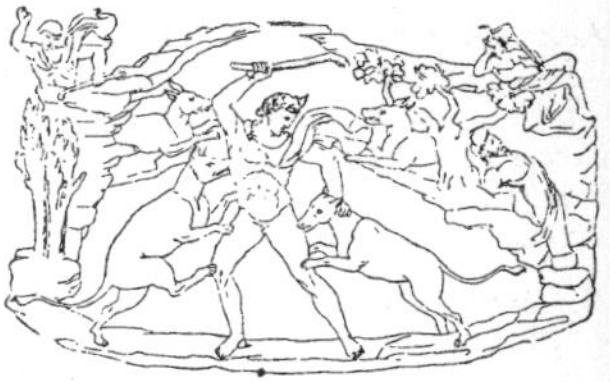

Aktäon, von Hunden zerrissen Paris: Louvre. Römischer Sarkophag. Marmor Um 140 n. Chr. Teil.

Alabaster, der (nach der altägypt. Stadt Alabastron). Marmorähnlicher reinweißer Gips, in dünnen Platten für Licht durchscheinend. Für→Fenster*, Lampen,→Vasen* und Kleinplastiken verwandt.

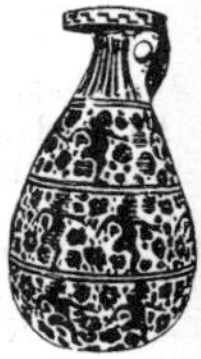

Alabastron. Berlin: Staatliche Sammlungen. Schwarzfigurige Dickbauchtänzer. Ende 7. Jahrh. v. Chr.

Alabastron, das (griech.). Antikes, meist walzenförmiges Ölgefäß aus →Alabaster, Ton oder Metall, mit Öl für die Körpersalbung. →Vasen 1*.

Albe, die (lat. alba = weißes Kleid). Liturgisches Untergewand des kath. Priesters bei der Feier der Messe: engärmeliger, bis zu den Füßen reichender Rock aus weißem Linnen, der mit einem Gürtel (Cingulum) aufgeschürzt wird. Ägypt. oder röm. Ursprungs.

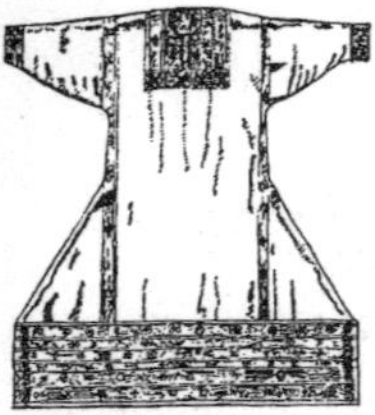

Albe. Utrecht: Centraalmuseum. ~ des Bischofs von Utrecht, des Hl. Bernulf (gest. 1054). Leinen.

Albertina, die. Wiener Kunstsammlung, gegründet von Herzog Albert von Sachsen-Teschen, mit rund 20000 Handzeichnungen und 250000 Kupferstichen.

Album, das. In der→ostasiatischen Malerei vereinigt das ~ Bilder verschiedenster Formate, z. B. Bruchstücke halbzerstörter Gemälde, nicht mehr gebrauchter Fächer oder abmontierter Wandschirme. Es ist vor allem für intime→Landschaften und→Blumenstücke geeignet. So wird es zu einem Schatzbehälter erlesener künstlerischer Einfälle.

Alcazar, der (:-[th]ar; span., von arab. al-kassr = Schloß, Festung). Verbreiteter Name span. Schlösser und Orte. Am berühmtesten der ~ in Sevilla.

Aldine, die. Ein Buch aus der Druckerei des Aldus Manutius in Venedig seit etwa 1490. In Druck und Ausstattung hervorragend.

Aldobrandinische Hochzeit. Röm. Wandgemälde (heute in Rom: Vatikan). Vorbereitungen zu einer Hochzeit. Kurz nach 100 v. Chr. Vielleicht nach einem griech. Fresko des 4. Jahrh. v. Chr. Benannt nach dem ersten Besitzer, Kardinal Aldobrandini.

Alexandermosa¦ik. Thema: Kampf Alexanders d. Gr. gegen den Perserkönig Darius. Gefunden in Pompeji; jetzt in Neapel: Museo Nazionale.

Alexandersarkophag. Dargestellt u. a. der Sieg Alexanders d. Gr. bei Issos (333 v. Chr.). 4. Jahrh. v. Chr. Jetzt Istanbul: Museum.

Alexandrinische Kunst. Epoche der → ägyptischen Kunst in der Ptolemäerzeit (323–30 v. Chr.). Mittelpunkt: die Stadt Alexandria. In künstlerischer und geistesgeschichtlicher Beziehung von weiter Auswirkung.

Al fresco (ital. = aufs Frische). Malerei auf den noch nassen Verputz einer Wand.→Freskomalerei.

Alhambra, die (arab.) = Die Rote Festung. Islam. Schloß in Granada. Im wesentlichen 14. Jahrh. Der Name von der Farbe der Mauern abgeleitet.

Alhambravase. Spitzovale hohe Vase; →Fayence mit →Lüsterdekor und Blaumalerei. Im wesentlichen →Arabesken und →Flechtband*. Für die Prachträume der →Alhambra bestimmt.

Alkoven, der (arab.-span.).Fensterloser, mit dem Hauptraum verbundener Nebenraum; Bettnische.

alla damas¦china (ital. damaskina) = „nach der in Damaskus üblichen Art." So nannte man Arbeiten in der Technik der →Tauschierung, die erst im 15. Jahrh. von den →islamischen* Ländern nach Europa gelangte; in Venedig entstand damals eine eigene Zunft für Arbeiten ~.

alla prima (ital. = von vornherein). Das Malen ohne →Untermalung und ohne →Lasuren.

Allegorie, die (griech. allegorein = anders reden). Bildliche Darstellung eines abstrakten Begriffes, etwa der Tugenden, Künste oder Jahreszeiten; oft als Frauengestalten mit entsprechenden →Attributen.

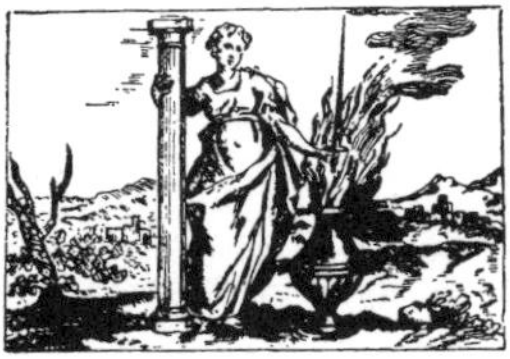

Allegorie. Constantia. Cesare Ripa: Iconologia. Perugia 1764.

Allerheiligenbild. Bild, das die Anbetung des Lammes(→Agnus Dei*) durch Vertreter der ganzen Menschheit darstellt (im Anschluß an die →Apokalypse des Johannes Kap. 7, 9 ff.). Mitunter wird das Lamm durch den verklärten Christus oder die →Dreifaltigkeit* ersetzt.

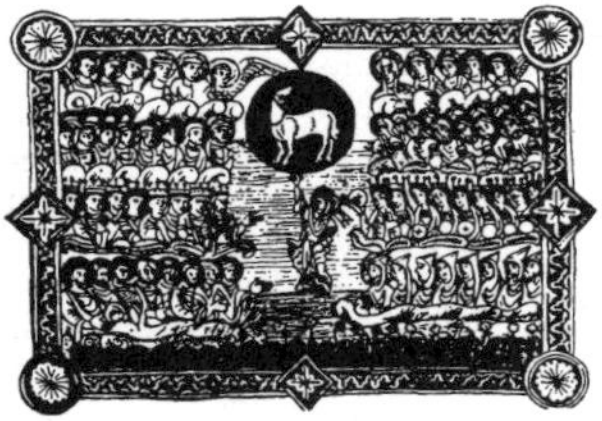

Allerheiligenbild. Göttingen: Universitätsbibliothek. Cod. theol. 231. Sacramentarium Fuldense. 10. Jahrh.

Allongeperücke, die (franz.: alloñ-[sch]e); Staatsperücke. Unter Ludwig XIV. (1643–1715) Trachtstück der männlichen Angehörigen des Adels; hoch, lang herabwallend, gekräuselt und gepudert.

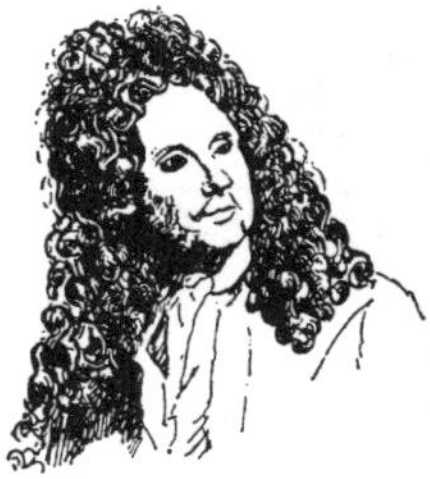

Allongeperücke. Hyacinthe Rigaud (1659 bis 1743): Robert de Cotte (1656–1735). Stich von Pierre Drevet (1697–1739).

Almandin, der. Edelstein von roter Farbe, hauptsächlich in Vorderindien und auf Ceylon gefunden. Die bevorzugte Edelsteinauflage in der Zeit der Völkerwanderung.

Almemor, Almenar, der (von arab.

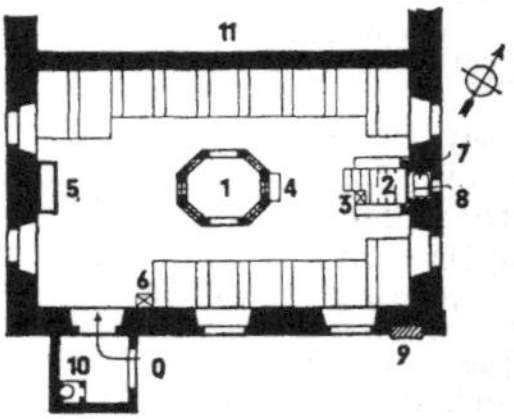

Almemor. Memmelsdorf (Unterfranken): Synagoge. Um 1720. Grundriß. 1. Almemor. 2. Hl. Lade. 3. Vorbeter. 4. Vorlesepult für die Thorarolle. 5. Schrank mit Thorarollen. 6. Opferstock. 7. Thorarollen. 8. Vorhang. 9. Hochzeitsstein. 10. Waschwasser. 11. Nebenraum; darüber Frauensynagoge.

al→minbar = Pult). In der →Synagoge* das erhöhte Lesepult, von dem aus die →Thora verlesen wird. Von →Schranken umschlossen.

Almohaden, die. Berberdynastie aus Marokko. Entwicklung einer → maurischen Kunst in Spanien; seit Mitte 12. Jahrh. Residenz: Sevilla bis 1248.

Almoraviden, die. Berberische Mönchsritter in Nordafrika und Spanien. Ende 11. Jahrh. Bedeutende Kunst mit Marrakesch als Mittelpunkt. Architektur: Hufeisenbogen (→Bogen 5*), →Mihrab*-kuppeln und →Stalaktittrompen*.

Almosenbrett. →Bedel*.

Al secco (ital. = aufs Trockene). Malerei auf die trockene Wand. →Freskomalerei.

Altamerikanische Kunst. Kunst in Mittel- und Südamerika. Von den span. Eroberern seit 1492 größtenteils zerstört. →Azteken, Ballspielplatz*, Bannerhalter*, Chacmool*, Chavin-Kultur, Chichimeken, Chimu-Kultur, Cochise-Kultur, Cuzco-Region, Federarbeiten, Inka, Maya, Mixteken, Mochica-Kultur*, Nazca-Kultur, Olmeken, Paracas-Kultur, peruanische Kunst, Stufenpyramide*, Tempelpyramide*, Teotihuacan-Kultur, Tiahuanaco-Stil, Tolteken, Totonaken, Zapoteken.

Altan, der (lat. altus = hoch). Hochgelegener freier Austritt, der auf Mauerwänden oder bis zum Erdboden reichenden Stützen ruht und kein →Dach* hat. Auch → Söller genannt.

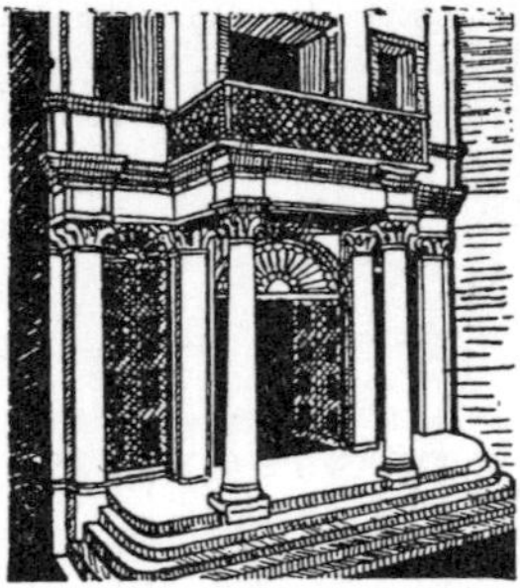

Altan.
Bonn: Hl. Stiege auf dem Kreuzberg.
Um 1750.

Altar, der (spätlat. altare = erhöhte Opferstätte). Für den christlichen ~ ist bezeichnend:

I. Meist ist er ein fester Altar (altare fixum) mit folgenden notwendigen Stücken:
 Altarplatte = Mensa, die (lat. = Tisch).
 Altarunterbau = Stipes, der (lat. = Klotz).
 Grab mit Reliquien = Sepulcrum, das (lat. = Grab).

II. Der feste ~ der christlichen Kirche hat folgende Hauptformen:
 Tischaltar (1); ältester Typus. Platte auf Stützen; tischförmiges Gebilde.
 Kastenaltar (2); mit einem Hohlraum im Innern des Stipes zur Aufbewahrung von Reliquien.
 Blockaltar (3); der Stipes hat die Form eines Blockes. Dabei betont die → vorkragende Mensa den urspr. Tischcharakter des Altares.
 Sarkophagaltar (4); in Form eines →Sarkophags*,

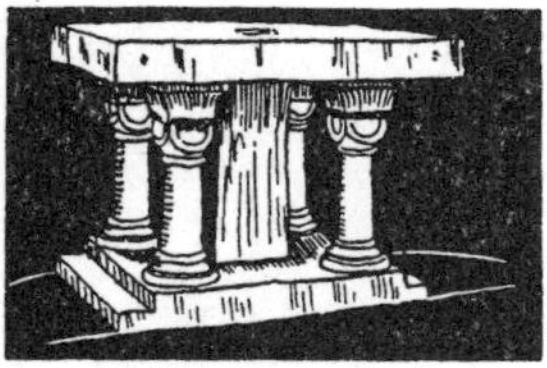

1. Tischaltar.
12. Jahrh. Regensburg: Allerheiligen-Kapelle.

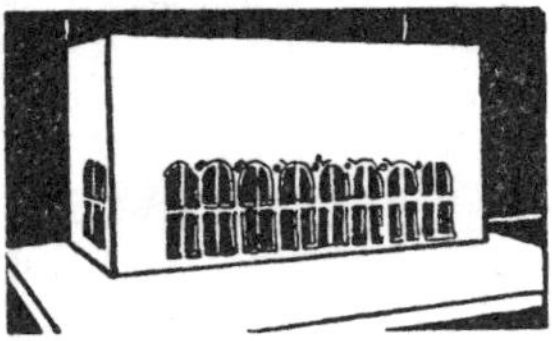

2. Kastenaltar.
9./10. Jahrh Regensburg: St Stephan.

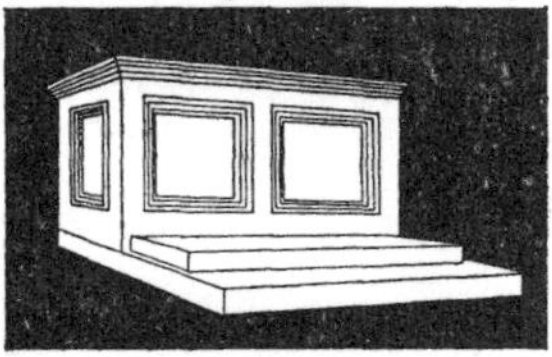

3. Blockaltar.
Spätromanisch. Herford: Münsterkirche.

4. Sarkophagaltar.
18. Jahrh. Prag: St. Ignatius.

III. Der feste ~ kann in folgender Weise ausgestaltet werden:

Ziborienaltar (5). Überbau über dem ~ in der Form eines auf Säulen ruhenden vierseitigen oder polygonalen offenen Gehäuses mit Sattel-, Pyramiden-, Kuppel- oder flachem →Dach*. →Altarschranken*.

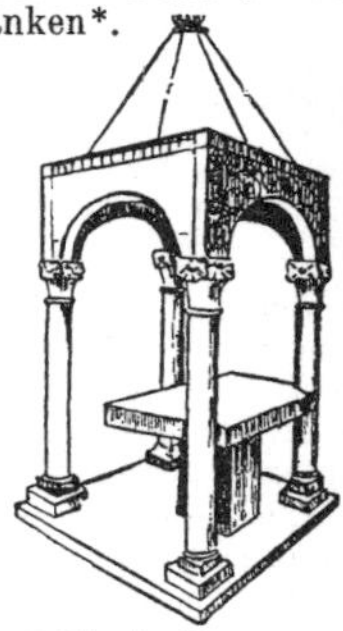

5. Ziborienaltar.
Ende 8. Jahrh. Perugia: Universität

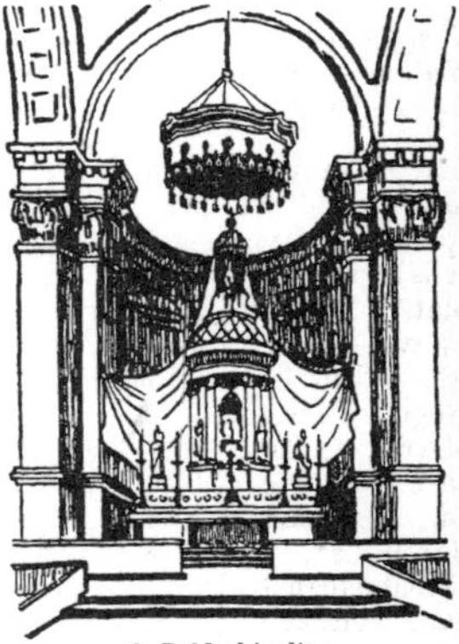

6. Baldachinaltar.
1569. Mailand: S. Fedele.

Baldachinaltar (6). Eine über dem ~ aufgehängte Überdachung. Der Baldachin war ursprünglich ein schützender Schirm. Da er insbesondere hohe Personen und heilige Dinge schützte, wurde er zum Zeichen der Hoheit und Heiligkeit. Er wurde auch als abgekürzte Wiedergabe des Kosmos oder des Himmels verstanden.

Tabernakel (7). Ein für die Aufbewahrung des Allerheiligsten bestimmtes Gehäuse, das dem Altartisch hinten in der Mitte aufgesetzt ist.

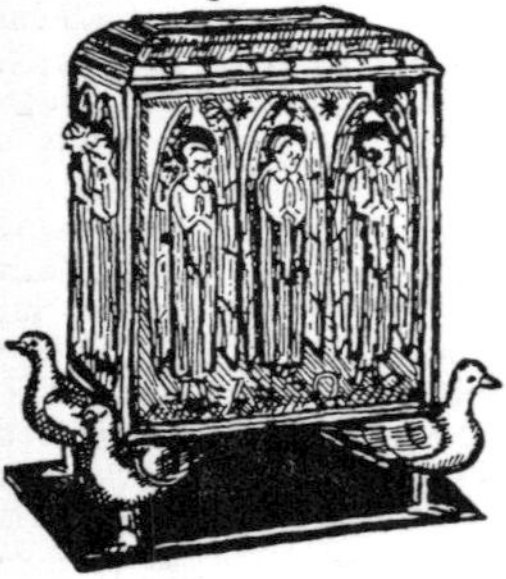

7. Altartabernakel.
Prof. Powlony, Wien: Um 1930.
Köln: St. Georg.

Altaraufsatz (8 R). Aufragende Rückwand, mit dem Altartisch fest verbunden und mit Gemälden oder Skulpturen geschmückt (Retabel, das; lat. = Rückwand). Der Altaraufsatz wird in der →Gotik* →Flügelaltar* erweitert.

Altarblatt. Das Gemälde, das den Mittelpunkt des Retabels bildet.

Altarbekleidung (8 A). Verhüllung des Altarunterbaus an der Vorderseite, meist durch einen Behang oder eine Vorsatztafel (Antependium, das; lat. = Vorhang).

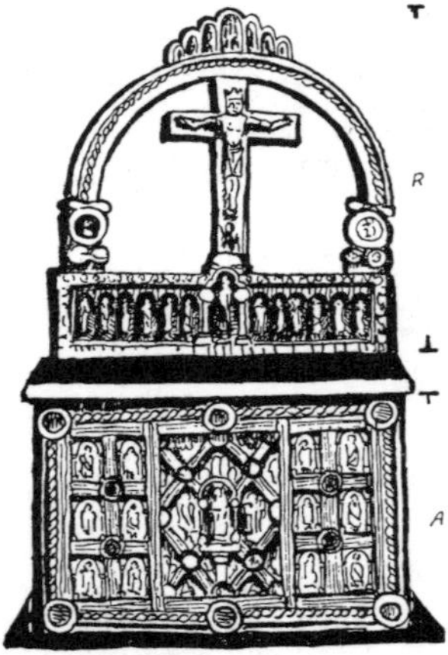

8. Altaraufsatz (R). *Altarbekleidung* (A)
Kopenhagen: Nationalmuseum.
Aus Lisbjerg. 12 Jahrh.

IV. Vom festen ~ ist der Tragaltar (lat. altare portatile; 9) zu unterscheiden; Reisealtar von kleinen Ausmaßen in der Form des Tisch- oder Blockaltars.

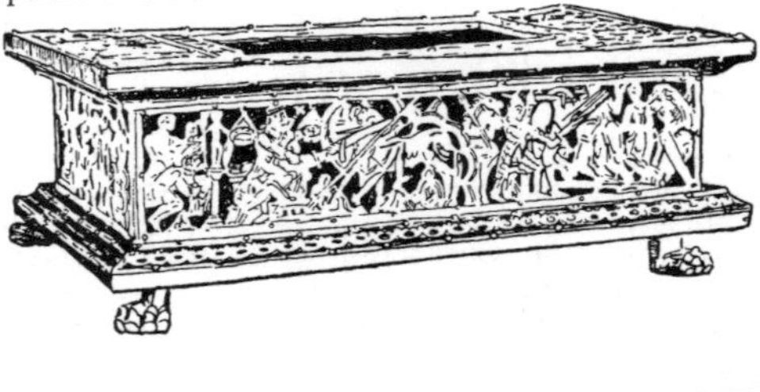

9. Tragaltar.
Anf 11. Jahrh.
Paderborn:
Franziskanerkirche

Altarbekleidung. →Altar 8 A*.

Altargerät. Alle in der Liturgie der röm.-kath. Kirche benötigten Geräte, die' oft aus Gold und Silber bestehen und reich verziert sind; vor allem Altarkreuz und Altarleuchter, →Aquamanile*, Aspergill (→Weihwasserkessel*), Ciborium*, Kelch*, Kußtafel, Monstranz*, Patene*, Pyxis 2*, Rauchfaß*, Sonnenmonstranz*, Weihwasserkessel*.

Altarschranken. Niedrige Brüstungen zwischen dem Altar- und dem Laienraum. →Chorschranken*.

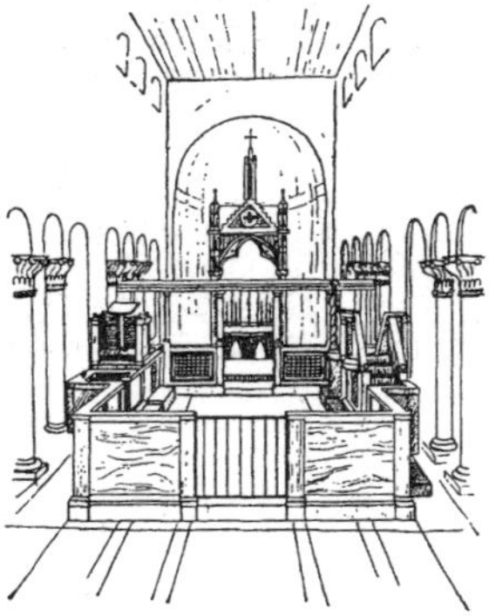

Altarschranken. Rom: S Maria in Cosmedin ~ mit Ambonen 8. u. 12. Jahrh. Ziborienaltar um 1294.

Altarschrein. →Flügelaltar 1*.

Altarstaffel. →Flügelaltar 1*, Predella.

Altchristliche Kunst. Die Kunst in den ersten Jahrhunderten nach Christus, etwa bis zum Ende des Weström. Reiches (553). Man unterscheidet zwei Epochen:

Verfolgungszeit. Die ~ wird Anf. des 3. Jahrh. faßbar in der →Katakombenmalerei*. Die dort angebrachten einfachen Bilder wollen nicht erzählen, sondern deuten den Sinn des Sterbens: daß Gott die Seinen in der höchsten Not nicht verläßt. Die Katakomben waren keine Kirchen der Verfolgungszeit. Der Gottesdienst fand in bescheidenen Privathäusern und in anspruchslosen Gemeindebauten statt. Am Ende der Verfolgungszeit wurden vereinzelt auch →Sarkophage* mit →Reliefs* religiösen Inhalts geschaffen.

Friedenszeit seit 313. Nunmehr entstanden als Stiftung des Kaisers und seiner Familie Pracht→basiliken* mit oft fünf Schiffen und viele dreischiffige Gemeindekirchen. Der damals ausgebildete Typus der Basilika wurde grundlegend für die Gesamtgeschichte des christl. Kultbaus. →Zentralbauten* dienten als Märtyrer-, Grab- und →Taufkapellen. Die →Plastik beschränkte sich weiterhin fast ausschließlich auf das →Relief*, wohl zur Abgrenzung von der →Antike, für die das Kultbild eine →Vollplastik sein mußte; so wollte man der →Idolatrie (einer magischen Verehrung des Bildwerkes) entgegenarbeiten. Neben der →Freskomalerei entfaltete sich die →Mosaikkunst in großartiger raumbeherrschender Form. Das 4. und 5. Jahrh. prägte bahnbrechend das Christus- und Marienbild aus.

Eine selbständige Entwicklung nahm die ~ im Oström. Reich (Teilung des Imperium Romanum in Ost- und Westrom 395).

→Acheiropoieten, Ädikula*, Älteste*, Agnus Dei*, Altarschranken Ambo*, Ampulle IV*, Apokalypse, Arbor vitae, Arkosolium*,

Atrium 4*, Aureole*, Aurum coronarium Baptisterium*, Basilika 2–4*, Bema, Bischofsstuhl*, Blacherniotissa*, Bogengrab, Breithausbau*, Byzantinische Kunst*, Caelus, Campanile, Cancelli, Cherubim*, Chorschranken*, Ciborium I, Clipeus-Sarkophag, Coemeterium, Columbarium*, Confessio*, Consignatorium, Cubiculum, Dalmatika*, Deesis*, Diakonikon, Diptychon II, Eleusa, Etimasia*, Evangelistensymbole*, Exedra III, Fisch, Friessarkophag, Galaktotrophusa, Gesetzesübergabe an Petrus, Glykophilusa, Goldgläser*, Guter Hirt*, Gynaikeion, Heiligenschein*, Heiliges Grab I*, Hodegetria, Ikon*, Isokephalie*, Kanontafeln*, Kanzel, Katakombe*, Kathedra, Kelch 1*, Koimesis, Koptische Kunst, Kreuzauffindung, Kyriotissa, Labyrinth III*, Lebensbaum, Lebensbrunnen*, Lipsanothek, Lukasbilder, Madonna, Majestas Domini*, Marientod*, Martyrium, Matroneum, Mosaik, Narthex, Nikopoia, Nimbus, Orans*, Ostung, Passionssarkophag, Pastophorium*, Perspektive 4*, Pfau I, Pilgerampulle, Pinienzapfen*, Piscina I, Platytera, Portikus*, Presbyterium, Prothesis, Psyche*, Pyxis 2*, Säulensarkophag, Salvatorbild, Sanktuarium, Sarkophag*, Seraph*, Spolien, strigiliert*, Taufkapelle*, Terra sigillata*, Tetramorph, Titulus I, Traditio legis, Tribuna, Triumphbogen 2*, Velum 1*, Ziborienaltar, Zwischengoldglas.

Altdeutsche Stube. →Täfelwerk*.

Alte Dienste. Die stärkeren →Dienste*.

Altis, der. Heiliger Hain des→Zeus* in Olympia.

Altmexikanische Kunst. →Azteken, Ballspielplatz*, Chichimeken, Maya, Mixteken, Olmeken, Teotihuacan-Kultur, Tolteken, Totonaken, Zapoteken.

Altniederländische Malerei. So nennt man die Malerei in den südl. und nördl. Niederlanden, dem heutigen Belgien und Holland, im 14. und 15. Jahrh.

Altperuanische Kunst. →Chavin-Kultur, Chimu-Kultur, Cuzco-Region, Inka-Reich, Mochica-Kultur*, Nazca-Kultur, Paracas-Kultur, Tiahuanaco-Stil.

Altsteinzeit oder das Paläolithikum (griech.). Die Zeit des geschlagenen Steines; ältester Abschnitt der menschlichen Kultur.

Die Ältere Altsteinzeit
etwa 600000 bis 80000 v. Chr.

Die Jüngere Altsteinzeit
etwa 80000 bis 10000 v. Chr.

→Aurignacien
etwa 60000 bis 40000 v. Chr.

→Magdalénien*
etwa 40000 bis 10000 v. Chr.
in West- und Mitteleuropa.

Während des Aurignacien und Magdalénien erlebte die Kunst vor allem in Bildern und→Skulpturen von Tieren ihre erste Blütezeit. Sie diente magischen Zwecken (Jagd- und Fruchtbarkeitszauber).→Vorgeschichtliche Kunst.

Amalaka, der (ind.). Eigtl. der Name der Myrobalanfrucht. In der nord→ind. Baukunst des →Hinduismus ein kissenförmiger, längs gerippter Wulst, z. B. oben auf dem →Schikhara (→ind. Kunst*).

Amarna-Kunst. Alt→ägypt. Kunst unter Amenophis IV. (1372–1358), dem „Ketzerkönig", der →Aton*, die lebenschaffende Sonne, zum Allein- und Weltgott erklärte und ihm zu Ehren eine neue Hauptstadt, Achet-Aton, bei dem heutigen Tell el-Amarna erbaute. Die ~ ist auffallend unzeremoniell und überaus lebendig; sie scheut auch vor dem radikal Häßlichen selbst im Gesicht des Königs nicht zurück.

Amazọne, die. Eine Angehörige des Volkes der Amazọnen (griech. Amazọnes). Die ~n sind ein sagenhaftes kriegerisches Frauenvolk in Kleinasien. Berühmt ist die Besiegung der ~nkönigin Penthesilẹa (griech. Penthesịleia) durch Achịll. Kleidung der ~n: in der →archaischen Kunst im allgemeinen wie griech. Krieger; später in skythischer Tracht mit langen Hosen, engem Gewand und skythischer Mütze. Bewaffnung: Bogen, Doppelaxt und halbmondförmiger Schild.

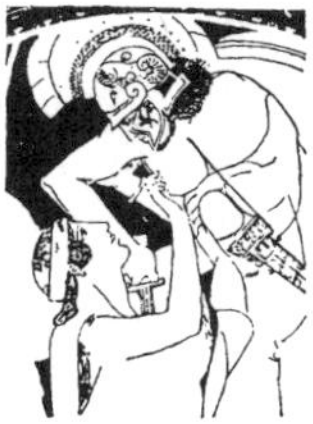

Amazone. Achill besiegt Penthesilea. Schale Um 465/460 v. Chr. München: Staatliche Antikensammlungen.

Ạmbo, der (lat.; von griech. anabạinein = heraufschreiten). Kanzelartiges Lesepult mit Brüstung an den →Chorschranken* der →altchristl. Kirchen; an der Südseite für die Verlesung der Epistel, an der Nordseite für die Verlesung des Evangeliums.

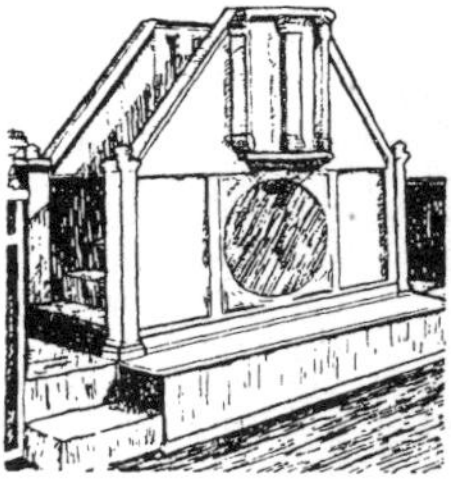

Ambo. 9. Jahrh. Rom: St Klemens.

Amịda-Buddha, der (ind.). Die Verehrung des ~ gelangte um 390 aus Indien nach China und entwickelte sich in Japan seit 1175 zu einem Volksglauben. ~ thront im Himmel als Herr des Paradieses, das er all denen öffnet, die seinen Namen anrufen. Das Bild wird gern bei Sterbenden aufgestellt.

Amịkt, der (lat. amịctus), auch das Humerạle (lat.) genannt. Schultertuch, Teil der liturgischen Gewandung des kath. Priesters: viereckiges Tuch, das Hals und Schultern bedeckt.

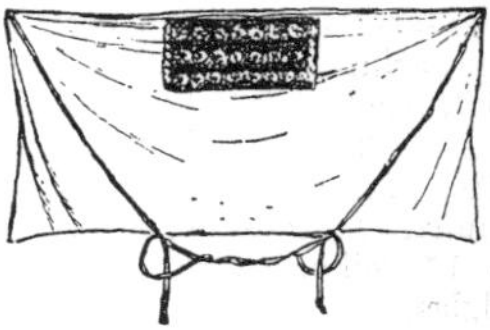

Amikt. 14./15. Jahrh. Danzig: Marienkirche.

Amorẹtten, die (ital.). Liebesgötter, meist als kleine Knaben mit oder ohne Flügel dargestellt. →Putte.

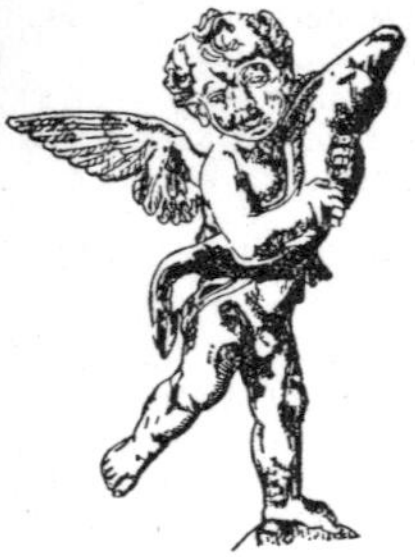

Amorette. Andrea del Verrocchio (1436–1488): Putto mit dem Delphin. Bronze. Um 1480. Florenz: Palazzo della Signoria.

Ampel, die (lat. ampụlla = Fläschchen, bes. mit geweihtem Öl). Hängelampe für Öl.

Amphiprọstylos, der (griech.). Griech. →Tempel* mit offener →Säulenvorhalle* an den beiden Schmalseiten.

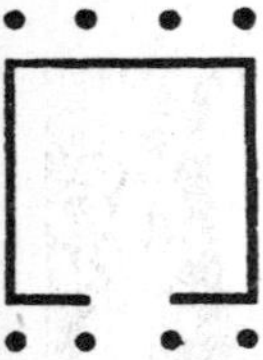

Amphiprostylos.

Amphịtheater, das (griech.). Schaustätte für die im alten →Rom beliebten Tierkämpfe und Fechterspiele. Um eine meist elliptische Arena (= Kampfplatz) legen sich die Sitzreihen, die stufenförmig ansteigen. Eingangstore in den Hauptachsen. Großartige →Gewölbe*-konstruktionen.

Amphitrịte. →Trịton*.

Ạmphora, die (griech. = Krug). Zweihenkliges bauchiges Gefäß; in Griechenland als Vorrats-, Maß- und Prunkgefäß gebräuchlich. Preisamphoren wurden bei den →panathenäischen Festspielen, mit Öl gefüllt, an die Sieger verteilt.

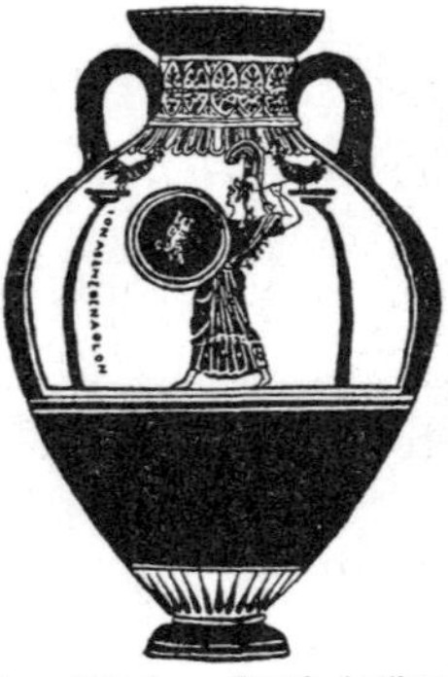

Amphora. München: Staatl. Antikensammlungen. Panathenäische ~. Um 520 v. Chr.

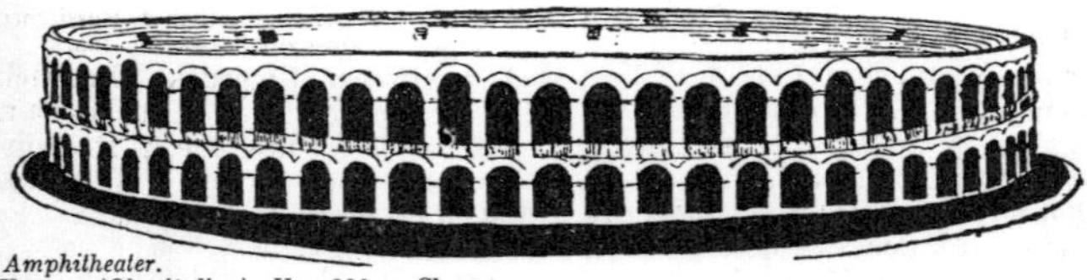

Amphitheater.
Verona (Oberitalien). Um 290 n. Chr.

Ampulle, die (lat. ampulla = Fläschchen, kleiner Krug). Gefäß;

I. für Wein und Wasser bei der Messe. →Meßkännchen*;
II. zur Aufbewahrung der hl. Öle der kath. Kirche;
III. für wohlriechende Essenzen (häufig in → Katakomben*-gräbern gefunden);
IV. zur Mitnahme von Wasser, Öl, Erde von Wallfahrtsorten (Pilgerampulle);
V. →Blutampulle.

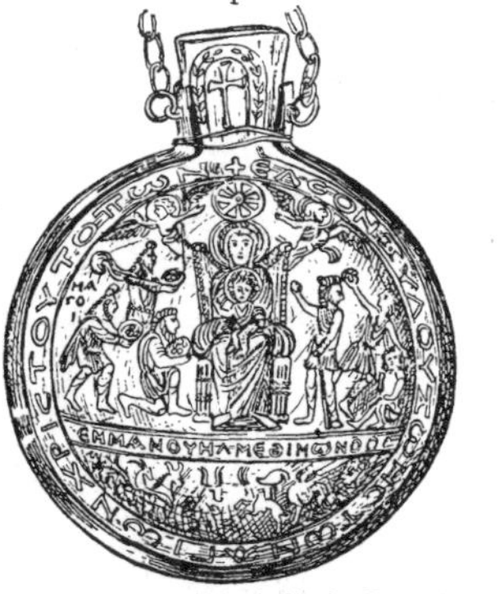

Ampulle. Monza (Oberitalien): Domschatz. Pilger ∼. Ton. 2. Hälfte 6. Jahrh.

Amulett, das (lat. amuletum). Das ∼ ist ein nach dem Glauben seiner Träger mit geheimer Kraft begabter Gegenstand, der, am menschlichen Körper getragen, böse Einflüsse abwehrt und gute Mächte anzieht. →Fetisch.

Amun, Amon, der. Ägypt. Gott. Seit dem Mittleren Reich Reichsgott und dem Sonnengott Re gleichgesetzt. Im Neuen Reich als Amun-Re Götterkönig und Urheber alles Lebens. Große →Tempel*anlagen z. T. in Luxor und Karnak erhalten. Von den Griechen →Zeus* gleichgesetzt und Zeus-Ammon, von den Römern Jupiter-Hammon genannt. Sein heiliges Tier ist der →Widder.

Ananta, der (ind.). →Weltschlange, Vishnu*.

Anastasis, die (griech. = Auferstehung Christi). Die →byzant. Kunst* vermeidet die Darstellung der Auferstehung Christi, da sich dieser Vorgang dem Bild entzieht. Sie stellt stattdessen den Abstieg Christi in die Vorhölle dar: die Tore des Hades zerbrechen, und der Erlöser zieht die Frommen des Alten Testamentes, an der Spitze Adam und Eva, in den Himmel empor. Vgl. das →apokryphe Evangelium des Nikodemus (Acta Pilati), 3. Jahrh. → Descensus, Limbus*.

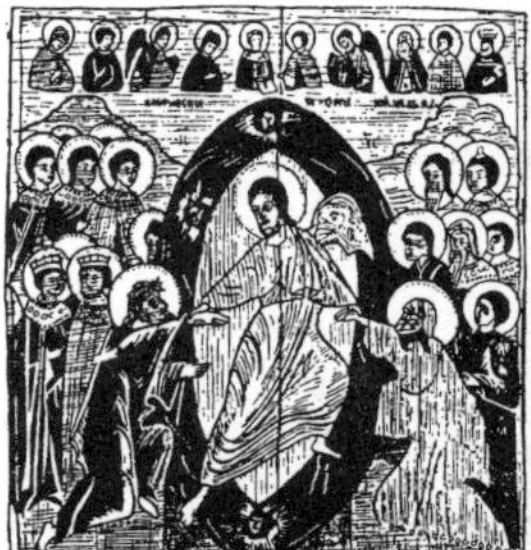

Anastasis. Moskau: Staatliches Russisches Museum. Ikone aus Pskow. 14. Jahrh.

Anastatischer Umdruck. Umdruck eines vorhandenen Druckes auf eine andere Unterlage, z. B. Leinwand, Papier usw. Künstler: R. Rauschenberg (1925 geb.).

Anatomie, die. Bildgattung der

holländ. Malerei des 17. Jahrh.: eine Gruppe von Ärzten steht um eine geöffnete Leiche; vgl. Rembrandt: Anatomie des Dr. Tulp (1632).

Andachtsbild. In Deutschland aufgekommenes →gotisches* Bildwerk, das im Ggstz. zur kultischen Kunst der Andacht und frommen Versenkung des Einzelnen dient. An seiner Entstehung hat die Mystik entscheidenden Anteil. Die wichtigsten ~er sind: das →Vesperbild* (die plastische Gruppe Mariens mit dem toten Sohn auf dem Schoß), die →Johannesminne* (die plastische Gruppe Christi mit dem Jünger Johannes an der Brust), das →Erbärmdebild* (der isolierte leidende Christus), der Schmerzensmann (der mit allen Wundmalen versehene lebende Christus), die → Schutzmantelmadonna* (Maria, welche die Gläubigen unter ihren schützenden Mantel nimmt), die →Anna Selbdritt*. Die Motive sind z. T. einem größeren Zusammenhang entnommen: das Vesperbild der Beweinung Christi, das Erbärmdebild der Passion. So sucht das ~ nicht die Erzählung, sondern den Höhepunkt der Empfindung. →Christus im Elend, Christus in der Kelter*, Christus in der Rast*, Imago pietatis*.

Andachtsbild, kleines (Devotionalbild). Bildchen mit einer andachtsvollen religiösen Darstellung, oft mit einem erbaulichen Text. Ursprung: Deutschland, 14. Jahrh. →Herz-Jesu-Bild*.

Andreaskreuz. Ein Kreuz mit schräg stehenden Balken. An einem solchen Kreuz soll der Hl. Andreas den Martertod erlitten haben. Das ~ galt als Schutz- und Glücksmittel; daher vielfach auf → Amuletten. – →Kreuz 5*.

Anfänger. →Bogen 1*, Treppe*.

Angewandte Kunst. Gleichbedeutend mit Kunstgewerbe, Gebrauchskunst oder Kunsthandwerk; die künstlerische Durchformung zweckgebundener Gegenstände. Ggstz.: Freie Kunst; die auf freier Erfindung beruhenden zweckfreien Schöpfungen der →Plastik und Malerei. Die Unterscheidung ist modern und auf die mittelalterliche Kunst, z. B. auf einen→ Reliquienschrein, nicht anwendbar.

Ankerkreuz. →Kreuz 16, 17*.

Anna Selbdritt. Gruppendarstellung der Hl. Anna mit ihrer Tochter

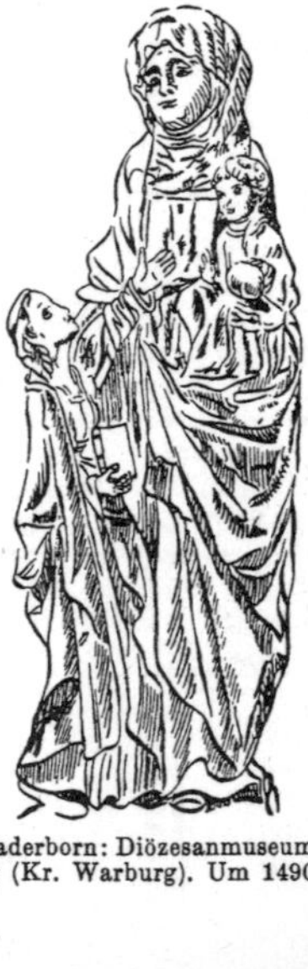

Anna Selbdritt. Paderborn: Diözesanmuseum. Aus Dringenberg (Kr. Warburg). Um 1490.

Maria und dem Jesuskind (seit dem 14. Jahrh.). →Andachtsbild.

Annunziạta, die (ital. = die Verkündigte). Muttergottes der→Verkündigung.

anschießen. Das stückweise Auflegen des →Blattgoldes.

Ansteigender Bogen. →Bogen 20*.

Ạntentempel. Form des antiken →Tempels*, dessen Längsmauern vorgezogen sind (Anten). Die Vorhalle hat im allgemeinen zwei Säulen.

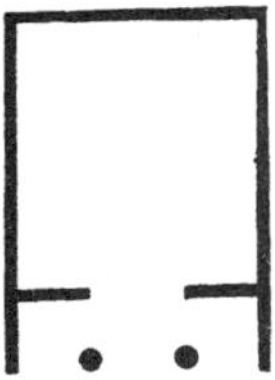

Antentempel.

Antepẹndium, das. →Altar 8*.

Anthẹmion, das (griech. = Blüte). Bandartige Verzierung aus →Palmẹtten* und →Lọtosblüten, bes. am ionischen →Kapitell*.

Anthemion. Athen: Akropolis. Erechtheion. 420–410 v. Chr.

Ạnthropometrịe, die = Messung des menschlichen Körpers. Abdruck eines eingefärbten nackten Frauenkörpers auf die Leinwand in rhythmischer Bewegung. Künstler: Yves Klein (1928–1962).

Anti-Kunst. Kunstbewegung des →Dadaịsmus: unter dem Eindruck des Ersten Weltkrieges (1914–1918), der die geltenden Wertordnungen zerstörte, wollte er auch eine selbstgenugsame Kunst, einen Kult der Schönheit, durch Protest, Absurdität und Chaotik zerstören. Ziel war eine neue aus dem wirklichen Leben geschöpfte Kunst. →Neo-Dada-Bewegung.

Antike Kunst. →Griechische, römische Kunst.

Antiphonạr, das (lat. Antiphonạrium). →Liturgische Bücher.

Antiquạrium, das (lat.). Sammlung griech., röm. oder anderer Altertümer.

Antitỵpus, der (griech.-lat.). Gegenbild, Gegenstück. →Typologie.

Antoniuskreuz. →Kreuz 3*.

Antrittsstufe. →Treppe III*.

Anụbis, der. Uralter ägypt. Totengott, als Mensch mit Hundskopf

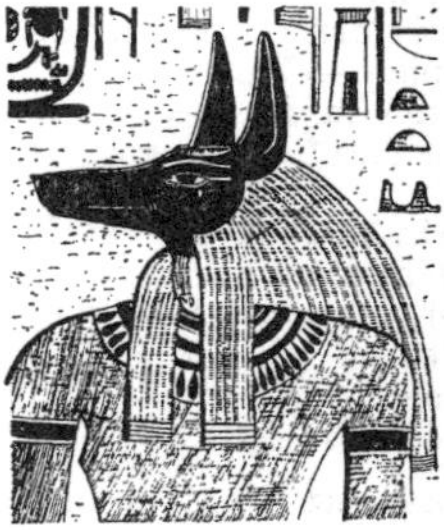

Anubis. Theben (Ägypten): Nekropole; Grab des Haremheb. 18. Dyn., um 1350 v. Chr. Wandmalerei.

dargestellt. Nach jüngerer Auffassung ein Sohn des →Osiris.

Apadhana, die (iranisch). Audienzhalle im →achämenidischen Palast; Säulensaal mit →Portikus*.

Aphrodite, die (griech.). →Venus. →Torso*.

Apis, der. Von den alten →Ägyptern in Memphis als göttlich verehrter schwarzer →Stier mit einem weißen Dreieck auf der Stirn und weißem Fleck auf der rechten Seite. Dargestellt mit Sonnenscheibe zwischen den Hörnern. Es löste allgemeine Freude aus, wenn irgendwo ein Apisstier entdeckt wurde; bei seinem Tode beklagte man ihn tief, mumifizierte ihn und begrub ihn in der Totenstadt von Memphis.

Apodyterium, das (griech.-lat.). → Thermen I*.

Apokalypse, die (griech. apokalypsis = Offenbarung). Biblisches Buch: Offenbarung des Hl. Johannes. Daraus stammen an künstlerischen Motiven u. a. das →Allerheiligenbild*, die 24 →Ältesten*, die →Majestas Domini*.

Apokryphen, die (griech. = verborgen gehaltene Schriften). Schriften im Stil der Bibel und biblischen Autoren zugeschrieben; romanhafte Erweiterung der Bibel, dazu bestimmt, Lücken zu füllen oder Berichte auszuschmücken. Die Kunst hat ihnen viele Motive entnommen (Leben Mariens, Kindheit Christi, Gerichtsverfahren vor Pilatus, →Höllenfahrt Christi, →Himmelfahrt Mariens, Ereignisse des Apostellebens).

Apollon, der (griech.), lat. Apollo. Jugendlicher Gott des Lichtes, der Heilkunde, Weissagung, Dichtung, und Musik; Führer der →Musen; seit dem →Hellenismus mit dem Sonnengott →Helios* gleichgesetzt. Er ist der Sohn des →Zeus* und der →Leto, der Zwillingsbruder der →Artemis. Seine →Attribute sind: Kithara (= Harfe), Leier, Bogen und Pfeil, Lorbeer, →Dreifuß*. Zentrales Thema der griech. Kunst. Hauptkultstätte in Delphi. →Schlange II.

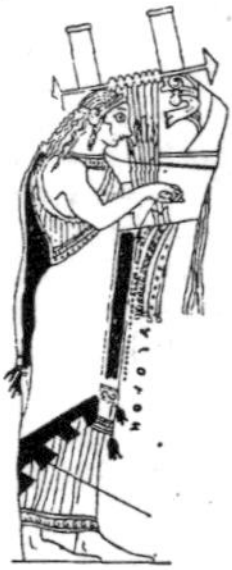

Apollon. London: Britisches Museum. Schwarzfigurige Vase aus Vulci (Italien, Latium). Um 530 v. Chr. Von Exekias. Teil: Apollon.

Apostelkrüge. Braun glasierte niedrige →Steinzeugkrüge aus dem oberfränkischen Kreußen mit den 12 Aposteln als →Relief*schmuck (16. und 17. Jahrh.).

Apostelleuchter. Kath. Gotteshäuser werden bei der Kirchweihe an 12 Stellen gesalbt und dann erst in Gebrauch genommen. Diese 12 Stellen bezeichnet man durch Wandleuchter und Kreuze. Am Jahrestag der Kirchweihe brennen hier Kerzen. Die Leuchter erinnern in ihrer Zwölfzahl an die zwölf Apostel und tragen manchmal deren Bildnis.

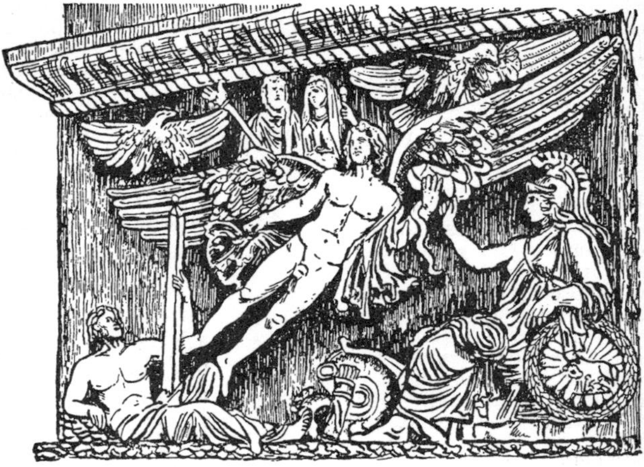

Apotheose. Rom: Vatikan, Belvedere. Vom Sockel der Ehrensäule für Antoninus. Nach 161 n. Chr. Apotheose von Antoninus und Faustina Das Kaiserpaar wird auf den Schwingen eines Jünglings, der den schlangenumwundenen Himmelsglobus trägt, gen Himmel getragen. Die beiden Adler sind Sinnbilder der Apotheose. Der Jüngling mit dem Obelisk (links unten) verkörpert das Marsfeld; die auf einem Waffenhaufen sitzende wehrhafte Friedensgöttin (rechts unten) ist Roma.

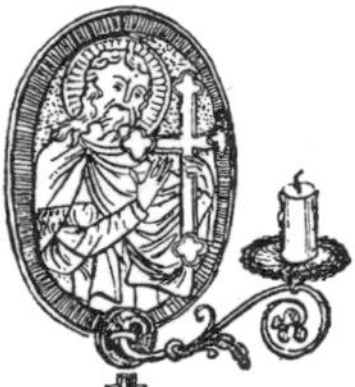

Apostelleuchter. 2. Hälfte 13. Jahrh. Trier: Liebfrauenkirche.

Apostellöffel. Satz zu 13 Löffeln aus Edelmetall mit dem →plastischen Bilde je eines Apostels und Mariens am Stiel. Beliebtes Patengeschenk im 16. und 17. Jahrh.

Apotheose, die (griech. apotheosis = Vergötterung). Vergöttlichung eines Menschen. Bildliche Darstellung der ~ des Herrschers in der→röm. und in der→barocken Kunst.

Apotropaion, das (griech. = Unheil abwendendes Zauberzeichen), z. B. ein →Amulett, die →Gorgo*, dämonische Tiere und Fratzen, eine →Knotensäule* usw.

Apoxyomenos, der (griech. = Schaber). Der von Staub und Öl sich reinigende Athlet. Berühmte Erzstatue von Lysipp (griech. Bildhauer des 4. Jahrh. v. Chr.).

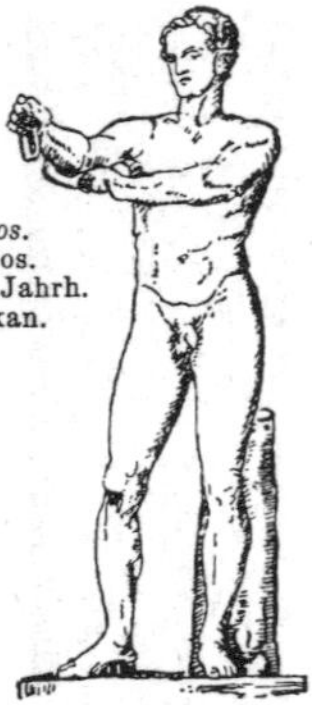

Apoxyomenos. Von Lysippos. 2. Hälfte 4. Jahrh. Rom: Vatikan.

Après la lẹttre (franz.: aprạ la lätr). →Kupferstich*.

Ạpsara, die. Eine himmlische Hetäre und Tänzerin in→Indras Himmel. Ein Lieblingsmotiv →ind.* Kunst.

Apsidiọle, die. Kleine→Apsis*. Bestandteil des →Kapellenkranzes; einer Haupt→apsis* oder einem →Chorumgang radial vorgelegt.

Ạpsis, die (griech. apsịs = das Angefügte); Mehrzahl: Apsịden (→Exẹdra, Kọnche, Tribụna). Die halbrunde, vieleckige oder rechteckige →Altar*nische der christl. Kirche: das Chorhaupt; übernommen aus der antiken Kunst. Hauptapsis (H): mit dem Hochaltar am →Mittelschiff. Nebenapsis (N): mit einem Seitenaltar an den →Seiten- und →Querschiffen.→Salische Kunst.

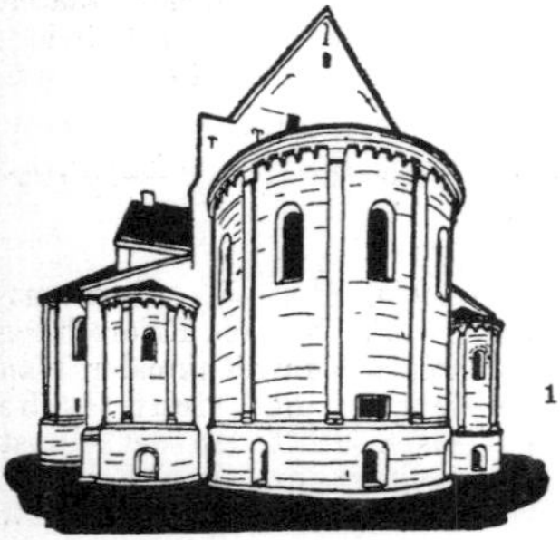

1

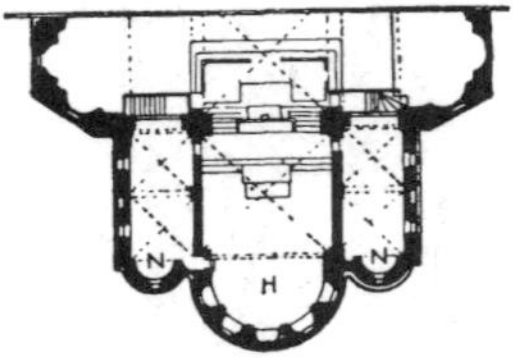

2

Apsis. Köln: St. Georg. Voll. um 1067. 1. Von Osten. 2. Grundriß.

Apterạltempel. Antiker →Tempel*, der nur an den Schmalseiten → Säulen* hat. →Antentempel*, Prostylos*.

Aquädụkt, der (lat. ạquae dụctus = Wasserleitung). In der röm. Baukunst eine Brücke aus vielen→Bogenstellungen, über die in offenen oder abgedeckten Kanälen das Wasser in natürlichem Gefälle den Städten zugeleitet wurde.

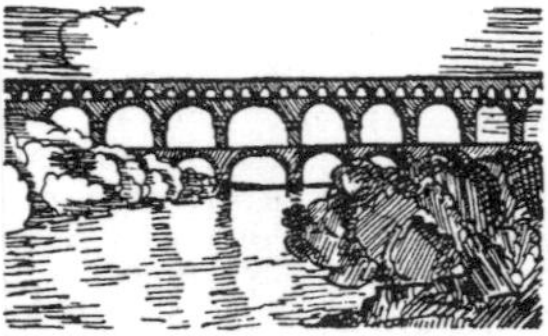

Aquädukt. Pont-du-Gard bei Nîmes (Südfrankreich). Um 19 v. Chr.

Aquamanịle, das (lat.). Gefäß nebst Schüssel zur liturgischen Händewaschung. Meist aus →Bronze und in Tierform. Später auch als profaner Wasserbehälter benutzt, z. B. im Ratssilber.

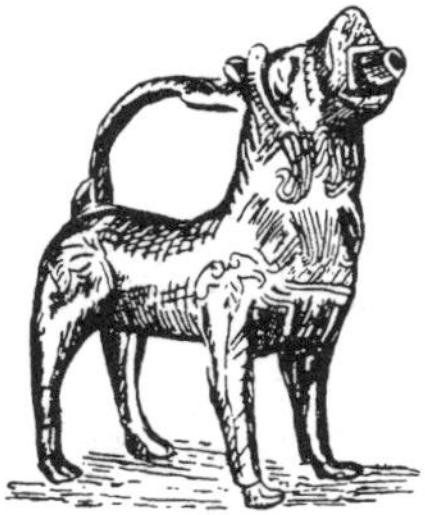

Aquamanile. Köln: Diözesanmuseum. Bronze. Anf. 13. Jahrh. Höhe 18,5 cm; Länge 16,5 cm.

Aquarellmalerei. Malerei mit Wasserfarben, die den Grund durchscheinen lassen. Ausgesparte Stellen des Grundes dienen dabei zur Bezeichnung der größten Helligkeiten. Die Zeichnung ist nahezu oder völlig ausgeschaltet.

Aquatinta, die (ital.). Art des Kupferstichs. →Kupferstich IV.

Arabeske, die. Pflanzen→ornament von plastischer Bildung der Ranken und von einer dem Naturvorbild nahe bleibenden Form. Die Blatt→voluten* sind im allgemeinen streng symmetrisch angeordnet und füllen den Grund gleichmäßig aus. Entstanden in der →hellenistischen, nicht in der→islamischen Kunst*. Angewandt in der→röm. und→byzant. Kunst*; von der Früh→renaissance* in Italien wieder aufgenommen und auch diesseits der Alpen stark verbreitet. →Maureske.

Arabesken. Meister J. G.: Vorlageblatt. Kupferstich. Um 1525.

Ara Pacis Augustae, die (lat.). Friedensaltar des Augustus in Rom. 9 v. Chr. geweiht. Anlaß: Befriedung Italiens nach dem Bürgerkrieg. Motive: Personifizierte Kräfte der Erde und des Staates, der Geschichte und der Religion; Festzug in realistischer Darstellung.

Arbor vitae, die (lat.). →Lebensbaum.

Archäologie, die = Altertumswissenschaft, bes. die Erforschung der antiken Kunstdenkmäler. Man unterscheidet die orientalische ~ (Wissenschaft von der Kunst und Kultur des Alten Orients), die klassische ~ (Wissenschaft von der →griech.-röm. Kunst und Kultur), die christl. ~ (Wissenschaft von der Kunst und Kultur der ersten christl. Jahrhunderte). In den letzten Jahrzehnten hat sich auch die ~ Indiens, Chinas und Japans stark entwickelt.

Archaischer Stil (griech. arche = Anfang).

I. Stil der →griech. Kunst zwischen 650 und 480 v. Chr.

II. Stil der Anfangsperioden in jeder Kunstentwicklung. Von herber, strenger Form.

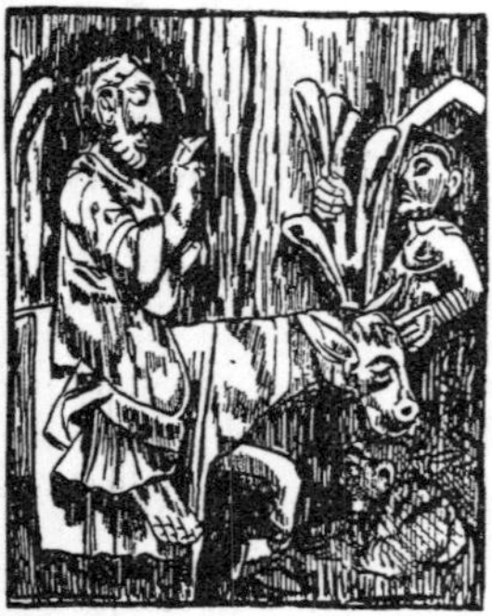

Archaischer Stil. Köln: Maria im Kapitol Holztüre. Mitte 11. Jahrh. Teil: Christi Einzug in Jerusalem.

Archaisches Lächeln. Scheinbares Lächeln bei Bildwerken des →archaischen →griech. Stils, in Wirklichkeit Ausdruck der inneren Bewegung überhaupt.

Archaisierender oder archaistischer Stil. Nachahmung des →archaischen* Stils auf einer späteren Entwicklungsstufe.

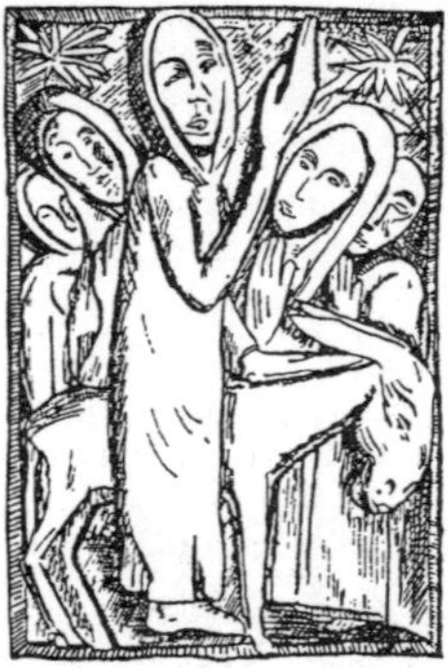

Archaisierender Stil. H. v Rathlef-Keilmann (1881–1933): Palmsonntag. Holzrelief.

Archaismen, die (Mehrz.). Beibehaltung oder Wiederverwendung einzelner Formelemente der →archaischen* Frühstufe.

Architektur, die (griech.) = Baukunst.

Architekturbild. Eine bildliche Darstellung mit Architekturen als Hauptthema (einzelne Bauten oder Stadtansichten).

Architekturplastik. Jegliche →Plastik in enger Verbindung mit der Architektur, im Ggstz. zur Einzelplastik. →Archivolte II*, Bogenfeld*.

Architrav, der (griech. Epistylion,

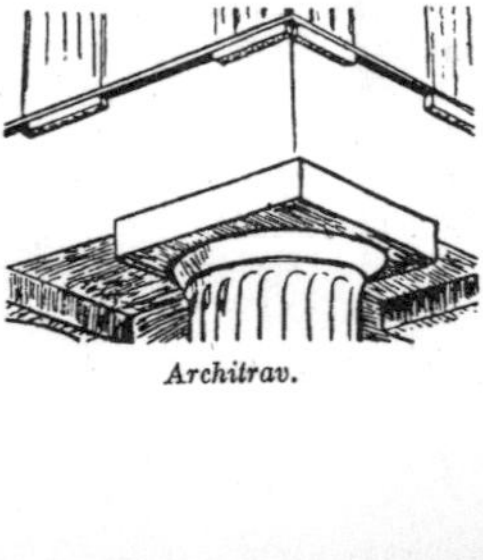

Architrav.

das). Der waagrechte Steinbalken unmittelbar über den →Säulen*, der in der antiken Baukunst →Fries* und→Kranzgesims trägt.

Archivolte, die (urspr. ital.).
I. Stirn und Leibung eines Rundbogens. →Bogen II*.
II. Bogenlauf am →romanischen und →gotischen* →Gewände*portal; häufig mit Figuren besetzt: Archivoltenfiguren.

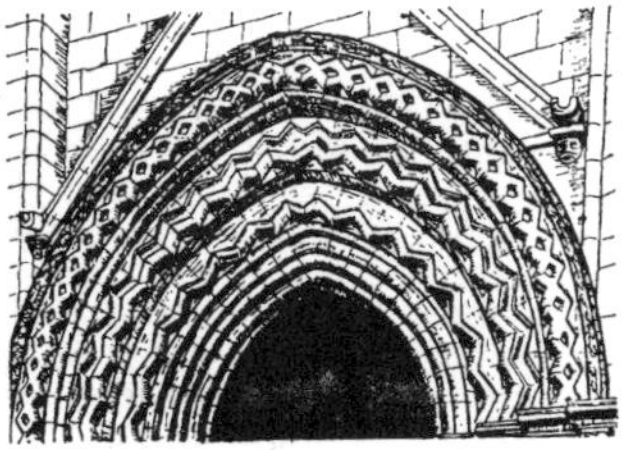

Archivolte. St-Leu-d'Esserent (Frankreich, Dep. Oise): Kirche. Westportal. 12. Jahrh.

Arena, die (lat.). Sportlicher Kampfplatz. →Amphitheater*.

Ares, der (griech.), lat. Mars. Sohn des →Zeus* und der →Hera*, Geliebter der→Aphrodite. Antiker Gott des wilden Kriegsgetümmels.

Arkade, die (lat. arcus = Bogen).
I. Bogenstellung, die auf →Pfeilern oder →Säulen* ruht.
Blendarkade. Bogenstellung, die auf eine undurchbrochene Wand als Gliederung aufgelegt ist (a).
Zwergarkade. Kleinform der Arkade, unter dem Haupt→gesims* von→Choranlagen*, bes. in der franz. →Romanik*.
→Zwerggalerie*. Laufgang, in Zwergarkaden geöffnet; flachgedeckt oder meist→gewölbt* (b). Schmuckform am Außenbau →romanischer* Bauten (11.–13. Jahrh.); gewöhnlich als oberer Abschluß der Wandgliederung.
II. →Laube*.

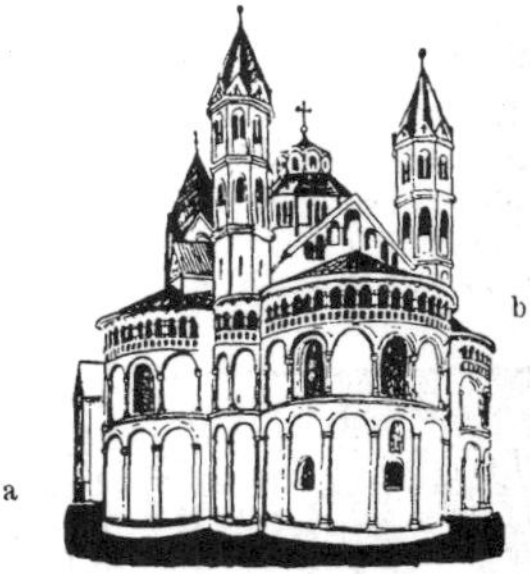

Arkade. Köln: St Aposteln. Um 1200. a Blend-~, b Zwerggalerie.

Arkadenhof. Von überdeckten Bogenstellungen umgebener Binnenhof. →Atrium*, Kloster (Kreuzgang)*.

Arkosolium, das (lat. = Bogengrab). Wandgrab unter halbrund überwölbter Rückwand. In den→Katakomben* und in mittelalterlichen Bauten. Oft mit →Ornamenten und Bildern geschmückt.

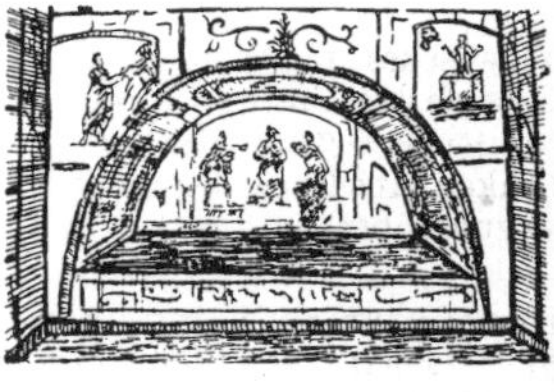

Arkosolium. Rom: Katakombe des Petrus und Marzellinus. 4. Jahrh.

Arma Christi, die (Mehrz., lat. = Leidenswerkzeuge). →Hungertuch*, Leidenswerkzeuge, →Passion Christi.

Armarium, das (lat. = Waffenschrank, Rüstkammer). Aufbewahrungsschrein, meist Wandschrank, für Gegenstände des christl. Kultus und für liturgische Geräte und Gewänder.

Armbrustfibel, die. Röm. oder germanische Gewandspange in Armbrustform.

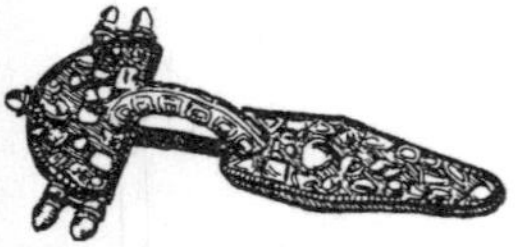

Armbrustfibel. Wien: Kunsthistorisches Museum. Um 400 n. Chr.

Armenbibel (lat. Biblia pauperum; Arme bedeutet hier „Ungelehrte"). Bilderbibel des späten Mittelalters; die Szenen des Neuen Testaments sind vorbildlichen (→typologischen) Bildern des Alten Testaments gegenübergestellt. Mit kurzen Erläuterungen. Diente der volkstümlichen Schrifterklärung.

Armeseelen. Nach dem Glauben der kath. Kirche die im Fegefeuer sich läuternden Seelen der Verstorbenen. Die Kunst stellt die für ihre Erlösung dargebrachte Armeseelenmesse und ihre Tröstung und Befreiung durch Engel dar.

Armeseelenlicht. →Totenleuchte*.

Armory-Show, die (engl.: a^{r}m^{o}r^{e} schou^{u}) = Zeughaus-Ausstellung. Name für die erste große Ausstellung europäischer und amerikanischer Kunst des 19./20. Jahrhunderts; sie fand vom 17. 2. bis 13. 3. 1913 in einer New Yorker Kavalleriekaserne statt. Lebhafte Auseinandersetzung; Erwachen eines eigenen Kunstbewußtseins in Nordamerika.

Armreliquiar, das (lat.). Ein→Reliquiar*, meist in der Form eines Armes, das die Arm- oder Handreliquie eines Heiligen enthält. →Staufische Kunst.

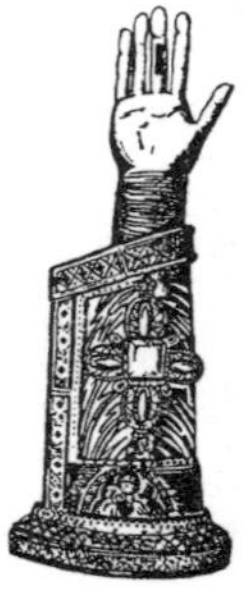

Armreliquiar. Köln: St. Gereon, Schatzkammer. Silber. Um 1220.

Aron Hakkodesch, der (hebr.). Schrein mit den →Thorarollen an der Ostwand der →Synagoge.*

Arrazzi, die (Mehrzahl, ital.), werden in Italien die in Arras und überhaupt in Flandern gewirkten Bildteppiche* genannt.

Arretinische Gefäße. Rote Tongefäße aus der ersten Blütezeit der →röm. Kunst von klaren, ruhigen Formen, oft mit einem →Relief*-dekor in →klassizistischem Stil. Etwa von 40 v. Chr. bis 60 n. Chr. im ganzen röm. Reich verbreitet. Nach dem Haupterzeugungsort Arretium (Arezzo) genannt. →Terra sigillata*.

Arsakiden- oder Partherzeit, Kunst der ~. Epoche der →persischen Kunst.

Ars moriendi, die (lat. = die Kunst, fromm zu sterben). Erbauungsbuch des späteren Mittelalters, dessen Bilder die Kämpfe der Engel und der →Teufel um die Seele des Sterbenden sowie den seligen Tod darstellen.

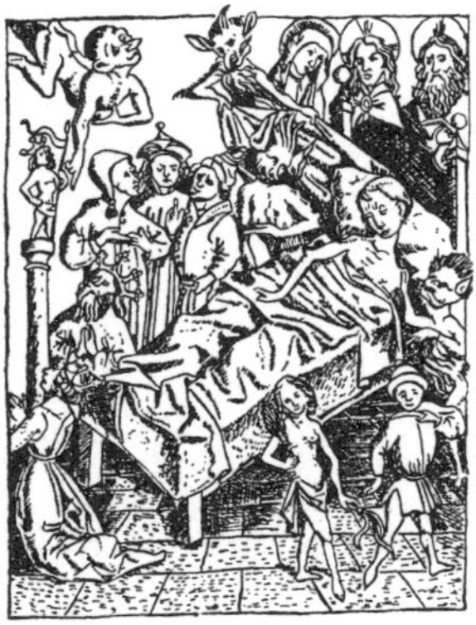

Ars moriendi Meister E. S. (um 1450–1467): Einflüsterung von Glaubenszweifeln Kupferstich. Um 1450.

Ars multiplicata, die (lat.). = Vervielfältigte Kunst. Herstellung von Kunstwerken in großen Auflagen. →Multiple.

Art brut, der (franz.: ar brüt) = Rohe Kunst. Die Bezeichnung stammt von dem Maler Jean Dubuffet (1901 geb.). Er meint damit in anti→akademischer Einstellung die unreflektierte Malerei von Kindern, Primitiven, Laienmalern und Geistesgestörten und bejaht deren Unmittelbarkeit als künstlerisches Element. Viele Künstler folgten ihm in dieser Wertung.

Art concret, der (franz.: ahr koñkre). Gleichbedeutend mit →konkrete Malerei.

Artemis, die (griech.), lat. Diana*. Göttin, Tochter des →Zeus* und der →Leto, Zwillingsschwester →Apolls*. Erdgottheit des Werdens und Vergehens; darum auch Hochzeits-, Geburts- und Todesgöttin; Herrin der Tiere, als jungfräuliche Jägerin dargestellt; Mondgöttin. Als Göttin der Erdfruchtbarkeit mit der vielbrüstigen Gottheit von Ephesus gleichgesetzt (Diana von Ephesus).

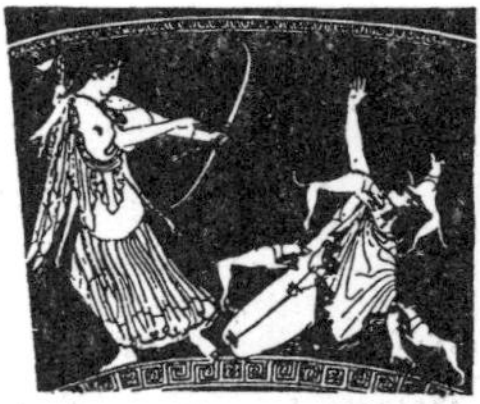

Artemis. Boston: Museum of Fine Arts. Teil: ~ tötet Aktaion. Glockenkrater. Um 470/460 v. Chr.

Arte Povera, die (ital.) = Arme Kunst. Kunstart etwa seit 1968:

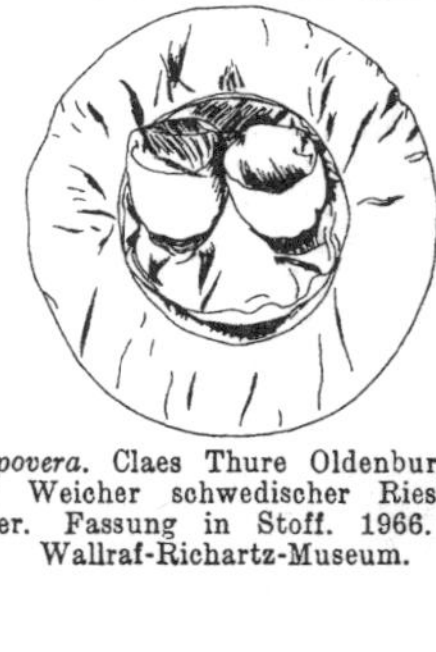

Arte povera. Claes Thure Oldenburg (geb 1929): Weicher schwedischer Riesenlichtschalter. Fassung in Stoff. 1966. Köln Wallraf-Richartz-Museum.

sie geht von unscheinbaren Materialien und Dingen wie Kalk, Sägespänen, Roßhaar aus und zeigt an ihnen den Einsatz von Gestaltungsprozessen auf. Künstler: R. Morris (1931 geb.): Filzobjekte; C. Oldenburg (1929 geb.): schlaffe Skulpturen aus Sackleinen; R. Ruthenbeck (1937 geb.): Aschenhaufen. →Concept Art, Minimal* Art, Soft-Sculpture*.

Artes liberales, die (Mehrz., lat.). Die sieben freien →Künste des mittelalterlichen Bildungswesens.

Art Nouveau, der (franz.: ar nuvo) = Neue Kunst. Französische Bezeichnung des →Jugendstils*.

Arts and Crafts, die (Mehrz.; engl.) = Künste und Handwerk. Eine engl. Bewegung, die Kunst und Handwerk wieder miteinander verbinden wollte; 1888 gegr. →Deutscher Werkbund.

Artushof. Im Mittelalter urspr. eine festliche Veranstaltung des Rittertums nach dem Vorbild der Tafelrunde des Königs Artus. Dann die diesen Vereinigungen dienende →Halle, die das Bürgertum im späteren Mittelalter übernahm (Artushöfe z. B. in Danzig und Thorn).

Aryballos, der (griech.). →Vasen 3*.

Aschera, die. →Kanaanitische Liebesgöttin. →Inanna, Große Mutter*.

Asklepieion, das (griech.). Kultstätte des griech. Heilgottes →Asklepios. →Äskulapstab*.

Asklepios (griech.; lat. Äskulap). Griech. Heilgott, dessen Inkarnation die Schlange ist. Berühmtes Heiligtum in Epidauros. →Äskulapstab*, Asklepieion, Schlange I.

Aspergill, das (lat. = Weihwedel). →Weihwasserkessel*.

Aspis, die (griech.). Ein dämonisches Ungeheuer von schlangenförmiger Gestalt unter den Füßen Christi. →Symbol der Sünde (vgl. Psalm 90, 13) in der mittelalterlichen Skulptur neben →Basilisk, Drache*, Löwe, Schlange (II).

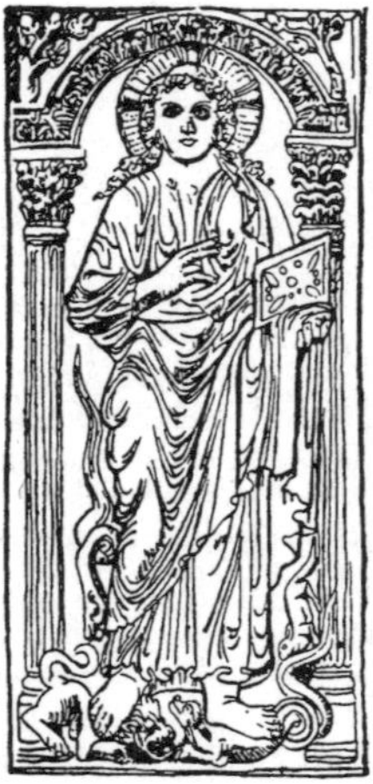

Aspis. Rom: Vatikan. Elfenbein. Ada-Gruppe. 9. Jahrh. a Basilisk, b Aspis.

Assemblage, der (franz.: aßañbla[sch]e) = Zusammenfügung. →Materialbilder* von raumplastischem Charakter. Kunstrichtung etwa seit 1950. →Collage*, Combine* painting, Fallenbild*, Junk-Culture, Materialbild*, Nouveaux Réalistes, Objekt-Kunst, Objet-trouvé.

Assumptio (lat.), Assunta, Assunzione (ital.), die. Bildliche Darstellung von Mariä Aufnahme in den Himmel.

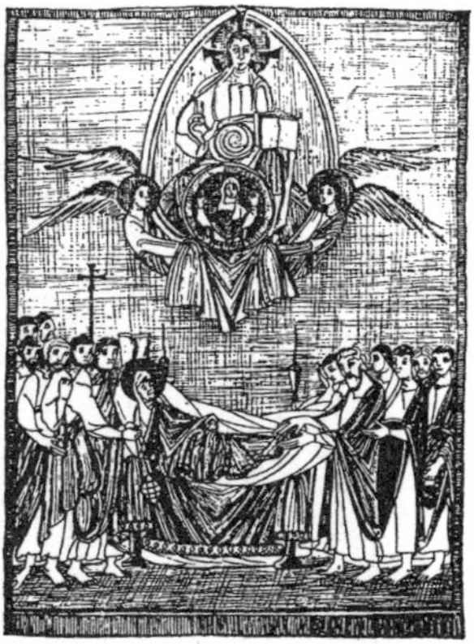

Assumptio. München: Staatsbibliothek. Cm 57, cod. lat. 4452. Um 1000.

Assyrische Kunst. →Vorderasiatische Kunst.

Astarte, die. Westsemitische Göttin der Fruchtbarkeit. →Große Mutter*, Inanna.

Astkreuz. Sonderform des →Kreuzes* mit gabelförmig geführten Armen, die einem Stamm mit Ästen und Aststümpfen angeglichen sind. Sinnbild des →Lebensbaumes: das Kreuz Christi ist kein totes Stück Holz, sondern Lebensbringer.

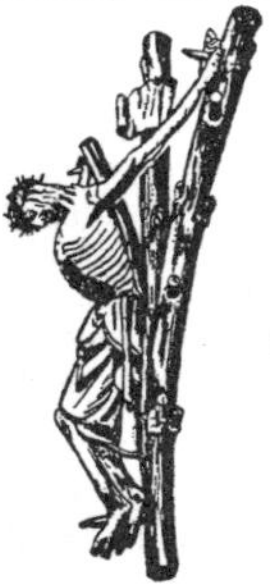

Astkreuz. Andernach: Liebfrauenkirche. Sog. Ungarnkreuz. Anf. 14. Jahrh.

Astragalos, der (griech. = Halswirbel). In der Baukunst, besonders der antiken, →ornamentales→Gesimsglied*, namentlich die Grenzlinie zwischen→Schaft und→Kapitell* in der jonischen →Säulenordnung*, aber auch in der→Romanik und →Renaissance* angewandt: halbrunder Stab, glatter Reif oder →Perlschnur*.

Astrolabium, das. Instrument zur lagemäßigen Bestimmung von Gestirnen. Rundes Bronzegerät zum Aufhängen.

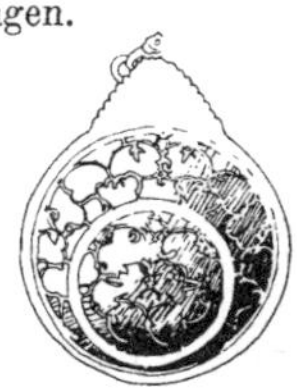

Astrolabium. London: Britisches Museum. Bronze. Aus Isfahan. 1712.

Astwerk. Zierform der Spät→gotik*:

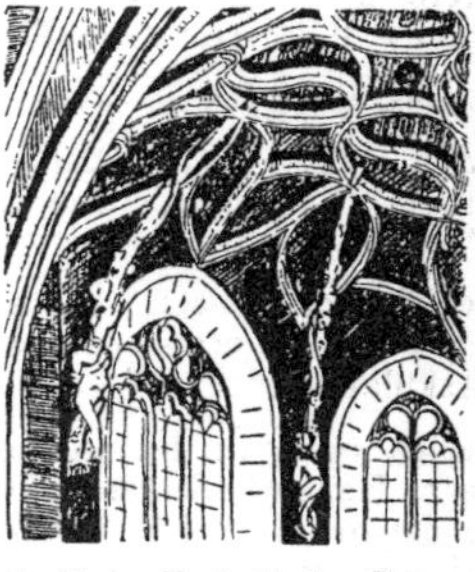

Astwerk. Pirna: Marienkirche. Chorgewölbe. Voll. 1504.

knorrige Äste mit zahlreichen Stümpfen, bes. am→Chorgestühl* und im Rippen→gewölbe*.

Asuka-Periode (jap.: ạssụkạ). Epoche der→jap. Kunst, 552–645.

Atạrgatis, die. Syrische Liebesgöttin. →Große Mutter*, Inanna.

Ateliẹrmalerei (franz.: atljẹ-). Bezeichnung von Bildern, die in dem indifferenten Licht des Ateliers, der Künstlerwerkstätte, gemalt sind, auch wenn sie Landschaften darstellen; die Befreiung von der ~ des 19. Jahrh. brachte die→Freilichtmalerei.

Athẹne, die (griech. Athenạ). Die jungfräuliche Stadtgöttin Athẹns. Göttin der Weisheit und der klugen Kriegführung; Erfinderin des Schiffsbaus und der Flöte; Schützerin des Bürgerfleißes und des Kunsthandwerks. Von den Römern Minẹrva gleichgesetzt. Kultstätte in Athen: Parthenon und Erechtheion. →Pallas.

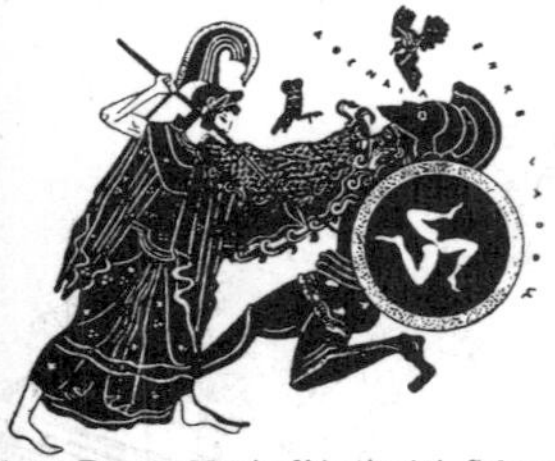

Athene. Rouen: Musée d'Antiquité. Schwarzfigurige Amphora. Attisch. Um 500 v. Chr. Teil: ~ im Kampf mit einem Giganten

Atlạnten, die (griech.). Einzahl: der Atlạnt. In der Baukunst kraftvolle Männerfiguren, die an Stelle von →Säulen* oder→Pfeilern die Last des Gebäudes tragen. Sie sind genannt nach Ạtlas, dem Träger des Himmelsgewölbes in der antiken Mythologie. →Säulenmonument*.

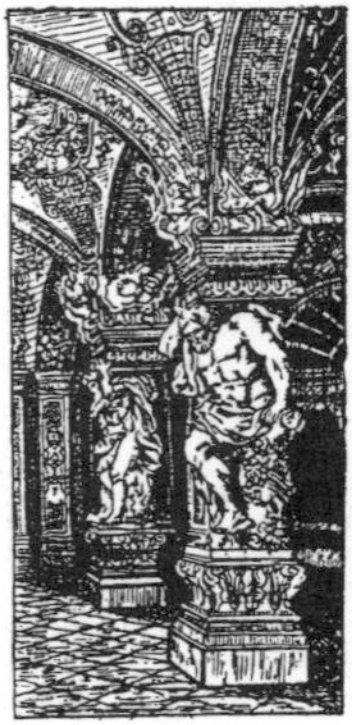

Atlanten. Wien: Oberes Belvedere. Gartensaal. 1714–23. Lukas von Hildebrandt (1668–1745).

Ạton, der (ägypt.). Im Mittleren Reich →Ägyptens = Sonnenscheibe; seit der 18. Dyn.: Sonnengott. Dargestellt als Sonnenscheibe, deren Strahlen in segnenden Händen endigen. Symbol der umstürzenden religiösen Anschauungen Amenophis' IV. (= Echnaton; 1372 bis 1358), der ~ zum Allein- und Weltgott erklärte. Ein Hauptmotiv der →Amarna-Kunst; →Ägyptische Kunst.

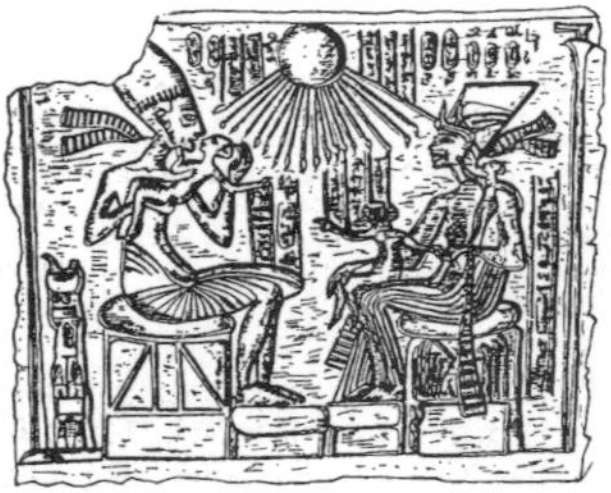

Aton. Berlin: Staatliche Sammlungen. Echnaton (1372–1358 v. Chr., 18. Dyn.) mit Nofretete und Prinzessinnen. Kalksteinrelief.

Atrium, das (lat.).

I. Hauptraum des →röm. Wohnhauses (1–3): →Säulen*getragener Innenhof mit mittlerer Öffnung im Dache, unter der sich das Impluvium (1d) – das Regenbecken – befand. Das ~ war von der Straße aus zugänglich; dahinter lag der dem Familienleben vorbehaltene Teil des Hauses. →Tablinum*.

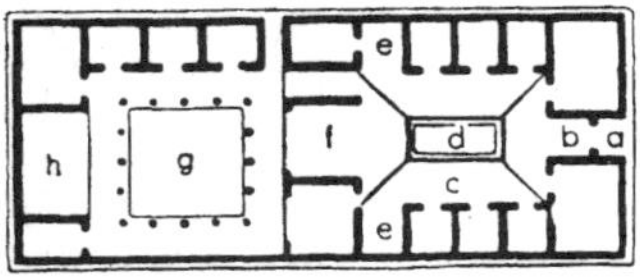

1

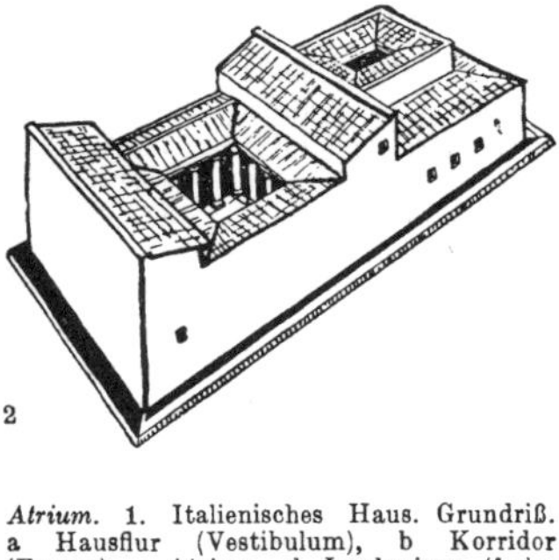

2

Atrium. 1. Italienisches Haus. Grundriß. a Hausflur (Vestibulum), b Korridor (Fauces), c Atrium, d Impluvium (freier Hofraum mit Vertiefung zum Sammeln des Regenwassers), e Seitenhalle (Ala), f Tablinum (Familienarchiv und Geschäftszimmer des Hausherrn), g Peristyl, h Exedra (Galerie, Prunkzimmer). 2. Italienisches Haus. Außen.

II. Von→Säulenhallen umgebener Hof der →altchristl. →Basilika*, auch Paradies genannt (4), von griech. paradeisos = Park. Im ~ von St. Peter in Rom versammelten sich die

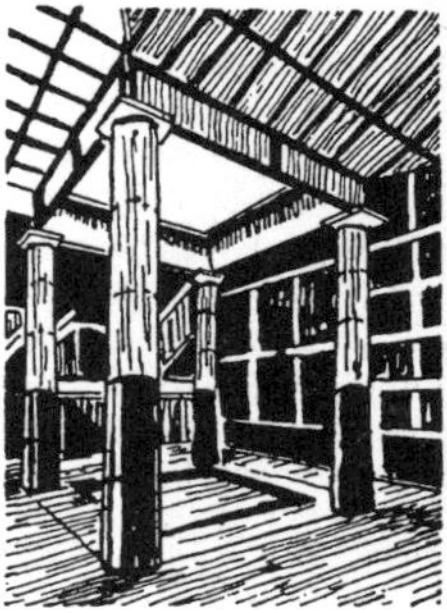

3

Atrium. 3. Haus in Pompeji. Hof.

Pilger und reinigten sich am mittleren Brunnen symbolisch vom „Schmutz" der Sünde. An diesem Springbrunnen, den ein →Baldachin* bekrönte, kam das Wasser aus einem →Pinienzapfen*, dem Sinnbild der Fruchtbarkeit. Das ~ bedeutete das →Paradies mit dem →Lebensbrunnen*.

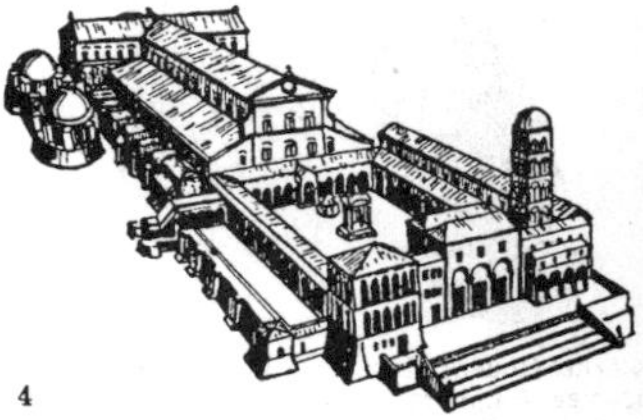

4

Atrium. 4. Rom: Alt-St. Peter. Kurz vor 325. Außen.

Attika, die (neulat.). Freistehende niedrige Wand über dem Haupt→gesims eines Bauwerks. Sie verdeckt mitunter den→Dach*ansatz.

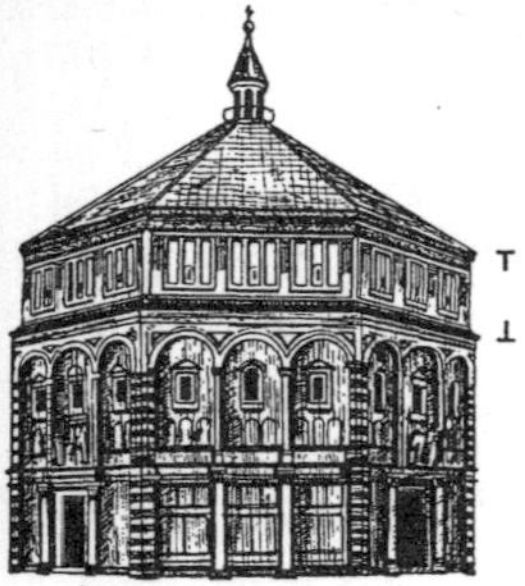

Attika. Florenz: Baptisterium. Um 1060.

Attikageschoß. Niedriges Obergeschoß, bes. im franz. →Barock.

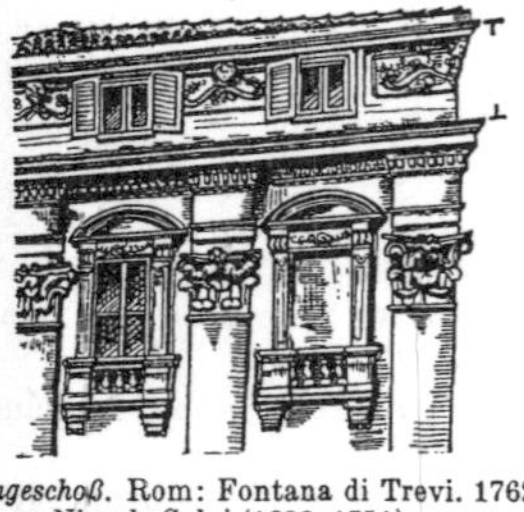

Attikageschoß. Rom: Fontana di Trevi. 1762. Niccolo Salvi (1699–1751).

Attische Basis, die. Aus der →jonischen Baukunst, →Säulenfuß aus 2→Wülsten mit zwischenliegender →Hohlkehle*.

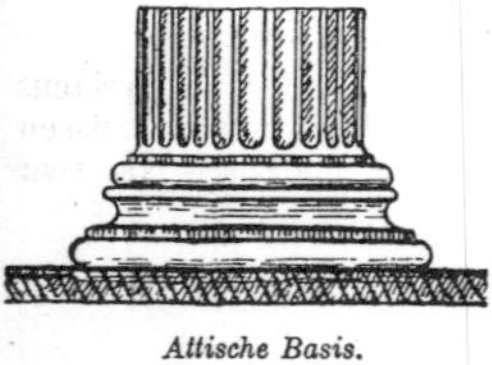

Attische Basis.

Attribut, das (lat. attributum = Hinzugefügtes). Ein der figürlichen Darstellung von Personen beigegebenes Kennzeichen, das sich auf ihre Stellung oder auf ein Ereignis ihres Lebens bezieht. Bei Heiligen im allgemeinen ein Werkzeug ihres Martyriums (z. B. Rad der Hl. Katharina). →Paradiesgärtlein*.

Die folgende Liste der Heiligenattribute ist dem Werke von Joseph Braun: Tracht und Attribute der Heiligen in der deutschen Kunst (Stuttgart 1943. Spalte 833 bis 842) entnommen.

Adler (Johannessymbol): Johannes Ev.

Ähren, drei: Brictius.

Äpfel, drei: siehe Goldkugeln.

Ahle: Krispinianus.

Almosenkörbchen: Alexius.

Altöttinger-Gnadenbild: Rupertus.

Amboß: Adrianus – Eligius.

Ampel, brennende: Vitus.

Anker: Klemens – Nikolaus – Sunniva.

Antlitz Christi, Tuch mit: Veronika.

Artemia: Cyriacus.

Arzneikästchen: Kosmas.

Aschenkuchen: Sebaldus.

Ast: Achatius.

Ast, dürrer: Emerita von Chur.

Athich: Ottilia.

Augen: Erhard von Regensburg – Lucia – Ottilia.

Axt: Botvid – Wolfgang.

Bär: Gallus – Kolumba – Richardis – Thekla.

Bär mit Reisegepäck: Korbinian – Maximin.

Bahre mit einem Toten: Noitburgis.

Banner: siehe Fahne.

Baumstamm: Afra - Christophorus - Edigna - Kastulus - Sebastianus.

Becher: Florinus - Meinrad.

Becher mit Schlange oder Drache: Benedikt - Ludwig Bertran.

Becken mit Wasser: Florian.

Beil: Adrianus - Benedikta - Hermengild - Judas Thaddäus - Matthäus - Matthias - Simon - Trudpert - Utto.

Bernwardskreuz: Bernward.

Besen: Petronilla.

Besessene: Cyriacus - Remigius.

Bettelsack: Felix von Cantalice.

Bettler: Elisabeth von Thüringen - Homobonus - Johannes von Nepomuk - Korona - Martin - Oda - Thomas von Villanova.

Beutel: Laurentius - Matthäus - Sixtus II.

Bienenkorb: Ambrosius.

Bischofsstäbe, drei: Bernhardin von Siena.

Blashorn: Blasius.

Blitze: Donatus von Münstereifel - Johannes und Paulus.

Blumenzweig: Dorothea - Vincentius - Walburga.

Blutfläschchen: Januarius.

Bogen: Sebastianus.

Bohrer: Achatius - Apollonia - Leodegar.

Bottich mit drei Knaben: Nikolaus.

Brief: Alexius - Oswald.

Brot (Brote): Agatha - Elisabeth von Thüringen - Gallus - Laurentius - Meinrad - Nikolaus - Notburga von Rattenberg - Verena - Vitus.

Brote, drei: Maria von Ägypten.

Brüste: Agatha.

Brunneneinfassung: Amalberga - Kallistus - Klemens - Quirinus von Tegernsee.

Buch mit Inschrift: Benedikt - Bernhardin von Siena - Ildephonsus - Johannes vom Kreuz - Nikolaus von Tolentino - Petrus Damiani - Zacharias, Vater Johannis d. T.

Buch der Ordenssatzungen: Ignatius von Loyola.

Buch, von Schwert durchbohrt: Bonifatius.

Büchse: Afra - Kosmas und Damian.

Bürste: Radegundis.

Büste: Erasmus.

Christuskind: Christophorus.

Dioscurus: Barbara.

Dolch (Schwert) im Hals: Aquilinus - Lucia.

Dolch in der Brust: Angelus - Petrus Martyr.

Dornenkranz auf dem Kopf (Dornenkrone): Achatius - Johannes von Gott - Katharina von Siena.

Dornenkrone Christi: Joseph von Arimathäa - Ludwig der Heilige.

Dornzweig: Achatius.

Drache: Beatus - Cyriacus - Georg - Magnus von Füssen - Margareta - Martha - Narcissus - Olaf.

Edelstein: Thomas von Aquin.

Eimerchen: Damian

Eisenkralle: Christina.

Engel (Matthäussymbol): Matthäus.

Engel mit Hostie: Elisabeth von Reute.

Engel, eine Wunde heilend: Rochus.

Epileptiker: Valentin.

Erdbeerpflanze: Dorothea.

Erzstufe: Theodor von Sitten.

Esel: Antonius von Padua.

Fackel: Agatha – Antonius Er. – Barbara – Margareta – Vincentius.

Fäßchen: Gunthildis – Ludwig von Toulouse – Otmar – Willibrord.

Fahne: Johannes von Capistrano.

Fahne mit Adler: Leopold von Österreich – Wenzeslaus; mit Kreuz: Gereon; mit Kreuz oder Kreuz mit vierfachem A im Winkel der Balken: Mauritius; mit klevischem Doppelkreuz: Gregorius Maurus; mit neun Kugeln: Quirinus von Neuß.

Falke: Bavo.

Faß: Johannes Ev.

Felsblock: Sunniva.

Feuerhaken: Vincentius von Valencia.

Feuertopf: Antonius Er.

Fisch: Amalberga – Antonius von Padua – Berthold – Botvid – Petrus – Ulrich.

Fisch mit Ring im Maul: Arnulf – Verena.

Fisch mit Schlüssel im Maul: Benno.

Fische, zwei auf Fischkasten: Zeno.

Fischlegel: Zeno.

Flachsbündel: Afra.

Flammen, stehend in solchen: Richardis – Thekla.

Flammen zu Füßen: Antonius Er.

Flasche: Kosmas und Damian – Willibrord.

Flügel: Vincentius Ferrerius.

Frosch: Pirminius.

Gänse: Achahildis – Ludgerus.

Gans: Martin – Pharahildis.

Gansbein: Achahildis.

Garbe: Donatus von Münstereifel – Johannes und Paulus – Notburga von Rattenberg.

Gefangener: Leonardus – Nikolaus.

Gefäß für Getränk: Genovefa.

Geißel: Ambrosius – Benedikta – Ferreolus – Firminus – Gervasius – Juliana – Pantaleon – Prokopius.

Geldbeutel: Laurentius – Matthäus – Sixtus II.

Geldkästchen: Korona.

Geldstück (Almosen): Elisabeth – Homobonus – Korona – Martin – Sixtus II.

Geschwür: Fiacrius – Rochus.

Getreideschwinge: Benedikt.

Giftbecher: Benedikt – Johannes Ev. – Ludwig Bertran.

Glöckchen: Antonius Er. – Heinrich von Ebrantshausen – Lioba – Theodor von Sitten.

Glocke: Theodor von Sitten.

Goldkugeln (Goldäpfel, Goldbarren), drei: Nikolaus.

Greif: Himerius.

Griffel: Seuse.

Gurt mit Strick zu Füßen: Hippolytus.

Hagel: Johannes und Paulus.

Hahn: Edigna – Ottilia – Petrus – Vitus.

Haken, krallenartiger: Christina.

Halstuch: Ludmila.

Hammer: Juliana – Reinold.

Hand, abgehauene: Adrianus.

Handkreuz: Bernward – Kunigunde – Petrus.

Handschuh: Fronto.

Handtraubenpresse: Wenzeslaus.

Harfe: Arnold.

Haus, brennendes: Agatha – Florian.

Hausvieh: Gunthildis – Jodokus – Leonardus – Patricius – Wendelinus.

Haut, abgezogene: Bartholomäus.

Hechel: Blasius – Hippolytus.

Hellebarde: Johannes und Paulus – Judas Thaddäus – Matthäus – Matthias – Olaf – Wiborada.

Helm, angeschmiedeter: Wilhelm.

Herz, flammendes: Augustinus – Franz Xaver – Katharina von Siena – Luitgard von Wittichen.

Herz mit Jesuskind: Gertrud von Helfta.

Herz mit Kreuz: Brigitta von Schweden – Katharina von Siena.

Herz mit Lilie: Vitalis von Salzburg.

Herz mit zwei Pfeilen oder mit Wunde: Augustinus – Thomas, Apostel.

Hindin: Ägidius – Iwan.

Hirsch: Ida von Herzfeld – Katharina von Vadstena – Prokopius.

Hirsch mit Kruzifix im Geweih: Eustachius – Hubertus – Johannes von Matha – Meinulphus.

Hirschgeweih mit Kruzifix: Eustachius.

Hirschkopf mit Kruzifix im Geweih: Eustachius.

Hirtenkeule: Drogo – Wendelinus.

Hirtenschippe: Joachim – Wendelinus.

Höllenhund: Eucharius.

Holzscheit, brennendes: Afra.

Holzschuh: Servatius – Vigilius.

Horn: Hubertus – Kornelius.

Hostie in der Hand: Onuphrius.

Hostien, drei: Maternus.

Hufeisen: Eligius.

Humpen: Olaf.

Hund: Bernhard von Clairvaux – Margareta von Cortona – Seuse – Wendelinus.

Hund mit Brot: Rochus.

Hund mit Fackel im Maul: Dominikus.

Inder: Franz Xaver.

Jesuskind: Agnes von Montepulciano – Antonius von Padua – Dorothea – Franz von Assisi – Hermann Joseph – Johannes d. T. – Joseph, Nährvater Jesu – Kajetan von Tiene – Stanislaus Kostka.

Johanneskind: Elisabeth, Mutter Johannes d. T.

Jungfrauen unter ihrem Mantel: Ursula.

Kamm (Marterwerkzeug): Margareta.

Kamm: Radegundis – Verena.

Kanne: Elisabeth von Thüringen – Florinus – Radegundis.

Kardinalshut als Attribut: Bonaventura – Hieronymus.

Kelch: Barbara – Eligius – Norbert – Ottilia.

Kelch mit Hostie: Barbara – Benignus – Onuphrius – Thomas von Aquin.

Kelch mit Jesuskind: Alto- Hugo von Lincoln.

Kelch mit Rosenzweig: Hermann Joseph.

Kelch mit Schlange: (Drache): Johannes Ev.

Kelch mit Spinne: Konrad.

Kelch mit Traube: Wigbert.

Kerze (Kerzen): Agatha – Aldegundis – Blasius – Genovefa – Gudula – Notburgis – Paternus.

Kerzen, fünf: → Rad mit fünf Kerzen.

Kerzen, zwei einander überkreuzende: Blasius.

Kessel: Erasmus – Justina und Cyprian von Antiochien – Krescentia – Modestus – Vitus.

Kette: Dismas – Johannes von Matha – Leonardus – Onuphrius – Patricius – Vincentius von Chieti.

Keule: Dismas – Ewald, schwarzer – Judas Thaddäus – Meinrad – Nikomedes – Placidus.

Kinder, neun: Notburga aus dem Klettgau.

Kinder, sieben: Felicitas – Symphorosa.

Kirchen, drei: Maternus.

Kirchen, fünf: Anno.

Kirchenmodell, individuelles: Adelheid, Kaiserin – Adelphus – Anno – Bruno von Köln – Eleutherius – Elisabeth von Thüringen – Goar – Godehard – Gumpertus – Hedwig – Heinrich II. – Helena – Hemma – Karl d. Gr. – Kastor – Kunibert – Kunigunde – Leopold von Österreich – Ludgerus – Martin – Philipp Jeningen – Placidus von Disentis – Sebaldus – Severinus von Köln – Sigibert – Willehad – Willibrord – Wolfgang.

Kirschbaum: Achahildis.

Klauhammer: Apollonia.

Knabe an der Hand: Julitta – Theopompus – Willibrord – Wirnto.

Knabe in einer Kufe: Ulrich von Zell.

Knabe mit Blumen und Früchten (Jesuskind): Dorothea.

Knabe, Wasser schöpfend: Augustinus.

Knaben, drei in einem Bottich: siehe Bottich.

Knüttel: Antonius von Rivoli – Heinrich von Finnland – Hippolytus – Jakobus d. Ä. – Johannes und Paulus – Placidus, Benediktiner – Sebastianus – Simon – Vitus.

Köpfe, sieben im Schoß: Felicitas.

Körbchen mit Rosen und Früchten: Dorothea.

Kohlen, glühende: Brictius.

Kopf, abgeschlagener, auf einer Schüssel: Johannes d. T.

Kopf, abgeschlagener, in der Hand: Alban – Dionysius – Felix, Regula und Exuperantius – Justus – Placidus von Disentis – Viktor von Solothurn.

Kranker: Johannes von Gott.

Kranz von Rosen: Dorothea – Rosalia – Seuse.

Kranz von Rosen und Lilien: Cäcilia.

Kreuz: Achatius – Dismas – Helena – Maria von Ägypten – Matthias – Petrus – Philippus – Quiriacus.

Kreuz mit Blättern und Früchten: Bonaventura.

Kreuz, schrägbalkiges: Andreas.

Kreuzesbaum: Bonaventura.

Kreuzesnägel: Helena – Joseph von Arimathäa – Ludwig der Heilige.

Kreuzestitel: Antonius von Padua – Helena – Ludwig von Toulouse.

Kreuzstab: Johannes d. T. – Petrus.

Kriegstrophäen: Johannes von Capistrano.

Krone: Jodokus.

Kronen, zwei oder drei: Elisabeth von Thüringen.

Krug: Meinrad – Verena.

Krummsäbel im Kopf: Angelus – Petrus Martyr.

Kübel: Radegundis.

Kübel mit Wasser: Florian.

Kuh (Rind): Brigitta von Kildare – Leonardus – Patricius – Wendelinus.

Lamm (Schaf): Agnes – Joachim – Patricius – Wendelinus.

Lamm Gottes: Johannes d. T. – Klemens.

Lanze: Demetrius – Lambertus – Simon – Thomas, Apostel.

Laterne: Gudula.

Leidenswerkzeuge: Bernhard von Clairvaux.

Leiter: Emmeram.

Leopard: Marciana.

Leuchter mit Kerze: Blasius.

Lilien, aus Kreuz hervorwachsend: Albertus Siculus – Dominikus.

Lilienstengel (Symbol Marias): Anna.

Löwe: Adrianus – Agapitus – Daria – Hieronymus – Januarius – Markus (Markussymbol) – Thekla – Vitus.

Männliche Figuren unter den Füßen: Amalberga – Barbara (Dioscurus) – Ermelindis – Heinrich, Apostel Finnlands – Katharina (Maxentius) – Olaf – Servatius – Valentin.

Mäuse (Ratten): Cutubilla – Gertrud von Nivelles.

Marienbild: Ildephonsus – Lukas – Maria von Ägypten.

Marienkind: Anna – Joachim.

Marienkind und Jesuskind: Anna.

Marienstatuette: Hedwig – Hyazinth – Rupertus.

Mauerkelle: Wunibald.

Meißel: Apollonia.

Mensch (Matthäussymbol): Matthäus.

Messer: Alto – Apollonia – Bartholomäus – Christina – Donatus von Münstereifel – Reparata – Werner.

Mitren, drei: Bernhardin von Siena – Maternus.

Monstranz: Antonius von Padua – Franz von Borja – Klara – Norbert – Paschalis Baylon – Thomas von Aquin.

Mühlstein: Christina – Florian – Halward – Krispinus und Krispinianus – Quirinus von Siscia – Viktor von Marseille – Vincentius

Muschel: Jakobus d. Ä. – Silvester.

Nagel (Nägel): Erasmus – Fausta – Ferreolus – Pantaleon – Placidus, Benediktiner.

Name Jesu: Bernhardin von Siena – Seuse.

Name Mariae: Bernhard von Clairvaux.

Ölfläschchen: Walburga.

Ofen: Eulalia – Vitus.

Olivenzweig: Bruno, Abt.

Orgel: Cäcilia.

Palmbäume, zwei: Korona.

Paradiesvogel: Wigbert.

Pfau: Liborius.

Pfauenfedern: Dorothea – Kolumba.

Pfeil (Pfeile): Ägidius – Christina – Edmund – Embede und Genossen – Eugenia – Halward – Potentinus – Sebastianus – Ursula.

Pferd: Leonardus – Wendelinus.

Pferdefuß: Eligius.

Pflugschar: Kunigunde.

Pfriemen: Erasmus.

Pilgerflasche, Pilgerstab, Pilgertasche: Jakobus d. Ä.

Pistole mit Kruzifix als Lauf: Ludwig Bertrand.

Pokal: Eligius – Martin – Olaf – Oswald.

Pokal mit Schlange: Eduard.

Quelle: Willibrord.

Rabe: Meinrad – Oswald.

Rad: Bernhard von Clairvaux – Katharina.

Rad mit fünf Kerzen: Donatianus.

Rasiermesser: Landricus.

Rationale: Willibald.

Ratten (Mäuse): Cutubilla – Gertrud von Nivelles – Ulrich.

Rauchfaß: Maria Salome – Zacharias.

Rebmesser: Morandus.

Ring: Agnes – Oswald – Verena.

Rosen: Dorothea – Elisabeth von Thüringen.

Rosenzweig: Dorothea – Hermann Joseph – Vincentius.

Rost: Blandina – Christina – Fides – Laurentius – Vincentius.

Rucktragkorb: Silvinus.

Ruder: Adalbert.

Rutenbündel: Ferreolus – Firminus – Koloman.

Säge: Fausta – Simon.

Säugling: Brictius – Marina.

Säule: Afra – Sebastianus – Thekla.

Salbbüchse: Kosmas und Damian – Maria Magdalena – Maria Salome – Pantaleon – Remigius.

Salzkübel: Rupertus.

Schädeldecke in der Hand: Dionysius – Nikasius – Quirinus von Malmedy.

Schale: Joseph von Arimathäa.

Schatzkästchen: Pelagia.

Schaufel: Werner.

Scheibe: siehe Aschenkuchen.

Scheibe mit Strahlen: siehe Name Jesu und Mariae.

Scheiterhaufen: Afra – Christina – Eventius und Theodulus – Irene – Lucia – Richardis – Thekla.

Schere: Homobonus.

Schiff (Schiffchen): Kordula – Ursula.

Schild mit Kreuz: Gereon – Mauritius – Ursus – Viktor von Agaunum; mit Doppelschlüssel: Nikolaus v. d. Flüe; mit klevischem Doppelkreuz: Gregorius Maurus; mit Kreuz mit vier A in den Winkeln der Balken: Mauritius; mit Mohrenköpfen: Mauritius; mit Adler: Leopold von Österreich – Wenzeslaus; mit neun Kugeln: Quirinus von Neuß; mit Lilien und Hörnern: Wilhelm; mit Lilien: Ludwig der Heilige – Maurus, Abt.

Schlange: Amandus von Maastricht – Christina – Pirminius – Silvester.

Schlüssel: Benno – Hubertus – Petronilla – Petrus – Servatius.

Schmiedewerkzeug: Eligius.

Schreibgerät (Feder, Tinten- und Federbehälter): Albertus Magnus – Birgitta – Hildegard – Johannes Ev. – Lukas – Markus – Matthäus – Thomas.

Schriftstück (Schriftrolle): Alexius – Heinrich II. – Zacharias.

Schüssel mit Augen: Lucia.

Schüssel mit Broten, Früchten, Fischen: Elisabeth von Thüringen.

Schüssel mit Brüsten: Agatha.

Schüssel mit Drache (Schlange): Philippus.

Schüssel mit gebratenem Huhn: Elisabeth von Thüringen – Martha.

Schüssel mit gebratenen Rebhühnern: Nikolaus von Tolentino.

Schüssel mit Löffel: Alexius.

Schuhe: Hedwig – Krispinus.

Schustermesser: Krispinus und Krispinianus.

Schwan: Hugo von Lincoln.

Schweinchen: Antonius Er. – Wendelinus.

Schweinskopf: Blasius.

Schwert: Jakobus d. Ä. – Katharina – Matthäus – Paulus – Theodor von Sitten.

Schwert (Dolch) im Hals: Lucia.

Schwert im Rücken: Matthäus.

Schwert in der Brust: Justina.

Schwert mit durchstochenem Buch: siehe Buch, von Schwert durchbohrt.

Schwerter, drei: Albert von Lüttich.

Seil: Ludmila.

Sichel: Maginus – Notburga von Rattenberg.

Sonne auf der Brust: Thomas von Aquin.

Spaten: Fiacrius – Kastulus.

Spieß: Adalbert – Johannes und Paulus.

Spießspitze: Koloman.

Spindel: Lüfthildis.

Spitalmodell: Gertrud von Nivelles.

Spruchband mit Inschrift: Fides, Spes, Caritas, Hermes, Primus, Sabina.

Stab, blühender: Joseph.

Stab, grünender: Christophorus.

Stab Petri: Maternus.

Stabkreuz: Margareta – Philippus.

Stadtmodell: Eucharius – Wolfgang.

Stein (Steine): Antonius von

Rivoli – Eskil – Hieronymus – Judas Thaddäus – Kallistus – Koloman – Matthias – Pharahildis – Philippus – Silvinus – Stephanus – Thomas, Apostel.

Steinchen auf Buch: Liborius.

Steinhammer: Theodor von Sitten.

Steinwürfel: Thomas, Apostel.

Stern auf der Brust: Nikolaus von Tolentino – Thomas von Aquin.

Stern auf der Stirn: Dominikus.

Stern in der Hand: Suitbertus.

Sterne, fünf um das Haupt: Johannes von Nepomuk.

Sterne, sieben: Hugo von Grenoble.

Stier: Lukas (Lukassymbol) – Silvester – Synesius.

Streitaxt: Olaf.

Streitkolben: Fidelis von Sigmaringen.

Strick: Afra – Firminus – Karl Borromäus – Koloman.

Tafel mit Bild: Fabian – Ildephonsus.

Tafel mit Inschrift: Agatha – Benignus – Cyiillus – Zacharias.

Taube: Eulalia – Findanus – Gregor d. Gr. – Kunibert – Regina – Remigius – Reparata – Scholastika – Severus von Ravenna – Thomas von Aquin.

Taube mit Schleier: Aldegundis.

Tauben, zwei: Joachim.

Taufstein: Vincentius Ferrerius.

Taustab: Antonius Er.

Teufel mit Glocke: Theodor von Sitten.

Teufelchen, Kerze (Laterne) auslöschend: Genovefa – Gudula.

Teufelsfigur: Adalbert – Albertus – Antonius Er. – Cyriacus – Juliana – Justina und Cyprian – Margareta – Maurus – Norbert – Prokopus – Siculus – Willebold.

Teufelskopf: Antonius Er.

Tierkopf zu Füßen: Johannes d. T.

Totenkopf: Gebhard von Konstanz – Gregor d. Gr.

Toter: Fridolin – Notburgis – Stanislaus von Krakau.

Traube: Morandus – Theodor von Sitten – Urban – Wenzeslaus – Wigbert.

Treppe: Alexius.

Trümmer: Bruno von Würzburg.

Tuch, streifenförmig um den Hals gefalten: Ludmila.

Türke unter den Füßen: Johannes von Capistrano.

Turm: Barbara.

Uttostab: Utto.

Venusfigur: Eucharius.

Viola: Arnold.

Waage: Antonius von Florenz.

Wachsstock: Aldegundis – Blasius.

Wagen: Bernhard von Clairvaux.

Walkerstange (Wollbogen): Jakobus d. J. – Severus von Ravenna.

Wanderstab: Gebhard.

Wanne: Werner.

Wasser, darinstehend: Christophorus.

Wasserkübel: Florian.

Webergerät: Severus von Ravenna.

Weihwedel (Weihkessel): Martha.

Weinrebe: Urban.

Wickelkind: Brictius.

Wiege: Ambrosius.

Winde: Erasmus – Reparata.

Winkelmaß: Thomas, Apostel.

Wolf (Wölfe): Radegundis – Remaclus – Simpertus.

Wollbogen: siehe Walkerstange.

Wunde: Fiacrius – Rochus.

Wundervogel: Wigbert.

Wundmale: Franz von Assisi.

Zahlbrett: Matthäus.

Zange: Koloman.

Zange mit oder ohne Brust: Agatha.

Zange mit oder ohne Zahn: Apollonia.

Zange mit Zunge: Livinus.

Zelle, brennende: Drogo.

Ziborium: Hyazinth–Joseph von Arimathäa – Klara – Paschalis Baylon.

Zunge: Johannes von Nepomuk.

Aubussonteppich (franz.: obüßoñ). Gewebter →Bildteppich aus Aubusson.

Auditorium, das (lat.). Hörsaal. Im mittelalterlichen→Kloster* Empfangs- und Sprechzimmer.

Auffindung des Kreuzes. →Kreuzauffindung.

Aufglasurmalerei. →Porzellankunst.

Auflagenobjekt. →Multiple.

Auflager, das. Die Fläche, auf der ein tragendes Bauteil aufliegt. →Kämpfer*.

Aufriß. Geometrische Darstellung des aufgehenden Mauerwerks.

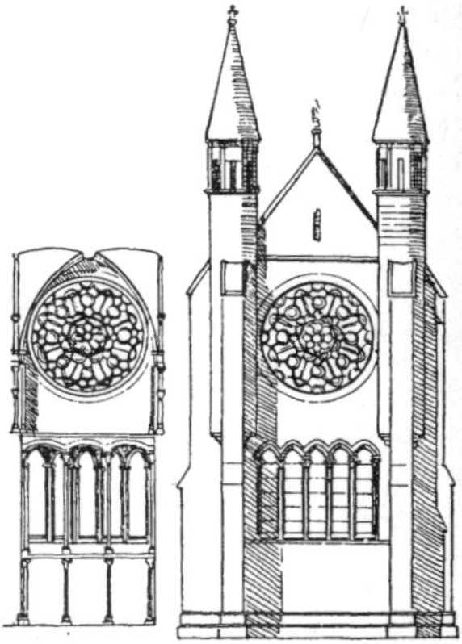

Aufriß. Dijon: (Frankreich, Burgund): Notre Dame. 1229–1240 Giebel des südlichen Querschiffes. Innen und außen.

Auge. Die kreisrunde Lichtöffnung im →Scheitel der →Kuppel IV*.

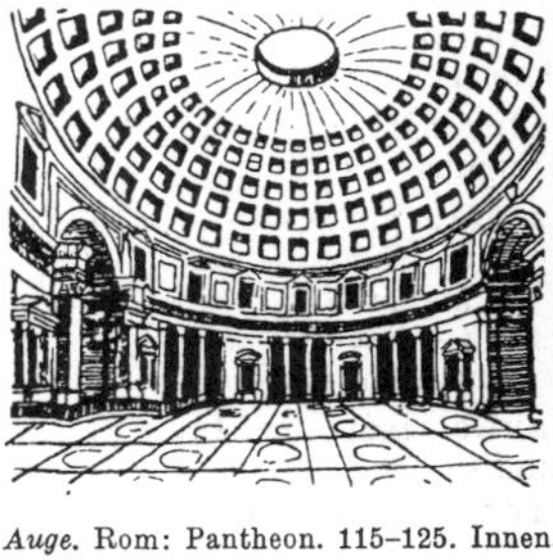

Auge. Rom: Pantheon. 115–125. Innen.

Auge Gottes. Symbol Gottvaters: ein menschliches Auge erscheint, von Strahlen umgeben, in einem

Dreieck, das die →Dreifaltigkeit* bedeutet.

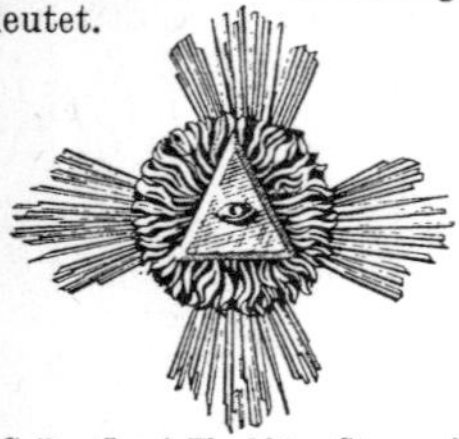

Auge Gottes. Josef Thaddäus Stammel (1695 bis 1765): „Der Himmel". Holzplastik. 1760. Admont: Klosterbibliothek. Teil: Auge Gottes.

Augenpunkt. →Perspektive*.

Augenschale. Typ des griech. Trinkgefäßes, entstanden um 540 v. Chr., mit aufgezeichnetem Gesicht und betonten Augen. →Trinkschale, Vasen*.

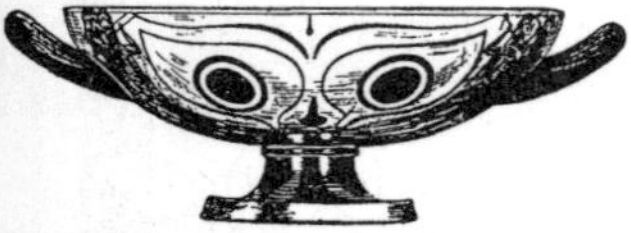

Augenschale. München: Staatliche Antikensammlungen. Attisch-schwarzfigurige Schale des Exekias. Ton. Um 540 v. Chr.

Auguste|ische Kunst. Röm. Kunst zur Zeit des Kaisers Augụstus (31 v. Chr. bis 14 n. Chr.). Blütezeit der Baukunst und des historischen →Reliefs*, von →monumentaler Auffassung und klassischer Haltung. →Ara pacis Augustae, Klassizismus 1.

Aula, die (griech. aulẹ). Binnenhof des griech. Wohnhauses. ~ rẹgia →Pfalz.

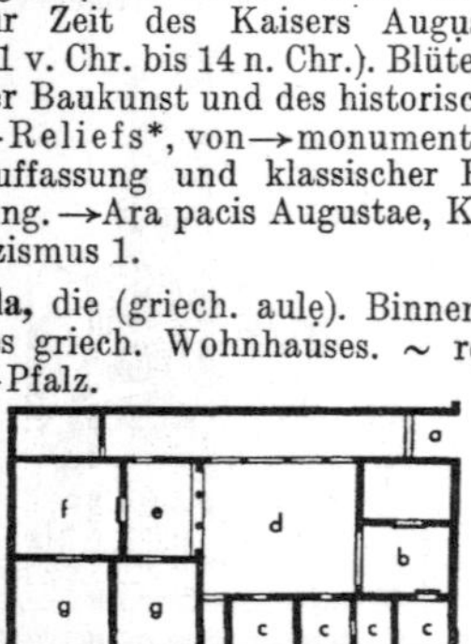

1

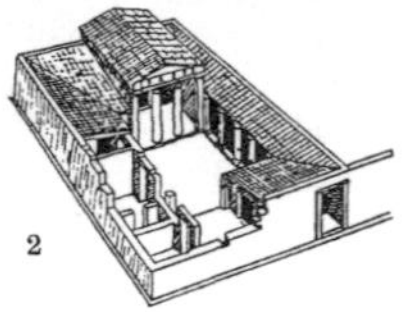

2

Aula. Griechisches Haus in Priene (Türkei), 4. Jahrh. v. Chr. 1 Grundriß, a Eingang, b Exedra (Galerie, Prunkzimmer), c Kammern, d Hof, e Vorhalle, f Saal (→Megaron), g Schlafzimmer. 2. Ansicht.

Aureọle, die (lat. aurẹola = kleine goldene [Krone]). Der bei den göttlichen Personen und bei Maria die ganze Gestalt einschließende →Heiligenschein*. In mandelförmiger Gestalt heißt er →Mạndorla.

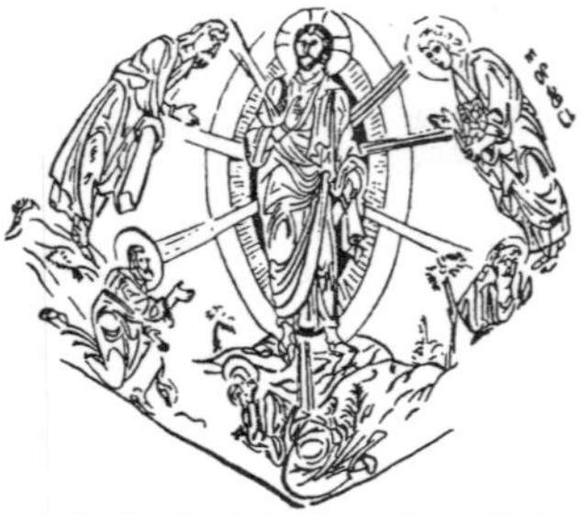

Aureole. Daphni bei Athen: Klosterkirche. Verklärung Christi. Mosaik. Um 1100.

Aurignaciẹn, das (franz.: orinjaßiäñ). Epoche der jüngeren →Altsteinzeit, etwa 60000–40000 v. Chr. Beginn der →Skulptur und der Zeichnung. Wichtig die sog. →Venus-Figuren: Statuetten aus Stein oder Knochen, nackte, meist sehr fette Frauen darstellend; von religiöser Bedeutung. →Große Mutter*, Vorgeschichtliche Kunst.

Aurọra, die (lat.; griech. Eọs, lat. Ẹos, die). Antike Bezeichnung für die Morgenröte bzw. die Göttin der Morgenröte.

Aurum coronarium, das. Goldener Kranz, den die römischen Senatoren dem Kaiser darbrachten. An die Stelle der Senatoren traten in der →altschristl. Kunst die Apostel und Märtyrer, die Christus als dem himmlischen Kaiser die Kränze darbrachten.

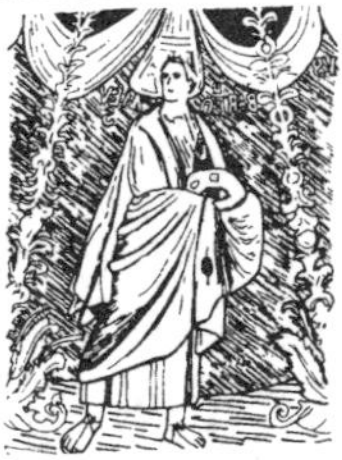

Aurum coronarium. Ravenna: Baptisterium der Orthodoxen. Kuppel. Mosaik: Taufe Christi; ringsum die Apostel. Teil: Ein Apostel. Um 458.

Ausgeschiedene Vierung. →Quadratischer Schematismus, Vierung 2*.

Ausgießung des Hl. Geistes. → Pfingsten*.

Aushängeschild. Künstlerisch gestaltetes meist schmiedeeisernes Wahrzeichen, das auf den Zweck eines Gebäudes (Herberge, Apotheke usw.) oder auf den Namen des Eigentümers anspielt.

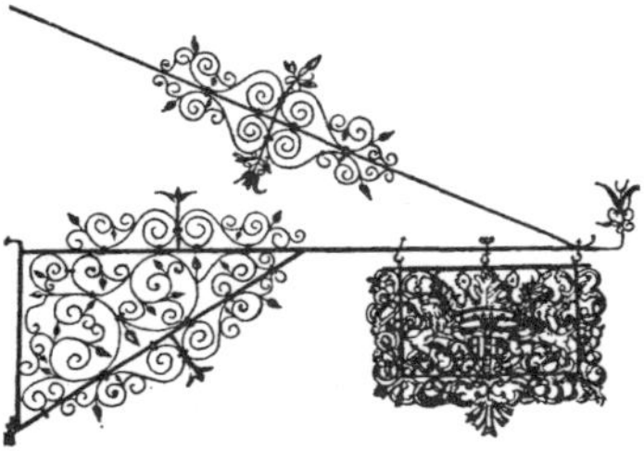

Aushängeschild. London: Victoria- und Albert-Museum. Schild Nr. 1735. Träger. 1. Hälfte 17. Jahrh.

Auskragung. Vorspringen eines Bauteils (oft eines ganzen Geschosses bei Fachwerkbauten*).

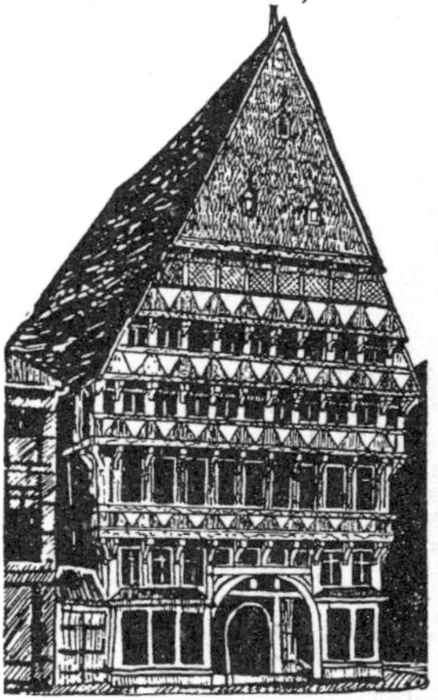

Auskragung. Hildesheim: Knochenhauer Amtshaus. Voll. 1529. Zerstört.

Auslucht, der. →Erkerartiger Vor-

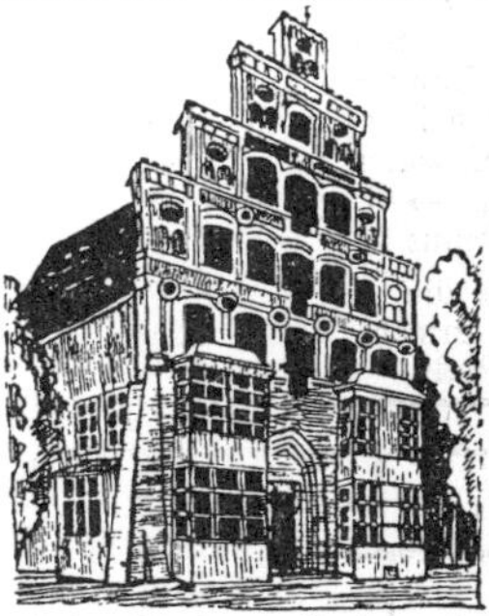

Auslucht. Lüneburg: Kaufmannshaus. Um 1500.

bau des Erdgeschosses oder mehrerer Geschosse an einer Seite bzw. zu beiden Seiten der Haustür.

Außenkanzel. →Kanzel am Außenbau einer Kirche, meist einer →Pilgerkirche.

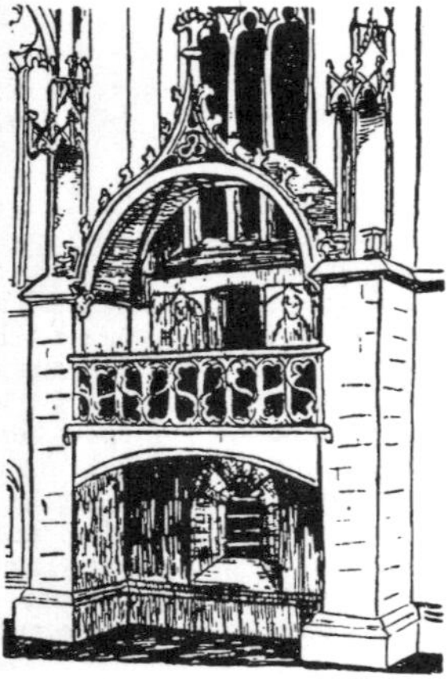

Außenkanzel. Kiedrich: Michaelskapelle. Um 1440.

Außenkrypta, die. Abart der →Krypta: halb in der Erde steckender kleiner →Hallenbau, der hinter dem →Chor* liegt und nicht überbaut ist. Am häufigsten um 1050 in Deutschland. Wirkt wie eine niedrige →Kapelle.

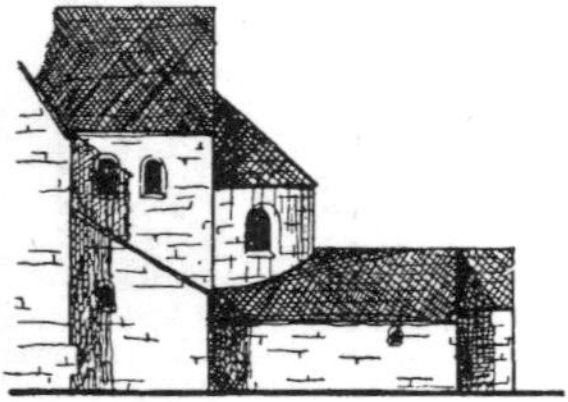

1

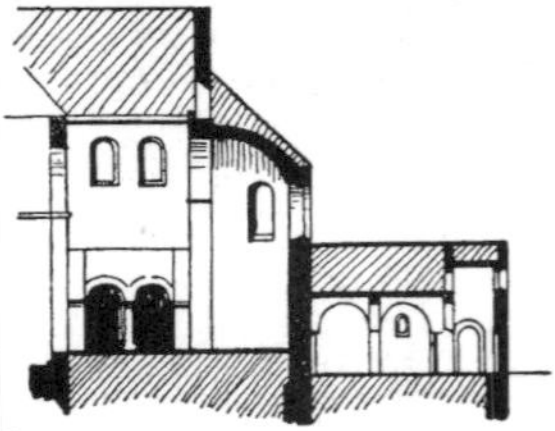

2

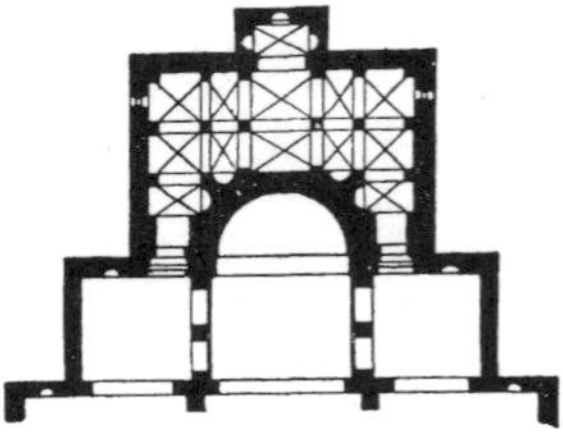

3

Außenkrypta. Susteren (Holland): Kirche der Benediktinerinnen St. Salvator. Mitte 11 Jahrh 1. Ansicht, 2 Längsschnitt, 3 Grundriß

Automatismus. Unbewußtes rhythmisches Malen; z. B. bei A. Masson (1896 geb.). →Action* painting, écriture* automatique.

Autorenbild. Bild des Verfassers am Anfang seines Buches. Seit dem Beginn der →hellenistischen Kunst. →Adorant*.

Avant la lettre (franz.: awañ la lätr). →Kupferstich*.

Avatara, der (ind. = Verwandlung). In der →ind. Religion und Kunst Inkarnation einer Gottheit. Berühmt sind die 10 ~ s →Vishnus*.

Avec la lettre (franz.: awek la lätr). →Kupferstich*.

Avers, der (lat.). Die. Bildseite

(Hauptseite) einer Münze. Ggstz.: →Revers. → Numismatik.

Axonometrie, die (griech.-lat.). Verfahren, ein Bauwerk dreidimensional durch Parallelprojektion darzustellen.

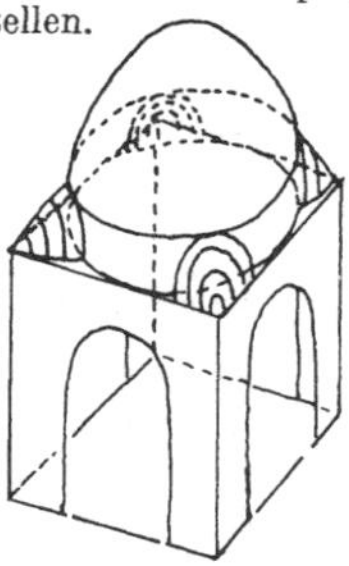

Axonometrie. Sassanidischer Kuppelbau mit Trompen.

Azteken.→Altamerikanische Kunst der ~ (1376–1520). →Tempelpyramiden*. Ballspielplätze* von kosmologisch kultischer Bedeutung; →Plastiken dienten als Marksteine. Mit Kultanlagen verbundene Festungen. Einige Wandgemälde erhalten, deren häufigstes Motiv das Sonnenbild ist. Auch der „Kalenderstein" von 3,5 m ⌀ im mexikanischen Nationalmuseum ist Sonnenbild. „Adlerschalen" aus Stein zur Aufnahme des Blutes und der Herzen der den Göttern Geopferten. Religiöse →Vollplastiken. Hervorragende Metallarbeiten. →Keramik. →Federarbeiten. Hauptstadt: Tenochtitlan (völlig zerstört, auf ihrem Boden das heutige Mexiko-City).

Azulejos (span.: a[th]ulexos), die (Mehrz.). Buntglasierte Wand- oder Bodenplatten; seit dem 13. Jahrh. von den →Mauren in Spanien eingeführt.

B

Babylonische Kunst.→Vorderasiatische Kunst.

Babylonischer Turm. →Zikkurat*.

Baccaratglas (franz.: bakkara). Kristallglas aus der in der lothringischen Stadt Baccarat entwickelten Industrie, die 1766 gegr. wurde. →Kunstglas.

Bacchanal, das (lat.). Fest des →Bacchus* (Dionysos), des griech. Weingottes. In Anlehnung an antike Vorbilder zuerst in der ital. Malerei der Früh→renaissance* dargestellt: Bacchus als Weingott, oft von →Silenen, Satyrn*, Mänaden* und Eroten* umgeben – ein Lob der Trunkenheit und des Liebesrausches. Abwandlungen des Themas: Das Kinder-~: Nackte Kinder mit gefüllten Trauben- und Fruchtkörben und das Bauern-~: Gelage trunkener und tanzender Bauern.

Bacchus (lat.), der; griech.: Bakchos, Dionysos. Antiker Gott des Weines.

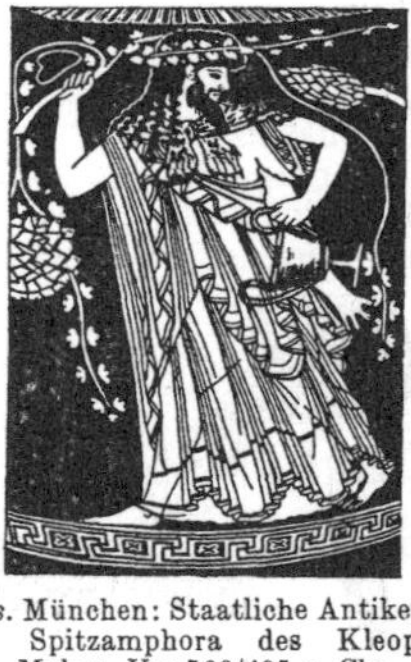

Bacchus. München: Staatliche Antikensammlungen. Spitzamphora des Kleophrades-Malers. Um 500/495 v. Chr.

Backstein. Aus Ton oder Lehm rechteckig geformter, gebrannter Mauerziegel. Ggstz.: gewachsener Naturstein. →Baustein II, .Formsteine, Terrakotta.

Backsteinbau. Aus Ziegelsteinen errichtete Bauwerke, die in ihren Außenseiten unverputzt und unverkleidet bleiben. Ältester ~ im 3. Jahrtausend v. Chr. in Mesopotamien (→Vorderasiatische Kunst). Im Mittelalter zuerst in der Lombardei im 10. und 11. Jahrh. Bedeutende Backsteinkunst in der norddeutschen Tiefebene und in den Niederlanden. Süd-, Nord- und Ostdeutschland sind die Hauptstätten der Backstein→gotik*, die die gotischen Zierformen vermindert und vereinfacht und stattdessen die wuchtige und geschlossene Erscheinung sucht. Sog. →Formsteine dienen der Herstellung der gekrümmten →Profile an →Fenster*- und →Portal→laibungen, für →Maßwerk und andere Verzierungen. Dunkle →Glasursteine beleben farbig den Bau. →Ziegelwürfelkapitell*.

Badia, die (ital.). Abtei, Abteikirche.

Baldachin, der (ital. baldacchino : -ki-; urspr. ein kostbarer Seidenstoff aus Baldac = Bagdad).

I. Die aus einem kostbaren Stoff hergestellte Überdachung über Thron, →Altar*, →Kanzel usw.

II. Traghimmel über dem Allerheiligsten, der an 4 oder 6 Stangen getragen wird.

III. Überdachung eines Grabmals, entsprechend dem →Ziborienaltar (1). Das ~-Grabmal steht frei, lehnt sich an die Wand an oder ist eingebaut. →Altar 5*.

IV. In der Baukunst, namentlich der →Gotik*: ein kleines, architektonisch durchgeformtes, schirmartiges →Dach* über →Statuen, →Kanzeln usw. (2).

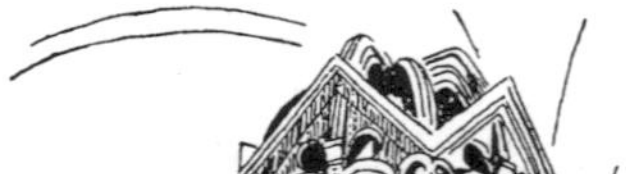

Baldachin. 1. Maria Laach: Abteikirche. Mitte 13. Jahrh. Heute über dem Hochaltar.

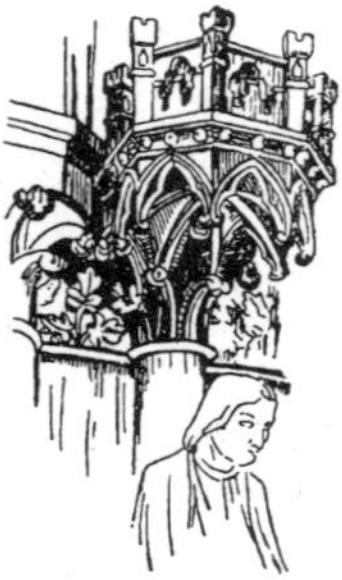

Baldachin. 2. Dijon (Frankreich, Burgund): Kirche Notre-Dame. Westportal 1229–1240.

Balkenkopf = das Balkenende. Beim Holz→fachwerk* ragt der ~ häufig hervor und wird mit Schnitzereien verziert.

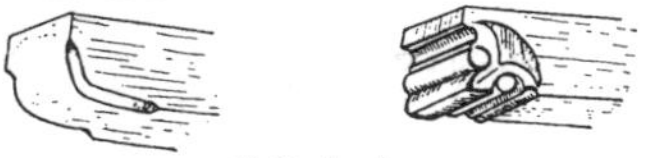

Balkenkopf.

Balkọn, der (franz. balcon: -kọñ). Ein offener Ausbau an Gebäuden, der ein Geländer oder eine Brüstung hat und auf →Konsolen* oder Kragbalken ruht. Ist er vom Boden aus gestützt, so heißt er →Altan* oder Söller.

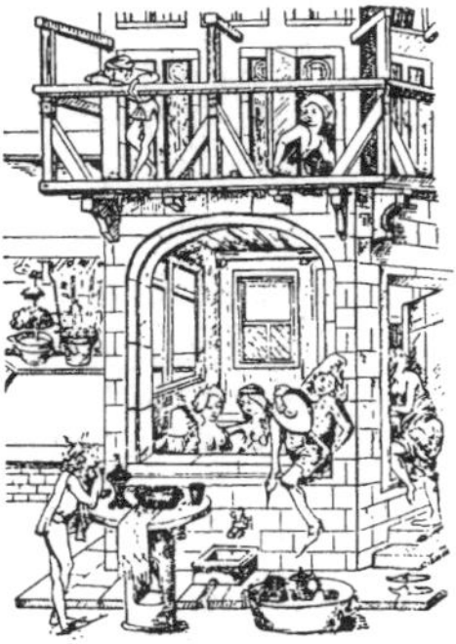

Balkon. Hausbuch des Hausbuchmeisters (tätig um 1475–1500). Mittelrheinisch. Um 1475. Schloß Wolfegg. - Teil: Badeszene.

Ballenblume. In der mittelalterlichen →Bauplastik ein knospenartiges→Ornament zum Schmuck von→Hohlkehlen*.

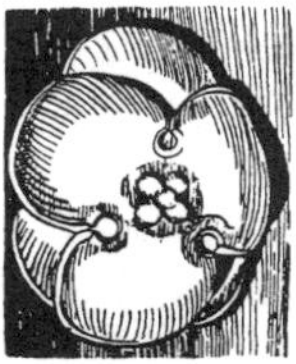

1

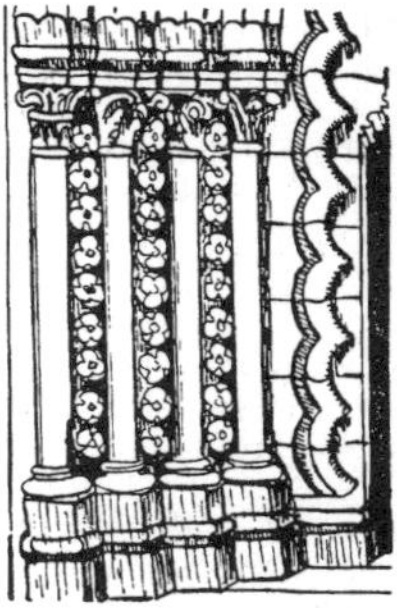

Ballenblume. Montréal (Frankreich, Dep Yonne): Kirche. Westportal. 12. Jahrh. 1. Teil. 2. Gesamt.

Ballspielplatz. In der→altamerikanischen Kunst eine mit Tempeln verbundene Anlage. Das Ballspiel hatte kultische Bedeutung. Das Spielfeld stellte den Kosmos, der Ball die Sonne dar. Man spielte den Himmelslauf der Sonne und wollte ihn auf diese Weise magisch beeinflussen. Dabei durfte der Ball nicht mit den Händen berührt oder mit Schlägern geschleudert werden. →Azteken, Maya, Mixteken, Tolteken, Zapoteken.

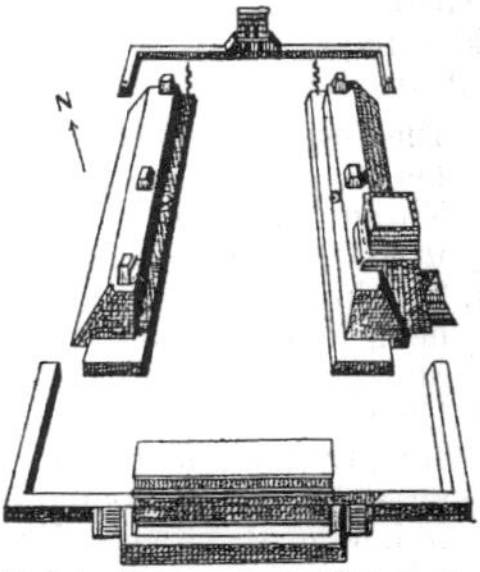

Ballspielplatz. Chichen Itzá (Yukatan): Der große ~. Um 1200.

Balụster, der, oder Docke, die. Reich→profiliertes, stark geschwelltes→Säulchen* von runder oder vieleckiger Grundform als Träger eines Geländers oder einer Brüstung (→Balustrade*).

Balustrạde, die (franz.). Ein Geländer, das aus →Balustern zwischen →Postamenten besteht.

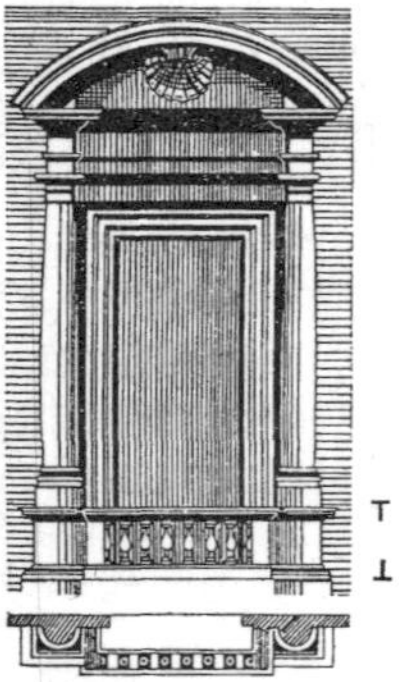

Balustrade. Rom: Kapitol; Konservatorenpalast. Nach 1546. Michelangelo (1475–1564).

Bambịnọ, der (ital. = das Kindlein). So nennen die Italiener vor allem Figuren des Jesuskindes. Il santo ~ (16. Jahrh.) ist eine als wundertätig geltende Figur der Kirche Ạra Cọẹli in Rom aus Olivenholz von Gethsemane, 60 cm hoch, in weißer Seide, mit Kostbarkeiten zugedeckt. Jährlich vom 24. 12. bis 6. 1. ausgestellt.

Bandelwerk. Ziermotiv, dessen Muster aus lebhaft geschwungenen Bändern besteht. Ranken-, Blatt- und figürliche Motive können sich damit verbinden. Bes. beliebt im frühen 18. Jahrh. als→Stuckornament. Ursprung: Frankreich um 1700.

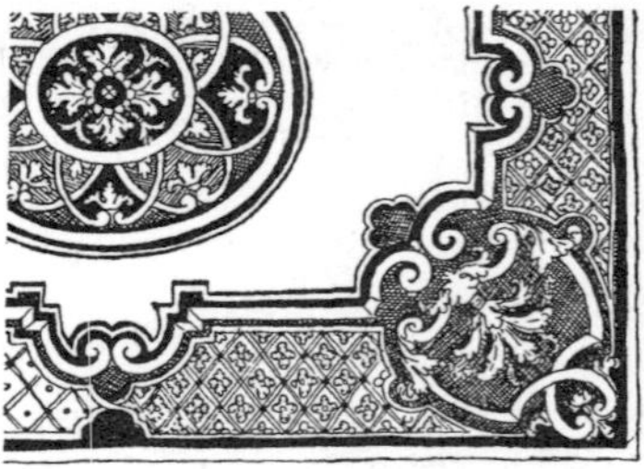

Bandelwerk. Albrecht Biller (1663–1720): Ornamentstich. Berlin: Staatliche Sammlungen. Teil.

Banderọle, die (franz.: bañderọl, eigtl. „Bandrolle"). In der bildenden Kunst, namentlich der frühen →Graphik: erklärendes→Spruchband*; der Text heißt→Legende.

Bandgeflecht. →Flechtband*.

Bandkerạmik, die. →Ornamentik der→Jungsteinzeit: Bänder (nicht Linien) verzieren die Gefäße. Zwei Gattungen:

I. Die Stichband- oder Hinkelstein-→Keramik, so genannt nach dem ersten Fundort (bei Worms), an dem sie geschlossen auftrat (1), punktiert in kleinen Strichen Doppellinien ein, die eine Schnur andeuten sollen, bis zu fünf Linienpaaren nebeneinander. Wegen der Zickzackform der Veızierungen auch als Winkelband-Keramik bezeichnet.

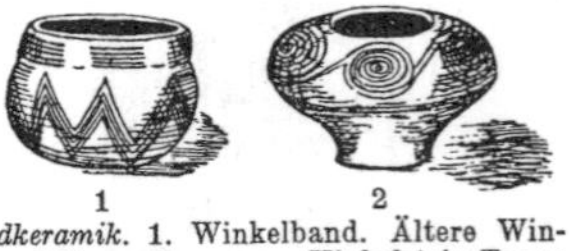

1 2

Bandkeramik. 1. Winkelband. Ältere Winkelband-Keramik vom Hinkelstein-Typus (bei Worms); 2. Spiral-Mäander-Keramik. Von Butmir in Bosnien.

II. Die Spiral-→Mäander*-Keramik zeichnet in Ritzlinien Spiral- und Mäandermuster auf die Fläche (2).→Vorgeschichtliche Kunst.

Bandrippe. Rippenform des 12. Jahrh.: die →Rippe besteht aus einem massiven Steinband mit rechteckigem →Querschnitt.

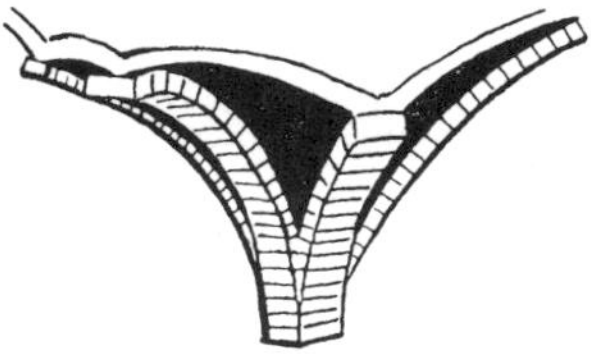

Bandrippe.

Bannerhalter. →Altamerikanische Steinplastik auf der Plattform einer →Tempelpyramide*: eine stehende oder sitzende Figur bildet mit den Händen einen Ring, in den man bei Festen Federbanner steckte.→Azteken, Federarbeiten, Tolteken.

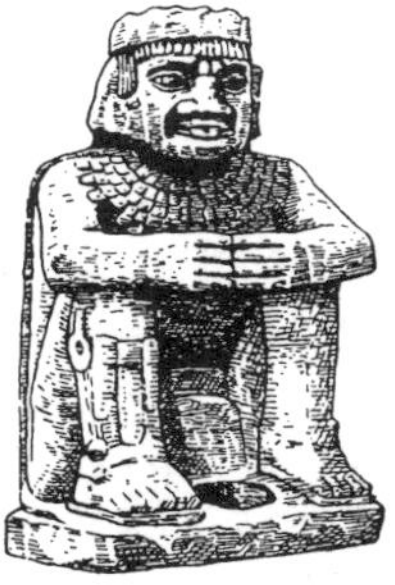

Bannerhalter.

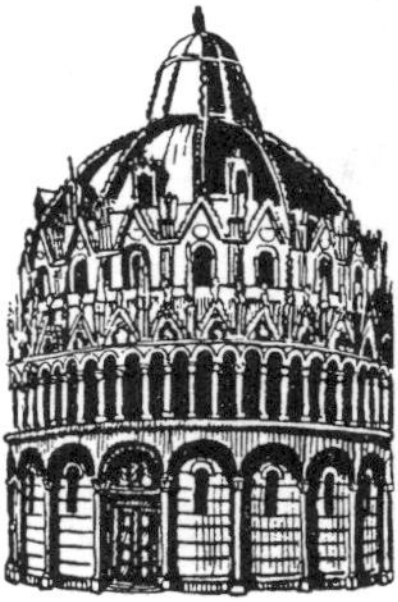

1

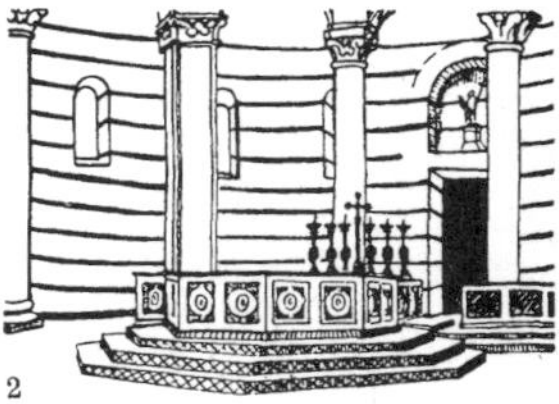

2

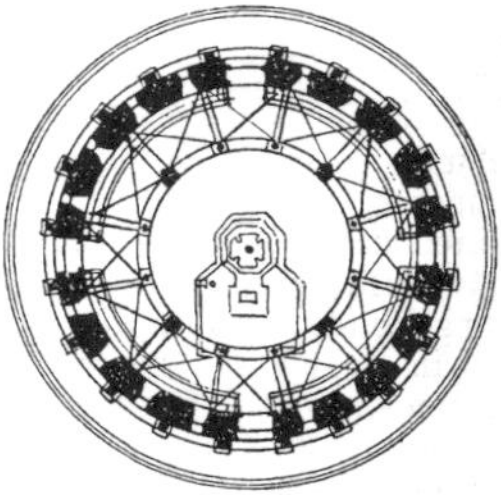

3

Baptisterium. Pisa (Oberitalien). Begonnen 1153. 1 Außen. 2. Innen. 3. Grundriß.

Baptisterium, das (lat. = Taufgebäude). Altchristl. und mittelalterlicher →Zentralbau* (4. bis 14. Jahrh.), der, neben den Bischofs- und Hauptkirchen über einem Taufbrunnen errichtet, dem Hl. Johannes d. T. geweiht war und als Taufkirche diente. In der Mitte das Becken zum Untertauchen des

Täuflings. Im Laufe des Mittelalters vom →Taufstein* abgelöst, der dann in der Kirche, nicht mehr in einem eigenen Bauwerk steht.

Barbakąne, die (mhd. auch barbigąne; altfranz. barbacąne). Bei mittelalterlichen Befestigungen ein Außenwerk, das dem →Burg*- oder Stadttor schräg vorgelegt ist; mit Schießscharten und Wehrgängen. Zur Sicherung des Tores bestimmt.

Barfüßerkirchen. →Bettelordenskirchen*.

Barǫck, der oder das (portugiesisch barǫcco = unregelmäßige Perle).

I. Europäischer Kunststil zwischen Spät→renaissance* bzw. →Manierismus* und →Klassizismus; etwa 1600–1775. Die Spätphase bezeichnet man auch als →Rokoko. Letzte große abendländische Gemeinschaftskultur, bestimmt von Kirche und Staat, jedoch in den nordischen Ländern auch vom breiten Volk, bes. den ländlichen Gemeinden, getragen. Von Rom ausgehend, erobert sich der ~ alle europäischen Länder. Er strebt nach dem Gesamtkunstwerk aus Architektur, Freiraum, →Plastik und Malerei. Haupterlebnis ist der Raum. Formal geht der Barock auf gesteigerte, schwellende, kraftvoll bewegte Formen von rauschendem Pathos und repräsentativer Mächtigkeit.

II. Diese formalen Züge treten häufig am Ende eines Entwicklungsabschnittes auf, den man dann auch als ~ bezeichnet. (z. B. spätantiker, spät→romanischer oder spät→gotischer* ~).

→Allongeperücke*, Apotheose*, Auge Gottes*, Boskett, Chinoiserie, Chronogramm*, Chronostichon*, Corps de Logis, Cour d'honneur*, Dreifaltigkeit 3*, Dreifaltigkeitssäule, Ehrenhof, Ehrenpforte*, Enfilade*, Englischer Garten, Französischer Park, Gartenparterre, Gartensaal, Heilige Stiege*, Heroische Landschaft, Ideale Landschaft, Kaisersaal, Kaiserstiege, Kamin, Kurie, Landschaftsgarten, Leda und der Schwan, Louis XIV.*, Lustschloß, Marinemalerei, Marmorsaal, Neubarock, Ochsenauge*, Orangerie*, Orgelprospekt, Pagode*, Park, Parterre de broderie*, Pestsäule, Porzellanzimmer, Risalit*, Rokoko, Sala terrena*, Scala sancta, Spiegelgalerie*, Staffage*, Stucco lustro, treillage, Vorarlberger Bauschule*.

Bartmannskrug. Henkelkrug aus rheinischem, braun glasiertem →Steinzeug; unter dem Ausguß das →Relief* eines bärtigen Mannes (16.–18. Jahrh.).

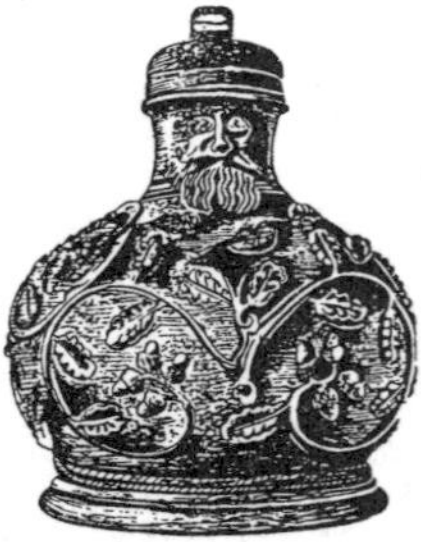

Bartmannskrug. Hamburg: Museum für Kunst und Gewerbe. Steinzeug mit Zinnbeschlag. Kölnisch Um 1525.

Basar, der (persisch). Orientalische Straße von etwa 15 m Breite mit überkuppelten Läden und mit Werkstätten der Handwerker an beiden Seiten. In der sommerlichen Mittagshitze von Zelten überspannt.

Basilica discoperta, die (lat.) = Basilika* ohne Dach. Das→Mittelschiff ist unbedacht; die→Seitenschiffe haben Dächer.

Basilika, die (griech. = Königshalle).

I. Amtsgebäude des Archon Basileus auf dem Markt von Athen.

II. Röm. →Halle zu Markt- und Gerichtszwecken (1). Diese offene Halle war gewöhnlich von →Seitenschiffen (→Säulenhallen) umgeben und endete bisweilen in einer halbrunden Tribuna (→Apsis*).

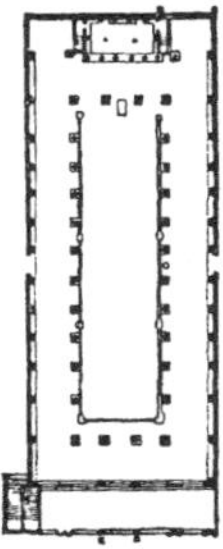

1

Basilika. 1. Pompeji. Gegründet wohl Ende 2. Jahrh. v. Chr.

III. →Altchristl. Kirchenbau (2 bis 4): langgestreckte →Säulenhalle, →Mittelschiff (C) mit zwei oder vier→Seitenschiffen (D); Überhöhung des Mittelschiffes (C) über die Seiten-

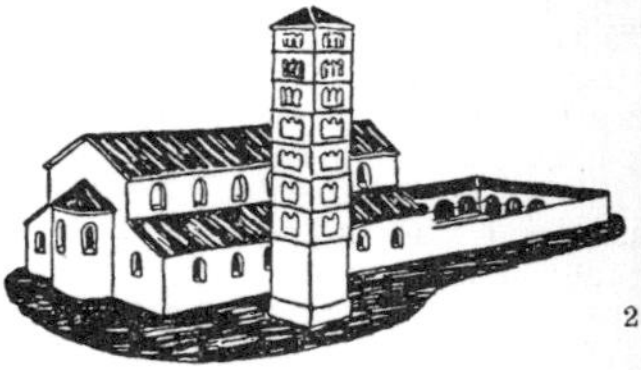

2

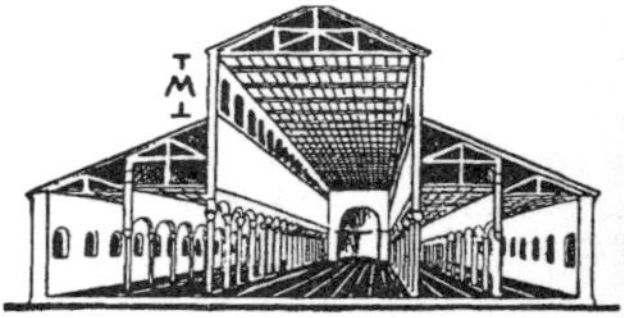

3

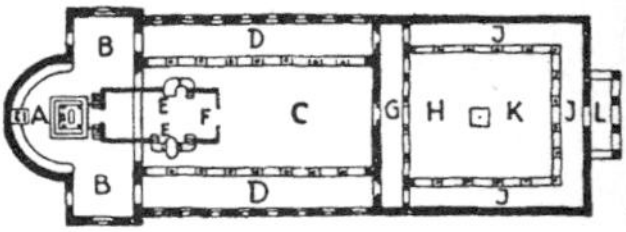

4

Basilika. 2. Altchristliche Basilika Außen. – 3. Altchristliche Basilika. Innen. – 4. Altchristliche Basilika. Grundriß.

schiffe (D), Belichtung des Mittelschiffes durch die→Fenster* über den →Dächern* der Seitenschiffe (Lichtgaden; M), Hinordnung des Langhauses auf den →Bischofsthron (A; *) und den zwischen diesem und dem Volke angeordneten →Altar*; un→gewölbt*, offener oder →verschalter Dachstuhl; Verbindung der→Säulen* durch ein gerades →Gebälk (→Architrav*) oder →Bogenstellungen (→Archivolten*). Der Raum für Altar, Sängerchor, Kleriker und Lesepulte(→Ambo*; E) war meist mit reich verzierter →Chorschranke*

(F) umzäunt. Erweiterung des →Grundrisses durch ein →Querhaus (B) zwischen →Langhaus und →Apsis*, durch eine Vorhalle (→Narthex; G) vor dem Langhaus und durch einen offenen Vorhof (→Atrium* oder Paradies; H) mit Säulenumgang (J); im Vorhof befindet sich der→Reinigungsbrunnen (K;→Atrium 4*). Vor dem Atrium liegt eine äußere Vorhalle, der→Portalvorbau (L). Die →Türme am Außenbau der altchristl. ~ stehen meist abseits und sind erst später hinzugefügt.→Atrium 4*.

IV. In der christl. Baukunst nennt man ~ jede Kirche mit überhöhtem, belichtetem→Mittelschiff, im Ggstz. zur →Hallenkirche*, auch wenn diese Kirche gegenüber der altchristlichen ~ →Krypta, →Vierung*, Einwölbung, →Stützenwechsel*,→Emporen* und ein sog.→gebundenes System* sowie einen →turmreichen Außenbau hat.

Basilisk, der (griech. = König der Schlangen); erwähnt Psalm 90, 13; Jes. 59, 5; Jer. 8, 17. Dämonisches, Unheil bringendes Fabelwesen, das sich das Mittelalter meist als Hahn mit Schlangenschwanz vorstellte. Symbol der höllischen Mächte. →Aspis*, Drache*, Schlange II.

Basis, die (griech.). Der untere Teil eines Baugliedes, namentlich der Fuß einer →Säule*. Die ~ leitet den Druck der Stütze auf eine größere Fläche über. →Attische Basis*, Eckblatt*. Auch der→Sockel einer →plastischen Figur wird ~ genannt.

Basrelief, das (franz.: ba-). Flaches →Relief 1*.

Basselisse, die (franz.: baßliß). In der →Wandteppichweberei: Webmaschine mit waagerechter→Kette. Ggstz.: Maschine mit senkrechter Kette (→Hautelisse).

Bastion, die (franz.: oñ); Bastei, die. Vorspringender Teil des Hauptwalls einer Befestigung – fünfeckig zur Lenkung des Feuers nach allen Richtungen der Angriffsseite.

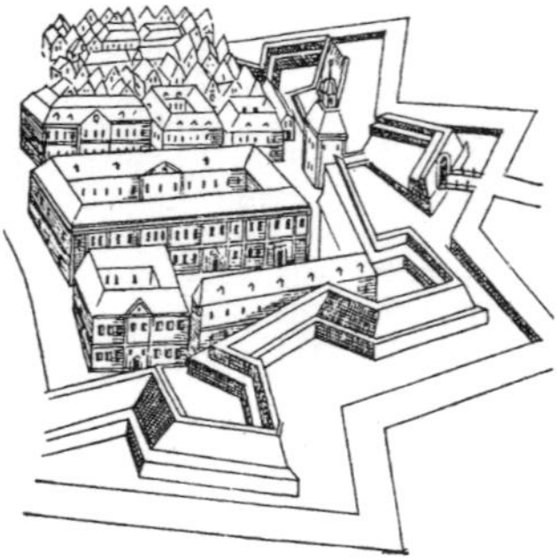

Bastion. Nürnberg: Nationalmuseum. Ansicht von Berlin. Federzeichnung. 17. Jahrh.

batiken. Wahrscheinlich aus China stammende, javanische Technik der farbigen Musterung von Stoffen: auf den Stoff wird nach einem vorgezeichneten Muster heißes Wachs aufgetragen; es verhindert in dem anschließenden Farbbad ein Eindringen der Farbe, die nur die ungewachsten Stellen durchdringt. Nach der Einfärbung wird das

Wachs entfernt. Die Muster fließen ineinander und haben eine dünne farbige Äderung, da man zuvor leichte Brüche und Risse im Wachs herbeigeführt hat. Verschiedenfarbige Muster setzen ein mehrmaliges ~ voraus. Seit 1900 auch in Europa angewandt.

Bauernbacchanal, das. →Bacchanal II.

Bauernkunst. →Volkskunst.

Bauflucht. Die straßenwärts gelegene Grenze, über die hinaus nicht gebaut werden darf.

„Bauhaus". Deutsches Kunstinstitut von weltweiter Wirkung. 1919 von W. Gropius (1883–1969) gegr.; 1925/26 nach Dessau verlegt; 1933 von den Nationalsozialisten geschlossen. Umfaßte alle Künste; erstrebte die Vereinigung von Handwerk, Technik und Industrie; suchte eine neue Verknüpfung von Kunst und Gesellschaft; bemühte sich auch um eine zeitgerechte Gestaltung von Fotografie, Film und Tanz. 1937 Gründung des „New ~" in Chicago. In Deutschland nahm seit 1951 die Ulmer Hochschule für Gestaltung seine Ideen auf. Künstlerisch mit dem →Konstruktivismus* und der →Neuen Sachlichkeit* verwandt.

Führende „Meister am Bauhaus" (so hieß der offizielle Name). Architekten: W. Gropius (1883–1969), L. Mies van der Rohe (1886–1969). – Maler: L. Feininger (1871–1956), J. Itten (1888–1967), W. Kandinsky (1866–1944), P. Klee (1879–1940), L. Moholy-Nagy (1895–1946; auch Bildhauer), O. Schlemmer (1888–1943).

Bauhütte. Urspr. bezeichnete die ~ die Werkstatt der bei einem Bau beschäftigten Bauleute und Steinmetzen. Später wurde so die Gemeinschaft der Bauleute genannt. Im 13. Jahrh. entstanden die ~n als Zusammenschluß der an einem größeren Kirchenbau tätigen Künstler und Handwerker. Die Mitglieder waren Laien, die, an eine genaue Hüttenordnung gebunden, ihre technischen und künstlerischen Erfahrungen als Hüttengeheimnis streng hüteten. Der Vorsteher der ~ war der Hüttenmeister, sein Stellvertreter der Parlier. Die ~ sicherte das einheitliche Zusammenarbeiten von Architekten und Bildhauern an den mittelalterlichen →Kathedralen. Minder bedeutende Hütten waren einer Haupthütte unterstellt. Den Vorrang über alle Haupthütten hatte in Deutschland Straßburg; weitere deutsche Haupthütten befanden sich in Köln, Wien, Bern und Regensburg. Im 15. Jahrh. begannen die Zünfte auf Grund der neuen künstlerischen Lage (Zurücktreten des Kathedralbaus gegenüber einer bürgerlichen Kunst) die ~n zu verdrängen.

Bauhüttenbuch. Bauzeichnungen im Zusammenhang einer →Bauhütte. Aus dem Mittelalter nur ein Vorlagenbuch erhalten: von Villard de Honnecourt um 1235 (Paris: Nationalbibliothek).

Baukeramik, die. Die zum Schmuck eines Baues bestimmte und ihm fest verbundene →Keramik.

Baum. →Lebensbaum.

Baumkreuz. Eine Form des Kreuzes mit Blättern, Blüten oder Früchten

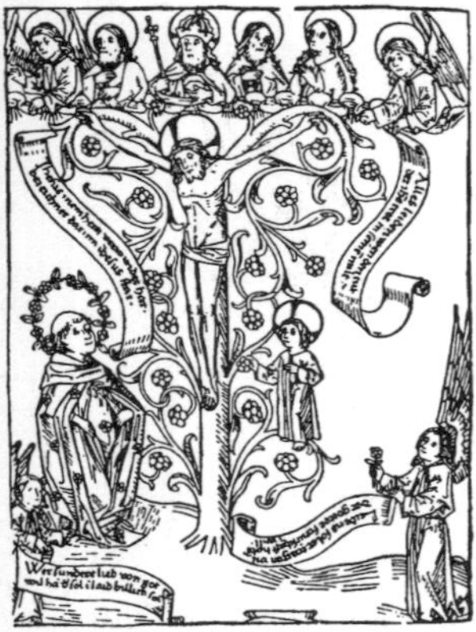

Baumkreuz. Anton Sorg (nachweisbar 1475 bis 1493): Seusse. Holzschnitt. 1482.

– ein →Lebensbaum. Ggstz.: das gezweiglose →Astkreuz*

Baunaht. Die Stelle, an der zwei verschieden alte Teile eines Bauwerkes aneinanderstoßen.

Bauornament, das. Dem Außen- oder Innenbau fest verbundene

1

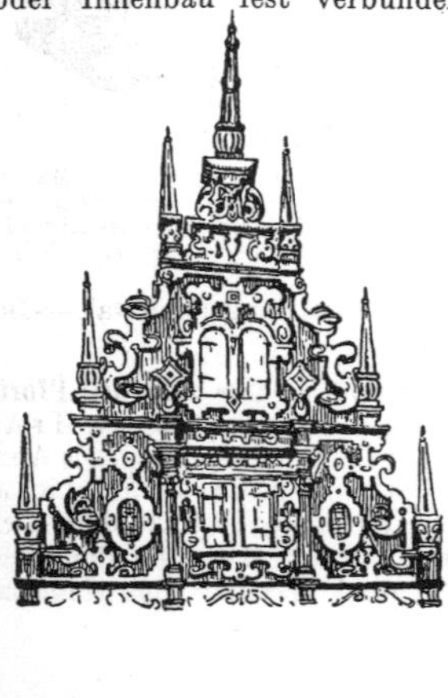

2

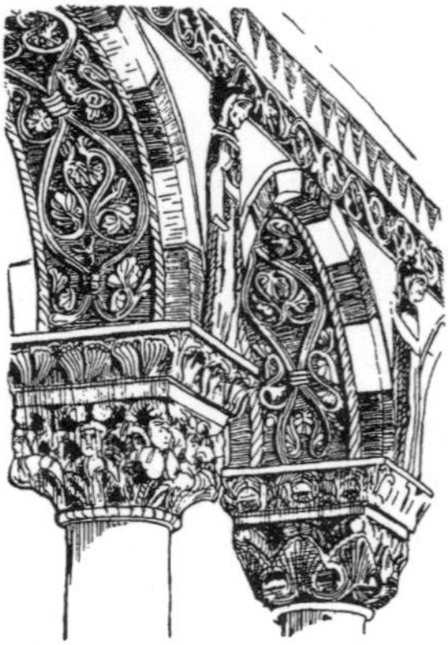

Bauornament. 1. Außen. Bremen: Essighaus. 1618 wahrscheinl. nach Plänen Lüder von Bentheims erbaut. Giebel. 2. Innen. Hildesheim: St. Michael. Langhaus. Um 1186.

Zierform, die gemeißelt, →stukkiert, geschnitzt oder gemalt sein kann.

Bauplastik. Die der Architektur untergeordnete →Plastik am Außenbau oder im Innern eines Bauwerkes. Ggstz.: Einzel- oder→Freiplastik. Die ~ blühte vor allem in der Gotik* und im →Barock, in →Ägypten, Altamerika, Griechenland, Indien, Rom, Vorderasien.

Baustein. Der zum Bau geeignete Stein.

I. Natürlicher oder gewachsener Stein.

→Bruchstein – nicht zugehauen, von unregelmäßiger Form.

Haustein oder Werkstein – zu regelmäßiger Form zugehauen.

Quader – Haustein als massiver rechteckiger Block.

II. Künstlicher Baustein, vor allem →Backstein.

Bausymbọlik, die. →Symbolische Bedeutung der Teile eines Baues, besonders im mittelalterlichen Kirchenbau (eine Folge von 12 Säulen wird z. B. als Symbol der Apostel gedeutet). →Ikonologie.

Beau Dịeu, der (franz.: bo diö = der schöne Gott). Christusdarstellung des 13. Jahrh. am Portalpfosten →gotischer*→Kathedralen Frankreichs. Christus erscheint segnend und mit Buch in harmonisch schöner Gestalt.

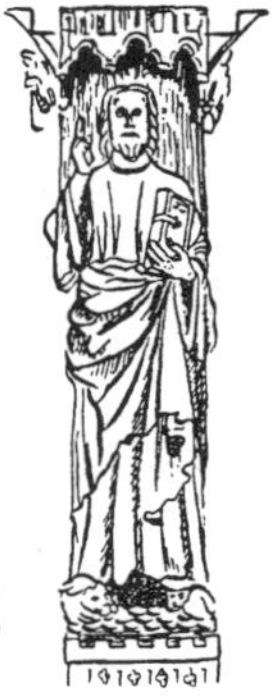

Beau Dieu. Amiens (Frankreich, Picardie): Kathedrale. Westportal. Trumeaupfeiler. Um 1225/30.

Becher des heiligen Gral. Schale aus dunkelgrünem Glas; 1102 von Kreuzfahrern nach Genua (Domschatz) gebracht. In der mittelalterlichen Dichtung des Artus- und Parzivalkreises ist der Gral ein wundertätiges Gefäß, in dem das Blut Christi aufgefangen worden sein soll. Wohl aus einer syrischen Werkstatt.

Beckenhaube. Der im 14. Jahrh. vorwiegende leichte Helm von becken-

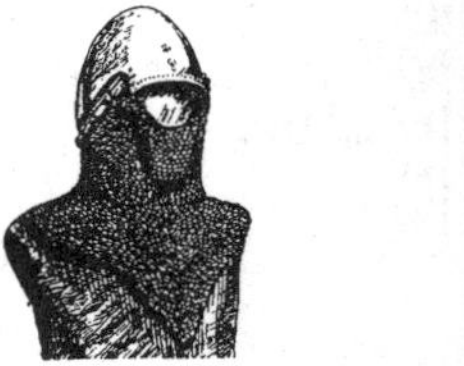

Beckenhaube mit Brünne. Berlin: Staatliches Zeughaus. Um 1370.

förmiger Gestalt, mitunter mit besonderem Nacken- und Nasenschutz.

Bẹdel, das (niederdeutsch). Almosen-, Bettelbrett. Hölzernes Gerät zum Einsammeln von Geldspenden im Gottesdienst; es ist ein Kästchen in Schaufelform mit einem Handgriff. Nur in den Ostseeländern verbreitet. Das älteste erhaltene Beispiel ist abgebildet.

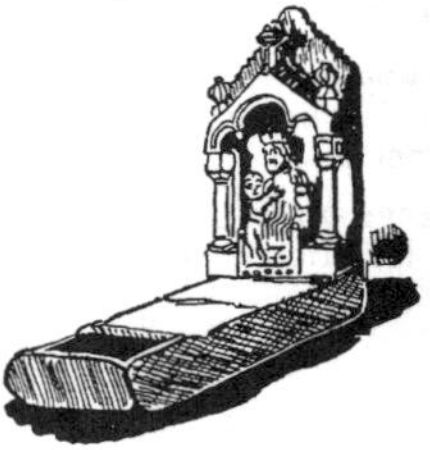

Bedel. Stockholm: Historisches Museum. Aus Everlöw in Schonen. Holz. 27 cm lang. 13. Jahrh. Der stehende Christusknabe bittet seine Mutter um den Apfel, den sie hält.

Beffrọi, der (franz.: beffroa). →Belfried.

Begegnung an der Goldenen Pforte. Nach dem →apokryphen Protoevangelium Jacobi (Kap. 4): Anna erwartet ihren Gatten Joachim an der Goldenen Pforte zu Jerusalem (einem Tor des herodianischen Tempels) und teilt ihm mit, daß

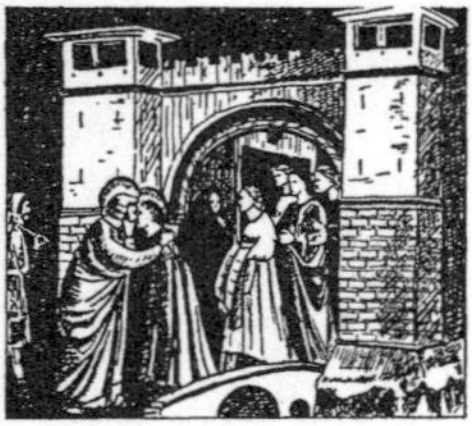

Begegnung an der Goldenen Pforte. Giotto (um 1266–1337). Fresko. 1305–1307. Padua (Italien, Venetien): Arenakapelle.

Gott ihr ein Kind verheißen hat: Maria, die Mutter Christi. In der ostkirchlichen Kunst seit dem 5., in der westkirchlichen seit dem 12. Jahrh. dargestellt.

Begegnung Christi mit Maria. Szene der Passion: Christus begegnet seiner Mutter bei der Kreuztragung. →Passion Christi.

Beginenhof. Beginen nennt man christl. Vereinigungen von Jungfrauen und Witwen für fromme Übungen, caritative Tätigkeit und Unterricht. Um 1200 in den Niederlanden entstanden. Dort auch der sog. ~: ein von einer Mauer umgebener Bezirk mit Einzelzellen, kleinen Wohnungen, Kirche und Spital.

Behaviour Art, der (engl.: b^{e}hẹ^{i}w^{ior}) = Verhaltenskunst. Eine Art der →Prozeßkunst: der Körper verhält sich im gewöhnlichen Leben unreflektiert; der ~ aber möchte elementare Weisen des Sehens und Handelns in modellhaften Demonstrationen bewußt machen und so ein nicht genormtes, selbständig erfundenes Handeln erreichen. Künstler: V. Acconci (1940 geb.), D. Oppenheim (1938 geb.), K. Rinke (1939 geb.), F. E. Walther (1939 geb.).

Beichtkapelle. Sonderraum in manchen christl. Kirchen zum Beichthören. →Beichtstuhl*.

Beichtstuhl. Sitz zum Beichthören; bis zum 16. Jahrh. ein einfacher offener Stuhl. Seitdem ein meist dreiteiliger Holzbau, dessen Mittelteil für den Geistlichen bestimmt ist, während die Beichtenden abwechselnd in den gegen den Mittelteil abgegitterten Seitenteilen knien. Die ältesten Beichtstühle in Deutschland stammen aus dem Anfang des 17. Jahrh. Mit reichem →plastischem Schmuck im 18. Jahrh.

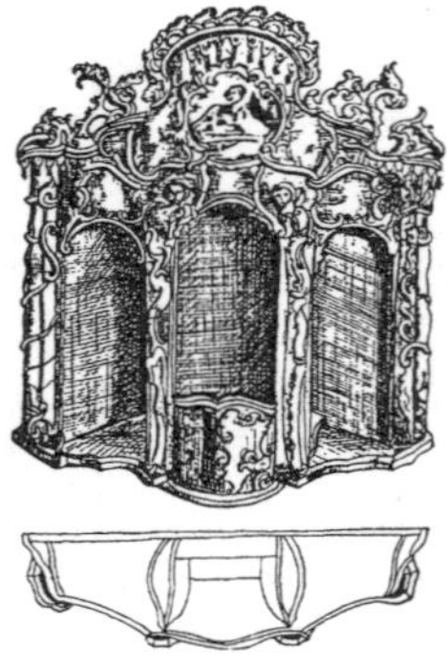

Beichtstuhl. Emanuel Eichel d. Ä. (1690 bis 1752): Entwurf eines ~. Berlin: Staatliche Kunstbibliothek

Beinhaus. →Karner*.

Beischlag, der. Eine terrassenförmige Plattform mit Brüstung und Frei→treppe*, die der ganzen Frontbreite eines Wohnhauses in der →Renaissance* und im →Barock vorgelagert ist, namentlich beim Danziger Patrizierhaus. Der ~ dient dem Plaudern der Hausbewohner und als Ersatz eines Gartens.

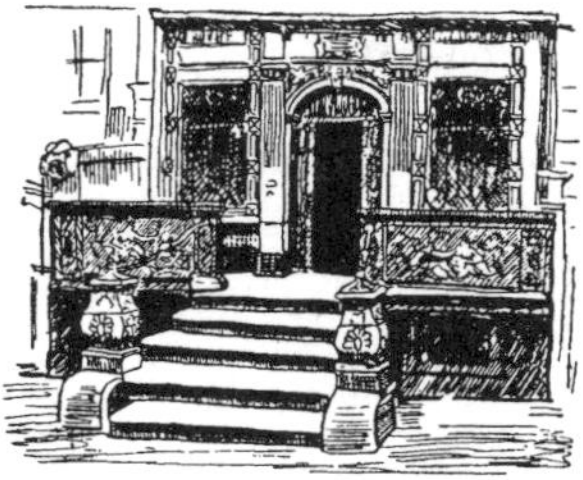

Beischlag.-Danzig: Frauengasse 6. 18. Jahrh.

Bekrönendes Karnies, das. →Karnies*.

Belétage, die (eigtl. der; franz.: beleta[sch]e) = schönes Geschoß. Das Hauptgeschoß eines Gebäudes, gewöhnlich das erste Stockwerk über dem Erdgeschoß; ausgezeichnet durch die Höhe und die repräsentative Anlage der Räume. →Piano nobile.

Belfried, der. Hauptturm einer →Burg*. Auch alleinstehender →Glockenturm der Städte in Mittelalter und →Renaissance*; manchmal mit dem Rathaus verbunden. Franz. →Beffroi genannt.

Bellevue, die (franz.: bälwüh = Schönblick). Name schön gelegener Schlösser.

Belvedere, das (ital.: belwedere = Schönblick). Architektonisch gestalteter Aussichtspunkt, z. B. im obersten Geschoß eines Hauses oder im Schloßpark. Auch Name schön gelegener Schlösser.

Bema, das (griech. = Schritt, Bühne). Alte christl. Bezeichnung für den erhöhten, meist halbrunden Altarraum der Kirche (→Apsis*), auch Name für Lese- und Predigtkanzel (→Ambo*).

1

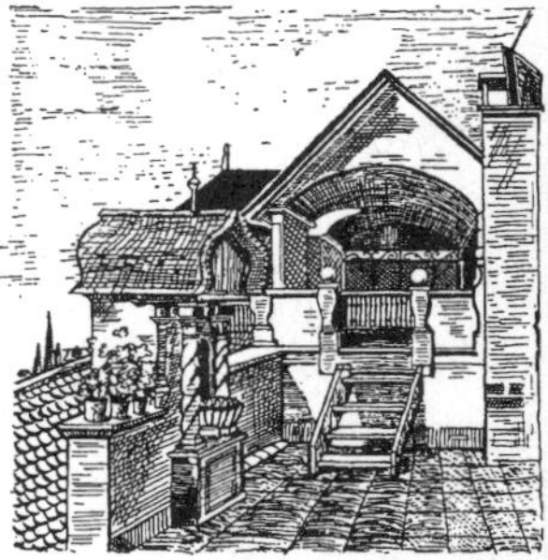

2

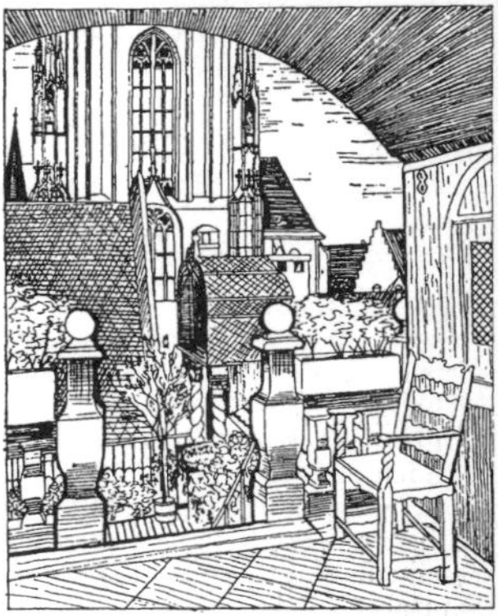

Belvedere. Frankfurt a. M.: Haus zur Goldenen Waage. 1618/19. 1. Außen. 2. Innen.

bemalen von Figuren. →Faßmaler.

Benedictionale, auch Benedictionarium, das (lat.). Das Buch mit den bischöflichen Segnungen; im späten Mittelalter auch mit Beschwörungen.

Benediktinerchor. →Staffelchor*.

Bẹnin-Plastik.→Bronzearbeiten aus dem ehem. Königreich Benin im heutigen Nigeria (Westafrika). Höhepunkt im 16. und 17. Jahrh.

Bergfried, auch Berchfrit, der. Hauptturm der →Burg*, der als Warte- und Zufluchtsstätte diente. ~e wurden auch die hölzernen fahrbaren Belagerungstürme und der Verteidigungsturm an Stadthäusern genannt.

Bẹrịng, der →Burg* 9.

Berlọcke, die (aus dem Franz.). Anhängsel an Uhrketten aus Edelmetall, →Elfenbein oder dgl.

Bernstein (vom niederdeutschen bernen = brennen). Fossiles Baumharz aus skandinavischen Nadelwäldern der Tertiạrzeit, meist goldgelb oder bräunlich, seltener schwarz, blau, rot oder milchweiß. →Kunstgewerblicher Werkstoff schon in vorgeschichtlicher Zeit. Technik: ~ wird mit dem Messer geschnitten oder gedrechselt.

Beschauzeichen schlugen amtliche Prüfer in Arbeiten aus Gold, Silber und→Zinn* ein, zur gutachtlichen Feststellung ihrer Qualität und des Feingehaltes. Seit dem ausgehenden Altertum verwandt.

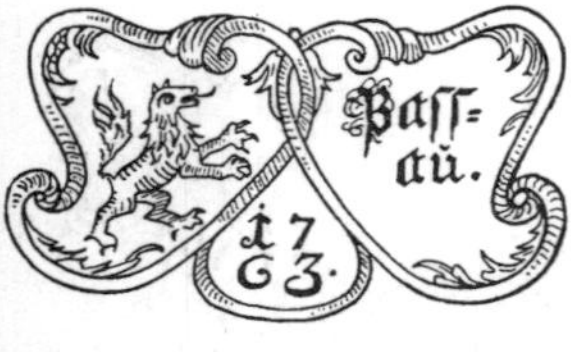

Beschauzeichen. Passauer Leinwandbeschau. 1763.

Beschlagwerk. Bandartiges symmetrisches→Ornament der→Renaissance, das aufgenieteten Beschlägen aus Metall ähnelt; zur Füllung von Flächen verwandt, zuerst in den Niederlanden im 16. Jahrh.

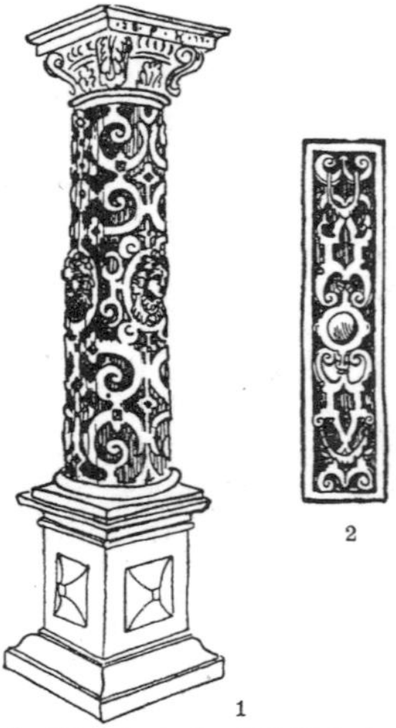

Beschlagwerk. 1. Sennfeld (Baden): Kirche Kanzelfuß. 1617. 2. Frankfurt a. M.: Römerberg, Salzhaus Umbau um 1610.

Bestiạrium, das (lat.; franz. bestiaire: beßtiạhr; eigtl. Tierbuch). Name verschiedener Fassungen des →Physiọlogus (griech. = Naturkundiger). Vom 7. bis 13. Jahrh. nächst der Bibel wohl das verbreitetste Buch des Mittelalters. Herkunft des ~ aus der Spätantike. Die dort vorgetragene Zoologie ist stark legendär. Tiere und Steine werden im Hinblick auf Christus, die Menschen und den →Teufel →allegorisch* aufgefaßt.

Mittelalterliche Tierdarstellungen oft nur vom Physiologus her erklärbar.

Bestiensäule. →Pfeiler oder →Säule*, deren →Schaft miteinander oder mit Menschen kämpfende Tiere zeigt. Allein im →romanischen Stil an franz. und ital. Kirchen (in Deutschland nur ein Beispiel in der →Krypta des Doms zu Freising). Die Tiere sind →symbolisch als Verkörperung der dämonischen Mächte zu verstehen.

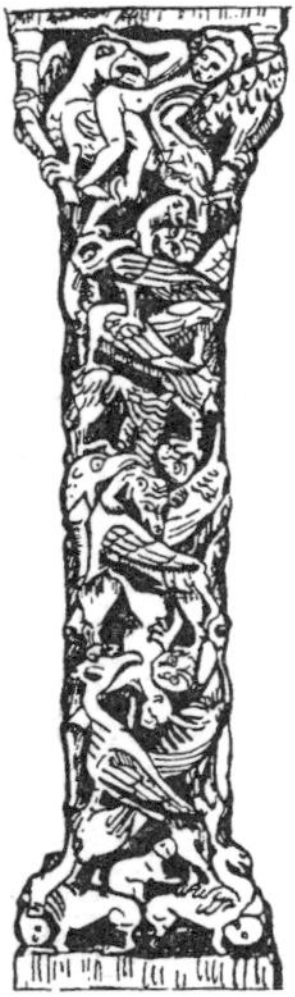

Bestiensäule. Souillac (Frankreich, Dep. Dordogne): Ehem. Benediktinerabteikirche. 12. Jahrh.

Betnuß. Kleine aufklappbare Kapsel als Anhänger, bes. am Rosenkranz, die innen geschnitzte religiöse Darstellungen zeigt. Hauptsächlich Ende 15. Jahrh. bis 1530.

Bet̩on, der (franz.: -o̩ñ; lat. betu̩nium = Steinmörtel). Mit Wasser „angemachtes" steinhart werdendes Gemenge aus einem →Bindemittel, Sand und groben Zuschlagstoffen. Bereits bei den Römern häufig angewandt. Den Anstoß zum modernen Betonbau gab die Erfindung des Portlandzements (1824). Der ∼ erlaubt die Überwölbung größter Spannweiten mit Mauern geringster Dicke.

Bét̩on brut, der (franz.: beto̩n brüt). →Sichtbeton.

Betsaal. Der völlig schmucklose Versammlungsraum der Deutschen Brüdergemeinen (Herrnhuter). Ohne →Altar* und →Kanzel, ohne Malerei und →Plastik. An einer Längsseite in der mittleren Querachse steht etwas erhöht der Liturgustisch, d. h. ein einfacher Tisch für den Leiter der Versammlung. Seit 1724.

Betsäule. →Bildstock*.

Bettelbrett. →Bedel*.

Bettelordenskirchen. Kirchbauten

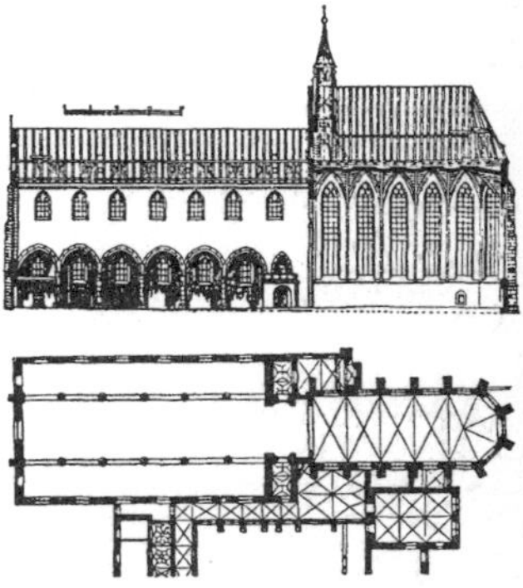

Bettelordenskirche. Regensburg: Franziskanerkirche. Um 1270. Längsschnitt; Grundriß.

der Franziskaner, Dominikaner und Kartäuser. Blütezeit von der Mitte des 13. bis zur Mitte des 14. Jahrh.: Lang→chor*, zwei- bis dreischiffiges →Langhaus, reduziertes →Strebesystem, Einwölbung oft nur im →Chor*, keine →Türme. Das →Langhaus ist →hallenartig weit. Größte Einfachheit ist das Ziel dieser Orden auch in der Architektur.

Beuroner Schule. 1868 im Benediktinerkloster Beuron gegründete Kunstschule, deren Haupt Desiderius Lenz (1832–1928) gewesen ist. Sie erstrebte eine Erneuerung kirchlicher →Monumentalmalerei in der Lösung vom→Naturalismus und in der Ausbildung einer strengen geometrischen Form. Anregend wirkten die→ägypt. und die→byzant. Kunst sowie Giotto. Hauptwerke: Beuron und Monte Cassino (zerstört). Später Auflockerung der Strenge im Streben nach größerer Volkstümlichkeit.

Beweinung Christi. Der Leichnam Christi ist vom Kreuz abgenommen und liegt auf dem Boden, während Maria, Magdalena, Johannes, Nikodemus u. a. um ihn trauern. Diese Szene wurde zuerst auf→byzant. →Elfenbein→reliefs* des 11. Jahrh. gestaltet.

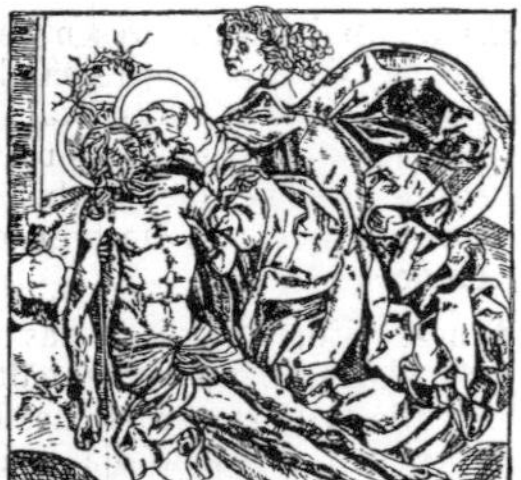

Beweinung Christi. Veit Stoß (um 1447 bis 1533). Kupferstich. Um 1480–1488.

Biberschwanz. Der gewöhnliche flache Dachziegel aus feuergebranntem Ton; er hat eine Nase zum Aufhängen an den Dachlatten.

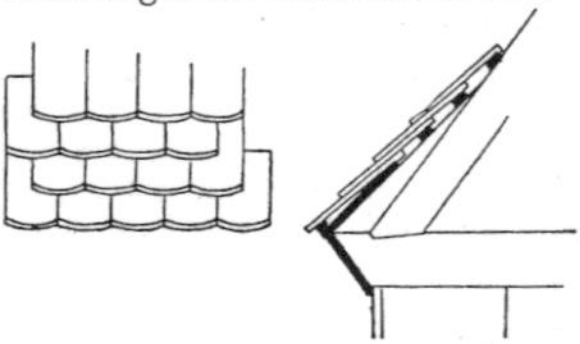

Biberschwanz.

Biblia pauperum, die (lat.). →Armenbibel.

Biedermeier, das. Name für die Kultur und den Wohnstil in Deutschland zur Zeit des „Vormärz" (1815–48). Der Name ist eine scherzhafte Verbindung der Bezeichnungen zweier deutscher Philistertypen, „Biedermann" und „Bummelmaier", die Viktor von Scheffel erfunden hat. Der Biedermeierstil ist vor allem im Innenraum und in der Möbelkunst ausgebildet. Die Möbel sind einfach, zweckmäßig eingerichtet und vorzüglich gearbeitet, zierlich und leicht. Gern läßt man die Maserung des Holzes sprechen und bevorzugt eine helle Tönung (in Kirsch oder Mahagoni). Dazu kommen helle Gardinen und in den Bezügen Streublumen oder Streifen. In der Malerei nennt man ~ die Kunst des kulturbewußten, unpathetisch gediegenen deutschen Bürgertums der 1. Hälfte des 19. Jahrh. (Kersting, Oldach, Spitzweg, Waldmüller). Eine entsprechende Bildhauerkunst fehlt.

Bijouterie, die (franz.: bi[sch]uteri).
I. Schmuckstück.
II. Handel mit Edelsteinen.

Bildende Kunst. Der Begriff ist nicht eindeutig. Da „bilden" urspr. „abbilden" heißt, ist damit vorzüglich die gegenstandsbezogene→Plastik, →Graphik und Malerei gemeint. Im übergreifenden Sinne wird der Begriff für alle diejenigen Künste verwandt, deren Formmittel Linie, Fläche, Volumen und Raum sind – also auch für die Architektur sowie für die →abstrakte* Malerei und Plastik.

Bilderstreit. →Ikonoklast.

Bilderwand. →Ikonostase*.

Bildgießerei. →Bronzeguß*.

Bildnis. →Porträt.

Bildnisbüste. →Porträt.

Bildniskopf. →Porträt.

Bildrolle. Form der→ostasiatischen Malerei.
I. Langrolle. →Makimono.
II. Hängerolle. →Kakemono.

Bildstock, im Odenwald „Kreuz", in den Alpenländern „Marterl" genannt. Ein christl. Flurdenkmal mit meist hohem Unterbau und mit→laternenartigem Aufbau über einer Bildnische. Das Bildwerk ist eine →Plastik oder ein →Relief*, in Tirol oft ein Gemälde; meist mit Datum, Widmung, Sinnsprüchen oder einer Bibelstelle. Das gläubige Volk errichtet ∼e als →Votivbilder*, als Sühnedenkmal oder als Erinnerungszeichen an einen Unfall, meist aber einfach zur Verehrung Christi und der Heiligen.

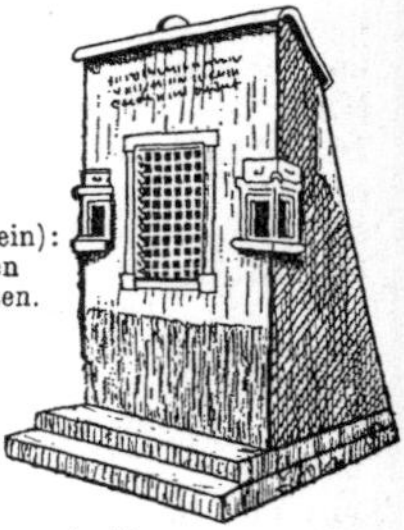

Bildstock. Oberwinter (Rhein): Heiligenhäuschen mit Totenleuchten. 1409.

Die ältesten erhaltenen ∼e stammen aus der 1. Hälfte des 14. Jahrh., die sog. Heiligenhäuschen aus dem 13. Jahrh.

Bildteppich. Ggstz. zum nur gemusterten →Teppich*. Die figürlichen Darstellungen sind aufgestickt, eingewebt oder gewirkt. Bis zum 19. Jahrh. waren die ∼e in der Regel gewirkt; daher die Bezeichnung Bildwirkerei, auch →Gobelin (nach einer Färberfamilie in Paris). Hauptstätten der Bildwirkerei im 14. und 15. Jahrh. Paris und Arras, seit Ende des 15. Jahrh. Brüssel, seit 1662 wieder Paris. →Basselisse, Einhorn*, Hautelisse, Teppich*.

Bildwirkerei. →Bildteppich.

Bindemittel. Im Bauwesen Gemisch, welches die Steine miteinander verbindet. Mörtel aus Kalk, Ton, Gips usw. In der Malerei Klebstoffe, welche die Farben unter sich und mit dem Untergrund verbinden.

Binder. Ein Bauglied, das andere Bauelemente zusammenhält.
I. Die Rahmengerüste des Dachstuhls, welche die Konstruktion versteifen und die Dachsparren tragen.
II. Bei der Mauerung unterschei-

det man ~ und Läufer. Die ~ (B) liegen mit ihrer Langseite senkrecht zur Mauer→flucht, während die Läufer (L) mit ihrer Langseite in der Flucht liegen. Die ~ haben die Aufgabe, die verschiedenen Schichten des Mauerwerks zusammenzuhalten.

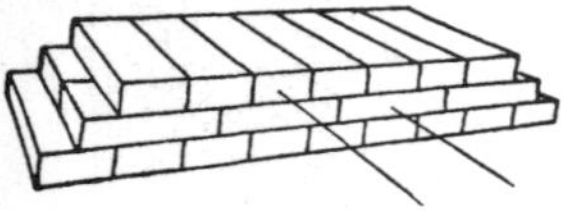

Binder. B L

Birett, das (mittellat.). Kopfbedeckung der kath. Geistlichen: viereckiger steifer Hut mit 3 bis 4 bogenförmigen. Erhöhungen, in der Mitte eine Quaste. Das ~ der Kardinäle ist rot, das der Bischöfe und anderer hoher Prälaten violett, das der übrigen Geistlichen schwarz.

Birett. a Deutsches, französisches und englisches, b römisches ~.

Birnstab. Stabartiger Bauteil der →gotischen* Architektur mit birnförmigem →Querschnitt (z. B. als →Gewölberippe oder als →Dienst*). Bezeichnend für den Anfang der Spät→gotik*.

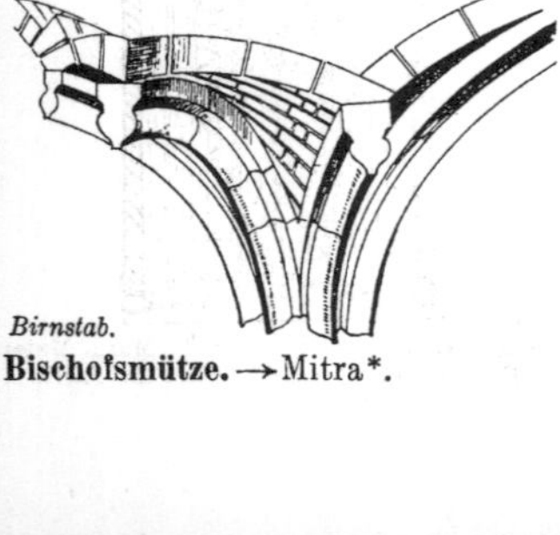

Birnstab.

Bischofsmütze. →Mitra*.

Bischofsstab. Etwa mannshoher Stab – in der östl. Kirche T-förmig, im Abendland seit dem 12. Jahrh. in einer Krümme endend. →Sinnbild des bischöflichen Hirtenamtes. Der Bischof trägt den ~ bei feierlichen liturgischen Handlungen, die Krümme dem Volk zugewandt, in der Linken. Der Stab besteht aus →Elfenbein oder edlen Metallen und ist oft kunstvoll verziert.

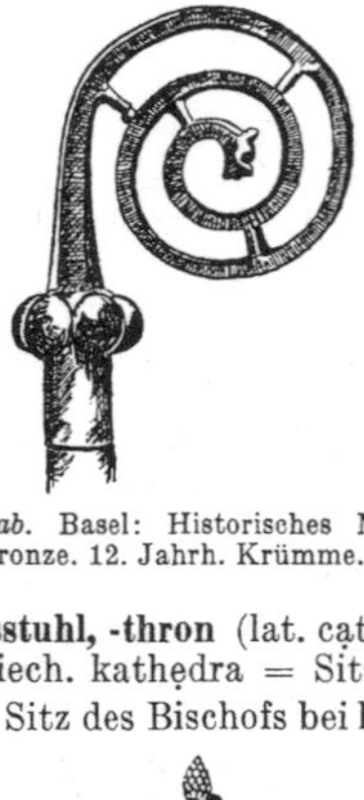

Bischofsstab. Basel: Historisches Museum. Bronze. 12. Jahrh. Krümme.

Bischofsstuhl, -thron (lat. cathedra, von griech. kathedra = Sitz). Erhöhter Sitz des Bischofs bei liturgi-

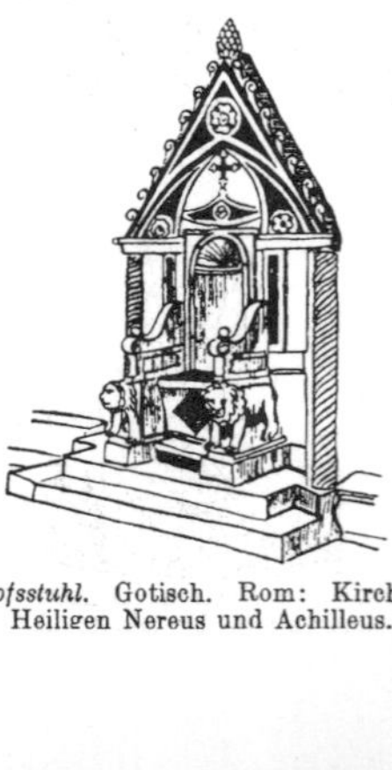

Bischofsstuhl. Gotisch. Rom: Kirche der Heiligen Nereus und Achilleus.

schen Amtshandlungen. In der altchristl. Zeit stand er im →Scheitel der →Apsis* hinter dem →Altar*, seit der →Karolingerzeit (oder früher) auf der →Evangelienseite. Er ist oft mit einem →Baldachin* überdacht und reich verziert.

Biskuịt, Biskuịtporzellan (franz.: bisküị; von franz. bis cuire = zweimal brennen). Erzeugnisse aus un→glasiertem →Porzellan.

Bịster, der. Er wird aus dem Belag des Rauchfangs gewonnen, ist also Ruß. Mit Leim und Wasser vermischt, ergibt er →Tusche. →Handzeichnung, Maltechnik, Tuschmalerei*, Zeichentechnik.

Blacherniotịssa, die (griech.). Form des byzant. Madonnenbildes. Der Name leitet sich von der um 450 gegründeten „Kirche der Gottesgebärerin" in den Blachernen, einer Vorstadt von Byzanz, her. Drei Typen:

I. Die Gottesmutter steht frontal und hält das Kind in ganzer Figur oder den Kopf des Kindes in einem →Medaillon vor der Brust (1).

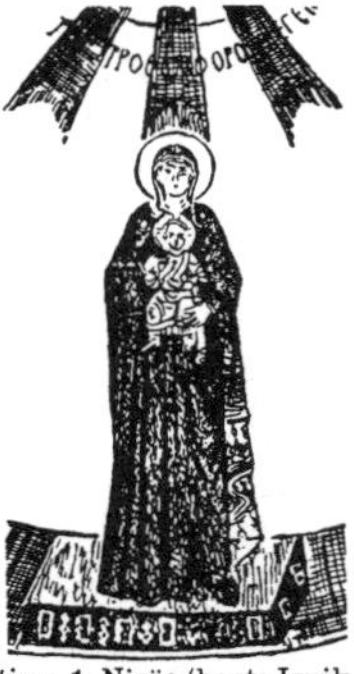

Blacherniotissa. 1. Nicäa (heute Iznik, Türkei): Koimesiskirche. Mosaik. 9. Jahrh.

II. Die Gottesmutter als →Orans*, ohne Kind (2).

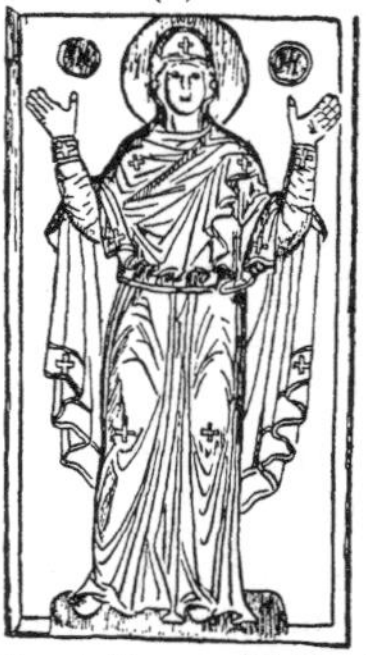

Blacherniotissa. 2. Ravenna (Italien, Emilia): S. Maria in Porto. Relief. 10. Jahrh.

III. Die ~ = Platytẹra, der jüngste Typ: die Gottesmutter steht frontal und erhebt betend beide Arme, während vor ihrer Brust das →Medaillon mit dem Brustbild des Kindes schwebt. Im Typ der Platytera

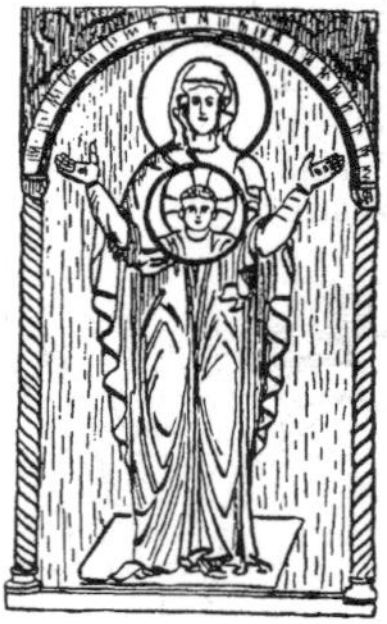

Blacherniotissa. 3. Venedig: S. Maria Mater Domini. Marmorrelief. Anfang 13. Jahrh.

verbinden sich die unter I und II genannten Formen (3). →Madonna VIII.

Blaker, der (von niederdeutsch blaken = rußen, glühen). Sonderform des Wandleuchters: ein oder mehrere Kerzenarme sind an einer Rückplatte befestigt, deren glänzendes Metall als Reflektor dient; zweckmäßiger Ruß- und Feuerschutz. Die Rückplatte ist→ornamentiert. Hauptblütezeit 16. bis 18. Jahrh., vornehmlich in Norddeutschland.

Blaker.

Blattfries, der. →Fries*, der aus Blattmustern besteht.→Fries 11*.

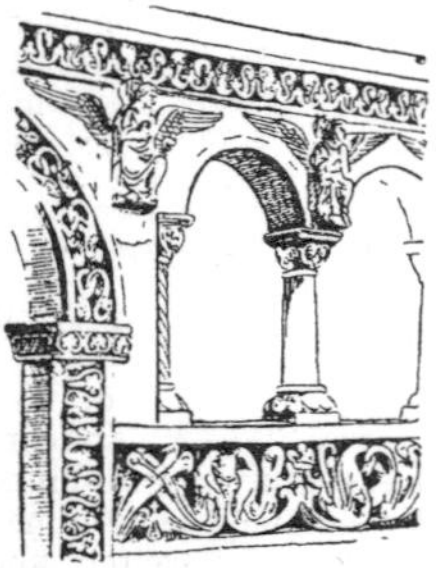

Blattfries. Hildesheim: St. Michael. Chorschranken. Um 1189.

Blattgold. Äußerst dünne Blättchen aus echtem Gold, die bei →Goldschmiedearbeiten, Buchschnitten, Zierschriften, →Glasmalereien*, Metall- und Holzvergoldungen verwandt werden. Wichtig vor allem für die farbige Holzplastik des Mittelalters. → anschießen.

Blattkapitell, das. Form des →Kapitells*, dessen Schmuck aus Blättern besteht. Das Laubwerk kann stilisiert und der architektonischen Form eingebunden (2), aber auch naturgetreu und gleichsam an die Architektur nur angeheftet sein (1). Das ~ ist besonders in der→Romanik und →Gotik* beliebt; die Blätter werden zunächst naturgetreu nach heimischen Blattformen gebildet, aber am Ende des 13. Jahrh. stärker stilisiert. →Akanthus*.

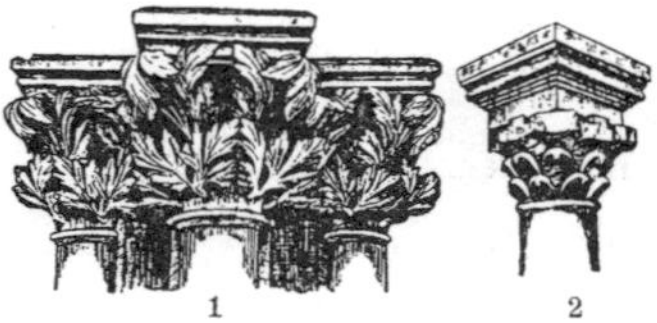

1 2

Blattkapitell. 1. Naumburg: Dom. Mitte 13. Jahrh. 2. Quedlinburg: Schloßkirche St. Servatius. Krypta. Geweiht 1129.

Blattmaske. Menschliches Gesicht, das sich aus Blättern formt odeı in Blätter übergeht. Architektonische Zierform; verbreitet seit der→röm. Kunst des 1. Jahrh. n. Chr. bis zur →Renaissance*.

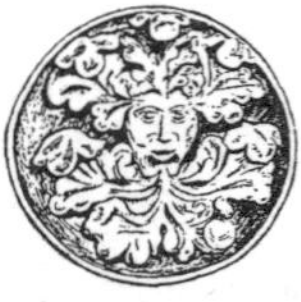

Blattmaske. Köln: Dom. Wimperg des Hochchors. Geweiht 1322.

Blattwelle. →Kyma*.

Blauer Reiter. Deutsche Künstlergemeinschaft, sog. nach einem Bilde Kandinskys; bahnbrechend für den deutschen →Expressionismus* zwischen 1911 und 1914. Zum ~ gehörten u. a.: A. Jawlensky (1867–1941), W. Kandinsky (1866 bis 1944), P. Klee (1879–1940), A. Kubin (1877–1959), A. Macke (1887–1914), F. Marc (1880–1914).

Bleiglasur, die. Hochglänzende, durchsichtige →Glasur für Tonwaren. Seit dem 9. Jahrh. in der →islamischen Kunst angewandt.

Bleiguß. Beliebt seit dem 16. Jahrh. für→Plaketten,→Medaillen, Gartenfiguren, Brunnen→plastiken, →Sarkophage*. Technisch das gleiche Verfahren wie beim →Bronzeguß*.

Bleihaften. →Glasmalerei*.

Bleirute. →Glasmalerei 2 und 3*.

Bleistift, eigtl. Graphitstift (Blei ist im Graphit nicht enthalten). Zwar schon seit dem 14. Jahrh. bekannt, aber erst seit dem 17. Jahrh. vereinzelt, seit dem 18. Jahrh. in vollem Maße als Zeichenmaterial verwandt. →Handzeichnung, Zeichentechnik.

Blendarkade, die; →Blendbogen (abgeleitet von „blind"). →Arkade*, Blende.

Blende. Ein zur Schmückung auf der Mauerfläche angebrachter „vorgeblendeter" Bauteil, z. B. →Bogenstellungen auf der Wand, die gliedernd wirken. Sie haben keine Öffnungen: Schein- oder Blendarkaden; technisch dienen sie zur Erleichterung der Mauer. Charakteristisch für die→romanische Baukunst. →Arkade*.

Blendtriforium, das. →Triforium.

Blockaltar. →Altar 3*.

Blockbau. →Holzbau I.

Blockbuch, auch Holztafeldruck genannt. Ein Buch aus →Holzschnitten* mit inhaltlich verbundenen Texten und Bildern. Die Bilder haben den Vorrang, die Texte erläutern sie. Sehr volkstümlich und weit verbreitet. Entstanden um 1430. Erhalten sind etwa 33 Werke in mehr als 100 verschiedenen Ausgaben fast ausschließlich deutscher und niederländischer Herkunft.
Das ~ dient der Erbauung (→Apokalypse, →Ars moriendi*, →Biblia pauperum, Hohes Lied, →Heilsspiegel) oder der Unterhaltung (Kalender, Planetenbuch, Wahrsagebüchlein, Merkwürdigkeiten Roms usw.).
Sind die Bücher mit dem Reiber (einem mit Roßhaaren ausgestopften Lederballen) gedruckt, so bleiben die Rückseiten leer, weil sich die Zeichnung durchdrückt. Die Blätter werden dann mit den Rückseiten aufeinander geleimt. Auch China kennt das ~.

Blockstufe. →Treppe III*.

Blumenstellen.→ Japanische Kunst.

Blumenstück. Ein Bild, das ausschließlich Blumen darstellt – oft in kunstvoller Anordnung, in der Vereinigung von Blumen verschiedener Jahreszeiten und mit →allegorischen* Anspielungen („Blumensprache"). Seit der→Renaissance*.

Blutampullen, Blutgläser. In den →Katakomben* gefundene Fläschchen mit einem roten Bodensatz, der fälschlicherweise für Märtyrerblut gehalten wurde, in Wirklichkeit aber ein Niederschlag von Wein oder Weihwasser ist.

Blutemaịl, das. →Email 1*.

Bodengrab. Ein in den Boden eingelassenes und durch eine Platte markiertes Grab.

Bodenplatte der Säule. →Säule 1 a*.

Bọdhisattva, der (ind. = Erleuchtungswesen). Ein wichtiges Thema →buddhistischer →Plastik und Malerei: so werden Asketen genannt, die sich im letzten Stadium vor der Erleuchtung befinden, aber aus Liebe zu den Menschen auf die Ruhe des →Nirwana verzichten, um helfend das Schicksal aller zu teilen. Bes. beliebt in der →chin. und →jap. Kunst.

Böhmische Kappe. → Kuppel* II 1.

Bogen.

I. Konstruktion. Der ~ ist die →gewölbte* Überdeckung einer Maueröffnung oder →Halle zum Abfangen der darüber ruhenden Lasten. Der gemauerte ~ ist aus keilförmigen Steinen (1) oder mit Hilfe des →Mörtels aus rechteckigen Steinen (2) zu einem gebogenen Stück gefügt.

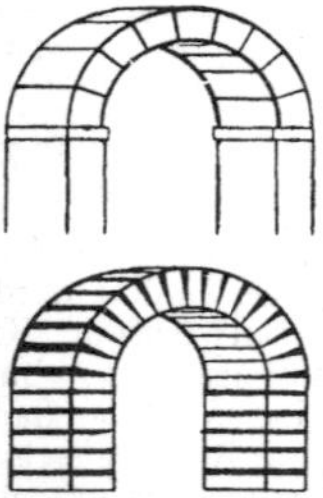

1

2

Bogen. 1. Konstruktion aus keilförmigen Steinen. 2. mit keilförmigen Fugen.

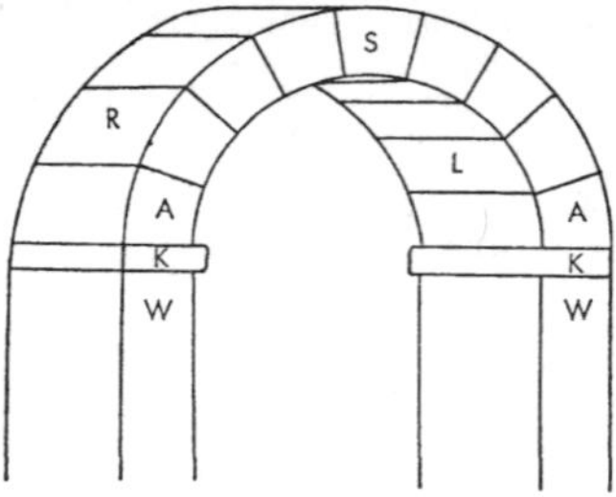

Bogen. 2. Teile.

II. Teile des Bogens. Seitlich ruht der ~ auf Widerlagern (W). Auf den Widerlagern sitzen die Kämpfersteine, auch Kämpfer genannt (K), die als erste gegen den Druck des ~ „ankämpfen" (meist mit dem →Kapitell* verbunden); über ihnen der Anfänger (A), der unterste Teil jedes Bogenschenkels. Der oberste Teil des ~ ist der Schlußstein (S)*. Die Entfernung zwischen den Widerlagern heißt Spannweite, die Entfernung des →Scheitels von der Kämpferlinie Stich- oder Pfeilhöhe, die Entfernung der Kämpferlinie vom Fußboden Kämpferhöhe.
Die Vorder- und Rückfläche des ~ heißt Haupt- oder Stirn (ASA), die Innenfläche (innere) Laibung (L) und die Oberfläche Rücken oder äußere Laibung (R). Oft ist die vom ~ abgefangene Last so groß, daß die Widerlager ohne bes. Vorkehrungen dem Druck nachgeben und seitlich aus-

weichen müßten. Dieses wird verhindert durch →Strebepfeiler oder Strebebögen (→Gotik 1/2*).

III. Hauptsächliche Bogenformen.

Einfache Formen, bestehend aus:

a) einem Halbkreis: Rundbogen (3),

b) einem Kreisabschnitt: Segment- oder Flachbogen (4),

c) einem Dreiviertelkreis: Hufeisenbogen (5),

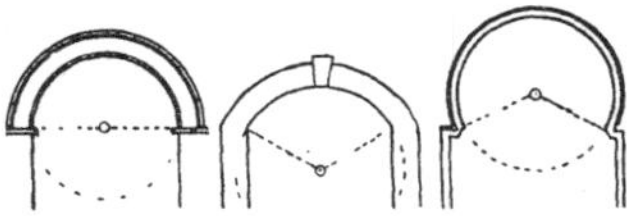

3 4 5

Einfache Formen. 3. Rund~. 4. Flach~. 5. Hufeisen~.

d) einer halben Ellipse: elliptischer Bogen (6),

eine leichter zu mauernde Abart setzt die Kreisform aus ~stücken zusammen, die verschiedene Radien und verschiedene Mittelpunkte haben; es handelt sich also im Grunde um eine vielteilige Form, die aber ähnlich wie der elliptische – einteilige – Bogen wirkt: Korbbogen (7),

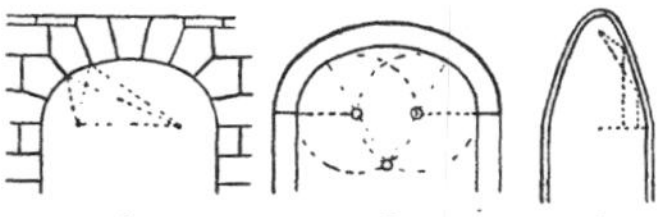

6 7 8

6. Elliptischer ~. 7. Korb~. 8. Parabel~.

e) einer Parabel: Parabelbogen (8).

Zweiteilig zusammengesetzte Formen, bestehend aus:

a) zwei Kreisbögen von gleichem Radius, deren Mittelpunkte in den Kämpfern liegen: normaler Spitzbogen (9),

b) zwei Kreisbögen von gleichem Radius, deren Mittelpunkte zwischen den beiden Kämpfern liegen: stumpfer Spitzbogen (10),

c) zwei Kreisbögen von gleichem Radius, deren Mittelpunkte jenseits der Kämpfer liegen: Lanzett-Bogen (11).

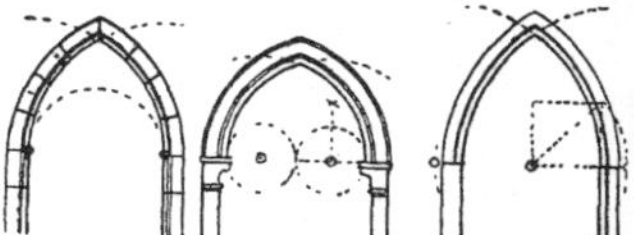

9 10 11

Zweiteilig zusammengesetzte Formen. 9. Normaler Spitz~. 10. Stumpfer Spitz~. 11. Lanzett~.

Dreiteilig zusammengesetzte Formen:

a) zwei Kreisbögen von gleichem Radius werden durch einen dritten Kreisbogen miteinander verbunden; der Normalfall – Radius aller drei Kreise gleich groß; die unteren mit dem Mittelpunkt auf der Kämpferlinie als Viertelkreise, der obere als Halbkreis – erlaubt mannigfache Abweichungen: Kleeblatt- oder Dreipaßbogen (12),

b) wie a), nur daß an Stelle des oberen Bogens ein horizontaler →Sturz tritt: Schulterbogen (13),

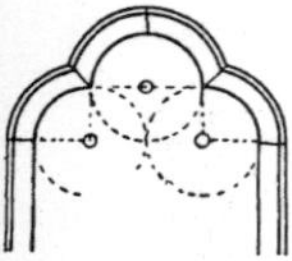
12

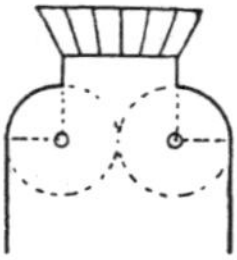
13

Dreiteilig zusammengesetzte Formen.
12. Kleeblatt- oder Dreipaß~.
13. Schulter~.

c) zwei konvexe Kreisbögen, deren Mittelpunkte oberhalb der Kämpferlinie liegen, werden durch einen konkaven Kreisbogen miteinander verbunden: Konvexbogen (14).

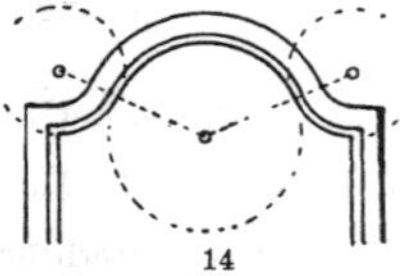
14

14. Konvex~.

Vierteilig zusammengesetzte Formen:

a) Die Mittelpunkte der vier konvexen Bogenteile, die sich symmetrisch entsprechen, liegen außerhalb des Bogenfeldes: Vorhangbogen (15),

b) die Mittelpunkte des einen – konkaven – Bogenpaares liegen auf der Kämpferlinie, die des zweiten – konvexen – außerhalb des Bogenfeldes. Die Radien eines jeden Bogenpaares gehen ohne Knikkung ineinander über. Die Bögen des oberen schneiden sich in der Symmetrieachse des Bogens: Kiel- oder Karniesbogen (16),

c) die gleiche Form wie b), nur daß der Übergang zwischen den beiden Bogenpaaren im stumpfen Winkel verläuft. Der Name „Eselsrücken" wird auch auf b) angewandt: Eselsrücken (17),

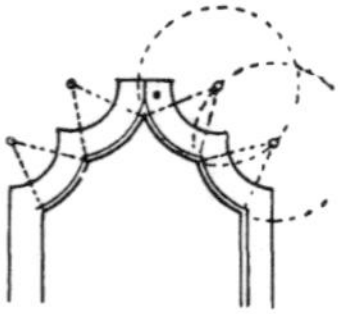
15

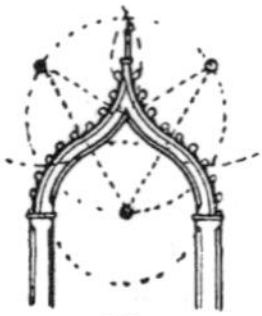
16

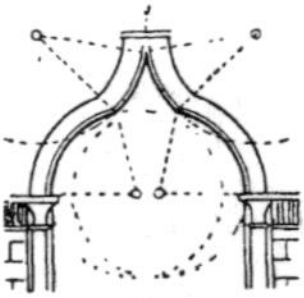
17

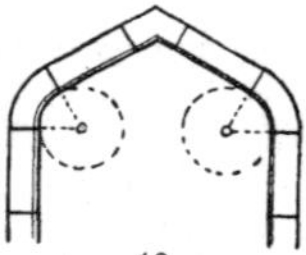
18

Vierteilig zusammengesetzte Formen.
15. Vorhang~. 16. Kiel- oder Karnies~.
17. Eselsrücken. – 18. Tudor~.

d) die gleiche Form wie b), nur daß die beiden Kreisbogen durch ein stumpfwinkliges Dreieck miteinander verbunden werden, dessen Schenkel Tangenten der Kreisbögen sind: Tudorbogen (engl.: tjudr; 18).

IV. Abarten.
Ein Bogen heißt „gestelzt"

(19), wenn zwischen den Kämpfern und den Stützen ein Stück einer senkrechten Geraden eingefügt wird, das ohne Knickung sich mit dem Bogen verbindet.

Ein Bogen heißt „einhüftig" oder „steigend" (20), wenn die Kämpferpunkte nicht auf einer Horizontalen liegen.

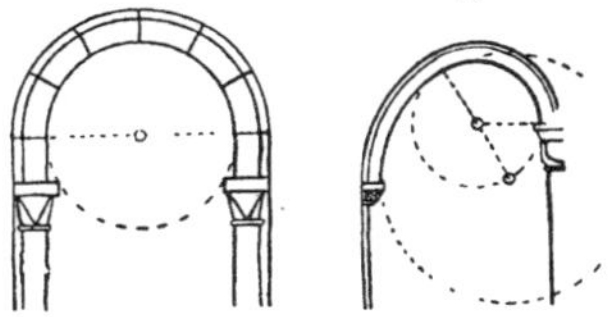

19 20

Abarten des Bogens. 19. Gestelzter ~. 20. Einhüftiger oder steigender ~.

Bogenfeld oder →Tympanon, das (griech.). Das verzierte, oft mit →plastischem Schmuck versehene ~ über →Portalen. Das ~ wird von einer Steinplatte gebildet, deren waagerechte Unterkante auf dem →Türsturz aufruht, und die nach oben der →Bogen*form eingepaßt ist.

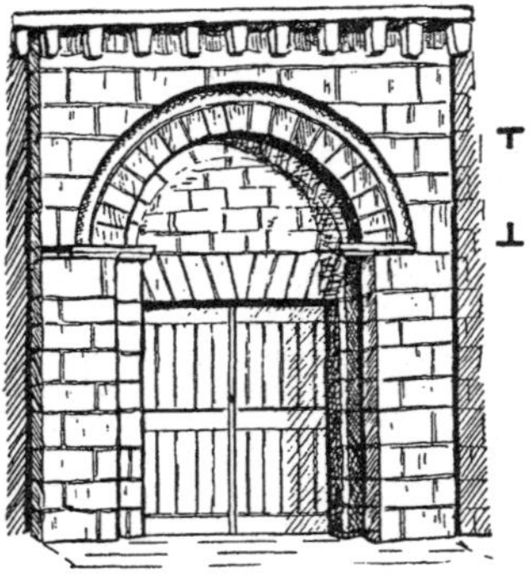

Bogenfeld. La Celle bei Bruère (Frankreich, Dep. Cher): Romanische Kirche. Westportal.

Bogenfries, der. Eine Reihe von kleinen →Blendbögen, die oft auf →Konsolen* ruhen; zur Verzierung (namentlich in der →romanischen Außenarchitektur).

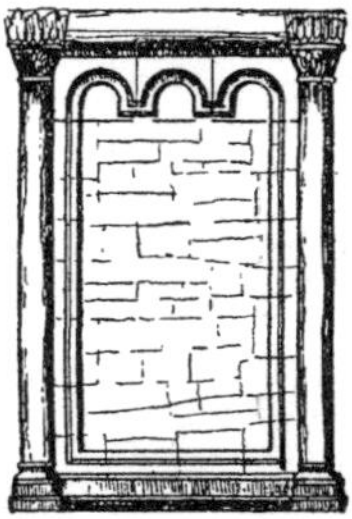

Bogenfries. Goslar: Benediktinerinnen-Klosterkirche Neuwerk. Um 1200.

Bogengang, Bogenstellung. →Arkade*.

Bogengrab. →Arkosolium*.

Bogenlauf. →Archivolte II.

Bohrloch. Der mittelalterliche Holzschnitzer spannte das Holz zur Bearbeitung in einen Werkblock ein, d. h. in ein Gestell aus Balken, das zwei schmiedeeiserne spitz zulaufende Diebel zum Festklemmen des Blockes hatte. An→gotischen* Holzplastiken kann man die Bohrlöcher, in denen die Diebel saßen, noch feststellen.

Bohrlöcher finden sich auch an Stein→quadern – zur Bearbeitung und zum Transport.

Boiserie, die (franz.: b^{o}asri). Franz. Bezeichnung für Täfelungen. →Täfelwerk*.

Bolus, der (von griech. bolos = Erdscholle). Reine Tonsorten, gelb, braun oder rot. Aus ~ wurden im Altertum Gefäße hergestellt:→Terra sigillata*. In der Malerei diente der braune ~ (Terra di Siena) seit dem 16. Jahrh. zur→Grundierung der Bilder: Bolusgrund. In der byzant. Kunst wie im Mittelalter wurden die Vergoldungen der Gemälde und Holzbildwerke mit ~ unterlegt. →Rötel.

Book of Kells, das (engl.: buk). →Irische Kunst.

Bordüre, die (franz. = Einfassung, Saum, Besatz, Borte). Gewebe mit einer unterschiedlich breiten Kante aus fortlaufenden Mustern.

Borkenmalerei. Malerei der australischen Ureinwohner auf Baumrinde, mit vielen symbolischen Zeichen. →Maltechnik, Naturvölker.

Boskett, das (franz. bosquet: boßkä = Lustwäldchen). Im→Französischen Park Wäldchen, in denen sich die strenge Architektur des Gartens löst; Kontrast zur geometrischen Anlage des Parks.

Bosse, die.

I. Rohform eines →plastischen Werkes vor der feineren Durcharbeitung. Die Herstellung dieser Rohform wird bossieren oder bosseln genannt.

II. Zierform: Buckel oder Knauf, besonders aus Metall.

Bossenwerk (von althochdeutsch boßßan = schlagen) oder →Rustika, die (lat.-ital. = ländlich, rauh). Der oberflächlich roh bearbeitete→Werkstein, dessen Ansichtsfläche aus der→Flucht vorsteht. Meist mit sauber gearbeiteten geraden Kanten. Schon den Römern bekannt. Im →staufischen Wehrbau und seit der Früh→renaissance* zur Belebung der→Fassaden beliebt; bes. im Untergeschoß zur Erzielung einer wuchtigen Massenwirkung verwandt.

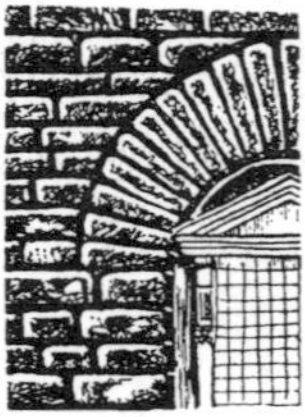

Bossenwerk. Florenz: Palazzo Pitti. Um 1568. Erdgeschoß. Teil.

bossieren, auch bosseln (von althochdeutsch boßßan = schlagen). In der Bautechnik und Bildhauerkunst das Behauen von →Bruchsteinen* mit dem Bossiereisen bei roher Verarbeitung der Oberfläche (→Bossenwerk*, Rustika); auch das Modellieren in Ton, Gips oder Wachs (Bossierwachs).→Spitzeisen*.

Boudoir, das (franz.: budoahr; eigtl. Zimmer, in dem man schmollen, allein sein kann). Elegantes kleines Damenzimmer. Eine Neuerung des 18. Jahrh. in Frankreich.

Boullemöbel. Möbel aus der Werkstatt des franz. Kunsttischlers Charles André Boulle (: bul), 1642 bis 1732. Kostbare Hölzer, einfacher und klarer Aufbau, eingelegte →Ornamente aus Schildpatt,→Elfenbein, Kupfer,→Zinn* und anderen Stoffen. Die besten Arbeiten, aus der Zeit von 1690 bis 1710, ausschließlich für den König Ludwig XIV. geschaffen.

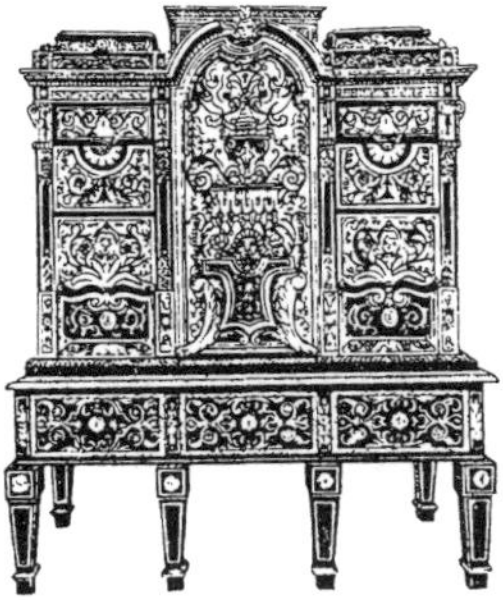

Boullemöbel

Bozzetto, der (ital.). Erster Entwurf →plastischer Werke in Ton, Wachs, Gips, →Stuck u. ä.; dann vor allem wichtig, wenn die Ausführung des Entwurfs nicht durch den Künstler selber erfolgt.

Brachiarium, das (lat.).→ Reliquiar* in Armform. →Armreliquiar*.

bräunen. Nachdunkeln von →Ölbildern. Das ~ entsteht dadurch, daß die fortschreitende Oxidation der Öle durch den Sauerstoff das Bild gewissermaßen langsam versengt.

Brahma, der. Im→Hinduismus der höchste Gott neben→Schiva* und →Vishnu. Meist vierköpfig und auf einer →Lotosblüte sitzend dargestellt. Die vier Köpfe ~s bedeuten: 1. Schöpfer; 2. Herr der Schöpfung; 3. Herr der Welt; 4. Erhalter. Symboltier: Schwan. ~ ist in der Kunst Indiens weniger häufig dargestellt als Vishnu und Schiva. →Dreikopfgottheit.

Brakteaten, die (von lat. bractea = dünnes Blech).

I. Goldene Zierscheiben der Völkerwanderungszeit von →münzähnlicher Form, meist mit figürlichen Darstellungen. Hauptfundstätten: Skandinavien, Angelsachsen, Südgermanien. Die späteren Stücke rein →ornamental. Vom Ende des 5. bis zum Anf. des 7. Jahrh.

II. Altdeutsche →Münze aus Silberblech, einseitig geprägt, 12. bis 14. Jahrh.

Brautbecher. →Jungfernbecher*.

Brauttür. Seitenportal an mittelalterlichen Kirchen (gewöhnlich an der Nordseite), meist mit →Baldachin*vorbau. Hier wurde die Einsegnung und der Wechsel der Ringe bei Brautleuten vollzogen. Durch dieses →Portal zogen die Brautleute feierlich in die Kirche ein, wo die Brautmesse stattfand.

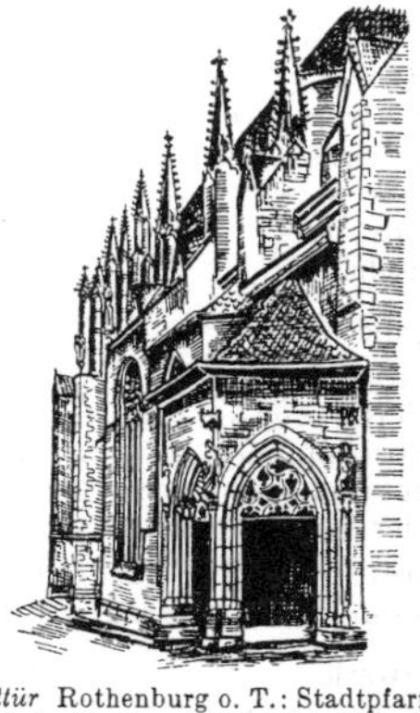

Brauttür Rothenburg o. T.: Stadtpfarrkirche St. Jakob. Neubau 1388–1464. Südost-Ecke: Brauttüre.

Als figürlicher Schmuck der ~ wird gern das Motiv von Adam und Eva oder das der →klugen und törichten, den Bräutigam erwartenden Jungfrauen verwandt.

Breccie, die (: brettsche, von ital. breccia = Geröll). Trümmergestein: scharfkantige Bruchstücke eines Gesteins oder Minerals werden durch ein Bindemittel verkittet.

Breithausbau. Frühform des christl. Kultbaues in der Ostkirche: Der Gemeinderaum verläuft in gleicher Richtung wie die Vor*halle; an beide Breiträume schließt sich der dreiteilige →Altarraum an.

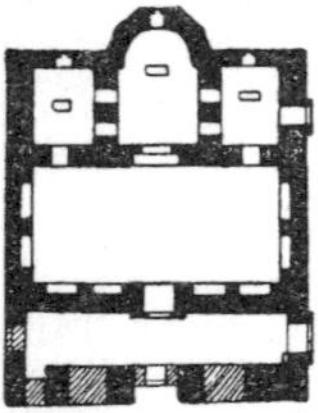

Breithausbau. Salah (Irak): Mar Jaqub el Habis. 6 Jahrh.

Breitpinsel. →Pinsel.

Breviarium (lat. = kurzes Verzeichnis), Brevier, das. →Liturgische Bücher, Stundenbuch*.

Briefmaler (von lat. breve = kurz). Mittelalterlicher Maler, der serienmäßig kleine →Andachtsbilder und→Spielkarten malte. Nach der Erfindung des→Holzschnitts* im 15. Jahrh. entstand die Zunft der Briefdrucker.

Brokat, der (ital.). Seidengewebe mit reichem Zierat aus Gold- und Silberfäden.

Bronze, die (franz. le bronze : brons). Legierung von mindestens 75% Kupfer mit wechselnden Mengen →Zinn*.

Bronzeguß. Kunstguß aus →Bronze. Dem Guß liegt ein Modell zugrunde. Zwei Formen der Bearbeitung sind möglich:

I. Der Guß mit verlorener Form. Das Modell wird zunächst in Lehm geformt. Das so entstandene Gebilde nennt man Kern (K). Der Kern wird langsam getrocknet und geglüht, damit er fest wird. Nach dem Erkalten erhält er einen Wachsüberzug (W), der so dick ist, wie nachher die Wandung der fertigen Bronze stark sein soll. Um den Kern mit der Wachsschicht wird ein „Formmantel" (F) aus Lehm gelegt, der sich ganz dicht der Wachsschicht anschließt. Nun bohrt man von außen durch den Formmantel und die Wachsschicht in den Kern dünne zugespitzte Metallstäbchen, welche aus dem gleichen Material bestehen, das beim Guß verwandt wird (M). Außerdem erhält der Formmantel Röhren. Durch die Röhren fließt das Wachs ab, das durch Erwärmen der Form herausgeschmolzen wird. Die Metallstäbchen verhindern dann, daß sich Kern und Mantel gegeneinander verschieben. Nach der Entfernung des Wachses wird auch der Formmantel geglüht. Dann fließt durch die Eingußröhre (E) die flüssige Bronze in den zwischen Kern und Mantel entstandenen Hohlraum, der genau die Form des künftigen Werkes hat. Nach dem Erkalten der Bronze zerschlägt man den Formmantel. Aus dem fertigen Werk ragen die Eingußzapfen und die Stützstäbchen stachelartig heraus. Diese Teile werden abgefeilt. Die fertige Bronze umschließt den Lehmkern. Aber durch eine Öffnung kann man ihn herauskratzen. Mißlingt der Guß, so ist bei diesem Verfahren die vom Künstler geschaffene Urform vernichtet. Die Meisterwerke des ~ sind überwiegend auf diesem Wege entstanden.

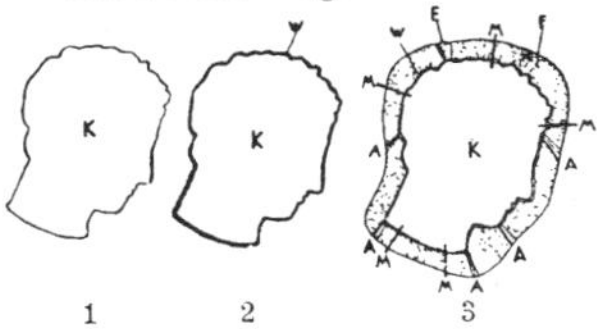

1 2 3

Bronzeguß mit verlorener Form 1 Kern. 2 Kern mit Wachsschicht. 3 Blinde Form.

II. Das Sandformverfahren erlaubt die Erhaltung der Negativform. Der Formmantel ist aus beständigem Material. Er wird nach dem Guß nicht zerschlagen, sondern in Teilstücken, deren Umfang vorher festgelegt ist, von der Form abgenommen.

Bronzezeit. Abschnitt der →Vorgeschichte, der auf die →Steinzeit folgt. Erstmalig wird →Bronze für Waffen, Geräte und Schmuckstücke verwandt. Beginn in Europa um 2000 v. Chr. Ende in →Kreta gegen 1200 v. Chr., in Italien und Mitteleuropa um 800 v. Chr., in Norddeutschland und Skandinavien um 600 v. Chr. Die ~ wird von der →Eisenzeit abgelöst.

Bruchstein. Unbearbeitete Steine. Man verwendet sie zu gewöhnlichem oder unregelmäßigem ~mauerwerk (1), roh behauen zu lagerhaftem ~mauerwerk möglichst nur mit waagerechten Lagerfugen (2) und zu Zyklopenmauerwerk (Steine mit unregelmäßigen, vieleckigen, dicht schließenden Fugen (3). Ggstz.: Werksteine; sie haben durch Bearbeitung eine regelmäßige Form erhalten.

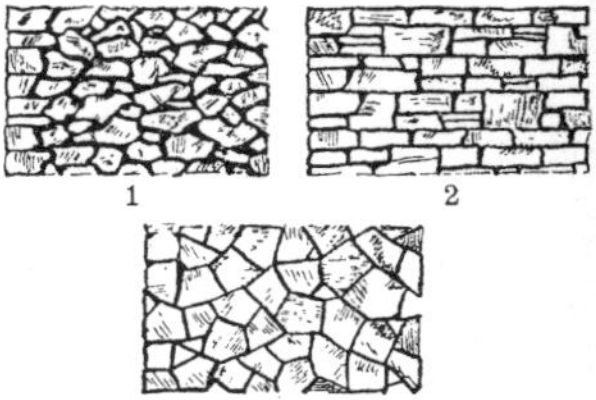

3

Bruchsteinmauerwerk 1. Gewöhnliches oder unregelmäßiges; 2 lagerhaftes; 3 Zyklopenmauerwerk.

Brücke, Die. Deutsche Künstlergruppe 1905–1913 des →Expressionismus*. Hauptmeister: E. Heckel (1883-1970), E. L. Kirchner (1880-1938), Otto Mueller (1874-1930), zeitweise E. Nolde (1867-1956), M. Pechstein (1881-1955), K. Schmidt-Rottluff (1884-1976). Bedeutende Graphik; starkfarbige, breitflächige Malerei.

Brüdergemeine. →Betsaal.

Brunnenhaus. Im Kreuzgang des →Klosters* ein Einbau mit einem Brunnen für die Reinigung der Mönche. Das ~ liegt gewöhnlich zwischen Kirche und →Refektorium*. →Sebil*.

Brustbildnis, Bruststück. →Porträt.

Brustkreuz, Pektorale, das (lat.). I. Antiker und mittelalterlicher Brustschmuck, reich verzierte

Spange am →Chormantel, meist in runder →reliefartiger* Form.

II. Bischofskreuz, meist aus Edelmetall und mit einer Reliquie; wird von Bischöfen, Kardinälen, Äbten und Äbtissinnen auf der Brust getragen; griech. das Enkolpion.

Bruststück. →Porträt.

Brutalismus. 1954 in England aufgekommene Bezeichnung für Bauten in →Sichtbeton und mit sichtbar verlegten Installationen. Von Le Corbusier (1867–1965) um 1950 geschaffen.

Buchbeutel. Im späten Mittelalter wird über den Ledereinband des Buches ein zweiter Bezug gelegt; er ist über den Unterschnitt des Buches verlängert. So kann dieses wie in einem Beutel getragen oder am Gürtel befestigt werden.

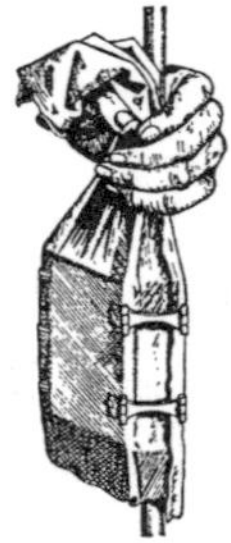

Buchbeutel. Martin Schongauer (um 1430 oder 1445–1491): Orliac-Altar aus Isenheim. Um 1466. Kolmar: Museum Unterlinden. Teil: Hand des hl. Antonius.

Buchmalerei. →Miniatur.

Buchrolle. Buch in Rollenform bei den Ägyptern, Griechen und Römern. Ggstz.: das aus einzelnen zusammengelegten Blättern bestehende Buch, der →Codex.

Buckelkeramik, die. Tongefäße mit Zierbuckeln. Beginn in der Jungsteinzeit (→Steinzeit III), Hochblüte in der →Bronzezeit.

Buckelquader. →Bossenwerk*.

Buddha. Gründer des Buddhismus. Ind. Fürstensohn (um 560 bis 480 v. Chr.). Im 2. Jahrh. n. Chr. beginnt die →ind. Kunst sein Bild zu gestalten; die ~→statue wird das hervorragendste Thema der buddhistischen →Plastik. Bis dahin hatte man ihn aus frommer Scheu im wesentlichen bildlos verehrt.

Formal sind zwei Typen zu unterscheiden:

I. Der rein indische Mathurâ-Typ und

II. der aus der Berührung mit dem →Hellenismus hervorgegangene Gandhâra-Typ. →Gandhâra-Kunst*.

Motivisch unterscheidet man den stehenden, den sitzenden und den ins →Nirwana eingegangenen liegenden ~. Ein weiteres Merkmal sind seine verschiedenen Gesten (→Mudra*), z. B. Gebärde des Schenkens, Gebärde „Fürchtet euch nicht", Gebärde der Versenkung usw. →Bodhisattva, Kannon*, Lotos, Maitreya*, Miroku, Pagode*, Stambha, Stupa*.

Buddhistischer Tempel. →Tempel, der buddhistische*.

Bündelpfeiler. →Pfeiler des mittelalterlichen Sakralbaus, um den sich →Halbsäulen*, Dreiviertelsäulen* oder Dienste* herumgruppieren. Der Pfeilerkern kann quadratisch, polygonal oder rund sein und tritt bei der reichen Form des ~ nicht mehr in Erscheinung. Die Dienste sind dann durch →Hohlkehlen* getrennt.

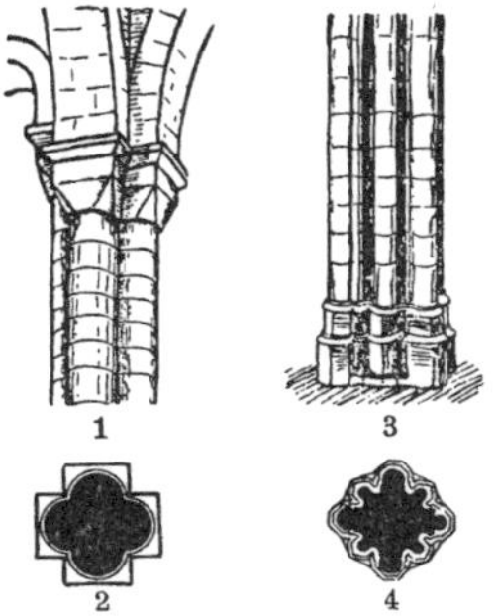

Bündelpfeiler. Poitiers (Süd-West-Frankreich): St-Hilaire. Um 1130. 1. Ansicht. 2. Grundriß. Köln: Dom. Gegr. 1248. Voll. 19. Jahrh. Linkes Seitenschiff. 3. Ansicht. 4. Grundriß.

Büste (von ital. busto = Brustbild). →Plastisches Bildnis des Menschen bis zur Brust. Im →Hellenismus aus der→Herme* entwickelt; weit verbreitet in der→röm. Kaiserzeit und in der Kunst der →Renaissance* und des→Barock.

Büstenreliquiar, das (lat.). →Reliquiar in Büstenform. →Kopfreliquiar*.

Bukranion, das (griech. = Rinderschädel). Verzierung in Form eines →Stierschädels an griech. Altären*, →Grabmälern und auf→Metopen*,

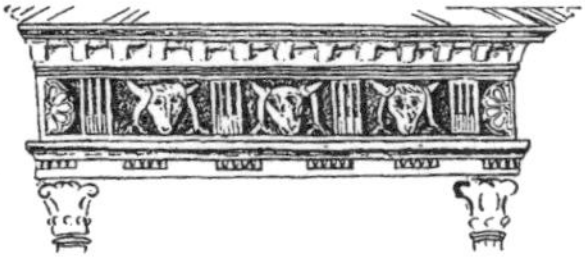

Bukranion. Brive (Frankreich, Dep. Corrèze): Hotel La Labenche. 16. Jahrh. Eingang zur Galerie.

auch in der→etruskischen→Kleinkunst. Oft als →Fries*, in dem mehrere solcher Schädel durch bänderumwundene Blumen- und Früchtegirlanden verbunden sind. Die Baukunst der→Renaissance* und des →Barock nahm das Motiv häufig auf.

Bundeslade. Nach Exod. 25, 10ff. Truhe mit den Tafeln der Zehn Gebote. Aus goldüberzogenem Akazienholz mit goldenem Deckel, auf dem zwei goldene →Cherubim*

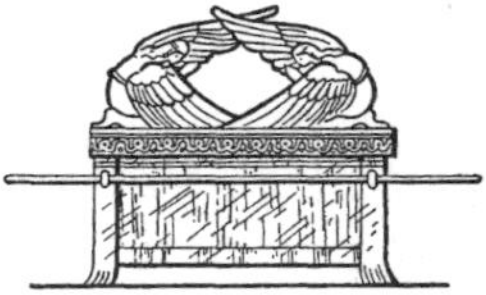

Bundeslade. Rekonstruktion.

standen. Sie wurde an Stangen aus goldüberzogenem Akazienholz getragen. Wohl bei der Zerstörung Jerusalems durch die Babylonier (586 v. Chr.) verlorengegangen.

Bungalow, der (engl.: bangälou). Einstöckiges Haus.

Bunjinga. (jap.: bun[sch]inga). →Literatenmalerei.

Bunzlauer Geschirr. Tonwaren aus Bunzlau in Schlesien aus dem 16. Jahrh.: graues→Steinzeug, außen braun und innen weiß →glasiert, z. T. mit aufgelegtem Gold→relief* oder mit Vergoldung.

Burg. Im Mittelalter befestigter Wohnsitz eines Herrn. Schutz bieten: ein Wassergraben, die Mauer, die Vorburg, die Hauptburg und schließlich der→Turm.→Belfried, Bergfried, Kemenate, Palas*, Pechnase, Zingel, Zwinger.

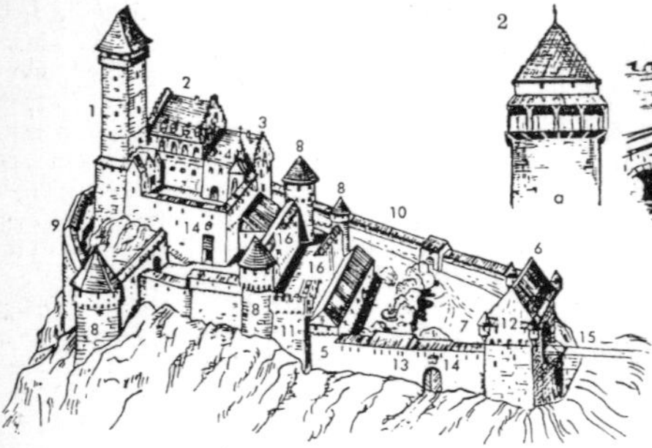

1

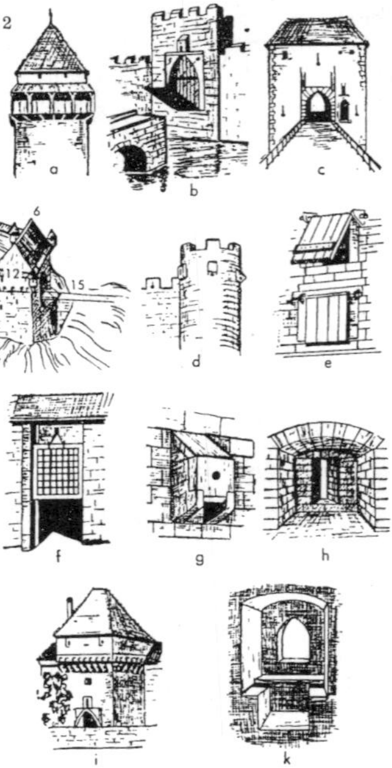

Burg 1 Aufbau einer Burg 1. Bergfried. 2. Palas 3 Kemenate. 4 Kapelle. 5. Wirtschaftsgebäude 6 Vorburg 7 Burghof (Zwinger) 8 Mauertürme 9 Burgmauer (Zingel) 10 Wehrgang. 11. Zinnen 12 Scharwachttürmchen 13. Schießscharten 14 Pechnasen 15 Zugbrücke 16 Schildmauern

Burg 2. Einzelteile einer Burg a Turm mit Wehrgang b Zugbrücke c Torturm mit Mannsloch (rechts) d Zinnen e Fall-Laden. f Fallgitter g Pechnase h Schießscharte. i Wohnturm k Fensternische

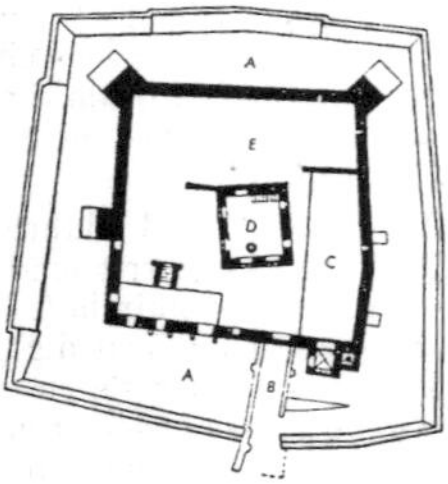

3

Burg 3. Handschuhsheim. Ende 15 Jahrh. Grundriß. A Graben B Zugbrücke C Früher Palas D Wohnturm. E Hof

4

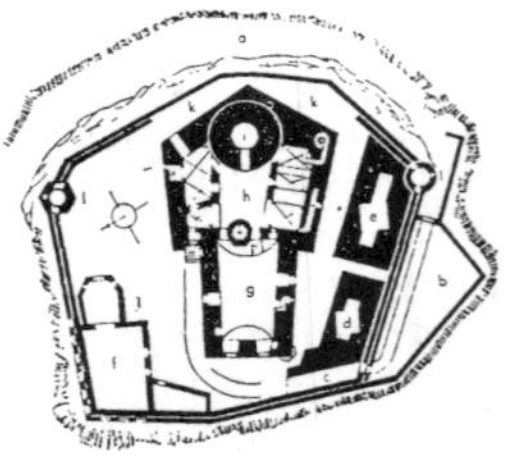

Burg 4 Burgschwalbach 1368–1371 Grundriß a Zugangsweg / Graben b Zwinger c Torweg d Torhaus e Wirtschaftsgebäude f Wohnbau und Kapelle g Saal h Burghof i Bergfried k Zwinger

Bursa, die (lat.). Versteifte Tasche zur Aufbewahrung des Korporales, bei der Messe in der jeweiligen Farbe des Meßgewandes. Das Korporale ist ein quadratisches Leinentuch, das in der Messe als Unterlage für→Kelch* und→Patene* dient.

Burse, die (mittellat.). Mittelalterliches Wohngebäude einer Studentengruppe, z. T. mit Freistellen. Zuerst in Paris 1275.

busig, gebust. Ein Kreuz →gewölbe* kann über verschieden hohen → Bögen* errichtet werden. Die→ Kappe über dem kleineren Bogen muß ansteigen, um die Kappe über dem größeren Bogen im gleichen Schnittpunkt zu treffen. Wenn die ansteigende Kappe eine gebogene →Scheitellinie hat, spricht man von einem gebusten →Gewölbe*.

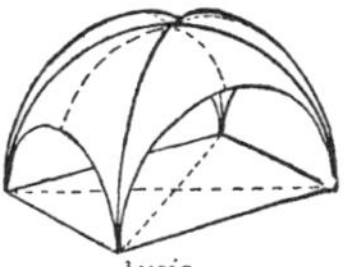

busig.

Butzenscheiben. Meist kleine runde, grünliche, in Blei gefaßte Scheiben mit einer Verdickung (Butzen) in der Mitte (vor allem 15. bis 16. Jahrh.).

Byzantinische Kunst. Die christl. Kunst des oström. Reiches und der von ihm bestimmten Gebiete. Ihr Mittelpunkt war Konstantinopel. Sie gründet auf der Weiterbildung altchristl. Formen und auf der Einschmelzung kleinasiatischer, syrischer und →alexandrischer Anregungen. Thematisch ist sie religiöse Kunst und Hofkunst. In der Architektur bevorzugt sie den überkuppelten →Zentralbau*, der oft mit der →basilikalen* Form zur →Kuppelbasilika verbunden wird. Hauptwerk ist die Hagia Sophia (Kirche der „Heiligen Weisheit") in Konstantinopel. – Während die→Vollplastik auffallend zurücktritt und fast nur →Reliefs*, insbesondere ausgezeichnete →Elfenbeinarbeiten entstehen, weist die Malerei auf vier großen Gebieten – →Email*, Ikon*, Miniatur, Mosaik – Meisterleistungen auf, für welche die Strenge und weihevolle Erhabenheit der Figuren, ihre kostbare Gewandung und ihre Einbindung in die raum- und landschaftslose Fläche bezeichnend sind. Wo die Antike stärker nachwirkt, kommt es zu einer naturnäheren Gestaltung. In der Entwicklung der ~ sind folgende Abschnitte zu unterscheiden:

I. Früh~. Um 500 bis um 700. Höhepunkt unter Kaiser Justinian (526/65), Hagia Sophia (532/37). Ausstrahlung nach Rom und Ravenna.
Nach dem →Bilderstreit (726 bis 843), in dem es um die Frage der Erlaubtheit christl. Kunst und damit um ihr Sein und Nichtsein ging, ergab sich eine neue Blüte:

II. Mittel~. 9.–13. Jahrh. Im Kultbau vorherrschend die →Kreuzkuppelkirche*. Ausstrahlung nach Venedig (Markusdom). Übergreifen nach Rußland, das in seiner gesamten Entwicklung byzant. Grundart treu bleibt.

III. Spät~. 1261–1453. Nach der Eroberung Konstantinopels

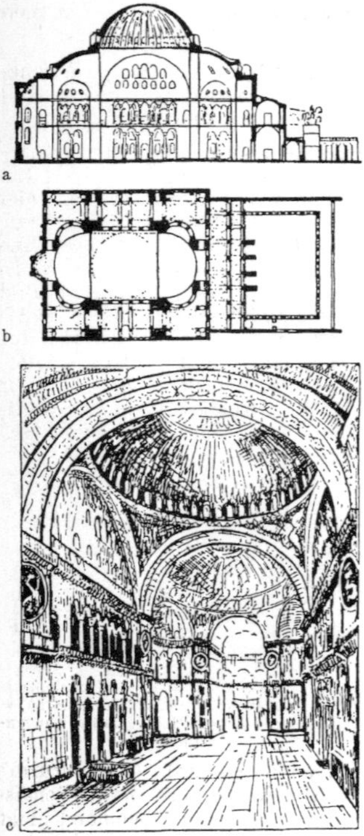

Byzantinische Kunst. (Zu I). Istanbul: Hagia Sophia. 532–537 Anthemios von Tralleis (gest. um 534 n Chr) und Isidor d. J von Milet. Kuppel 558–562 erneuert. a Längsschnitt von Osten nach Westen. b Grundriß; links Osten. c Innen nach Osten.

durch die Türken (1453) Weiterleben der ~ in Venedig, in Griechenland, auf dem Balkan, in Rußland.

Der Einfluß der ~ ist im gesamteuropäischen Mittelalter spürbar und zeigt sich vor allem in der deutschen und franz. →Romanik und →Gotik* sowie in der →maniẹra grẹca der ital. Kunst des 13. Jahrh.

C

„Cabaret Voltaire", das (franz.: kabarä Woltär). Literarisches Kabarett in Zürich; 1916 eröffnet. Zeitschrift gleichen Namens mit wichtigen Beiträgen führender Künstler und Literaten. An der Spitze Hugo Ball (1886–1927) und Emmy Hennings (1885–1948), Mitbegründer des →Dadaismus. Politische Satire, Geräuschmusik, Simultangedichtlesungen. Tumulte von Beifall und Protesten.

Cabinet à la porcelaine, das (franz. : kabine a la porßelän).. →Porzellanzimmer.

Caduce|us, der (lat.) = das →Kerykeion (griech.). →Merkurstab*.

Caelus, der (lat.). Antiker Gott des Himmels. In der →altchristl. →Sarkophagplastik* steht manchmal Christus als Herr des Alls auf dem Himmelsgewölbe, das ~ wie ein Tuch unter den Füßen des Herrn ausspannt.

Caeremoniale, das (lat.). Buch mit den liturgischen Anweisungen für den Gottesdienst.

Caitya, das (ind.). →Tschaitya.

Caldarium, das (lat.). →Thermen IV*.

Calefactorium, das (lat.). Wärmestube im mittelalterlichen →Kloster*.

Camera obscura, die (lat.: kamera opßkura) = dunkle Kammer. Ein innen geschwärzter Raum oder Kasten. Als Rückwand eine Mattscheibe. An der Vorderseite eine →konvexe Linse, die ein kopfstehendes, seitenverkehrtes Bild auf die Mattscheibe wirft. Im 17. und 18. Jahrh. als Hilfsmittel für →Porträts und →Landschaftsbilder verwandt. Vor 1620 nur große betretbare Kammern; seitdem auch tragbare Räume und Tischgeräte.

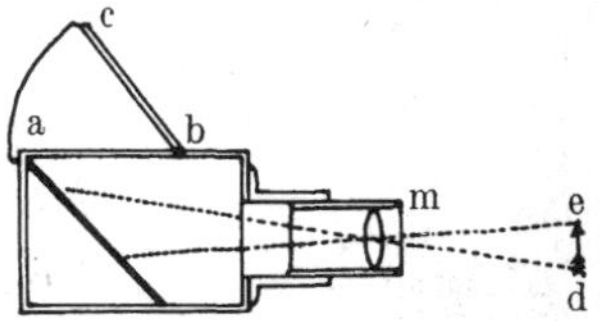

Camera obscura. de = der aufzunehmende Gegenstand; ab = matte Glastafel; bc = Deckel; m = in ein Rohr gefaßte Konvexlinse.

Campanile, der (ital.). Glockenturm* ital. Kirchen, bis zur →Renaissance* meist freistehend und nicht mit dem Baukörper verbunden. →Basilika 2*.

Campo santo, der (ital. = heiliges Feld). Ital. Bezeichnung für Friedhof.

Cancelli, die (lat.). Gitter, Schranken. →Altarschranken*, Chorschranken*.

Cappa, die (mittellat.). Mantel. Daraus entwickelte sich das →Pluviale*.

Cappa magna, die (lat.). Mantel mit weiter Kapuze und langer Schleppe; Chorgewand der Kardinäle, Patriarchen, Erzbischöfe, Bischöfe und gewisser höherer Prälaten.

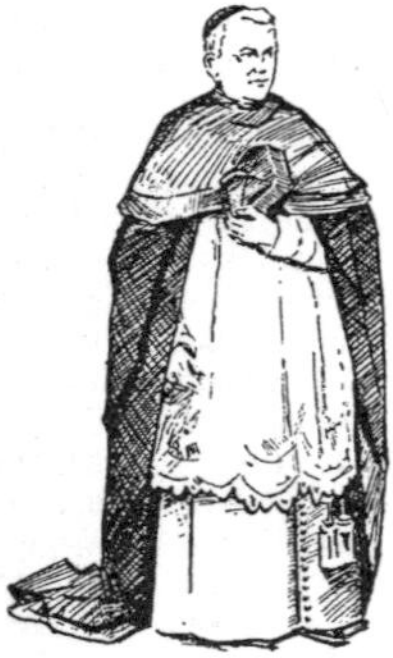

Cappa magna. Kardinal in ~.

Carrarischer Marmor. →Marmor.

Carta azzura, die (ital.). In der Herstellung blau eingefärbtes Papier zur Einsparung einer →Grundierung von Hand. Für weiche tonige Formen geeignet. Vor 1500 in Venedig erfunden. →Handzeichnung, Zeichentechnik.

Cassone, der (ital.). Truhenmöbel der ital. →Renaissance*; oft mit Bildern, Schnitzereien oder kostbaren →Intarsien*.

Castellum, das (lat.). →Kastell.

Castrum, das (lat.). Lager der röm. Truppen. Rechteckige Anlage; vier Tore; Mauer mit Türmen; zwei Hauptstraßen. Im Schnittpunkt der Achsen die Kommandantur, das Prätorianum.

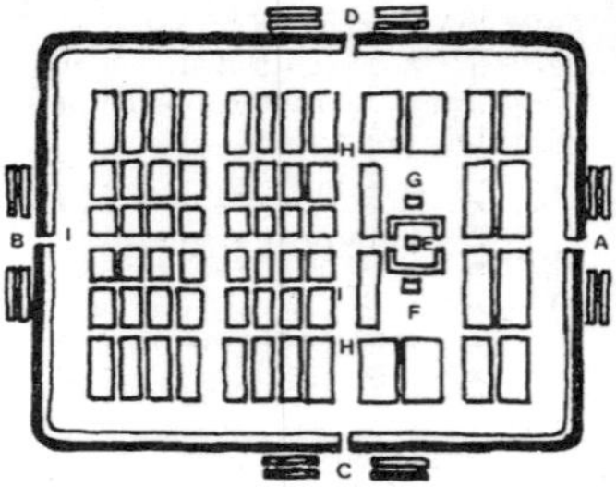

Castrum. A Porta praetoria. B Porta decumana. C Porta principalis dextra. D Porta principalis sinistra E Praetorium F Forum. G Quaestorium H Tribunal I Römische Reiter. J Hilfstruppen

Castrum doloris, das (lat. = Schmerzenslager). Trauergerüst, das für die Aufbahrung von Leichen hochgestellter Persönlichkeiten in Kirchen oder an anderen Orten aufgestellt wurde; oft mit →Skulpturen, Bildern und Inschriften. Blütezeit: 17. und 18. Jahrh.

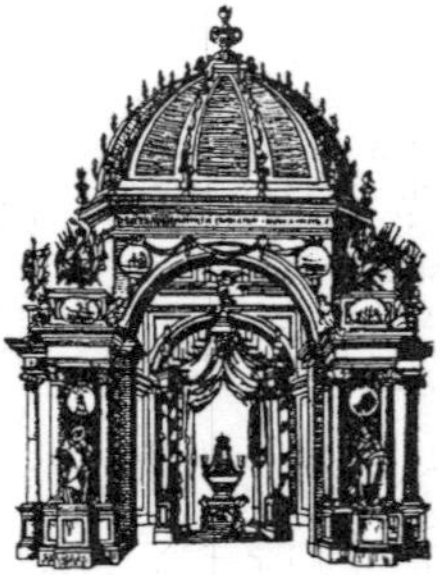

Castrum doloris. Gottlieb Volckamer von Kirchensittenbach (1648–1709): ~ für Kaiser Leopold I. (gest. 1705), wahrscheinlich in einer Nürnberger Kirche. Zeichnung von J. G. Erasmus. Stich von Ludwig Chr. Glotsch.

Cathedra, die (lat.; griech. Kathedra). →Kathedra, Bischofsstuhl*.

Cella, die (lat. = Kammer, Zelle); griech. Naos (Tempelhaus). Hauptinnenraum des antiken→Tempels* mit dem Götterbild.

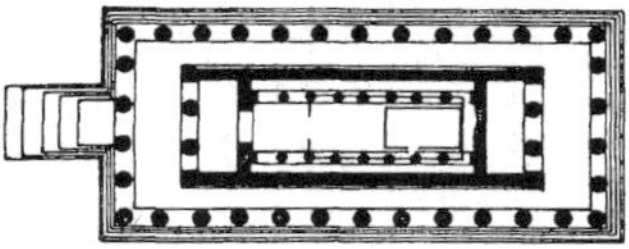

Cella Olympia: Zeustempel. Um 450 v Chr.

Cenaculum, Coenaculum, das. Speisezimmer des röm. Wohnhauses.

Certosa, die (ital.: tscher- = Kartause). Ital. Bezeichnung für Kartäuserkloster.

Chacmool (: tschakmohl; willkürlich gewählter →Maya-Name; eigtl. „Jaguar-Regengott"). Typ einer →altamerikanischen Stein→plastik: ein halbliegender Krieger oder Gott stützt sich mit dem Ellbogen auf und zieht die Beine an. Auf dem Leib trägt er eine Schale für den Opfertrank oder für das Blut des den Göttern geopferten Menschen. Wahrscheinlich stellt die Plastik einen Regengott dar. Der ~ steht auf der Plattform einer →Tempelpyramide* oder in der Vorhalle eines Tempels. →Libationsschale, Tolteken.

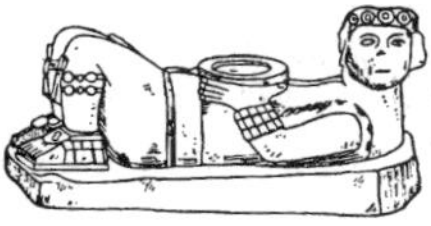

Chacmool.

Cha-ire (jap.: tscha|ire). Jap. Gefäß aus braunschwarz glasiertem Ton zum Aufbewahren von Teepulver. 6–8 cm h. →Teegerät.

Chalet, das (franz.: schalä). Sennhütte, Schweizerhäuschen, Landhaus.

Chalkographie, die (griech. = in Erz geritzt). Bezeichnung für die Kunst des→Kupferstichs*; in der älteren Literatur häufig verwandt.

Chanukkaleuchter (hebr. Chanukka = Einweihung). Neunteiliger Leuchter für das jüdische Chanukkafest, das an die Wiedereinweihung des Tempels durch die Makkabäer (165 v. Chr.) erinnert. Das Fest – gewöhnlich im Dezember – dauert acht Tage; jeden Abend wird ein Licht mehr angezündet, wobei das neunte Licht zum Anzünden der übrigen dient.

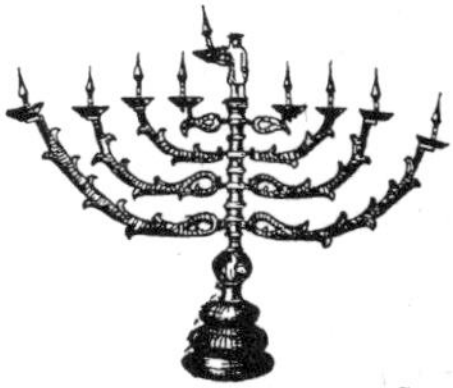

Chanukkaleuchter. Creglingen: Synagoge. ~ in Armleuchterform. 17. Jahrh.

Chashitsu (jap.: tscha|schitsu). Zimmer oder kleines Haus für die →Teezeremonie. →Japanische Kunst.

Chatti. →Hethiter.

Chattra. →Stupa*.

Chavin-Kultur (: tschawin). Älteste Hochkultur der Andenländer Südamerikas um 800 v. Chr. (± 200 Jahre). Fundort: Chavin de Huánter in Peru.

Chawan, (jap.: tscha|wan). Teeschale zum Trinken. →Teegerät.

Chẹlsea-Porzellan (engl.: tschẹlsih). →Porzellan aus der→Manufaktur von Chelsea bei London. Hauptblütezeit: Mitte 18. Jahrh. Bevorzugter Dekor: dunkles, violettartiges Rosa.

Chẹrubim, die (Einz.: der Chẹrub, von hebr. kerụb). Der achte der neun Engẹlchöre. Begleiter, Diener und Wächter Gottes. In der christl. Kunst (1), wohl nach Vorbildern der →vorderasiatischen Kunst, dargestellt als vierköpfige Wesen mit vier augenbesäten Flügeln. Wegen der vier Köpfe heißen sie auch T e t r a m o r p h ẹ (griech. = viergestaltig). Seit dem 8. Jahrh. werden sie auch mit sechs Flügeln dargestellt. Die →karolingische und →ottonische Kunst machte aus den vier Köpfen des Tetramorphs →Evangelistensymbole*. Oft beschränkt sich die Kunst auf das menschliche Gesicht (2) im Ggstz. zu den vier Gesichtern in der Gottesvision des Ezechiel (I 5 und X 20). →Majestas Domini*.

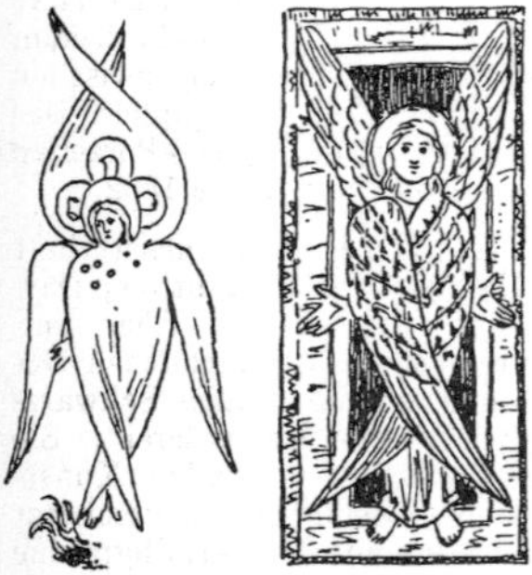

Cherubim. 1. Rom: S. Maria Antiqua. Um 760. Wandgemälde im Nebenchor. 2. Berlin: Kunstgewerbemuseum. Tragaltar des Fridericus. Köln um 1150. Teil.

Chiạ, (chin.: d[sch]iạ). Großes Gefäß zum Erhitzen. →Sakralbronzen*.

Chiạroscụro, das (ital.: kiarosk-). →Helldunkel.

Chichimẹken, die (: tschitschi). →Altamerikanische Kunst der ~ (1200–1430). Das bedeutendste Bauwerk ist die Pyramide von Tenayuca (Zentralamerika). →Tempelpyramide*.

Chih (chin.: dsch[e]). Opferungs- und Trinkkelch. →Sakralbronzen*.

Chịlkat-Decken (: tschịlkat). Erzeugnis der nordwestamerikanischen Indianer: Tuch aus Bergziegenwolle mit schwarzen, gelben und grünlich-blauen Fäden. Stilistisch ist die Musterung vom →Flachrelief auf das Gewebe übertragen. →Naturvölker.

Chimạ̈re, die (griech. chịmaira = Ziege). Fabelhaftes Ungetüm in Lykien: vorn Löwe, in der Mitte Ziege, hinten →Schlange. Von Bellerophọn getötet.

Chimụ (: tsch-). Altamerikanische Kunst des ~-Reiches an der Westküste Perus vom 13. bis 15. Jahrh. Die Hauptstadt Chan-Chan in 10 Viertel planmäßig gegliedert. Baumaterial: luftgetrocknete Lehmziegel. Bemerkenswerte →Keramik von →realistischer Lebensnähe und ausgezeichnete →Goldschmiedekunst.

Chin (chin.: d[sch]in) = Süd→Sung-Zeit. Chin. Epoche 1127 bis 1278. →Chinesische Kunst.

Chinesische Kunst. Man unterscheidet folgende Epochen:

I. Jungsteinzeit. Um 2500 bis um 1500 v. Chr.

II. Shang-Zeit. 1523–1028 v. Chr.
III. Frühe Chou-Zeit. Um 1050 bis um 900 v. Chr.
IV. Mittlere Chou-Zeit. Um 900 bis um 600 v. Chr.
V. Späte Chou-Zeit. Um 600 bis um 256 v. Chr.
VI. Han-Zeit. 206 v. Chr. bis 220 n. Chr.
VII. Zeit der 3 Königreiche. 220 bis 581 n. Chr.
VIII. Sui-Zeit. 581–618.
IX. T'ang-Zeit. 618–906.
X. Zeit der 5 Dynastien. 906–960.
XI. Nord-Sung-Zeit/Liao. 960 bis 1127.
XII. Süd-Sung-Zeit/Chin. 1127 bis 1278.
XIII. Yüan-Zeit. 1279–1368.
XIV. Ming-Zeit. 1368–1644.
XV. Ch'ing-Zeit (= Mandschu-Zeit). 1644 bis 1912.

Aus der Zeit um 2000 v. Chr. blieb →Keramik erhalten. Um 1500 v. Chr. erscheint jäh eine völlig ausgebildete Hochkultur mit reicher Töpferei, Schmuck und Metallarbeiten. Die →Sakralbronzen* aus der Zeit zwischen 1600 und 200 v. Chr. stehen am Anfang der chin. Kunstgeschichte und gehören zu den besten Metallarbeiten. Es sind Opfergeräte, die bes. im Totendienst verwandt wurden; die →Ornamente auf ihnen haben magische und kosmologische Bedeutung. Für die Toten waren vielfältige →plastische →Grabbeigaben bestimmt; die Figuren „vergegenwärtigen", was der Verstorbene im Jenseits braucht. Am Grabweg stellte man monumentale →Skulpturen schützender Tiere, im Grab selbst zur Abwehr von Dämonen Wächterfiguren auf.

In Peking wurde 1420 n. Chr. eine gewaltige Opferstätte angelegt, wo der Kaiser zur Wintersonnenwende die Entsühnung der Menschen und die Verknüpfung des Himmels mit der Erde, im Frühjahr die Fruchtbarkeit der Felder erwirkte. Den Mittelpunkt der Opferhandlungen bildeten der Himmelsaltar und die →Halle des Gebetes.

Grundform des Hauses und des Tempels ist die →Halle: ein meist hölzerner →Ständerbau auf gemauerter Plattform mit geschwungenem →Dach*. Aus der Lage des chin. Reiches ergab sich die Notwendigkeit ausgedehnter Festungsbauten; die Große Mauer, der Grenzwall, hatte eine Länge von 2500 km.

Allenthalben in der Landschaft finden sich →Pagoden*, die günstige Himmelskräfte auf die Erde leiten sollen.

Die chin. →Textilkunst war in der ganzen Welt berühmt. Ebenso vollendet ist die Gefäßkunst Chinas, die nicht im →Porzellan, sondern im →Steinzeug zwischen 600 und 1300 n. Chr. gipfelt. Das älteste sicher datierte →Porzellan stammt aus dem Jahre 1352.

Die Malerei ist gleich meisterhaft im Kultbild wie in der intimen Darstellung von Mensch, Tier und Landschaft, in der farblichen Gestaltung wie im bloßen Schwarzweiß der →Tuschmalerei*. Sie wird in China von allen Kunstgattungen am höchsten geschätzt und ist eng mit der →Kalligraphie verbunden; ihre Blüte liegt in der Sungzeit (960–1278). In China wird auch der →Farbendruck gepflegt;

früheste erhaltene Beispiele aus dem Ende des 17. Jahrh.
Als Material ist →Jade besonders beliebt, dem man magische Wirkung zuschrieb; zunächst wurde er nur für Kultzwecke verwandt, später auch für Schmuck und profane Kleinplastiken.
→Affe, Album, Amida-Buddha, Blockbuch, Dachreiter*, Damast, Dienerfiguren, Drache*, Farbenholzschnitt, Fênghuang, Fêng-shui, Grabbeigabe, Höhlentempel*, Jade, Kalligraphie, Kolossalstatue, Lackarbeit, Lei-wên*, Literatenmalerei, Lotos, Pagode*, P'ai-lou*, Perspektive 5* (= Parallelperspektive), Porzellan, Sakralbronzen*, Seladon, Shan-shui, T'ao-t'ieh*, Tuschmalerei*, Wen-jen-hua, Yamato-e, Yang und Yin*, Zen-Malerei*.

Chinesisches Zimmer. Mit chin. Motiven, teils auch mit →ostasiatischen Originalstücken dekoriertes Zimmer, Ausfluß der europäischen Chinamode (→Chinoiserie). Mitte 18. Jahrh. besaß jedes Schloß einen oder mehrere Räume dieser Art.

Ch'ing- Zeit (chin.: t[sch]ing) = Mandschu-Zeit. Epoche der chin. Geschichte 1644–1911. →Chinesische Kunst.

Chinoiserie, die (franz.: schin°asrih). Dekorative Verwendung chin. Figur- und Baumotive in der Kunst des 17. und besonders 18. Jahrh., vor allem im →Ornamentstich und in der →Fayence- und →Porzellankunst. Das →Rokoko empfand diese zierlichen Motive als sich selbst verwandt. Vom wirklichen China her gesehen, verfehlen die Darstellungen völlig den geschichtlichen Tatbestand. →Chinesisches Zimmer, Japanisches Zimmer, Pagode*, Porzellanzimmer.

Chintz, der. Ein gewachstes, glänzendes, bunt bedrucktes Gewebe aus Baumwolle. In der 1. Hälfte des 17. Jahrh. aus Indien nach Europa eingeführt.

Chippendale (engl.: tschippendehl). Erster nationalengl. Möbelstil der Neuzeit, um 1750 von dem Londoner Kunsttischler Thomas ~ d. Ä. (um 1709 bis 1779) geschaffen. Flache und gerade Formen. Als Holz Mahagoni bevorzugt. Vor allem die Sitzmöbel vereinigen Bequemlichkeit mit Zierlichkeit.

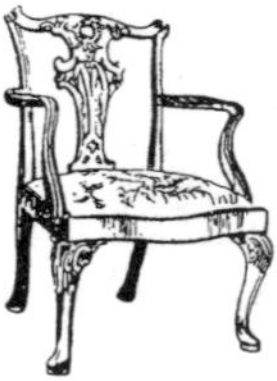

Chippendale. London: Victoria- und Albert-Museum. Sessel. Um 1755.

Chiton, der (griech.). Hemd der alten Griechen, vielfach einziges Bekleidungsstück. Entweder als vier-

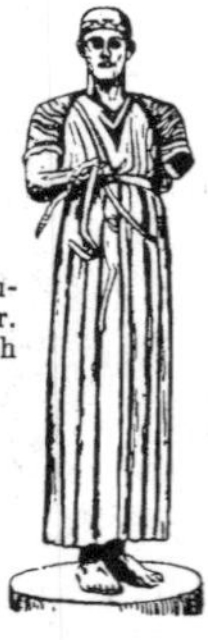

Chiton. Delphi: Museum. Wagenlenker. Bronze. Kurz nach 474 v. Chr.

eckiges Stück um den Körper gelegt und auf den Schultern sowie an der offenen Seite zusammengesteckt oder in Form eines Hemdes genäht. Verschiedene Formen: lang oder kurz, mit und ohne Umschlag, Männer- und Frauentracht.

Chlamys, die (griech.). Kleidungsstück der alten Griechen: um die Schulter gelegter, rund geschnittener Überwurf; Reiter- und Soldatengewand.

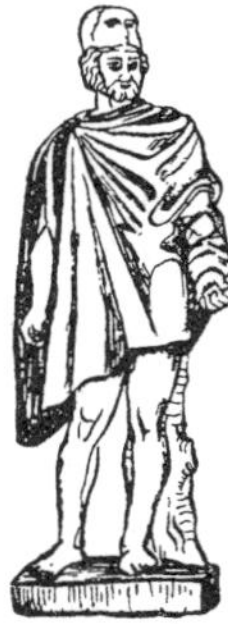

Chlamys.

Chörlein. Kleiner, erkerartiger Ausbau eines →Chorraums in Privat→kapellen des Mittelalters, Ort des →Altars*; entstanden aus dem kirchlichen Gebot, daß über einem Altar sich kein Wohnraum befinden darf.

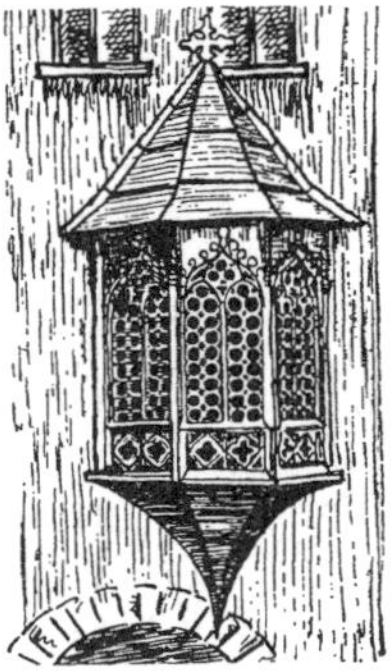

Chörlein. Nürnberg: Wartburg-~, Adlerstr. 9. Ende 15. Jahrh.

Chor, der oder das (griech. choros = Tanzplatz, Tanz, Gesang). Urspr. die Gesamtheit der die liturgischen Gesänge ausführenden Personen. Dann der Ort für den Kirchenchor. In der kirchlichen Baukunst der Ort des →Altars* und der amtierenden Geistlichkeit. In der Mitte des ~ der Hauptaltar, seitlich das →Sakramentshaus*, die Sitze für die Priester (→Chorgestühl*) und der →Bischofsthron*. Der Boden des ~ ist um einige Stufen über den der sonstigen Kirche erhöht. Basilika 2–4*.

Chorgestühl. An den Langwänden des→Chors, in Bischofs-, Kloster- und→Stiftskirchen den zum Gebet versammelten Geistlichen zum Knien und Sitzen dienend. Seit dem 13. Jahrh. reich geschnitzt. Am ~ sind folgende Teile zu unterscheiden (1):

Accoudoir, das (franz.: akud°ar), Armlehne.

Dorsal, das (vom lat. dorsum = Rückwand). Rückwand.

Miserikordie, die (von lat. misericordia = Barmherzigkeit). Vorne unter den Sitzen des ~ angebrachte Stütze, die bei aufgeklapptem Sitz zum Auflehnen benützt wird; sie ist den stehenden Priestern gleichsam aus „Barmherzigkeit" gewährt (2).

Stalle, die (franz.). Der einzelne Sitz des ~.

Wange. Hohe Seitenwand, die den Abschluß der Sitzreihe bildet. Die Miserikordien und die Wangen sind oft mit grotesken Figuren geschmückt. →Drôlerie*. Den oberen Abschluß dieser Seitenwand nennt man Kamin.

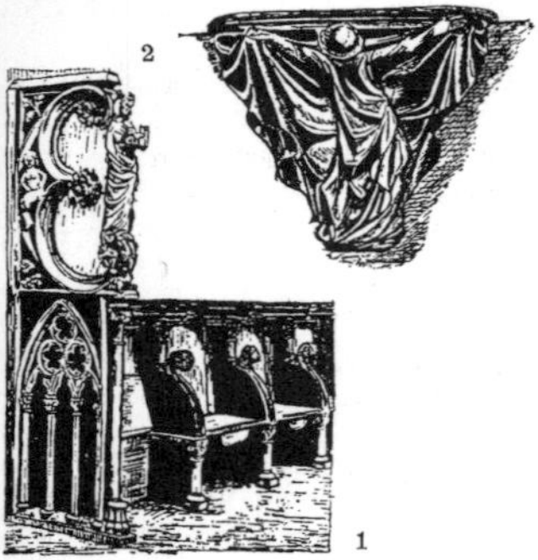

Chorgestühl. 1. Köln: St. Gereon. Um 1300. 2. Köln: Dom. Um 1320. Miserikordie.

Chorgitter. Kunstvolles Gitter, welches im →Barock den →Chorraum des christl. Gotteshauses vom Laienraum trennt.

Chorkapellen. Die dem →Chorumgang angeschlossenen →Kapellen, halbrund, quadratisch oder polygonal angelegt. Bei radialer Anordnung schneiden sich die Hauptachsen aller ~ in einem Punkt.

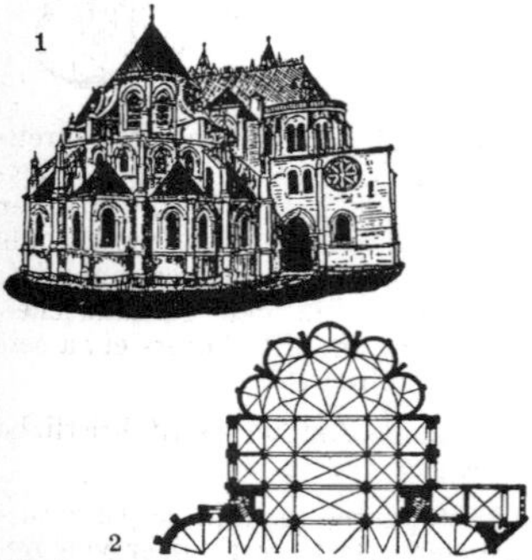

Chorkapellen. Noyon (Frankreich, Picardie): Kathedrale. Chor 1157 vollendet. 1. Außen. 2. Grundriß.

Chorlampe. →Ewige Lampe*.

Chormantel. →Pluviale*.

Chororgel. Im →Chor* aufgestellte kleinere Orgel, dazu bestimmt, den Gesang der Liturgen zu begleiten. Ggstz.: die große, für den Sängerchor und die Gemeinde bestimmte Orgel, meist im westl. Teil der Kirche.

Chorquadrat. Raumteil des christl. Gotteshauses: das Quadrat, das nach Osten der →Vierung* angefügt ist und den Übergang zur →Apsis* bildet. →Chorschluß (1)*.

Chorschluß. Der Abschluß des →Cho-

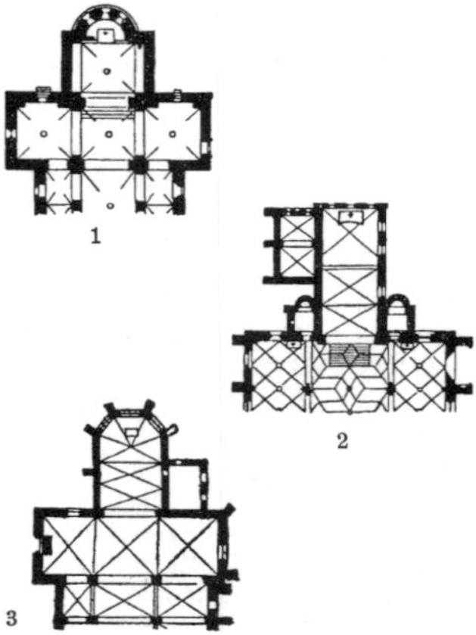

Chorschluß. 1. Rund. Nordhausen: Frauenberg-Kirche. Mitte 12. Jahrh. 2. Gerade. Nordhausen: Dom. 1130. 3. Vieleckig. Nordhausen: St. Blasius. 1487/90.

res im christl. Gotteshaus. Er kann rund (1), gerade (2) oder vieleckig (3) sein. In letzterem Falle spricht man z. B. von einem $^5/_8$-~, wenn der Chor aus 5 Seiten eines Achtecks besteht. →Apsis*.

Chorschranken. In der frühchristl. →Basilika* Steinbrüstung die den Raum für die Liturgen einschließt. Im Mittelalter die halbhohen, meist mit→Reliefs* gezierten Wände, die den →Chor gegen den Laienraum abgrenzen. →Altarschranken*, Basilika*, Lettner*.

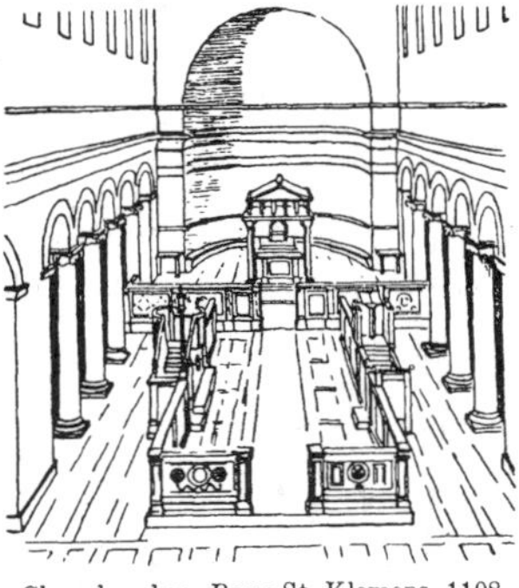

Chorschranken. Rom: St. Klemens. 1108.

Chorturm. →Turm*, der sich über dem →Chor erhebt, so daß der →Hochaltar im Untergeschoß des Turmes steht. Bauform der→Romanik.

Chorumgang. Ein meist in Fortsetzung der→Seitenschiffe um den →Chor herumgeführter Gang, der mit diesem durch offene→Bogenstellungen verbunden ist. An den ~ schließen sich die→Chorkapellen* an. →Chorkapellen*.

chorus maior, der (lat.) = →Hauptchor. →Hirsauer Bauschule*.

chorus minor, der (lat.) = kleiner →Chor. →Hirsauer Bauschule*.

Chou- (chin.: dschou) **Zeit.** Epoche der chin. Geschichte um 1050 bis um 256 v. Chr.

Frühe Chou-Zeit. Um 1050 bis um 900 v. Chr.

Mittlere Chou-Zeit. Um 900 bis um 600 v. Chr.

Späte Chou-Zeit. Um 600 bis um 256 v. Chr.

→Chinesische Kunst.

Chrismarium, Chrismatorium, das (griech.-lat.). Behälter für die heiligen Öle der kath. Kirche, bes. das Chrisam; urspr. Büchse oder Flasche, im späteren Mittelalter auch reich verziertes Horn auf einem Gestell oder in Gold gefaßtes Straußenei auf einem →Kelchfuß* und mit einem →Türmchen geschlossen.

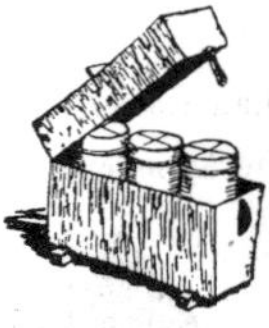

Chrismarium. Anton Schickel (Aachen).

Christkönig. Darstellung des gekreuzigten Christus mit der Königskrone auf dem Haupt, statt der Dornenkrone. Christus wird so als der Sieger am Kreuz versinnbildet. Vor allem in den germanischen Ländern des Mittelalters etwa seit 1000 verbreitet.

Christliche Antike. →Altchristliche Kunst.

Christophorus (griech. = Christusträger). Bärtiger Heiliger von riesiger Gestalt, der das Christuskind über einen Fluß trägt. Einer der vierzehn Nothelfer. Beliebt in der Kunst des 15. und 16. Jahrh.

Christus als Weltherrscher. Pantokrator*.

Christus im Elend. →Christus in der Rast*.

Christus in der Kelter. Darstellung Christi mit der Dornenkrone, der, nur mit dem Lendenschurz bekleidet, im Trog einer Kelter steht. Der Balken drückt ihn nieder. Ein Kelch fängt am Ausfluß des Troges sein Blut auf. Sinnbild seines Opfertodes nach Is. 63, 2f. Früheste Darstellung um 1170; bes. beliebt im Holzschnitt des 15. Jahrh.

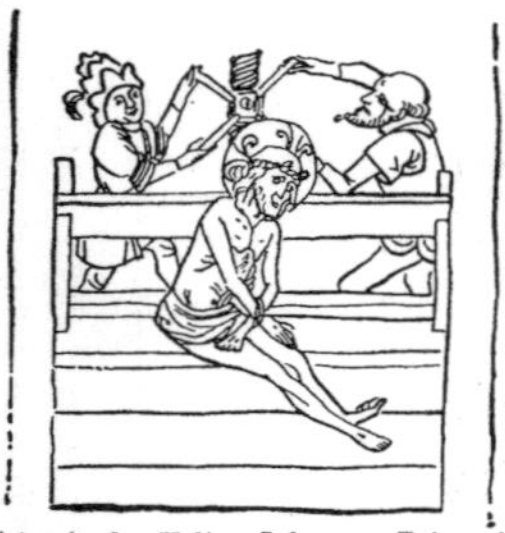

Christus in der Kelter Johannes Zainer (tätig 1473–1500): Geistliche Auslegung des Lebens Christi. Holzschnitt. Illustrierter Druck. Um 1485.

Christus in der Rast. Der leidende Christus – ohne Wundmale – sitzt, nur mit einem Lendentuch bekleidet, am Wege. Entweder stützt er trauernd das Haupt in eine Hand, oder er trägt Fesseln. Aus der biblischen Szene entwickelt, in der Christus, gegeißelt und dornengekrönt, am Fuße des Golgathahügels hockt, in Erwartung der Kreuzigung.
Ein →Andachtsbild, das wohl schon im 14. Jahrh. entstand und das Leiden Christi unter der Bosheit der Menschen vergegenwärtigt.

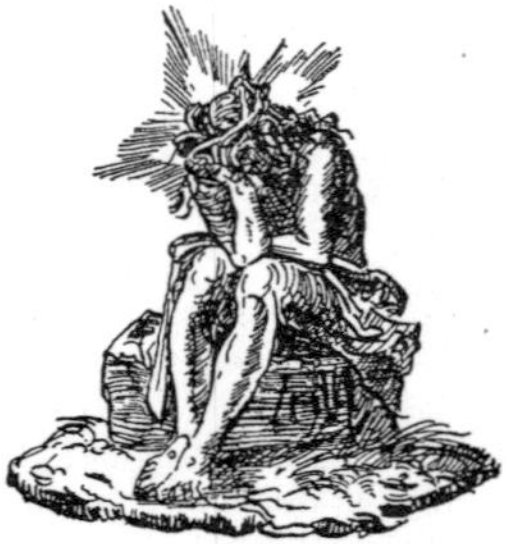

Christus in der Rast. Albrecht Dürer (1471 bis 1528): Kleine Passion. Titel. Holzschnitt 1510.

Christus-Johannes-Gruppe. →Johannesminne*.

Christusmonogramm.

1. ☧ = die beiden Anfangsbuchstaben der griech. Namen Jesus Christos.
2. ☧ = die beiden Anfangsbuchstaben des griech. Namens Christos.

→Kreuz 12*.

Chronodynamik, die. →Op-Art II.

Chronogramm, das (griech. = Zeit und Satz). In einer Inschrift sind gewisse Buchstaben typographisch hervorgehoben. Diese Buchstaben sind zugleich als röm. Zahlzeichen zu lesen. Zählt man die Zahlzeichen zusammen, so ergibt sich eine Jahreszahl. Sie bezeichnet, etwa wenn die Inschrift an einem Bauwerk angebracht ist, dessen Entstehungszeit.

Beispiel: LeopoLDVs prInCeps Me eXstrVXIt (Fürst Leopold hat mich errichtet). Die Buchstaben ergeben die Jahreszahl

L	=	50
L	=	50
D	=	500
V	=	5
I	=	1
C	=	100
M	=	1000
X	=	10
V	=	5
X	=	10
I	=	1
		1732

Chronostichon, das (griech.). Ein →Chronogramm in Versform. Beispiel aus Stift Vorau in Österreich: haC CVpIs? Ito VIa sI DIXerIs aVe MarIa. (Willst du herein? Komm nur; doch bete: Ave Maria.)

C	=	100
C	=	100
V	=	5
I	=	1
I	=	1
V	=	5
I	=	1
I	=	1
D	=	500
I	=	1
X	=	10
I	=	1
V	=	5
M	=	1000
I	=	1
		1732

chryselephantin (griech. = aus Gold und Elfenbein). Antike Bildwerke, über deren hölzernem Kern die Gewandteile aus Gold, die Fleischteile aus Elfenbein gefertigt sind.

Chrysographie, die (griech.). Handschriften und Bilder in Goldtinktur; beliebt in der →byzant. und mittelalterlichen Kunst.

Chüeh (chin.: d[sch]üä). Kleines Gefäß zum Erhitzen. →Sakralbronzen*.

Chûmon (jap.: tschuumon). Mitteltor einer buddhistischen →Tempelanlage in →Japan.

Chung (chin.: dschung). Glocke. →Sakralbronzen*.

Churrier, Kunst der ~. →Vorderasiatische Kunst.

Churriguerrismus, der (span.: tschurriger-). →Ornamentreichste Richtung des span. →Barock, genannt nach den Brüdern Churriguerra (18. Jahrh.).

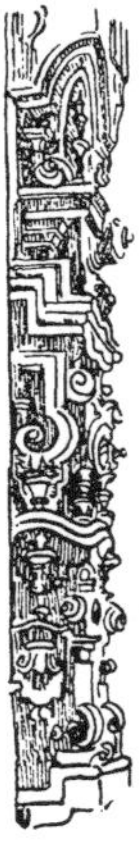

Churriguerrismus. Granada (Spanien, Andalusien): Cartuja. Sakristei. 1724–67. Teil

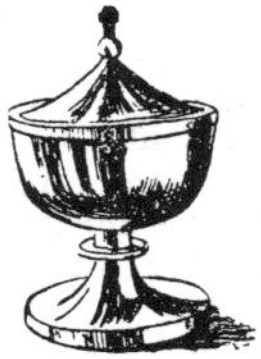

Ciborium. Nico Witteman (Amsterdam).

Ciborium, das (lat.; griech.: kiborion = Gehäuse).

I. Altarüberbau. →Altar 5*.

II. →Kelch* mit geweihten Hostien, der mit einem Deckel geschlossen ist. Der Deckel hat in der →Gotik* manchmal die Form eines →Turmhelms.

Cimeli|e, die (lat. aus griech. keimelion, das = Kostbarkeit). Abkürzung: Cim. Prachthandschrift, ein Meisterwerk der →Buchmalerei.

Cinematismus. Malweise der →Futuristen*: ein Bild hält verschiedene Momente eines Bewegungsablaufes fest und reiht wie der Film gleichsam Momentaufnahmen aneinander.

Cingulum, das (lat.). →Albe*.

Cinquecento, das (ital.: tschinkwetschento, eigtl. 500, Abkürzung für 1500). Bezeichnung für die ital. Kunst des 16. Jahrh. Die Künstler des ~ heißen Cinquecentisten.

Circus, der (lat. = Ring). Altröm. Rennbahn. Die größte ~-Anlage war der ~ Maximus in Rom, der unter Trajan (98–117) voll. wurde. Vgl. →Konsulardiptychen.

Cista, die (lat. cista = Kiste). Ziste.

I. →Vor- und frühgeschichtlich: zylinderförmiger Bronzeeimer mit reifenartigen Verzierungen (1).

II. In der →griech. Antike: breite, röhrenförmige Körbe, in denen bei Mysterienfeiern Geräte und Symbole bewahrt wurden.

III. In der →etruskischen Kultur: Bronzegeräte für Toilettengegenstände; ferner bronzene Aschen→urnen*, deren Deckel und Wand reich graviert ist (2).

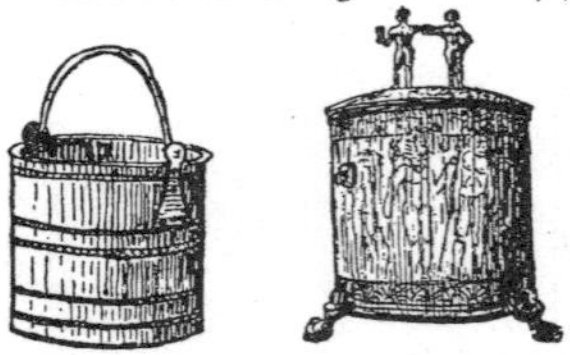

Cista 1. Häven. Norddeutsch. 4. Jahrh. n Chr. 2. Paris: Louvre. ~ aus Praeneste (= Palestrina) bei Rom.

Clair-obscur, das (franz.: klär-obßkür) = →Helldunkel. So nennt man eine →Handzeichnung oder einen →Holzschnitt* auf farbigem Grund mit schwarzen Umrissen und →Schraffen sowie aufgesetzten →Weißhöhungen. →Maltechnik, Zeichentechnik.

Clipe|us-Sarkophag. Altchristl. →Sarkophag*, der in der Mitte der vorderen Langseite in einem runden Schild das Bildnis des Verstorbenen zeigt. Clipe|us, der (lat.) = Schild, auf einer schildförmigen Fläche dargestelltes Brustbildnis.

Cloisonné, das (franz.: kl°asonne = durch Scheidewände getrennt). Zellenschmelz. →Email 4/5*.

Clouage, die (eigtl. der; franz.: klua[sch]e). Bezeichnung für die

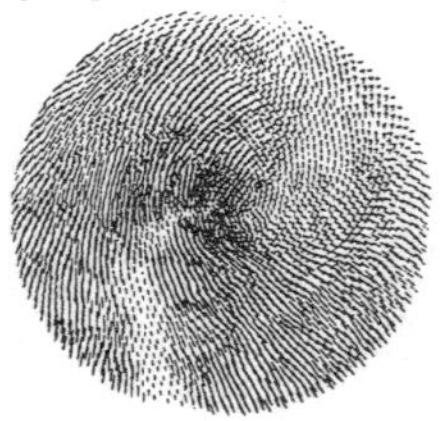

G. Uecker (1930 geb.).

Nagelbilder von G. Uecker (1930 geb.) um 1950/1960: Nägel sind rhythmisch auf einem Brett angeordnet und weiß überspritzt; so entsteht ein mannigfaches Spiel von Licht und Schatten. Clouẹr (franz.: kluẹ) = nageln.

C. + M. + B. Abkürzung für die Dreikönige Caspar, Melchior, Balthasar. Wird in katholischen Gegenden am Dreikönigstag (6. Januar) mit geweihter Kreide an die Türen geschrieben zur Abwehr von Unheil.

Cochịse-Kultur (: kotschịse). Älteste Kultur Nordamerikas; um 13000 bis um 500 v. Chr. Fortgesetzt durch die Korbflechtkultur. Ausstrahlungen nach Mittelamerika. →Altamerikanische Kunst.

Cọdex, der (lat. = Stamm; Mehrz.: Cọdices). Urspr. eine Verbindung von Holztäfelchen zum Schreiben. Später auf→Pergamenthandschriften übertragen. Altes Buch, namentlich Bibelhandschrift.

Coemetẹrium, das (griech.-lat. = Schlafkammer). Größerer Grabraum in den →Katakomben*, meist mit Namen des Heiligen oder der Familie. Auch allgemein: Ruhestätte, Friedhof.

Collage, die (eigtl. der; franz.: kolạ[sch]^{e}):

I. Klebebild; aus buntem Papier oder anderem Material geklebt und künstlerisch gestaltet. Zuerst um 1910 von G. Braque (1882–1963) und P. Picasso (1881–1973).

II. Zusammenfügen von Materialien: Abfallmaterial, Blätter, chemische Substanzen, Fotofragmente, Glas, Holz, Illustrierte, Markenetikette, Metall, Papier, Pappe, Postkarten, Reklamedruck, Sand, Stuck, Textilien, Zeitungsausschnitte. Sie werden durch Kleben oder Schweißen, mittels Draht oder Bindfaden zu einer Komposition verbunden. Die künstlerischen Ziele sind dabei sehr verschieden: Bezug zu unserer Umwelt; Einübung auf Kontraste, Raum und Fläche, Durchsichtigkeit und Undurchsichtigkeit; plastische Wirkung von Malerei; Verwischung der Grenzen zwischen den einzelnen Kunstgattungen; Verfremdung; Absurdität; Erweckung von Traumvorstellungen.

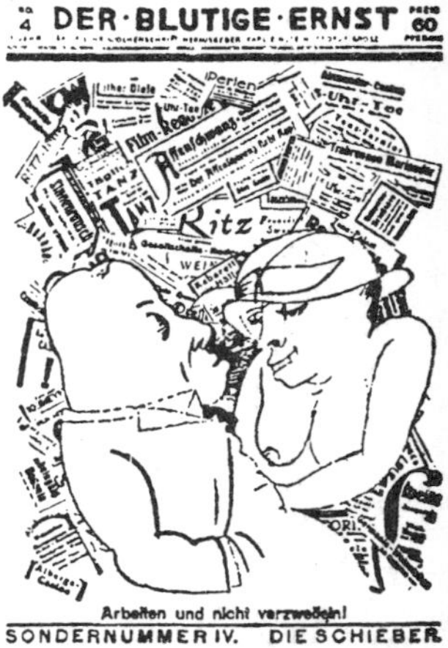

Collage I. George Grosz (1893–1959):) Zeitschrift. Berlin 1924.

Folgende Kunstrichtungen des 20. Jahrh. bedienen sich der ~:

→Bauhaus: J. Itten (1888–1967), L. Moholy-Nagy (1895–1946).

→Dadaismus: J. Dubuffet (1901 geb.), K. Schwitters (1887–1948), W. Vostell (1932 geb.).
→Futurismus*: C. Carrà (1881–1966), G. Severini (1883–1966).
→Kubismus*: G. Braque (1882–1963); J. Gris (1887–1927); P. Picasso (1881–1973).
→Surrealismus*: M. Duchamp (1887–1968); M. Ernst (1891–1976); F. Picabia (1879–1953).
Rußland: W. Tatlin (1885–1956).
→Assemblage, Kontra-Relief*, Materialbild*, Merz, objet-trouvé, papiers collés*, ready-made*, Textbild*.

Colonial Style, der (engl.: k°lo̧uⁿeöl ßtail). Kolonialstil.

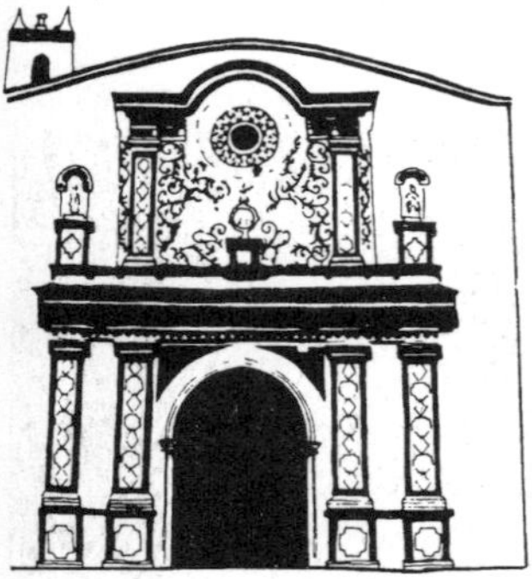

Colonial Style. Santo Domingo: Iglesia del convento dominico Fassade. 1746.

Colour painting, das (engl. kalr peⁱnting). Amerikanische Kunstrichtung →abstrakter Malerei: sie will die Ausdruckskraft der reinen Farbe zur Geltung bringen. Künstler: E. Kelly (1923 geb.), B. Newman (1905–1970), K. Noland (1924 geb.), A. Reinhardt (1913 geb.), F. Stella (1936 geb.).

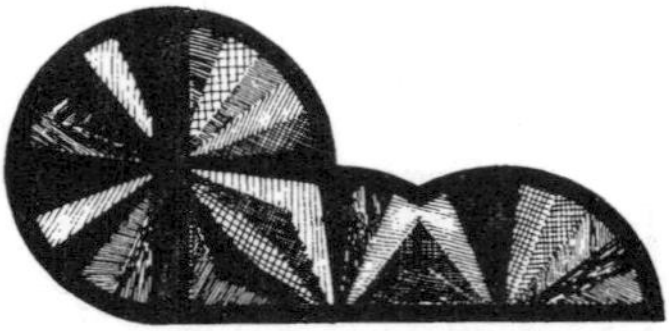

Colour painting. Frank Stella (geb.1936): Ctesiphon III. Fluoreszierendes Acryl auf Leinwand. 300 cm h, 600 cm br. 1968. Köln: Wallraf-Richartz-Museum

Columbarium, das (lat.). Röm. und frühchristl. Grabkammer mit Höhlungen zum Aufbewahren von Aschen→urnen*. Beispiele in röm. →Katakomben*. Die Anlage wird ~ genannt, weil sie einem Taubenschlag (lat. columba = Taube) ähnlich sieht.

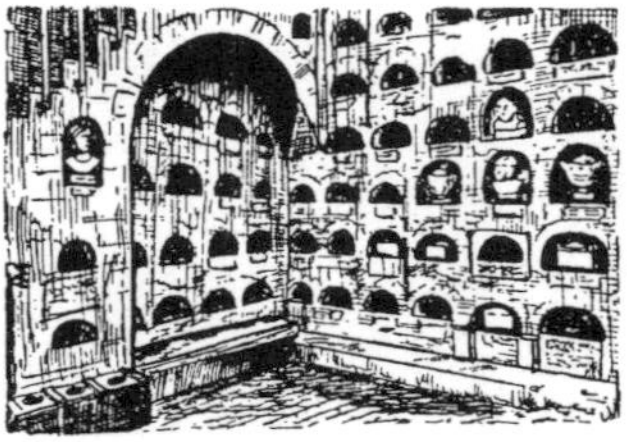

Columbarium. Rom: Sog. ~ der Freigelassenen des Augustus.

Comacini, magistri ~, die (lat.). Mittelalterliche Bauhandwerker und Steinmetzen aus der Gegend von Como.

Combine painting, das (engl.: kombain peⁱnting) = Verbundbild. Amerikanische Kunstrichtung um 1950/1960. W. Rauschenberg (1925 geb.): Einführung von Abfällen in das Bild, Gebrauch vorgefundener

Materialien (Fotografien, Postkarten, Stoffe), Befestigung dreidimensionaler Gegenstände auf der Oberfläche der Bilder. Bevorzugung von Artikeln des Konsums: Coca-Cola, →Comic strips, Radio.

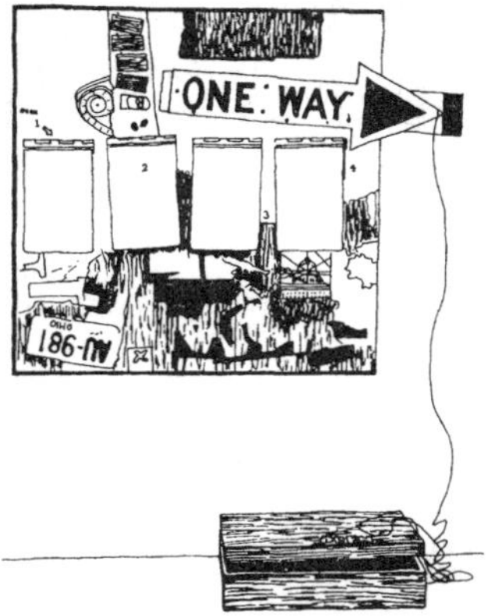

Combine painting. Robert Rauschenberg (geb. 1925): Schwarz-Markt 1961. Köln: Wallraf-Richartz-Museum.

Comics, die; Abkürzung für Comic strips (Mehrz.; engl.: komiks) = drollige Streifen. Mit Kurztexten verbundene Bildergeschichten in Fortsetzungen: Abenteuer, Grotesken, Märchen. →Horror strips.

Commedia dell'arte, die (ital.). Die ital. Stegreifkomödie. Ihre feststehenden Figuren bilden ein beliebtes Thema der →Porzellankunst im 18. Jahrh.: Arlecchino, Capitano, Colombina, Dottore, Pantalone, Pierrot, Pulcinella, Scaramuz u. a. Meisterwerke von Franz Anton Bustelli (1723–1763).

Computer-Kunst, (engl.: kompjut^{e}). Mit Hilfe elektronischer Datenverarbeitung hergestellt. Ausstellungen in London, New York und Stuttgart 1965 und 1968. Ein Programm wird von einem Computer verarbeitet. Wichtig ist dabei der Zufallsgenerator, eine Anlage zur Erzeugung rein zufälliger Zahlenfolgen; es entstehen dann Zeichnungen, die in Einzelheiten nicht vorherbestimmt sind. Aus einem Kalender der IBM Deutschland, 1976: „Computer haben nicht die Absicht, Kunst zu machen. Mit Hilfe ihrer Technik kann man Rechenaufgaben ‚sichtbar' machen, die Menschen ihnen gestellt haben. Leute mit Kunstverstand können dabei entstehende ‚Figuren' so lange durch entsprechende Befehle verändern, bis sie den Ansprüchen an ein Kunstwerk gerecht werden. So entsteht ‚~'." Auf die Ausschnitte, Farben und Rahmen hat der Computer keinen Einfluß.

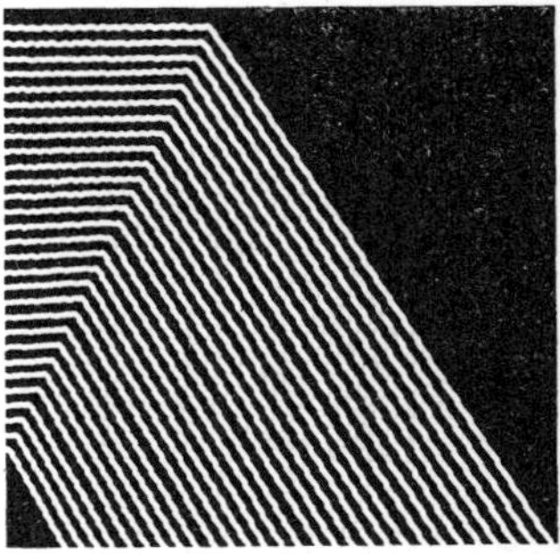

Computer = Kunst. Kalender der IBM. Deutschland 1976.

Conceptual Art, die (engl.: konßäptju^{e}l a't) = Konzeptkunst. Richtung der Kunst etwa seit 1969: Verzicht auf die Ausführung eines Werkes; statt dessen eine Reihe von Skizzen, schriftlichen

Entwürfen, Plänen. Sie wenden sich an die Phantasie des Betrachters, der nicht mehr nur „fertige" Kunst wahrnehmen, sondern Möglichkeiten von Kunst angesichts einer vielfältigen und verwickelten Realität bedenken soll. Der Amerikaner Keith Sonnier: „Live in your head", „Lebe in deinem Kopf". →Prozeßkunst.

windschutzscheiben-bild (insektenfriedhof)
ein zeichenblatt vor die windschutzscheibe
des autos heften, die zerschellten insekten, kadaver
und säfte fixieren
(19 10 67 und früher)

risse-bild
bilder und objekte mit realen rissen und krakelüren
herstellen, analog zu rissen an wänden, tapeten und zu
alten gemälden besser noch: reale wand und reale tapete
mit diesen veränderungen isolieren
(15 1 67)

strip-tease-bilder auf figuren
aktfotos und reproduktionen nach meistern überarbeiten,
bekleidete figuren durch übermalung oder collagierung ent-
kleiden, unbekleidetes bekleiden
(16 11 1966)

Concordantia veteris et novi testamenti, die (lat. = Übereinstimmung des Alten und des Neuen Testamentes). →Typologie.

Confessio, die (lat. = Bekenntnis).

I. In →altchristl. und früh→romanischen Kirchen das Heiligengrab unter dem Hochaltar, das in →karolingischer Zeit durch einen Gang unter dem→Altar* zugänglich ist. Von der ~ führt eine Entwicklungslinie zur →Krypta (1).

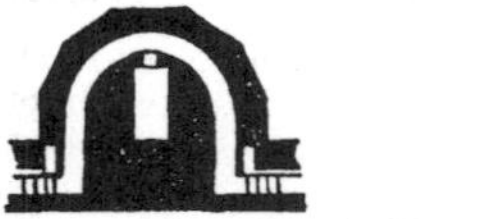

Confessio. 1. Ravenna: S. Apollinare in Classe. Weihe 549. Ringkrypta wohl erst 9. Jahrh. Grundriß.

II. Mit einem Türchen verschlossene Öffnung unten im→Altar* (2), von der aus ein schmaler Schacht zum Heiligengrab unter dem Altar führt. Durch den Schacht goß man kostbare Öle oder ließ Tücher herab, die infolge der Berührung mit den Reliquien selber zu einer Art Reliquie wurden.

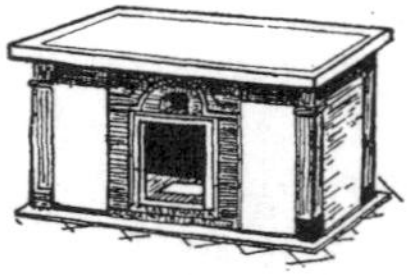

Confessio. 2. Ravenna: S. Apollinare nuovo. Altar mit ~. 6. Jahrh.

Consignatorium, das (lat. = Raum der Besiegelung). Nebenraum der →altchristl.→Taufkapelle, wo die Neugetauften in weißen Kleidern vom Bischof die Firmung empfingen.

Conversi, Konversen, die. So heißen die Laienbrüder in den Mönchsorden. Sie waren die eigtl. Bauhandwerker im mittelalterlichen Kirchenbau.

Corporale, Korporale, das (lat.). →Bursa.

Corps de Logis, das (franz.: kohr dö lo[sch]i). Mittelteil eines mehrgliedrigen Gebäudes, bes. im→Barock. Hier lagen das Haupt→treppenhaus und die Repräsentationsräume. →Risalit M*.

Cosmaten, die (ital.). Sammelbezeichnung für mehrere röm. Künstlerfamilien des 12. bis 14. Jahrh., so genannt, weil bei ihnen der Vorname Cosmas häufig gewesen sein soll. Diese Annahme hält historisch nicht stand; darum nennt man heute jene Künstlergruppe zutreffender „Marmorarii Romani". Sie verbanden mit feinster Marmorarbeit buntes→Mosaik (Cosmatenarbeit) an →Altären*, Bischofsstühlen*, Chorschranken*, Grabmälern, Fußböden, Kanzeln, Leuchtern, Säulen*. Motivisch z. T. vom Orient her beeinflußt.

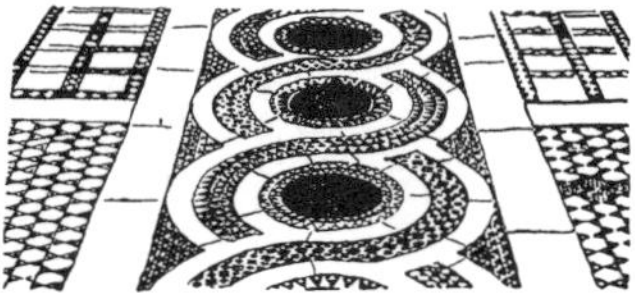

Cosmaten. Rom: St. Klemens. Fußbodenmosaik. 11./12. Jahrh.

Cour d'honneur, die (franz.: kur donnör). Ehrenhof (C) des franz. Schlosses. 3 Flügel des Schlosses umschließen in hufeisenförmiger Anordnung die ~, den Raum für festliche Auffahrten und Paraden.

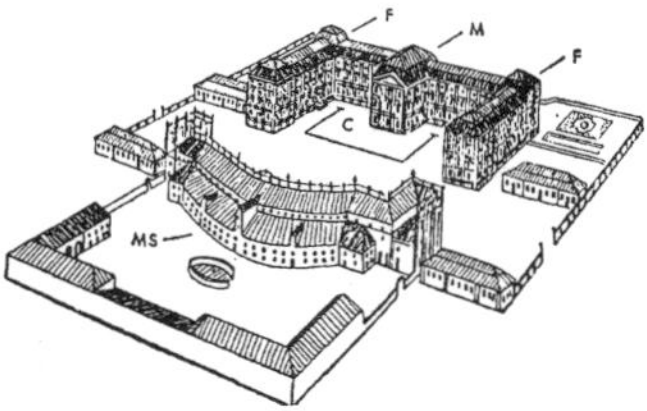

Cour d'honneur. Pommersfelden (Oberfranken): Schloß Weißenstein. Johann Dientzenhofer (gest. 1726), Joh. Lukas von Hildebrandt (1668–1745), Maximilian von Welsch (1671 bis 1745). 1712–1716. Aus: Reclams Kunstführer. Baudenkmäler Bd. 1. 1957. S. 535. C = ~. M = Mittelrisalit. F = Flügelbauten. MS = Marstall.

Craquelée, die (franz.: krakleh, von craqueler = dem →Porzellan ein rissiges Aussehen verleihen; „gesprüngelt"). Haarfeine, manchmal gefärbte Risse in der →Glasur des Porzellans. Sie entstehen dadurch, daß sich beim Erkalten nach dem Brand die Glasur anders ausdehnt als der →Scherben. Sie dienen der Verzierung und werden meist absichtlich hervorgerufen.

Craqueluren, die (franz.: kraklüre). →Krakelüre.

Crayonmanier, die (franz.: kräjoñ = Kreide). Ein Tiefdruckverfahren des 18. Jahrh., das den →Kreide- oder →Rötelstrich möglichst getreu nachahmen möchte. →Druckverfahren, Kupferstich V.

Cromlech, der (keltisch = Steinkreis). →Vorgeschichtliches Grabdenkmal: Unbehauene oder nur roh bearbeitete Steine sind senkrecht um einen einzelnen, höheren Stein in Kreisform aufgestellt. Der Stein in der Mitte heißt→Menhir*. Verbreitet in Nordwest-Frankreich, Großbritannien und Irland.

Crux commissa, die (lat.). →Kreuz 3*.

Crux immissa, die (lat.). →Kreuz 2*.

Cubiculum, das (lat.). In der Antike Zimmer mit Ruhelager. Bei den alten Christen die Grabkammer in den →Katakomben*.

Cuculla, Kukulla, die (lat. = Flocke). Faltenreicher weitärmeliger Mantelumhang, bei manchen Orden zum Chorgebet getragen.

Cul-de-lampe, der (franz.: kül dö lañp). In der →Graphik →Vignette* am Schluß eines Kapitels, unten spitz zulaufend.

Cupido, der (lat.). Liebesgott in der röm. Mythologie (griech. = Eros).

Cuppa, die (lat.). Die Schale des Kelches. →Kelch*.

Curtain Wall, der (engl.: kö^{r}t^{e}n wa^{o}l) = Vorhangfassade. Nicht tragende Wand, die dem tragenden Gerüst eines →Skelettbaus vorgehängt wird. →Glasbau.

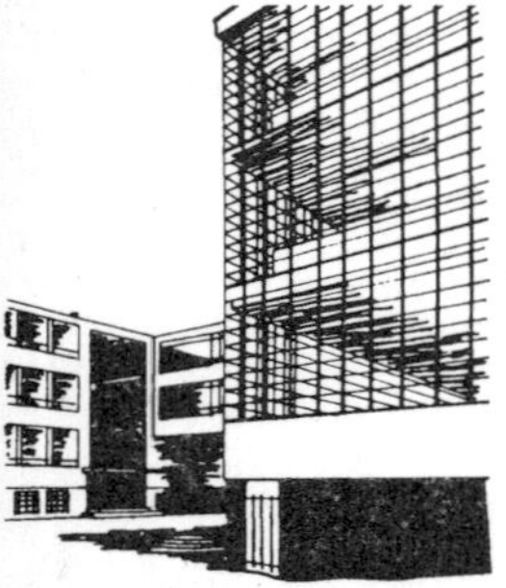

Curtain Wall Walter Gropius (1883–1969): Bauhaus. Dessau. 1925–1926.

Curvilinear Style, der. →Decorated Style*.

Custodia, die (lat. = Bewahrung). Behälter von verschiedener Gestalt (→Türmchen*, Häuschen, Büchse) zur Aufbewahrung der →Lunula mit der großen geweihten Hostie. Mitunter wird auch das Gefäß für die zur Krankenkommunion bestimmten kleinen Hostien ~ genannt. →Velum 3.

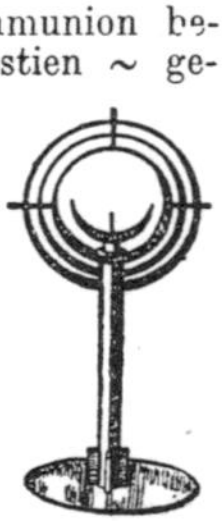

Custodia. Entwurf von Dominikus Böhm (1880–1955).

Cuzco-Region (:ku[th]ko). Südperu. Kernraum der →Inka.

D

Dachformen.

1. Das Pultdach fällt nur nach einer Richtung schräg ab.
2. Das Satteldach fällt nach zwei entgegengesetzten Richtungen schräg ab.
3. Das Walmdach fällt nach allen vier Richtungen schräg ab. Unter „abwalmen" versteht man das Herunterführen des Daches auch über die →Giebelseiten eines Hauses.
4. Beim Krüppelwalmdach werden nur die oberen oder unteren Teile der Giebel durch Walmflächen ersetzt. Walmdach und Krüppelwalmdach gehen aus dem Satteldach (2) als Grundform hervor. Die obere Schnittlinie zweier Dachflächen ist der First. Die seitliche Schnittlinie der Walmdächer ist der Grat.

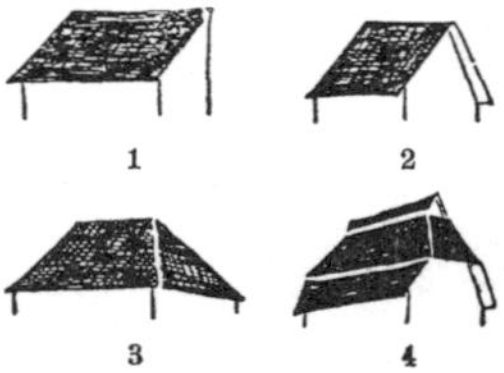

Dach. 1. Pult~. 2. Sattel~. 3. Walm~. 4. Krüppelwalm~.

5. Das **Zeltdach** oder **Pyramidendach** ist ein allseitig abgewalmtes Dach, dessen Grate in einem →Firstpunkt zusammenlaufen. Es kann über quadratischem, rechteckigem oder vieleckigem→Grundriß errichtet sein. Ein Zeltdach heißt dann→**Turmdach**, wenn seine Höhe im Verhältnis zur→Spannweite groß ist.
6. Das **Mansarddach**, eine Abart des Walmdaches, hat gebrochene Dachflächen, welche die Anordnung nur halbschräger Räume im Dachgeschoß ermöglichen; genannt nach dem franz. Architekten Jules Hardouin Mansart (1648–1708; : [sch]ül arduạñ mañßạr).

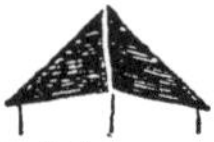
5. Zelt~.

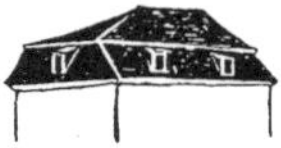
6. Mansard~.

7. Das **Säge-** oder **Sheddach** dient zur Erzielung lichtreicher Arbeitsräume. Es besteht aus einer Abfolge mehrerer Sattel→dächer* (2), deren kürzere Seite durchfenstert ist.

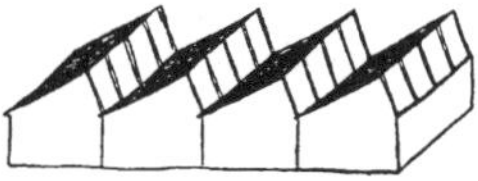
7. Säge~.

8./9. **Helmdach** ist jedes steile →Turmdach, das in der Regel →pyramiden*förmig (8) oder kegelartig (9), seit der→Renaissance* auch →hauben- oder →kuppelförmig* ist.

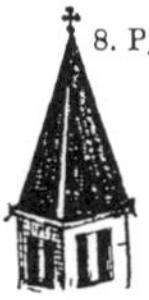
8. Pyramiden~.

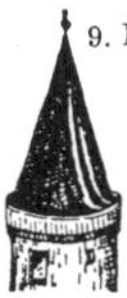
9. Kegel~.

10./11. Das **Zwiebeldach** (10) hat eine geschweifte, oben konkave, unten konvexe Umgrenzungslinie. Ist es mehrfach geschweift, so nennt man es **Welsche Haube** (11). Diese läuft oft in eine →Laterne aus.

12./13. Beim **Faltdach** entsteht für das Auge der Eindruck einer in Falten gelegten Dachfläche. Es kann über vier- (12) und vieleckigem (13)→Grundriß errichtet sein.

14. Das **Rauten-** oder **Rhombendach** setzt sich aus rautenförmigen Teilen zusammen.

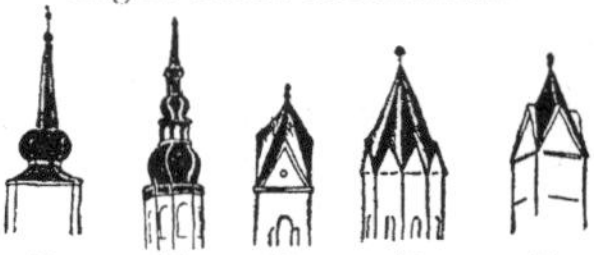
10 11 12 13 14

Dach. 10. Zwiebel~. 11. Welsche Haube. 12. Falt~ (viereckig). 13 Falt~ (vieleckig). 14. Rhomben~.

Dachgaupe, die. Ein kleiner befensterter Ausbau auf dem →Dach zum Zweck der Lüftung und Belichtung.

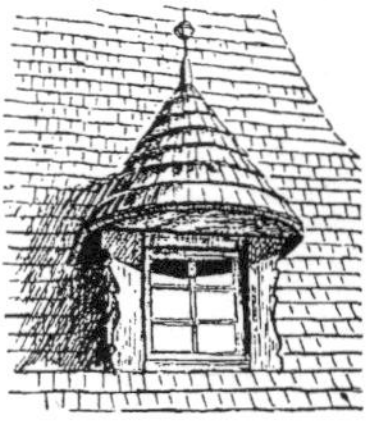
Dachgaupe.

Dachgesims. →Gesims*.

Dachkehle. →Kehle I.

Dachreiter.

I. Schlankes →Türmchen, meist aus Holz, das frei auf dem Dach→first sitzt, häufig auf der →Vierung* von Kirchen. Im 13. Jahrh. von den→Zisterziensern* eingeführt; auch bei Kirchen der Predigerorden und bei →Kapellen angewandt. Bei →Kathedralen der →Gotik*, die den →Turmbau auf die Westfront konzentrieren, ersetzt der ~ den →Vierungsturm*.

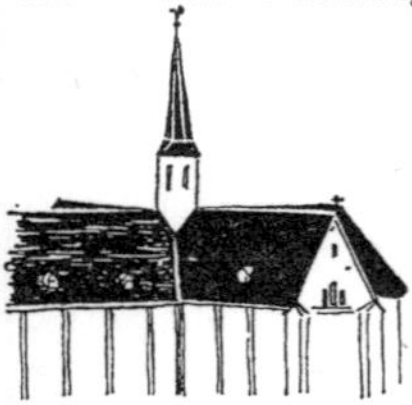

Dachreiter.

II. In der →chin. Kunst ein mit einem heilbringenden Tier geschmückter Dachziegel.

Dadaismus, der. Künstlerische Bewegung zwischen 1915 und 1922; der Name wurde zufällig aus dem Dictionnaire Larousse gewählt. Neben viel Bluff und Ulk kühne Versuche als Vorstufe zum →Surrealismus*. Zum ~ bekannten sich zeitweise u. a. H. Arp (1887–1966), G. de Chirico (1888 geb.), Max Ernst (1891–1976), A. Modigliani (1884–1920), K. Schwitters (1887–1948). →Anti-Kunst, Neo-Dada-Bewegung.

dädalische Kunst (von griech. Daidalos, dem mythischen Künstler und Erfinder), älteste griech. Bildwerke. Bei Figuren kubische Gestaltung des Unterkörpers.

Dalmatika, die (lat.). Urspr. spätröm. Obergewand. Um 320 von Papst Sylvester I. als liturgisches Obergewand der Diakonen eingeführt. Später auch beim Pontifikalamt vom Bischof unter der →Kasel* getragen und zum Krönungsornat der deutschen Kaiser gehörig. Bis zu den Knien gehender Rock aus Seide oder Halbseide, mit Zierstreifen geschmückt; Ärmel von mittlerer Weite; unter den Ärmeln oder an den Seiten aufgeschlitzt.

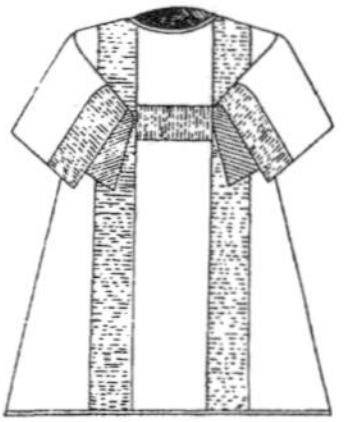

Dalmatika.
Deutsche Form.

Damast, der (eigtl.: Stoff aus Damaskus). Einkettiges Gewebe aus Seide oder Leinen mit gleicher Musterung auf beiden Seiten, von schönem Glanz. In China schon um Christi Geburt hergestellt. Im Mittelalter bes. für liturgische Gewänder benutzt.

damaszieren (nach Damaskus, dem Hauptort der arab. Waffenherstellung, genannt). Verfahren, um die Oberfläche von Gegenständen aus Eisen oder Stahl durch Einätzen mit feinen Mustern zu versehen. Die Damaszierung darf nicht mit der →Tauschierung verwechselt werden.

Damenstift, Kanonissenstift. Eine religiöse Gemeinschaft von Frauen, die zum Chordienst verpflichtet sind, aber meist keine Gelübde ablegen. Im Mittelalter diente es u. a. zur Unterbringung adliger Damen, deren Heirat unmöglich oder unerwünscht war.

Dana|e (griech. Dana|e), die. Gestalt des griech. Mythos: →Zeus* besuchte die Königstochter ~ als goldener Regen und zeugte mit ihr den Perseus (griech. Perseus). Berühmte Gemälde von Tizian und Correggio.

Dansker, der. Abortanlage der →Deutschordensburgen; sie war in einem bes. →turmartigen Bauwerk über einem Gewässer angebracht und durch einen hochgelegenen Gang mit dem Obergeschoß der →Burg verbunden.

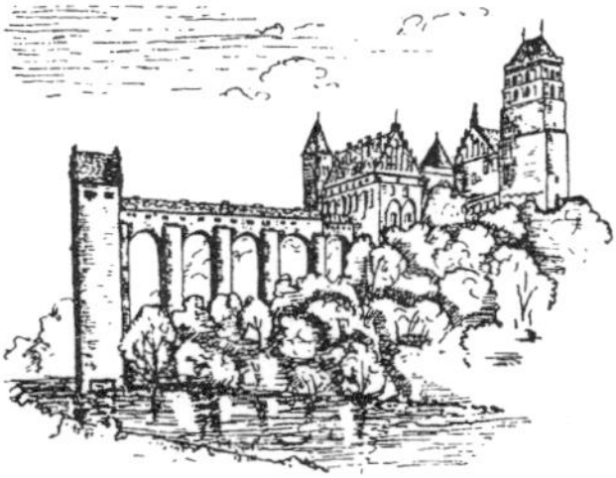

Dansker Marienwerder (Westpreußen): Deutschordensburg Seit 1274

Davidstern. →Hexagon. Altes Symbol des Judentums. Unter der nat.-soz. Herrschaft mußte er von Juden sichtbar getragen werden.

Décalcomanie, die (franz.) →Abklatschverfahren.

Deckfarben, auch Körperfarben, decken den Malgrund zu, während die Lasurfarben (→lasieren) ihn durchscheinen lassen. ~ verwenden z. B. die→Gouachemalerei und das →Pastell, meist auch →Öl- und →Temperamalerei.

Deckplatte. Die auf dem Kapitell* einer →Säule* ruhende Platte, welche die Last des→Gebälks oder →Bogens* trägt.→Abakus*, Echinus*, Hals*.

Deckweiß.→Temperamalerei.

Décollage, die (eigtl. der; franz.: dekola[sch]^{e}). Abrißbild von Plakatwänden. Destruktive Veränderung vorgefundener Materialien: Zerschneiden, Ausbrennen, Pressen usw. Dadurch wird die festgelegte Gebrauchsfunktion zerstört; der Betrachter von Bildern, die die Destruktion geläufiger Gegenstände zeigen, soll sich kritisch mit der Wirklichkeit auseinandersetzen. Künstler: M. Rotella (1918 geb.), W. Vostell (1932 geb.).

Decorated Style (engl.: dekore^{i}t^{e}d ßtail = Stil der reichen Schmuckformen). Die 2. Entwicklungsstufe der engl. →Gotik* etwa um 1250 bis 1360 (für die erste →Early English*). Reiche Verwendung von Zierformen, bes. an→Gewölben*, Fenstern* und Portalen. Man unterscheidet den Geometrical (: d[sch]^{i}ometrikel) und den Curvilinear (körw^{i}linjr) Style innerhalb dieser Entwicklungsstufe.

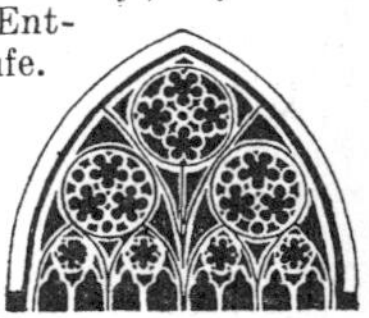

1

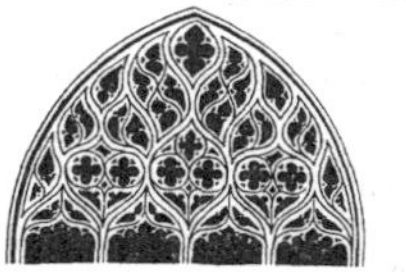

2

Decorated Style 1 *Geometrical Style* Tintern (England, Monmouth): Zisterzienser-Abteikirche 1270–1325. Chor. 2. *Curvilinear Style.* Selby (England, Yorkshire): Benediktiner-Abteikirche. Chor, Ostfenster Glasmalerei des 14. Jahrh.

Dedikationsbild. Widmungsbild in mittelalterlichen Handschriften: der Künstler überreicht das von ihm angefertigte Werk dem Besteller oder Stifter.

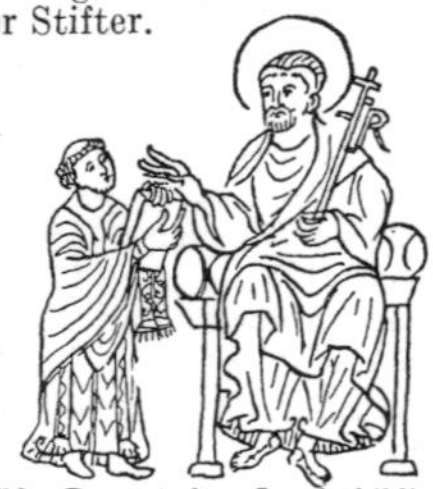

Dedikationsbild. Darmstadt: Landesbibliothek. Gerokodex. 969–976.

Deësis, die (griech. = Bitte, Gebet). Darstellung des thronenden Christus zwischen Maria und Johannes als Fürbittern. In der→byzant. Kunst zum Motivkreis des Jüngsten Gerichts gehörig. Auch im Abendland verbreitet.

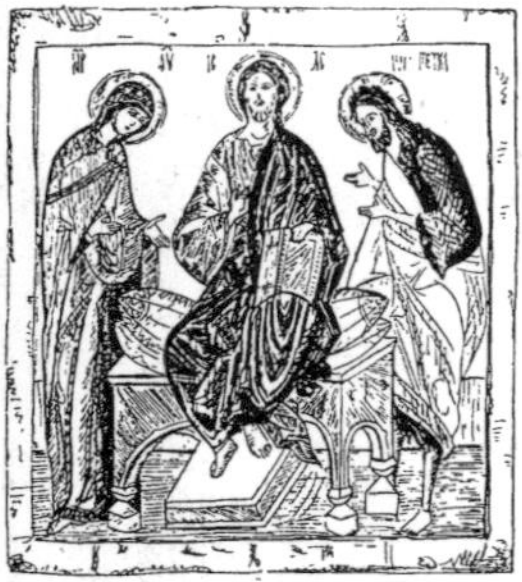

Deesis. Moskau: Museum (ehem. Sammlung Ostroukhov). Moskauer Schule. Mitte 15. Jahrh.

Deichselkreuz. →Kreuz 7*.

Dekoration, die (lat.). →Ornament.

del. (lat. = delineavit, er hat es gezeichnet). →Kupferstich*.

Delfter Fayence, die (franz.: fajanß), Delfter Ware. Ende des 16. Jahrh. im Anschluß an ital. Vorbilder und unter Verwendung→ostasiatischer Motive entstandene Töpfereien, deren Blütezeit etwa zwischen 1650 und 1750 liegt. Meist in Blaumalerei auf hellem Grund, selten buntfarbig. Hergestellt wurden Teller, Krüge, Teegeschirr usw., aber auch Fliesenplättchen für Wand- und Bodenbelag. →Fayence.

Demeter, die (griech. = Erd- oder Kornmutter). Die Göttin der Fruchtbarkeit, bes. des Ackerbaues. Auf der Suche nach ihrer Tochter Kore, die Hades, der Gott der Unterwelt, geraubt hatte, wurde sie in Attika gastlich aufgenommen und sandte zum Dank Triptolemos aus, damit er die Menschen den Ackerbau lehre (Eleusinisches→Relief* in Athen). In der Kunst als reife Frau dargestellt, mit dem →Peplos* bekleidet. →Kore.

Denkmalpflege. Kirchliche oder staatliche Organisation zur Erhaltung und Betreuung kunstgeschichtlich bedeutender Monumente. An der Spitze der Landesdenkmalämter steht der Landeskonservator, an der Spitze der kirchlichen Denkmalämter der Diözesankonservator.

Descensus, der (lat. = Abstieg, ergänze: ad inferos, zur Hölle) = Höllenfahrt Christi. →Anastasis*, Limbus*.

Design, das (engl.: disäin). Entwurf, Muster, Modell. – Designer, der (engl.: Disainer). Formgestalter industrieller Erzeugnisse. →Industrial design.

Desornamentadostil (span. = schmuckloser Stil). Strenger kastilischer Stil unter Philipp II. (1555/98). Hauptvertreter: Juan de Herrera (um 1530 bis 1597), der Schöpfer des Eskorial.

De Stijl. →Stijl, de.

Deutsche Brüdergemeinen. →Betsaal.

Deutscher Werkbund. 1907 gegr. Vereinigung von Künstlern, Kunsthandwerkern und Industriellen, mit dem Ziel, Bauten, Gebrauchsgegenstände und Möbel zugleich zweckvoll und schön zu gestalten, bes. auch in der Serienproduktion.

Deutschordensburg. Burg des Deutschen Ritterordens (1198 gegr.). Kastellartiger, meist dreigeschossiger →Backsteinbau auf rechteckigem oder quadratischem →Grundriß. Die vier Flügel umschließen einen geräumigen Binnenhof. Die Haupträume befinden sich im Obergeschoß, bes. →Dormitorium, Kapitelsaal, Remter*. In einem frei vorgestellten →Turm der →Dansker*, die Abortanlage über oder neben dem Burggraben. Zur ~ gehört auch eine eigene Kirche.

Deutschrömer. →Nazarener.

Devise, die (franz.). Formelhafte Kennzeichnung einer Persönlichkeit, ihrer Absichten und Ideale – entweder allein durch das Wort oder allein durch das Bild oder durch eine Verbindung von Wort und Bild. Das →Emblem tendiert zum Bild, Motto und Wahlspruch zum Wort. Beispiel: die für den Kanzler Rolin hergestellten →Gobelins in Beaune zeigen das Wort „seulle" (= einzig) mit einem Stern zusammen; seine ~ ist „einziger Stern". Oder der Gelehrte erhält als ~ eine halb abgebrannte Kerze mit dem Spruch: „Im Dienst für andere verzehre ich mich."

Devotionalbild (von lat. devotio = Aufopferung, Frömmigkeit). →Andachtsbild, kleines.

Devotionalien (von lat. devotio = Aufopferung, Frömmigkeit). Gegenstände, welche Frömmigkeit ausdrücken oder sie anregen sollen: →Kreuze*, Rosenkränze, Medaillen*, Andachtsbilder usw.

Dharma-Halle (Sanskr. dhaarma). Predigthalle einer buddhistischen →Tempelanlage in →Japan.

Diadem, das (griech. = Binde). Kopf- oder Stirnbinde, urspr. aus Stoff, dann auch aus Metall; Abzeichen der königlichen Würde im alten Orient, in der Antike und in →Byzanz*. Erst Konstantin d. Gr. hat das mit Perlen und kostbaren Metallen reich verzierte ~ zum Abzeichen der kaiserlichen Würde erhoben. Daraus sind der Kronreif und die Krone des Mittelalters hervorgegangen.

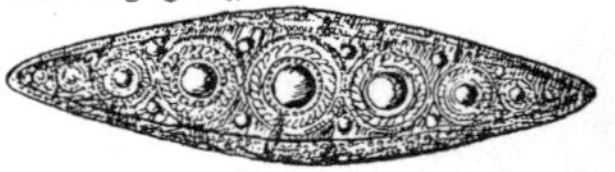

Diadem. Athen: Nationalmuseum. Aus den Königsgräbern in Mykene. 1350 v. Chr.

Diakonikon, das (griech.). →Pastophorium*.

Diamantierung. die. Beliebtes →Ornament der Spät→romanik: Verzierung aus edelstein- oder zahnartig ausgebildeten Formen, z. B. an Kapitellen*, zur Steigerung der →plastischen Wirkung.

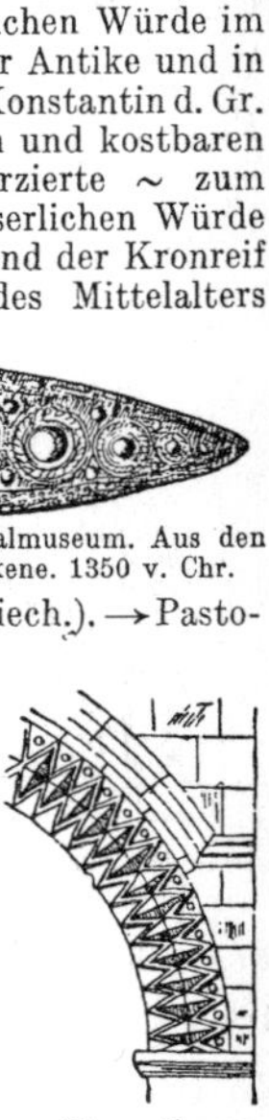

Diamantierung.

Diamantquader. →Quader, dessen Oberfläche in der Bearbeitung einem geschliffenen Diamanten angeglichen ist; beliebt in der →Renaissance* und im →Barock.

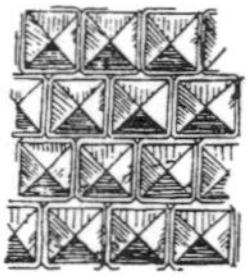

Diamantquader.

Diana (lat.; griech. Artemis), die Schwester→Apollons*, mit Bogen und Pfeil dargestellt; Todesgöttin, Jagdgöttin und Herrin des Wildes. →Artemis.

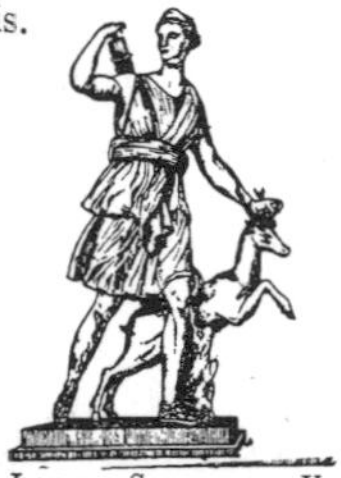

Diana. Paris: Louvre. Sog. ~ von Versailles. Römische Marmorkopie eines griechischen Originals der Alexandrinischen Zeit. Um 340–310 v. Chr. Aus der Villa Adriani am Nemisee (Italien, Latium).

Dielenkopf. Teil des →dorischen →Tempels*. Platte an der Unterseite des→Kranzgesimses, in Verbindung mit einer→Triglyphe und einer →Metope*. Mit 3 Reihen „Tropfen" besetzt, die an die im urspr. Holzbau hier verwandten Nägel erinnern.

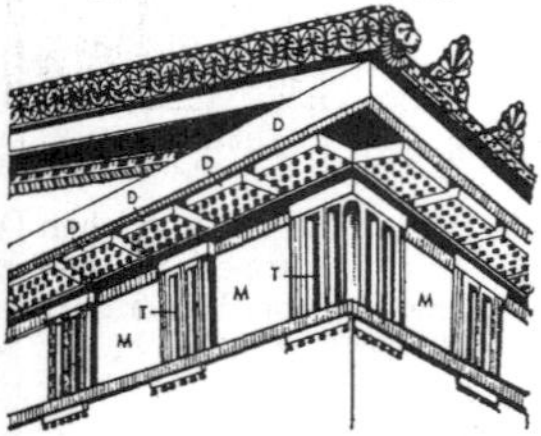

Dielenkopf. Olympia: Megarerschatzhaus. 6. Jahrh. v. Chr. Rekonstruktion. D = Dielenkopf. T = Triglyphe. M = Metope.

Dienerfiguren. →Grabbeigaben in der alt→ägypt. und →chin.-jap. Kunst: Diener, Handwerker, Soldaten, Schiffer, Frauen sollen dem Toten für das Leben im Jenseits zur Verfügung stehen. Die ~ vergegenwärtigen das ägypt. und chin.-jap. Leben in ganzer Breite und mit entzückender Frische. →Haniwa', Uschebti*.

Dienst, der. In der →gotischen* Baukunst →Pfeiler- oder Wandvorlage, die in Form einer Viertel-, Halb- oder Dreiviertel→säule* die →Gurten und →Rippen eines Kreuzrippengewölbes trägt. Der stärkere, sog. „alte" ~ stützt die Quer- und Längsgurten, der schwächere, sog. „junge" ~ die→Kreuzrippen. →Bündelpfeiler*.

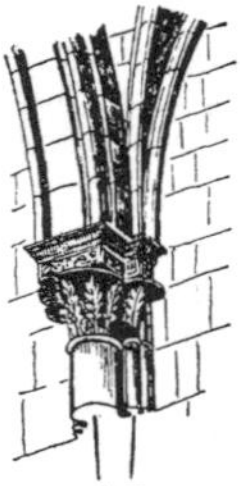

A B

Dienst.
A = Alter Dienst.
B = Junger Dienst.

Die vier letzten Dinge sind nach christl. Glauben Tod, Gericht, Himmel, Hölle. Als Zyklus in der Kunst vor allem seit dem 16. Jahrh. beliebt.

Diglyph, der (griech.). Abart des →Triglyphs*: senkrecht stehende, zweigeschlitzte Platte am →Gebälk. Ital. →Renaissance*, 16. Jahrh.

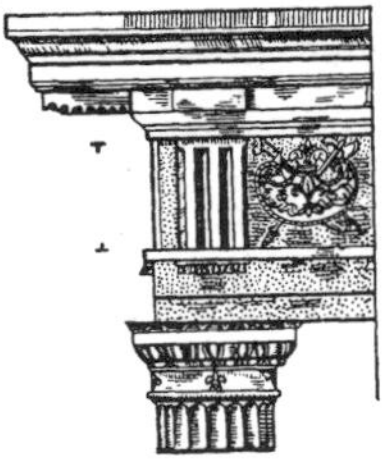

Diglyph. Vignola (1507–1573). Zeichnung; Nr. 7910. Florenz: Uffizien.

Dinanderie, die (franz.: dinañd^{e}rih). Getriebene Messing- und Kupferware aus der Stadt Dinant in Belgien, deren Hauptblütezeit im 13. bis 15. Jahrh. liegt.

Ding. →Ting.

Diözesankonservator, der. →Denkmalpflege.

Dionysos, der. →Bacchus*.

Dioskuren, die (griech. = Söhne des →Zeus* und der →Leda), die Zwillinge Kastor und Polydeukes (lat. Pollux). In der Kunst vor allem als Rossebändiger dargestellt, vgl. die Bildwerke auf dem Quirinal in Rom.

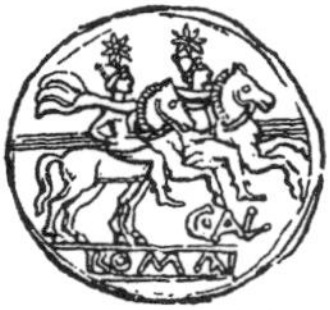

Dioskuren. London: Britisches Museum. Münze aus Rom. 257 v. Chr.

Dipteros, der (griech.). Form des →griech. →Tempels*: um die →Cella* läuft eine doppelte →Säulen*reihe.

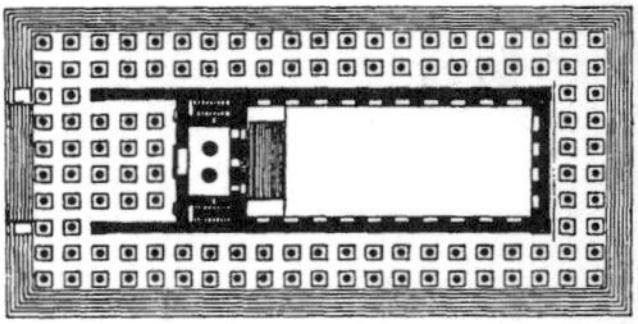

Dipteros. Didymai bei Milet (heute Balat, Türkei): Apollontempel. Beg. um 300 v. Chr. Unvollendet. Architekten: Paionios von Ephesos und Daphnis von Milet.

Diptychon, das (griech. = doppelt). Mehrz.: die Diptychen.

I. In der Antike (1): Zusammenklappbares, zweiteiliges Täfelchen aus Holz, →Elfenbein oder edlem Metall. Innen trug es eine Wachsschicht zum Schreiben; außen war es mit →Reliefs* geschmückt. Eine eigene Gruppe der röm. Kunst (1) bilden die elfenbeinernen Konsulardiptychen, die der röm. Konsul beim Amtsantritt und bei Zirkusspielen verschenkte.

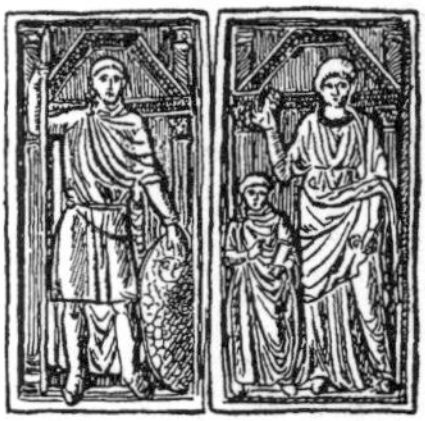

Diptychon. 1. Monza (Oberitalien): Museum. ~ des Stilicho, bzw. Eucherius. Um 395.

II. Die kirchlich-liturgischen Diptychen führten die Namen von lebenden und verstorbenen Gliedern der Kirche für die Erwähnung beim Memento der Messe.

III. Im Mittelalter zweiflügliges →Altar*bild ohne feststehen-

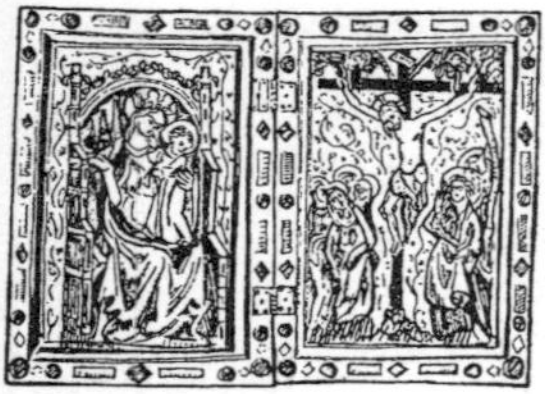

Diptychon. 2. Berlin: Staatliche Museen. Kölnischer Meister. Nach 1360.

des Mittelteil (2). Ferner kleine zweiflüglige →Elfenbeintäfelchen mit biblischen Bildern für die Privatandacht (14./15. Jahrh. in Italien und Frankreich).

Dipylon-Vasen. In der →griech. Kunst bis zu 2 m hohe Prachtgefäße attischer Herkunft (8. Jahrh. v. Chr.) mit geometrischen→Ornamenten. So genannt nach ihrem Hauptfundort, der Gräberstätte vor dem Dipylon-Tor in Athen.

Directoire, das (franz.: direkt°ar). Franz. Kunststil in der Zeit der Revolution, genannt nach dem Direktorium (1795/99), der obersten Regierung. Übergang zwischen →Louis-seize* und →Empire*. Strenges →Ornament, Anlehnung an die Antike. Bes. ausgebildet als Stil der Mode; für die Frau: lang fließendes, hochgegürtetes Gewand mit Schleppe; für den Mann: weite Hosen, eng anliegende Jacke, hohe Halsbinde.

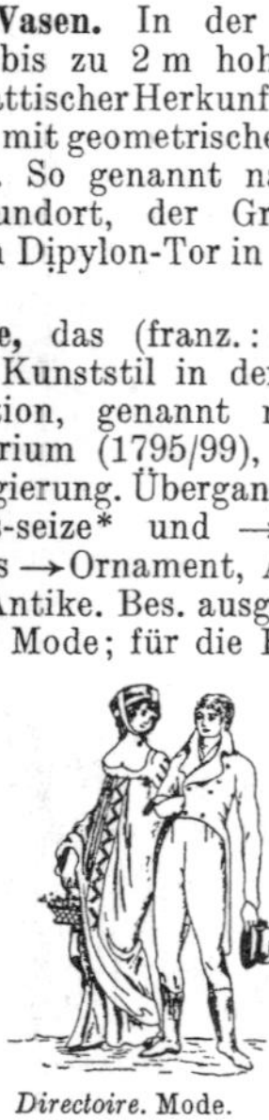

Directoire. Mode.

Diskus, der (griech.). Runde Scheibe aus Stein oder→Bronze, zu sportlichen Übungen verwandt.

Divisionismus, der. Richtung der franz. Malerei im 19. Jahrh.: die Farben werden in Tupfen zerlegt und →rasterartig aufgetragen. Aus der Nähe wirken sie→mosaikartig, aus dem Abstand als lichtvolle Raumtiefe. Künstler: G. Seurat (1859–1891), P. Signac (1863–1935). →Neo-Impressionismus, Pointillismus.

Dix-huitième, das (franz.: disüitjähm = 18tes). Bezeichnung für die künstlerische Kultur des 18. Jahrh. in Frankreich, mit den Stilepochen: →Régence*, Rokoko und Louis-seize*.

Docke, die. →Baluster.

„Documenta". Internationale Ausstellung heutiger Kunst in Kassel 1955, 1959, 1964, 1968, 1972, 1977.

Doelenstücke (: dul-, von holländ. doele = Ziel). In der holländ. Malerei Gruppenbildnisse von Schützengilden oder anderen Korporationen, seit der 2. Hälfte des 16. Jahrh.

Dolmen, der (bretonisch dol = Tisch, Tafel; men = Stein; also Steintisch). →Vorgeschichtlicher Grabbau: vier bis sechs unbehauene Felssteine stehen aufrecht im Viereck und tragen eine große Deckplatte. Sie bilden einen niederen Zugangsraum zum Grab bzw. den eigentlichen Grabraum. Weite Verbreitung in Europa und auch in außereuropäischen Gebieten. Klassisches Land der ~ ist die Bretagne.

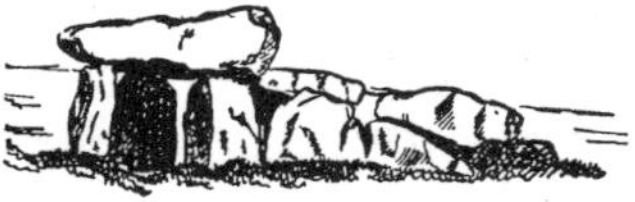

Dolmen. Mané-Kerioned bei Carnac. (Frankreich, Bretagne).

D. O. M. = Deo Optimo Maximo (lat.), dem besten und größten Gott. Seit der →Renaissance* als Kopf von Grab-, Weihe- und Widmungsinschriften verwandt.

Dom (aus lat. domus Dei = Haus Gottes). Bischofskirche; in Italien duomo und domo genannt. Gleichbedeutend mit der süddeutschen Bezeichnung →Münster. In Deutschland heißt manchmal auch die nichtbischöfliche Hauptkirche einer Stadt ~.

Domfreiheit. Das bebaute Gebiet um den →Dom, das unter bischöflicher Jurisdiktion stand und von Gemeinlasten befreit war. Baulich oft in seiner Geschlossenheit betont.

Domherrenhof. →Kurie.

Domikalgewölbe. Rippen→gewölbe* mit stark überhöhtem →Scheitel von →kuppelartiger Wirkung. Im 12. und 13. Jahrh. in Westfrankreich; im 13. Jahrh. in Niederdeutschland, bes. in Westfalen (Dome zu Münster und Minden).

Domino, der (von lat. dominus = Herr). Loser Mantel mit Kapuze. Im 18. Jahrh. die verbreitetste Form der Maskierung.

Donator, der (lat.). Der Stifter eines kirchlichen Kunstwerkes. Oft läßt er sich auf dem gestifteten Werk in →plastischer oder gemalter Form darstellen. →Adorant*.

Donaustil, Donauschule. Richtung in der deutschen Malerei des frühen 16. Jahrh., deren Meister in der Gegend der oberen Donau eine eigene, lebensvoll-phantastische Form der →Landschaftsmalerei schufen; bes. Albrecht Altdorfer (um 1480 bis 1538), Wolf Huber (um 1490 bis 1552) und der junge Cranach (um 1472 bis 1553). Ausgezeichnet durch eine gesteigerte, glutvolle Farbgebung.

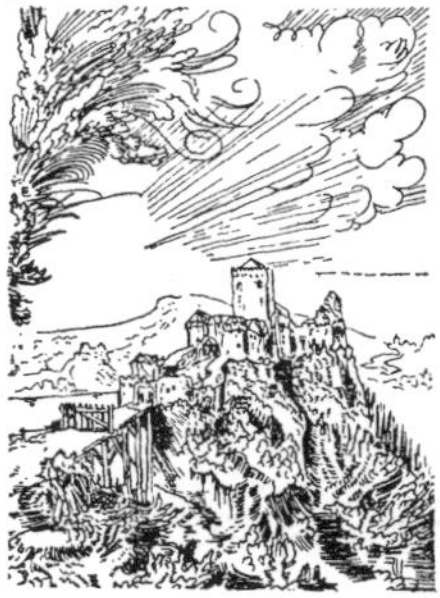

Donaustil. Wolf Huber (um 1490–1552): Burg an der Donau. Federzeichnung. 1542. Wien: Sammlung Liechtenstein.

Donjon, der (franz.: doñ[sch]oñ, vom keltischen dun = Feste, Berg). Wehrhafter Wohnturm. →Bergfried.

Doppeladler. Adler mit zwei Köpfen,

Doppeladler Halberstadt: Domschatz. Kelchdecke. Seidenbrokat. 13. Jahrh.

durch arabische Gewebe nach Europa gelangt. Im deutschen Reichswappen seit 1402 verwandt.

Doppelbecher. →Jungfernbecher*.

Doppelchor, der oder das, besser: doppelchörige Anlage. Anlage von Ost- und West→chor bei →romanischen Kirchen; künstlerisch für die Gestaltung eines körperhaft geschlossenen ausgewogenen Raumes von größter Bedeutung. Die praktischen Aufgaben des Westchors sind nicht eindeutig; es kommen in Frage: die Verehrung eines zweiten Kirchenpatrons; die Anlage eines Grabes für eine bedeutende (heilige) Persönlichkeit; die Schaffung einer abgesonderten Gebetsstätte für Nonnen; vielleicht auch (wie häufig das→Westwerk*) der ausgezeichnete Platz für den Kaiser. In Prämonstratenserkirchen ist der Westchor für den Pfarrgottesdienst bestimmt.

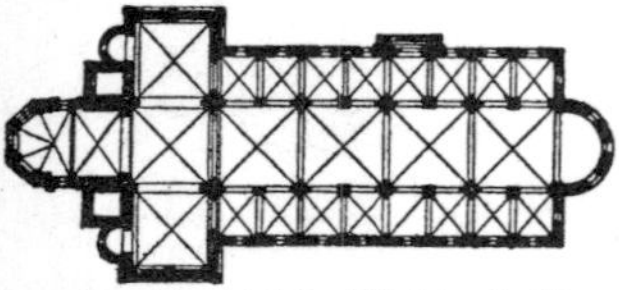

Doppelchor. Knechtsteden (Rheinland): Ehem. Prämonstratenser-Abteikirche. Beg. 1138.

Doppelkapelle. Kirche mit zwei Kulträumen übereinander, die beide mit einem →Altar* ausgestattet und gewöhnlich durch eine Öffnung miteinander verbunden sind. Seit der →karolingischen Zeit Typus der Herrscher- und →Pfalzkapelle. Das obere Geschoß ist für den Herrn und sein Gefolge, das untere für das Gesinde bestimmt. Auf der →Empore*, gegenüber der →Apsis*, war der Sitz des Herrschers, der auf Grund seines Amtes über die übrige Gemeinde erhoben wurde.

1

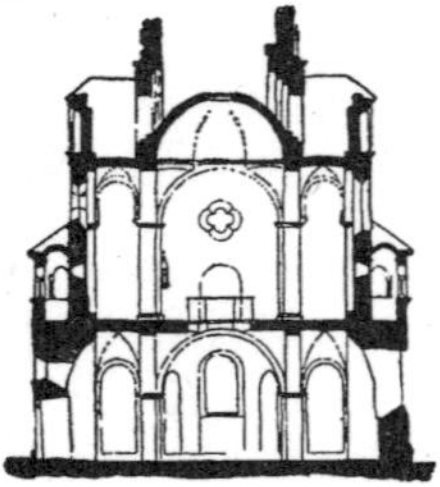

2

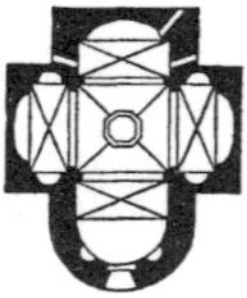

Doppelkapelle. Schwarzrheindorf bei Bonn: Doppelkirche. Weihe 1151. 1. Schnitt. 2. Grundriß.

Doppelkreuz. →Kreuz 10*.

Doppelkuppel. →Kuppel 5*.

Doppelporträt. →Porträt.

Doppelturmfassade. →Fassade mit zwei →Türmen* zu einem Kirchengebäude. →Treppenturm*.

Dorische Säulenordnung. →Säulenordnung I*.

Dorischer Stil. Die seit dem 7. Jahrh. v. Chr. auf dem griech. Festland ausgebildete und bis ins späte 5. Jahrh. v. Chr. herrschende Kunstweise von schwerer und ernster Art und von ausgesprochen →tektonischem Charakter; z. B. der Poseidontempel in Paestum (um 500 v. Chr.). →Kapitell (Hellas, Rom I)*, Säulenordnungen*.

Dorisches Kapitell, das. →Kapitell. II. Antike Kunst 1*.

Dorisches Kymation, das (griech.). →Kyma 1*.

Dormitio, die (lat.). →Marientod*.

Dormitorium, das (lat. = Schlafzimmer, Ruhestätte). Der gemeinsame Schlafsaal der Mönche im →Kloster*.

Dorsale, das (lat. = Rückwand). →Chorgestühl 1*.

Doryphoros, der (griech.) = Speerträger. Bronzestatue eines nackten Jünglings (→Achilleus ?), um 450/440 v. Chr. Nur in römischen Marmorkopien erhalten (z. B. Neapel: Museo Nazionale). Künstler: Polyklet. Bemühte sich um eine Kunsttheorie des „Richtmaßes"; sein Buch „Der Kanon" ging verloren. →Kanon, Proportion*.

doublieren (franz. dubli-) = verdoppeln. Ist die Leinwand eines Bildes beschädigt, so klebt man bei der →Restaurierung eine neue Leinwand hinter die beschädigte.

Doxale, das (von Doxologie, Lobgesang ?).

I. Spätmittelalterliche Bezeichnung für den →Lettner* oder das →Chorgitter, das den →Altar*raum vom →Schiff der Kirche trennt.

II. Nachmittelalterliche Bezeichnung der am anderen Ende der Kirche erbauten →Empore* für Orgel und Chor.

Drache. Eines der großen Tier→symbole der Kunst, →ikonographisch der →Schlange verwandt und wie sie im Umkreis der →Großen Mutter* beheimatet.

I. Verkörperung guter Mächte. →Babylonische Kunst: schützende Dämonen des Gottes →Marduk, etwa am Stadttor von Babylon. →Chin. und ind. Kunst: Wasser- und Regengeister.

II. Verkörperung böser Mächte. Altgermanische Kultur: Siegfried als ~töter; ~ des Osebergfundes (→Wikingerkunst I). →Babylonische Kunst: Gott →Marduk tötet Tiamat. Christl. Kunst: Erscheinungsform des →Teufels; in der →Apokalypse; als →Basilisk; →Michaels Kampf mit dem ~; Legende des ~töters →Georg*. Griech. Kunst: →Zeus* tötet Typhon.

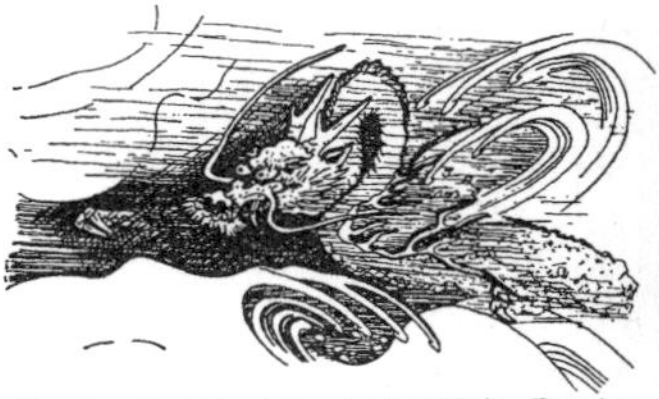

Drache. Sesson (um 1480–1560): Drache Tokyo: Privatsammlung.

Drahtemail. → Email 6–8*.

Draperie, die (franz.: – i = Gewandung).

I. Dekoration aus gerafften oder sonstwie kunstvoll angeordneten Stoffen.

II. Die Darstellung solcher Dekorationen in der Bildkunst.

III. Der Fall der Gewandfalten bei →plastischen oder gemalten Figuren. →Falten*, Gewandung.

Drehtabernakel, das. Drehbares

→Tabernakel (Altar 7*). Die eine Hälfte des Gehäuses enthält den →Kelch* mit geweihten Hostien; die andere bildet eine Nische für ein →Kruzifix oder für die Ausstellung der →Monstranz*.

Dreifaltigkeit. Das Grundgeheimnis des christl. Glaubens von der e i n e n Wesensart und den d r e i Personen (Vater/Sohn/Hl. Geist) in Gott.
Ein für die Kunst sehr schwieriges Thema. Die Veranschaulichung in drei einzelnen Gestalten schloß die Gefahr der Vielgötterei in sich. Der Versuch, den dreifaltigen Gott als eine Figur mit einem Oberleib und einem dreigesichtigen Kopf zu verbildlichen (1), wurde 1628 von Papst Urban als häretisch verboten.

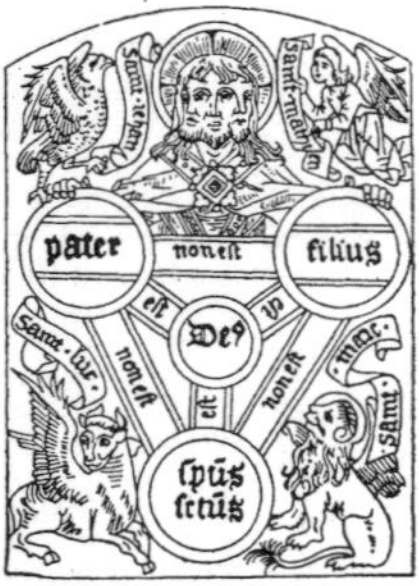

Dreifaltigkeit. 1. Holzschnitt eines Stundenbuches. Gedruckt in Paris bei Simon Vostre. 1524.

Im allgemeinen begnügt sich die Kunst damit, die →Taube des Hl. Geistes zwischen Gottvater und Gottsohn zu zeigen, bes. eindrucksvoll im →Gnadenstuhl*.
Aus Ehrfurcht vor dem Mysterium ist die Kunst oft in das Zeichen (2) ausgewichen: Dreieck/ drei ineinander verschlungene Kreise / drei mit den Ohren zusammengewachsene Hasen im Kreis usw.

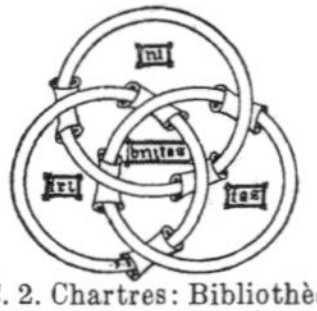

Dreifaltigkeit. 2. Chartres: Bibliothèque municipale. Miniatur aus Manuskript 1355.

Die Symbolik der ~ wirkte sich auch auf die →Grundrißgestaltung ihr geweihter Kirchen aus (3).

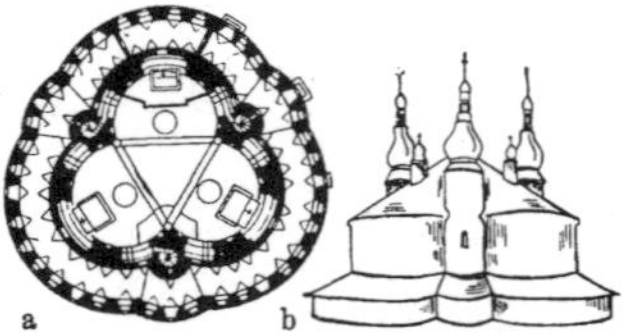

Dreifaltigkeit. 3. Kappel (Oberpfalz): Wallfahrtskirche zur Hl. Dreifaltigkeit des Klosters Waldsassen. 1685–1689. Georg Dientzenhofer (1643–1689). a Grundriß. b Schematische Ansicht.

Dreifaltigkeitssäule. →Säule mit einer →plastischen Darstellung der → Dreifaltigkeit*; → Symbol christl. Glaubens bes. seit den Türkenkriegen. Hauptblüte im 17./18. Jahrh. 1,5–35 m h. Bes. schön die österr. ~n mit Wolkenthron: die Dreifaltigkeit thront auf Wolken, aus denen →Putten hervorschauen. →Säulenmonument*.

Drei Frauen am Grabe. Bildmotiv aus dem Osterfestkreis: Maria Magdalena, Maria, die Mutter des Jakobus, und Salome gingen zum Grabe Christi, um ihn zu salben. Sie fanden das Grab leer, und ein Engel verkündete ihnen, daß Jesus auferstanden war (Markus 16, 1–8).

Dreifuß. Antiker Kultgegenstand:

auf drei Füßen stehendes Gestell, das eine Opferschale trägt.

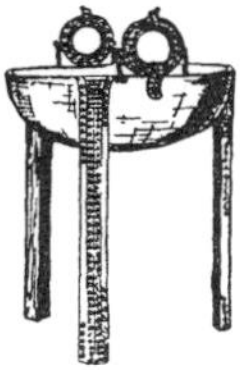

Dreifuß.

Dreikonchenanlage. Form des christl. Kultbaus: die Arme des →Querschiffs enden in →Apsiden*, die der Hauptapsis des Ost→chors* in der Form angeglichen sind. Der →Grundriß ist ein regelmäßiges Kleeblatt, weshalb man auch von kleeblattförmigen Anlagen spricht. Im Innern hat der Betrachter, der vom→Langhaus in die→Vierung* und zum Ostchor schaut, den Eindruck eines→Zentralraums*.

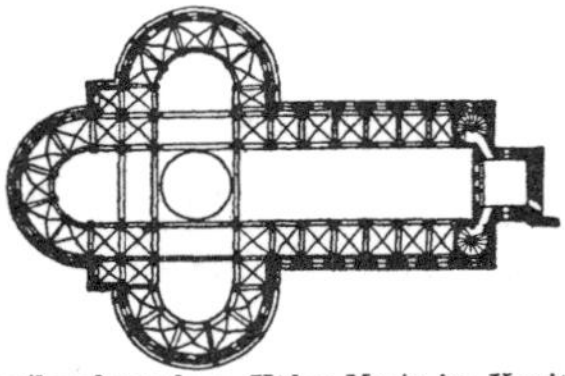

Dreikonchenanlage. Köln: Maria im Kapitol. Grundriß von 1065 (Rekonstruktion).

Dreikopfgottheit. Geheimnisvolles Wesen mit menschlichem Körper und drei Köpfen. Aus dem Orient nach Europa gelangt. In Indien →Symbol der dreifachen Tätigkeit Schivas*: des Schöpfers, Erhalters und Zerstörers der Welt. Im christl. Kulturkreis sowohl Symbol der →Dreifaltigkeit* als auch des Teufels.

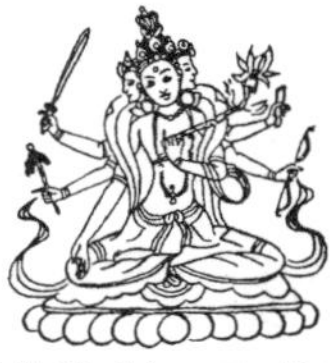

Dreikopfgottheit. Manjukumara. Dreiköpfige, sechsarmige Erscheinungsform des Bodhisattva Manjushri. Körper und mittleres Gesicht rot, rechtes Gesicht blau, linkes weiß.

Dreipaß, der. Form des→gotischen* Maßwerks*: 3 Kreise ordnen sich innerhalb eines größeren Kreises zum Kleeblattmuster.

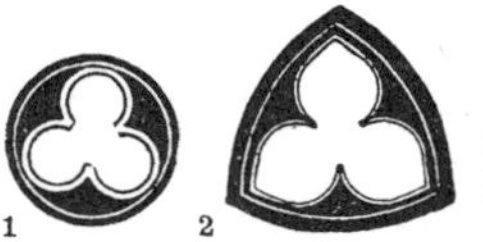

1 2

Dreipaß. 1. rund, 2. spitz.

Dreischlitz. →Triglyph*, Dielenkopf*.

Dreischneuß, der. Form des →gotischen*→Maßwerks*: drei aneinander geschmiegte→Fischblasen*.

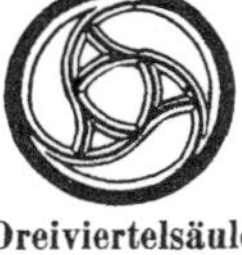

Dreischneuß.

Dreiviertelsäule. Eine→Säule*, die aus einer Mauer oder einem Pfeilerkern nur zu $^3/_4$ hervortritt. →Dienst*.

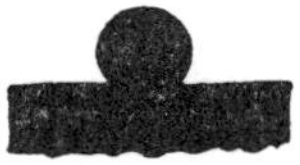

Dreiviertelsäule. Querschnitt.

Dreizack. →Attribut des griech. Meergottes →Poseidon* (lat. →Neptun).

Drillingsbogen. Gruppe von drei Bögen. →Early English*.

Drip paintings, die (Mehrz.; engl.: peintings) = Tröpfelmalerei. Technik des →Action* - painting: aus tröpfelnden Farben bilden sich Linien, die den Rhythmus des Malens sichtbar machen. Die Farben werden aus einem pendelnden Behälter oder unmittelbar von Hand auf die flachliegende Leinwand gespritzt. Der Vorgang ist der →écriture* automatique des →Surrealismus* verwandt. Von J. Pollock (1912–1956) entwickelt. →Anthropometrie.

Drôlerịẹ, die (franz.: drohlerịh = Schnurre). Lustige Darstellung kleinen Maßstabes in der →Gotik* mit Menschen, Tieren und Fabelwesen, mitunter satirischen Einschlags. Namentlich in Handschriften oder geschnitzt an den Miserikordien des →Chorgestühls*.

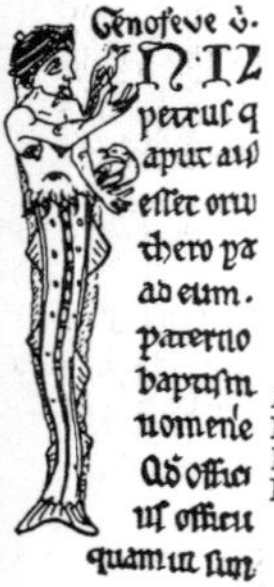

Drôlerie. London: Britisches Museum. Passionale aus Kloster Arnstein (Lahn). Mittelrheinisch. Um 1170. Fol. 27: Initial „J" mit Sirene.

Druck in der Baukunst. →Gewölbe*.

Druckverfahren. →Après la lettre, Aquatinta, Avant la lettre, Blockbuch, Chalkographie, Crayonmanier, Einblatt-Holzschnitt, Farbenradierung, -stich, Frontispiz II, Gebrauchsgraphik, Graphik, Handdruck, Holzschnitt*, Illustration, inc., Inkunabeln, inv., Kaltnadelradierung, Kartonstich, kolorieren, Kupferstich*, Lavismanier, Linoleumschnitt, Lithographie, Malerradierer, Metallschnitt (Holzschnitt 2*), Mezzotinto, Ornamentstich, Radierkunst, Reiber, Reiberdruck, Remarquedruck, Reproduktion, Reproduktionsstecher, sc., Schabkunst, Schatten*, Schlaglicht, Schlagschatten, Schrotblatt (Holzschnitt 3*), Schrotschnitt (Holzschnitt 3*), Schwarze Kunst, Stahlstich, Steindruck, Steinzeichnung, Stich II, Teigdruck, Titelkupfer, Umrißstich, vor der Schrift, Weißschnitt, Wiegendruck, Xylograph, Xylographie.

Dschạmi. Kurzform von Mesdschid il Dschuma oder Mesdschid al-Dschami = →Freitagsmoschee.

Dsche. →Chih.

D[sch]i. →Ji.

D[sch]ia. →Chia.

D[sch]in. →Chin.

D[sch]ou-Zeit. →Chou-Zeit.

D[sch]üa. →Chüeh.

Dschung. →Chung.

Dsun. →Tsun.

Dugẹnto, das (ital.: du[sch]ẹnto = zweihundert, Abkürzung für 1200), auch Ducẹnto (: dutschẹnto). Bezeichnung für die ital. Kunst des 13. Jahrh.

Durchbrucharbeit (franz. Ajọụr-Arbeit : a[sch]ụhr-~). Teile einer künstlerisch gestalteten Fläche sind durchbrochen und stehen frei gegen den Raum. Die Fläche kann aus Metall, Elfenbein, Holz, Stein bestehen. Beliebt ist die ~ vor allem bei Geweben; schon im alten →Ägypten nachweisbar.

Durga, die. Gattin des ind. Gottes →Schiva* in ihrer schrecklichen Erscheinungsform.

E

Early English (engl.: öhrli inglisch = früher engl. Stil). Engl. Hoch→gotik* etwa von 1190–1250. Für die 2. Stufe der engl. Gotik →Decorated Style, 1250-1360*.

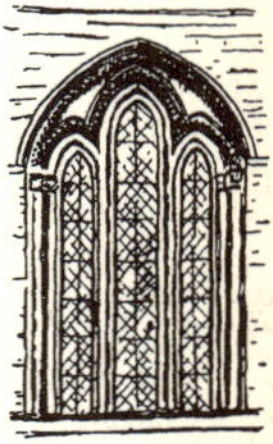

Early English. Warmington (England, Northampton): Kirche. Zwischen 1190 und 1250. Seitenschiffenster.

Earth-Art, die (engl.: ör[th] a't) = Erdkunst. Eine an die Maße des Museums angepaßte →Land-Art.

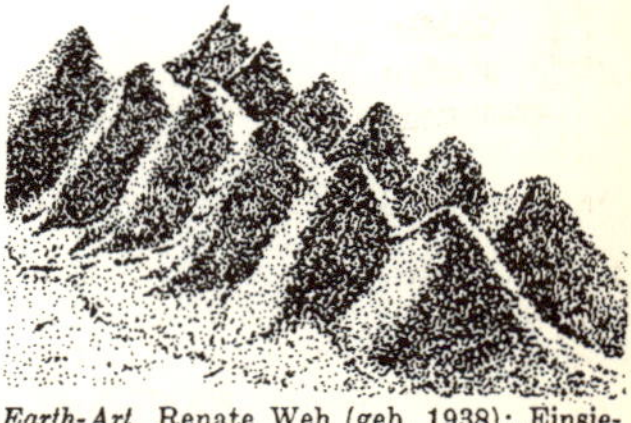

Earth-Art. Renate Weh (geb. 1938): Einsiebung-Endstufe. Sand. 1969.

Eat-Art, die (engl.: it a't). D. Spoerri (1930 geb.) schuf Ende der 1960er Jahre eßbare Kunstobjekte aus Lebkuchenteig. Sie sollten die Kunst sozusagen „entheiligen" und eine angenehme Synthese aus Sehen, Riechen und Schmecken anbieten.

Ebenist. Kunsttischler des 18. Jahrh., der Möbel mit Ebenholz- und anderen Einlagen herstellte (franz. : ébéniste = Kunsttischler).

Ecce Agnus Dei (lat. = Sieh das Lamm Gottes). Ausspruch Johannes' des Täufers, als er Jesus herankommen sah (Joh. 1, 29). Das Lamm ist →Attribut des Täufers in der Kunst.

Ecce homo (lat.: ekze = Seht da den Menschen; Joh. 19, 5). Darstellung Christi mit Dornenkrone und Spottmantel, in den Händen ein Rohr als Szepter haltend. Entweder wird Christus im Zusammenhang mit den ihn verhöhnenden Juden oder allein dargestellt. Entstanden um 1450.

Ecclesia. →Ekklesia*.

Echinos, der (griech. = Igel). Bestandteil der →dorischen →Säule*: der →Wulst am Kapitell*, der zwischen der →Deckplatte und dem Säulenschaft liegt.

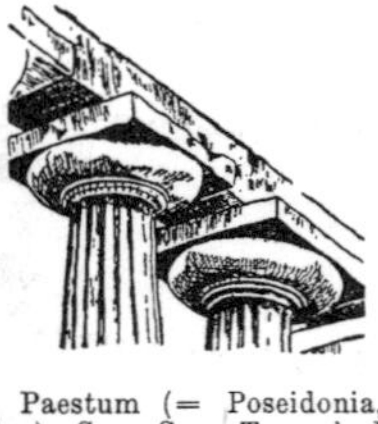

Echinos. Paestum (= Poseidonia, Italien, Campanien): Sog Ceres-Tempel. Ende des 6. Jahrh. v. Chr.

Eckakroter, das (griech.). →Akroterion*.

Eckblatt, -zier, -sporn, -knollen. Verzierung am unteren →Wulst einer →attischen Basis*, die den →Zwickel zwischen ihr und der quadratischen Fußplatte ausfüllt. Die Verzierung kann blatt-, knollen- oder riemenförmig sein. Angewandt in der →byzant.*, romanischen und früh→gotischen* Kunst.

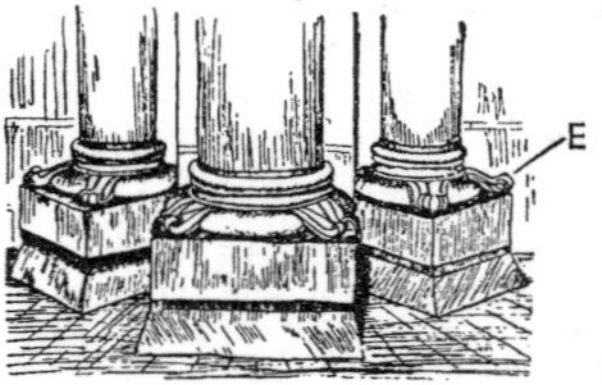

Eckblatt. Paris: Notre Dame. Seit 1163.

Eckrisalit, der. →Risalit*.

Eckzwickel. →Hängezwickel, Kuppel*, Pendentif*.

écriture automatique, die (franz.: ekritür otomatik) = automatisti-

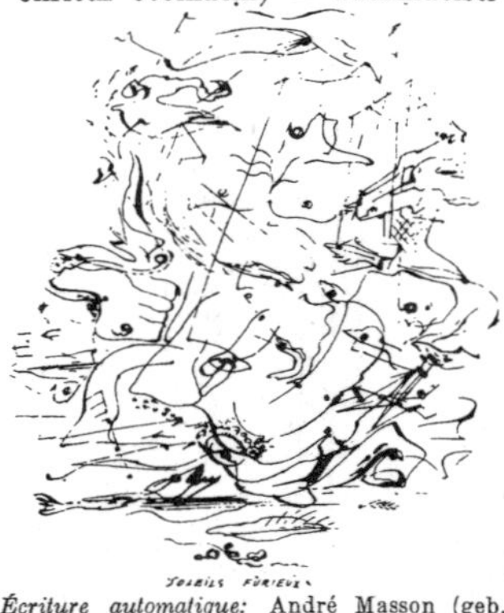

Écriture automatique: André Masson (geb. 1896): Wütende Sonnen. 1925.

sche Schreibweise. Art des →Surrealismus*; Terminus im Anschluß an die Psychoanalyse von Sigmund Freud: Zeichnungen, die aus Prozessen der Erregung ganz spontan, traumhaft, ohne Reflexion entstehen. Künstler: u. a. A. Masson (1896 geb.).

Edo-Periode. Epoche der →jap. Kunst, 1615–1868.

Ehernes Meer. Großes Bronzebecken im Vorhof des Salomonischen Tempels (1. Kön. 7, 23–26); für die kultischen Waschungen der Priester. Kessel von 2,5 m Höhe, oberer ⌀ 5 m; ruhte auf 12 ehernen Rindern. Einige christl. →Taufbecken sind ihm nachgebildet.

Ehetür. →Brauttür*.

Ehrenhof. →Cour d'honneur*.

Ehrenpforte. Festdekoration in Form eines reich geschmückten Tores, nur zu bestimmtem Anlaß aus vergänglichem Material errichtet. Vorbild ist der röm. →Triumphbogen*. Bes. in der →Renaissance* und im →Barock.

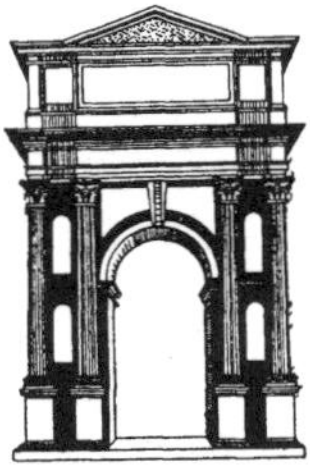

Ehrenpforte. Sebastiano Serlio (1475–1552): Idealentwurf einer eintorigen Ehrenpforte mit korinthischer Säulenordnung. Aus: Regole Generali di Architettura. Buch 1–7. Holzschnitte. 1. Aufl. Venedig 1537–1540. – Buch 4, Blatt 58.

Ehrentor. Ind. →Torana*; jap. →Torii*; chin. →P'ai-lou*.

Eierstab; jonisches Kymation, das (→Kyma 2*). Zierleiste, in der abwechselnd eiförmige und pfeilspitzenartige Gebilde aufeinanderfolgen. Unten (mitunter auch oben) wird die Reihe durch eine Perlenschnur abgeschlossen. Dieses Motiv gehört zur →jonischen und →korinthischen Ordnung der griech. Baukunst und wurde von röm. Bauten und solchen der →Renaissance* übernommen.

Eierstab. Athen: Akropolis Parthenon. 448 bis 432 v. Chr.

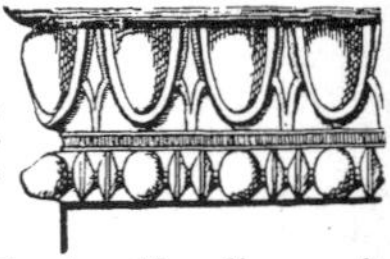

Eigenkirche. In der Karolingerzeit und im Mittelalter eine von einem Grundherrn auf seinem eigenen Boden errichtete Kirche; der Grundherr verfügte vermögensrechtlich und in der Anstellung der Geistlichen über sie. Eine ~ ist z. B. die →Pfalzkapelle.

Eigenschatten. →Schatten*.

Einblatt-Holzschnitt. →Holzschnitt*.

eingestellte Illustration. →Illustration.

Eingezogener Chor. Derjenige Chor,

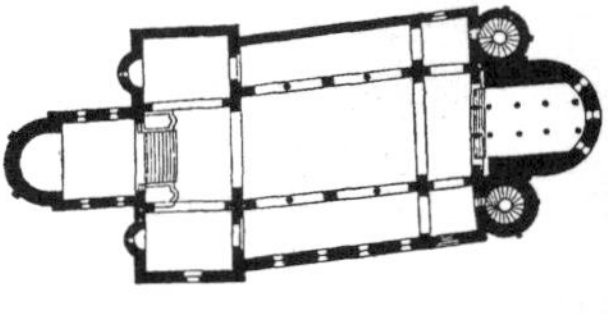

Eingezogener Chor. Gernrode: Stiftskirche. Nach 961. Grundriß.

der weniger breit ist als das Mittelschiff einer Kirche.

Einhorn. Orientalisch-antikes Fabeltier, durch den →Physiologus (2. Jahrh. n. Chr.) dem Mittelalter bekannt und nunmehr christologisch gedeutet.

I. Das Tier verliert erst dann seine Wildheit und Scheu, wenn es sein Haupt in den Schoß einer reinen Jungfrau legen kann; darum →Symbol der Keuschheit. Seit dem 13. Jahrh. oft dargestellt.

II. Im späteren Mittelalter (15. und 16. Jahrh.) ist die Darstellung der Einhornjagd beliebt: der →Erzengel Gabriel mit 3 oder 4 Hunden – entweder den 3 göttlichen Tugenden oder der Wahrheit, dem Frieden, der Gerechtigkeit und der Barmherzigkeit (Zach. 6, 2 und Offenb. 6) – treibt das Tier in den Schoß der heiligen Jungfrau Maria.

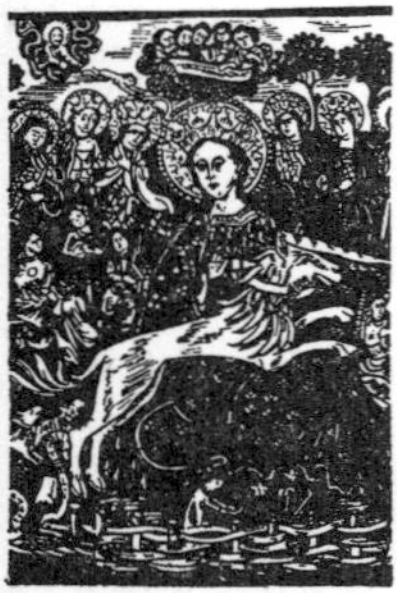

Einhorn. Erfurt: Dom. Altartafel. Um 1420. Mitte.

III. In der Hl. Schrift ist das Einhorn →Sinnbild der Stärke und Macht und als solches →Symbol Christi.

einhüftig. →Bogen 20*.

Einlegearbeit (→Intarsia*). Die Verzierung von Möbeln, Fußböden, Metallarbeiten durch eingelegte Plättchen, die eine andere Farbe haben oder aus anderem Material bestehen. →Empirestil*.

einschlagen. Werden beim Malen die →Ölfarben stumpf und trocken, so nennt man dies ~.

Einsiedelei. →Eremitage*.

Einzelporträt. →Porträt.

Eisenbau. Bauten, deren tragende Glieder aus Eisen bestehen, und für deren Wandfüllung weitgehend Glas verwandt wird: Kristallpalast (= Ausstellungsgebäude) in London (1851), Eiffel-Turm in Paris (1889), Bahnhofs- und Markthallen.

Eisenguß. Technisch der gleiche Vorgang wie im →Bronzeguß*. Seit dem 15. Jahrh. vor allem für →relief*geschmückte Ofen- und Grabplatten beliebt.

Eisenradierung. Während die bei der →Radierung verwendete Platte im allgemeinen aus Kupfer besteht, hat man anfangs statt des Kupfers auch Eisen genommen; darum der Name ~. →Kupferstich*.

Eisenzeit. Epoche der →Vorgeschichte, in der Waffen und Werkzeuge aus Eisen hergestellt wurden. In Europa geht die →Bronzezeit voran; mit der ~ endet die →Vorgeschichte (Anf. schriftlicher Geschichtsquellen).

Dauer: in Griechenland und Unteritalien 1100–700 v. Chr.; in Mittelitalien 1000–500 v. Chr.; in Mitteleuropa 900 v. Chr. bis um Christi Geburt; in Britannien 600 v. Chr. bis 50 n. Chr.; in Skandinavien 600 v. Chr. bis 400 n. Chr. Einteilung: Ältere ~ oder Hallstattzeit nach dem Fundort Hallstatt im Salzkammergut, 900–450 v. Chr.; jüngere ~ oder La-Tène-Zeit (: la tän-) nach dem Fundort La Tène am Neuenburger See in der Schweiz, 450 v. Chr. bis um 150 n. Chr. →Situla.

Ekklẹsia, die (griech. ekklesịa = Versammlung). In der→bildenden Kunst eine →allegorische weibliche Gestalt, welche die Kirche verkörpert. Ihre →Attribute sind Krone, →Kelch* und Siegesfahne mit dem Kreuz. Seit dem 9. Jahrh. ist sie zusammen mit der→Synagoge (II) Begleitfigur der Kreuzigung; seit dem 12. Jahrh. erscheint sie als selbständige Figur an den Portalen→gotischer* Kirchen.

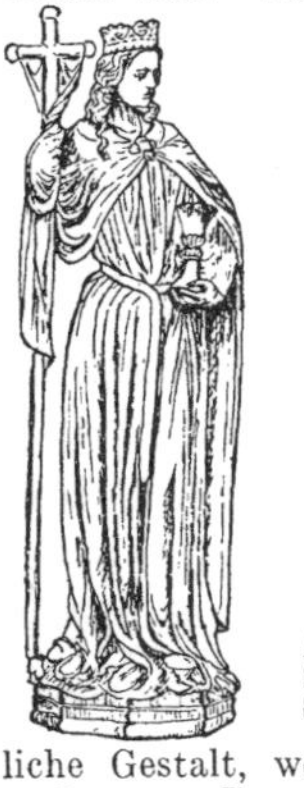

Ekklesia
Straßburg: Münster Südportal. Um 1230.

Eklektizịsmus, der (von griech. eklẹgein = auswählen). Kunstrichtung, die ohne schöpferische Kraft ihre Formen aus überkommenen Stilen „auswählt", ohne daraus eine organische Einheit bilden zu können.

Elefant. Eines der großen Tier→symbole der→ind. Kunst. Träger der Erde und des Tempels. Reittier des Gottes →Indra. →Ganescha*, Yakshi*.

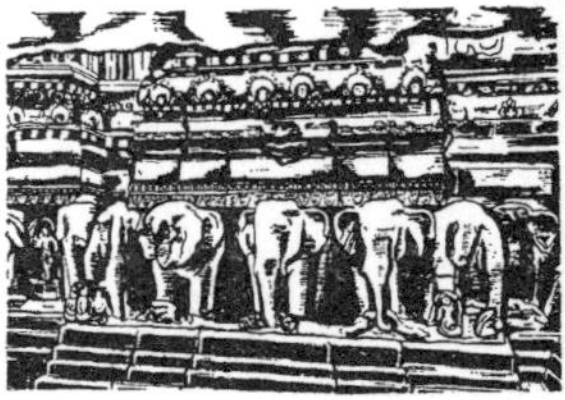

Elefant. Ellora (Indien; Dekkhan): Kailasanatha-Tempel Aus dem Fels gehauen. 8. Jahrh. n Chr. – Sockel des Haupttempels: Elefanten

Elemente. Feuer, Luft, Erde, Wasser. Beliebtes Thema der Kunst vom Altertum bis zur Gegenwart.

Elend (mhd. = Ausland, Fremde, Gefangenschaft). Elendenherbergen = Heime für bedürftige Wanderer, bes. Pilger. Elenden→kapellen = Kapellen bei Elendenherbergen, doch auch Kapellen mit einem→Andachtsbild→„Christus im Elend"*. Elendenkirchhöfe = Friedhöfe für Pilger und Fremde.

Eleụsa, die (griech.).→Madonna II, Ikon*.

Elfenbein. Aus den Stoßzähnen der Elefanten und der Walrosse gewonnenes Material, das von altersher – von →Ägypten bis zur Gegenwart – zu Kunstschnitzereien verwendet worden ist. Dieses leicht zu bearbeitende Material vereinigt Härte mit Elastizität und erhält durch Politur einen feinen Glanz. Die ~-schnitzereien sind oft auch bemalt worden. Höhepunkt der ~-Bearbeitung: →Byzanz* und franz. →Gotik*. →Aspis*, Diptychon*.

Elfenbeinporzellan. In der gelblichen Farbe und dem diskreten Glanz dem Elfenbein ähnlich, namentlich für Schmuckstücke (Vasen, Figuren usw.) verwandt. Zuerst in Worcester (England) im 18. Jahrh. hergestellt.

Elftausend Jungfrauen. →Ursula*.

Elisabethstil (engl. Queen Elizabeth Style: kwihn elisebe[th] ßtail). So nennt man den Kunststil des engl. Profanbaues während der Regierung der Königin Elisabeth (1558 bis 1603). Er ist eine Mischung von →gotischen* und →renaissance*-haften Formen. →Tudor-Style (: tjud^{r} ßtail).

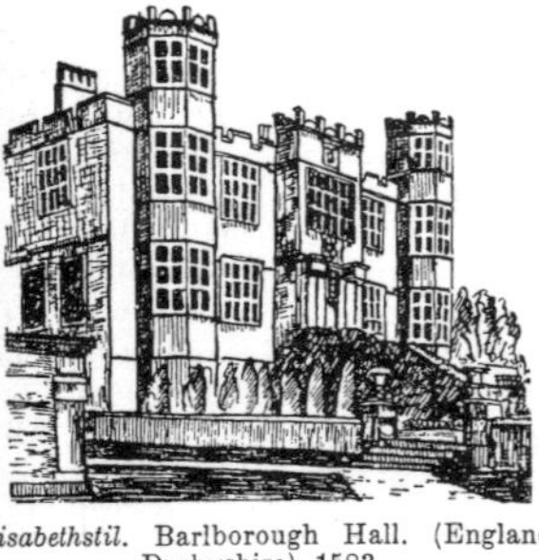

Elisabethstil. Barlborough Hall. (England, Derbyshire). 1583.

Email, das; auch Emaille (franz. émail: emaj). Verschiedenfarbige leichtflüssige Glasmasse, die zur Verzierung auf Metall, zuweilen auch Glas oder Ton, aufgeschmolzen wird. Sie ist entweder durchsichtig (transluzid) oder undurchsichtig (opak). Folgende Arten der ~malerei sind zu unterscheiden:

I. Furchenschmelz (bei den Kelten des 1.–3. Jahrh. n. Chr.): Furchen werden in Metall eingegraben und mit der Schmelzmasse ausgefüllt. Nach der roten Farbe der Schmelzmasse werden die Arbeiten auch als Blut-~ bezeichnet. (Abb. 1 zeigt diese Technik am Gewand der Figur; der Schnitt 2 verdeutlicht die Technik).

1

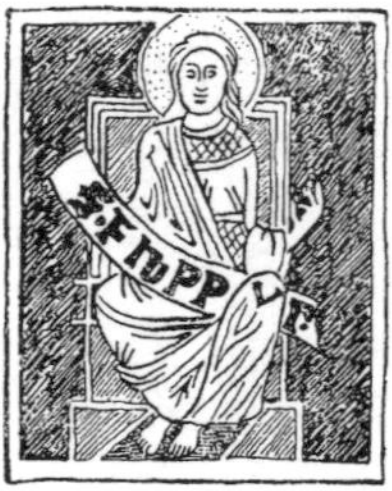

2

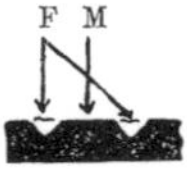

3

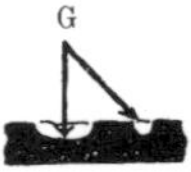

Email. 1. Berlin: Staatliche Museen. Kölner Tragaltar des Fridericusmeisters Um 1150. 2. Furchenschmelz Schnitt. F = Furche. M = Metall 3. Grubenschmelz, Schnitt. G = Grube.

II. Grubenschmelz (schon in Rom, vor allem aber im 12. und 13. Jahrh.): man arbeitet die Zeichnung mit Sticheln in die Metallplatte hinein und füllt die so entstandenen flachen Gruben mit der Schmelzmasse (Abb. 1 zeigt diese Technik im Bildgrund; dazu Schnitt 3).

III. Zellenschmelz (franz.: →Cloisonné): auf der Metallfläche werden dünne, niedrige Stege aufgelötet, deren Linienführung den Umrissen der geplanten Figuren entspricht. Die so entstandenen Zellen werden mit der Schmelzmasse ausgefüllt. Bes. beliebt in der →byzant.* und mittelalterlichen Kunst (4/5).

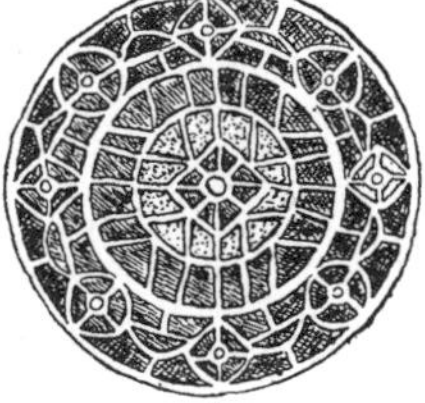

4

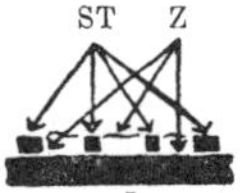

5

Zellenschmelz. 4 Fibel Sammlung Alfred Danicourt 5 Schnitt St = Stege Z = Zelle.

IV. Drahtemail, Abart des Zellenschmelzes: nicht Stege,

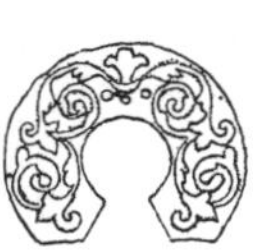

6

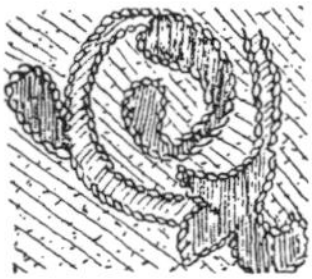

7

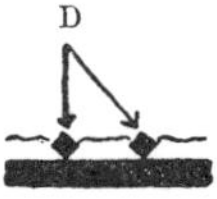

8

Drahtemail 6 Russisch. 17. Jahrh 7 Teil aus Abb. 6 8. Schnitt D = Draht.

sondern – gedrehte – Silberdrähte bilden die Zellen. In der russischen und ungarischen →Volkskunst verwandt (6/8).

V. Zelleneinlage oder Zellenverglasung (germanische Völkerwanderung): man legt in die Zellen farbige Glasstücke oder Halbedelsteine.

VI. Silberschmelz oder Tiefschmelz (im 14. Jahrh. ausgebildet): man schneidet in eine silberne Platte das Bild als flaches→Relief* und überzieht es mit durchsichtigem ~, durch das der Reliefgrund in verschiedener Deutlichkeit schimmert. Besonders in Italien verbreitet.

VII. Maleremail (Ende 15. Jahrh. in Italien ausgebildet, im 16. Jahrh. hauptsächlich in Limoges verwandt): man überzieht eine Kupfertafel, die mitunter recht groß ist, vollständig mit einer Schmelzschicht, die den Malgrund bildet. Auf sie trägt man die Farben auf, aus denen das Muster oder Bild bestehen soll. Die Farben werden dann eingebrannt.

VIII. Das Email auf weißem Grund (17.-19. Jahrh.), →Miniaturmalerei in Email auf Dosen, →Medaillons, Taschenuhren usw.

Emailglas. →Email*.

Emanu|elstil. Portugiesischer Baustil unter Manuel I. (1495–1521): Verbindung von Spät→gotik* und →Renaissance*. Hauptmeister: Joao de Castilho. Hauptdenkmal: Kirche und Klosterhof Belem bei Lissabon. Mit überreichen Schmuckformen. Üppiges Stabwerk umrahmt die →Bögen*. →Säulen*, →Pfeiler und →Postamente sind oft gewunden, die →Gewölbe*rippen vielfach verschlungen. In der Spätzeit wurden →naturalistische Formen bevorzugt: Äste und Baumstämme, Wurzeln, Blatt- und Blumengirlanden.

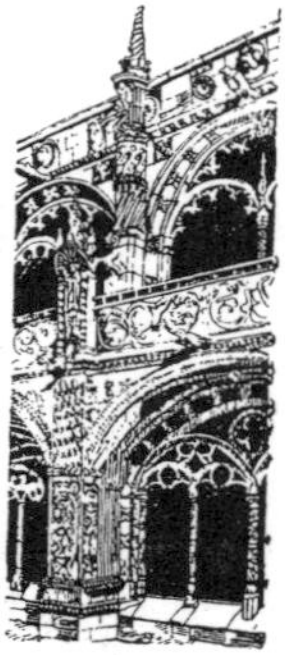

Emanuelstil. Kloster Belem bei Lissabon: Kreuzgang. Nach 1517

Emblem, das (griech. = Ein- oder Angelegtes; auch franz. ausgesprochen : añbläm). →Allegorisches Kennzeichen. →Attribut, Symbol.

Empirestil (franz.: añpihr; engl. : empai^er; von lat. imperium = Groß- oder Kaiserreich). Der Empirestil entwickelt sich unter Napoleon I. und verbreitet sich von Frankreich aus über ganz Europa. Bis etwa 1830 bestimmt er die dekorativen Künste, die Möbel und die Mode. Er schließt sich zunächst an den →Klassizismus der röm. Kaiserzeit an und bildet in der Verbindung von innerer Strenge und äußerer Prachtentfaltung einen Gegensatz zur heiteren Welt des franz. →Rokoko. Napoleon verwandte diesen Stil zum Zweck eigener feierlicher Repräsentation (1). In Deutschland schloß sich der ~ mehr der griech. Antike als der röm. Kaiserzeit an. Charakteristische Formmerkmale sind die Einteilung der Wand in streng abgegrenzte Felder, die gerade Rahmung von Türen und Wandspiegeln, die flächenhafte Form der Möbel (2), die Verwendung von →Bronzebeschlägen mit antikisierenden Motiven, die überhaupt mannigfach auftreten, Klarheit und Strenge des Umrisses und des Aufbaus.

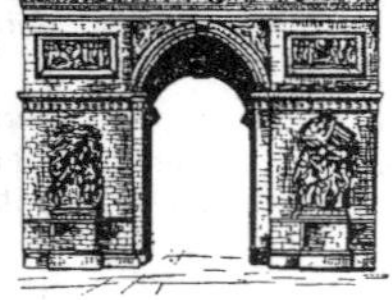

Empirestil 1. Paris: Arc de Triomphe. 1806 bis 1837. Jean François Chalgrin (1739 bis 1811). – Plastik „La Marseillaise". 1836. François Rude (1784–1855).

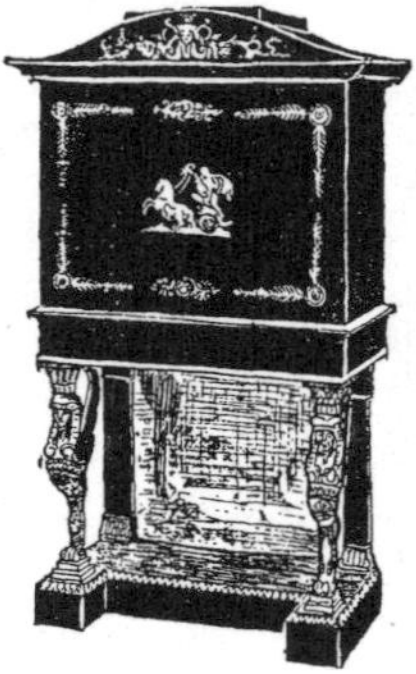

Empirestil. 2. Schrank Von Jacob-Desmalter (1770–1841) Paris.

Die Mode (3) des ~ liebt für die Damen das hängerartige Kleid mit weitem Halsausschnitt und kurzen Ärmeln; das Haar wurde zu einem griech. Knoten gebunden. Die Männer trugen Langhose, kurze Weste und Rock mit langen Schößen.

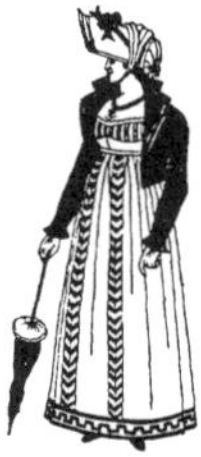

Empirestil. 3. Mode. Nach J. F. A. Tischbein (1750–1812).

Empore, die. →Galerie- oder →tribünenartige Anlage im christl. Gotteshaus. Zuerst wohl in Palästina und in der →byzant.* Baukunst verwandt.

Die ~ sondert eine gewisse Gruppe der Gläubigen von der Gesamtgemeinde ab; so gibt es ~n für Frauen, für den Fürsten und seinen Hofstaat, für die Sänger oder für Nonnen.

Die ~ befindet sich beim →Zentralbau* über dem →Umgang, bei der →Basilika* über den →Seitenschiffen oder dem Westeingang; in →Hallen*- oder →Saalkirchen* besteht sie in einer eigens eingebauten Anlage aus Holz oder Stein. Die Nonnen-~, der sog. Nonnenchor (die Prieche), ist meist an der Westseite der Kirche errichtet.

Von großartiger künstlerischer Wirkung sind die ~n vor allem in der →Romanik. Gegen das →Langhaus geöffnet, lockern sie die Wandfläche auf und bilden mit den →Bogenstellungen des Erdgeschosses und der →Fenster* vielfältige rhythmische Beziehungen. →Doppelkapelle*.

Folgende Arten der ~ sind zu unterscheiden:

1. unechte ~: bloße Öffnung in den Dachstuhl der Seitenschiffe, kein eigener Raumteil.
2. echte ~: ausgebautes Obergeschoß über einem Seitenschiff.
3. Schein~: bloße Öffnung der Wand in →Bogenstellungen, hinter denen sich kein begehbarer Raumteil befindet.

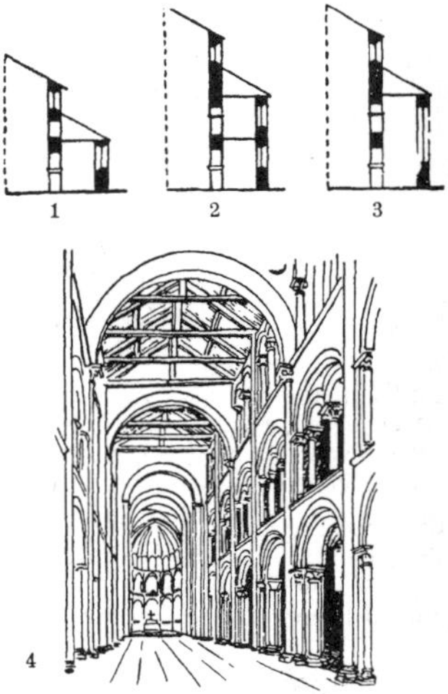

Empore. 1. Unechte ~. – 2. Echte ~. – 3. Schein~. – 4. Ansicht einer echten ~: Cerisy-la-Forêt (Frankreich, Normandie): Abteikirche. Um 1065.

Endymion, der (griech.). Mythische Gestalt der Hellenen: der ewig junge Geliebte der Mondgöttin Selene.

en face (franz.: añ faß). Von vorn gesehen.

Enfilade, die (franz.: añfiladᵉ =

Zimmerflucht). Im →Barock werden die einzelnen Räume in der Längsrichtung des Schlosses aneinandergereiht. Die Türen, die sie miteinander verbinden, liegen sich genau gegenüber. Bei geöffneten Türen ist also ein Durchblick durch die ganze ~ möglich. So entsprach es dem Repräsentationsbedürfnis des Barock.

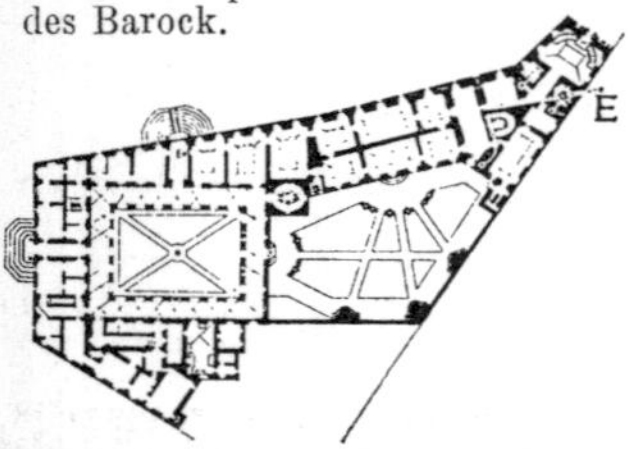

Enfilade. Rom: Palazzo Borghese. Erweiterung 1608/09 Flaminio Ponzio (um 1560–1613). E = Enfilade.

Englischer Garten. Form der Gartenkunst, die von England Anf. 18. Jahrh. ausging und sich über ganz Europa verbreitete: Die Bäume und Pflanzen werden nicht in strengen geometrischen Formen angeordnet, sondern in lockeren natürlich wirkenden Gruppen zusammengefaßt; daher auch die Bezeichnung Landschaftsgarten. Die Gärten erhalten zur Bereicherung kleine Bauwerke, an die eine gefühlvolle Stimmung anknüpfen kann: künstliche →Ruinen als Ausdruck des Vergänglichen und Uralten, Bauernhäuser als Zeugnis ländlicher Einfachheit, →Einsiedeleien aus Vorliebe für einsames Sinnen und Schwärmen. Hauptwerke in Deutschland: Meiningen, München, Weimar, Wörlitz. →Pagode*.

Englischer Gruß. →Verkündigung des Engels an Maria.

Enkaustik, die (griech. = Einbrennverfahren). Antikes Malverfahren: durch Wachs gebundene Farben werden heiß aufgetragen oder durch einen heißen →Spachtel* mit dem Malgrund und untereinander verschmolzen. Auf diese Weise wird ein wetterfester Farbenauftrag auf Stein, →Elfenbein und Holz erzielt. Das Verfahren wurde vom 6. Jahrh. v. Chr. bis zum Ausgang der Antike geübt.

Enkolpion, das (griech. = an der Brust getragen). Das von kirchlichen Würdenträgern und orientalischen Kaisern getragene Brustkreuz, sowie das in der Liturgie der griech. Kirche gebrauchte →Medaillon mit dem Muttergottesbild.

„Entartete Kunst". Titel einer Ausstellung, die 1937 in München stattfand, mit Werken von H. Arp (1887–1966), E. Barlach (1870–1938), P. Cézanne (1839–1906), M. Chagall (1887 geb.), L. Corinth (1858–1925), Max Ernst (1891–1976), L. Feininger (1871–1956), P. Gauguin (1848–1903), V. van Gogh (1853–1890), W. Kandinsky (1866–1944), P. Klee (1879–1940), O. Kokoschka (1886 geb.), F. Léger (1881–1955), A. Macke (1887–1914), F. Marc (1880–1916), H. Matisse (1869–1954), E. Nolde (1867–1956), P. Picasso (1881–1973) usw. Die deutschen Nationalsozialisten erklärten die Werke dieser Künstler für „bolschewistisch und jüdisch verseucht", vernichteten einen großen Teil davon und verkauften einen anderen Teil gegen Devisen im Ausland. Die deutschen Künstler erhielten ein „Berufsverbot"; viele mußten auswandern. Die Ideologie der ~ verfemte die gesamte Kunst des 19. und 20. Jahrh. seit dem →Naturalismus und →Impressionismus* zugunsten einer panoptikumshaft „ähnlichen" Darstellungsweise optimistischen Charakters, die vor allem die Feier des „nordischen Menschen" und die Propaganda für „Blut und Boden" betrieb.

Entasis, die (griech. = Schwellung). Die sanfte Schwellung des griech. Säulenschaftes*; sie erweckt den Eindruck, als spanne sich die Säule lebendig gegen den Druck der von oben kommenden Last.

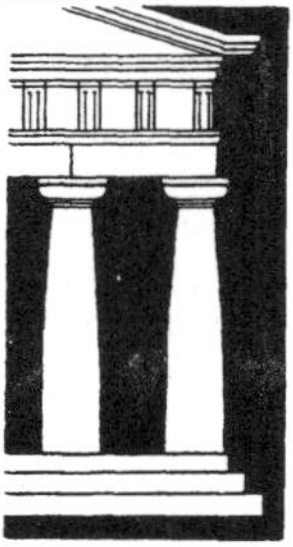

Entasis Paestum = Poseidonia (Italien, Campanien): Demeter-Tempel. Um 500 v. Chr.

Entlastungsbogen. Mauer→bogen* über →Fenstern* und Türen, der den Druck des darüberliegenden Mauerwerkes abfängt.

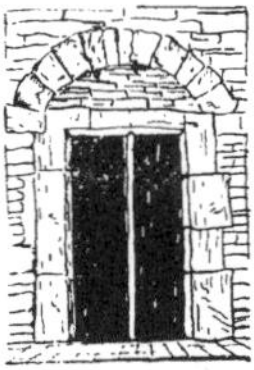

Entlastungsbogen. Aachen: Münster. 796–804.

Entrelacs, das (franz.: añtr'lak = Geflecht). In der Baukunst und im →Kunstgewerbe geflechtartige Verzierung mit sich kreuzenden oder ineinandergeschlungenen Formen.

Environment, das (engl.: inwair^{e}nm^{e}nt) = Umwelt, Umgebung. Kunstrichtung des 20. Jahrh.: sie überwindet den Abstand zwischen Werk und Betrachter und schafft einen wirklichen, betretbaren Raum mit greifbaren Gegenständen und lebensgroßen Gipsfiguren. Sie umgibt den Betrachter manchmal von allen Seiten, übt einen Schock auf ihn aus oder stellt die gewöhnlich ohne Reflexion hingenommene Alltäglichkeit in Frage. Auch Ton, Licht und Gerüche gehören u. U. dazu. Künstler: E. Kienholz (1927 geb.), G. Segal (1924 geb.), T. Wesselmann (1931 geb.).

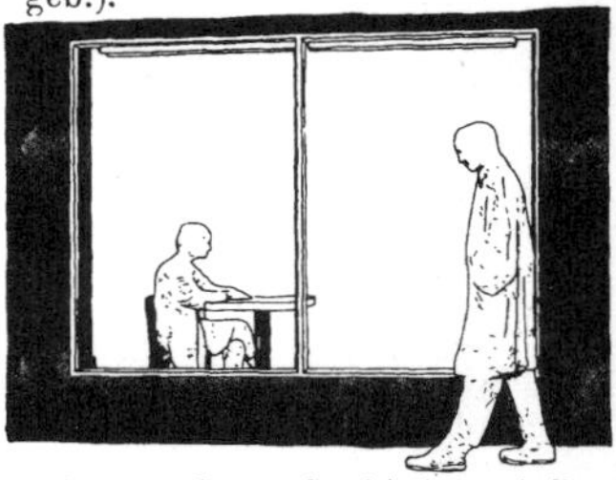

Environment. Georges Segal (geb. 1925): Das Restaurant-Fenster. Figuren aus Gips (vom lebenden Modell mit Gipsbandagen abgeformt); Restaurantfenster (Holz, Metall, Plexiglas und Neon-Röhren); Stuhl und Tisch (aus einer Imbißstube). 243 cm h, 335 cm br. 1967. Köln: Wallraf-Richartz-Museum.

Eos, die (griech.). →Aurora.

Epigraphik, die (griech.). Inschriftenkunde.

Episkenion, das (griech.). Oberbau der →Skene des griech. →Theaters I.

Epistelseite. Die →Altar*seite, an der die Epistel gelesen wird; die Südseite (vom Eingang her die rechte Seite) der Kirche; auch Männerseite genannt, weil dort im Mittelalter (und manchmal auch heute noch) die Männer saßen. Ggstz.: →Evangelienseite.

Epistolarium, das (lat.). →liturgische Bücher.

Epistyl, das (griech.). →Architrav*.

Epitaph, das (griech. = Grabschrift, Grabmal mit Inschrift). Ein →Mal zum Gedächtnis eines Verstorbenen, also kein eigentliches Grabmal. Es besteht meist aus einer Platte, die innen oder außen an der Wand der Kirche oder an einem →Pfeiler aufgestellt bzw. aufgehängt ist. Seit der Mitte des 14. Jahrh. Zwei Hauptformen sind zu unterscheiden:

1. Das ~ zeigt nur die Gestalt des Verstorbenen und ist wie ein aufrecht gestellter Grabstein.
2. Das ~ zeigt den Verstorbenen in einem größeren Zusammenhang, indem er z. B. mit Frau und Kindern betend zu Füßen Christi kniet.

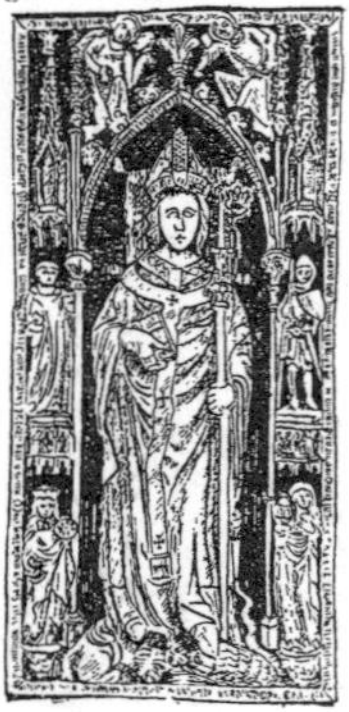

Epitaph. 1. Mainz: Dom Erzbischof Matthias von Bucheck (gest. 1328).

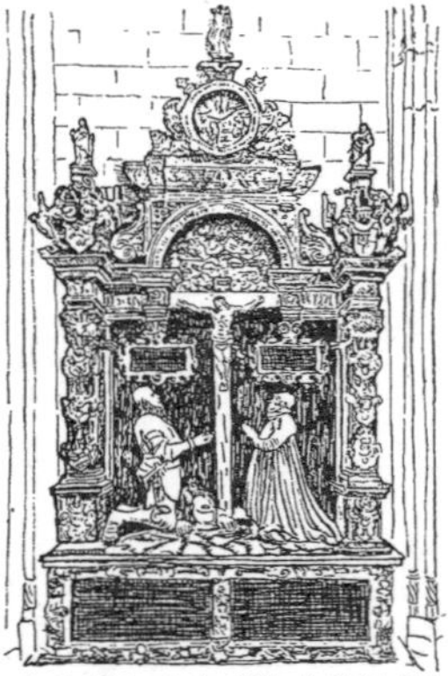

Epitaph. 2. Meisenheim (Glan): Schloßkirche. Herzog Wolfgang von Pfalz-Zweibrücken († 1569) und Anna Landgräfin von Hessen († 1591). 1575. Arbeit des Johann von Trarbach

Erato, die (griech.). →Muse.

Erbärmdebild. Form des →Andachtsbildes. Der Heiland als

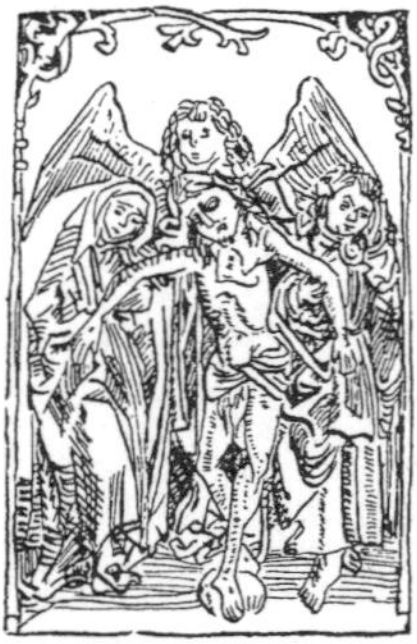

Erbärmdebild. Johann Zainer (Ulm; tätig 1473 bis 1500): Thomas a Kempis, Nachfolge Christi. 1491 Wien: Nationalbibliothek

→Schmerzensmann, mit Wundmalen und mit Dornenkrone, im Mantel und mit dem Lendenschurz. Dieser Bildtyp entstand im frühen 14. Jahrh. und findet sich fast ausschließlich in der deutschen Kunst. Seit dem 15. Jahrh. wurde Christus auch sitzend ohne Wundmale dargestellt: „Christus in der Rast"*. →Ecce homo.

Ereignisbild →Historienmalerei.

Eremitage, die (franz.: -ta[sch]e = Einsiedelei). Urspr. Eremitenklause; seit der Früh→renaissance* in den →Parkanlagen der Schlösser nachgeahmt. – ~ heißen auch Palast und Museum beim Winterpalais in Leningrad mit weltberühmten Sammlungen.

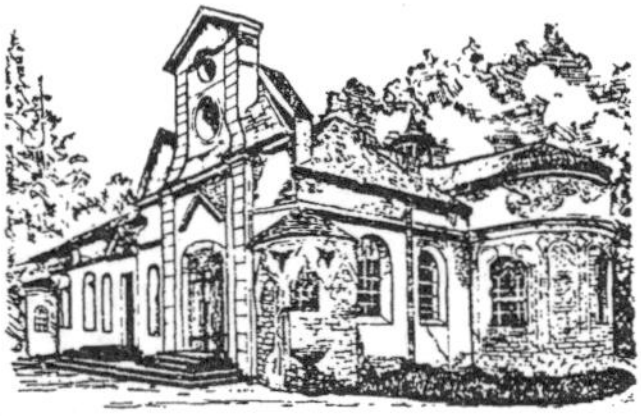

Eremitage Nymphenburg bei München: Magdalenenklause. 1725. Josef Effner (1687–1745).

Erker. Ein geschlossener Ausbau, der an der →Fassade oder an der Ecke eines Hauses meist ohne Verbindung mit dem Erdboden angebracht ist. Architektonisch die gleiche Form wie das →Chörlein*.

Eros, der (griech., lat. Cupido). Nachhomerischer griech. Gott der Liebe. In der Kunst als schöner Jüngling, später auch als Kind mit Flügeln dargestellt. Die Gestalt des bogenspannenden ~ ist Ende des 4. Jahrh. v. Chr., wohl in der Schule des griech. Bildhauers Lysippos, entstanden. →Amorette*, Psyche*.

Eroten, die. Kleine →Erosfiguren: Kinder mit Flügeln; im→Hellenismus sehr beliebt; in der pompejanischen Wandmalerei anmutig in verschiedenen Tätigkeiten dargestellt. Seit der →Renaissance* wurde das Motiv erneut häufig verwandt.

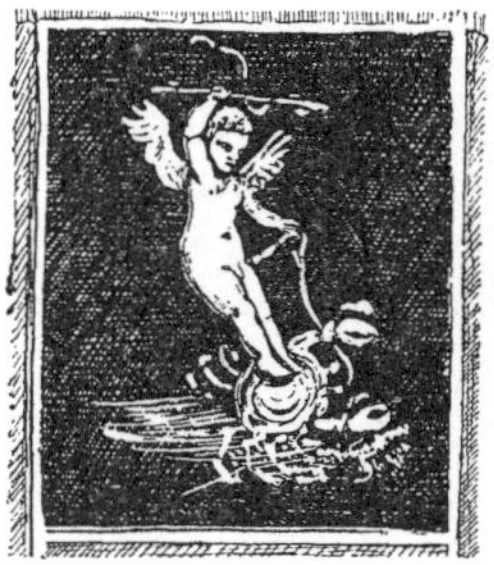

Eroten. Pompeji: Haus der Vettier. 4. Stil. Um 65 n. Chr Wandmalerei.

Erzbischöfliches Kreuz.→Kreuz 10*.

Erzengel. Einer der neun Engelchöre, bestehend aus den Engeln Michael, Gabriel und Raphael. Bis ins Mittelalter zählte auch Uriel zu ihnen.

Erzguß. →Bronze, Bronzeguß*.

Eselsrücken. →Bogen 17*.

Eselsturm.→Romanische→Türme, die statt der→Wendeltreppe einen in Spiralform sich empordrehenden Weg haben. Dieser Aufgang konnte von Eseln zum Tragen der Baulasten beschritten werden.

Eskimo. Kunst der ~. →Knochenplastik, Piktographie*.

Estilo florido, der (span. = blühender Stil). Spätgotischer →Ornamentstil der span. Kunst.

Estrade, die (ital.-franz.). Eine um eine oder mehrere Stufen erhöhte Erhebung des Bodens vor einem →Fenster*, im→Erker, vor einem Thron, Altar*, Vortragspult usw.

État, der (franz.: eta) = Zustand. →Kupferstich.

Etimasia, die (griech.). Motiv der →byzant.* Kunst: kreuzüberhöhter Thron mit Purpurmantel oder dem Buche des Lebens; oft sind die Leidenswerkzeuge beigefügt; nach Offb. 22, 1–4. Dies alles sind Zeichen des Menschensohnes, der zum Jüngsten Gericht erscheint.

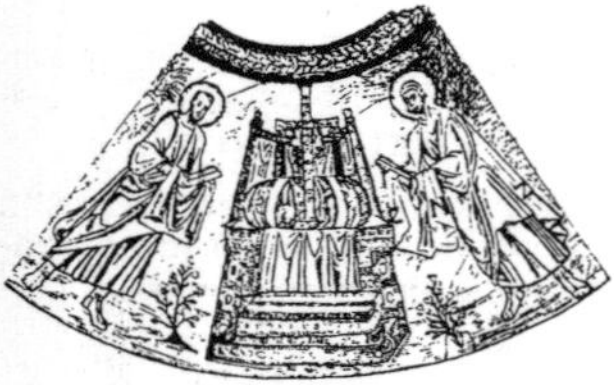

Etimasia. Ravenna: Baptisterium der Arianer. Um 520. Gemmenthron mit Kreuz und Purpurmantel zwischen den Apostelfürsten. Mosaik.

Etruskische Kunst. Kunst der Etrusker in Mittelitalien, 7. bis 3. Jahrh. v. Chr. →Römische Kunst.

Architektur. Ausgesprochene Stadtkultur. Große Grabanlagen. →Podiumtempel*, Tumulusgrab*.

Plastik von starkem Realismus; bedeutende →Porträtkunst.

Wandgemälde in den Gräbern; im wesentlichen zwischen 550 und 400 v. Chr.: Gelage, gymnastische Wettkämpfe, Tanzszenen, Unterweltsdämonen.

Etruskische Säulenordnung. →Säulenordnungen IV.

Eucharistische Taube. Ein metallischer Behälter in der Gestalt einer Taube für die Aufbewahrung geweihter Hostien. Die Taube soll wohl an die Erscheinung des Hl. Geistes als Taube erinnern (Matth. 3, 16). Aufgehängt über dem →Altar*; fast ausschließlich im Mittelalter verwandt.

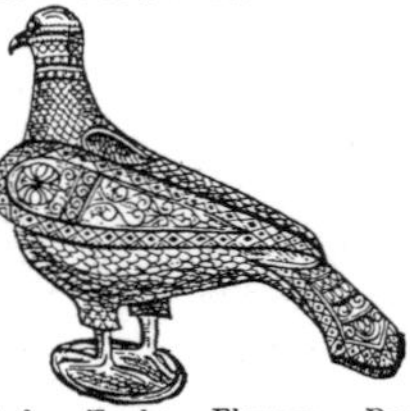

Eucharistische Taube Florenz: Bargello. Kupfer, vergoldet 19 cm h, 30 cm l. 13. Jahrh

Europa und der Stier. Aus der →griech. Mythologie: →Zeus* entbrannte in Liebe zu der phönikischen Königstochter Europa, nahte ihr in der Gestalt eines →Stieres und entführte sie über das Meer nach→Kreta. Der Sohn der beiden war Minos (→Labyrinth II).

Eurydike (griech.), Eurydice (lat.). →Orpheus.

Euterpe, die (griech.). →Muse.

Euthynteria, die (griech.). Das Fundament des→griech. Tempels schneidet nicht im Niveau der obersten Stufe ab, sondern erhebt sich ein wenig über diese Fläche. Dadurch entsteht ein kleiner Wandsockel, die ~. Der so geschaffene Mauerfuß dient als →Basis der →Cellawand*.

Evangeliar, das (lat.). →Liturgische Bücher.

Evangelienseite. Diejenige Seite des Altars, auf der das Evangelium gelesen wird; die Nordseite der Kirche, also die linke Seite, vom Eingang her gesehen. Auch Frauenseite genannt, weil dort im Mittelalter (und manchmal auch heute noch) im Gottesdienst die Frauen saßen. Ggstz.: →Epistelseite.

Evangelistar, das (lat.). →Liturgische Bücher.

Evangelistensymbole. Die →Symbole der 4 Evangelisten: Engel = Matthäus, Löwe = Markus, Stier = Lukas, Adler = Johannes; vgl. Ezechiel 1, 5ff. und Offb. 4, 6ff. Sie kommen in der Kunst seit dem 4. Jahrh. vor und umschweben oft den Thron der →Majestas Domini* oder des Lammes (→Agnus Dei*).

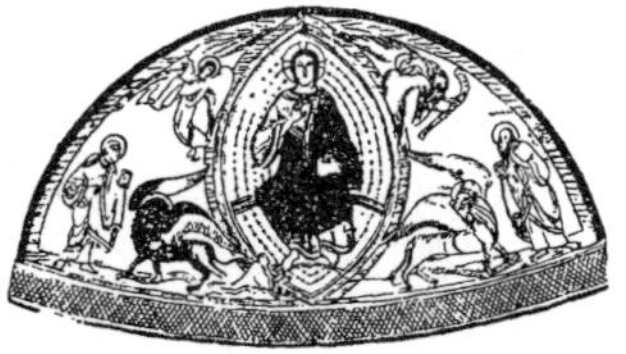

Evangelistensymbole. Knechtsteden bei Neuß (Rheinland): Ehem. Prämonstratenserkirche. Westapsis. Um 1150.

Bisweilen sind sie im Anschluß an die Vision des Ezechiel zu einer einzigen Gestalt verschmolzen: → Tetramorph (griech. = Viergestalt). →Cherubim*.

Ewige Lampe, Ewiges Licht. In der kath. Kirche ein rotes Licht, das die Gegenwart Christi in der Eucharistie anzeigt.

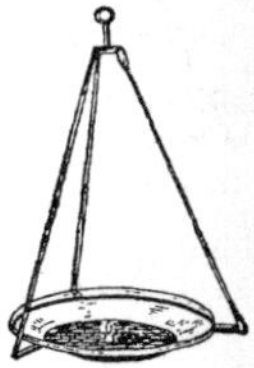

Ewige Lampe. Fritz Schwerdt: 1933.

exc. (Abkürzung für lat. excudit = er hat es gedruckt). →Kupferstich*.

Exedra, die (griech. = Gesellschaftszimmer, Halle).

I. Unterhaltungsraum des antiken Wohnhauses. Grundriß →Aula 1b*.

II. Halbrunde oder rechteckige Erweiterung der Säulengänge in antiken →Gymnasien und →Basiliken*; mit Sitzen versehen.

III. In Kirchenräumen des Mittelalters und der→ Renaissance* die →Apsis*.

Exlibris, das (lat. „aus der Bücherei"). Ein kleines, oft mit einem →Symbol oder Bild geschmücktes Blatt, das vorn in ein Buch eingeklebt wird und den Namen des Besitzers angibt.

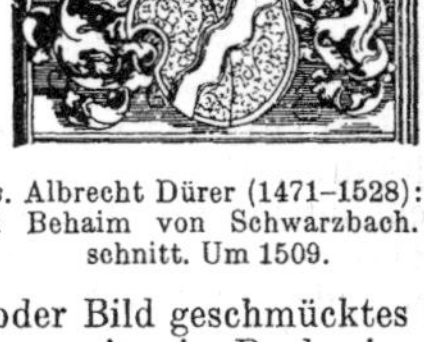

Exlibris. Albrecht Dürer (1471–1528): ~ des Michael Behaim von Schwarzbach. Holzschnitt. Um 1509.

Exonarthex, der (griech.). Dem eigentlichen Narthex vorgelagerter zweiter Narthex. →Byzantinische Kunst*.

Expertise, die (franz.). Das Gutachten eines Kenners (Experten) über ein Kunstwerk.

Expressionismus, der (franz. expression : expressioñ = Ausdruck). Künstlerische Gegenbewegung gegen den →Impressionismus* und →Naturalismus. Der ~ suchte nicht die bloße Abschilderung der Wirklichkeit oder die sinnlich reizende Außenseite der Erscheinungen, sondern das Bedeutungsvolle, die Ausdruckstiefe, das Wesenhafte. Formal macht er sich frei von den Gesetzen der →Perspektive*, der Anatomie und des Lichts und →Schattens*. Er bevorzugt die Fläche, den genauen Umriß und elementare ungebrochene Farben. Bedeutende Künstler des ~ : V. van Gogh (1853–1890), F. Hodler (1853 bis 1918), E. Munch (1863–1944), die deutschen Maler des→„Blauen Reiters" und der →„Brücke", M. Beckmann (1884–1950), M. Chagall (1887 geb.), J. Ensor (1860–1949), G. Rouault (1871–1958). →„Sturm, Der".

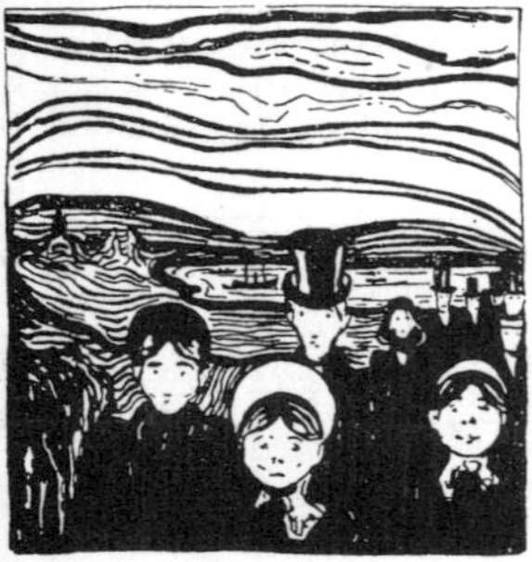

Expressionismus. 1. Edvard Munch (1863 bis 1944): Angstgefühl. Litho. 1896.

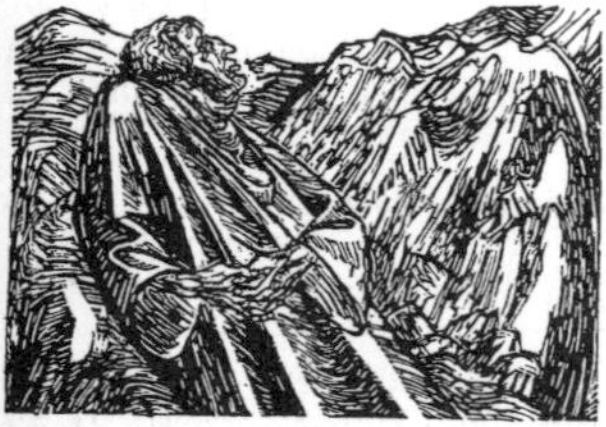

Expressionismus. 2. Ernst Barlach (1870–1938): Die Verwandlungen Gottes. Holzschnitte. 1920. Der Fels.

Exsultet-Rolle. Rolle mit dem Text und der Melodie der Exsultet-Hymne aus der Karsamstagsliturgie der katholischen Kirche. Der Vorsänger läßt die Rolle allmählich von der Brüstung der Kanzel herabgleiten. Nun betrachten die Gläubigen, um die Kanzel geschart, die Bilder der Rolle, die für den Sänger auf dem Kopf stehen, für die Besucher des Gottesdienstes aber aufrecht.

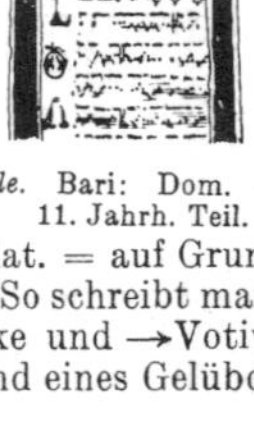

Exsultet-Rolle. Bari: Dom. Archiv. Anf 11. Jahrh. Teil.

Ex voto (lat. = auf Grund eines Gelübdes). So schreibt man auf Weihgeschenke und →Votivtafeln, die auf Grund eines Gelübdes gestiftet sind.

F

Fachwerk. Eine besondere Weise des Bauens: Die tragenden Teile der Wände bestehen aus Holzbalken; die Flächen sind mit Lehm oder Ziegelsteinen ausgefüllt. Altgermanischen Ursprungs; in Deutschland, Nordfrankreich und England heimisch. Blütezeit im 16. und 17. Jahrh.; reiche, farbig behandelte Schnitzereien besonders am →Erker, an →Dachgaupen* und am →Giebel.

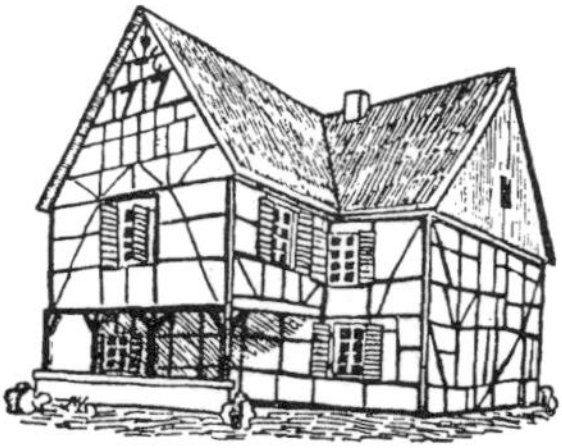

Fachwerk. Reusrath (Kr Solingen): Haus Hecks. 1717.

Faden- oder Filigranglas. Venezianisches Kunstglas des 16. Jahrh.: In die farblose Masse werden dünne Milchglasfäden eingeschmolzen, die in verschiedenen Lagen sich kreuzen und rhythmisch bewegte Muster bilden. Eine Abart ist das →Netzglas.

Fächer, der. Schon im Alten Ägypten und in Mesopotamien; bisweilen Herrschersymbol. Künstlerisch bedeutend der ~ in China und Japan, in Europa während des 17. und 18. Jahrh.

Fächerfenster. →Fenster 13*.

Fächergewölbe. →Gewölbe 9*.

Fächerrosette, die. Ziermotiv an →Fachwerkbauten* der deutschen →Renaissance*: ganze oder halbe farbig behandelte →Rosette*, die in sich fächerförmig gegliedert ist.

Fächerrosette. Braunschweig: Lange Gasse 9. 1536.

Faksimile, das (lat. facsimile = mach ähnlich!). Die möglichst originalgetreue, im Druckverfahren vervielfältigte Nachbildung von Schriftblättern, Noten, Gemälden, Zeichnungen.

Falkengott. Im alten→Ägypten galt der Falke als Verkörperung des Sonnengottes →Horus. →Flügelsonne*.

Fallenbild. Von D. Spoerri (1930 geb.) erfunden: Leute sitzen bei einer Mahlzeit; jeder hat sich sein

Eßgerät mitgebracht; dann geht die Falle zu, d. h. der Künstler beendet die Mahlzeit zu einem ihm passenden Zeitpunkt und befestigt die Gegenstände genau in dieser ihrer Position auf einer Unterlage mit Kunstharzbinder. Danach stellt er die Tischplatte aufrecht: als ein →Relief*. Das Ganze: ein erstarrtes Dokument, →„Porträt" eines Vorgangs, aber auch ein Stück Phantasie gegenüber der Banalität des normalen Lebens.

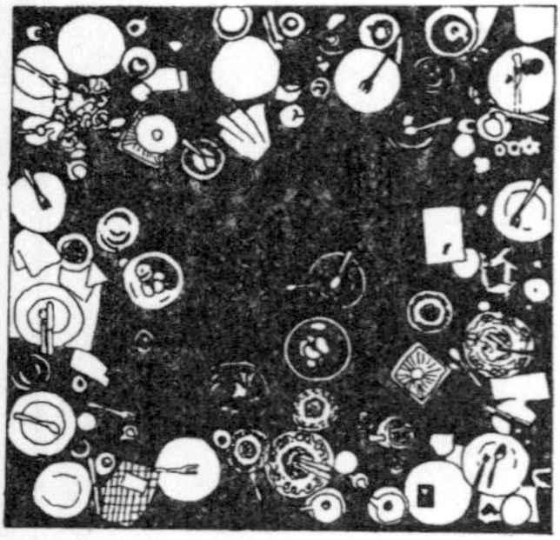

Fallenbild. Daniel Spoerri (geb 1930): Hahns Abendmahl 1964. Sammlung Hahn.

Fallendes Karnies, das. →Karnies*.

Falsches Gewölbe. Die Steine werden so übereinander geschichtet, daß jeweils der höhere über den nächst tieferen ein wenig →vorkragt. Dadurch entsteht der Schein einer bogenförmigen Einwölbung, ohne daß eine echte →Gewölbekonstruktion vorläge. Beim echten →Gewölbe* sind die Lagerfugen zentrisch gerichtet; das ~ besteht aus waagerechten Steinschichten.

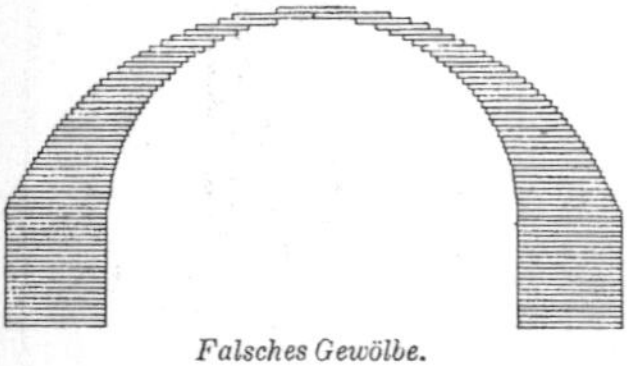

Falsches Gewölbe.

Falschgesicht. →Gogonsa.

Faltdach. →Dachformen 12/13*.

Falten in der mittelalterlichen Kunst. Die Gestaltung der Gewand~ in der mittelalterlichen Kunst bietet wichtige Anhaltspunkte für die Datierung. Es sind hauptsächlich folgende Formen zu unterscheiden, deren zeitliches Vorkommen sich ungefähr festlegen läßt.

1. Ritz- und Steg~ in reihenden kurzen Schwüngen. 2. Hälfte 11. bis 1. Hälfte 12. Jahrh.

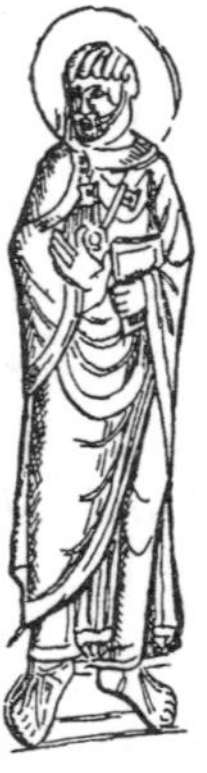

1. Ritz- und Stegfalten Moissac (Frankreich, Dep. Tarn-et-Garonne): Ehem Benediktinerabteikirche St-Pierre. Kreuzgang. Um 1100. Hl. Petrus

2. Kleinteilige Parallel∼. 2. Hälfte 12. Jahrh.

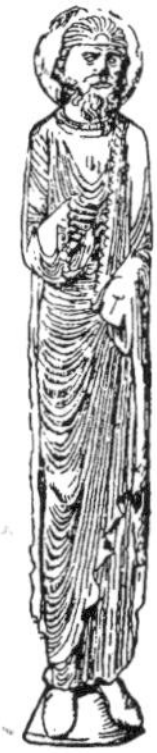

2. Kleinteilige Parallelfalten. Chartres: Kathedrale. Westportal. Vorfahren Christi. Um 1150.

3. Röhren- und Haken∼. 1. Hälfte 13. Jahrh. Dann wieder Mitte 15. Jahrh.

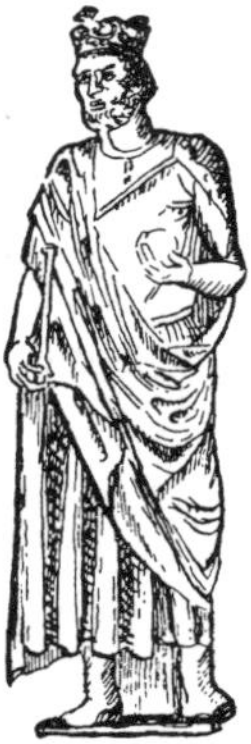

3 Röhren- und Hakenfalten Bamberg: Dom. Adamspforte. Um 1235. Kaiser Heinrich II.

4. Durchlaufende Schwung∼. 2. Hälfte 13. bis 1. Hälfte 14. Jahrh.

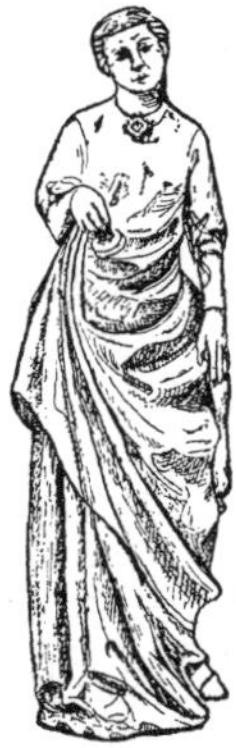

4. Durchlaufende Schwungfalten. Straßburg: Münster. Westportal Um 1280. Törichte Jungfrau.

5. Schüssel∼. 2. Hälfte 13. bis 1. Hälfte 14. Jahrh.

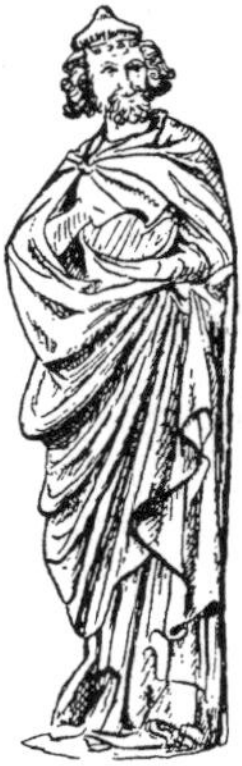

5. Schüsselfalten. Reims: Kathedrale. Westportal. Um 1260 Hl. Joseph aus der „Darbringung im Tempel".

6. Ypsilon (Y)∼. 1. Hälfte 14. Jahrh.

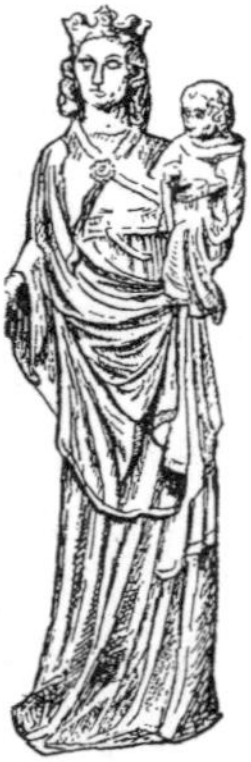

6. Ypsilonfalten. Stuttgart: Staatliche Kunstsammlungen. Madonna aus Weiler bei Rottenburg. Um 1340.

7. Faltenkaskaden. 1390–1430.

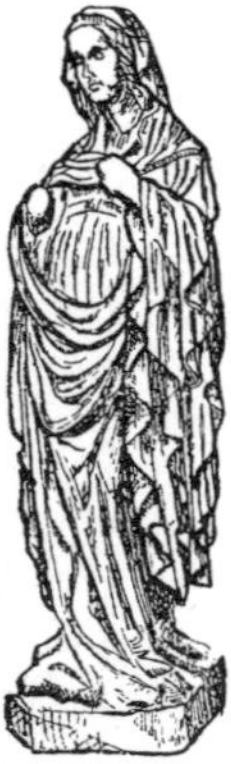

7. Faltenkaskaden. Stuttgart: Staatliche Kunstsammlungen. Maria aus einer „Heimsuchung" (aus Bronnweiler). Um 1415.

8. Haarnadel∼. Um 1400.

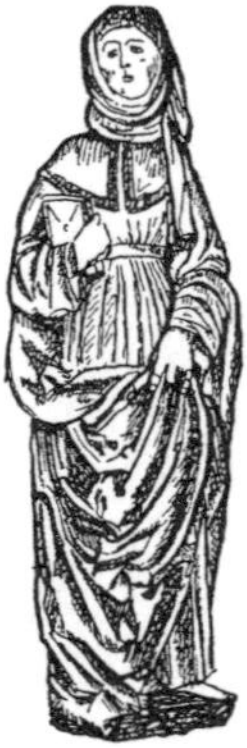

8. Haarnadelfalten. Stuttgart: Staatliche Kunstsammlungen. Muttergottes (aus Pfärrich). Um 1440.

9. Schüssel∼. 2. Hälfte 15. Jahrh.

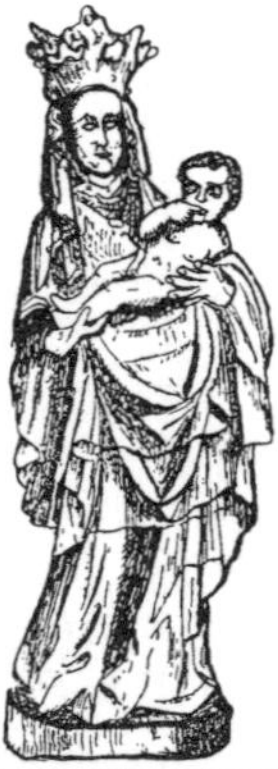

9. Schüsselfalten Stuttgart: Staatliche Kunstsammlungen Heilige aus einem Altarschrein (aus Aldingen). Um 1500.

10. Faltenbrüche und Haken-~. 2. Hälfte 15. Jahrh.

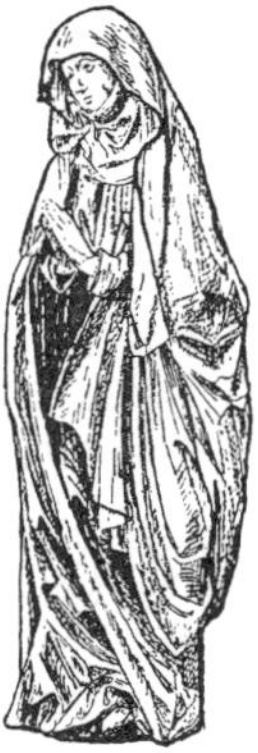

10. Faltenbrüche und Hakenfalten Blutenburg bei München: Schloßkapelle St. Sigismund Maria Um 1490.

11. Faltenüberschläge. 2. Hälfte 15. Jahrh.

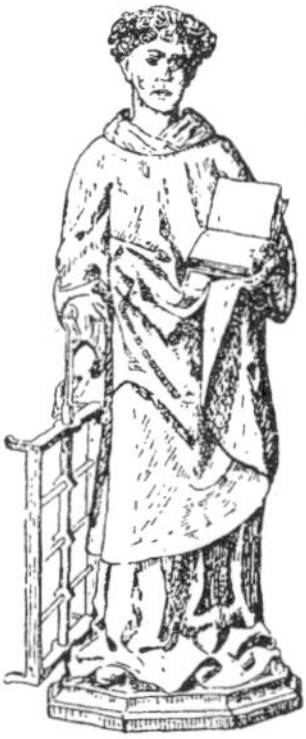

11. Faltenüberschläge. München: Bayer. Nationalmuseum Hl. Laurentius. 2. Hälfte 15 Jahrh.

Faltenbrüche. →Falten 10*.

Faltenkapitell, das. →Kapitell III. 1*, IV. 1*.

Faltenkaskaden.* →Falten 7*.

Faltenüberschläge. →Falten 11*.

Faltstuhl. Mit Leder bespannt, zusammenklappbar. In Ägypten, in der Antike und in Europa.

Faltwerk. Spät→gotische* Flächenfüllung, vor allem an Möbeln, aus senkrecht stehenden eng gereihten Falten.

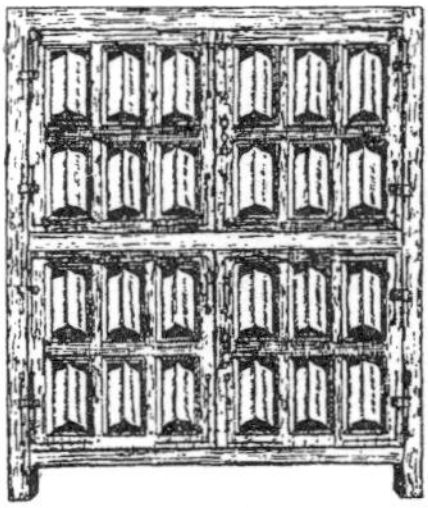

Faltwerk. Brügge (Belgien): Poteriehospiz. Eichenschrank. 15. Jahrh.

Farbdripping, das.→Drip paintings.

Farbendruck. →Farbenholzschnitt.

Farbenholzschnitt. →Holzschnitt.

Farbenkreis. →Komplementärfarben.

Farbenperspektive, die. →Perspektive*.

Farbenradierung, -stich. →Kupferstich*.

Farborgel, Farbklavier. Die Tastatur ermöglicht das Spiel mit einzelnen Farben und durch das Drücken mehrerer Tasten einen anschaulichen Farbakkord.

Farbvibration. Farben können in serienhaften Strukturen den Eindruck schwingender Bewegungen hervorrufen. Das Auge macht dann aus Farbreihungen tiefenperspektivisch bewegte Farbräume.

Fase, die. →abfasen.

Fassade, die (franz. façade : faßad). Auf Ansicht angelegte und durchkomponierte Schauseite eines Gebäudes mit deutlicher →Fluchtlinie; meist die Vorderseite an der Straße. Es gibt auch Bauten mit 2 und mehr ~n, von denen eine die Haupt~ ist.

fassen. →Faßmaler.

Faßmaler. Der Maler, der ein Holzbildwerk farbig „faßt", d. h. bemalt und vergoldet. Das Holzbildwerk erhält durch einen Kreide- oder Gipsgrund oder durch einen Überzug mit Leinwand eine glatte Oberfläche für das Auftragen der Farben. Wird die Farbe unmittelbar auf das Holz aufgetragen, so verwendet man →Ölfarbe, die das Holz gegen Verwitterung schützt. →anschießen, Blattgold.

Fassung.

I. Farbige Behandlung von Holzbildwerken. →Faßmaler.

II. Mehrfache Ausführung des gleichen Werkes durch den Kunstschöpfer, aber mit Abweichungen vom ursprüngl. Werk. →Replik.

Fastentuch. →Hungertuch*.

Fastenvelum, das (lat. = Tuch, Vorhang). →Hungertuch*.

Faun (lat. faunus = der Gnädige). →Röm. Hirtengott, bocksbeinig und mit Hörnern. Dem griech. →Pan gleichgesetzt.

Fauves, die (franz.: fowᵉ = die wilden Tiere). Künstler, die die Stilrichtung des →Fauvismus vertreten.

Fauvismus, der (franz.: fo-). Richtung der franz. Malerei. So genannt nach dem Spottwort eines Kunstkritikers. Blütezeit: 1905–1907. Vorrang der Farbe; keine Scheu vor Deformierungen zugunsten der farblichen Ausdruckskraft. Die Farben ungebrochen in großen Flächen geordnet. Zum ~ bekannten sich u. a. G. Braque (1882 bis 1963), A. Derain (1880–1954), R. Dufy (1877–1953), H. Matisse (1869 bis 1954; als Hauptmeister), G. Rouault (1871–1958), M. Vlaminck (1876–1958).

Favorite, die (franz.: faworitᵉ). Name von →Lustschlössern in der Nähe einer Residenz. 18. Jahrh.

Fayence, die (franz.: fajañß, von ital. Faenza, einer Hauptwerkstatt der ~). Art der Töpferkunst, die bes. feine Tonerde verwendet; der meist weiße Scherben erhält eine undurchsichtige →Zinnglasur;

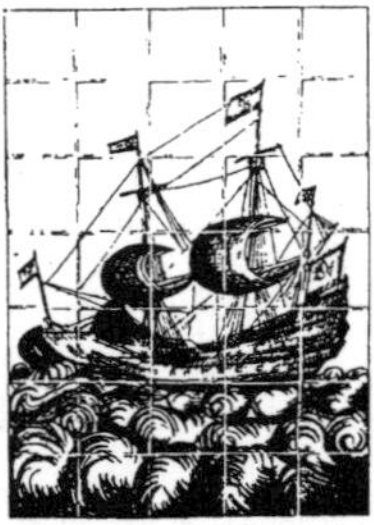

Fayence. Schiff. Blaue ~. 1625. Aus Delft. Amsterdam: Reichsmuseum.

diese wird mit den wenigen Farben bemalt, die im →Scharffeuerverfahren haltbar gemacht sind. Der ital. Name für diese Töpfereien ist →Majọlika (nach der span. Insel Mallọrca, über welche die span. ~ n nach Italien kamen). Alte Überlieferung (schon→Ägypten, Babylon usw.). Bes. bei den →Persern gepflegt; von ihnen gelangt die ~ zu den →islamischen* Völkern und über Spanien nach Italien, von Italien nach Deutschland und Holland.

fec. = fẹcit (lat. = er hat es gemacht). Dieses Wort stellt der Künstler oft seiner →Signatur* voran.

Feder. Seit der frühchristl. Zeit für die →Zeichentechnik verwandt. Arten der ~: Schilfrohr~, Gänsekiel~, Metall~. Vorzüge der ~-zeichnung: ihre große Modulationsfähigkeit und ihre Haltbarkeit. →Handzeichnung, lavieren, Sepia, Tinte, Weißhöhung.

Federarbeiten. →Altamerikanische Kunstwerke aus farbigen Vogelfedern: Kopfschmuck, Fächer, Mäntel, Banner, Bilder; meisterlich in der Kunst der →Azteken, des →Inka- und des →Maya-Reiches. →Bannerhalter*, Paracas-Kultur.

Feinkerạmik, die. →Keramik.

Felderfries. →Fries II 1*.

Felsbilder, Felszeichnungen. →Vorgeschichtliche Bilder auf Felsen; in Europa vor allem in Skandinavien und Spanien.→Mittelsteinzeit*.

Felsentempel. Aus dem Fels gearbeiteter Tempel. Meisterwerke im alten Ägypten, in Indien, China und Turkestan.→Höhlentempel*.

Fẹng-huạng (chin.: fẹng-h^{u}ạng = Phönix). In der→chin. Kunst ein Fabeltier aus Fasan, →Pfau und Kranich mit buntem Federschmuck. →Emblem der Kaiserin. Von guter Vorbedeutung.

Fẹng-shuị, das (chin.: fẹng-sch^{u}ẹẹ) = „geschützt vor schädlichen Einwirkungen der Winde und der Wasserläufe". Diese Lehre der chin. taoistischen Religion möchte den Menschen dahin führen, daß er die Segenskräfte der Natur auf sich zieht und im Einklang mit ihr lebt. Ein Mittel dazu sind die →Pagoden*, welche ungünstige Erdkonstellationen zunichte machen und den Himmel mit der Erde verknüpfen sollen. Sie prägen entscheidend die Landschaft Chinas. →Chinesische Kunst, Mal, Säulenmonument*.

Fenster.

A. Teile des Fensters:

I. Gewände: Die Schnittflächen, die durch schrägen Einschnitt eines ~ in die Mauer entstehen (1–3).

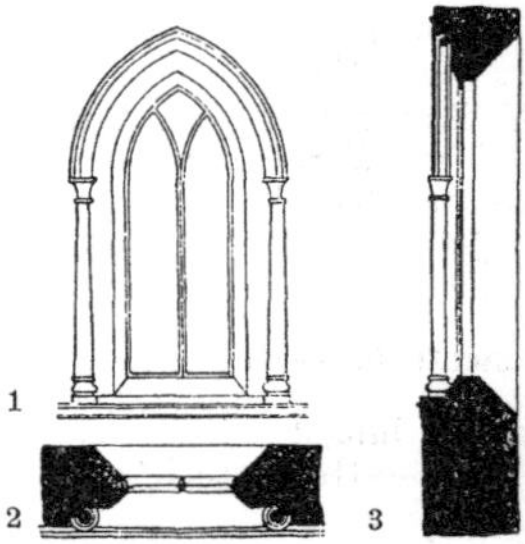

Fenster. Gewände. 1 Ansicht. 2. Grundriß. 3. Schnitt

II. Laibung, Leibung: Die Schnittflächen, die durch senkrechten Einschnitt eines ~ in die Mauer entstehen (4–6).

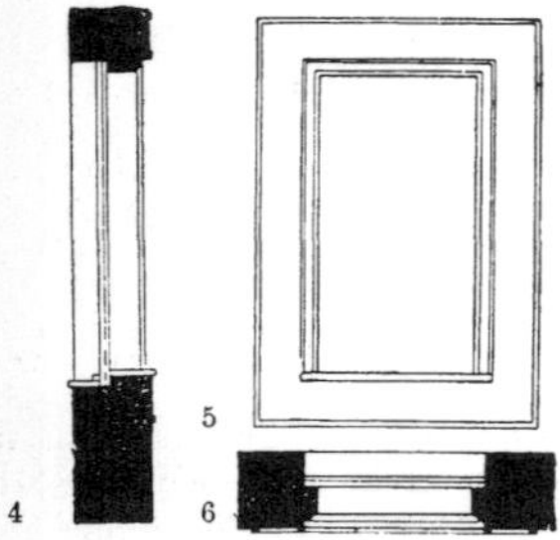

Fenster. Laibung. 4 Schnitt. 5. Ansicht. 6 Grundriß.

III. Profil: Rahmung des ~, bes. durch →Rundstäbe* oder Säulen*.

IV. Sohlbank: Untere Abgrenzung eines ~ zum Tragen des →Gewändes von gerader oder schräger Form (3).

V. Stabwerk: Aufgliederung des →gotischen* ~ durch schmale, steinerne Stäbe (1–2). →Maßwerk.

VI. Sturz: waagerechter oberer Abschluß eines ~ (4, 5). →Sturz.

B. Formen:

I. Giebel~ (7): ~, das von einem Dreieck- oder Segment→giebel gekrönt ist.

II. Lanzett~ (8): Lange schmale, meist in Gruppen zusammengefaßte →Spitzbogen~ der engl. Früh→gotik*.

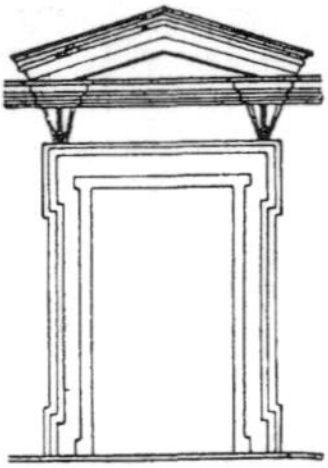

7. *Giebelfenster.* Nürnberg: Rathaus. 1618 bis 1622.

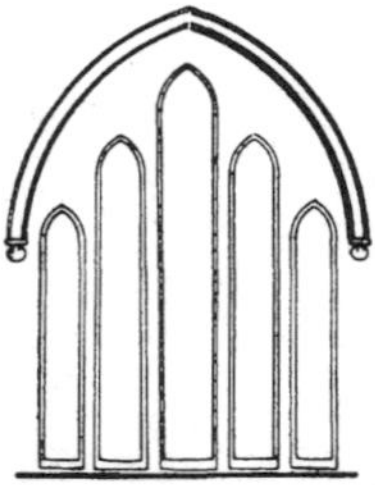

8. *Lanzettfenster.* Oundle (England, Northampton): Kirche. 1. Viertel 13. Jahrh.

III. rundbogiges ~: ~, dessen Abschluß ein halbkreisförmiger Bogen ist. →Bogen 3*.

IV. Rad~ (9): Rund~, das mit speichenförmigen Stäben in sich aufgegliedert ist.

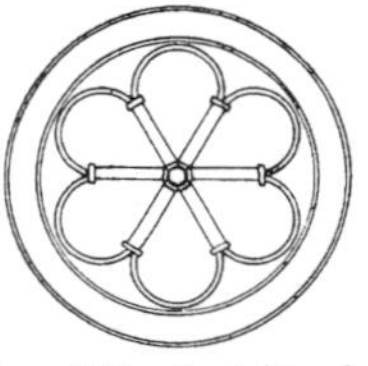

9. *Radfenster.* Mainz: Dom. 12 und 13. Jahrh. (vereinfacht).

V. Rund~ (10): kreisförmiges ~.

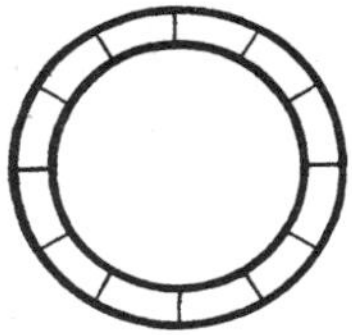

10. Rundfenster. Bonn: Münster. Kreuzgang. Kurz nach 1150.

VI. Rose (11): kreisförmiges, mit →Maßwerk gefülltes ~, bes. in der→Gotik*.

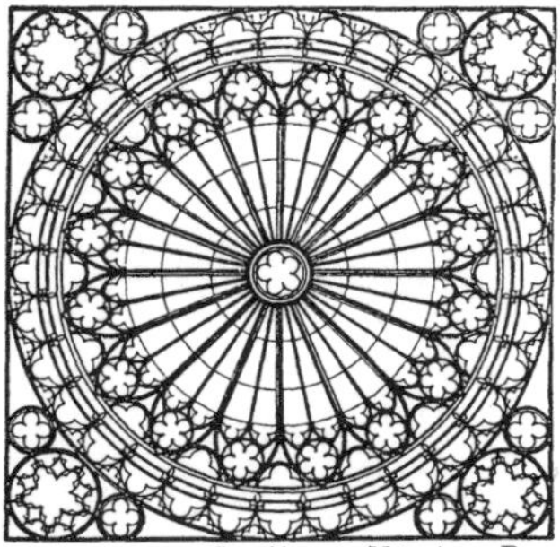

11. Fensterrose. Straßburg: Münster. Rose. Um 1320.

VII. Segment~ (12): Bekrönung in Form eines Kreisabschnittes.

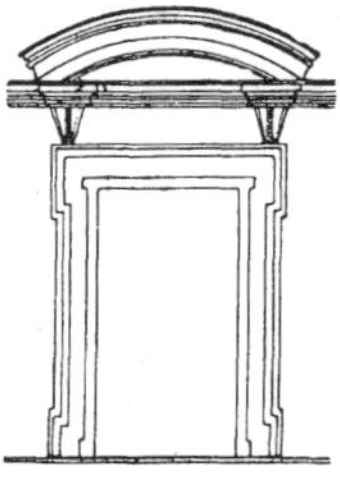

12. Segmentfenster. Nürnberg: Rathaus. 1618–1622.

VIII. Fächer~ (13): Auf einen schmäleren unteren Teil folgt ein oberer, der fächerförmig ausgebogen ist. Spät→romanisch.

13. Fächerfenster. Neuß (Rhein): St. Quirin. 1209–1230.

Fenstergaden, der. Fensterzone im oberen Teil des →Mittelschiffs einer Kirche. →Basilika 3*.

Fensterpfosten. →Pfosten.

Fensterrose. →Fenster 11*.

Fenstersturz. →Sturz.

Fertigbauweise. Das Bauen mit seriell vorgefertigten Teilen (Elementen).

Feston, das (franz.: festoñ = Laubschnur, Girlande). Gehänge aus Blättern, Blumen und Früchten, die oft mit Bändern kreuzweise umwunden sind, als Bauzier in Stein, Gips oder farbiger Bemalung; bes. in der Architektur der Antike und der →Renaissance* bis zum →Klassizismus. Auch in der gleichzeitigen Malerei beliebt.

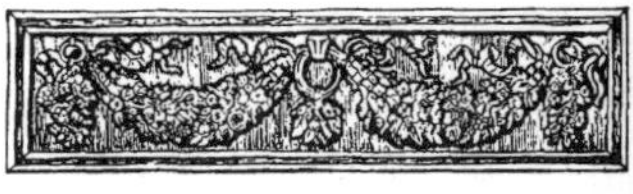

Feston. Paris: Hôtel de Lauzun. 1650-1658.

Festungskirche. →Wehrkirche.

Fetisch, der (aus dem Portugiesischen; →Amulett). Bei den →Naturvölkern ein das Böse abwehrendes und das Gute sicherndes Zauberding, in dem ein Schutzgeist sitzt; meist von menschlicher Gestalt.

Feuertempel. Persischer Tempel, in dem das Heilige Feuer gehütet wurde; Bilder waren verpönt. Nur Ruinen (seit dem 4. Jahrh. v. Chr.) erhalten.

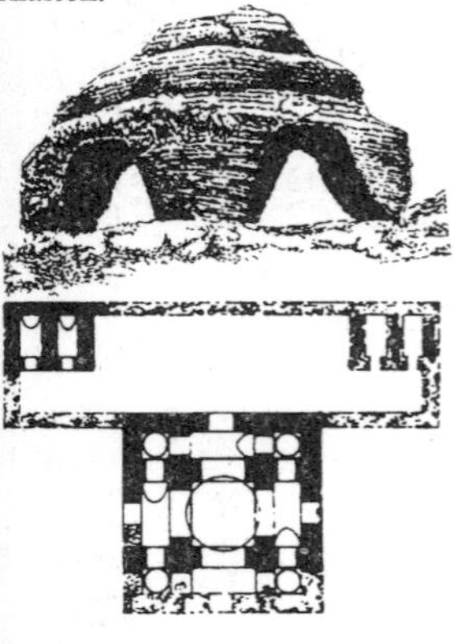

Feuertempel. Djerre (Iran): ~ sassanidisch. Ansicht der Ruine. Grundriß.

Fiale, die (altfranz. filiolles : filiols = Töchterchen). In der →Gotik* →Pfeileraufsatz in Form eines spitzen →Türmchens als Flankierung des →Wimpergs (1)* oder Bekrönung des →Strebepfeilers (2). Dieses Ziermotiv besteht

I. aus dem Leib oder Schaft (3a), dem meist vier- oder achteckigen unteren, mit →Maßwerk verzierten Teil, der auch als →Tabernakel* gebildet ist

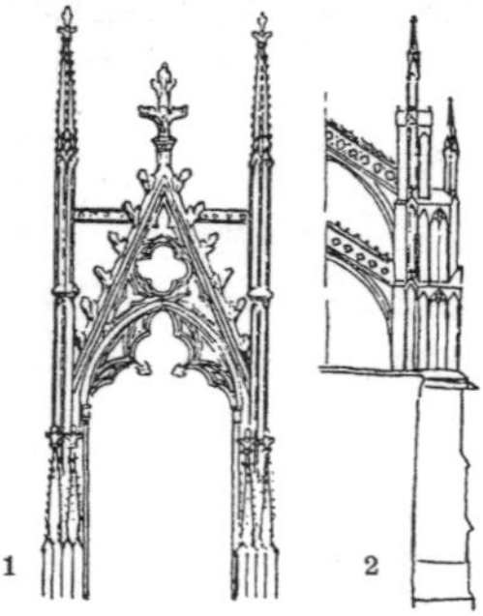

Fiale. Köln: Dom. Gegr 1248. Ausbau 19. Jahrh. 1. Zur Flankierung des Wimpergs. 2. Als Bekrönung des Strebepfeilers.

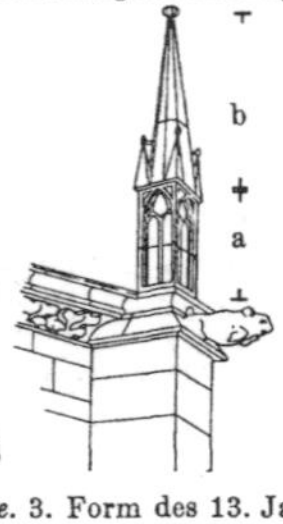

Fiale. 3. Form des 13. Jahrh.

und über jeder Seite ein →Satteldach oder einen →Giebel trägt, und

II. aus dem →pyramidenförmigen* →Helm oder →Riesen (von mhd. risen = emporsteigen), der mit →Krabben besetzt ist und in eine →Kreuzblume* ausläuft (3b).

Fibel, die (lat. fibula = Schnalle, Spange). Wie eine Sicherheitsnadel gebildete Spange aus →vor- und frühgeschichtlicher Zeit zum Zusammenhalten des Gewandes; die Nadel ist mit einem Bügel verbunden, der in einem Fuß (Nadelhalter) ausläuft. →Adlerfibel*, Armbrustfibel*.

Figura piramidale, die (ital.). Kompositionsschema der ital. Hoch→renaissance*: eine Figurengruppe bildet insgesamt die Form einer gleichseitigen Pyramide.

Figurenkapitell, das. →Kapitell IV 2*.

Filigran, das (ital., aus lat. filum = Faden und granum = Korn). Schmuckarbeit aus Gold- oder Silberdraht, der glatt, gekörnt oder gezwirnt ist. Die Drähte werden in Zierformen auf die Metallunterlage gelötet, die mit feinen Gold- und Silberknötchen bedeckt ist, oder sie werden auch ohne Unterlage geflochten, wobei man sie an den Berührungspunkten verlötet. Uralte, aus dem Orient stammende Technik.

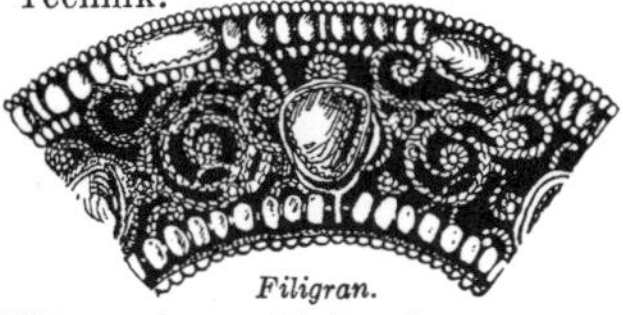

Filigran.

Filigranglas. →Fadenglas.

Firdausi. →Schahname.

Firnis, der. Trockenes Öl, bes. Leinöl, dem noch besondere Trockenstoffe (Sikkative) zugesetzt sind. In 10 bis 20 Stunden bildet der ~ eine durchsichtige, glänzende, harte Schutzschicht über der Farbe, die so vor Witterungseinflüssen und vor Verschmutzung bewahrt wird.

First, der. Die obere, waagerechte Schnittkante der →Dachflächen*.

Fisch. →Symbol Christi in der →altchristl. Kunst. Die Ursprünge dieser Symbolbildung sind verwickelt und vielfältig. ~ und Brot bedeuten die Eucharistie. Manchmal auch mit der Taufsymbolik verbunden: die Gläubigen als ~e zusammen mit dem ~ Jesus Christus im Lebenswasser der Taufe.

Fischblase. Art des spät→gotischen* →Maßwerks, die an die Form einer ~ erinnert. Im Innern ist die ~ meist mit →Nasen besetzt.

Fischblase. Abbeville (Frankreich, Somme): Ehem. Kollegiatkirche St-Vulfran. West. Um 1550. Rechte Tür.

Fisch-Vogel-Motiv. Ziermotiv an →Initialen* vor→karolingischer

1

2

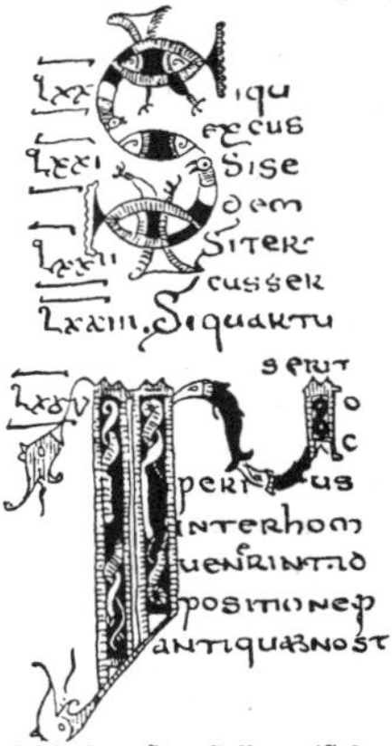

Fisch-Vogel-Motiv St. Gallen (Schweiz): Stiftsbibliothek. Edikt des Langobardenkönigs Rothari von 643. Handschrift. Zwischen 671 und 736 geschrieben, 1. Buchstabe aus Vögeln und Fischen gebildet; 2. aus Fischen gebildet.

Handschriften des 7. und 8. Jahrh.: der Buchstabe erwächst aus der Gestalt eines Fisches oder Vogels.

Fixativ, das. →fixieren.

fixieren (lat. fixus = fest.) Man sprüht über leicht verwischbare Zeichnungen und →Pastellbilder einen stark verdünnten Lack, ein sog. Fixativ, um sie so zu schützen.

Flachbogen. →Bogen 4*.

Flachrelief, das. →Relief 1*.

Flamboyant-Stil (franz.: flañb^{o}ajañ = flammend). Spät→gotischer* Zierstil in England und Frankreich. Er heißt so nach den flammenähnlichen Formen im →Maßwerk. →Decorated Style*, Fischblase*.

Flechtband. An ein Geflecht erinnerndes bandartiges Ziermotiv, beliebt in→Vorderasien und Europa; schon seit dem 3. Jahrh. v. Chr. nachweisbar (in der Baukunst, dem →Kunsthandwerk und der→Buchmalerei).

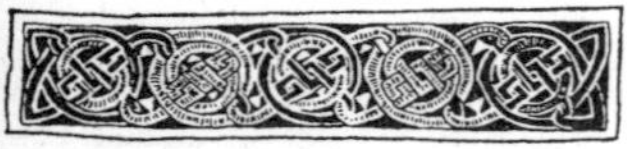

Flechtband. Dublin (Irland): Trinity College. Manuskript 57: Evangeliar aus Durrow. Irisch. Anf. 8. Jahrh.

Fleischton, Fleischfarbe (Karnation, die; Inkarnat, das). Die farbliche Gestaltung der menschlichen Haut bei Bildwerken. Der ~ wechselt in den verschiedenen Zeiten und Schulen und kann darum als Merkmal zur näheren Bestimmung eines Bildes dienen.

Fliegender Galopp. In der →kretischen Kunst die Darstellung von →Stieren, die sich – in einer physisch unmöglichen Weise – gleichzeitig mit vier Beinen vom Boden lösen: Ausdruck einer rasenden Fortbewegung.

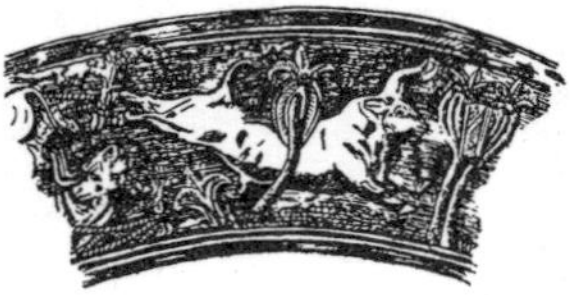

Fliegender Galopp. Athen: Museum. Goldener Becher aus dem Kuppelgrab von Vaphio bei Sparta: Das Einfangen wilder Stiere Um 1400 v. Chr. Abrollung; Teil.

Florisstil. →Ornamentstil der niederländischen →Architektur etwa seit 1550; von großer Bedeutung auch über die Niederlande hinaus. Benannt nach dem Architekten und Bildhauer Cornelis Floris (1514 bis 1575). Er verschmolz das figürliche und pflanzliche Ornament der 1. Hälfte des 16. Jahrh. mit dem Band- und →Rollwerk* zu einer flächigen Zierweise von feiner Wirkung.

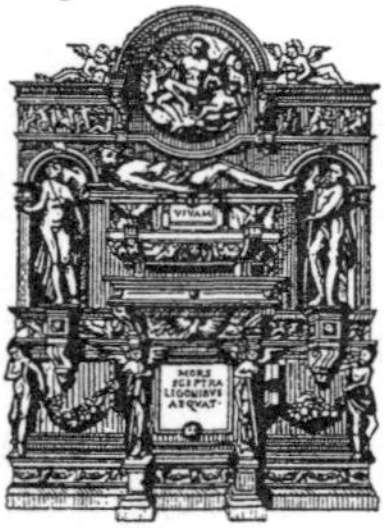

Florisstil. Grabmal. Cornelis Floris (1514 bis 1575): Veelderley niewe Inventien. 16 Blätter Grootesken und Grabmäler. Antwerpen: Verlag H. Cock. 1557.

Flowing Style, der (engl.: flo'ing ßtail). →Decorated Style*.

Flucht. Die Fluchtlinie bezeichnet die Grenze, über die hinaus an

Straßen und Plätzen nicht gebaut werden darf. →abfluchten, Bauflucht.

Fluchtpunkt. So heißt in der→Perspektive* derjenige Punkt, in dem alle in die Bildtiefe führenden waagerechten Kanten auf der Horizontlinie scheinbar zusammenlaufen.

Flügelaltar. Er besteht aus einem feststehenden Mittelteil, dem Altarschrein, dem links und rechts ein oder mehrere Flügel angehängt werden (3). Schrein und Flügel erhalten gemalte oder geschnitzte Darstellungen. Hat der Altar mehrere Flügel, so spricht man von einem Wandelaltar (1–3), weil sich die Ansicht des Altares wandelt. Der ~ hat oft eine→Altarstaffel oder→Predẹlla (P), auf der sich der Schrein erhebt (1. geschlossen, 3. geöffnet). Auch die Predella hat häufig gemalte oder geschnitzte Darstellungen; sie dient zur Aufbewahrung von Reliquien oder zur Ausstellung der→Monstrạnz*. In der Spät→gotik* endet der Schrein häufig in einem hohen →turmartigen Aufbau mit reichem→Maßwerk, dem Gespreng (G). Die→plastischen Figuren, die außen an den beiden Ecken des Schreins stehen und zu der mit

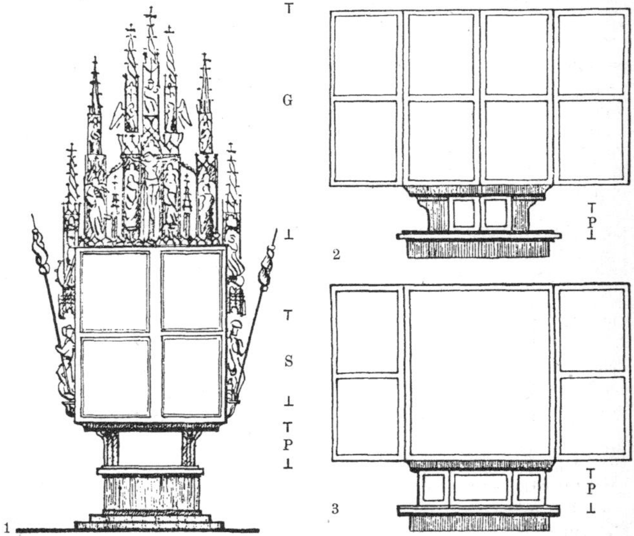

Flügelaltar. St. Wolfgang (Österreich): Kirche. 1431–1491. ~ von Michael Pacher (um 1435–1498). 1. Geschlossen. 2 Erste Öffnung (Gemälde) 3. Zweite Öffnung (seitlich Gemälde, in der Mitte Schnitzwerk). G = Gespreng, S = Schreinswächter, P = Predella.

Gemälden geschmückten Rückseite des ~ überleiten, stellen gewöhnlich ritterliche Heiligen dar und heißen „Schreinswächter". Höhepunkt des ~: in Deutschland um 1450–1550.

Flügelsonne. Ein Hauptmotiv der →ägypt. Kunst: Sonnenscheibe mit zwei ausgebreiteten Flügeln, manchmal mit je einem →Uräus* an beiden Seiten der Scheibe. →Symbol des Himmels: die Flügel des Falken, in dem sich der Sonnengott verkörpert, reichen über ganz Ägypten. →Falkengott.

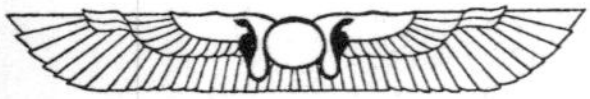

Flügelsonne Schematische Darstellung.

Fluxus, der (lat.) = Fließen. Eine Art des →Happening: mit künstlerischen, theatralischen und musikalischen Mitteln wird ein Geschehen inszeniert. Höhepunkt zwischen 1958 und 1963 in Amerika, Deutschland und Frankreich. In Deutschland: J. Beuys (1921 geb.), B. Brock (1936 geb.), W. Vostell (1932 geb.).

Fondo d'oro, der (ital.). Goldglas*.

Forma serpentinata, die (ital.). Eigtl. Schlangenform. Bezeichnung der schlanken geschwungenen Formen in der Malerei des ital. →Manierismus*.

Formmantel. →Bronzeguß*.

Formmodel, der (von lat. modulus = kleines Maß). Hohlform für Guß, →Stück oder →Zeugdruck.

Formschneidekunst. →Zeugdruck.

Formsteine. In der Architektur Steine bestimmter Form, die zu einem Zweckgebilde (z. B. einem Kamin) oder zu einem Zierglied (z. B. für einen →Fries*, Sockel oder Bogen*) zusammengesetzt werden. Bes. die →ornamentalen Backsteine als Zierate an →Backsteinbauten.

Fortuna, die (lat.). Röm. Göttin des Schicksals, später als Glücksgöttin aufgefaßt. →Attribute: Füllhorn, Schiffsbug, Steuer, Rad, Kugel unter den Füßen. In der Malerei als →Allegorie des Glücks verwandt.

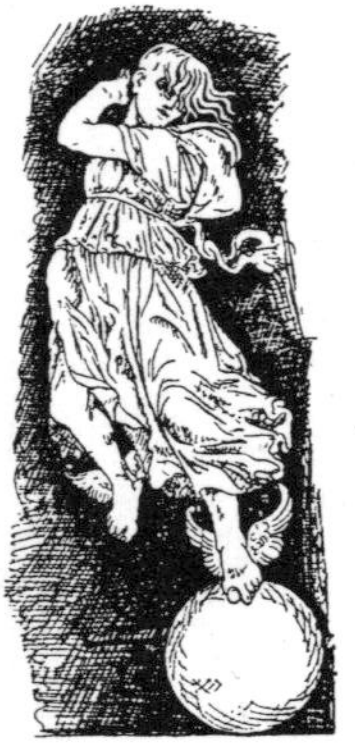

Fortuna. Andrea Mantegna (1431–1506), Schule. Mantua (Oberitalien): Akademie.

Forum, das (lat. = freier Platz, Marktplatz). Marktplatz der altröm. Stadt. Auf dem ~ romanum in Rom lagen darüber hinaus viele wichtige Gebäude (z. B. Haus des Pontifex maximus, Rednerbühne, Archiv, Gerichtshallen usw.). Den religiösen Charakter des ~ betonen die →Tempel*.

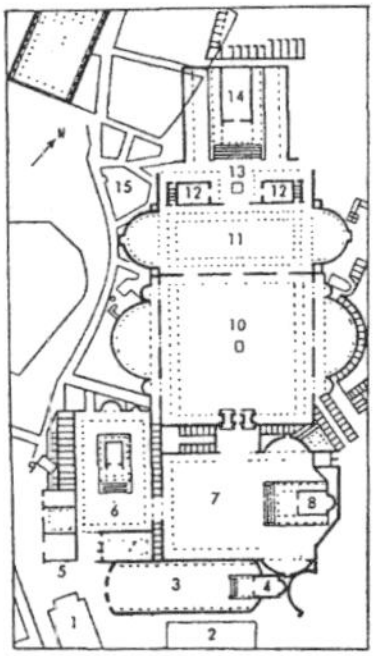

Forum. Rom: Kaiserfora. Grundriß nach J. Gismondi. Trajansforum 111–114 Von Apollodoros aus Damaskus. 1 Basilica Aemilia. 2 Forum Pacis. 3 Forum Nervae. 4 Templum Minervae. 5 Curia 6 Forum Caesaris. 7 Forum Augusti 8 Templum Martis Ultoris. 9 Templum Felicitatis. 10 Forum Traiani. 11 Basilica Ulpia. 12 Bibliothek. 13 Trajanssäule. 14 Templum Traiani. 15 Sepulcrum Bibuli.

Fotomontage, die (franz.: fotomonta[sch]e). Zusammensetzung fotografischer Bildausschnitte zu einer neuen Einheit, bes. zum Zweck politischer und gesellschaftskritischer Angriffe. Um

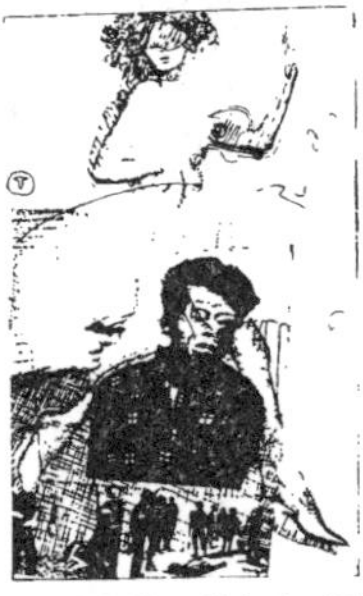

Fotomontage. Wolf Vostell (geb. 1932): Miss Amerika. Leinwandfoto, Verwischung und Lasurfarbe, Siebdruck, Leinwand. 1968 Köln: Wallraf-Richartz-Museum.

1950/60. In Deutschland vor allem W. Vostell (1932 geb.).

Fotografischer oder Hyper-Realismus. Gegenbewegung gegen alle Formen der →abstrakten Kunst: eine Malerei im scharfen Realismus der Fotografie will durch Überbetonung das Fragwürdige unserer Wirklichkeit aufdecken. Vor allem durch die Ausstellung der →„Documenta" 1972 als amerikanische und europäische Bewegung der Provokation und der Verfremdung unserer Realität bewußt gemacht.

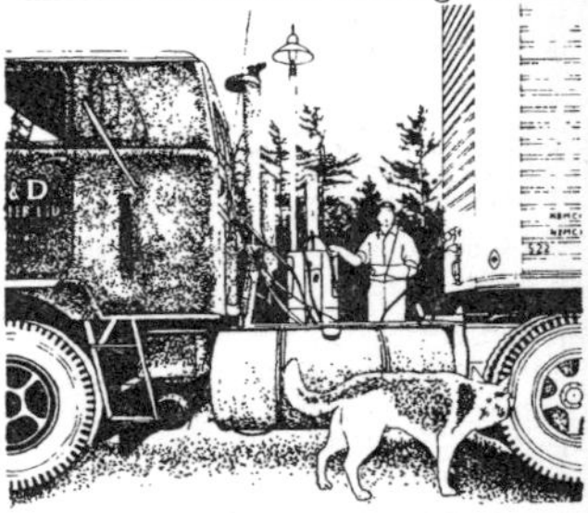

Fotografischer Realismus. Alex Colville (geb 1920): Tankstelle. 1966. Köln: Wallraf-Richartz-Museum.

Französischer Park. Form der Gartenbaukunst in Frankreich seit der →Renaissance* und vor allem im →Barock. Streng geometrische Anlage des Gartens in engster Beziehung zur→Architektur.→Ornamentale Beete, beschnittene Hecken und gestutzte Bäume. Auch die Wasserspiele als solche und in bezug auf die Gesamtanlage architektonisch komponiert. Der Garten ist ein Kunstwerk mit →plastisch ausgewogenen Baummassen und einer rhythmischen Folge von Räumen. Höhepunkt unter →Ludwig XIV. (1643 bis 1715)*. Lehrmeister für ganz Europa wurde A. Le Nôtre (1613 bis 1700). Ggstz.: →Englischer Garten. →Boskett, Parterre de Broderie*, Treillage.

Frauenseite, Nord-(Evangelien-) seite im Innern der Kirche, im Mittelalter (manchmal auch heute noch) der Platz für die Frauen. Ggstz.: →Männerseite.

Freie Kunst. Ggstz.: →angewandte Kunst.

Freilichtmalerei (auch Pleinairmalerei, von franz. plein air: pläñ ähr). Malerei im Freien, nicht im →Atelier. Richtung der europäischen Malerei seit etwa 1850. Darstellung von Gegenständen und Landschaften im freien Sonnenlicht.

Freilichtmuseum. Ein Museum im Freien: völlig ausgestattete Bauernhäuser und Kirchen, die von Ort und Stelle in das ~ übertragen und dort zu einer Gruppe vereinigt wurden, meist mit der Fauna und Flora der betreffenden Landschaften. Im wesentlichen volkskundlichen Charakters. Am berühmtesten das ~ Skansen bei Stockholm (gegr. 1891).

Freipfeiler. →Pfeiler.

Freiplastik, ~statue, die. Im Ggstz. zur →Bauplastik frei aufgestellte →Statue, die von allen Seiten sichtbar ist.

Freitagsmoschee, die. Diese →Moschee hatte allein das Recht zur Freitagspredigt und zur Aufstellung eines →Mimbar, einer Predigtkanzel. Jede Stadt hatte nur eine oder – bei großer Ausdehnung – einige ~n. →Islamische Kunst*.

Freitreppe. Nicht überdeckte →Treppe*, die der →Fassade eines Gebäudes vorgelegt ist; auch als Gartentreppe verwandt. Bes. reich entwickelt in →Renaissance*, →Barock und →Rokoko. →Risalit*.

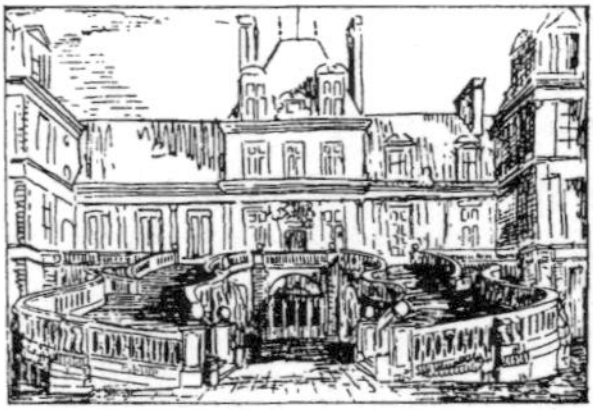

Freitreppe Fontainebleau (Frankreich): Schloß. Hauptsächlich Mitte 16. Jahrh.

Freiung, die. Künstlich eingeebnete flache Anhöhe. Bei Festungen der freie Raum zwischen der →Zitadelle und der Stadt – als freies Schußfeld militärisch bedeutungsvoll.

Fresko, das (ital. fresco = frisch). Ggstz.: Sekkomalerei (→al secco, von secco = trocken). Wandmalerei auf feuchtem Kalkputz mit Wasserfarben, die nach dem Trocknen unlöslich mit dem Kalk verbunden sind. Die Farben des ~ wirken nach dem Trocknen heller, was der Maler vorher berücksichtigen muß. Das ~ muß stückweise von oben nach unten gemalt werden, jeweils dasjenige Stück, dessen Bewurf noch feucht ist. An den Fugen zwischen den einzelnen Stücken erkennt man das jeweilige Tagewerk des Künstlers. Die Arbeit muß mit einer gewissen Schnelligkeit vor sich gehen und verbietet darum die Durchführung kleinerer Einzelheiten. So fordert das ~ einen auf Weitwirkung berechneten Stil. Will der Künstler etwas ändern, so muß er die Schicht abkratzen und eine neue auftragen. Zur Vermeidung nachträglicher Korrekturen wird das Bild meist zunächst originalgroß auf ein → Pergament oder einen → Karton vorgezeichnet und dann auf die Wand übertragen.

Friedenskußtafel. → Kußtafel.

Fries, der. In der Baukunst waagerecht verlaufende Anordnung → ornamentaler oder figürlicher Formen zum Abschluß, zur Gliederung oder zum Schmuck der Wand.

I. Ornamentfriese der griechischen Kunst:

→ Akanthus*

→ Anthemion*

→ Eierstab*

→ Kyma*

Friese aus → Mäander*, Palmetten*, Rosetten*.

II. Friese der romanischen Kunst:

1. Felder- oder Platten-~.

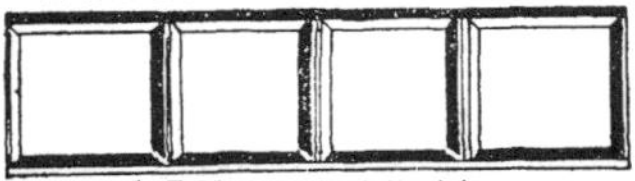

1. *Felder- oder Plattenfries*

2. Gedrehtes Tau.

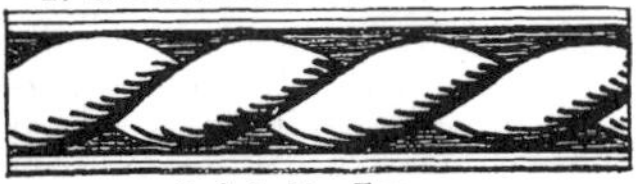

2 *Gedrehtes Tau.*

3. Kreuzbogen~: → Rundbogen mit ineinander greifenden → Bogen*.

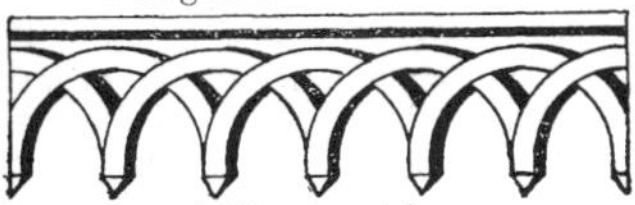

3 *Kreuzbogenfries.*

4. Rauten~: Aus aneinander gereihten Rhomben.

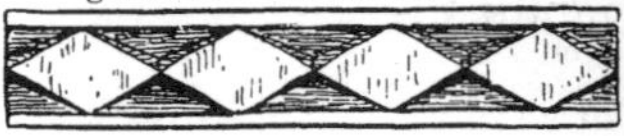

4. *Rautenfries.*

5. Rollen~: Aus → Rundstab*-stückchen, die wechselweise verschoben sind, bes. in der normannischen Baukunst.

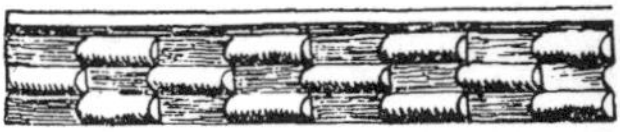

5. *Rollenfries.*

6. Rundbogen~: Abfolge vorgeblendeter → Rundbogen, oft auf → Konsolen*.

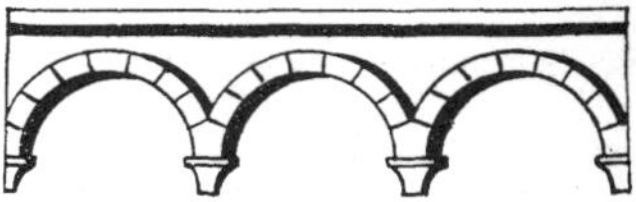

6. *Rundbogenfries.*

7. Schachbrett-, Würfel~: Mit abwechselnd vor- und zurückspringenden quadratischen Flächen.

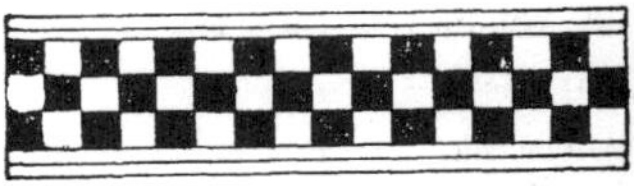

7. *Schachbrettfries.*

8. Scheiben~: Aus nebeneinander gestellten Rundscheiben, bes. in der normannischen Baukunst.

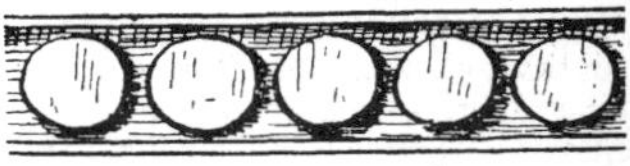

8. *Scheibenfries.*

9. Zahnschnitt~ oder Zahn-

~: Aus schräg hochgestellten Steinen, die abwechselnd vor- und zurückspringen.

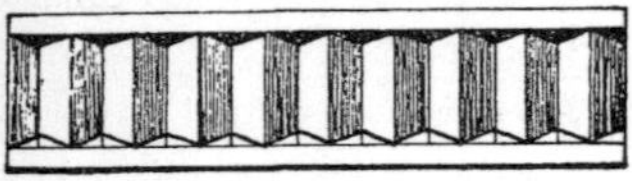

9. Zahnschnitt- oder Zahnfries.

10. Zickzack~.

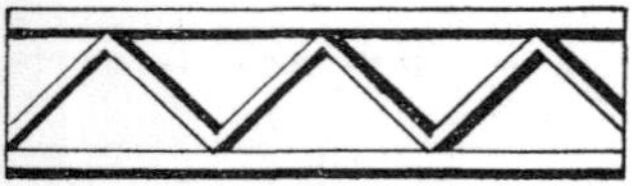

10. Zickzackfries.

III. →Gotische*~e: meist Laub- oder Blatt~ (11).

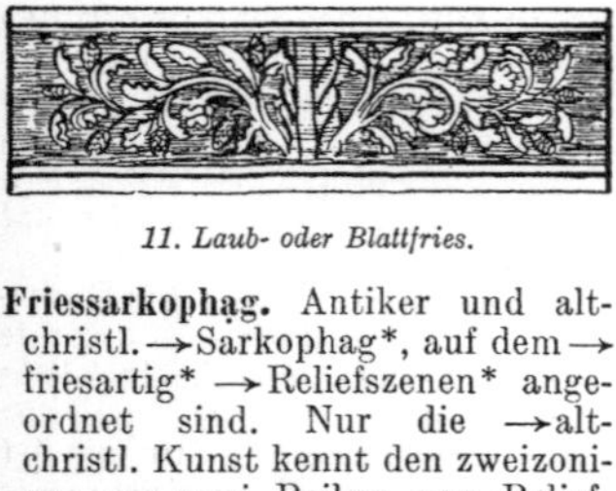

11. Laub- oder Blattfries.

Friessarkophag. Antiker und altchristl. →Sarkophag*, auf dem →friesartig* →Reliefszenen* angeordnet sind. Nur die →altchristl. Kunst kennt den zweizonigen ~: zwei Reihen von Reliefszenen stehen übereinander.

Frigidarium, das (lat. frigidarius = abkühlend, zum Kaltbaden). Der Abkühlungsraum im röm. Bade. →Thermen II*.

Frittenporzellan. →Porzellan.

Fronaltar (althochdeutsch frono = dem Erhabenen zugehörig, heilig) = →Hochaltar.

Frontale, das (lat. = Stirnseite). →Altar 8*: Altarbekleidung, Antependium.

Frontalperspektive, die. →Perspektive 1*.

Frontis|piz, das (volkstümlich „Frontspitze").

I. dreieckiger →Giebel über dem Mittel→risalit eines Gebäudes oder über Türen und →Fenstern*.

II. →Titelkupfer des franz. und engl. Buches im 17. u. 18. Jahrh.

Froschperspektive. →Pers|pektive 3*

Frottage, die (eigtl. der; franz.: frota[sch]^{e}) von frotter (franz.: frotte) = reiben. Ein Blatt Papier wird über eine rauhe →Relief*-oberfläche gelegt, z. B. von Holz oder trockenen Blättern, und mit dem Bleistift abgerieben. Die dann entstehenden Zeichnungen sollen die automatische Schreibweise (→écriture automatique*) anregen und die Phantasie zu weiteren Formungen veranlassen. 1926 von M. Ernst (1891–1976) entwickelt.

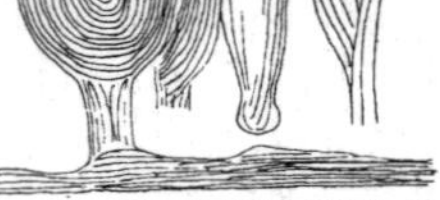

Frottage Max Ernst (1891–1976): Zwei und zwei ist eins ~ auf Papier 20,8 cm h, 16 cm br 1925.

Frühchristliche Kunst. →Altchristliche Kunst.

Frührenaissance, die (franz.: r^{o}nä-ßañß = Wiedergeburt). →Renaissance II*.

Füllmauer. Bauweise im Altertum und im Mittelalter: man errichtet zwei Mauern aus bearbeiteten Steinen in einigem Abstand. Den Zwischenraum zwischen ihnen füllt man mit kleinen Steinen und gießt ihn mit →Mörtel aus.

Fünfpaß. →Paß.

Fünte. die (von lat. fontem = Quelle, Taufbrunnen). Norddeutsche Bezeichnung für →Taufstein*.

Fürspan, das. Band oder Kette zum Zusammenhalten des Mantels über der Brust; mittels →Agraffen* an den Enden auf dem Mantel befestigt (12.–13. Jahrh.). →Tassel*.

Fürst der Welt. Symbolfigur der mittelalterlichen →Plastik: Eleganter junger Mann als Verführer der Törichten Jungfrauen; Würmer der Verwesung kriechen ihm den Rücken herab. Gegenstück Christi, des Anführers der →Klugen Jungfrauen. Im Anschluß an Joh. 12, 31; 14, 30; 16, 11.

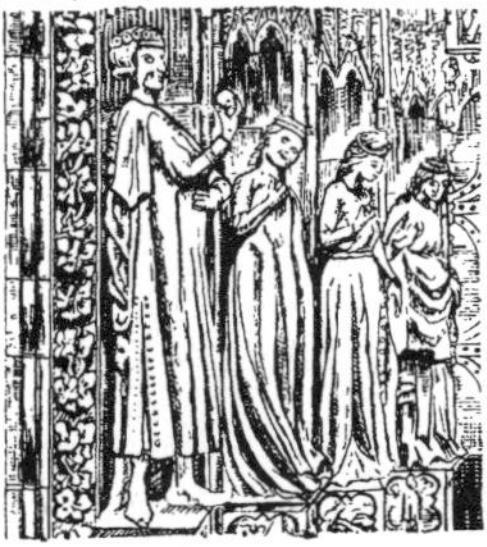

Fürst der Welt. Straßburg: Münster. Westportal Um 1280.

Funktionalismus. In der Architektur Vorrang des Gebrauchszwecks und Verzicht auf eine über den Zweck hinausgehende Gestaltung.

Furchenschmelz. →Email 1/2*.

furnieren. Bekleben von Möbeln geringerer Holzarten mit dünnen Blättern aus Edelhölzern.

Fuß der Säule. →Säule 1*.

Fußgesims. →Gesims*.

Fusuma (jap.: fussuma). Schiebetür oder Schiebewand im jap. Haus. Mit festem Papier bespannte Holzrahmen. Oft bemalt. →Japanische Kunst.

Futtermauer. Stützmauer gegen seitlichen Erd- und Wasserdruck. Nötig bei Böschungen, für Terrassen und an Flußufern.

Futurismus, der. Im wesentlichen nur in Italien; der Name leitet sich vom lat. futurum = Zukünftiges her. Diese Kunst wollte sich von allen Formen der Vergangenheit lösen. Stattdessen sollte das Zukünftige, experimentell vorweggenommen, jede Form bestimmen. Vielfältige Bildmotive werden ineinandergeschachtelt. Dadurch sucht man das zeitliche Nacheinander in ein Miteinander zu verwandeln und so ein sichtbares Zeitmoment auszubilden.

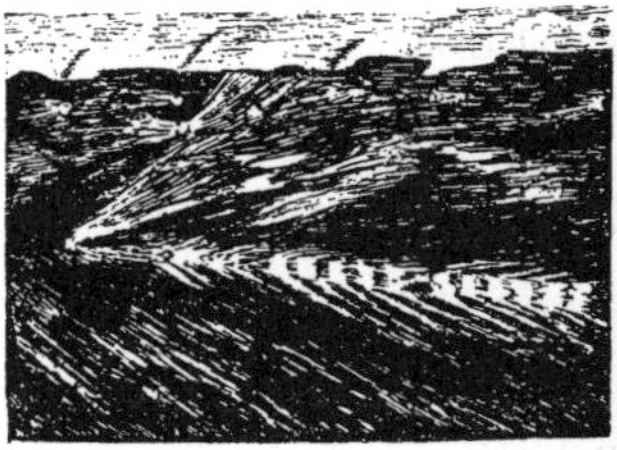

Futurismus. Luigi Russolo (geb. 1885): Zug in voller Fahrt.

G

Gabelkreuz, Schächerkreuz. →Kreuz 7*.

Gabriel, der. →Erzengel.

Gaden, der = Fenstergaden. →Basilika 3*.

Gänsekielfeder. →Feder.

Galaktotrophusa, die (griech.). →Madonna III.

Galerie, die (franz.).

I. Eingebaute →Empore* in einem Saal oder der oberste Rang im Theater.

II. Laufgang an der Außenseite von Bauten. →Arkade*, Zwerggalerie*.

III. In Schlössern des →Barocks langgestreckter Raum für Empfänge und Festlichkeiten (z. B. in Versailles). →Spiegelgalerie*.

IV. Im modernen Städtebau glasgedeckter Durchgang mit Läden.

V. Gemäldesammlung.

VI. →Persischer Teppichläufer.

Galerieton. Der dunkelbraune Ton alter Ölgemälde, der sich aus dem Vergilben des →Öls ergibt, aber seit dem →Barock durch Farbzusatz im →Firnis künstlich erzeugt wurde.

Galiläa, die (franz. galilée: e; engl. galilee: gälili). Jede größere Vor→halle einer Kirche, bes. auch das →Atrium*. Die Erklärung der Bezeichnung ist unklar.

Gallégläser, benannt nach E. Gallé (1846–1904). Kunstglas des →Jugendstils* mit großen farbigen Blumen.

Gandhara-Kunst. Kunstform der Landschaft Gandhara (Westpakistan) in der 1. Hälfte des 1. Jahrtausends n. Chr. →Reliefs* und →Rundplastiken in einem →hellenistisch-→ind. Mischstil, der anregend auch auf die beiden hauptsächlichen Formen des →Buddha-Bildes wirkte: den sitzenden, sinnenden und den stehenden, lehrenden Buddha.

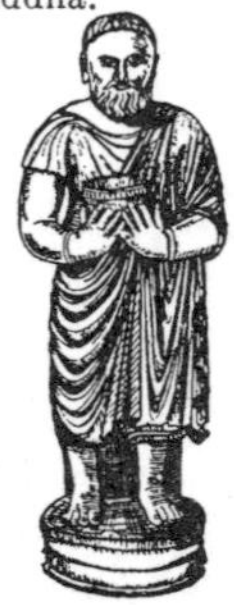

Gandhara-Kunst. Neu-Delhi: Indisches Nationalmuseum. Bettelmönch mit Almosenschale. Schiefer. Aus Westpakistan. 2.–5. Jahrh. n. Chr.

Ganescha, der. In der ind. Mythologie→ elefantenköpfiger* Sohn des Gottes→Schiva* und der Bergestochter →Parvati. Bringer von Glück und Wohlstand. Ein weitverbreitetes Motiv der →ind. Kunst.

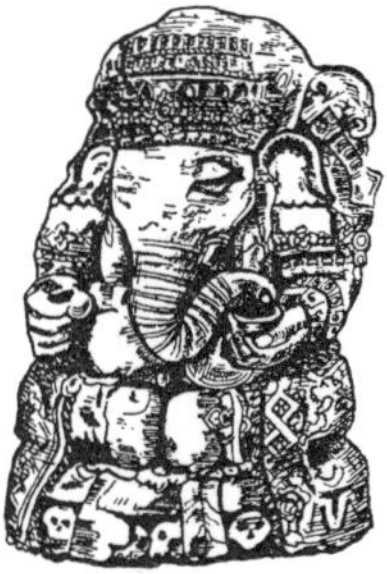

Ganescha. Bara (Ostjava): Museum Ganescha. Aus Jimbe bei Blitar. 1239.

Ganymędes, der (griech.). Gestalt der griech. Mythologie: schöner Knabe, den →Zeus*, von Liebe ergriffen, durch einen Adler in den Olymp tragen ließ und zum Mundschenk der Götter machte.

Ganzfigurenbild. →Porträt.

Gartenbaukunst. →Englischer Garten, Französischer Park, japanische Kunst.

Gartenparterre, das. →Parterre de broderie*.

Gartensaal. →Sala terrena*.

Gartenstadt. Stadt in ländlicher Umgebung; begrenzt groß; rauchlose Industrie; gute Einkaufsmöglichkeiten; große Grünflächen. Z. B. Hellerau bei Dresden (1910) von R. Riemerschmid (1868–1957).

Gartenvorstadt. Zwar von ländlichem Charakter, aber in den Arbeits- und Einkaufsmöglichkeiten von einer benachbarten Stadt abhängig. Z. B. Essen: Margarethenhöhe (1900); Siedlung der Firma Krupp.

Garụda, der. →Vishnu.

Gaube, Gaupe, die. →Dachgaupe*.

Gebälk.

I. Die Gesamtheit der Balken bei einem Bauwerk, bes. die Balkenlagen. →Empore 4*.

II. Der Teil der Architektur zwischen →Dach* und Mauer bzw.→Säulen*.

Das ~ des griech. Tempels* besteht aus →Architrav*, Fries* und Kranzgesims.→Hängeplatte*.

Gebẹnde, das. Kopfbedeckung der verheirateten Frau im 13. Jahrh. Es besteht aus einer Binde, die Kinn und Wangen umschließt, und einer flachen runden Mütze.

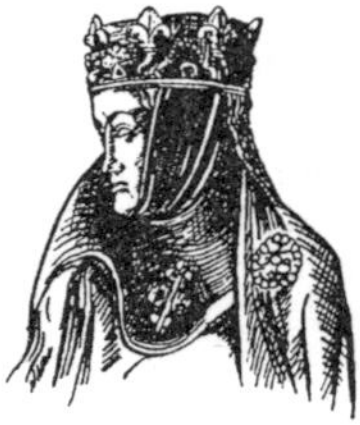

Gebende. Naumburg: Westchor. Uta. Um 1250. Teil.

Gebetsteppich. Die Mohammedaner benutzen ihn, um darauf das rituelle Gebet zu verrichten. In das Muster ist eine Gebetsnische (→ Mihrab*) eingewirkt, welche der Betende in die Richtung nach Mekka legt.→Islamische Kunst 5*.

Gebrauchsgraphik, die. Die →graphische Durchgestaltung von

Schriften, Zeichen und Bildern, die einem Gebrauchszweck dienen (Plakate, Kataloge, Prospekte, Einbände usw.).

Gebrauchskunst. Gleichbedeutend mit →angewandter Kunst.

gebrochene Farben. Die mit Weiß, Schwarz oder Grau vermischten Vollfarben. Ggstz.: →reine Farben.

Gebundenes System; →quadratischer Schematismus. →Grundrißaufteilung →romanischer Kirchen, in der das →Vierungsquadrat* die Maßeinheit bildet. Die gleiche Größe wie dieses haben das →Chorquadrat im Osten, die Quadrate der →Querarme und die →Joche des →Mittelschiffs. Die Joche der →Seitenschiffe haben die halbe Breite und die halbe Länge des Vierungsquadrates, so daß auf ein Joch des Mittelschiffs zwei quadratische Joche des Seitenschiffs kommen. Die Ecken der Mittelschiffsquadrate werden von sog. „Hauptstützen", begrenzt. Die dazwischen liegende Stütze heißt „Nebenstütze".

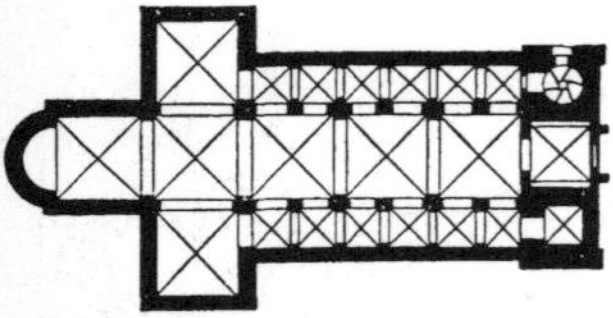

Gebundenes System. Idealgrundriß.

gebust. →busig*.

Gedenksäule, -stein. Ein zur Erinnerung an ein bestimmtes Ereignis errichtetes →Monument, auch zur Aufnahme des Textes von Staatsverträgen bestimmt. Wichtig vor allem in der →griech. und →ind. Kunst. →Runenstein, Säulenmonument*, Siegessäule, Stambha, Triumphsäule*.

Gedrehtes Tau. →Fries 2*.

Gefäße der griech. Kunst. →Vasen*.

gegenständig. Symmetrische Anordnung zweier Tiere im Profil. Zuerst im Alten Orient.

gegründete Stadt. →Stadtbaukunst.

Gẹison, das (griech. = Vorsprung, Sims). →Kranzgesims des griech. →Tempels*. →Gesims*.

Geisterhütte. Dient bei den →Naturvölkern zur Aufbewahrung von Tanz→masken.

Geknüpfter Teppich. →Teppich 3*.

gekröpftes Gesims. Im Winkel gebogenes, um Mauervorsprünge herumgeführtes →Gesims*.

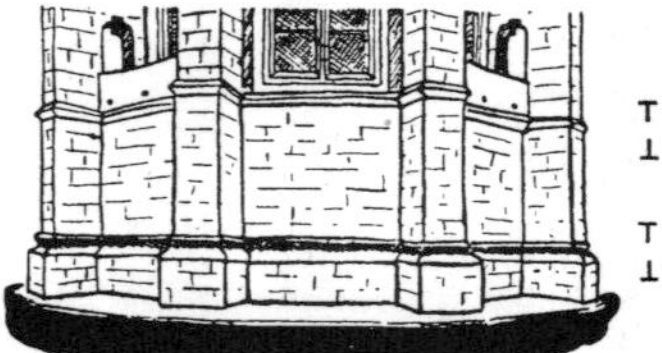

Gekröpftes Gesims. Marburg (Hessen): St. Elisabeth. Ostchor. 1249 voll.

gekuppelt, gekoppelt. Verbindung mehrerer gleichartiger Bauteile durch ein gemeinsames Glied, z. B. zweier →Säulen* durch eine gemeinsame →Deckplatte oder mehrerer →Rundbogenfenster durch dieselbe Mittelsäule. →Kolossalordnung*.

Gẹmme, die (lat.). Schmuckstein mit einer bildlichen Darstellung. Ist sie eingraviert, so heißt die ~ →Intạglio; ist sie erhaben, so heißt sie →Kamee. Der Steinschneider stellt ~n nach dem Wachsmodell her (Steinschneidekunst, Glyptik oder Gemmoglyptik). Die Intaglien werden zum Siegeln verwendet.

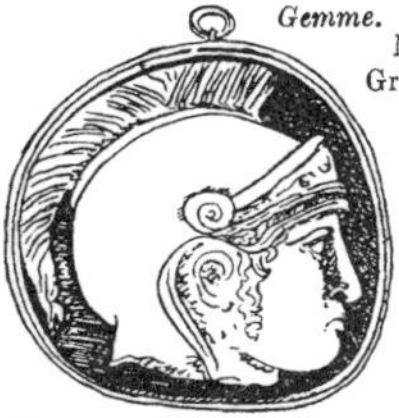

Gemme. Paris: Louvre. Mars. Sardonyx. Griechisch-römisch.

Gemmoglyptik, die. →Gemme*.

Genius, der (lat.); Mehrz.: die Genien. Im alten Rom der persönliche Schutzgeist eines Mannes; die Schutzgöttin einer Frau hieß Juno. In ihnen ist die Kraft des Zeugens und Gebärens personhaft vorgestellt.
Auch ein Ort oder eine Stadt haben einen ~ (~ loci = Schutzgeist eines Ortes).
Darstellung in der Kunst: zunächst als →Schlange; dann als Mensch, oft zwischen zwei Laren (=röm. Schutzgottheiten); schließlich in Angleichung an die →Eroten* als nacktes geflügeltes Kind.

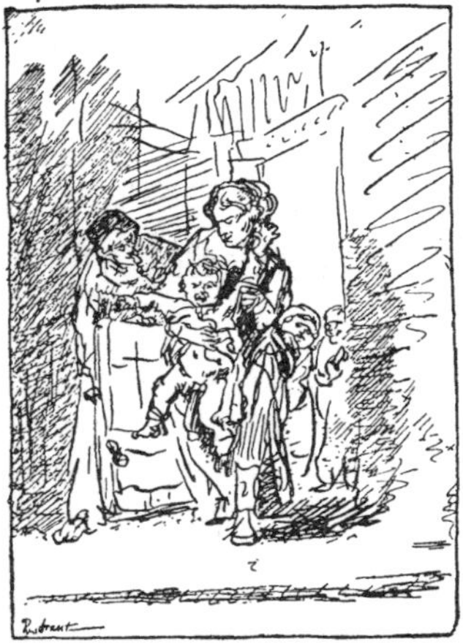

Genremalerei. Rembrandt (1606–1669): Das unartige Kind. Handzeichnung. Berlin: Kupferstich-Kabinett.

Genremalerei (franz.: [sch]añre). Sittenmalerei, die typische Zustände oder Begebenheiten aus dem bäuerlichen, bürgerlichen oder höfischen Alltag darstellt. Seit etwa 1500.

Geometrical Style, der (engl.: d[sch]iometrikel ßtail). →Decorated Style*.

Geometrischer Stil. Stil der→griech. Vasenmalerei* etwa vom 11. bis 8. Jahrh. v. Chr. (in Italien weit länger angewandt): Verzierung der Gefäße mit geometrischen →Ornamenten, Menschen- und Tierdarstellungen.

Georg. Röm. Offizier, christl. Mär-

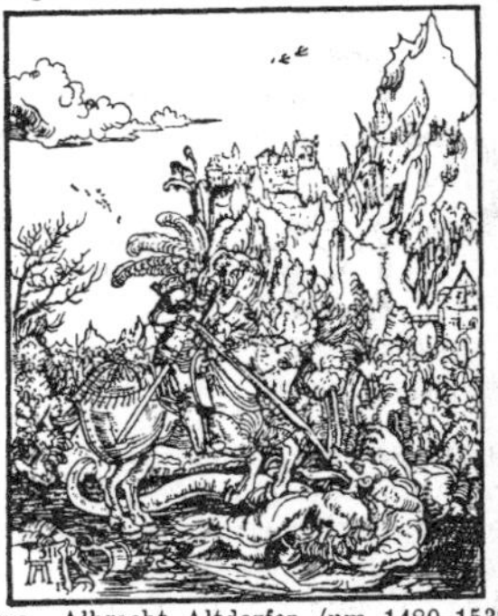

Georg. Albrecht Altdorfer (um 1480–1538) Holzschnitt. 1511.

tyrer (um 300), Reiterheiliger und Drachentöter, bisweilen mit der betenden Prinzessin dargestellt, die er von dem Untier befreit. →Drache.

Gerechtigkeitsbild. Darstellung des gerechten Richters. Bes. in niederländischen Rathäusern des 15. und 16. Jahrh.

Gerichtssäule. Eine Säule als Hoheitszeichen der Gerichtsherren, die oft eine Kugel als Sinnbild des Erdballes trug. Manchmal auch als →Pranger verwandt. Vor der ~ wurden Rechtsakte getätigt. →Marktsäule, Säulenmonument*.

geriefelt = →strigiliert*.

Geschlechterturm. Wohnturm einer adligen Familie innerhalb einer Stadt. Z. B. in San Gimignano bei Siena.

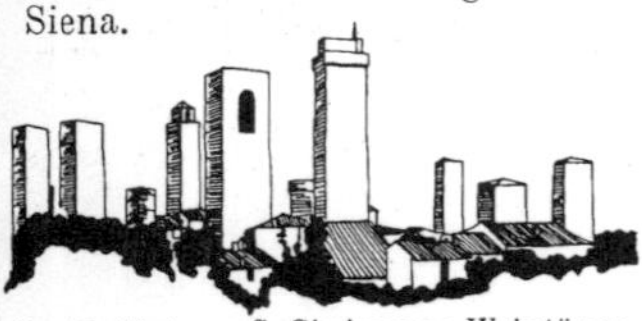

Geschlechterturm. S Gimignano: Wehrtürme 13 und 14. Jahrh.

Gesetzesstele, die. Ein →Säulenmonument*, auf welchem die Grundgesetze eines Staates aufgezeichnet sind, ein Hoheitsmal des Rechtes. Berühmt ist die ~ des Königs Hammurabi von Babel (1728–1686 v. Chr.; Paris: Louvre).

Gesetzesübergabe an Petrus. Thema der →altchristl. Kunst: Christus übergibt das Gesetz christl. Lehre an Petrus, der es in Gestalt einer Rolle ehrfürchtig mit verhüllten Händen empfängt. In der →Sarkophagplastik* und auf →Mosaiken häufig dargestellt.

Gesichtsurne. →Urne*.

Gesims, das. Waagerecht der Wand vorgelegter profilierter Streifen, der den Bau gliedert, abschließt und zusammenfaßt. Man unterscheidet je nach den Bauteilen z. B. Fuß- oder Sockel~, Dach~, Fenster- und Tür~. Wichtige Arten:

I. Sockel~: profilierter Abschluß des →Sockels. →gekröpftes Gesims*.

II. Gurt~: zwischen den einzelnen Geschossen (G).

III. Kaff- oder Kapp~: schräges (gekapptes) ~, das unter den →Fenstern* verläuft und um die →Strebepfeiler herum →gekröpft ist (K). Auch Wasserschlag genannt. → Gotik*.

IV. Haupt- oder Kranz~: Abschluß des Baues zum →

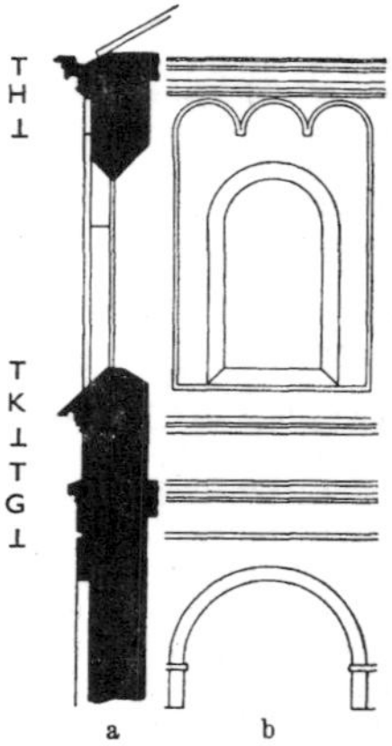

Gesims. G = Gurt~. K = Kaff~. H = Haupt- oder Kranz~. a Schnitt b Ansicht.

Dach* hin (H). Reich →profiliert, durch Tragsteine (→Konsolen*) gestützt; überdacht die →Fassade zum Schutz vor ablaufendem Regenwasser. Darum hat die →Hängeplatte an ihrer vorderen unteren Seite eine Tropfleiste (→Wassernase); oben ist sie meist abgeschrägt (Wasserschräge). Die Glieder über der Hängeplatte sind die Ober-, die unter der Hängeplatte die Unterglieder.

Gespreng, das. →Flügelaltar (G) 1*.

gestelzter Bogen. →Bogen 19*.

Getäfel, das. →Täfelwerk*.

getriebene Arbeit. →Treibarbeit*.

gewachsene Stadt. →Stadtbaukunst.

gewachsener Stein. →Baustein I.

Gewände, das. Schnittflächen, die sich durch schrägen Einschnitt eines →Fensters* oder →Portals in die Mauer ergeben. Ein solches Portal heißt ~portal, dort aufgestellte Figuren ~figuren. Die durch senkrechten Einschnitt entstehenden Schnittflächen heißen →Laibung. →Bogen 1*, Fenster 1–6*.

Gewandhaus. Gildehaus der Tuchmacher mit Stapel-, Verkaufs- und Gesellschaftsräumen (z. B. in Braunschweig).

Die Tuchhändler wurden im Mittelalter Gewandschneider genannt, weil sie von den Tuchballen die für ein Gewand jeweils benötigten Stücke abschnitten.

Gewandung, Faltenwurf, Draperie (franz.). Künstlerische Gestaltung des Gewandes in der Kunst. →Falten*.

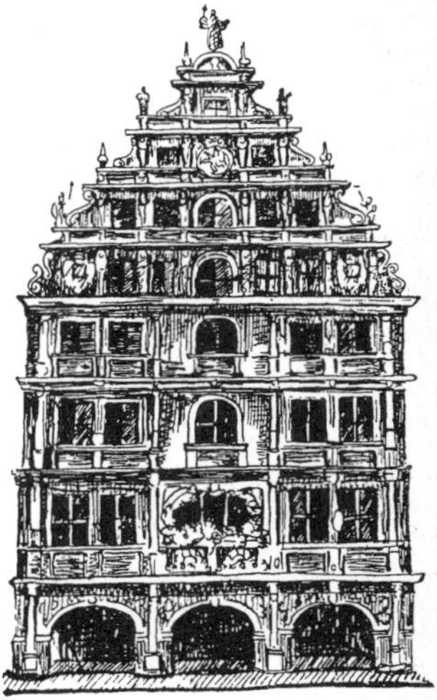

Gewandhaus. Braunschweig. Ostfassade 1591. Von Balthasar Kircher.

Gewebe. →Textilkunst.

Gewebter Teppich. →Teppich 1*.

Gewirkter Teppich. →Teppich 2*.

Gewölbe. Vgl. →Falsches Gewölbe*.

I. Tonnengewölbe. Es besteht aus einem halben Kreiszylinder, der auch →spitzbogig gebrochen sein kann. Folgendermaßen ergeben sich aus dem Tonnen~ neue ~formen (1): man denke sich durch ein Tonnen~, das über quadratischem →Grundriß errichtet ist, zwei senkrechte Schnitte in den beiden Diagonalen gelegt. Dadurch zerfällt das Tonnen~ in vier Teile. Die Teile, die den Halbkreisbögen zunächst liegen, heißen Kappen (K), die beiden anderen Teile Wangen (W). So hat jedes Tonnen~ zwei Kappen- und zwei Wangenstücke.

Bei der Kappe wird der Druck auf die Ecken abgeleitet. Die Wange belastet die →Widerlagsmauer in voller Länge des ~.

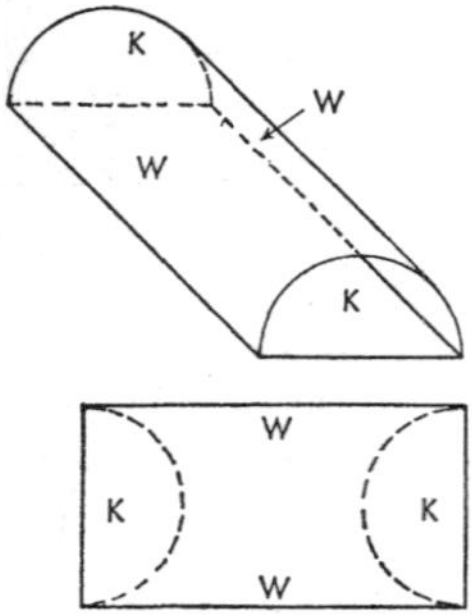

1. Tonnengewölbe. K = Kappe. W = Wange. Konstruktion und Grundriß.

Nun denke man sich ein neues vierteiliges ~ gebildet und zwar einmal aus vier Kappen- und einmal aus vier Wangenstücken. Im ersten Falle ergibt sich das Kreuz~, im zweiten Falle das Kloster~. Jede dieser beiden ~formen hat selbständige Abarten.

II. Aus Kappenstücken der Tonne gebildete~. Das Kreuzgrat~ (2). Grat nennt man den aus- oder einspringenden Zusammenstoß zweier ~-Kappen. Das ~ übt einen (senkrechten) Druck und

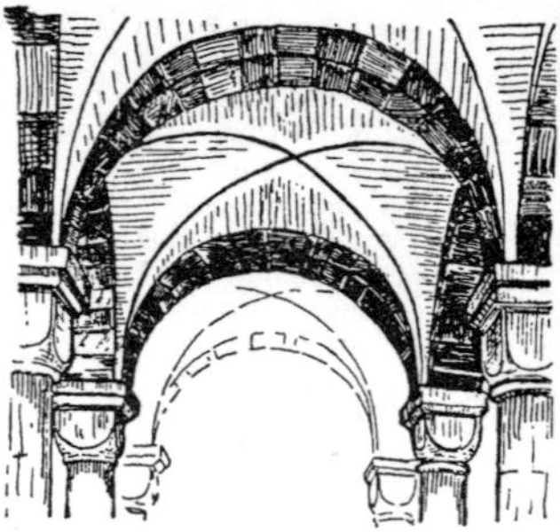

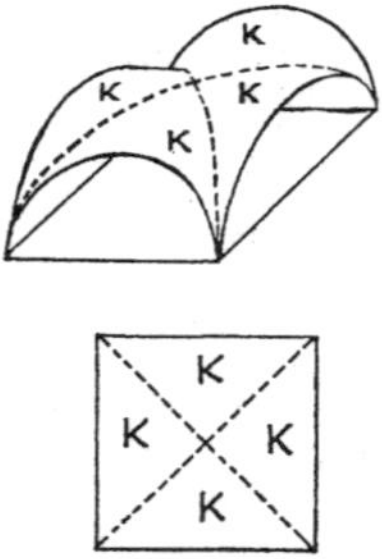

2. Kreuzgratgewölbe. K = Kappe.

einen (waagerechten) Schub aus. Den Druck fangen die Stützen (→Pfeiler oder Säulen*) auf, den Seitenschub die Wände (→Widerlagsmauern bzw. →Strebebögen). Das ~ ist voll ausgemauert und lastet darum schwer. Infolgedessen müssen Wände und Stützen stark sein.

Das Kreuzrippen~ (3) löst das Problem von Stütze und Last anders. An der Stelle der Grate werden Rippen zu den vier senkrechten Stützpunkten gespannt. Die Zwischenräume zwischen den Rippen werden mit nur dünnem Mauerwerk ausgefüllt. So sind also die Rippen die eigentlichen Träger der Last. Da nur die Rippen aus masivem Mauerwerk bestehen, brauchen die Stützen nicht so stark zu sein wie beim Kreuzgrat~ (2). →Domikalgewölbe.

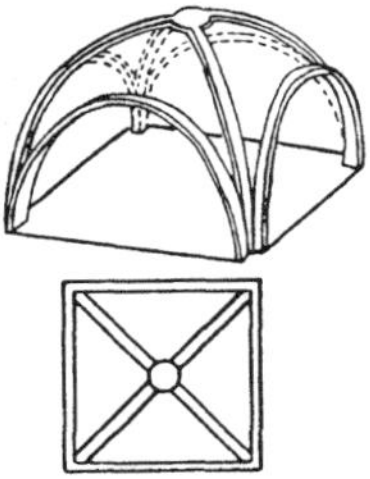

3. *Kreuzrippengewölbe.* Konstruktion und Grundriß.

Das Stern~ entsteht durch Einführung eines Dreistrahls in die Kappe eines Kreuzrippen~. Die einzelnen →Joche treten noch als besondere Abschnitte hervor. Sonderform Abb. 4.

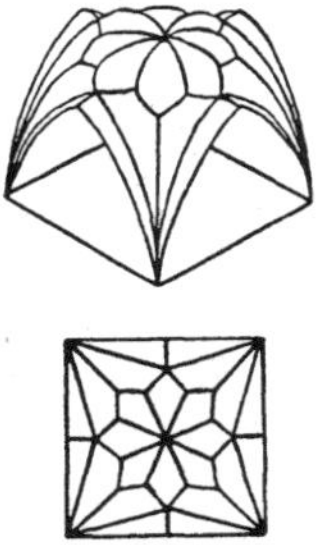

4. *Sterngewölbe.* Konstruktion und Grundriß.

Das Netz~ (5) überspinnt die ganze Decke, so daß die Jochenicht mehr als gesonderte Abschnitte hervortreten.

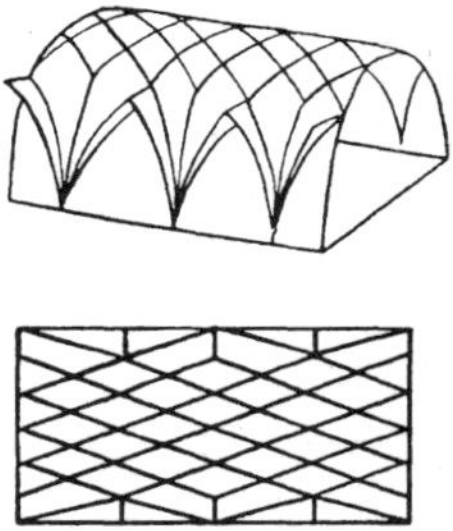

5. *Netzgewölbe.* Konstruktion und Grundriß.

Schirm~*.

III. Aus Wangenstücken der Tonne gebildete ~.

Das Kloster~ (6) belastet im Ggstz. zum Kreuz~ die Untermauern in voller Länge des ~. Häufig über polygonalem →Grundriß.

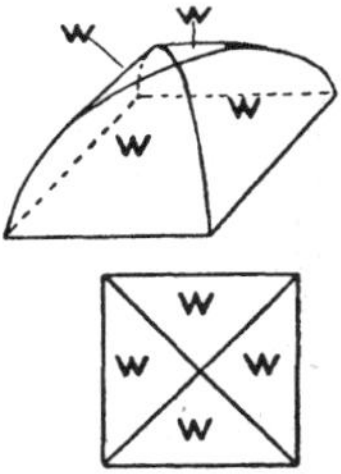

6. *Klostergewölbe.* W = Wange. Konstruktion und Grundriß.

Das Mulden~ (7) kann man sich als ein Kloster~ vorstellen, dessen vier Grate nicht in einem Punkt zusammenlaufen, sondern durch ein tonnenförmiges Mittelstück voneinander getrennt sind.

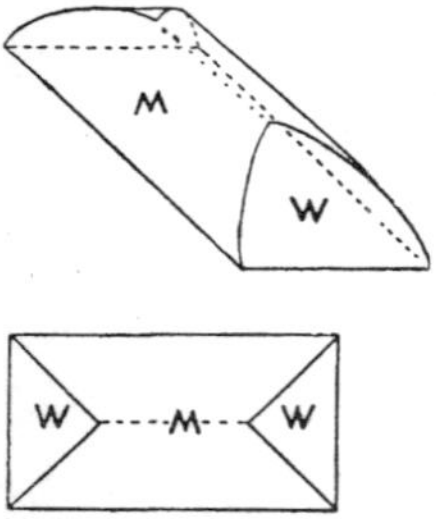

7. Muldengewölbe. M = Mulde. W = Wange. Konstruktion und Grundriß.

Das Spiegel~ (8) kann man sich als ein Mulden~ vorstellen, dessen oberer Teil durch einen waagerechten Schnitt abgetrennt ist. Das Spiegel~ hat demnach eine ebene, rechteckige (oder ovale) Fläche als oberen Abschluß (Sp).

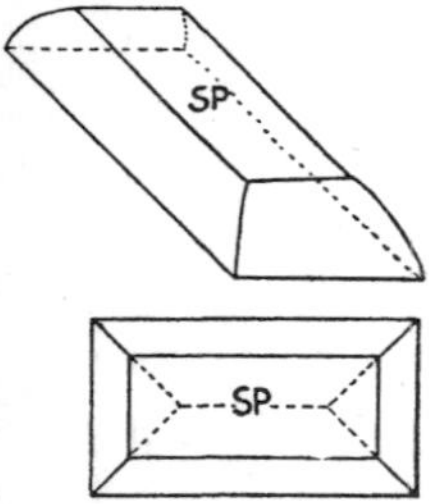

8. Spiegelgewölbe. Sp = Spiegel. Konstruktion und Grundriß.

IV. Fächer~ (9). Von einer Stütz→säule* steigt eine Anzahl Rippen fächerförmig nach oben; bes. in der engl. Spät→gotik* verbreitet. Remter*.

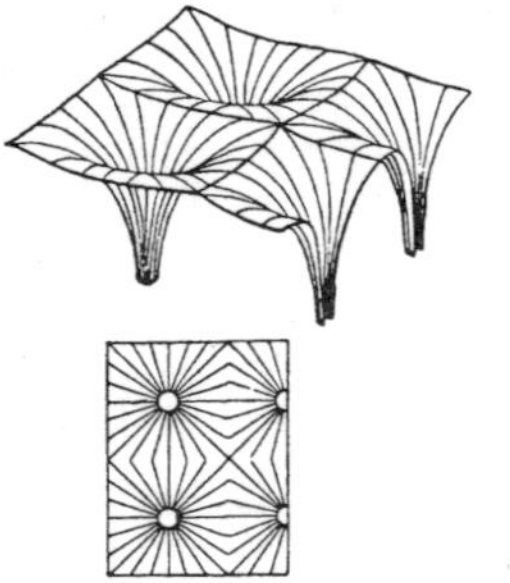

9. Fächergewölbe. Konstruktion und Grundriß.

V. Kuppel~. →Kuppel*.

VI. Stalaktiten~. →Stalaktiten~*.

gewundene Reihungen. Die Rippen eines spät→gotischen* →Stern- oder Netzgewölbes, die aus gekrümmten Linien bestehen. →Astwerk*, Gewölbe 4/5*.

Giallo antico, der (ital.: [sch]allo antiko) = antikes Gelb. Seltener Marmor aus Numidien, gelb mit roten Adern.

Giebel. Abschluß der Stirnseite eines Außenbaues, der ein Pult- oder Sattel→dach* trägt. Der ~ ist aus dem Binder-Dreieck (Binder = Tragbalken des →Daches*) entstanden. Losgelöst von der Dachkonstruktion, kann der ~ zur Repräsentationsform werden. An deutschen Bürgerhäusern tritt oft das jeweils höhere Geschoß über das tiefere vor. →Auskragung*, Bauornament 1*, Fachwerk*, Gewandhaus*.

Giebelfenster. →Fenster 7*.

Gießgefäß. →Aquamanile*.

Gigant, der. In der griech. Mythologie ein erdgeborener Riese. Der Kampf der ~en gegen die olympischen Götter war ein zentrales Thema →griech. Skulptur (→Gigantomachie). In diesen Darstellungen wurde der Sieg der sittlichen Ordnung über die Mächte des Chaos gefeiert, im →Hellenismus auch – zeitgenössisch – der Sieg über die Barbaren (→pergamenische Kunst). →Athene*.

Gigantensäule. →Jupitersäule.

Gigantomachie, die. →Gigant, Pergamenische Kunst.

Ginori-Keramik (ital.: [dsch]in-). So genannt nach dem Florentiner Marchese Carlo Ginori, der 1735 in Doccia (: dotscha) bei Florenz eine →Manufaktur gründete.

Girlande, die. →Feston*.

Girlanden→sarkophag, der. Eine Art des röm. →Sarkophags*: an den Außenwänden →Relief* von Girlanden.

Gita Govinda, das. Gedicht des Jayadeva (Anf. 12. Jahrh.) auf den Gott →Krishna* und seine Geliebte →Radha. Beliebtes Thema der indischen Miniaturmalerei seit dem 16. Jahrh.

Glas, Gläser. →Baccarat-~, Blutampullen, Email*, Ewige Lampe*, Faden~, Filigran~, Fondo d'oro, Gallé~, ~malerei, ~mosaik, Glasur, Gold~*, Hedwigs~, Kronleuchter, Kunst~, Kurfürsten~, Millefiori~, Moscheelampe*, Murano~, Netz~*, Onyx~, Römer*, Willkommbecher, Zwischengoldglas.

Glasbau. Dem tragenden Gerüst eines Baus wird eine Glaswand vorgehängt. Eine Art des →Curtain Wall. Bahnbrechend: Mies van der Rohe (1886–1969).

Glasmalerei. Der Künstler fertigt zunächst eine farbige Entwurfsskizze und eine Vorzeichnung (1) in der wirklichen Größe des →Fensters*. Dabei führt er die Umrisse so, daß sie den künftigen Bleiruten (s. u.) entsprechen. Nachdem die Bleilinien aus dem Karton gepaust sind, werden die in der Masse gefärbten Glasstücke ihnen gemäß geschnitten (heute bezieht der Künstler oft das farbige Glas fertig aus der Fabrik). Die zugeschnittenen Glasstücke werden zu Feldern lose zusammengelegt und erhalten eine Zeichnung aus Schwarzlot. Schwarzlot ist eine bräunlichschwarze Deckfarbe, die aus gepulvertem Glas und Metalloxyden besteht, mit einem flüssigen →Bindemittel angemengt und auf das Glas aufgetragen wird. Die so bemalten Gläser werden bei einer dem Schmelzpunkt des Glases angenäherten Temperatur (600–800°) gebrannt und in Blei gefaßt. Diese Bleiruten, die die hauptsächlichen Umrisse angeben, halten und verbinden die einzelnen Glasstücke (3); dadurch wird das ganze Fenster (4) ein widerstandsfähiges Gefüge.

In einem späteren Verfahren färbte man die Glasstücke nicht mehr in der Masse, sondern überfing sie mit einem dünnen farbigen Glas (Überfangglas). Durch Herausschleifen entstanden neue künstlerische Möglichkeiten.

Gegen die Unbilden der Witterung wird das Fenster nach außen durch Sturmstangen und Windruten gesichert (4). Sturmstangen sind

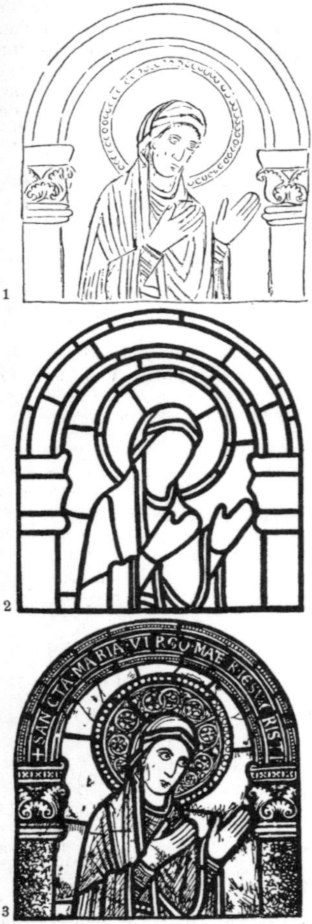

Glasmalerei. Straßburg: Münster. Jungfrau Maria. Um 1200. Jetzt Frauenhaus-Museum. 1. Vorzeichnung. 2. Die Bleiruten. 3. Das fertige Fenster.

Quereisen, Windruten 8–10 mm starke Eisenstäbchen, welche durch rechteckig angesetzte Windeisen mit dem Bleinetz des Fensters verbunden werden. Die Verbindung geschieht durch Bleihaften, welche auf das Bleinetz des Fensters aufgelötet, um die Windruten herumgelegt, fest angezogen und dann verknotet oder verlötet werden.

~ im eigentlichen Sinne seit dem 11. Jahrh. Hauptblüte in der→Gotik*.

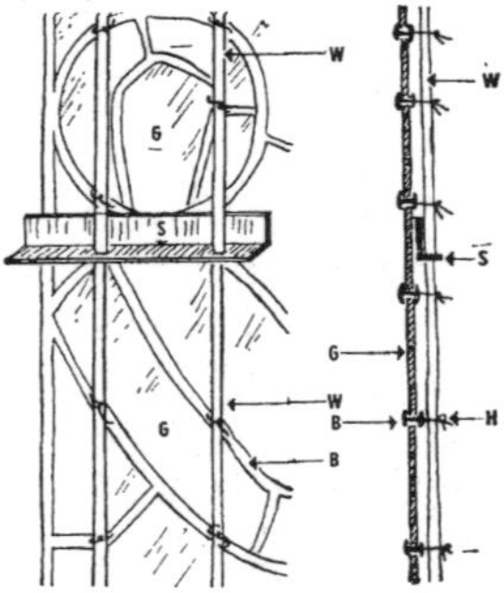

Glasmalerei. 4. Die Bleiruten; Ansicht und Schnitt. B = Bleirute. G = Glas. H = Bleihaften. S = Sturmstangen (Quereisen) W = Windruten

Glasmosaik. →Mosaik.

Glasur, die. Glasartige Schmelzmasse als Überzug von Tonwaren und Metallen. Die Schmelzmasse besteht aus einem Gemisch von Mineralen, die eher als der→Scherben oder das Metall schmelzen. Man trägt sie in breiartiger Form auf die Gegenstände auf, läßt sie trocknen und schmelzt sie im →Muffelofen oder im offenen Feuer. Die ~ macht Tonwaren und Metalle haltbar und erhöht den Reiz der Oberfläche. →Keramik, Muffelfarben, Seladon.

Glockenleiste. →Karnies*.

Glockenturm.→Campanile(→Basilika 2*).

Glorie, die (lat. gloria = Ruhm). Glorienschein, Gloriole. →Aureole*, Heiligenschein*.

Gloriette, die (franz.: gloriät = Gartenhäuschen). Offener Rundtempel oder →Pavillon im →barocken oder→klassizistischen Park auf einem Gartenhügel. →Monopteros*.

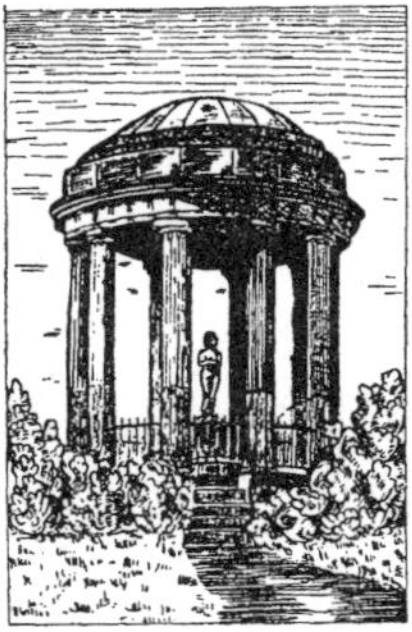

Gloriette. Wörlitz: Schloß. Park. 1768–1793.

Glücksrad. →Allegorie der Wandelbarkeit des Glückes (seit dem 12. Jahrh. ausgeprägt): die Speichen eines Rades, das gewöhnlich→Fortuna* dreht, sind mit Menschen, oft mit Königen besetzt. Die einen steigen, die anderen sinken, die dritten befinden sich kurze Zeit auf der Höhe.

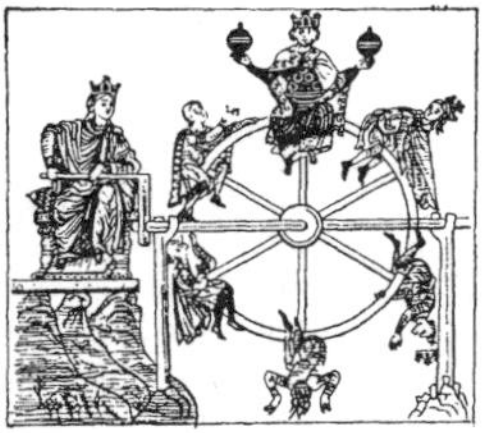

Glücksrad Nachzeichnung aus dem Hortus deliciarum. Bilderhandschrift der Äbtissin Herrad von Landsperg. 1167–1195.

Glykophilusa, die (griech.).→Madonna IV.

Glyptik, die. →Gemme.

Glyptothek, die (griech.). Eigtl. Sammlung geschnittener Steine; sodann Sammlung antiker Skulpturen.

Gnadenbild. Gemälde oder →Plastik religiösen Inhalts, die an Wallfahrtsorten ihrer wundertätigen Kraft wegen verehrt werden.

Gnadenstuhl. Darstellung der→Dreifaltigkeit*: Gottvater thronend, vor sich das Kreuz mit Christus oder dessen Leichnam auf seinem Schoße haltend, dabei die→Taube des Hl. Geistes.

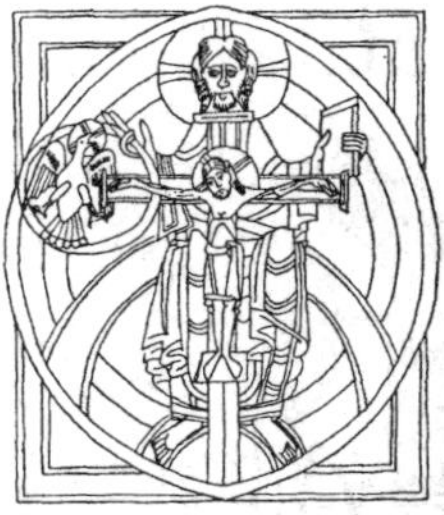

Gnadenstuhl. Perpignan (Frankreich, Dep. Pyr. Orient.): Museum, Bibliothek. Evangeliar aus der Abtei von Arles-sur-Tech. Um 1170.

Gobelin, der (franz.: goblän).→Bildteppich.

Gogonsa = Falschgesichter. →Maskenform der Irokesen (östl. Nordamerika) mit völlig verzerrten Gesichtsformen. Bei der Abwehr derjenigen bösen Geister verwandt, die Krankheiten erregen. →Naturvölker.

Goldelfenbein. →chryselephantin.

Goldene Pforte. →Begegnung an der ~*.

Goldener Schnitt. →Proportion*.

Goldgläser. Gläser mit einer Auflage aus Blattgold, die mit einer dünnen Schicht farblosen durchsichtigen Glases überfangen sind (Zwischen-~). Das Blattgold wird radiert. Was übrig bleibt, bildet die Inschrift, die Zierate oder die Figur. Eine Sonderform sind die Fondi d'oro (Einz.: Fondo), Glasgefäße, deren Böden auf Goldplättchen eingeritzte Darstellungen meist →symbolischen oder religiösen Inhalts aufweisen; Erzeugnisse der →altchristl. Kunst (2. bis 4. Jahrh.).

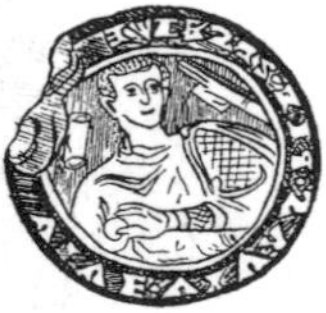

Goldglas. London: Britisches Museum. Männliches Bildnis. 3./4. Jahrh.

Goldgrund. Der goldene Hintergrund auf →Mosaiken, Miniaturen und Tafelbildern (an Stelle einer →realistischen Raumgestaltung) zum Ausdruck göttlicher und himmlischer Herrlichkeit. Im späten Mittelalter auch bei weltlichen Themen zur Steigerung des feierlichen Eindrucks verwandt.

Goldschmiedekunst. Künstlerische Gestaltung von Gold, Silber, Platin zu Gebrauchsgegenständen oder zum Schmuck. Die Haupttechnik ist die →Treibarbeit*. Die Oberfläche wird oft →ziseliert oder →graviert. Bes. großartige Werke im Mittelalter (Figuren aus Gold- oder Silberblech über einem Holzkern; →Reliquienschreine, Kelche*, Einbände, Kreuze* usw.). →Filigran*, Niello*, tauschieren.

Gope. In Melanesien schildförmige Bretter mit einem menschlichen Gesicht – als Sitz magischer Kräfte angesehen. →Naturvölker.

Gopuram, das. Tor→turm des südind. hinduistischen Tempels. Auf rechteckigem Grundriß steigt eine oben abgestumpfte Pyramide in mehreren Terrassen bis zu 60 m Höhe an. Unten: Torbogen; oberer Abschluß: sog. Elefantenrücken→dach. Große Tempelanlagen haben bis zu 12 ~ s.

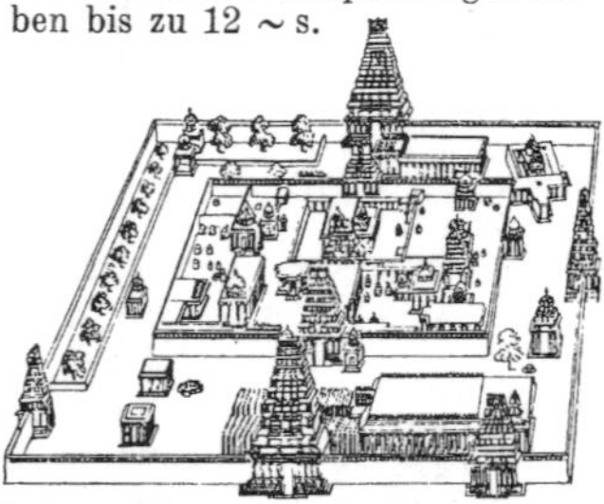

Gopuram. Tiruvarur (Südindien): Tempelbezirk. 15.–18. Jahrh.

Gorgo Medusa, die (griech. Gorgo Medusa; Mehrz. Gorgonen). Geflügeltes dämonisches Wesen der griech. Mythologie, dessen Anblick versteinert. Perseus erlegte die ~. Bis zur →griech. Klassik →schlangenhaarig und mit gefletschten Zähnen, später in milderer Form dargestellt.

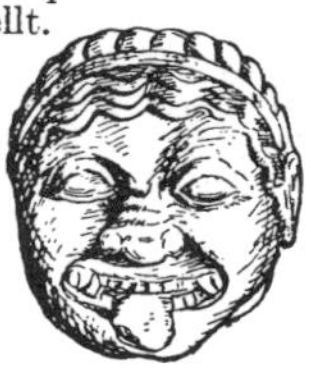

Gorgo. Athen: Akropolismuseum. Um 560 v. Chr.

Gothic Revival, das (engl.: go[th]ik rewaiwöl). Englische Bezeichnung für →Neugotik.

Gotik, die.

I. Name. Zuerst in der ital. Früh→renaissance* (15. Jahrh.) zur Begründung des angeblichen Verfalls der Künste durch die Goten; zu einer ehrenvollen Stilbezeichnung erst seit dem Sturm und Drang geworden (2. Hälfte 18. Jahrh.).

II. Dauer. Beginn: Mitte 12. Jahrh. Volle Blüte in allen Künsten: seit dem Beginn des 13. Jahrh. Die ~ des 13. Jahrh. ist vorzüglich vom Rittertum getragen; die des 14. Jahrh. vorwiegend von der Mystik geprägt, und die des 15. Jahrh. im wesentlichen vom Bürgertum bestimmt. Anfang des 16. Jahrh. erlischt die ~. Jedoch gibt es vereinzelte Nachwirkungen bis ins 18. Jahrh., bes. in England; man spricht dann von „postumer (lat. = nachgeboren) Gotik".

III. Ursprung und Verbreitung. Ursprungsland ist die Isle de France. Verbreitungsgebiet: Deutschland, England, Frankreich, Italien und Spanien.

IV. Grundzüge der Baukunst. Die Baukunst strebt nach einer Entmassung der Wände, die durch Glieder ersetzt und durch große →Glasfenster* unterbrochen werden. Zur Stützung der so entschwerten Wände ist außen ein System aus Strebebögen und Strebepfeilern nötig. Strebepfeiler (1) sind Verstärkungen an der Außenwand in der Achse des Binnen→pfeilers. Werden die Verstärkungen an der Außenwand der →Seitenschiffe hochgeführt, so müssen zu den Strebepfeilern Strebebögen (1) hinzukommen. Der untere Strebebogen überträgt den →Gewölbe*schub, der obere die Dachlast und ihren Winddruck auf die Strebepfeiler (Winddruck = der von strömender Luft auf entgegenstehende Flächen ausgeübte Druck). Das Strebewerk er-

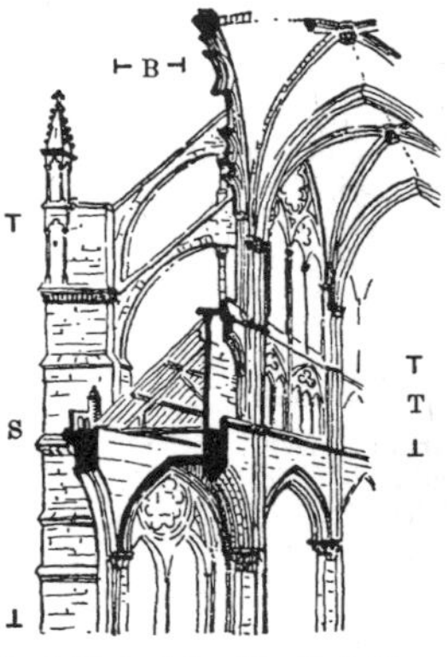

Gotik. 1. Strebepfeiler (S), Strebebögen (B), Triforium (T). Amiens (Nordfrankreich): Kathedrale, Langhaus. 1220–1236.

laubt zusammen mit dem leichten Kreuzrippengewölbe (→Gewölbe 3*) eine außerordentliche Höhensteigerung der Innenräume. Wie der gotische Innenraum zur Höhe strebt, so drängt er auch zum →Chor (2). Durch den Wegfall des →Querschiffs oder seine maßstäbliche Angleichung an

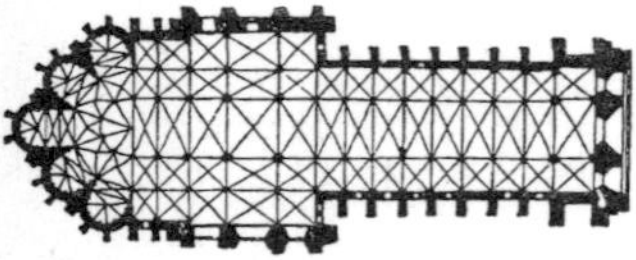

Gotik. 2. Mit Querhaus. Reims (Frankreich, Champagne): Kathedrale. 1210–1480. Chor und Querschiff 1241 voll.

→Langhaus bzw. Chor kommt es zu einer Verschmelzung der Raumteile (3).

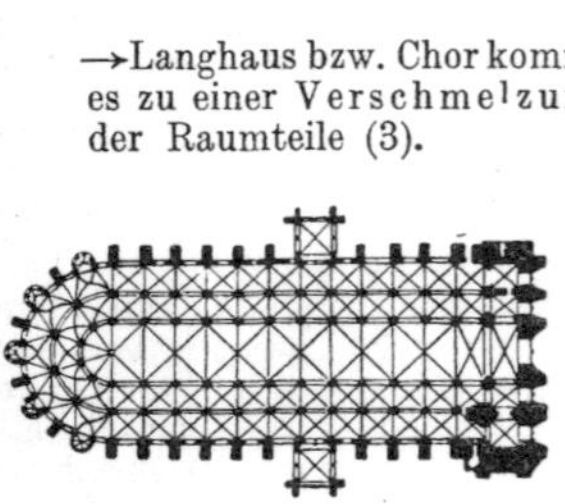

Gotik. 3. Ohne Querhaus. Bourges (Frankreich, Berry): Kathedrale. Beg. 1172. Bis 16. Jahrh. Im wesentlichen 13. Jahrh.

→Emporen* (1) und →Krypta entfallen. Der Spitzbogen (→Bogen 9) und der schließliche Wegfall von →Kapitell* und →Kämpfer* (4) sind Zeichen dafür, daß es der ~ auf die Gestaltung durchgehender Rhythmen ankommt. Der Außenbau gipfelt in der West→fassade mit oft riesigen →Türmen.

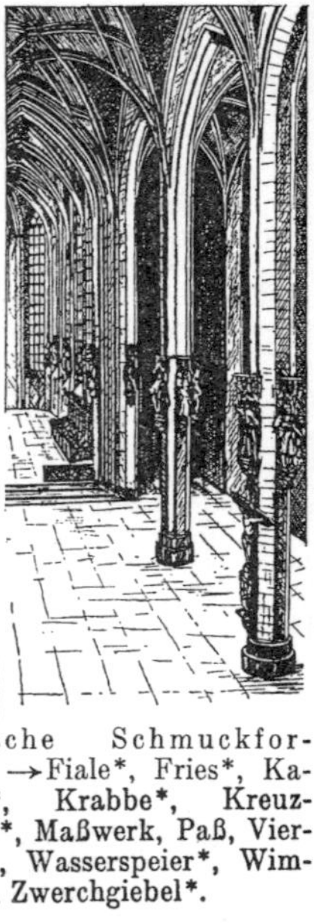

Gotik. 4. Spätgotische Säule. Würzburg: Marienkapelle. 1377–1479.

Gotische Schmuckformen: →Fiale*, Fries*, Kapitell*, Krabbe*, Kreuzblume*, Maßwerk, Paß, Vierblatt*, Wasserspeier*, Wimperg*, Zwerchgiebel*.

Sonderformen der Baukunst: →Backsteingotik, Hallenkirche*, Neu~, postume~, Sonder~.

V. Grundzüge der Plastik. Führende Bedeutung der →Bauplastik; der Außenbau ist außerordentlich reich an →Statuen, bes. an →Gewändefiguren, die thematisch das ganze Wissen des Mittelalters um Natur und Übernatur enthalten. Stilistisch vereinigt die Plastik eine feine höfische Sinnenfreude mit hoher Geistigkeit und innigem Gefühl. Die Frau ist Dame, der Mann

Ritter. Wirklichkeitsnah und zugleich erhaben, begegnet sie auf christl. Grundlage erneut der Antike. So gestaltet das 13. Jahrh. unvergleichlich edle und hoheitsvolle Bildwerke (→Beau Dieu*). Das 14. Jahrh. bringt als eigenen Bildtyp mystischer Versenkung das →Andachtsbild hervor. Um 1400 entsteht die große Reihe der →Schönen Madonnen*. Das 15. Jahrh. schafft aus bürgerlichem Geist den →Flügel*- und Schnitzaltar. Kennzeichen gotischer Bildkunst ist der gotische Schwung, die S-förmige Linie, die dadurch entsteht, daß die →Spielbeinschulter höher liegt als die →Standbein*schulter. Sie betont einseitig den Anstieg, ja durch die Gestalt scheint eine übersinnliche Bewegung hindurchzugehen – über die Grenzen des menschlichen Leibes hinaus.

VI. Grundzüge gotischer Malerei. Stilistisch entspricht die Entwicklung der Malerei derjenigen der Plastik. Die →Wandmalerei tritt zurück. Die →Glasmalerei* erlebt eine einzigartige Blüte. Die →Tafelmalerei gipfelt im →Flügelaltar*. Besonders an den höfisch bestimmten Kunststätten erfährt die →Miniaturmalerei eine reiche und feine Durchbildung.

Gouachemalerei (franz.: guasch = Wasser- oder Deckfarbenmalerei). Malerei mit undurchsichtigen →Wasserfarben, die mit Weiß vermischt und mit Gummi versetzt sind. Von ähnlicher Wirkung wie die →Pastellmalerei.

Grabbeigabe. In allen Kulturen wurden den Toten Statuen, kostbar ausgestattetes Gerät, Gewebe usw. mit ins Grab gegeben. Man dachte sich den Toten lebendig und das Grab als sein Haus, in dem ihm alles verfügbar sein sollte. Von köstlicher Lebendigkeit ist die Grabplastik im Alten →Ägypten, in →China und in →Japan. →Dienerfiguren, Haniwa', Uschebti*.

Grabkammer. →Arkosolium*, Beinhaus, Bodengrab, Bogengrab, Coemeterium, Columbarium*, Confessio*, Cubiculum, Dolmen*, Grabmoschee, Grabturm, Heiliges Grab*, Hünengrab, Karner*, Katakombe*, Krypta, Kuppelgrab*, Mastaba*, Mausoleum*, Megalith (Gang- und Kistengräber), Stollenkrypta*, Stufenpyramide*, Totentempel*, Türbe, Tumulus*.

Grabmal. →Epitaph*, Grabkammer, Grabstele, Kenotaph, Sarkophag*, Tumba III*, Wandgrabmal.

Grabmoschee, die. Eine mit einem Grab oder mehreren Gräbern verbundene →Moschee. Die Gräber des Fürsten und seiner Familie liegen in der Nähe der Gebetshalle.

Grabs|tatu|en. →Plastische Figuren in Gräbern, die als Sitz der Seele von Toten gelten und den Fortbestand des Menschen nach dem Tode sichern sollen. Zu den Figuren des Grabeigentümers und seiner Familie kommen hinzu die Gestalten von Wächtern, welche die Dämonen abwehren, und kleinere →Dienerfiguren, die durch Zauberspruch lebendig werden und dann dem Toten im Jenseits zur Verfügung stehen. Bes. in der →ägypt., →chin. und →jap. Kunst. →Haniwa'. Uschebti*.

Grab|s|tele, die (griech.). →Stele*.

Grabstichel, der. →Kupferstich*.

Grabturm. Grab in der Form eines →Turmes, z. B. das des Timur Lenk (1336–1405) in Samarkand 1490–1504. →Türbe.

Graduale, das (lat. = Stufengesang). →Liturgische Bücher.

Graffito, das (ital. = Schraffierung). Inschrift, die in eine Wand eingekratzt ist. Einlegemuster in Fußbodenbelag. Art der Tonwarenverzierung: auf den →Scherben wird eine farbige Schicht aufgetragen, in welche man die Zeichnung einritzt.

Gral. →Becher des heiligen Gral.

Granatapfelmuster. →Ornamentmuster für schwere Seiden- und Samtstoffe. Ital. Ursprungs (15. Jahrh.); führend: Venedig, Burgund und England.

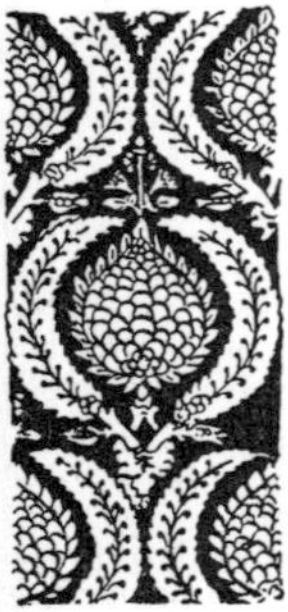

Granatapfelmuster. Berlin: Kunstgewerbe-Museum. Samtbrokattapete. Persien. 16. Jahrh.

Granierstahl. →Kupferstich II.

Granulation, die (lat. granula = Körnchen). Form der Verzierung in der →Goldschmiedekunst: winzige goldene und silberne Körnchen werden auf den Grund geschweißt.

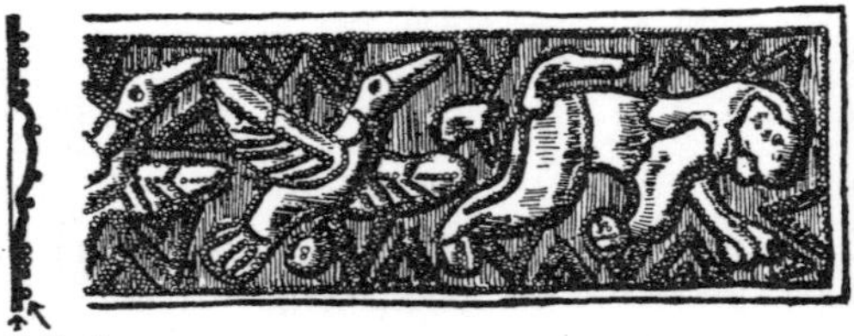

1 M K 2

Granulation. Rom: Museo Nazionale di Villa Giulia. Kammfibel mit Blattgold aus dem Bernardinigrab in Praeneste. Etruskisch. Etwa 7. Jahrh. v. Chr. 1. Schnitt. M = Metall. K = Körner. 2. Ansicht.

Graphik, die (griech.); **graphische Künste.** Sammelname für die vervielfältigenden Künste, vor allem →Holzschnitt*, Kupferstich* und Radierung, Lithographie.

Graphit, der. →Bleistift.

Grat, der. →Gewölbe II*.

Gravierung, die. Das Einschneiden von Linien in Metall. Kleine Stücke werden auf einem Kittstock in der Hand, größere auf der Graveurkugel (franz.: grawör), die drehbar auf einem dreieckigen Rahmen liegt, bearbeitet.

Gregorsmesse. →Altar*bild und Holzschnitt* des 15. Jahrh., zuerst in der deutschen Kunst: Dem Papst Gregor erscheint in der Messe auf dem Altar der leidende Christus in der Form des→Schmer-

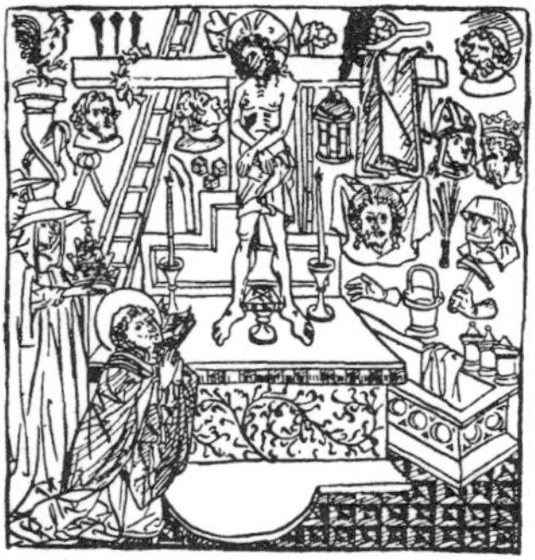

Gregorsmesse. Nürnberg: Germanisches Museum. Niederländischer Holzschnitt. 2. Viertel 15. Jahrh.

zensmannes und träufelt in den Kelch das Blut seiner Wundmale.

Greif, der. Altorientalisches Fabeltier mit Adlerkopf, Flügeln und Löwenleib. Von der →griech. Kunst aus dem Orient übernommen, auch in der →röm. Kunst und im Mittelalter weit verbreitet.

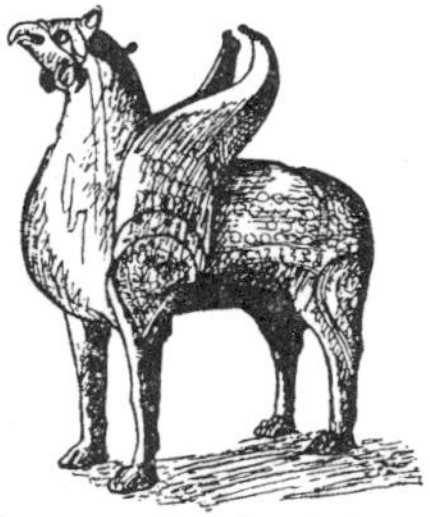

Greif. Pisa (Italien, Toskana): Campo Santo. Bronze. 11. Jahrh. Fatimidische Kunst.

Griechische Kunst. Man unterscheidet folgende Epochen:

Die archaische Zeit	650–480 v. Chr.
Den erhabenen Stil	480–430 v. Chr.
Das Jahrhundert des Übergangs	430–320 v. Chr.
Den →Hellenismus	320 bis um Christi Geburt.

→Abakus*, Abraxas, Achill, Adonis, Äginetische Kunst, Äskulapstab*, Akanthus*, Akrolith, Akropolis, Akroterion*, Aktäon*, Alabastron*, Alexandrinische Kunst, Amazone, Amphiprostylos*, Amphitrite, Amphora*, Antentempel*, Anthemion*, Antiquarium, Aphrodite (→Torso*), Apollon*, Apotropaion, Apoxyomenos*, Archäologie, Archaischer Stil, Archaisches Lächeln, Architrav*, Ares, Artemis, Aryballos, Asklepieion, Asklepios, Astragalos, Athene*, Atlanten*, Attika*, Attische Basis*, Augenschale*, Aula*, Autorenbild, Bacchanal, Bacchus*, Basilika I, Buchrolle, Bukranion*, Cella*, Chiton*, Chlamys*, chryselephantin, Cista 2*, dädalische Kunst, Danae, Demeter, Dielenkopf*, Diglyph*, Dionysos, Dioskuren*, Dipteros*, Diptychon*, Dipylon-Vasen, Diskos, Dorischer Stil, Drache*, Dreifuß*, Dreizack, Echinos*, Eckakroter, Eierstab*, Endymion, Enkaustik, Entasis*, Eos, Epistyl, Eros, Eroten*, Europa und der Stier, Eurydike, Euthynteria, Exedra, Friessarkophag, Ganymedes, Gedenksäule, -stein, Geison, Gemme*, Gigant (Gigantomachie), Glyptothek, Gorgo Medusa*, Gymnasion, Helios*, Hellenistische Kunst, Herakles*, Hermaphrodit*, Herme*, Hermes*, Hydria*, Hydrophoren, Hypäthraltempel, Hypnos, Hypotrachelion, Jonische Säule, Iphigenie, Kalathos, Kallipygos, Kalpis, Kanephore*, Kanon, Kantharos*,

Kapitell II*, Karyatiden*, Kastor, Kathedra, Kenotaph, Kentaur*, Kerykeion, Kontrapost*, Kore, Korinthischer Stil, Kouros, Krater*, Krepidoma*, Krepis, Kuros*, Kyathos, Kyma*, Laokoon, Leda und der Schwan, Lekythos*, Leto, Mäander*, Mänaden*, Marmor, Marsyas*, Mausoleum*, Megaron*, Memorie, Memorialbau, Metope*, Minos, Naos, Nekropolis, Nike*, Niobe, Niobiden*, Nymphäum*, Odeon, Oinochoe*, Opisthodomos*, Orchestra*, Orpheus, Orthostaten, Palästra, Palladium, Pallas, Palmette*, Pan, Parischer Marmor, Pelike, Peplos*, Pergamenische Kunst, Peribolos, Peripteros, Peristyl, Perlstab*, Pinakothek, Pinienzapfen*, Pithos, Polydeukes, Poseidon*, Preisamphora, Pronaos, Propyläen*, Prostylos*, Pseudodipteros, Pseudoperipteros, Psyche*, Psykter, Pythonschlange, Pyxis I*, Quadriga I*, Relief 2*, Rhyton, Säulenmonument*, Säulenordnungen*, Satyr*, Sauroktonos*, Schale, Schlange, Silen, Sima, Sirenen*, Skene, Skyphos, Sphinx 2*, Spielbein Stadion, Stamnos*, Standbein*, Stele*, Stereobat, Stirnziegel, Stoa, Stylobat, Tanagrafiguren*, Temenos, Tempel*, Theater I, Thesauros, Theseus, Tholos*, Thyrsosstab, Triglyph*, Trinkschale, Triton*, Tropaion, Tropfen, Tyche, Vasen*, Vasenmalerei, Volute*, Weiherelief, Wellenband*, Zahnschnitt*, Zeus*.

Griechischer Tempel. →Tempel, der griechische*.

Griechisches Kreuz. →Kreuz 1*.

Grisaille, die (franz.: grisaijᵉ = Grau in Grau). Gemälde aus nur grauen Farbtönen, oft zur Darstellung von →Skulpturen in der Malerei verwandt.

Grobkeramik, die. →Keramik.

Große Mutter, Magna Mater, die (lat.). Allmutter, Fruchtbarkeitsgöttin. Ein Hauptthema der Kunst in der →Vorgeschichte und in den frühen →Hochkulturen. Fast über die ganze Welt verbreitet. Verschiedenartige Formen im →Relief* und in der →Plastik. Viele Namen; z. B. im Orient →Inanna, Innin, Ischtar, Astarte, Aschera, Atargatis, Kybele; in Griechenland →Aphrodite. (Vgl. →Schlange, Tammuz.)

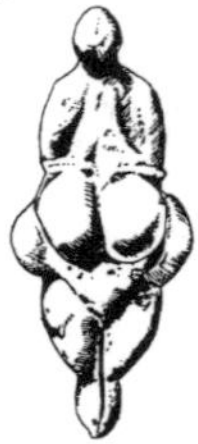

Große Mutter. Paris: Musée de l'Homme. Weibliches Idol. Mammutelfenbein. Aus Lespugues (Dep. Haute Garonne). →Aurignacien.

Groteske, die (ital. grottesco = grotesk, phantastisch). Form des →Ornaments aus dünnem Rankenwerk mit figürlichen Motiven (Menschen, Tiere, Früchte, Architekturteile usw.). In der →röm. Antike und ital. →Renaissance*.

Groteske. Oviedo y Valdes: La historia general de las Indias. Sevilla 1535. Titelblatt.

Grottenwerk. Ausstattung von →Gartensälen des 18. Jahrh. mit Felstrümmern, Moos, Muscheln usw. →Sala terrena*.

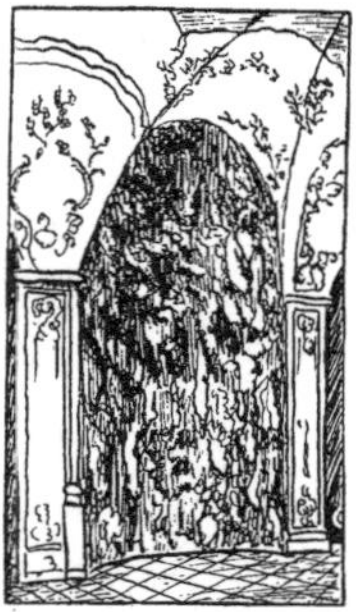

Grottenwerk. Bonn: Poppelsdorfer Schloß. Grotten- oder Muschelsaal. 1746–1754. Pierre Laporterie (1702-1784). Heute zerstört.

Grubenschmelz, der. →Email 1 und 3*.

Grundfarben. Die sieben Hauptfarben des Spektrums: Rot, Orange, Gelb, Grün, Blau, Indigo, Violett.

Grundierung. Zubereitung des Malgrundes, um die Malfläche zu ebnen und das Einsinken des Hauptanstrichs in die Streichfläche zu verhindern. Die ~ schimmert bisweilen im fertigen Bild durch. Bis zum 16. Jahrh. wurden die Holztafeln mit einem sorgfältig geschliffenen Gips- oder Kreidegrund überzogen. Seit dem 16. Jahrh. verwendet man auch farbige ~en (→Bolus). Für die ~ des Zeichengrundes →Zeichentechnik, Carta azzura.

Grundriß. Er schildert die waagerechten Flächen eines Baus und durchschneidet dabei die senkrechten Teile. Wenn die Aufteilung von Geschoß zu Geschoß wechselt, sind mehrere ~e nötig. →Gebundenes System*.

Gründerzeit. Zeit des wirtschaftlischen Aufschwungs im 19. Jahrh. - in Frankreich und England vor 1870, in Deutschland danach. Architektur der ~: aufwendige, protzige, übermäßig dekorierte Bauten in historischen Stilen.

Gruppenporträt. →Porträt.

Guaschmalerei. →Gouachemalerei.

Gubbio-Keramik. →Majolika bes. des 16. Jahrh. aus der Stadt Gubbio in der Provinz Perugia (: perud[sch]a). Berühmt wegen ihres karminroten →Lüsters (Rubinlüster).

Gül (türkisch) = Rose. Musterpolygon des afghanischen und des turkmenischen →Teppichs*.

Gürtelspende. Szene aus der →Himmelfahrt Mariens: Maria reicht, während sie emporschwebt, ihren Gürtel dem ungläubigen Apostel Thomas.

Gupta-Zeit. →Ind. Kunst zur Zeit der Gupta-Herrscher (320–647), erwachsen aus den drei Religionsgemeinschaften des Buddhismus, Hinduismus und Jainismus. →Höhlenmalereien, -tempel, Stupa*.

Gurtbogen. Gurtartige Abgrenzung einer →Gewölbeeinheit. Verläuft der ~ in Querrichtung zur Hauptachse des Raumes, so heißt er Quergurt. Verläuft er in der Längsrichtung, d. h. in der Richtung der Hauptachse, so heißt er Längsgurt.

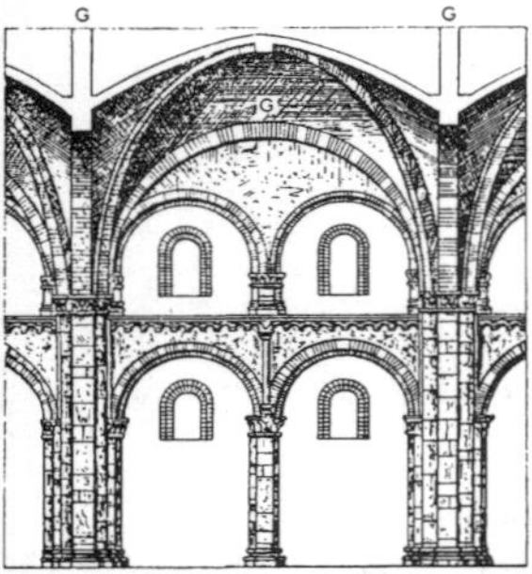

Gurtbogen. Mailand: S Ambrogio. Gegr. 386. Langhaus; Neubau um 1128. Längsschnitt.

Gurtgesims. →Gesims*.

Gurtrippe. →Gurtbogen* in Form einer →Rippe.

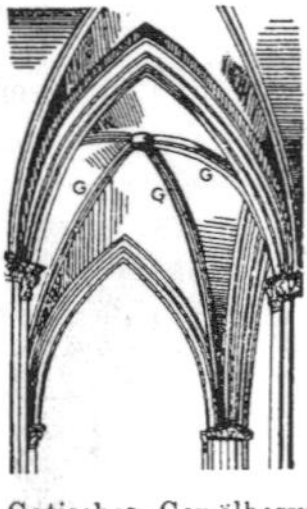

Gurtrippe. Gotisches Gewölbesystem. Schematische Darstellung nach F. X. Kraus: Geschichte der christlichen Kunst. Freiburg i. Br. 1896. Bd. II 1, S. 175, Fig. 96.

Guß. →Bronzeguß*.

Gußeisen. →Eisenguß.

Gußmauerwerk. Mauer aus unregelmäßigen Steinen, deren Zwischenräume mit →Mörtel gefüllt sind.

Guter Hirt (lat. pąstor bǫnus). Gemälde, →Relief* oder →Plastik: der Hirt trägt ein Schaf auf der Schulter oder erscheint inmitten seiner Herde; weitverbreitet in der Katakombenmalerei* und auf → altchristl. →Sarkophagen*. Die Darstellung knüpft an das Gleichnis des Evangeliums vom verlorenen Schaf an (Joh. 10, 11 und Luk. 15, 7) und versinnbildlicht die Liebe Christi gerade auch zu den Sündern. Über 300 Bilder bekannt.

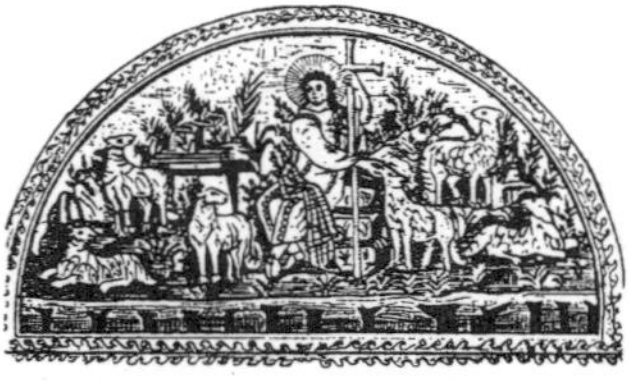

Guter Hirt. Ravenna: Mausoleum der Galla Placidia. Mosaik. Um 450.

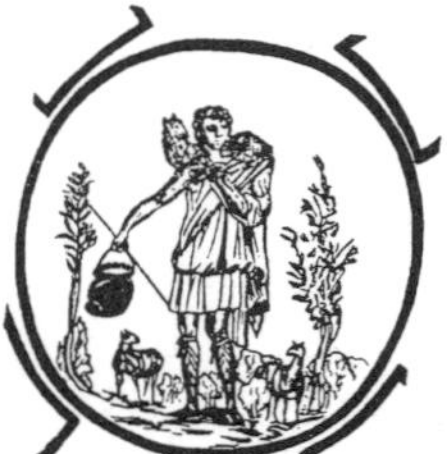

Guter Hirt Rom: Priscilla-Katakombe. Wandmalerei 4. Jahrh.

Gymnąsion, das (griech. von gymnǫs = nackt). Ein griech. Platz oder Bau mit Hof, →Hallen und Bädern, wo sportliche Übungen veranstaltet wurden (die griech. Männer und Knaben turnten nackt). Später: Schule überhaupt.

Gynaikẹịon, das (griech. = Frauengemach). Der den Frauen vorbehaltene Teil der →Synagoge*, des christl. Gotteshauses (→Frauenseite) und der →Moschee. →Matroneum.

H

Haarnadelfalten. →Falten 8*.

Händlerfund. →Verwahrfund.

Hängekuppel. →Kuppel 1*.

Hängender Schlußstein. →Abhängling*, Schlußstein*.

Hängeplatte. In der Baukunst die weit ausladende →Deckplatte des →Hauptgesimses, bes. in der Antike und den von ihr beeinflußten Baustilen.

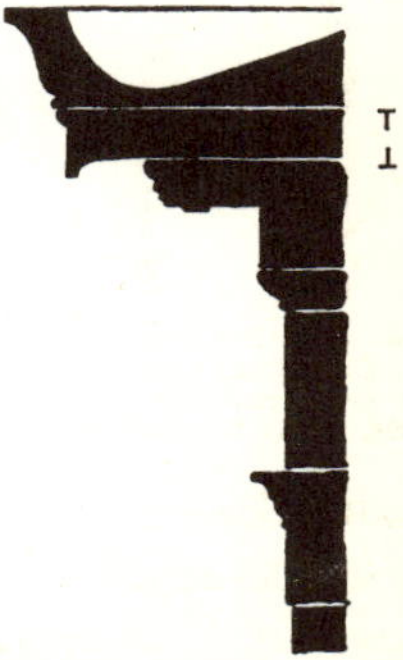

Hängeplatte. Priene (Türkei): Tempel der Athena Polias. 334 v. Chr. gew. Von Pythios.

Hängerolle. →Kakemono.

Hängezwickel. →Kuppel II 1*.

Hafnerkeramik. Tonwaren mit einer gefärbten Bleiglasur: Geschirre, Ofenkacheln. Berühmt die ~ der deutschen →Renaissance*; bes. schöne, vielfarbig→glasierte Ofenkacheln (16. Jahrh.).

Hakenfalte. →Falten 3*, 10*.

Hakenkreuz. Gleicharmiges → Kreuz* mit rechtwinklig abgeknickten gleichgerichteten Armen. Bei fast allen Völkern (nicht bei den Australiern und den Semiten) verbreitet. Wohl Sinnbild der Sonne oder Glückszeichen. Im ältesten Christentum →Symbol Christi, der Sonne des Heils.

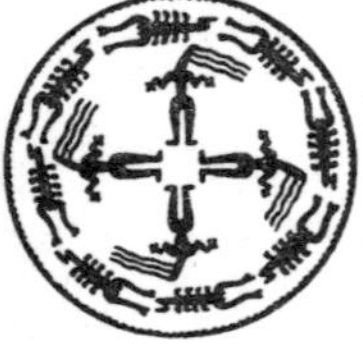

Hakenkreuz. Buntkeramik aus Samarra (Irak). Um 3500 v. Chr.

Hakuhô (jap.: ḥakụhọọ). Epoche der Nara-Periode in der →jap. Kunst, 645–709. →Nara-Periode.

Halbfigurenbild. →Porträt.

Halbkreisbogen. →Bogen III 3*.

Halbpfeiler, Halbsäule. →Pfeiler bzw. Säule*, die aus der Mauer nur halb hervortreten.

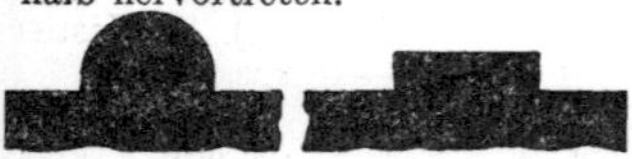

Halbsäule. *Halbpfeiler.*

Halbprofil, das. →Porträt.

Halbrelief. →Relief 2*.

Halbschatten. →Schatten*.

Halbtöne. In der Malerei der Übergang vom Licht zum Schatten.

Halle.

I. Gedecktes, aber an den Seiten offenes Bauwerk. Mitunter ist die ~ einem Bauwerk vorgelegt. →Portikus*.

II. Überdachter und geschlossener Raum, entweder selbständig (z. B. →Königshalle*) oder Teil eines Bauwerks (z. B. Empfangsraum des engl. Landschlosses).

III. Halle in der →ostasiatischen Kunst. →chinesische Kunst, Kondo*.

Hallenkirche.→Kirche, deren→Seitenschiffe ebenso hoch sind wie das →Mittelschiff (also anders als bei der →Basilika*). Meist sind die Schiffe (durchweg 3, aber auch 2 oder gar 5) durch ein einziges →Dach* zusammengefaßt. Die Belichtung des Raumes erfolgt durch die →Fenster* der Seitenschiffe. Meisterliche Formen vor allem in Deutschland (14. und 15. Jahrh.). – Ist das Mittelschiff et-

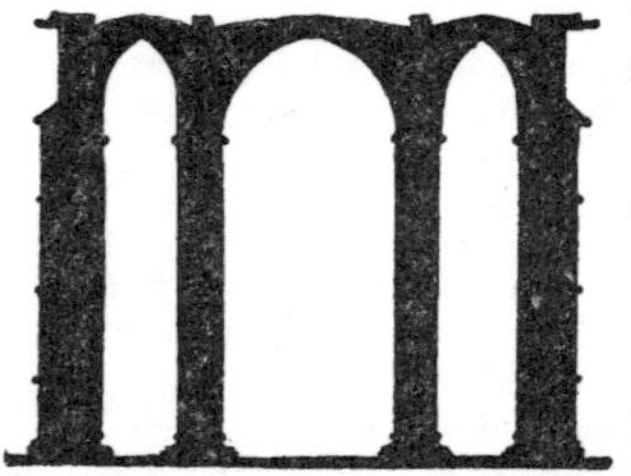

Hallenkirche. Marburg: St. Elisabeth. Seit 1235 bis 1. Hälfte 14. Jahrh. Querschnitt.

was erhöht, ohne jedoch eigene Fenster zu besitzen, so spricht man von Stufen~ oder Staffelhalle bzw. von →Pseudobasilika*.

Hallenkrypta, die. →Krypta.

Hallstattkunst, genannt nach einem Fundort bei Hallstatt im Salzkammergut, die Kunst der älteren mitteleuropäischen →Eisenzeit (900–450 v. Chr.). Die Tongefäße und Metallschalen zeigen in der Form wie in der geometrischen Verzierung eine Neigung zum Übersteigerten.

Hals, der. Derjenige Teil der griech. →Säule*, der zwischen dem → Schaft und dem Polster (→Echinos*) liegt.

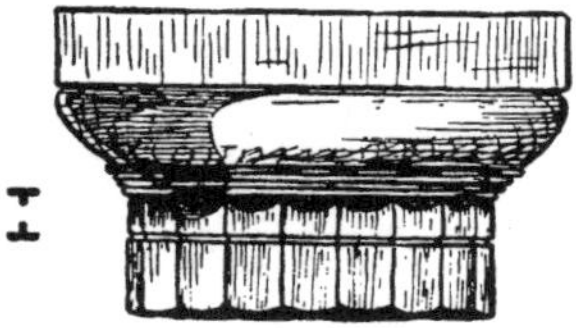

Hals.

Hammạm, der (arab.). Beheiztes Badehaus im Vorderen Orient. → Thermen*.

Han, der (pers.). →Karawanserei.

Handdruck. Vom Künstler selbst hergestellter Abdruck einer →graphischen Originalplatte.

Hand Gottes. Die mittelalterliche Kunst stellt aus frommer Scheu oft nur die ~ dar, wie sie sich im Zorn oder segnend durch die Wolken streckt.

Handlauf. →Treppe II*.

Handzeichnung. Sie dient entweder als Entwurf für ein Gemälde (→ Karton) oder ist eine selbständige künstlerische Leistung. Die ~ ist ein besonders unmittelbarer Ausdruck der künstlerischen Persönlichkeit. →Visierung, Zeichentechnik.

Hạnịwạ’ (jap.: hạnị|wạ). Tonfiguren der →jap. Kunst: Krieger, Männer und Frauen, deren Oberkörper auf einem Hohlzylinder aufsitzt. In →vorgeschichtlicher Zeit wurden sie um die Grabhügel in die Erde gestellt. →Grabbeigaben, Grabstatuen.

Hạnuman, der. Im ind. Epos Ramayana der mutig-kluge →Affe, der →Rama in seinem Kampf gegen die Dämonen hilft. ~ gilt als Sinnbild des selbstlosen Freundes und ist in der Kunst häufig dargestellt.

Han-Zeit. Epoche der chin. Geschichte, 206 v. Chr. bis 220 n. Chr. →Chinesische Kunst.

Happening, das (engl.: häpp|ning) = Geschehen. Ein vom Künstler inszeniertes, doch vorher nicht geprobtes Geschehen. Die Zuschauer sind einbezogen und stehen nicht mehr gegenüber. Die Grenze zum täglichen Leben wird flüssig. Alle Anwesenden, nicht nur Professionelle, führen das ~ mit auf. Tendenz zur Sozialkritik und zum Absurden. Entstanden in den 1950er Jahren. Künstler u. a.: J. Beuys (1921 geb.), J. Dine (1935 geb.), A. Kaprow (1927 geb.), C. Oldenburg (1929 geb.), R. Rauschenberg (1925 geb.), W. Vostell (1932 geb.). →Fluxus.

hạptisch (griech.) = greifbar. Eine Kunst, die sich an den Tastsinn wendet.

Hard ẹdge (engl.: äd[sch]) = harte Kante. Richtung in der Kunst des 20. Jahrh.: →**abstrakte* Malerei mit streng abgegrenzten, flächig** aufgetragenen Farben. Der Terminus wurde 1958 in Amerika geprägt. Künstler: J. Albers (1888 geb.), E. Kelly (1923 geb.), M. Matisse (1869–1954; späte → Collagen*), B. Newman (geb. 1905), A. Reinhardt (1913 geb.), M. Rothko (1903–1970).

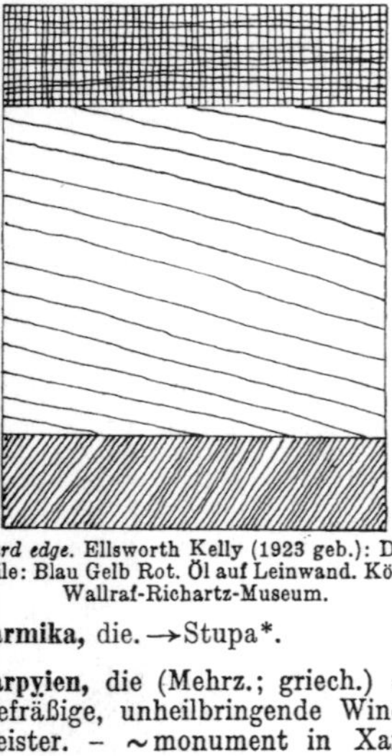

Hard edge. Ellsworth Kelly (1923 geb.): Drei Teile: Blau Gelb Rot. Öl auf Leinwand. Köln: Wallraf-Richartz-Museum.

Hạrmika, die. →Stupa*.

Harpyien, die (Mehrz.; griech.) = gefräßige, unheilbringende Windgeister. – ~monument in Xan-

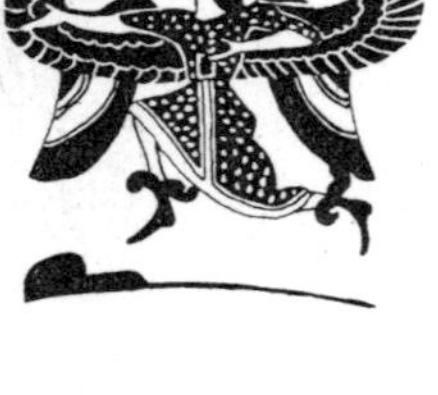

1.

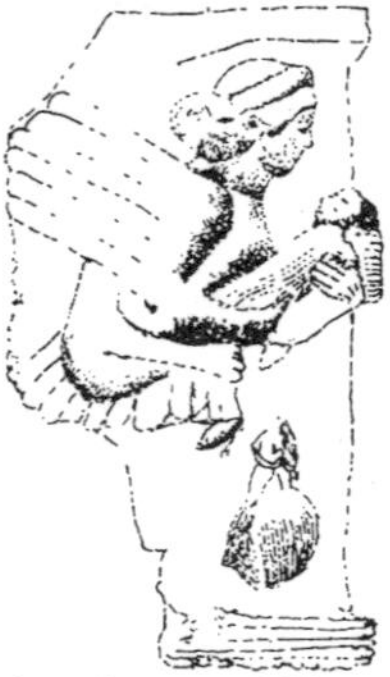

2.

Harpyien. London: Britisches Museum 1. Fliegende ~. Griech. Vasenbild. 2. Vom „Harpyienmonument" in Xanthos. Anf 5. Jahrh. v. Chr.

thos, 6. Jahrh. v. Chr.; heute in London: Britisches Museum.

Hartporzellan. →Porzellan.

Hạthor, die. →Ägypt. Himmelsgöttin, Göttin der Freude und der Liebe. Von den Griechen→Aphrodịte (→Venus) gleichgesetzt. Heiliges Tier: →Kuh. Auch mit Kuhhörnern oder Kuhkopf dargestellt. Bes. in Dendera und Theben verehrt.

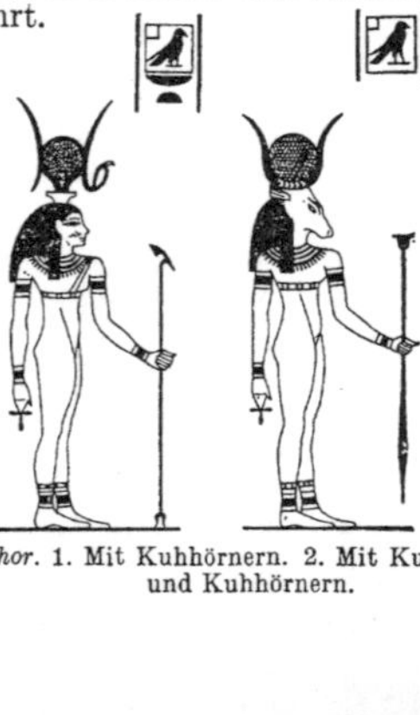

Hathor. 1. Mit Kuhhörnern. 2. Mit Kuhkopf und Kuhhörnern.

Hatti. →Hethiter.

Haube. →Dachformen 11*.

Haupt des Bogens. →Bogen II*.

Hauptapsis. →Apsis*.

Hauptburg. →Burg*.

Hauptchor. →Apsis*.

Hauptfassade. →Fassade.

Hauptgesims. →Gesims.

Haupthütte. →Bauhütte.

Hauptschiff. →Mittelschiff.

Hauptstützen. →Gebundenes* System.

Haupt- und Nebenpfeiler. →Gebundenes* System.

Haustein. →Baustein I.

Hausurne. →Urne*.

Hautelisse, die (franz.: othtliß). In der Wand→teppichweberei*: Webstuhl mit senkrecht gespannter →Kette. Ggstz.: →Basselisse.

Hautrelief (franz.: o-). →Relief 2*.

Hedwigsgläser. Urspr. ägypt. Becher aus dickwandigem Glas mit →Ornamenten, meist kräftig geschnittenen Tierfiguren. 11. und 12. Jahrh. Von Pilgern nach Europa gebracht. Wahrscheinlich nach der Hl. Hedwig benannt.

Heian-Periode (jap.: heian). Epoche der →jap. Kunst, 794–1185.
Frühe ~ 794–897.
Späte ~ 897–1185.

Heilige Familie. Darstellung des Christuskindes mit Maria und Joseph; seit dem Ende des 15. Jahrh. immer mehr zum →genrehaften Familienbild geworden.

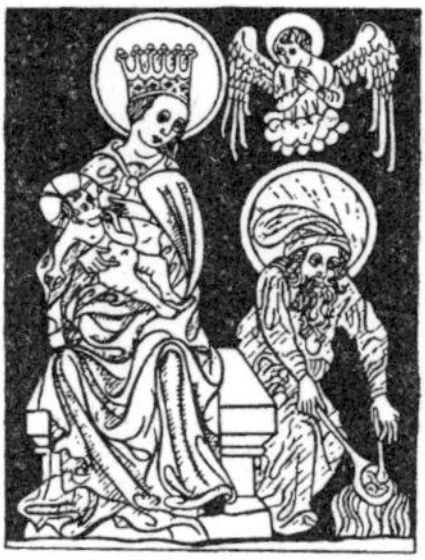

Heilige Familie. Wien: Albertina. Holzschnitt. Böhmisch; Olmützer Handschrift. Um 1410.

Heilige Lade. →Synagoge I.

Heilige Nacht. Darstellung der Geburt Christi.

Heiligenhäuschen. →Bildstock*.

Heiligenschein. →Glorie, Gloriole, Glorienschein, Nimbus. Lichtscheibe, Lichtkreis oder Strahlenkranz bei göttlichen oder heiligen Personen als Sinnbild der ewigen Glorie oder der Herrlichkeit. Besondere Formen:

I. Kreuznimbus, der (1). ~

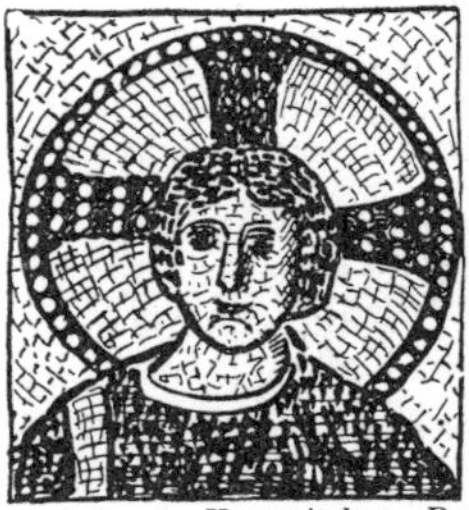

Heiligenschein. 1. Kreuznimbus. Ravenna (Oberitalien): S. Vitale. Gew. 547. Mosaik.

mit Kreuz, bei Christus verwandt.

II. →Aureole*, die. Der die ganze Gestalt umstrahlende ~.

III. Mandorla, die oder Mandelglorie (2). Mandelförmige → Aureole*.

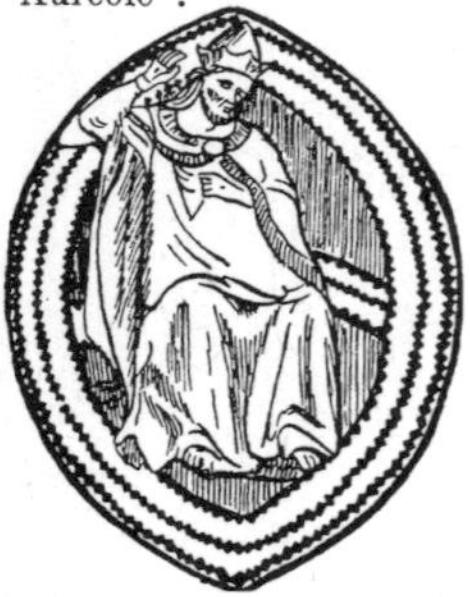

Heiligenschein. 2. Mandorla. Pisa (Italien, Toskana): Campo Santo. Weltgericht. Um 1350.

IV. Rechteckiger Nimbus vom 6. Jahrh. bis zur Gotik (3); für noch lebende Personen, deren priesterliche oder fürstliche Würde damit angedeutet wird.

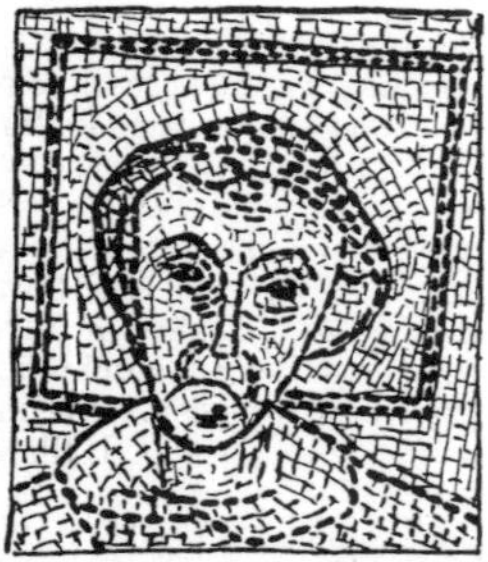

Heiligenschein. 3. Rechteckiger ~. Rom: Vatikan. Grotten. Aus dem Oratorium Papst Johannes, VII. Stifterbild Johannes, VII. 705–707.

Heiliger Bezirk. →Temenos.

Heiliger Geist. →Dreifaltigkeit*, Eucharistische Taube*.

Heiliges Grab.

I. Das Felsengrab Christi in der Nähe der Kreuzigungsstätte.

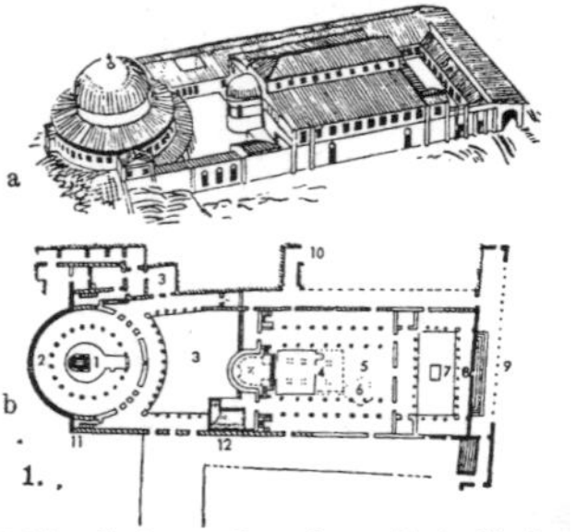

Heiliges Grab. 1. Jerusalem: Grabeskirche. Um 345. a Rekonstruktion von K. J. Conant. b Grundriß. 1. Hl. Grab. 2 Auferstehungsrotunde. 3. Hof 4. Krypta. 5. Basilika. 6. Grotte. 7. Vorhof. 8 Torbau. 9. Markt. 10. Brunnen. 11. Baptisterium. 12. Kalvarienberg

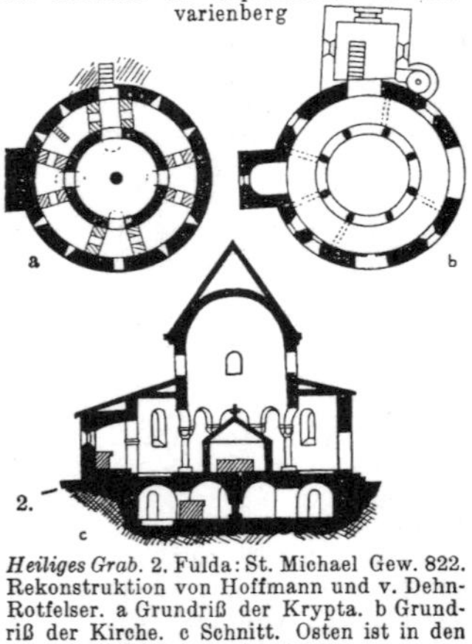

Heiliges Grab. 2. Fulda: St. Michael Gew. 822. Rekonstruktion von Hoffmann und v. Dehn-Rotfelser. a Grundriß der Krypta. b Grundriß der Kirche. c Schnitt. Osten ist in den Abbildungen jeweils links.

Darüber wurden mehrfach Kirchen gebaut (1).

II. Im Mittelalter errichtete man selbständige Bauten, bes. runde Grab→kapellen, in Erinnerung an Palästina-Fahrten (2).

III. Einbauten in Kirchen von → kapellenartiger Form (Gernrode, Eichstätt, Münster zu Konstanz).

IV. →Plastische Darstellung des →Sarkophags* mit dem Leichnam Christi, den Wächtern, den drei Marien, Engeln und anderen Figuren (z. B. im Freiburger Münster). Im 14. Jahrh. entstanden, Form des →Andachtsbildes. Auch im →Barock verbreitet.

Heilige Sippe. Darstellung der Verwandtschaft Marias (Hl. Anna mit ihren drei Männern, ihren Töchtern, Schwiegersöhnen und Enkeln). Beliebt im 15. und 16. Jahrh.; mehr →genrehaft* als religiös.

Heilige Stiege. Ein aus dem Wallfahrtswesen des →Barock erwachsenes →kapellenartiges Bauwerk, welches die ~ in Rom nachbildet. Diese soll identisch sein mit der →Treppe* im Palast des Pilatus zu Jerusalem, über die Christus hinaufgeführt, und von der aus er dem Volk vorgestellt wurde; die Pilatusstiege soll gegen Ende der Kreuzfahrerzeit nach Rom gebracht worden sein. Die in der Nachfolge der röm. Scala Sancta geschaffenen ~ zeigen außen einen →Altan* mit der →plastischen Gruppe des →Ecce homo. Innen enthalten sie eine Treppe, die nur kniend erstiegen werden darf. Am Ende der Treppe befindet sich gewöhnlich eine plastische Darstellung der Kreuzigung Christi. Die ~ soll die Imitatio Christi, den Nachvollzug der →Passion des Herrn, fördern.

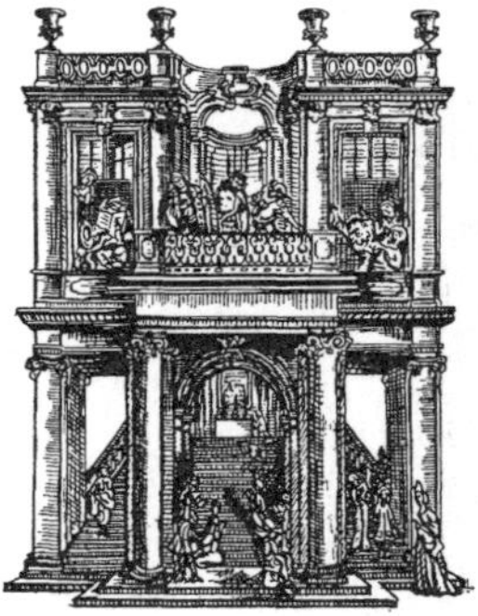

Heilige Stiege. Wien: Minoritenkirche. Hl. Stiege. 1697. Abgebrochen 1784. Stich von J. J. Thourneyser.

Heilsspiegel (lat. das Speculum humanae salvationis). Buch mit Bildern der Heilsgeschichte, die von gereimten Versen begleitet sind. →Typologische Gegenüberstellung des Alten und Neuen Testamentes. Anfänge im 14. Jahrh. In 200 bis 300 Handschriften erhalten. Seit etwa 1450 als →Blockbuch weit verbreitet.

Heiltum, das. Jeder Gegenstand religiöser Verehrung, dem heilbringende Kraft zugeschrieben wird, bes. Reliquien; insgesamt der Reliquienschatz einer Kirche, dessen einzelne Stücke im Heiltumsbuch (seit dem Ende des Mittelalters, oft mit Bildern geschmückt) aufgezeichnet wurden. Berühmt das Aachener oder das Hallesche Heiltum.

Heimatkunst.

I. = →Volkskunst.

II. Richtung der deutschen Malerei am Ende des 19. Jahrh.: diejenigen Schulen, die in ihrer Kunst die Eigenart bestimmter Landschaften herausformen möchten (die Worpsweder, die Dachauer usw. Künstlerkolonie). Ggstz.: jede antikisierende oder →idealisierende Malerei.

Heimatmuseum. Ein Museum, das der Kunst, Kultur und Natur einer geschlossenen Landschaft gewidmet ist.

Heimsuchung Mariens. Besuch Mariens bei Elisabeth (Luk. 1,39–56).

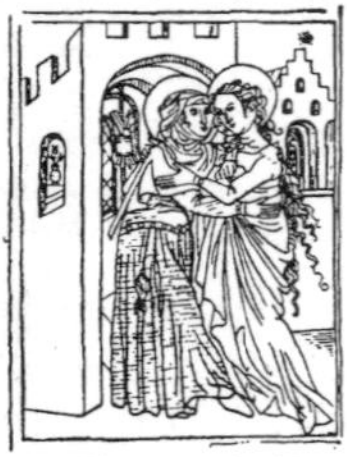

Heimsuchung. Hans von Tübingen (gest. vor 1462). Einblattholzschnitt. Um 1435.

Hekatompedon, das (griech.) →Tempel* von 100 Fuß (29–32 m) Länge.

Helios, der (griech., lat. Sol, der). Der Sonnengott der Griechen und Römer. Häufig ist die Darstellung, wie er als Jüngling den Sonnenwagen über den Himmel lenkt.

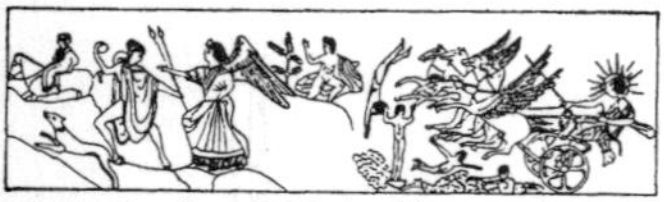

Helios. London: Britisches Museum. Attische Vase aus S. Agata dei Goti (Italien, Campanien). Um 440 v. Chr. – Teil.

Helldunkel (ital. chiaroscuro: kiar-, franz. clair-obscur: klär-obßkühr). Die Gestaltung von Licht und →Schatten* als vorherrschendes Formprinzip in Malerei und →Graphik. Die →Lokalfarben werden von Licht und Schatten überdeckt und die Umrisse aufgelöst. Beginn bei Leonardo, Höhepunkt bei Rembrandt.

Hellenistische Kunst. →Griech. Kunst etwa von Alexander d. Gr. bis Augustus (323 v. Chr. bis 14 n. Chr.). Überwindung klassischer Ausgeglichenheit. Reichtum und Steigerung der Formen, in der Bildkunst Verfeinerung und Naturalismus. Sowohl Bauten wie →Plastiken werden gern zu Gruppen zusammengefaßt. Einfluß des Orients, Richtung auf eine Weltkultur im Ggstz. zu stammlichen und nationalen Bindungen. Am Ende der ~ bildet sich eine →klassizistische Gestaltungsweise aus, die von größter Bedeutung für die →röm. Kunst unter Augustus wurde. →Arabeske*, Psyche*, Venus.

Helm. →Fiale*.

Helmdach. →Dachformen 8/9*.

Henkelkreuz. →Kreuz 9*.

Henri-deux-Stil (franz.: añri dö). Französische →Renaissance* unter Heinrich II. (1547/1559).

Hephaistos, der (griech.). Sohn des →Zeus* und der →Hera*. Gott des Feuers und derjenigen Künstler, welche Feuer, vor allem für Metallarbeiten, brauchen.

Hera, die (griech., lat. Juno). Schwester und Gemahlin des →Zeus*. Schutzgöttin der Ehe, Geburtshelferin, Herrin des Himmels. →Kuh und →Pfau sind ihre heiligen Tiere. Ihre berühmtesten Tempel befanden sich in Argos, Samos und Olympia.

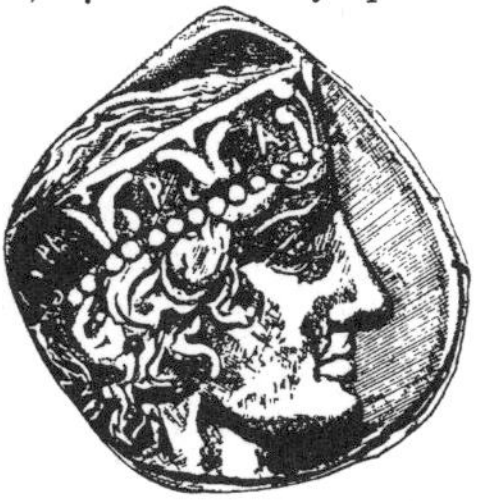

Hera. Berlin: Staatliches Münzkabinett. Silber-Didrachmon von Elis. Um 415 v. Chr.

Heraion, das (griech.). Heiligtum der →Hera*.

Herakles, der (griech. Herakles; lat. Hercules, Herkules). Sohn des →Zeus* und der Alkmene. Griech. Heros, Urbild des Mannes, der nach Verrichtung großer, die menschliche Gesittung fördernder Taten Unsterblichkeit erlangt. Seinen Ruhm begründen die sog. Zwölf Arbeiten des ~, die in der Kunst häufig dargestellt wurden (bes. schön z. B. am Zeustempel in Olympia). Auch im europäischen →Barock beliebt.

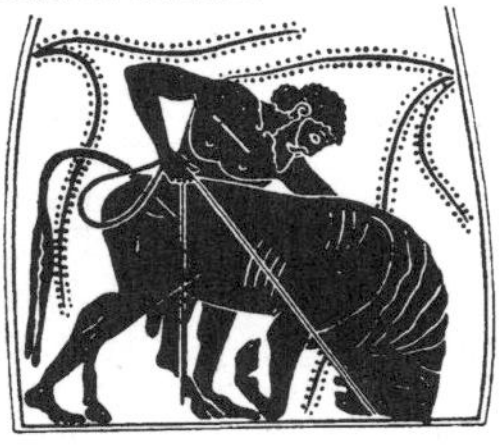

Herakles. London: Britisches Museum. Schwarzfigurige Vase aus Vulci (Italien Latium). Um 510 v. Chr. Teil: ~ kämpft mit dem kretischen Stier.

Heraldik, die = Wappenkunde.

Herm|aphrodit, der (griech.). Zwittergottheit, die zur Steigerung ihrer Vollkommenheit zweigeschlechtlich gedacht wurde. Auf urzeitliche Vorstellungen zurückgehend. Nach →hellenistischer Dichtung ein zwitterhafter Sohn des →Hermes* und der →Aphrodite.

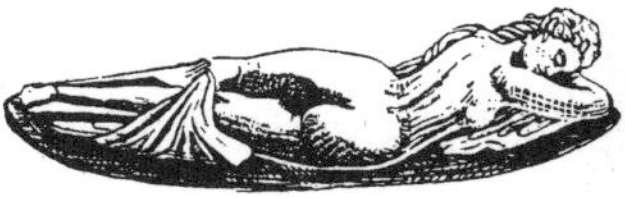

Hermaphrodit. Rom: Thermenmuseum Hellenistisch.

Herme, die (griech.). Der Name weist auf den Gott→Hermes* hin. Doch handelt es sich wohl nicht um die älteste Form seines Kultbildes. ~ heißt in Griechenland jede →Statue, bei der nur der Kopf ausgearbeitet ist (bei Männer~n dazu das Glied), während den Körper ein viereckiger →

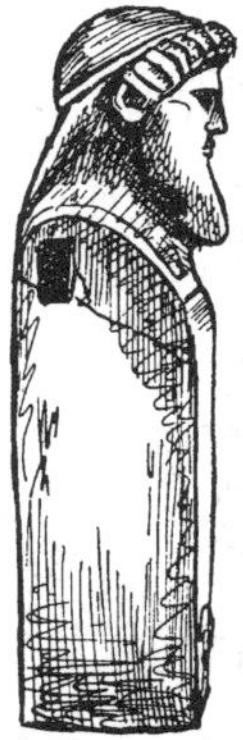

Herme. Istanbul: Museum. Aus Pergamon: Haus des Attalos. Römische Kopie nach Alkamenes (Mitte 5. Jahrh. v. Chr.).

schaft vertritt. Frühe ~n des strengen Stils (Anf. 5. Jahrh.) standen als Wegegötter auf den Feldern. Bei Doppel~n sind nur zwei Gesichter ausgearbeitet; die Hinterköpfe gehen ineinander über; als Denkmal für zwei auf demselben Gebiet berühmte Persönlichkeiten, z. B. zwei Tragödiendichter, verwandt.

Hermes, der (griech. Hermes; lat. Merkur). Alter griech. Gott mit vielfältiger Bedeutung: er verleiht Reichtum an Herden und durch Handel; ist Gott der Wege und des Verkehrs, der Kaufleute und der Diebe; ist Götterbote, Schlaf- und Traumspender, Geleiter der Seelen in die Unterwelt (~ psychopompos). Die Reisenden und die Athleten, die Herolde und Redner verehren ihn als ihren Patron. Stiehlt als Knabe →Apolls* Herden und erfindet die Leier. Tötet den hundertäugigen Argos. Listenreich und wortgewandt. Sohn des →Zeus* und der Maia.

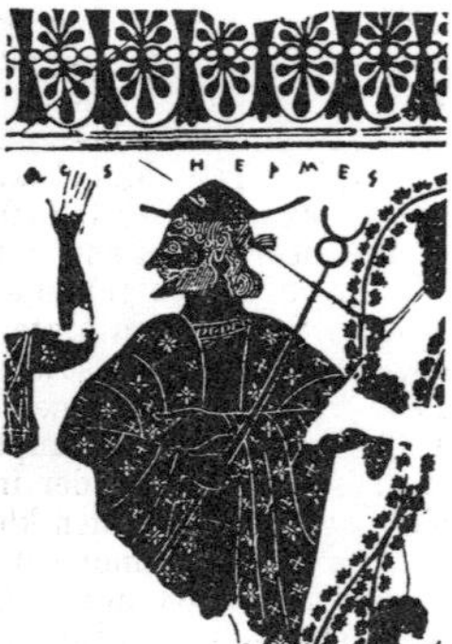

Hermes. Athen: Nationalmuseum. Krater des Exekias. Um 520 v. Chr.

Heroische Landschaft. Form der →Landschaftsmalerei: großgeformte Landschaft mit Gestalten der antiken Mythologie als →Staffage*. Hauptmeister im 17. Jahrh.: N. Poussin (1593/94–1665) und Cl. Lorrain (1600–1682). Im 19. Jahrh. heißt ~ jedes Bild, das die Landschaft, bes. das Hochgebirge, →monumental auffaßt.

Heroon, das. Heiligtum eines Heros.

Herrenremter. →Remter*.

Herrnhuter. →Betsaal.

Herz-Jesu-Bild. Eine Form des →Andachtsbildes. Im 18. Jahrh. aufkommende Darstellung Christi mit sichtbarem Herzen, das von einer →Glorie umstrahlt ist. →Sinnbild der Liebe Christi zu den Menschen. Bilder des Herzens Jesu allein (mit der Dornenkrone oder von Nägeln durchbohrt) seit dem 16. Jahrh. Eine Vorform zeigt unser Bild: das

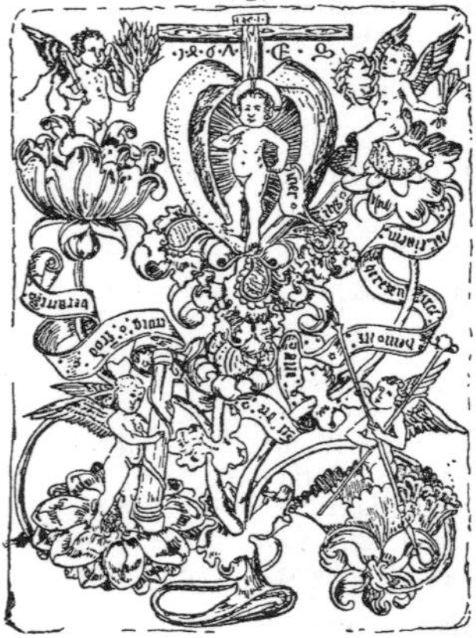

Herz-Jesu-Bild. Meister E. S. (tätig um 1450 bis 1467). Kupferstich.

Herz Jesu als Passionsblume, in deren Mitte der segnende Christusknabe steht, über sich das→Kreuz*. Aus den anderen Blumen wachsen Engelchen mit den →Passionswerkzeugen. Das →Spruchband* sagt: „Wer Jesus in seinem Herzen trägt, dem ist allezeit die ew'ge Freud' bereit."

Hethitische Kunst. →Vorderasiatische Kunst.

Hexagon, das (griech. = Sechseck). Zwei gleichschenklige Dreiecke werden so ineinander geschoben, daß ein sechseckiger Stern entsteht.

Hexagramm, das (griech.) →Hexagon.

hieratisch (griech.) = priesterlich. Kunst im strengen, erhabenen Stil.

Himmelfahrt Mariens. →Assumptio*, Assunta, Assunzione.

Himmlisches Jerusalem. →Kronleuchter.

Hinduistische Kunst. →Indische Kunst*.

Hinduistischer Tempel. →Indische Kunst*, Gopuram*, Mandapa, Schikhara.

Hinkelstein-Keramik. →Bandkeramik 1*.

Hinterglasmalerei. Malerei auf der Hinterseite einer Glasplatte, durch die hindurch sie in auffallendem Licht betrachtet wird. Oft mit versilberten oder vergoldeten Teilen. Anfänge in der spät→hellenistischen Zeit. Höhepunkt um 1500.

Hintergrund. Ist ein Gemälde, ein →graphisches Blatt oder ein→Relief* auf räumliche Tiefenwirkung angelegt, so unterscheidet man den Vorder-, Mittel- und Hintergrund, die entweder voneinander klar geschieden sind oder ineinander übergehen.

Hippodamisches System. Planung einer griech. Stadt mit geradlinigrechtwinkligen Straßen. Nach dem Architekten Hippodamos aus Milet (geb. um 510 v. Chr.); z. B. Planung des Piräus, der Hafenstadt von Athen. →Insula.

Hippodrom, der oder das (griech.). Pferde- und Wagenrennbahn.

Hirnholz. →Holzschnitt*.

Hirsauer Bauschule. Sonderform der →romanischen Baukunst seit dem Ende des 11. Jahrh. unter dem Einfluß der Reformen von Cluny. In Deutschland geht sie von Kloster Hirsau aus und ist später bes. in Sachsen und Thüringen verbreitet. Sie zielt auf eine größere Einfachheit des Bauens und verzichtet darum auf Wölbung und →Krypta. Gelegentlich flacher →Chorschluß*. Bevorzugung von →Säulen* mit Würfelkapitellen (→Kapitell*). Innen gliedert sich der Bau in eine Mönchs- und eine Laienkirche. Die Mönchskirche, die auch das erste östl. Joch des →Langhauses einbezieht, umfaßt das →Presbyterium (e) mit dem →Hauptaltar und den hinter ihm stehenden →Altären* sowie den →Chor mit dem →Chorgestühl*. Der Chor umfaßt den Hauptchor oder chorus maior (d), der in der →Vierung* liegt, und den kleinen Chor oder chorus minor (c) d. h. das erste östl. Joch des →Langhauses. Die →Nebenchöre neben dem Presbyterium (f) sind für die Andacht und für freiwillige Geißelungen der Mönche bestimmt. Die Mönchskirche ist von der Laienkirche durch eine Trennmauer geschieden. Diese Ordnung wurde aus Cluny (Frankreich, Burgund) übernommen. Die Eingangshalle (a) und das →Atrium (b), die an die strenge →altchristl. Baukunst anknüpfen (→Atrium 4*, Basilika 2–4*, Galiläa), begünstigten die gerade von den Hirsauern angestrebte Feierlichkeit des Gottesdienstes, besonders der Prozessionen.

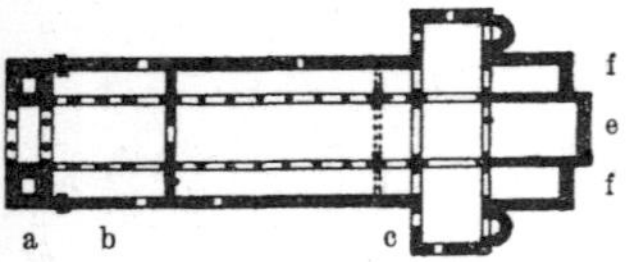

Hirsauer Bauschule. Hirsau (Württ /Schwarzwald): Kluniazenserabteikirche St. Peter und Paul. 1082–1091. Heute Ruine. a Eingangshalle. b Atrium. c chorus minor. d chorus maior. e Presbyterium. f Nebenchöre.

Hirt, der Gute. →Guter Hirt*.

Historienmalerei. Darstellung eines Stoffs der Geschichte, der Mythologie, der Sage und der Dichtung. Höhepunkte in der Antike (→Mosaik der Alexanderschlacht), in der →Renaissance* und im→Barock. Das 19. Jahrh. strebt geschichtliche Treue in der Schilderung an.

Historismus, der. Stil der europäischen Kunst vom Ende des Klassizismus bis zum →Jugendstil*; etwa 1820 bis 1920. Nachahmung historischer Baustile. →Eklektizismus, Neubarock, Neugotik, Neuklassizismus, Neurenaissance, Neurokoko, Neuromanik.

Hochaltar. Der Haupt→altar* einer Kirche.

Hochhaus. →Wolkenkratzer.

Hochkultur, Kunst der ~. Im Ggstz. zur →vorgeschichtlichen Kunst die Kunst derjenigen Kulturen, die eine Schrift besitzen. Der Übergang von der vorgeschichtlichen Kunst zur Kunst der ~ vollzog sich um 3000 v. Chr. im Zweistromland (→ vorderasiatische Kunst) und am Nil (→ ägyt. Kunst). Für die Kunst der ~ sind folgende Züge charakteristisch:

I. Ausbildung eines eigenen Standes von Künstlern und Kunsthandwerkern.
II. Entwicklung neuer Verfahren, vor allem des →Bronzegusses*.
III. Errichtung von Städten (→Tempel, Kultstatuen, Königspaläste, Hofkunst).
IV. Organisation von Großbauten mit kompliziertem Arbeitseinsatz.
V. Einführung von Rohstoffen für Kunstwerke aus z. T. weit entfernten Gegenden.

Hochrelief, das. →Relief 2*.

Hochrenaissance, die (franz.: -renäßañß = Wiedergeburt). →Renaissance*.

Hochzeitstruhe. →Truhe*.

Hodegetria, die (griech.). →Madonna V.

höhen mit Deckweiß. →Temperamalerei.

Höhlenmalereien. Malereien in Höhlen der Jüngeren →Altsteinzeit, des →Aurignacien (60000 bis 40000 v. Chr.) und des →Magdalénien* (40000–10000 v. Chr.). Die

Bilder sind an numinos ausgezeichneten Stellen angebracht ohne Rücksicht auf Betrachter: tief im Dunklen, oft nur wenige Zentimeter über dem Boden und häufig mehrfach übereinander gemalt. In der Nähe der Bilder fanden magische Handlungen, z. B. Tänze, statt: sie hatten – zusammen mit den Bildern – den Sinn, die Jagd durch Zauber zu beeinflussen, die Fruchtbarkeit des Jagdwilds zu mehren oder den im erlegten Tier beleidigten Tiergeist zu versöhnen. Möglicherweise enthalten die Bilder auch schon Ansätze zu mythischen Darstellungen. Ohne →naturalistisch zu sein, sind sie von packender Lebendigkeit. ~ vornehmlich in Frankreich (Dordogne) und in Spanien (Asturien und Santander). →Magdalénien*, vorgeschichtliche Kunst. Es gibt ~ auch in den →Hochkulturen, z. B. in →Ägypten, China und Indien.

1

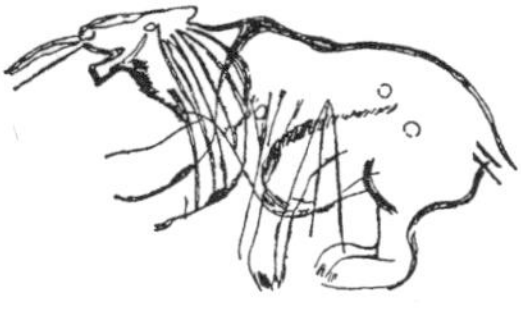

2

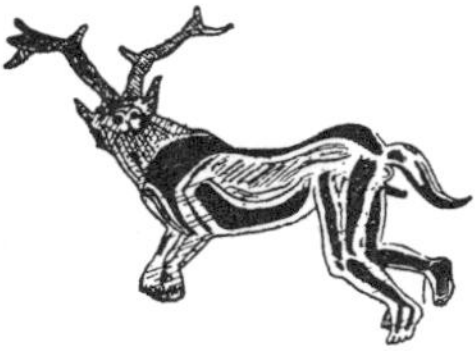

Höhlenmalereien. 1. Trois Frères (Frankreich, Dep. Ariège): Höhle. Von Pfeilen getroffener Bär. 2. Trois Frères (Frankreich, Dep. Ariège): Höhle. Zauberer beim kultischen Tanz.

Höhlentempel. In Felsen gehauene →Tempel* (→Ägypten, China, Indien, Turkestan). →Tschaitya.

Höllenfahrt Christi. →Anastasis*, Limbus*.

Hofmoschee, die. →Islamische Kunst (1)*.

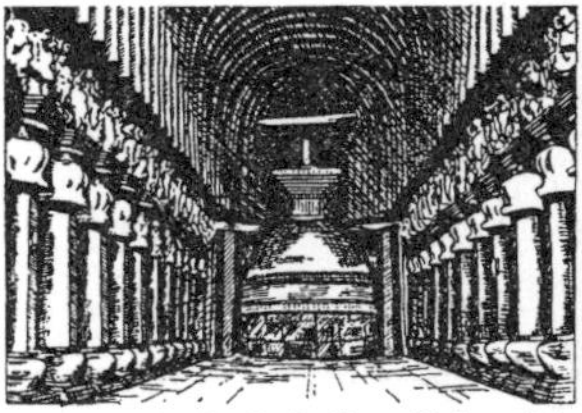

Höhlentempel. Karli (Indien, Maharashtra): Buddhistisches Felsenkloster; Tschaitya-Halle. 41 m l., 15 m br. Wahrscheinlich Anf. 2. Jahrh. n. Chr.

Hohlkehle, Hohlleiste, (griech.: Trochilos). Konkaves Bauglied an → Gesimsen*, Decken, Säulen*, Möbeln. Ggstz.: Stab oder →Wulst. →Säulenordnungen*.

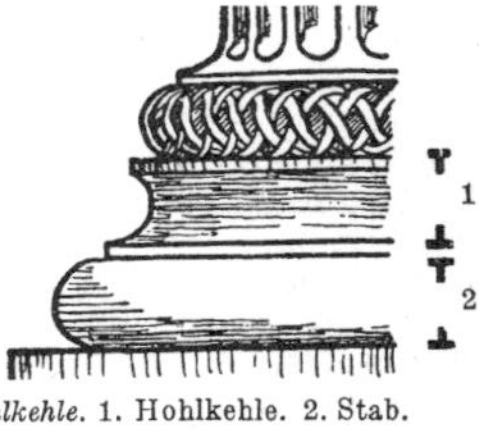

Hohlkehle. 1. Hohlkehle. 2. Stab.

Holzbau. Hauptformen:

I. Blockbau: Aufbau der Wand aus waagerecht liegenden Stämmen.

II. Ständerbau: Aufbau der Wand aus senkrecht stehenden Stämmen.

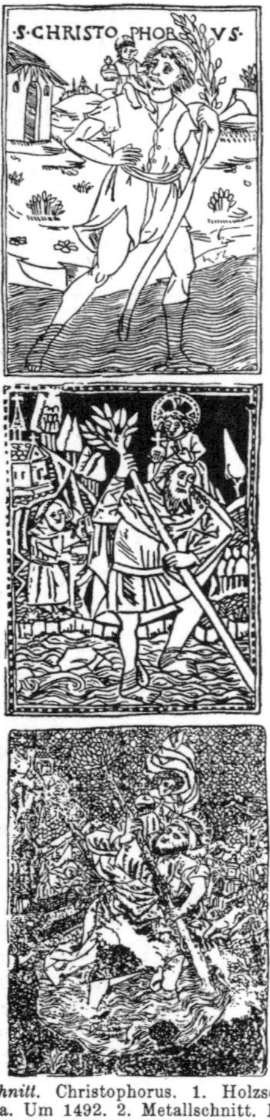

1 2 3

Holzschnitt. Christophorus. 1. Holzschnitt. Ferrara. Um 1492. 2. Metallschnitt. Frankfurt a. M.: Städel. Um 1500. 3. Schrotblatt. Riga: Stadtbibliothek. Aus Köln. Ende 15. Jahrh

III. Fachwerkbau: Verbindung der I. und II. Bauweise. → Fachwerk*.

Holzeinlegearbeit. → Intarsia*.

Holzschnitt (1). Als Material dient eine Holzplatte, die entweder mit längslaufender Faser (Längsholz) oder quer zu ihr (Hirnholz) aus dem Stamm geschnitten ist. Das Längsholz wird mit dem Messer geschnitten, das Querholz mit dem Stichel bearbeitet. Auf die geglättete und schwach grundierte Platte (Druckstock) wird das Bild seitenverkehrt aufgezeichnet. Der Holzschneider (Xylograph), oft der Künstler selber, schneidet oder stichelt die Stellen aus, die nicht drucken sollen. Die Linien der Zeichnung bleiben also erhaben stehen. Voraussetzung ist die schnittgerechte Anlage des Bildes durch den Zeichner. Die bearbeitete Platte wird mit Druckerschwärze versehen und auf leicht angefeuchtetes Papier abgezogen. Der ~ ist die älteste → graphische Technik. Er kommt zuerst als Einzelblatt (Einblatt~) vor; um 1430 entsteht die ~-Folge des → Blockbuches.
Eine Abart des ~ ist der Farben-~. Man braucht dazu mehrere aufeinander passende Platten; jede ist verschieden eingefärbt und zeigt lediglich diejenigen Teile des Bildes, die in der betreffenden Farbe erscheinen sollen; die Platten werden dann nacheinander auf dasselbe Blatt gedruckt. Die gleiche Technik wie der ~ hat der Metallschnitt (2), in den ebenfalls die Zeichnung erhaben geschnitten ist. Eine Abart des Metallschnittes ist das Schrotblatt (3): Die Zeichnung wird durch → Punzierung* mit weißen Punkten auf schwarzem Grund gearbeitet.

Holzschnitzerei. →Bohrloch.

Holzstich. Technik der →Graphik; Tiefdruckverfahren. Das Bild wird mit dem →Stichel in eine Hartholzplatte eingestochen, die quer zur Faser aus dem Stamm geschnitten ist. Die Rillen sind verschieden breit und folgen sich in verschieden dichten Abständen. So entsteht eine Tonigkeit, mit der man auch Gemälde wiedergeben kann. Von dem engl. Illustrator Th. Bewick (1753-1828) erfunden.

Honduras, die (Mehrz.). Mesoamerikanische Hochkulturen.

Horizontlinie. →Perspektive*.

Horror strips, die (Mehrz.; engl.). →Comics mit „Schrecken" erregendem Inhalt: Grausamkeit, Verbrechertum u. dgl.

Hortus deliciarum, der (lat.) = Garten der Köstlichkeiten. Name eines von der Äbtissin Herrad von Landsperg um 1180 verfaßten Buches zur Unterweisung von Nonnen, mit 344 →Miniaturen.

Horus, der. Im Alten →Ägypten der Sonnengott in der Gestalt eines Falken. Der König gilt als Sohn des Horus. →Falkengott, Flügelsonne*, Isis*, Osiris*.

Hostienmühle. In Deutschland entstandenes Bildmotiv des 15. Jahrh., welches das Wunder der Transsubstantiation volkstümlich erklärt: die vier Evangelisten in Gestalt ihrer →Symbole geben das auf →Spruchbänder* geschriebene „Wort" (Logos, Christus) in den Mühltrog hinein. Unten kommt es in Hostienform heraus. Die Hostien werden in einem →Ciborium* gesammelt und von Geistlichen an die Gläubigen ausgeteilt. Apostel drehen die Mühle, oder die vier →Paradiesflüsse* treiben sie an. Im →Ciborium* steht oft auch der Christusknabe.

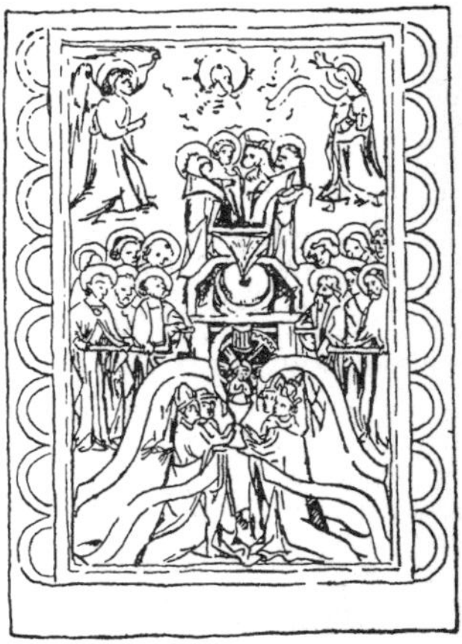

Hostienmühle. München: Staatsarchiv Miniatur aus Kloster Metten (Niederbayern). 1414.

Hôtel, das (franz.). In Frankreich das Stadthaus der Adligen. →Corps de Logis.

Hu (chin.). Chin. Vorratsgefäß. →Sakralbronzen*.

Hünengrab, bes. in Niedersachsen. →Vorgeschichtlicher Grabbau: große von Steinen umstellte Langhügel mit nur kleiner →Grabkammer. →Vorgeschichtliche Kunst.

Hüttenmeister, Hüttenordnung. →Bauhütte.

Hüttenplastik. Genannt nach der aus →gotischen* →Bauhütten hervorgegangenen →Bauplastik.

Hufeisenbogen. Bogen 5*.

Hugenottenkunst. Kunst der franz. Kalvinisten, die nach ihrer Vertreibung aus Frankreich (1685) als Baumeister in Holland und Deutschland eine →klassizistische Abwandlung des →Barock gepflegt haben.

Hulp, St. →Kümmernis*.

Humerale, das (lat. = Schultertuch). →Amikt*.

Humpen, der. Ein Trinkgefäß: niedriger Fuß, bauchige oder zylindrische Form, Deckel. Bes. im 16. und 17. Jahrh. beliebt.

Hundszahnornament. Zierfries, bes. der engl. Früh→gotik*: pyramidenförmige* Gebilde, darüber ein →Vierblatt*.

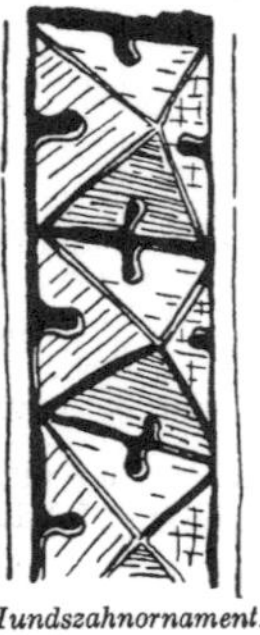

Hundszahnornament.

Hungertuch, auch Fastentuch, Fastenvelum; in Niedersachsen und im Rheinland „S(ch)machtlappen" genannt. Ein bemalter, bedruckter oder gewirkter Vorhang mit der Darstellung der →Leidenswerkzeuge* Christi oder Szenen aus der Passion. Das ~ wurde während der vorösterlichen Fastenzeit im frühen Mittelalter zwischen→Chor und →Schiff der Kirche aufgehängt. Auch heute noch bisweilen im Gebrauch.

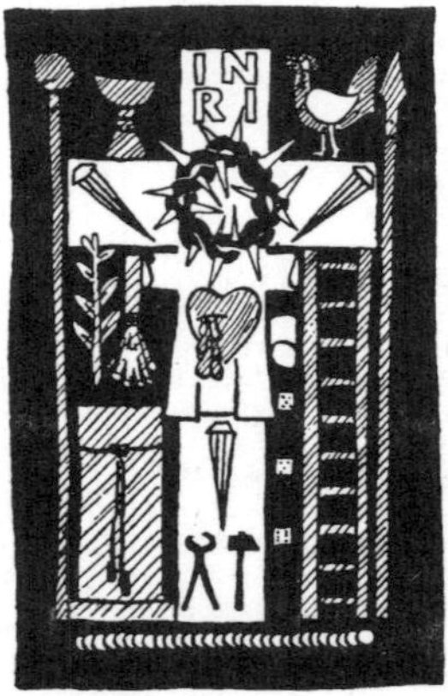

Hungertuch. Merchingen (Saar): Kirche. Entwurf: Ziegler, Aachen. Um 1930. Dargestellt sind: Die Silberlinge des Judas, der Hahn (aus der Verleugnung Petri), Geißel und Geißelsäule, das Rohr (aus der Verspottung Christi), Nägel, Hammer und Zange, Dornenkrone, Kelch, das blutende Herz Christi, die Stange mit dem Schwamm, die Lanze (Durchbohrung der Seite Christi), der Leibrock und die Würfel, mit denen man um ihn würfelte, die Leiter (der Kreuzabnahme).

Hurri. →Churrier.

Hydria, die (griech.). Griech. Gefäß zum Wassertragen, mit zwei waagerechten und einem senkrechten Henkel.

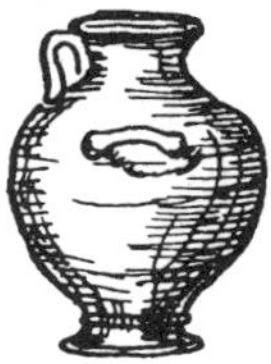

Hydria.

Hydrophoren, die (griech.). Wasserträger(innen). Beliebtes Motiv der →griech. Kunst, bes. im kultischen Zusammenhang.

Hymettischer Marmor. →Marmor.

Hypäthralbasilika, die (griech.) = Basilika unter freiem Himmel. Der von Hallen umzogene Innenhof ist offen. Die →Apsis* befindet sich an einer Schmalseite.

Hypäthraltempel (griech. = Tempel unter freiem Himmel). Sehr große, nicht überdachte →Tempel, die einen freien Hof bildeten, z. B. in Didymai (→Dipteros*).

Hypnos, der (griech.). Antiker Gott des Schlafes, dessen Zwillingsbruder Thanatos (griech. = Tod) und dessen Mutter Nyx (griech. = Nacht) ist. Als geflügelter Jüngling dargestellt. →Tod I.

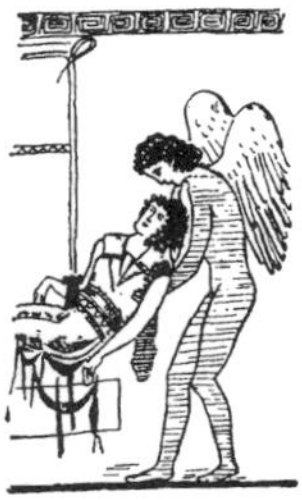

Hypnos. London: Britisches Museum Lekythos des Thanatos-Malers. ~ greift dem toten Soldaten unter die Schulter Um 430 v. Chr

Hypogäum, das (lat.; griech. Hypogeion, das = Grabstätte). Bezeichnung für →Katakombe*.

Hypokausten, die (griech. = Heizung von unten). In den Boden eingebaute Warmluftheizung antiker Bauten, die um 80 v. Chr. erfunden sein soll. Zwei Fußböden befinden sich übereinander. Beide sind durch →Pfeiler (P) aus Ziegelsteinen miteinander verbunden, die etwa 10 bis 20 cm dick und 80 cm hoch sind. Von einem Zentralofen aus (O) wird warme Luft zwischen die Pfeiler geleitet und erwärmt den oberen Fußboden (F). Die oberen Stockwerke erwärmt man durch heiße Luft, die in Hohlziegeln hochsteigt (K).

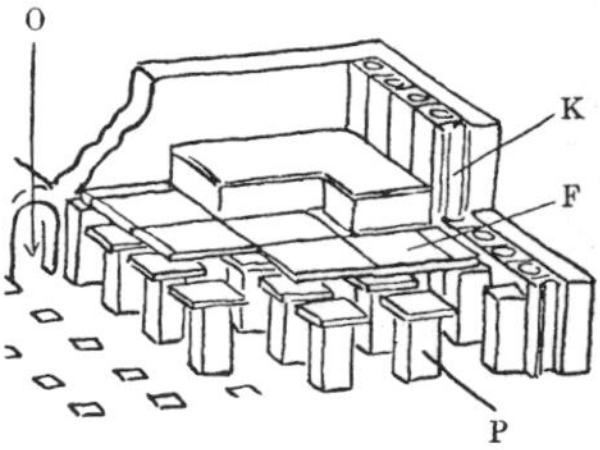

Hypokausten. O = Feuerung. P = Pfeiler. F = Fußboden. K = Kanäle zu den oberen Stockwerken.

Hypostylon, das (griech.) = unter den Säulen. Ein Saal mit Säulenreihen, die das Dach abstützen.

Hypotrachelion, das (griech.). Hals der Säule. →Hals*, Säulenordnungen 2d¹*.

I

ICOM. Abkürzung für „International Council of Museums". 1948 gegr. Organisation für die internationale Zusammenarbeit der Museen.

Ideale Landschaft. Form der→Landschaftsmalerei, die um 1600 entsteht: die Landschaft hat große, harmonische Formen, ist voll Sonne und Licht, besitzt Fülle und Maß in wohltuendem Ausgleich; oft antike →Staffage*. Ein führender Meister ist Claude Lorrain (1600–1682).

idealisierende Darstellung. Kunstform, welche nicht die Wirklichkeit schildert, wie sie ist, sondern sie verschönert und verklärt. Ggstz.: →Realismus.

Idolatrie, die (griech. = Bilderdienst). Verehrung eines Bildwerkes in dem Glauben, daß es mit den numinosen Kräften des dargestellten Gottes oder Heiligen angefüllt sei und sie segenbringend ausstrahle. In allen Religionen verbreitet. →Ikonoklast.

Idolplastik. Seit der →Altsteinzeit verbreitete plastische Tier- oder Menschenfigur, der man eine zaubrische Wirkung, vor allem die Steigerung der Fruchtbarkeit zuschrieb. Die weiblichen Idolfiguren sind teils mit üppigem Körper (→Große Mutter*), teils flächig-abstrakt gebildet. →Naturvölker, Vorgeschichtliche Kunst.

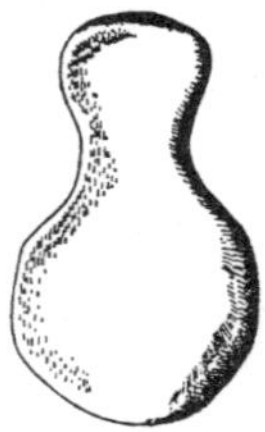

Idolplastik. Athen: Nationalmuseum. Marmor. Von den Kykladen. Um 3000–2000 v.Chr.

Ikebana (jap.) = Blumenstellen. →Japanische Kunst.

Ikon, die (griech. = Bild; Mehrz. Ikonen). Kultisches →Tafelbild der griech.-orthodoxen Kirche. Nach →ostkirchlicher Überzeu-

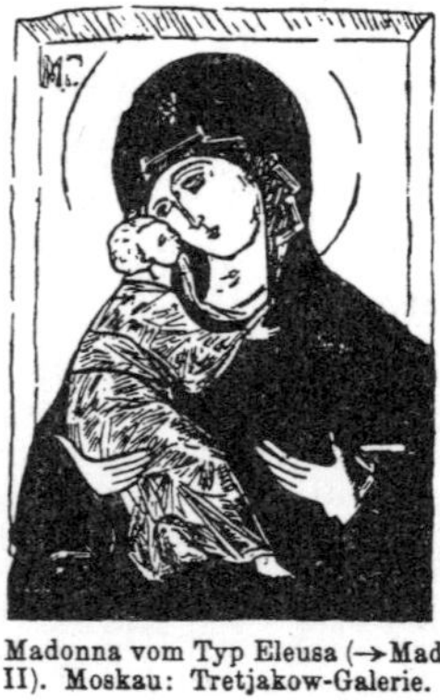

Ikon. Madonna vom Typ Eleusa (→Madonna II). Moskau: Tretjakow-Galerie.

gung nimmt das Urbild mit seiner heiligen Kraft und Gnade am Abbild teil. Darum genießt das Bild kultische Verehrung. In den Formen vermeidet es den→Naturalismus, zeigt eine hohe Strenge und möchte in der Farbigkeit die künftige Verklärung alles Seins ahnen lassen. Farben und Formen liegen weithin→kanonisch fest. Bes. berühmt sind diejenigen ~en, die als getreue Wiedergaben Christi und Mariens gelten. →Acheiropoieten.

Ikonodule, der (griech.). Verehrer religiöser Bilder in der Ostkirche. Ggstz.: →Ikonoklast.

Ikonographie, die (griech. = Bildbeschreibung).

I. In der Altertumskunde: wissenschaftliche Sammlung und Deutung antiker Bildnisse.

II. In der Kunstwissenschaft: Feststellung der Bildinhalte der Kunst.

III. Sammlung von Bildnissen berühmter Persönlichkeiten.

Ikonoklast, der; Ikonoklasmus, der (griech. = Zerstörer bzw. Zerstörung von Bildern). Bilderstürmer, Bilderstreit (726–843). Im Bilderstreit geht es um die Frage, ob die Bilder Christi und der Heiligen zu verehren seien. Die Kirche entschied, daß dem christl. Bild um des Dargestellten willen Ehre gebühre, daß ihm aber keine zauberische Kraft innewohne. So wurde der abgöttische Bilderdienst von der christl. Bilderverehrung scharf abgegrenzt. – Weitere Bilderstürme ereigneten sich in der Reformation.

Ikonologie, die (griech.). Die Lehre von den Bedeutungen der Bildinhalte, im Ggstz. zur→Ikonographie, die die Inhalte beschreibt.

Die Ikonographie stellt etwa fest: in der Kirche zu Schwarzrheindorf bei Bonn schildern die Fresken Visionen des Ezechiel und Szenen aus dem Neuen Testament. Die ~ ermittelt, daß diese Motive in einem sinnvollen Bezug zueinander stehen und insgesamt einen religiösen Geschichtsprozeß vergegenwärtigen: den Verfall des Glaubens und seine Erneuerung aus Christus.

Auch auf die Architektur anwendbar; z. B. kann das Nischentor an einem Bauwerk eine Stadt versinnbilden und zur Repräsentationsform eines Herrschers werden. →Sala terrena*.

Ikonostas, der oder Ikonostase, die (griech. = Bilderstand). Die mit →Ikonen* ausgestattete Scheide-

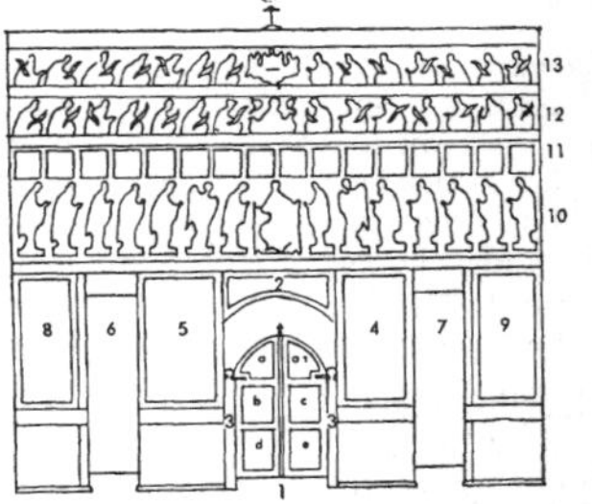

Ikonostase. Schema einer Kirchen~: 1. Die heilige Pforte; a und a': die Verkündigung; b, c, d und e: die vier Evangelisten. 2. Das Abendmahl. 3. Die Säulen der heiligen Pforte mit Darstellungen der heiligen Väter Liturgisten. 4. Ikone des Heilands oder Ikone des Ereignisses oder der Person, der die Kirche gewidmet ist. 5. Ikone der Gottesgebärerin. 6. und 7. Die nördliche und die südliche Pforte mit Darstellungen der Erzengel oder heiliger Diakone. 8. und 9. Andere Ikonen. 10. Tschin („Ordnung" = →Deësis*). 11. Die Ikonen der liturgischen Feste. 12. Die Reihe der Propheten. 13. Die Reihe der Vorväter.

wand zwischen dem Allerheiligsten und dem Gemeinderaum im Gotteshaus der →Ostkirche. Die ~ hat 1–3 Türen. Die Bilder sind in mehreren, bis zu sieben Reihen übereinander angeordnet. Den Mittelpunkt der Darstellungen bildet die →Deësis*.

Illuminator, der (lat.) →Miniatur I.

illuminieren (von lat. illuminare = erhellen, schmücken). Herstellung von Buchmalereien. Solche Bücher heißen illuminierte Handschriften, die Künstler Illuminatoren oder Illuministen. Unter ~ versteht man auch das farbige Anlegen von →Graphik im Sinne von →Kolorieren.

Illusion, die (von lat. illudere = täuschen). Künstlerisch gestaltete Vortäuschung von Raumtiefe oder Körperlichkeit. Der →Barock läßt z. B. oft →plastische Körper in gemalte unmerklich übergehen oder erweckt bei flächenhaften Abschlußgittern die Vorstellung räumlicher Tiefe. Die Malerei erreicht die Raum~ vor allem durch das Mittel der →Perspektive*. Der führende Lehrmeister war Andrea del Pozzo (1642–1709) in Rom.

Illustration, die (lat.), **illustrieren.** Die Ausstattung handschriftlicher oder gedruckter Bücher mit Bildern, die den Text veranschaulichen oder aber nur schmückende Bedeutung haben (→Vignette*). Die Bilder können der Textseite eingeordnet sein (eingestellte ~) oder auf gesonderten Blättern erscheinen (Tafeln). Zur Buch~ eignen sich bes. alle →graphischen Techniken und die →Federzeichnung.

Imagines maiorum, die (Mehrz.; lat.) = Bilder der Vorfahren. → Imago.

Imago, die (lat. = Bild, Abbild; Mehrz. Imagines). →Plastisches Bildnis eines Vorfahren im →Atrium* des röm. Hauses, bei Begräbnissen mitgeführt. Wohl Wachsabguß vom Kopf des Toten, in seinem →Realismus wahrscheinlich von großer Wirkung auf die röm. →Bildniskunst.

Imago pietatis, die (lat. →Andachtsbild). Als unbekleidete Halbfigur erscheint Christus vor dem Kreuz. Er trägt die Wundmale, legt die Hände über die Brust und neigt das Haupt mit gebrochenen Augen zur Seite. In dieser Bildform durchdringen sich die Vorstellungen des „Gekreuzigten" und des „Christus im Grabe". Es ist also eine unhistorische Darstellung – zwischen Leben und Tod, Stehen und Liegen: Inbegriff der Passion.

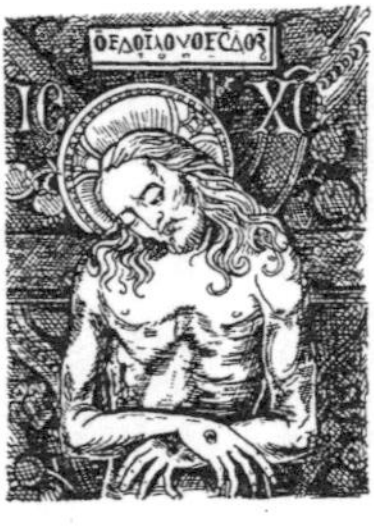

Imago pietatis. Israel van Meckenem (um 1445–1503): Gregorianischer Schmerzensmann. Kupferstich. Ende 15. Jahrh.

Imdugud, der. →Sumerischer Gott des Sturmwindes, der am Himmel und auf Erden Macht ausübt. Als löwenköpfiger Adler dargestellt.

Immaculata, die (lat. = fleckenlos, rein). Zu ergänzen ist conceptio =

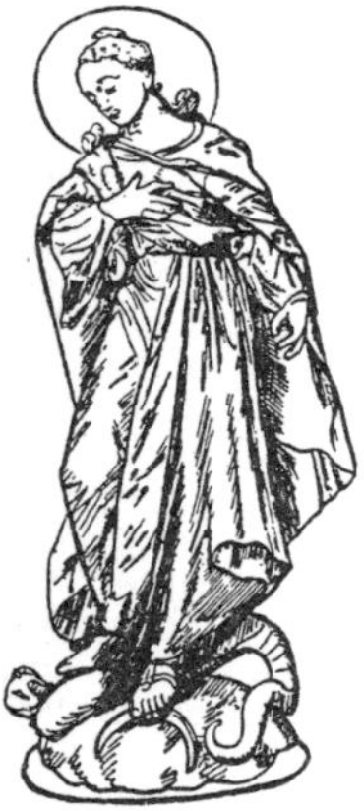

Immaculata. Ignaz Günther (1725–1775). Berlin: Staatl. Museen.

unbefleckte Empfängnis. Gemeint ist die Freiheit Mariens von der Erbsünde. Darstellung Mariens, die verklärt auf Wolken, der Mondsichel oder der Erdkugel schwebt; →ikonographisch im Anschluß an Apok. Kap. 12: ein Weib, mit der Sonne bekleidet und mit 12 Sternen auf dem Haupt; der Mond unter ihren Füßen; der→Drache* ist machtlos gegen sie. Vgl. →Schlange II.

Etwa seit 1500; bes. beliebt im →Barock. Führend ist der span. Meister Bartolomé Esteban Murillo (: -riljo; 1617–1682).

Impasto, das (ital. = Teig). Das dicke Auftragen der Farbe (impastieren).

Impluvium, das (lat. = Regenbehälter). Becken im→Atrium* des antiken Hauses zum Auffangen des Regenwassers.

Impressionismus, der (von franz. impression: äñpreßioñ = Eindruck). Stil der Malerei, der um 1865 in Paris entsteht und sich in ganz Europa durchsetzt. Er möchte in Überwindung der festen Körperlichkeit, der bestimmten Umrisse und der eindeutigen→Lokalfarben die Erscheinung der Dinge im Licht, den flüchtigen Reiz des Augenblicks festhalten. Auch die Schatten werden in ihrer farbigen Tönung entdeckt. Nun weicht die →Ateliermalerei der →Freilichtmalerei; beliebte Motive sind: das Spiel des Sonnenlichtes, Nebel, Wasserdunst, Dampf, das künstliche Licht im Theater und in Ballsälen, der Schimmer von Glas, Spiegeln oder Lüstern usw. Vom ~ geht eine starke Weltfreudigkeit aus; er hat unser Wissen um die Natur überaus bereichert und verfeinert. Abarten des ~ sind der →Neo~ oder →Pointillismus.

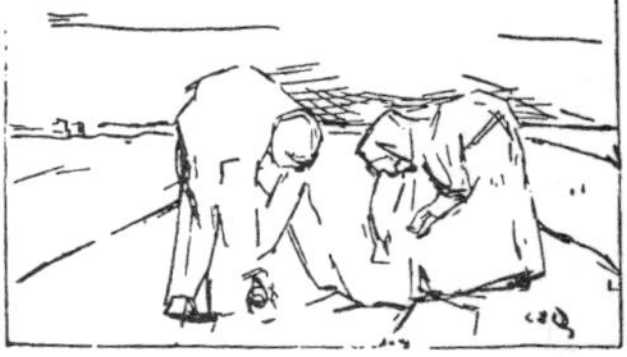

Impressionismus. Max Liebermann (1847 bis 1935): Kartoffelbuddler. Kreide.

Inanna.→Sumerische Liebesgöttin, Gattin des→Tammuz*. Ein Hauptmotiv der →vorderasiatischen Kunst. ~ ist gleichbedeutend mit →Aphrodite, Aschera, Astarte, Atargatis, Innin, Ischtar, Kybele. →Große Mutter*.

inc. = **incidit** (lat. = hat es geschnitten). Abkürzung auf→Kupferstichen*; es folgt der Name des Stechers.

Indische Kunst. Die älteste Epoche ist die Kunst der Indus-Kultur, um 2500 v. Chr. mit den Hauptfundstätten Mohenjo Daro und Harappa. Bedeutende Stadtanlagen. Viele Motive der späteren Kunst sind hier schon vorgebildet, z. B. der Asket in der Yoga-Haltung.

Die ersten uns bekannten Zeugnisse der buddhistischen Kunst liegen um 300 v. Chr. So klafft in unserem Geschichtsbild eine Lücke von rund 2000 Jahren. Wahrscheinlich ist uns die damals geschaffene Kunst noch nicht zugänglich geworden. Im 2. Jahrh. v. Chr. gelingt die Schöpfung der→Buddhastatue, z. T. in Berührung mit →hellenistischer Kunst (→Gandhara*-Kunst). Man verehrt seine Reliquien in →Stupen*, die die älteste uns bekannte Sakralarchitektur Indiens darstellen. Für das Buddhabild sind→kanonisch festgelegte Gesten, →Mudras*, bezeichnend. Die buddhistische Kunst ist z. T. auch von vorbuddhistischer Religiosität beeinflußt.

Im Mahayana-Buddhismus, der die Strenge der urspr. Lehre (seit dem 1. Jahrh. n. Chr.) mildert, entstehen die Gestalten des→Bodhisattva, Maitreya* und Kannon*. Die Kultbilder des Buddhismus werden von großer Wichtigkeit auch für die →chin. und →jap. Kunst.

Etwa um 400 n. Chr. beginnt die Verdrängung des Buddhismus in Indien durch uralte vorarische Volkskulte. Es entsteht nun die hinduistische Kunst mit figurenreichen →Wandgemälden in sinnlich betörenden Formen, bewegten schwellenden Skulpturen, die vor allem die Frau feiern (→Yakshi*), den Darstellungen der großen Götter (→Vishnu*, →Krishna* und →Schiva*) und aufwendigen Tempeln, die von Figuren überquellen. Der nordind. Tempel besteht aus einer breit gelagerten niedrigen Torhalle, dem →Mandapa (Betraum) und dem quadratischen→Sanktuarium mit →Linga oder Götterbild. Über dem Sanktuarium erhebt sich ein Kegelkuppel→turm, der →Schikhara, dessen senkrechte→Rippen gekrümmt sind, und der sich nach oben in leichter, parabolischer Biegung verjüngt. Der südind. Tempel besitzt einen breiten flachgedeckten →Mandapa mit kleiner offener Torhalle. Über dem anschließenden quadratischen Kultraum erhebt sich ein pyramidenförmiger Stufenbau. In den verschiedenen Stockwerken sind kräftig→reliefierte Götter-, Menschen- und Tierbilder angebracht, zum Zeichen dessen, daß der Tempel insgesamt den himmlischen Palast →Schivas* darstellt (→Meru). →Gopuram* heißt der Tor→turm des südind. Tempels. Bis ins 18. Jahrh. entstehen Meisterwerke der Architektur.

Neben den Freibautempeln gibt es viele →Höhlentempel, sowohl in der buddhistischen wie in der hinduistischen Kunst, und zwar bis zum 8. Jahrh.

Die Kunst der Jainas lehnt sich im wesentlichen an die jeweils herrschende Kunst an.

Das heutige Indien bemüht sich um eine Durchdringung ind. Stilgefühls mit neuer europäischer Baukunst. Le Corbusier (1887–1965) wurde – in diesem Sinne – beauftragt, die Stadt Chandigarh zu entwerfen und zu bauen.

Neben der eigenständig ind. Kunst gibt es in Indien seit dem 12. Jahrh. eine reiche→islamische Kunst*.

→Affe, Amida-Buddha, Ananta, Apsaras, Avatara, Brahman, Drache*, Durga, Elefant*, Felsentempel, Gandhara-Kunst*, Ganescha*, Gopuram*, Gupta-Zeit, Hanuman, Höhlentempel*, Indra, Kolossalstatue, Krishna*, Kuh, Lakshmi, Linga, Lotos, Mandapa, Meru, Mithuna-Gruppe, Mogulbauten, -malerei, Mudra*, Nandi*, Pagode*, Parvati, Radha, Radschputenmalerei, Ragamala, Rama, Ratha, Schakti, Schikhara, Schlange, Schlangenkönige und -königinnen*, Schlangenrelief, -stein, Stambha, Stier, Stupa*, Sugriva, Torana*, Trimurti, Tschaitya*, Vedika, Vihara, Vimana, Vishnu*, Weltschlange, Yakshi*.

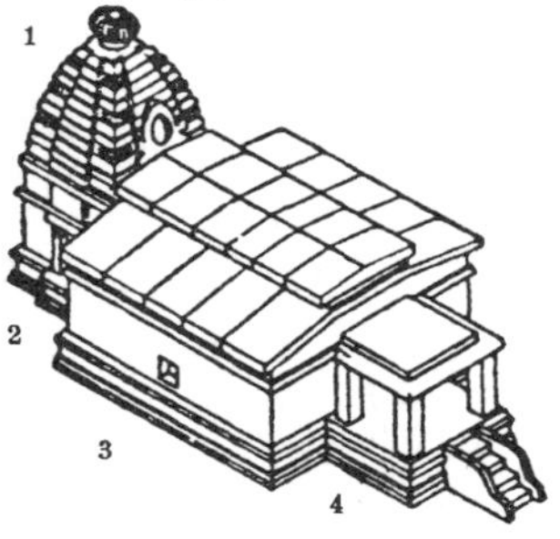

Indische Kunst. Nordindischer Tempeltyp. Aihole bei Badami (Prov. Mysore): Tarappa-Tempel. 6. Jahrh. n. Chr. 1. Schikhara. 2.Sanktuarium. 3.Mandapa. 4.KleineTorhalle.

Indra. Hauptgott der vedischen Religion in Indien; tatenreicher Kämpfer, ein Riese auch im Essen und Trinken. Reittier →Elefant.

Induskultur. →Indische Kunst.

Industrial design (engl.: indastriel disain). Industrieform; praktische und zugleich schöne Form bei serienmäßig hergestellten Industrieprodukten, z. B. Haushaltsgeräten, Kraftwagen, Maschinen usw. →Bauhaus, Deutscher Werkbund, Jugendstil*, Stijl*.

Informationsästhetik, die. Sie will das Ganze eines Kunstwerkes und die Kunsterfahrung exakt in Zahlen ausdrücken – Ggstz. zur Interpretationsästhetik, die subjektivistisch sei. Die statistische, numerische Ästhetik könne „die Welt der künstlerischen Gegebenheiten" in einem „Netz von Zahlen wiedergeben". M. Bense (1910 geb.).

Informel, das (franz.: äñformäl) = Nicht-Form. Richtung der → abstrakten Kunst, seit 1945. Ablehnung überlegter Kompositionen; spontane Bewegung von Farbflecken und Linien; Bedeutsamkeit des Formlosen. Künstler u. a.: M. Tobey (1890 geb.), Wols (1913–1951). →Action* painting, Art brut, Tachismus.

Inful, die (lat. infula = Kopfbinde). Bischofsmütze, →Mitra*. Infuliert = zum Tragen der Mitra berechtigt. Bei den Römern Stirnbinde mit herabhängenden Bändern, religiöses Zeichen der Weihe und Unverletzlichkeit; eine ~ trugen Priester, Kaiser, höchste Beamte, Schutzflehende, Opfertiere.

Initiale, die; Initial, das (Mehrz. Initialen, von lat. initium = Anfang). In den mittelalterlichen Handschriften der große, oft farbige und verzierte Anfangs-(Kapital-)Buchstabe.→Judenhut*.Füllt die ~ eine ganze Seite, so nennt man diese Initial-Seite.

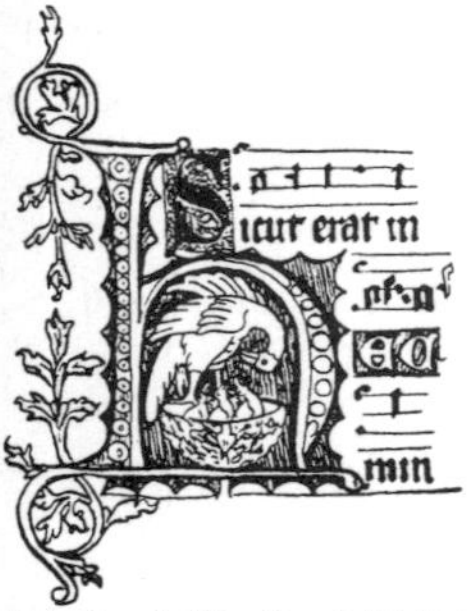

Initial. Osnabrück: Dombibliothek. Codex Gisle. Um 1350. H mit Pelikan.

Initiationsfigur. Bei den →Naturvölkern eine →Plastik, die zu den Initiationsfeiern der Geheimbünde benutzt wird. Bei der Initiationsfeier werden die Weiheriten ausgeführt, die zur Aufnahme in eine Mysteriengemeinschaft oder bei der Pubertät nötig sind.

Inka. →Altamerikanische Kunst im Reich der ~ (1470–1532), das sich über Ecuador, Peru, Bolivien und Chile erstreckte.

Hervorragende Monumentalarchitektur aus sehr hartem Stein, ohne →Mörtelbindung oder Metallklammern: Tempel, Paläste, Festungen. Architektonisch eingefaßte Heilige Felsen und Höhlen. Charakteristisch ist die trapezförmige Öffnung von Fenstern und Türen. Riesiges Straßennetz von etwa 10000 km Länge.

Keine religiöse Groß→plastik; dagegen eine vielfältige Klein- und →Gebrauchskunst, die sich auf die schon in der →Mochica-, →Chimu- und →Nazca-Kultur entwickelte Kunst stützt.

Bedeutende Ruinenstätten: Cuzco, die Festung Sacsayhuaman über Cuzco, Machu-Picchu, Pachacamac bei Lima.

Inkarnat, das (lat.). →Fleischton.

Inkrustation, die (von lat. crusta = Rinde, eingelegte Arbeit). Farbige Verzierung von Flächen durch eingelegte Stücke. Bei ~ denkt man meist an Steineinlagen in Stein; Holzeinlagen in Holz nennt man →Intarsia*, Metalleinlagen in Metall→Tauschierung. →Cosmaten*.

Inkrustationsstil. Stil der pompejanischen →Wandmalerei, der die wirkliche→Inkrustation durch gemalte ersetzt.

Inkunabel, die (lat. incunabula = Windeln, Wiege, erster Anfang). Wiegendruck, ältester Buchdruck bis 1500. Auch bei →Holzschnitten* spricht man von ~n.

Innenarchitektur, die (griech.).

I. Im weiteren Sinne: die bauliche Form des Innenraumes.

II. Im engeren Sinne: die Ausstattung des Innenraumes mit Möbeln, →Teppichen*, Vorhängen, Gerät usw. In diesem Falle deckt sich der Begriff mit Innendekoration oder Raumkunst.

Innendekoration, die (lat.). →Innenarchitektur II.

Innin. →Inanna, Große Mutter*.

Innovation, die (lat.: innowazion) = Entwicklung neuer Ideen. In der Kunst die neuartigen Elemente im Zusammenhang bekannter Bildstrukturen.

Insula, die (lat.) = Insel. Wohnblock in einer rechtwinklig angelegten antiken Stadt. →Hippodamisches System.

Intaglio, der (ital.: intaljo, Schnitzwerk). →Gemme* mit vertieften Figuren.

Intarsia, die (ital.). Holzeinlegearbeit: verschiedenfarbiges Holz oder →Elfenbein, Schildpatt, →Perlmutter und Metall wird zur Verzierung in Holz eingelegt; man verwendet dabei geometrische und figürliche Muster. →Empirestil 2*.

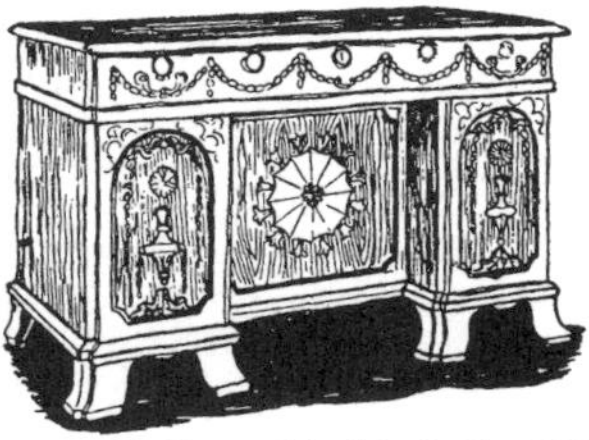

Intarsia. Englischer Schreibtisch. Um 1770.

Intercolumnium, das (lat. = Säulenabstand; Mehrz. Intercolumnien). Der Abstand zweier →Säulen*, der gewöhnlich nicht mit lichtem Maß, sondern von Säulenmittelpunkt zu Säulenmittelpunkt gemessen wird.

Intercolumnium. Die gestrichelte Linie bezeichnet das ~.

Interieur, das (franz.: änterjöhr = das Innere). Darstellung eines Innenraumes, als eigene Bildgattung in der holländ. Malerei des 17. Jahrh. entwickelt.

Interkolumnium. →Intercolumnium.

Intime Landschaft, paysage intime (franz.: peisa[sch] äntihm). Richtung der franz. Malerei im 19. Jahrh., ausgehend von der Malerkolonie in Barbizon (am nordwestl. Rande des Waldes von Fontainebleau) und beeinflußt von England (J. Constable, 1776–1837). Bevorzugt wird das schlichte, stille und stimmungsvolle Motiv. Hauptmeister: C. Corot (1796–1875), J. F. Millet (1814–1875), Th. Rousseau (1812–1867) u. a.

inv. = **invenit** (lat. = hat es erfunden). Abkürzung auf →graphischen Blättern: vor dem Namen des Künstlers, von dem die Originalzeichnung stammt.

Inventar, das (lat. = Befund). Bestandsaufnahme der Bau- und Kunstdenkmäler nach Orten und Provinzen.

Iphigenie, die (griech. Iphigeneia). Tochter Agamemnons und Klytaimnestras. Als die Griechen nach Troja zogen, sollte ~ in Aulis der Göttin →Artemis geopfert werden; diese entrückte sie aber in das Land der Taurer und nahm statt ihrer eine Hinde als Opfergabe an. Bei den Taurern wirkte ~ als Priesterin im Kult der Artemis. Berühmte Bilder in der antiken (Pompeji) wie in der neueren Kunst (z. B. Feuerbach).

Iranische Kunst. →Persische Kunst.

Irische Kunst. Die christl. Kunst Irlands und Schottlands etwa von 650 bis 1150. Sie entwickelte einen eigentümlichen Ornamentstil, der den Gegenpol zu der gestaltfrohen antikenahen Kunst des Mittelalters bildet und die festen, organisch bestimmten Formen in bewegte Linien- und Farbmuster auflöst (→Flechtbandverzierung*, Tierornamentik*). Dieser abstrakte Stil entfaltet sich in der Buchmalerei, in Metallarbeiten und in →Relief*verzierungen der Hochkreuze (→Steinkreuze*). Meisterwerke der ~ sind die Evangeliare aus Durrow (Anf. 8. Jahrh.; Dublin: Trinity College) und aus Kells (Anf. 8. Jahrh.; ebd.). Das Evangeliar aus Lindisfarne (um 710/20) bildet die nordengl. Parallele zu den irischen Prunkhandschriften.

Irisierende Gläser (griech.-lat.). Farbig schillernde →Gläser – natürlich durch Verwitterung, künstlich durch Metalldämpfe.

Ischtar. Babylonische Liebesgöttin. →Inanna, Große Mutter*.

Isis, die. →Ägypt. Göttin, Gemahlin des →Osiris*. Beliebtes Motiv der altägypt. Kunst. Auf dem Haupt trägt sie →Kuhhörner (Zeichen der Fruchtbarkeit) mit einer Sonnenscheibe. Oft ist sie

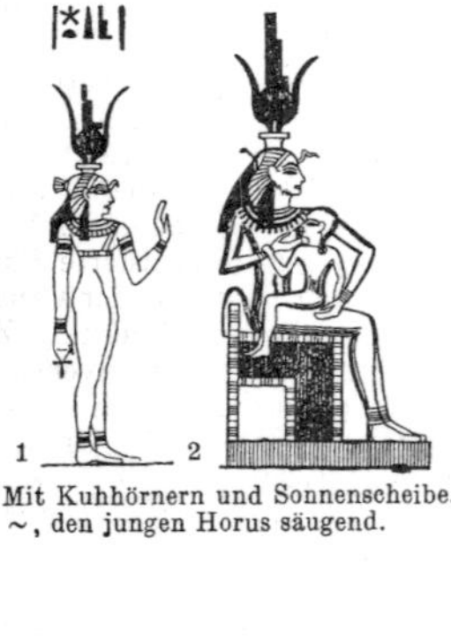

Isis. 1. Mit Kuhhörnern und Sonnenscheibe. 2. ~, den jungen Horus säugend.

dargestellt, wie sie ihren Sohn →Horus auf den Knien trägt und ihn säugt. Ihr Kult ist auch in der →griech. Spätantike und im Rom der Kaiserzeit weit verbreitet (~-heiligtümer und -bilder im Piräus, in Rom, Benevent, Pompeji usw.).

Islamische Kunst. Die Kunst derjenigen Völker, die sich zum Islam bekennen. Von ungeheurer Verbreitung: Nordafrika, Naher und Mittlerer Osten, Indien, Turkestan, Pakistan, Indonesien. Ausläufer nach Europa: Südrußland, Balkan und bes. Spanien: →Maurische Kunst, Mozarabischer Stil*, Mudéjarstil*.

Die religiöse Scheu vor figürlichen Darstellungen führt zu einer fast völligen Ausschaltung der →Plastik. Die Malerei bleibt auf höfische liberale Kreise beschränkt und greift nie auf den Kultbau über (→Mogulmalerei). Dagegen gewinnt das →Ornament führende Bedeutung, z. T. in der Form der Schrift (→Kufi*).

Kultbau ist die →Moschee mit →Minarett*, Reinigungsbrunnen, Mimbar, Mihrab*, Koranständer.

Viele →Moscheelampen* erhellen sie. Hauptmoschee ist die →Freitagsmoschee. In der Zeit der kriegerischen Auseinandersetzungen war die →Lagermoschee wichtig. Die Moschee kann sich mit einem Grab verbinden und wird so zur →Grabmoschee. Baulich sind zwei Typen der Moschee zu unterscheiden:

1. Hofmoschee. Ein Hof verbindet sich mit Säulenhallen. Dabei kann der Hof in der Mitte des Gebäudes, aber auch vor den Hallen liegen (→Liwan).

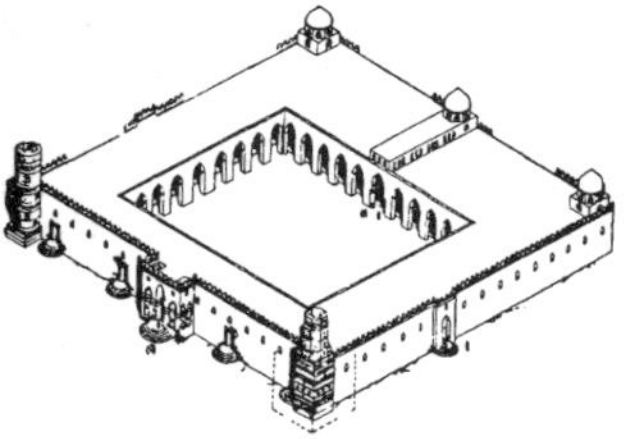

Islamische Kunst. 1. Hofmoschee. Kairo: al Hakim-Moschee. 990–1013. Rekonstruktion von. K. A. C. Creswell.

2. →Kuppel*-Moschee. Der Zentralraum ist überkuppelt; ihm schließen sich Nebenräume an. Für diesen Typ wurde die Hagia Sophia (532–537) nach der Eroberung Konstantinopels 1453 als Vorbild wichtig (→Hängezwickel*, Kreuzkuppelkirche*).

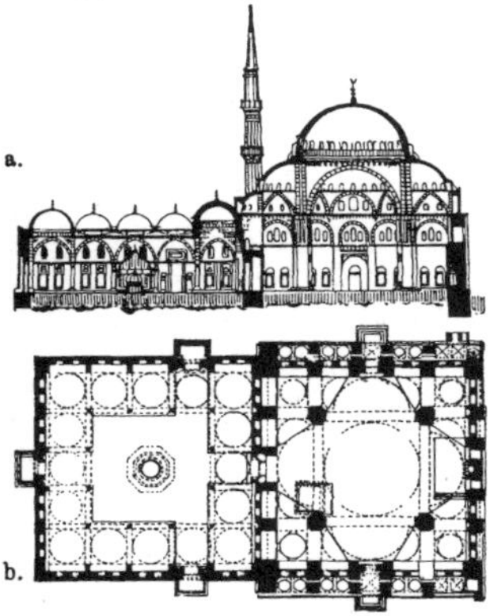

Islamische Kunst. 2. Kuppelmoschee. Istanbul: Schehzade (= Prinzen)-Moschee. 1544 bis 1548. Sinan (1489–1578). a Längsschnitt. b Grundriß.

Eine weitere wichtige Bauform ist die Medrese – eine theologische Lehranstalt, die Bethaus, Schule und Internat in sich vereinigt. Architektonisch hat sie die Form eines offenen Hofes mit Zellenreihen an allen vier Seiten. Im Achsenkreuz pflegen →Liwane, zum Hofe hin offene Bogenhallen, zu liegen.

Es wurden auch großartige Paläste (→Kiosk) – teils Stadt-, teils Wüstenschlösser – und Grabbauten (→Grabmoschee, Grabturm, Mausoleum*, Türbe) geschaffen. Insgesamt entstand eine glänzend durchgeformte Stadtkultur (→Basar, Sebil*, Sug). Neben die Baukunst tritt ein bedeutendes →Kunstgewerbe: → Buchmalerei, Gläser (→Moscheelampe*), →Keramik, Textilkunst, Treibarbeiten*, Waffen. Die Technik der →Tauschierung wurde erst im 15. Jahrh. dem Ausland bekannt; in Venedig entstand eine eigene Zunft für Arbeiten →„alla damas|china" (ital.: – skina = nach der in der Stadt Damaskus gepflegten Art). Zu besonderer Schönheit entwickelte sich die Schrift (→Kalligraphie), die ornamental verwandt wurde; eine ältere eckige Form arabischer Schrift ist das → Kufi* (Korane bis zum 12. Jahrh.).

Alle Künste sind beherrscht von einer streng flächigen, hochkomplizierten →Ornamentik (3, 4; →Stalaktitengewölbe*). Sie verwendet meist geometrische Muster, aber auch stilisierte Pflanzen und Tiere. Material der Ornamentik sind in der Baukunst Ziegel, farbige Steine, →Fayence→mosaik, →glasierte →Kacheln, → Stuck und Holz. Die Ornamentik gipfelt in der →Teppichkunst*, die eine weltgeschichtliche Leistung des islamischen Orients darstellt(5).

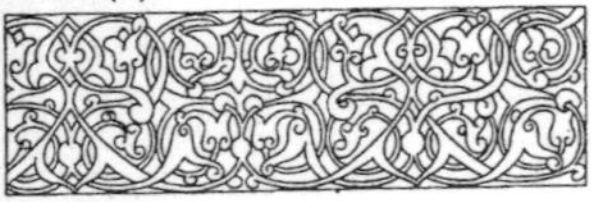

Islamische Kunst. 3. Berlin: Max Freiherr von Oppenheim. Innenfeld einer Zierseite.

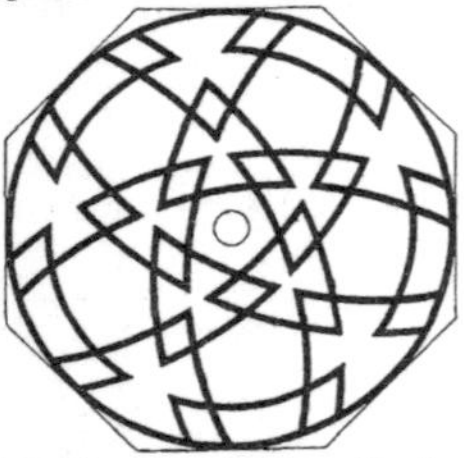

Islamische Kunst. 4. Isfahan (Iran): Masdschid-i Dschami. 1088. Deckenmuster. Umzeichnung von G. Irving.

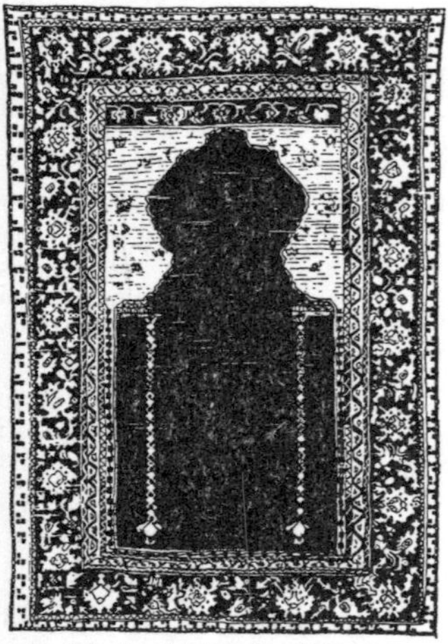

Islamische Kunst. 5. München: L. Bernheimer. Wollener Knüpfteppich (Gebetsteppich). Anatolien (Ghiördes). 17. Jahrh.

→Ablutionswanne, Alhambra, alla damaschina, Azulejos, Basar, Damast, Freitagsmoschee, Gebetsteppich, Grabmoschee, Hofmoschee, Kalligraphie, Kiosk, Koranständer, Kufi*, Lagermoschee, Liwan, Maghreb, Maqsura, Masdschid, Masdschid-i Dschami, Maurische Kunst, Medrese, Mihrab*, Mimbar, Minarett*, Mogulbauten, Mogulmalerei, Moschee, Moscheelampe*, Mozarabischer Stil*, Mudéjarstil*, Stalaktitengewölbe*, Tauschierung, Textbild*.

Isokephalie, die (griech. = gleiche Kopfhöhe). Von ~ spricht man dann, wenn die Figuren eines →Reliefs* oder Gemäldes gleiche Kopfhöhe haben; in der Regel mit der strengen Reihung der Figuren verbunden. Vor allem in der→altchristl. und frühmittelalterlichen Malerei angewandt.

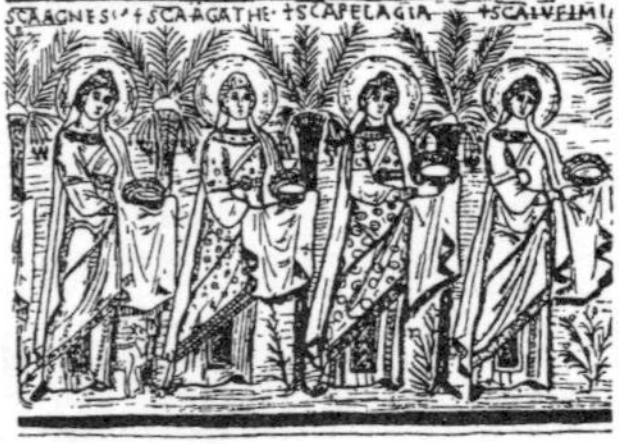

Isokephalie. Ravenna: S. Apollinare nuovo. Zug der Heiligen. Wandmosaik 6. Jahrh. Teil.

Isometrie, die (griech. = Gleichheit der Maße). In der Architektur die Projektion eines Bauwerkes auf die Fläche ohne Berücksichtigung der →perspektivischen* Verkürzungen: die Linien verlaufen sämtlich parallel zu den drei Achsenrichtungen, so daß die wirklichen Abmessungen des Bauwerkes unmittelbar abzugreifen sind. →Cour d'honneur*.

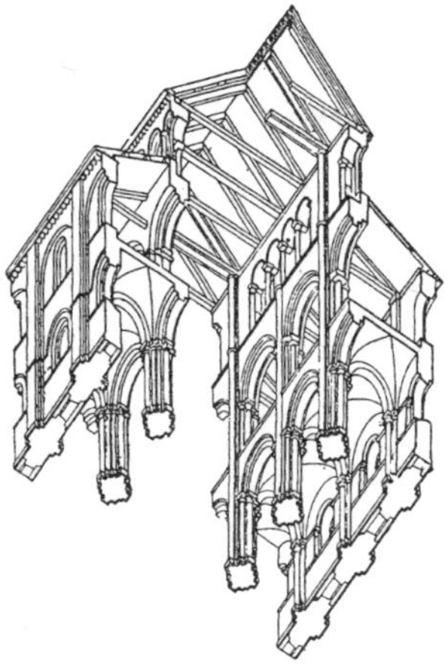

Isometrie. Caen (Frankreich, Normandie): Benediktinerabteikirche St-Etienne. Weihe 1077. System des Langhauses. 1064–1077.

Iwan, der. →Liwan.

J

Jade, der. Mineral. Beliebter Werkstoff der →ostasiatischen Kunst, sowohl für kultische Geräte wie für profane Zwecke verwandt. Härte und Festigkeit vereinigen sich mit schönem Glanz. Die Farben reichen vom reinen Weiß über bläuliche, gelbe und rötliche Tönungen bis zum tiefen Schwarzgrün. Für die Chinesen war ~ ursprünglich ein heiliger Stein, der ihnen hohe Tugenden und tiefe Bedeutung versinnbildete.

Jagdkrüge. →Steinzeugkrüge, dunkelbraun mit bunten Jagddarstellungen in →Relief*. Im 16. und 17. Jahrh. in Kreußen (Oberfranken) hergestellt.

Jagdstück. Bildgattung vor allem der holländ. Malerei des 17. Jahrh.: Jagdstilleben, Darstellung erlegten Wilds, manchmal mit Jagdhund und Waffen. Als ~ wird auch die Darstellung einer Jagd bezeichnet.

Jagdteppiche. →Persische Knüpfteppiche des 16. und 17. Jahrh. mit Jagdszenen.

Jami (arab.). →Dschami.

Japanische Kunst. Man unterscheidet folgende Epochen:

I. Archaische Periode. Bis 522 n. Chr.
II. Asuka-Periode 552–645
III. Nara-Periode 645–794
a Hakuhô 645–709
b Tempyô 710–794
IV. Frühe Heian-Periode 794–897
V. Späte Heian-Periode 897–1185
VI. Kamakura-Periode 1185–1392
VII. Muromachi-Periode 1392–1573
VIII. Momoyama-Periode 1573–1615
IX. Edo-Periode 1615–1868
X. Meiji-Taishô-Periode 1868–1926

Die ~ entfaltete sich in der Begegnung mit der →chin. Kunst erst um 600 n. Chr., brachte aber viele eigenständige Meisterwerke der →buddhistischen →Plastik, der →Tempelanlagen, der Malerei und der→Gebrauchskunst hervor und weist eine ganze Anzahl von Sonderleistungen auf. Zu den letzteren gehören:

Das Blumenstellen (Ikebana), bis heute in allen Volkskreisen beliebt. Nur drei oder fünf Garben werden verwandt und kunstvoll unter Vermeidung der Symmetrie geordnet. Die Komposition versinnbildet das Ganze der Natur – Himmel, Erde und Mensch in Bezug zu ihnen. →Zwergbaum.

Der jap. Garten ist →monochrom. Wasser und Steine sind für ihn entscheidend. In →symbolischer Weise stellt er den Kosmos dar und lädt in leichten→Pavillons zur Meditation ein.

Das jap. Haus ist ein→Ständerbau aus Holz. Leichtes Holzwerk und Schiebewände trennen die Räume voneinander. Außer eingebauten Wandschränken fehlen feste Möbel. Türen und Fenster lassen sich unschwer öffnen und werden im Sommer durch Bambusvorhänge ersetzt, so daß man wie in einem Zelt lebt. Festlich ausgezeichnet ist die Bildnische, Tokonoma*.

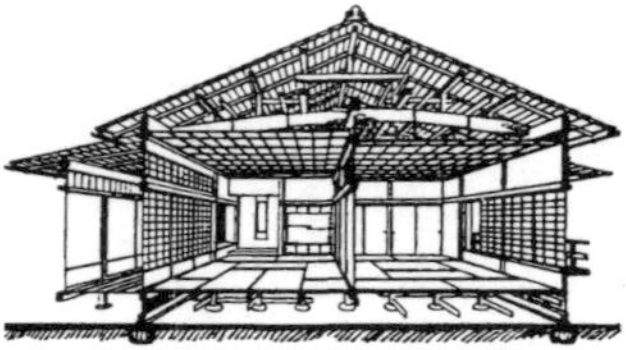

Japanische Kunst. Eingeschossiges Wohnhaus. Perspektivischer Durchschnitt.

Schreinheiligtum. →Schrein III*, Schintoismus.

Schwertzierat. →Tsuba.

→Teezeremonie. →Teegerät.

Theater. →Nô-Spiel*.

→Ukiyo-e*.

→Yamato-e.

Vgl. ferner →Affe, Album, Bun jinga, Chashitsu, chin. Kunst, Chûmon, Fusuma, Haniwa', Ji, Kakemono, Kannon*, Kondô*, Lackarbeit, Literatenmalerei, Lotos, Makimono, Miroku, Pagode*, Parallelperspektive*, Reihôkan, Skôkin-tei, Suzuribako, Tempel, Tokonoma*, Torii*, Tsuba, Tuschmalerei*, Ukio-e*, Zen-Malerei*.

Japanisches Zimmer. Im „japanischen" Stil ausgestattetes Zimmer, Ausfluß der europäischen Chinamode (→Chinoiserie). Mitte 18. Jahrh. besaß jedes Schloß einen oder mehrere Räume dieser Art.

Japanpapier. Weiches, seidig glänzendes Papier, aus den Bastfasern japanischer Pflanzen geschöpft.

Jaspis, der. Undurchsichtiger Halbedelstein, braun, gelb oder rötlich.

Jellingestil. →Wikingerkunst III, IV.

Jerusalemerkreuz. →Kreuz 20*.

Jerusalemsweg. →Labyrinth III*.

Jessebaum, Jessewurzel. Darstellung des Stammbaums Christi nach Is. 11,1. Jesse, der Vater Davids, liegt auf dem Boden; aus ihm wächst wie aus einer Wurzel der Stammbaum Jesu hervor; in den Ästen erscheinen die wichtigsten →Vorfahren Christi, zuoberst Maria mit dem Kind oder Christus. Ältestes Beispiel: Prager Evangeliar, 11. Jahrh.

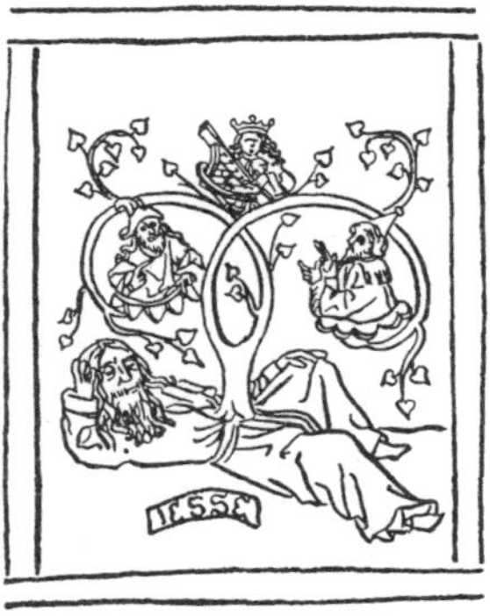

Jessebaum. Joh. Zainer (tätig 1473–1500): Geistliche Auslegung des Lebens Jesu Christi. Holzschnitt. Um 1490.

Jesuitenstil.

I. Während die Jesuiten anfangs der landesüblichen Bauweise folgten, ist der eigtl. ~ der an den Jesuitenkirchen des 17. Jahrh. ausgebildete →Barockstil nach dem röm. Musterbau Il Gesù (beg. 1568). Deutsche Variante: St. Michael in München (1583–1597).

II. Im engeren Sinne die von den Jesuiten in Lateinamerika gebauten →Barockkirchen.

Ji (jap.: d[sch]i) = Szu (chin.) = buddhistischer →Tempel.

Joch, das (franz. die travée: trawe).

I. Raumeinheit in einer axialge-

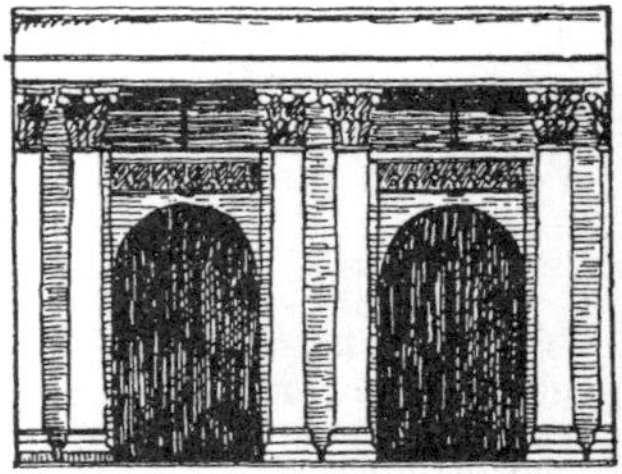

Joch. 1. Rhythmische Travée. Rom: Il Gesù. 1568–1584. Von Vignola (1507–1573) und Giacomo della Porta (um 1537 bis 1602).

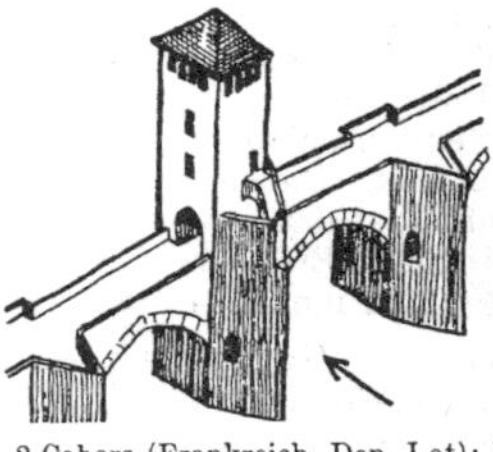

Joch. 2. Cahors (Frankreich, Dep. Lot): Pont Valentré. 14. Jahrh.

ordneten Abfolge. →Empore 4*, Gurtbogen*.

II. Rhythmische Travée = Wandeinheit, die durch den Wechsel von Öffnung und Wand rhythmisch gegliedert ist (1).

III. Abschnitt einer Brücke, der durch Pfeiler begrenzt ist (2).

Johannesminne. Spät→gotisches* →Andachtsbild: Christus mit dem Jünger Johannes an seiner Brust. Aus der Abendmahlsdarstellung entwickelt (Joh. 13, 23). Etwa 30 bis 40 Beispiele bekannt, meist aus dem schwäbisch-alemannischen Kunstkreis und vielfach aus Frauenklöstern. Ein Bildwerk der Meditation, das die Gottesliebe im Beter steigern soll.

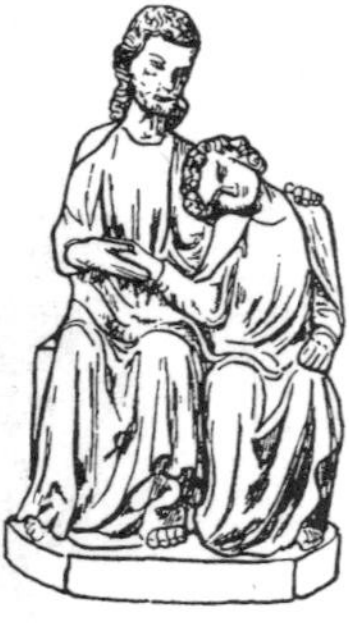

Johannesminne. Berlin: Staatliche Museen. Holz. Anf. 14. Jahrh. Aus Sigmaringen.

Johannesschüssel. Schüssel oder Teller mit dem Haupt Johannes d. T., 13.–17. Jahrh. Wurde in Johanneskapellen angebracht und am Tage der Enthauptung des Täufers (29. August) auf dem Altare aufgestellt.

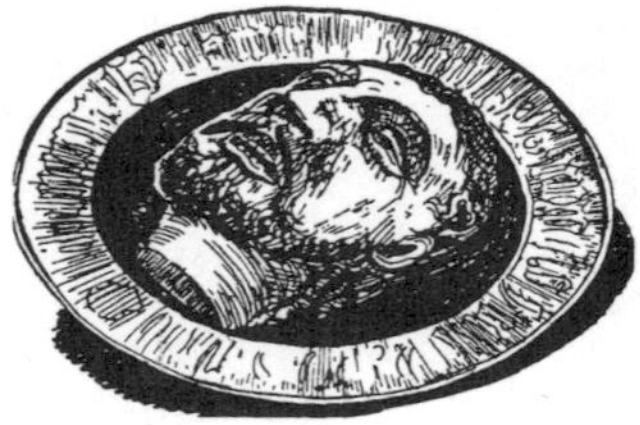

Johannesschüssel. Jorge Schelfuß. Silber getrieben, vergoldet. Durchmesser 21 cm. 1571. Ratibor: Katholische Pfarrkirche.

Johanniterkreuz. →Kreuz 19*.

Jonische Säulenordnung. →Säulenordnungen II*.

Jonisches Kapitell, das. →Kapitell II. Antike Kunst 2*.

Jonisches Kymation, das (griech.). →Kyma 2*.

Judenhut. Spitzer, in Form und Farbe unterschiedlicher Hut, als Erkennungszeichen für die Juden zuerst in den Ländern des →Is-

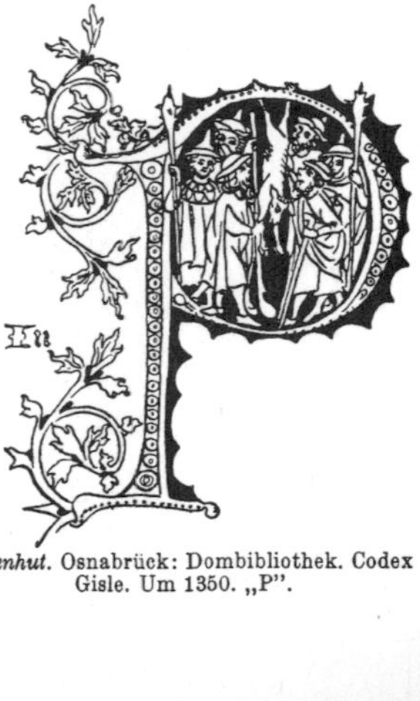

Judenhut. Osnabrück: Dombibliothek. Codex Gisle. Um 1350. „P".

lams eingeführt (717), 1215 vom 4. Laterankonzil für sämtliche Juden im Abendland vorgeschrieben.

Judensau. Judenfeindliche Darstellung des Mittelalters: Juden saugen einer Sau an den Zitzen oder machen sich in anderer Weise an ihr zu schaffen. Hauptsächlich in der dekorativen→Plastik(→Chorgestühl*, Konsole*, Kapitell*).

Jüdischer Kultus. →Aron Hakkodesch, Chanukkaleuchter*, Menora, Ner Tamid, Parochet, Schulchan, Synagoge*, Tora.

Jüngere Altsteinzeit. Etwa 80000 bis 10000 v. Chr. →Altsteinzeit.

Jugendstil. Ende 19. Jahrh. entstanden. Der Name leitet sich von dem →Ornamentstil der seit 1895 in München erschienenen Zeitschrift „Die Jugend" her. Der ~ richtete sich gegen die Nachahmung historischer Stile und bes. historischer Zierformen. Er erfand eine eigene unplastische und unräumliche Ornamentik von stark bewegtem →linearem* Schwung, die bald jedes Maß verlor und üppig auswucherte. Doch bildete sich jenseits dieser ornamentalen Stile in der Baukunst und im Möbelstil ein neuer Sinn für das Flächige aus, der der Erneuerung der Architektur und des Möbels in der Gegenwart den Weg bereitete.

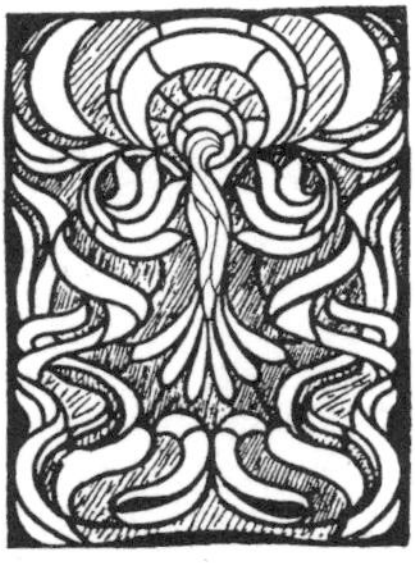

Jugendstil. Peter Behrens (1868–1940): Glasfenster. 1898.

Jungbrunnen. Bildmotiv im späten Mittelalter. Ein Bad in einem ~ verspricht Jugend und ewiges Leben. Bedeutendste Darstellungen: Cranach d. J , Meister H S. Beham.

Jungfernbecher, Brautbecher. Doppelbecher der deutschen Edelschmiedekunst des 16. und 17. Jahrh.: der größere Becher ist als weibliche Figur mit langem Rock gebildet, die den kleineren Becher in erhobenen Händen trägt. Der obere Becher ist drehbar aufgehängt. Beide Becher werden in die gleiche Richtung gedreht und gefüllt. Der Herr trinkt aus dem größeren Becher, ohne einen Tropfen aus dem kleineren zu verschütten, und reicht diesen darauf der Dame.

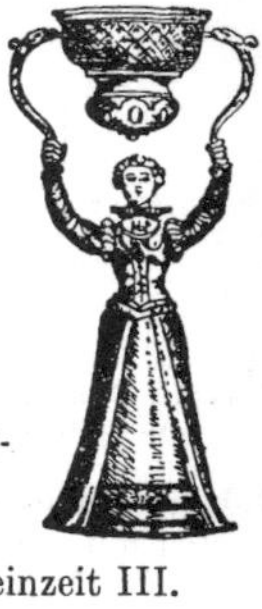

Jungfernbecher. München: Nationalmuseum. Deutsch. 16. Jahrh.

Jungsteinzeit. →Steinzeit III.

Junk-Culture, die (engl.: d[sch]ank kaltschör) = Kehricht-Kultur. Bezeichnung für die verbrauchten

Gegenstände der Konsumgesellschaft, die die Kunst des 20. Jahrh. in einen neuen Zusammenhang hineinstellt. Künstler u. a.: E. Kienholz (1927 geb.). →Collage*, Environment*, Materialbild*, Objet-trouvé, Objekt-Kunst, Readymade*, Schimmelobjekt.

Juno (lat.). →Hera*, Genius.

Jupiter, Juppiter, der. Himmelsgott, der höchste Gott der Römer, dem griech. →Zeus* gleichgesetzt.

Jupiter-Hammon. →Amun.

Jupitersäule oder Gigantensäule. Hohe →Säule* auf viereckigem →Sockel, oben mit der Statue eines Gottes, der gegen einen Giganten kämpft (es ist nicht sicher, ob immer Jupiter mit diesem Gott gemeint ist). ~n finden sich in Belgien, Deutschland und Frankreich aus der Zeit um 180 bis 250 n. Chr. (große ~ im Museum zu Mainz). →Säulenmonument*.

K

Kaaba, die (arab.) = Würfel. Steinerner würfelförmiger Bau in der großen Moschee von Mekka, Hauptheiligtum und Ziel der Mekkapilger. 12:10:15 m; innen leer; in einer Ecke der Außenseite der heilige Schwarze Stein. Die ~ gilt den Muslimen als Weltmitte; sie liegt der Mitte des Himmels gegenüber. →Kiswa.

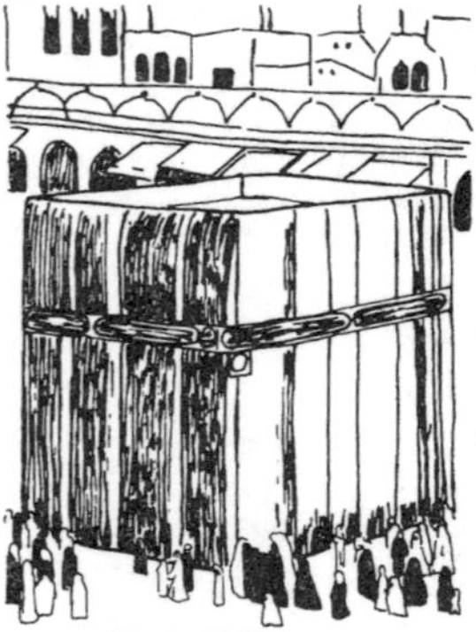

Kaaba. Mekka: ~

Kachel, die. Gebrannte und →glasierte Platte aus Ton; zum Bau von ~öfen oder als Wand- und Fußbodenbelag verwandt. →Azulejos, Delfter Fayence, Fayence.

Kaduze|us, der (lat. caduce|us = Heroldstab); griech. das Kerykeion. →Merkurstab*.

Kämpfer. →Deckplatte über dem →Kapitell* einer →Säule oder eines →Pfeilers, auf der die →Arkade* aufsitzt.

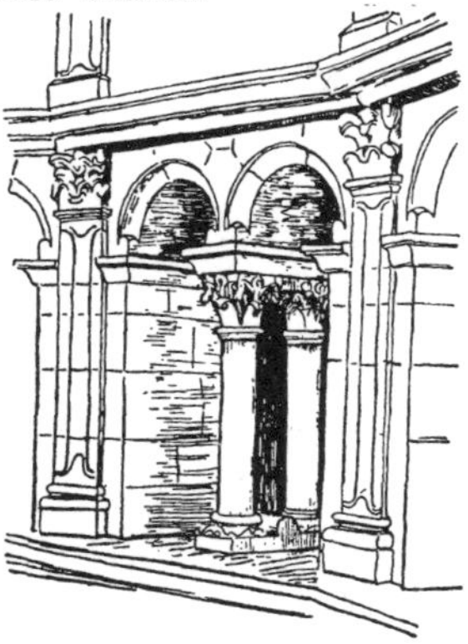

Kämpfer. Langres (Frankreich, Champagne): Kathedrale. Seit Ende 12. Jahrh. Chorgalerie.

Kämpferkapitell, das. →Kapitell III (Byzantinische Kunst)*.

Kaff- oder Kappgesims, das = Wasserschlag. →Gesims*.

Kaftan, der (pers.-arab.-türk.). Langes Obergewand. In Osteuropa und Israel Tracht der orthodoxen Juden.

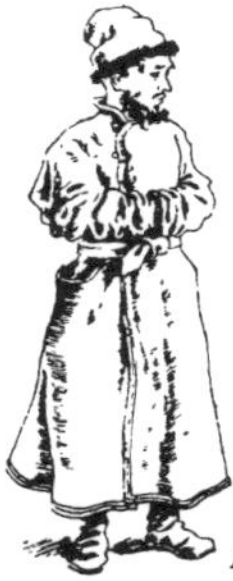

Kaftan.

Kaisersaal, Kaiserstiege.→Kloster*, Marmorsaal.

Kakemono, das (jap. = etwas, was man aufhängt). Hauptform des →jap. Gemäldes: aufrollbares Hängebild, in →Tusch*- oder →Wasserfarbe auf Papier oder Seide gemalt, oben und unten von einem →Rundstab gehalten. Ggstz.: → Makimono.

Kala-Kopf. Kopf eines löwenähnlichen Fabelwesens in der indonesischen Plastik; ein →Apotropaion.

Kalathos, der (griech. = aus Weiden geflochtener Korb von kelchartiger Form). Kelch des korinthischen Kapitells. →Kapitell (Hellas/Rom 3)*.

Kalbträger. In der griech. Kunst ein Opferträger: das Kalb auf seiner Schulter ist seine Opfergabe.

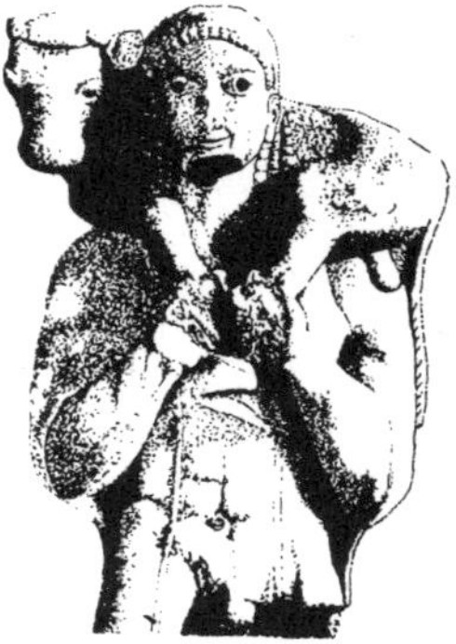

Kalbträger. Athen: Akropolismuseum. Rhombos mit einem jungen Rind als Opfergabe. 156 cm h. 580–570 v. Chr.

Kalebassen. Verholzte Kürbisschalen, leicht zu Gefäßen zu verarbeiten. In Westafrika und Kamerun reich verziert. →Naturvölker.

Kalefaktorium, das (lat.). →Calefactorium.

Kalendarium, das (von lat. kalendae = erster Monatstag). Eine Folge von →Monatsbildern.

Kalligramm, das (griech.). Die Worte eines poetischen Textes werden so angeordnet, daß sie bildlich den Inhalt darstellen. Erstmalig 1913: G. Apollinaire (1880–1918).

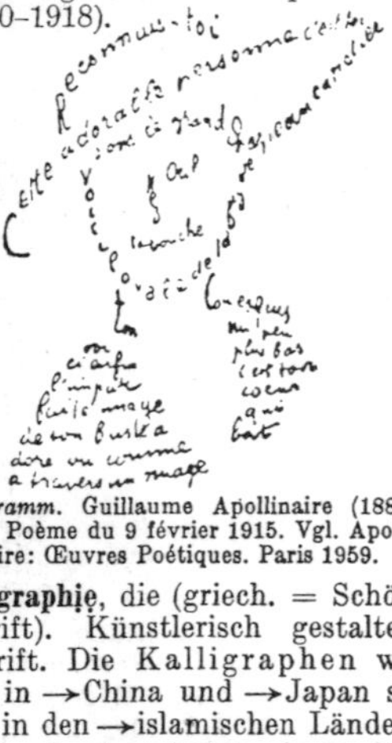

Kalligramm. Guillaume Apollinaire (1880–1918): Poème du 9 février 1915. Vgl. Apollinaire: Œuvres Poétiques. Paris 1959.

Kalligraphie, die (griech. = Schönschrift). Künstlerisch gestaltete Schrift. Die Kalligraphen waren in →China und →Japan sowie in den →islamischen Ländern ebenso hochgeschätzt wie die Maler und waren oft Maler und Kalligraphen in einer Person. →Suzuribako.

Kalliope, die (griech.). →Muse.

Kallipygos (griech. = mit schönem Hintern). Beiname der Aphrodite; berühmt die sog. →Venus ~- 3. Jahrh. v. Chr. (Neapel, Nationalmuseum).

Kalotte, die (franz.). Flache → Kuppel*.

Kalpis, die (griech.). →Vasen 5*.

Kaltnadelradierung. →Kupferstich I*.

Kalvarienberg (lat. = Schädelstätte). →Plastische Nachbildung des Kreuzigungsberges und der Kreuzigungsgruppe, im Freien aufgestellt. Die Bezeichnung ~ wird auch auf Gemälde und Altarschreine gleichen Inhalts angewandt.

Kama (jap.). Wasserkessel aus Eisen. →Teegerät.

Kamakura-Periode. Epoche der → jap. Kunst, 1185–1392.

Kamee, die (von ital. der cammeo : k- = geschnittener Stein). → Gemme* mit erhaben geschnittener Zeichnung. Ggstz.: →Intaglio.

Kamin, der (ital.). Künstlerisch ausgestaltete Umkleidung offener Feuerstellen, bes. in der →Renaissance* und im →Barock.

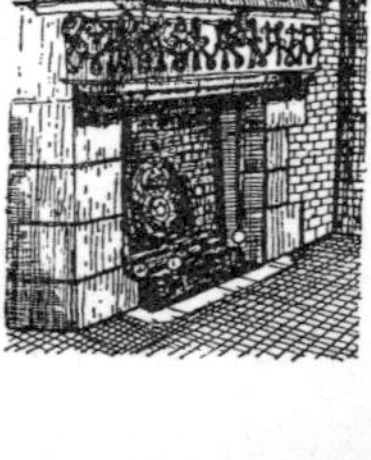

Kamin. Amboise (Frankreich, Indre-et-Loire): Schloß. Seit 1492. Cheminée à la Cordelière.

Kandelaber, der (lat. candelabrum = Leuchter, Lampenständer). Ursprünglich ein eisernes Gestell für Kerzen, dann Leuchter überhaupt.

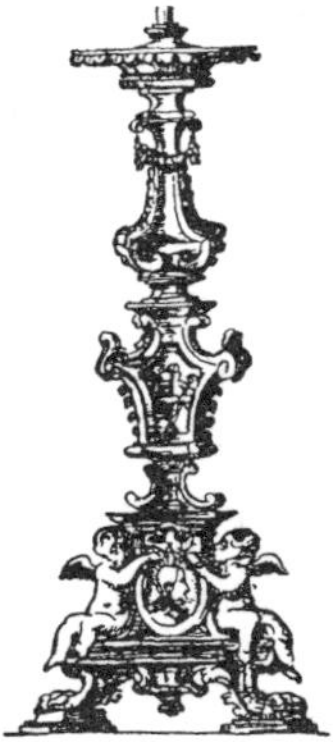

Kandelaber. Giovanni Giardini: Disegni diversi. Rom 1714.

Kanephore, die (griech. = Korbträgerin). Vornehme attische Jungfrau, die bei Prozessionen einen Korb mit Opfergeräten auf dem Kopf trug; als →Karyatide* häufig dargestellt.

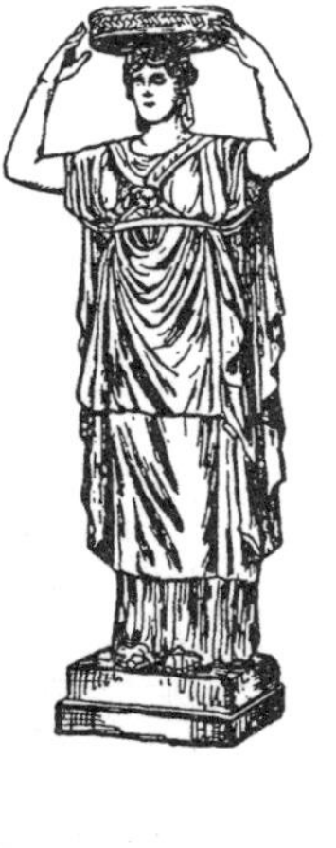

Kanephore. Korb modern. Rom: Villa Albani. Antikensammlung.

Kannelierung, die (von lat. canna = Rohr). Die Anbringung von Längsrillen (Kannelüren) am→ Schaft einer →Säule* oder eines →Pfeilers. →Hals*.

Kannenbäckerland bei Höhr-Grenzhausen im Unterwesterwald. Große Tonvorkommen. Bedeutende → Steingutproduktion seit dem 16. Jahrh.

Kannon, der (nicht: die). Eine Gestalt der →buddhistischen Kunst. Wichtiges Thema der→jap. Kunst: der ~ ist ein Vollendeter, der alle Ggstze. der Erscheinungswelt, also auch den Geschlechtsunterschied, überwunden hat.

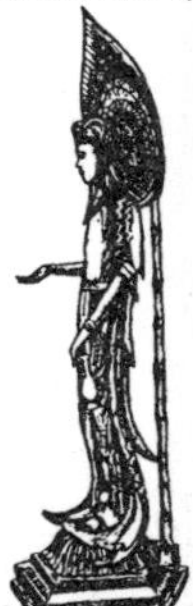

Kannon. Horyuji-Tempel bei Nara (Japan); Goldene Halle (= Kondô) des Westtempels: Kudara-Kannon. Holz, bemalt. Anf. 7. Jahrh. n. Chr.

Kanon, der (griech. kanon = Rohrstab, jeder gerade Stab, d. h. Maßstab, Richtmaß, Regel). Gesetz und Musterfigur der „richtigen" Größenverhältnisse: in der Menschendarstellung (zuerst bei Polyklet, Mitte 5. Jahrh. v. Chr.) und in der Baukunst (z. B. die →Säulenordnungen* Vitruvs, 88–26 v. Chr.) Zur Problematik der Lehre vom ~ →Proportion*.

Kanonissenstift. →Damenstift.

Kạnontafeln.

I. Die Tafeln am Anfang mittelalterlicher Evangelienbücher, die die Nummern der einzelnen Evangelienabschnitte enthalten und die Auffindung verwandter Evangelienstellen erleichtern. Die vier Zahlenreihen erscheinen zwischen fünf Säulen, die durch Halbkreis→bögen* miteinander verbunden und oft von einem übergreifenden Halbkreisbogen zusammengefaßt sind.

II. Die drei bei der Meßfeier in der Mitte und auf beiden Seiten des Altars aufgestellten Gebetstafeln.

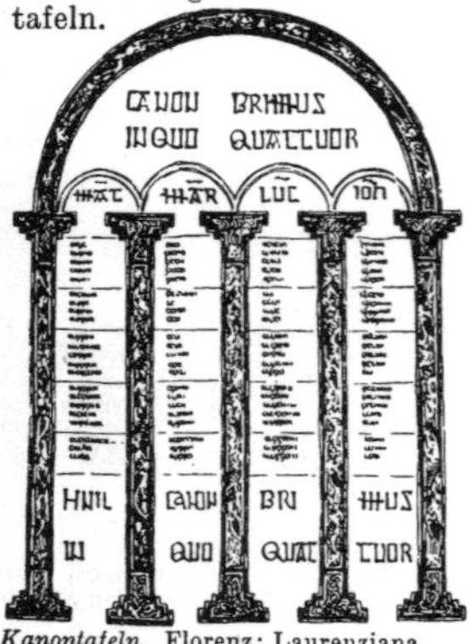

Kanontafeln. Florenz: Laurenziana. Evangeliar des Rabbula. 586.

Kanọpe, die. Ägypt. Krug zur gesonderten Bestattung der Eingeweide mumifizierter Toter. Auf dem Deckel menschliche oder tierische Köpfe als Schutzgeister. →Ägyptische Kunst.

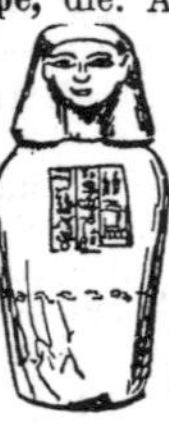

Kanope. Kairo: Museum. Aus Giza. 11. Dynastie (2060–1991 v. Chr.).

Kạntharos, der (griech.). Zweihenkliges Trinkgeschirr der Griechen, becherförmig, mitunter auf hohem Fuß.

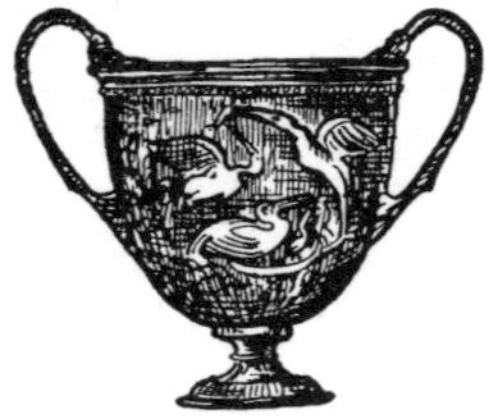

Kantharos. Paris: Louvre. Silber. Hellenistisch. Aus Boscoreale (Italien, Campanien). Relief: Störche um die Beute streitend.

kantoniert. So heißen→Pfeiler oder Mauerecken, deren Kanten mit Halb- oder Dreiviertel→säulen* besetzt sind.

Kanzel, die (von lat. cancẹllus = Schranke). Die Predigtbühne in christl. Kirchen. Ihre Vorform ist der →Ambo*, das →altchristl. Lesepult an den →Chorschranken*, das jedoch nur zur Verlesung der →Perikọpen und zum liturgischen Gesang diente (die Predigt erfolgte von der bischöflichen →Kạthedra her; →Bischofsstuhl*). Die Stelle der Chorschranken mit dem Ambo vertritt seit dem 13. Jahrh. der→Lettner*, von dessen Höhe aus gepredigt wurde. Daneben gab es aber auch wohl eigene Predigtstühle. Die frühesten freistehenden ~n stammen aus dem 13. Jahrh.

Teile der ~: Fuß in Gestalt einer →Säule*, welche den Podest mit der Brüstung trägt; eine→Treppe* führt hinauf; über der Brüstung ein Schalldeckel. Brüstung, Treppe und Schalldeckel oft reich verziert. →Außenkanzel*, Schiffskanzel*.

Kapẹlle, die. Der Name leitet sich von lat. cạppa = Mantel her. Gemeint ist der Mantel des Hl. Martin von Tours, der schon im 7. Jahrh. in der fränkischen Königs→pfalz zu Paris aufbewahrt wurde; die zu seiner Obhut bestellten Kleriker hießen „Kaplạ̈ne". ~ ist also urspr. nur der Betraum in der Pariser Königspfalz mit dem Mönchskleid des Hl. Martin. Dann wurde der Name auf alle kleineren Beträume angewendet, selbständige (wie z. B. →Tauf~n) und unselbständige (die den →Seitenschiffen und dem →Chor einer Kirche angeschlossen sind). Im Ggstz. zur Pfarrkirche ist die ~ nicht mit den Pfarrechten, z. B. dem Recht der Spendung der Taufe, ausgestattet.

Kapẹllenkranz. „Kranz" von Kapellen um den halbrunden, rechteckigen oder polygonalen →Chorumgang, dann r a d i a l genannt, wenn ihre Längsachsen sich alle in e i n e m Punkt schneiden. Die Kapellen dienten der Heiligenverehrung. Vor allem in der franz.→Romanik und in der→Gotik* verbreitet. →Chorkapelle*, Chorumgang.

Kapitạlbuchstabe. →Initiale*.

Kapitẹll oder K a p i t ạ̈ l, das (lat. capịtulum = Köpfchen). Das ausladende Kopfstück von→Säulen*, Pfeilern und Pilastern, das den Punkt der Begegnung von Stütze und Last bezeichnet.
H a u p t f o r m e n.

I. Ä g y p t. K u n s t. Verwendung von Pạpyros- (1, 2), Palmen- (3) und →Lọtosformen.

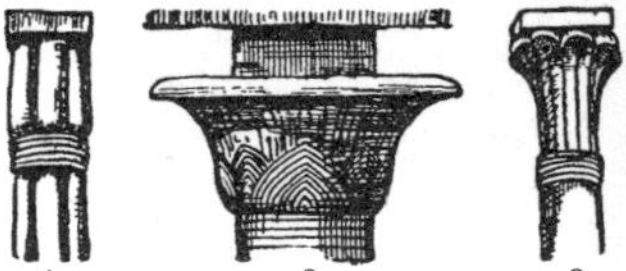

Kapitell. Ägypten. 1. Papyros~ mit Knospen. 2. Papyros~ mit offenen Blüten 3. Palmen~.

II. A n t i k e K u n s t

1. D ọ r i s c h e s ~: Ringförmiger →Wulst am →Hals* der Säule; darauf die etwa gleichhohe →Deckplatte.

2. J ọ n i s c h e s ~. Auf Vorderansicht gearbeitet. Querüber liegt ein sattelholzartiges Gebilde, dessen seitlich überstehende Teile in abwärtsgerichteten Schnekken (→Volụten*) enden.

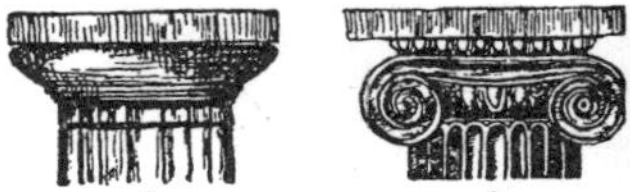

Kapitell. Hellas. 1. Dorisches ~. Athen: sog. Theseion (Hephaisteion). 440 v. Chr. 2. Jonisches ~. Priene (=Güllübahçe, Türkei): Tempel. Gew. 334 v. Chr. Von Pythios.

3. K o r ị n t h i s c h e s ~: Im Kern kelchförmig; mehrere Reihen von →Akạnthusblättern* mit Eckvolụten als Schmuck. →Korinthischer Stil.

4. K o m p o s ị t ~: Römische Schöpfung; es vereinigt das →Akạnthuslaub* des korinthischen ~ mit den aufliegenden →Voluten* des jonischen.

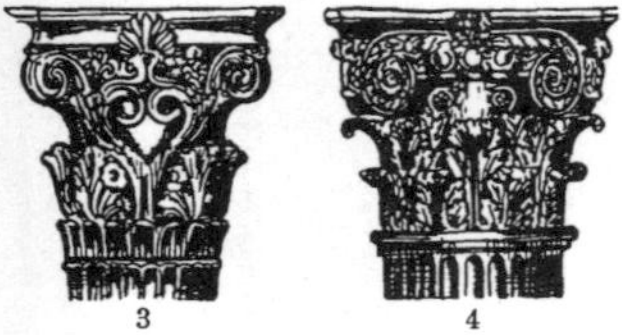

3 4

Kapitell. Hellas/Rom. 3. Korinthisches ~. Athen: Denkmal des Lysikrates. 330 v. Chr. 4. Komposit~. Rom: Titusbogen. Nach 81 n. Chr.

III. Byzantinische Kunst*. Einführung eines Zwischenglieds zwischen ~ und →Bogen*ansatz: →Kämpfer*. Daraus ergibt sich das Kämpfer~. Nach Grundform und Verzierung sind zu unterscheiden:

1. Falten~. 2. Korb~. 3. Trapez~.

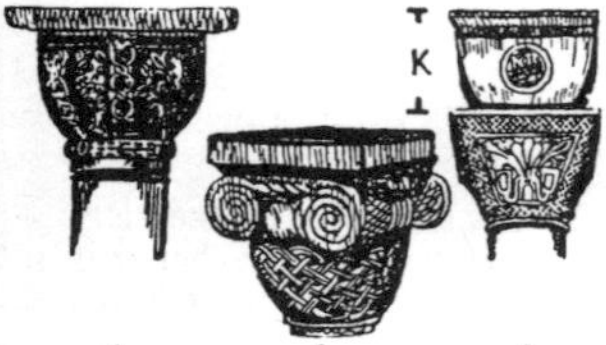

1 2 3

Kapitell Byzanz. 1. Falten~. Istanbul: Baptisterium der Sophienkirche. 532/37. 2. Korb~ Zwartnotz (Armenien, heute Rußland): Gregorkirche. Um 650. 3. Trapez~. Ravenna: S. Vitale. Gew. 547. K = Kämpfer.

IV. Romanische Kunst.

1. Falten~.
2. Figuren~ mit Ornamenten und Figuren, die oft ganze Szenen bilden. →Tierornament*.
3. Pilz~. Auf einer Kehle sitzt eine hängende Kugelhaube.
4. Würfel~. Hauptsächlich in Deutschland: würfelförmiger Block mit vier Abschrägungen, welche die Form halbkreisförmiger Scheiben haben; Durchdringung eines Würfels (oberer Teil) mit der Fläche der umschriebenen Kugel (unterer Teil). Dadurch wird in idealer Weise zwischen dem viereckigen →Querschnitt des →Bogen*fußes und dem runden →Schaft der →Säule* vermittelt. Würfel~e mit acht Abschrägungen kommen am Oberrhein vor.

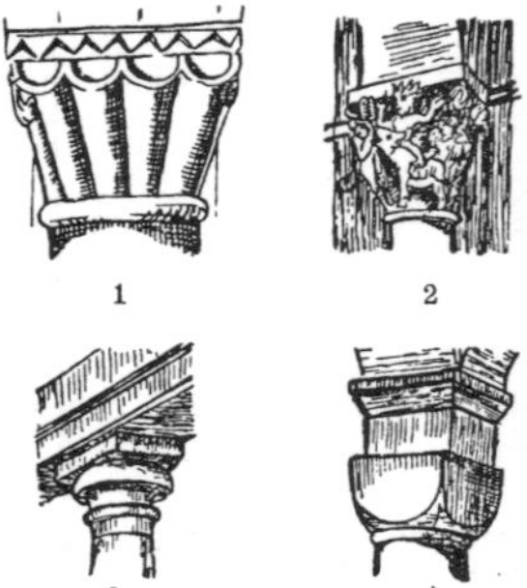

Kapitell. Romanik. 1. Falten~. Vézelay (Frankreich, Burgund): Ste-Madeleine. 1120 bis 1190. 2. Figuren~. Vézelay: Ste-Madeleine. 1120–1190. 3 Pilz~. Quedlinburg: Wiperti-Krypta. Ottonisch. 4. Würfel~. Hildesheim: Benediktinerklosterkirche St. Michael. Vollendet 1033.

V. Gotische Kunst.

1. Blatt~. Der Kelch ist von Blättern (nach Formen heimischer Gewächse) umstanden, die in der hohen →Gotik* naturgetreu gebildet sind und seit dem Ende des 13. Jahrh. immer stärker stilisiert werden.

2. Kelch~. Das ~ erscheint als kelchartige Erweiterung der Säule. Eine Übergangsform ist das

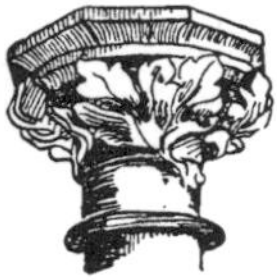
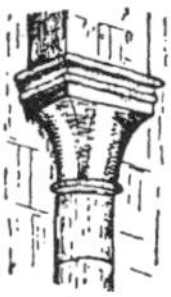

1 2

Kapitell. Gotik. 1. Blatt~. Straßburg: Münster. Seit 1180. Langhaus um 1235–1275. 2. Kelch~. Einbeck: St. Jakobi. Ende 13. Jahrh. Im 15 Jahrh. umgebaut.

3. Kelchblock~. Die frühere blockartige Grundform tritt noch hervor.

4. Knospen- oder Knollen~. Der Kelch ist von wenigen steifen Blättern umgeben, die in überhängenden dicken Knospen endigen und in den Anstieg der Säule miteinbezogen sind (frühe →Gotik*).

3 4

Kapitell. Gotik 3 Kelchblock~. Magdeburg: Dom. Chor 1209 bis um 1219. 4. Knospen- oder Knollen~. Gelnhausen: (Hessen): Marienkirche. Vor 1200 bis 1232.

5. Teller~. Auf den glockenförmigen→Hals* folgt eine kreisrunde →Deckplatte, die aus mehreren übereinanderliegenden →Rundstäben* besteht; die Form erinnert an aufeinandergestellte Teller. In der engl. Früh→gotik* verbreitet.

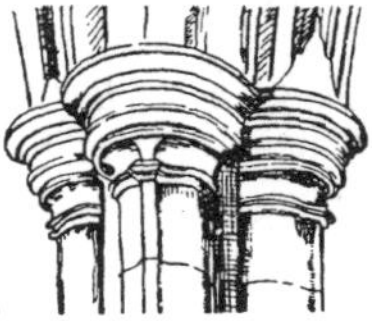

5

Kapitell. Gotik. 5. Teller~.

VI. →Renaissance* und →Barock schließen sich im wesentlichen an die antiken Formen des ~s an.

Kapitelsaal. →Kloster.

Kappe. →Gewölbe 1*.

Karagös, der (türk.) = Schwarzauge. Hanswurst im türk.-arab. →Schattenspiel*.

Karawanserei, die (pers.). Raststätte für Karawanen inmitten unbewohnter Gebiete.

Kardinalshut. Kopfbedeckung der Kardinäle: runder flacher Hut mit breiter Krempe in roter Farbe; an

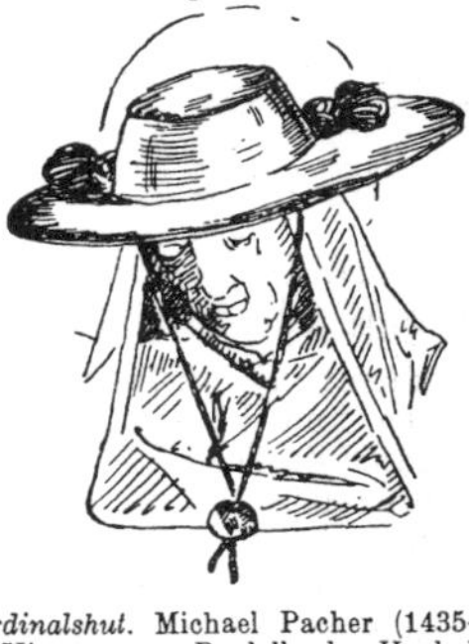

Kardinalshut. Michael Pacher (1435–1498) St. Hieronymus. Predella des Hochaltars in St. Wolfgang (Österreich). 1481–91.

beiden Seiten hängen Schnüre mit Knoten und Quasten herunter.

Kardinalskreuz, erzbischöfliches Doppelkreuz. →Kreuz 10*.

Kardinaltugenden. →Tugenden und Laster*.

Karikatur, die (ital. caricare = überladen, verzerren). Meist zeichnerische Sonderform der Kunst: übertreibende Herausarbeitung gewisser menschlicher Züge in humoristischer oder satirischer Absicht. Anfänge wohl in der →hellenistischen Kunst. Hauptblütezeit im 18. Jahrh. (England) und 19. Jahrh. (Frankreich).

Karnation, die. →Fleischton.

Karner, Kärner, der (von lat. carnarium = Fleischhaken, -kammer). Zweigeschossiger →Kapellenbau, meist von →zentraler* Gestalt. Im Obergeschoß Kapellenraum mit →Altar* für Totenmessen. Im Untergeschoß Beinhaus zur Aufbewahrung exhumierter Gebeine. Ort: Friedhof, meist südlich der Pfarrkirche. 12.–15. Jahrh.

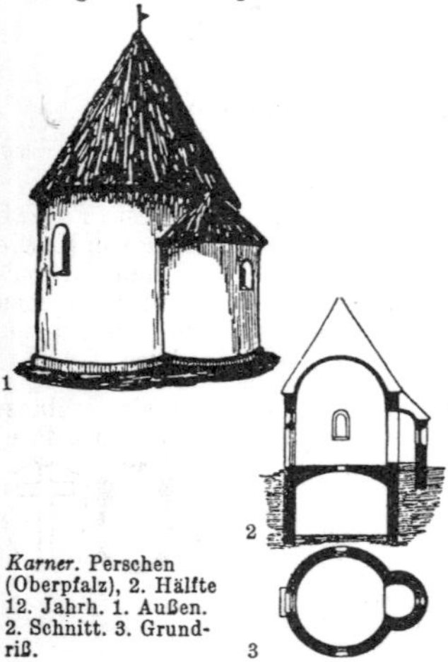

Karner. Perschen (Oberpfalz), 2. Hälfte 12. Jahrh. 1. Außen. 2. Schnitt. 3. Grundriß.

Karnies, das (von ital. cornice : kornitsche = Fries, Rahmen). Bauglied mit S-förmigem d. h. teils konvexem, teils konkavem Profil. Als **tragendes** ~ ist es Zwischenglied, als **bekrönendes** ~ Abschlußglied. Das **steigende** ~ lädt oben am stärksten aus (z. B. bei →Säulenkapitälen*), das **fallende** ~ unten (z. B. an der →Attischen Basis*).

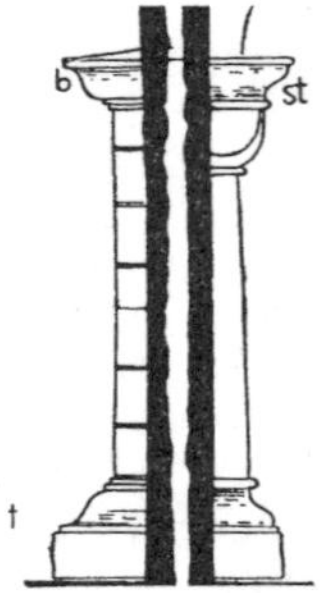

Karnies. b = bekrönendes, t = tragendes, st = steigendes, f = fallendes.

Karniesbogen. →Bogen 16*.

Karolingische Kunst. Die Kunst im karolingisch-fränkischen Reich (Ende 8. bis erste Hälfte 10. Jahrh.), bes. unter Karl d. Gr. (768–814). Durchdringung germanischen Empfindens mit der Kunstwelt der Spätantike; darum auch als **karolingische** →**Renaissance*** bezeichnet. Zwei wichtige Entscheidungen: Übernahme des Steinbaues und bildliche Darstellung des Menschen (gegen die germanischen Gepflogenheiten des Holzbaues und des abstrakten →Ornaments). Hauptdenkmäler: Kirchenbau (Aachen: Münster), →Pfalzen (nur geringe Reste erhalten), religiöse und weltliche →Wandmalerei (fast nichts erhalten), →Buchmalerei, →Elfenbeinreliefs, Geräte. Ohne die ~ wäre die Kunstentwicklung im abendländischen Mittelalter undenkbar.

Kartause, die. →Certosa.

Karton, der (franz. carton : kartoñ = Pappe). Jede Zeichnung, die als Vorlage für ein →Fresko, ein →Glasgemälde*, einen →Wandteppich und dgl. dient und dieselben Maße wie das auszuführende Bild hat.

Kartonstich (franz. carton: kartoñ = Pappe), auch Umrißstich genannt. Ein →Kupferstich* ohne Binnenzeichnung (kommt bes. im →Klassizismus vor).

Kartusche, die (franz. cartouche : kartusch = Zierrahmen). Zierglied der Spät→renaissance* und des →Barock: schildartige Fläche mit einem →Ornamentrahmen (→Rollwerk*, →Rocaille* oder →Knorpelwerk*); die Fläche ist für Wappen, Inschriften, →Embleme usw. bestimmt.

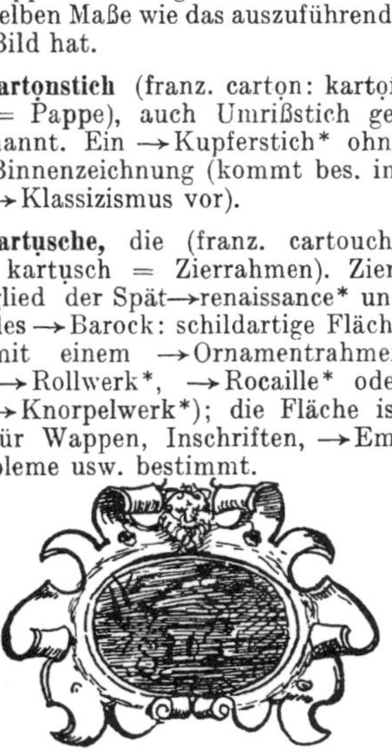

Kartusche. Agostino Carracci (1557-1602). Galeriae Farnesiannae icones.

Karyatiden, die (griech. karyatides = Mädchen, bes. Tänzerinnen, aus dem lakonischen Dorfe Karyai; im übertragenen Sinne: Sklavinnen, die zum Tragen des Gebälks verurteilt sind. Das Dorf Karyai soll im Perserkrieg auf seiten der Feinde gestanden haben; darum seien die Frauen in die Sklaverei geführt worden). Neuschöpfung der → griech. Baukunst seit dem 6. Jahrh. v. Chr.: langgewandete weibliche Gestalten als →Gebälkträgerinnen (statt Säulen). →Säulenmonument*.

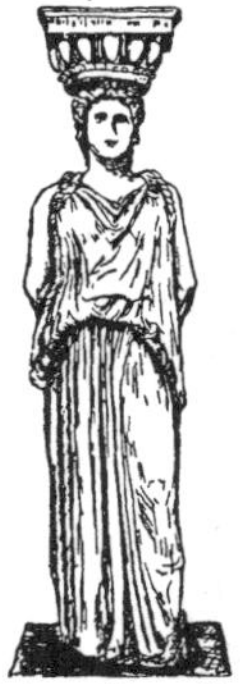

Karyatiden. Athen: Akropolis. Erechtheion. 420–410 v. Chr.

Kaseinfarben. Wetterfeste Farben, bes. aus einer Mischung von Kasein (Käsestoff), Ätzkalk und Farbpulver; mit Wasser angerührt, ergeben sie Kaseinkalk und binden die Farbe an die Unterlage.

Kasel, die (von lat. casula = Häuschen). Meßgewand des kath. Prie-

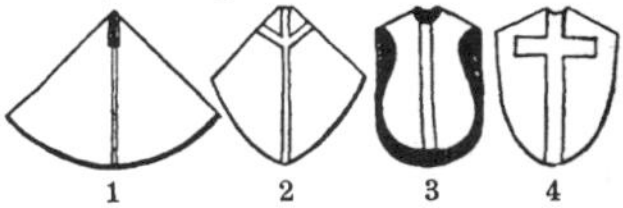

Kasel. 1. Um 1200. 2. Um 1400. 3. Barock. 4. 19. Jahrh.

sters. Urspr. ein glockenähnlicher Mantel ohne Ärmel mit einem Ausschnitt für den Kopf (1). Im späteren Mittelalter (2) mit seitlichen Ausschnitten. Seit dem 17. Jahrh. nur noch zwei über Brust und Rücken bis zum Knie herabfallende Stoffteile (3, 4).

Kaskade, die (lat.-franz.-ital.). Künstlicher, abgestufter Wasserfall.

Kassette, die (franz. cassette; kaßät = Kästchen). Behälter, kleiner Kasten. In der Baukunst kastenförmig vertieftes Feld in einer Flachdecke, an einem →Gewölbe* oder an einer →Bogenlaibung* – von rechteckiger, vieleckiger oder runder Form. →Kassettendecke*.

Kassettendecke, die (von franz. cassette: kaßät = Kästchen). Decke mit kastenförmig vertieften, meist verzierten Feldern. Bes. in der Antike, in der →Renaissance* und im →Barock. →Auge*.

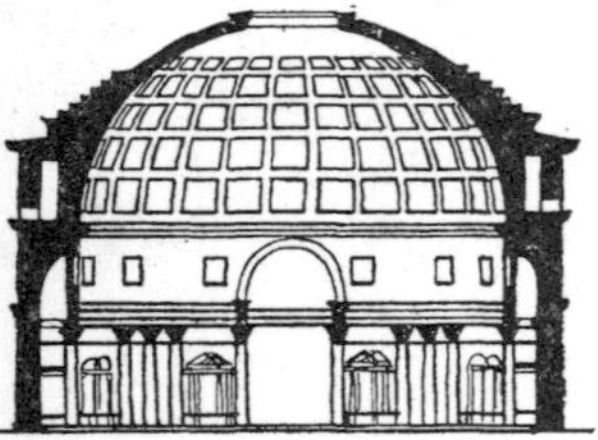

Kassettendecke. Rom: Pantheon. 115–125 n. Chr. Querschnitt.

Kassiten, Kunst der ~. →Vorderasiatische Kunst.

Kastell, das (lat. castellum).

I. Bei den Römern kleineres befestigtes Legionslager (in Deutschland z. B. die Saalburg).

II. Im Mittelalter ein selbständiger Wehrbau (→Burg*) oder Teil eines Wehrbaus (→Bastion*).

Kastenaltar. →Altar 2*.

Kastor. →Dioskuren*.

Katakombe, die. Unterirdische Begräbnisstätte vorchristl. und →altchristl. Zeit. Der Name ~ (griech.) bezeichnet urspr. die Flur über der einzigen im Mittelalter zugänglich gebliebenen unterirdischen altchristl. Grabanlage von S. Sebastiano an der Via Appia in Rom. Grabformen:

I. Loculi, Reihengräber in mehreren Zonen übereinander;

II. →Arkosolium*.

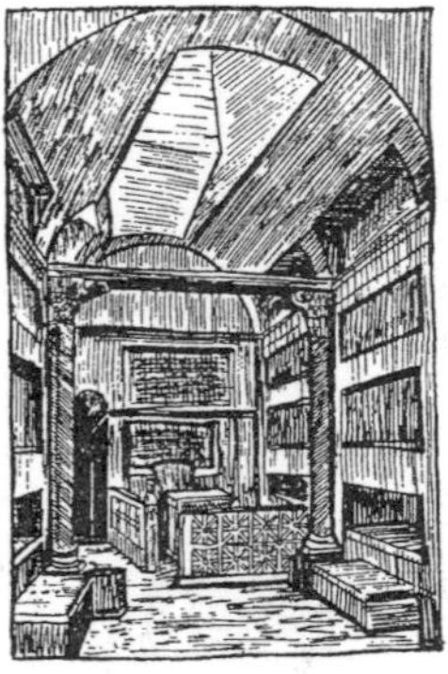

Katakombe. Rom: Kallixtus~. Bischofsgruft. Altar, Bischofsstuhl (um 440), Loculi, Lichtschacht.

Katalanische Kunst. Kunst Kataloniens (Spanien) von stark ausgeprägter Eigenart, bes. in der →Romanik.

Katharinenrad. Seltene Bezeichnung des →gotischen* Radfensters, im Anschluß an die Legende der Hl.

Katharina von Alexandrien, die auf das Rad geflochten worden ist. →Fenster 9*.

Kathedra, die (griech. kathedra = Sitz, Sessel). →Bischofsstuhl*.

Kathedrale, die (von griech. kathedra = Sitz). Die bischöfliche Hauptkirche. →Dom, Münster.

Kavalierperspektive. →Perspektive 6*.

Kegeldach. →Dach 9*.

Kehlbalken. Balken, der etwa in halber Höhe des →Dach*stuhls zwischen zwei gegenüberliegenden Sparren waagerecht eingezogen ist (K); er gibt dem Dach einen festeren Halt.

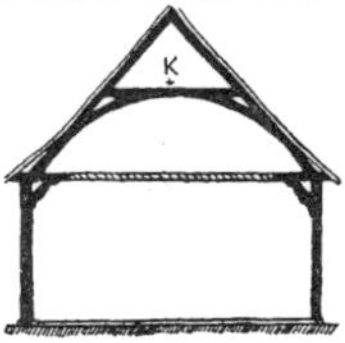

Kehlbalken Katznase (Westpr.): Kirche.

Kehle.

I. im Bauwesen: Dach~, einspringender Winkel zwischen zwei Dachflächen;

II. als Bauglied: →Hohl~ 1*.

Keilrahmen. Der Maler spannt auf den ~ die Leinwand, auf der er malen möchte. In die Leisten des ~ werden flache Keile eingetrieben, damit die Leinwand sich straff spannt.

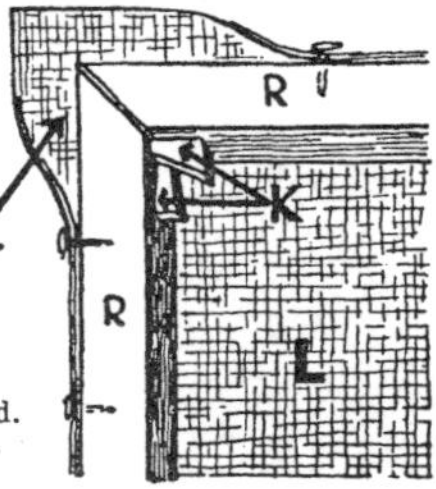

Keilrahmen.
L = Leinwand.
R = Rahmen.
K = Keile.

Keilschnitt. →Kerbschnitt*.

Kelch. Liturgisches Gefäß zur Konsekration des Weins bei der Messe. Als Speise~ mit Deckel (→Ciborium*) dient er urspr. zur Verteilung des hl. Blutes an die Gläubigen; vielfach zweihenklig (1); heute werden in ihm die konsekrierten Hostien aufbewahrt. Der ~ (2) besteht aus Fuß, Schaft mit Knauf (lat. nodus), um den sich die Hand beim Anfassen des ~ legt, und Schale (lat. cuppa). Anfangs wurde er aus unedlen Stoffen, später aus Glas, seit dem Mittelalter aus Gold und Silber gefertigt. Die Grundformen wechseln mit den Stilen. →Rotuli*.

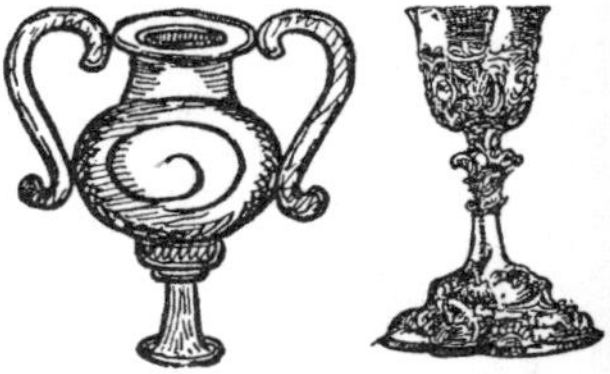

1 2

Kelch. 1. Ravenna: S. Apollinare in Classe. Apsis-Mosaik. Um 549. Opfer des Melchisedech. 2. Paderborn: Gaukirche. 1751. Vergoldet. Mit Rokokoornamenten.

Kelchblockkapitell, das. →Kapitell V 3*.

Kelchkapitell, das. →Kapitell V 2*.

Kelim, der (türk.). Orientalischer gewebter →Teppich* oder Wandbehang, der auf der Vorder- und Rückseite gleich gemustert ist.

Kelter, die. Christus in der ~. →Christus in der Kelter*.

Keltische Kunst. →Irische Kunst.

Kemenate, die (aus mittellat. caminata = heizbares Gemach). Zimmer mit Kamin, bes. Wohn- und Schlafraum der Burgherrschaft und ihrer Gäste. Im weiteren Sinn Wohngebäude einer mittelalterlichen →Burg*; im engeren Sinn Frauengemach.

Kenotaph, das (griech. kenotaphion = leeres Grab). Ehrengrab von Toten, die anderswo bestattet, oder deren Gebeine verschollen sind.

Kentaur, der (griech. kentauros; Bedeutung des Wortes unbekannt). Fabelwesen der griech. Mythologie: Pferd mit menschlichem Oberkörper.

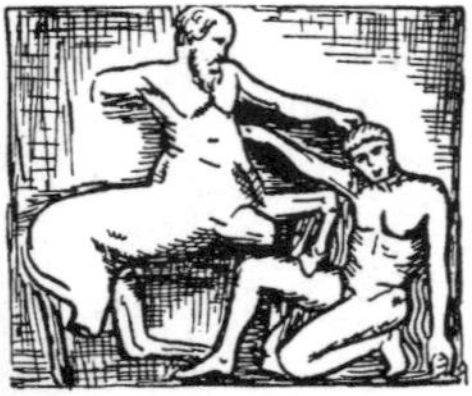

Kentaur. Athen: Akropolis. Parthenon. 448 bis 432. Südmetope.

Keramik, die (von griech. keramos = Töpferton, Tongeschirr). Sammelname für Tonwaren. Man unterscheidet Grob~ (Baumaterial wie Ziegel oder Röhren) und Fein~ (Geschirr und Gefäße). – Der zerkleinerte Ton wird von Hand oder maschinell (mit der →Töpferscheibe und dgl.) in die beabsichtigte Form gebracht, dann getrocknet und hierauf gebrannt. – Einfache Tongefäße sind schon aus der →Mittelsteinzeit* bekannt. → Fayence, Glasur, Majolika, Porzellan, Steingut, Steinzeug, Terrakotta. – Außer der Gebrauchs~ gibt es auch figürliche Darstellungen aus Ton, z. B. antike Kultbilder, mittelalterliche →Madonnen und Altäre*. →Baukeramik, Tiefstichkeramik.

Kerbschnitt. Verzierung, die mit schrägen, scharfkantig aufeinandertreffenden Schnittflächen in das Material hineingearbeitet ist; auch Keilschnitt genannt; wohl aus der Holzschnitzerei stammend. ~verzierung ist seit der Jung→steinzeit bekannt. In der →Volkskunst bis zur Gegenwart angewandt.

Kerbschnitt. Germanisch.

Kerbschnittkeramik, die. Tongefäße mit →Kerbschnitt*-Verzierung; seit der Jung→steinzeit bekannt.

Kern.

I. Der Mittelteil eines →Bündelpfeilers*, um den sich →Säulchen* und Dienste* gliedern.

II. Das in Lehm nachgeformte Modell beim →Bronzeguß*.

Kernschatten. →Schatten*.

Kerykeion, das (griech. = Heroldsstab) = →Merkurstab*.

Kette. So heißen die in der Längsrichtung des Gewebes verlaufenden Fäden. Die senkrecht zur Kette verlaufenden heißen →Schuß.

Khmer-Kunst. Kunst in Kambodscha. Blütezeit etwa vom 9. bis 13. Jahrh. Monumente: Angkor Thom, Angkor Vat, Bakhèng, Bakong, Bayon.

Kịbla. →Qibla.

Kielbogen. →Bogen 16*.

Kimọno, der (jap.). Gewand für Männer und Frauen in Japan seit dem 8. Jahrh. Es ist →kaftan*artig und besteht aus schmalen Stoffbahnen, die vertikal zusammengenäht sind. Die weiten Ärmel sind rechtwinklig angesetzt. Ein Schleifengürtel – der oder das Obi – hält den ~ zusammen.

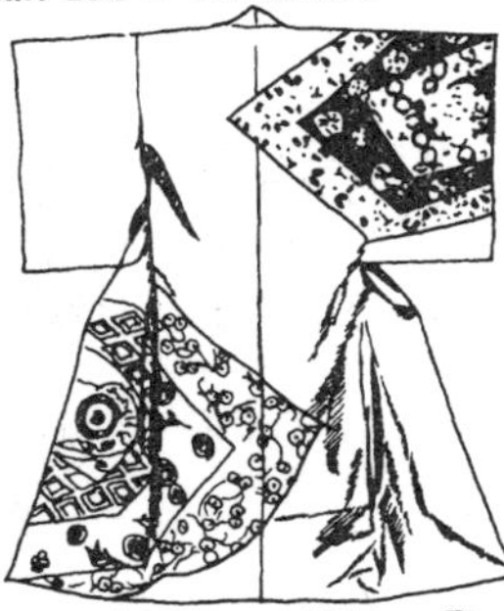

Kimono. Unbekannter Meister: Tänzerin Wandschirm. Gemalt auf Papier mit Goldgrund. 17. Jahrh. Paris: Ausstellung japanischer Kunst 1958.

Kinderbacchanạl, das. Bacchanạl I.

Kinderkunst. Unzutreffende Benennung des Zeichnens, Malens, Modellierens und Bauens von Kindern, von dem künstlerischen Schaffen der Erwachsenen durch andere Ziele und Formweisen unterschieden. Das Kind setzt sich in diesen Gestaltungen mit seiner Umwelt auseinander, indem es formend das ihm Wesentliche hervorhebt, aber nicht einfach das Gesehene mitteilt. Es läßt also das ihm Unwichtige aus und überbetont das ihm Wichtige; gedankliche und gefühlsmäßige Beziehungen haben bei der Wiedergabe eines Gegenstandes den Vorrang vor den wahrnehmbaren Zusammenhängen. Naturalistische Absichten liegen ihm fern. Die Entwicklung beginnt mit dem Kritzelstadium, das die Freude an der Bewegung und Leistung ausdrückt. Dann folgt die Zeit des →symbolischen Deutens: dies und jenes „soll" etwas darstellen, ein Strich unten auf dem Zeichenblatt bedeutet „Boden", ein Strich oben „Himmel" usw. Allmählich gelingt es dem Kinde, einen ganzen Bildraum zu gestalten, in dem das Oben, Unten, Neben- und Hintereinander der Gegenstände folgerichtig, freilich nicht anatomisch und →perspektivisch* richtig erscheinen.

Kinẹtische Kunst (griech.: kịnesis = Bewegung). Bewegliche Objekte. Die Bewegung erfolgt durch Luft-

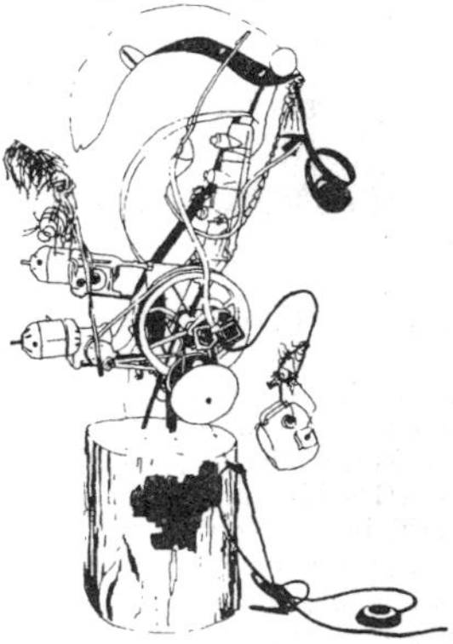

Kinetische Kunst. Jean Tinguely (geb. 1925): Baluba Nr. 3. 1959. Köln: Wallraf-Richartz-Museum.

strömungen, von Hand oder durch Motore. Vielfältiger Einsatz von Farbe und Licht. So ist das Statische der Plastik überwunden. Künstler: J. Agam (1928 geb.), A. Calder (1898 geb.), N. Gabo (1890 geb.), H. Mack (1931 geb.), L. Moholy-Nagy (1895–1946), N. Schoeffer (1912 geb.), J. Tinguely (1925 geb.). →**Mobile, Op-Art***, **Rotorelief.**

Kiosk, der (türkisch). Orientalisches Gartenhäuschen oder leichter Vorbau an einem oberen Stockwerk.

Kirchenburgen. Mittelalterliche Kirchen und Kirchhöfe, die als Wehranlagen ausgebaut sind (Wehrkirchen). In ganz Europa, vor allem an sonst unbefestigten kleinen Orten und an weitvorgeschobenen Stellen, z. B. in Siebenbürgen, errichtet. Am Mittelmeer waren ~ zum Schutz gegen die Seeräuber nötig. Die Kirche war mit einem Wehrgang und mit Zinnen versehen.

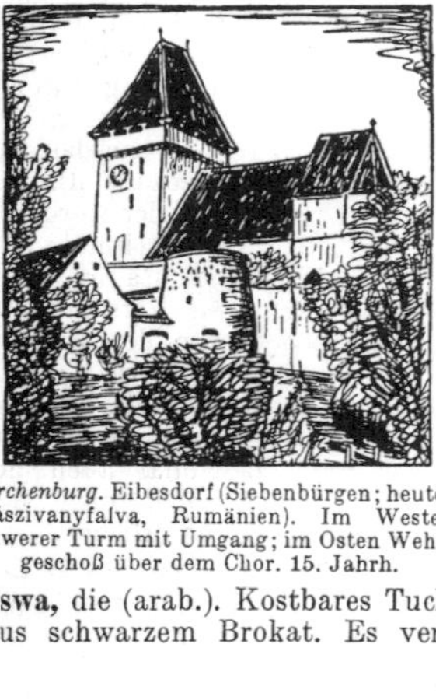

Kirchenburg. Eibesdorf (Siebenbürgen; heute: Szászivanyfalva, Rumänien). Im Westen schwerer Turm mit Umgang; im Osten Wehrgeschoß über dem Chor. 15. Jahrh.

Kiswa, die (arab.). Kostbares Tuch aus schwarzem Brokat. Es verhüllt während der großen Wallfahrt die →Kaaba*. Eingewebt ist oben der Text des Glaubensbekenntnisses.

Kitsch, der (von engl. sketch : sketsch = Skizze). Scheinkünstlerische, innerlich unwahrhaftige Gebilde; sie täuschen Empfindungen etwa in sentimentaler oder phrasenhaft-pathetischer Art vor oder benutzen mißbräuchlich Bedeutendes zu trivialen Zwecken.

Klappaltar. →Flügelaltar*.

Klappmaske. Kunstform der →Naturvölker, eine Tanzmaske: Die ~ läßt sich aufklappen und zeigt dann im Laufe des Tanzspieles zwei verschiedene Gesichter. → Maske.

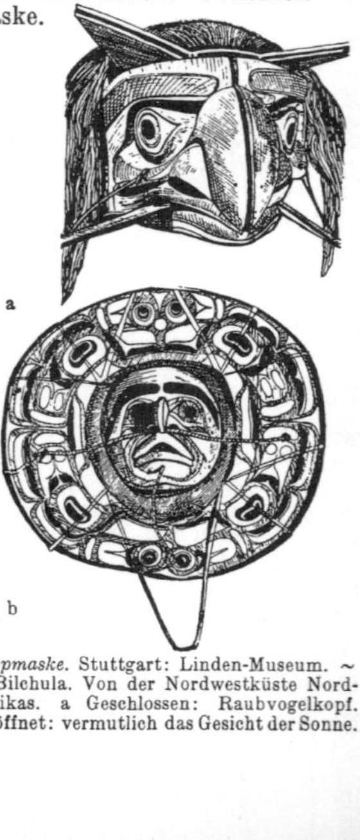

Klappmaske. Stuttgart: Linden-Museum. ~ der Bilchula. Von der Nordwestküste Nordamerikas. a Geschlossen: Raubvogelkopf. b Geöffnet: vermutlich das Gesicht der Sonne.

Klassizismus, der. Jede Kunstrichtung, für welche die Antike Norm ist. Drei Hauptzeitalter:

I. Augusteischer ~. Die röm. Kunst im Zeitalter des Augustus (30 v. Chr. bis 14 n. Chr.). Bedeutende Bauten und Bildwerke.

II. Europäische Baukunst seit der Mitte des 16. Jahrh., ausgehend von Oberitalien (Andrea Palladio) und im 17. Jahrh. in Frankreich, Deutschland, Holland und England verbreitet. Anschluß bes. an röm. Vorbilder. Wesentliche Stilelemente: Klarheit, Ruhe, Maß, oft mathematisch strenge Durchführung der →Proportionen*.

III. Europäischer Kunststil etwa zwischen 1770 und 1830. Gegenbewegung gegen →Barock und →Rokoko. In der Baukunst herrscht der in sich ruhende Block oder die →plastisch streng umgrenzte →Kuppel*; klare und einfache Maßbeziehungen. – Hauptthema der Plastik ist der Mensch, bevorzugter Werkstoff der kühle weiße →Marmor. Bedeutende →Porträtbüsten. – Die Malerei sucht das bedeutende (antikische) Motiv, den klaren und strengen Aufbau, den harten und genauen Umriß, kühle feste Farben. In allen Künsten ist die →griech. oder →röm. Antike die große Anregerin.

Klausur, die (lat.). Im →Kloster der nur für Mönche zugängliche Bereich.

Klebebild. →Collage I.

Kleeblattbogen. →Bogen 12*.

kleeblattförmige Anlage. →Dreikonchenanlage*.

Kleeblattkreuz. →Kreuz 18*.

Kleinkunst. Der Begriff wird im allgemeinen nicht für Werke kleinen Ausmaßes, wie Schmuckstücke, →Elfenbeinfigürchen, Borten usw., verwandt, sondern für →kunstgewerbliche Arbeiten überhaupt. Ggstz.: die „große" Kunst vor allem der Malerei und →Plastik.

Kleinmeister, die. Gruppe deutscher Kupferstecher und Holzschneider um 1500, die in kleinen Formaten arbeiten, vor allem Altdorfer (um 1480 bis 1538), die Brüder Beham (1500–1540 bzw. 1500–1550), und Georg Pencz (um 1500 bis 1550).

Klinker, der. Backstein mit →Glasur an der Oberfläche.

Klio, die (griech.). →Muse.

Kloster, das (von lat. claustrum = Verschluß). Nach dem Vorbilde des antiken →Peristyls (→Atrium*) wurden seit dem 5. Jahrh. die Klostergebäude um einen viereckigen offenen Hof, den Kreuzgang, angelegt (der Name „Kreuzgang" stammt wohl von der um den Hof führenden Kreuzprozession). Die Kirche lag meist auf der Nordseite und bildete den Mittelpunkt des Ganzen. Wichtigste Räume: Kapitelsaal (für die Versammlung der Mönche, neben der Kirche), Refektorium* (Speisesaal), Dormitorium (Schlafsaal), Parlatorium (Sprechzimmer). Im Kreuzgang manchmal auch der Klosterbrunnen, über dem sich das Brunnenhaus erhebt.

Die Klosteranlage des →Barock ist stark vom Palastbau beeinflußt. Eine typische *Grundrißform bil-

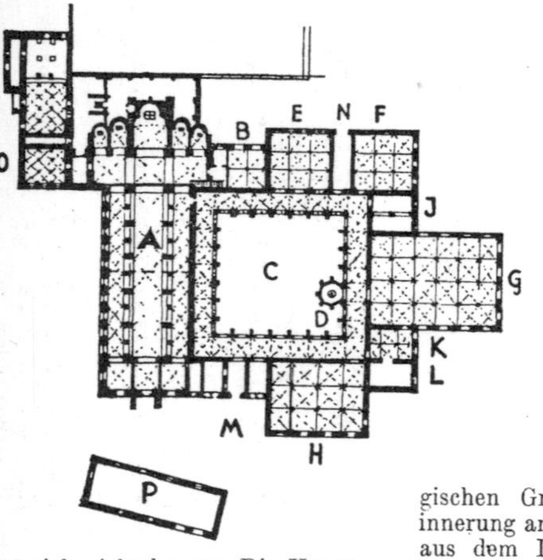

Kloster. Georgenthal (Thüringen): Zisterzienserabtei. Seit 1140. Grundriß d. Erdgesch. A. Kirche. B. Sakristei C. Kreuzgang. D. Brunnenhaus. E. Kapitelsaal. F. Parlatorium. G. Refektorium. H. Laienbrüderhaus. J. Kalefaktorium (Wärmestube). K. Küche. L. Backraum. M. Eingang zum Kloster. N. Gang zum Hof. O. Hallen unter der Wohnung des Abtes. P. Hospital.

det sich nicht heraus. Die Haupträume sind: die Kaiserstiege (das prachtvolle Treppenhaus), der Kaisersaal (für festliche Gelegenheiten) und die Bibliothek.

Klostergewölbe. →Gewölbe 6*.

Kluge und Törichte Jungfrauen. Motiv der christl. Kunst im Anschluß an Matth. 25, 1-13. Seit dem 4. Jahrh. nachweisbar; häufig in der mittelalterlichen Kunst Frankreichs und Deutschlands. Deutschland stellt die ~ sogar in monumentaler Form an→Portalen dar: Christus führt die Klugen, der →Fürst der Welt* die Törichten Jungfrauen an. Jene sind lächelnd in Seligkeit, diese schmerzverzerrt in Verzweiflung dargestellt.

Kniestück. →Porträt.

Knochenplastik. Schnitzereien der →Eskimo aus Walroßhauern; teils als reine Verzierung, teils aus magischen Gründen, teils zur Erinnerung an ein wichtiges Ereignis aus dem Leben ihrer Vorfahren hergestellt.

Knolle. In der Baukunst Verzierung an den Fußplatten →romanischer Säulen* und am Kapitell* (um 1100). Oft in gleicher Funktion wie das →Eckblatt*, als Eck~. Auch an→Dach*schrägen kommt die ~ vor.

Knollenkapitell, das. →Kapitell V 4*.

Knorpelwerk. Zierform des 17. Jahrh.

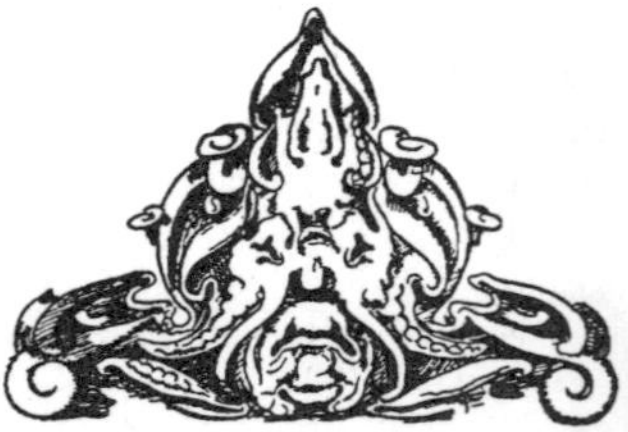

Knorpelwerk. Gottfried Müller: Compertament-Büchlein. Braunschweig. 1621.

aus knorpelartig verdickten Gebilden; im →Ornamentstich und in →plastischer Gestaltung, z. B. an →Altären* und →Portalen. →Ohrmuschelstil.

Knospenkapitell, das. →Kapitell V 4*.

Knotensäule. Form der →romanischen Baukunst: die →Schäfte einer Doppel→säule* sind in halber Höhe durch einen starken Knoten miteinander verbunden. Die ~ hat →apotropäische Bedeutung.

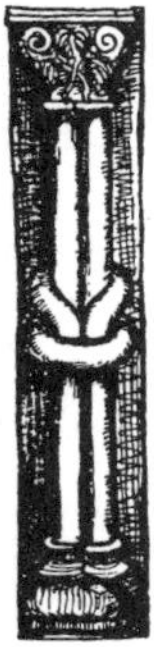

Knotensäule. Merseburg: Dom. Nach 1230.

Knüpfteppich. →Teppich*.

Kobako (jap.: ko|bako). Weihrauchkästchen, meist →Lackarbeit. →Teegerät.

Kodex, der. →Codex.

Kôdô (jap.: koodoo) = Lesehalle einer buddhistischen →Tempelanlage.

Königsgalerie, die. Eine →Galerie an der West→fassade franz.→Kathedralen, deren →Bogenstellungen eine Reihe von Königs→statuen (wohl die →Vorfahren Christi) umschließen.

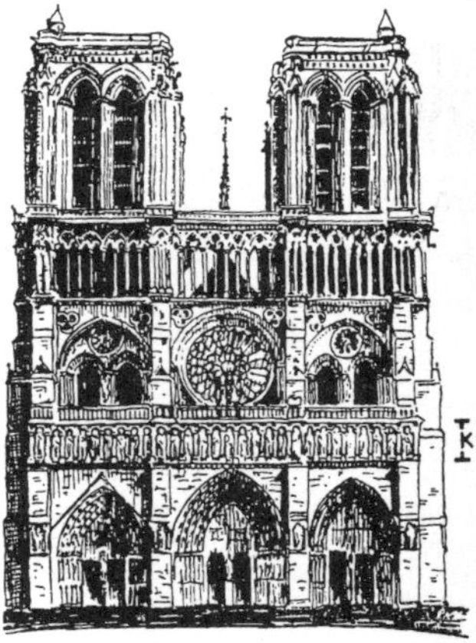

Königsgalerie (= K). Paris: Notre Dame. West. Mitte 13. Jahrh.

Königshalle. Versammlungs→halle

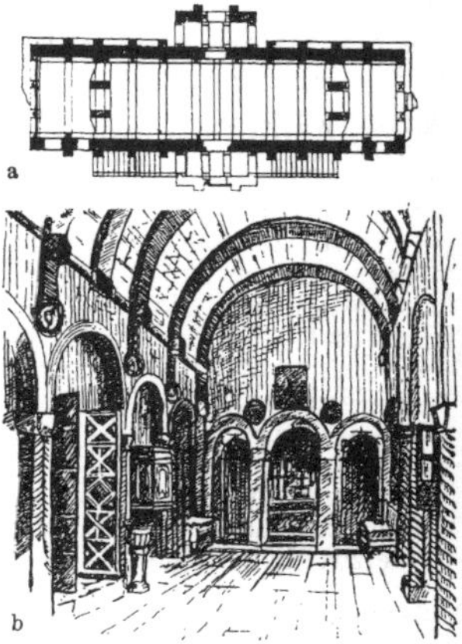

Königshalle. Santa Maria de Naranco bei Oviedo (Spanien; Prov. Asturien). Weihe 848. Ehemalige westgotische Königshalle des 8. Jahrh. a Grundriß. b Innen.

am Hof eines germanischen Fürsten, Teil eines Palastes. Langgestreckter →Breitbau*; die Ehrensitze befinden sich in der Mitte einer Langseite.

Körperfarben. →Deckfarben.

Körperschmuck. →Tatauierung.

Kohle. Aus gebranntem Holz hergestelltes Zeichenmaterial. Die ~-zeichnung dient, da sich die Striche leicht wegwischen lassen, vor allem für Skizzen und Entwürfe. →Zeichentechnik.

Koimesis, die (griech. = das Schlafen). Darstellung des Marientodes in der byzant.* Kunst. →Marientod*.

Kollegiatkirche, Kollegienkirche. →Stiftskirche.

Kolonialstil.

I. Die Abart des span. →Barock in den ehem. span. Kolonien Mittel- und Südamerikas; 17. bis 19. Jahrh.

II. Bau- und Möbelstil in den ehemals engl. Kolonien und den Vereinigten Staaten von Nordamerika während des 19. Jahrh.: vornehme Formen im Anschluß an den engl. →Klassizismus.

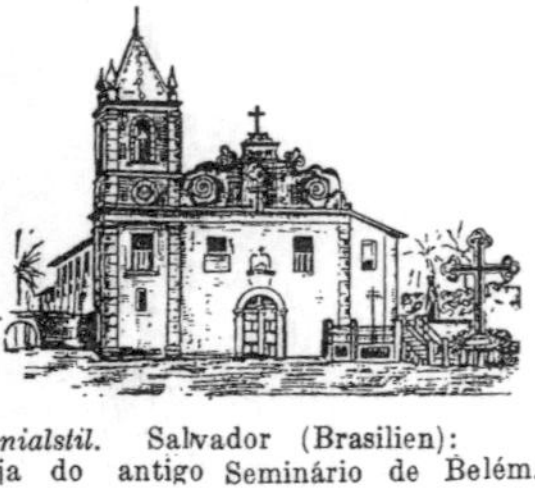

Kolonialstil. Salvador (Brasilien): Igreja do antigo Seminário de Belém.

Kolonnade, die (von franz. colonne : kolon = Säule). Säulengang mit geradem →Gebälk (ohne →Bögen*), bes. im →Barock und →Klassizismus. Großartig die ~n des Bernini auf dem Petersplatz in Rom (1646–1667).

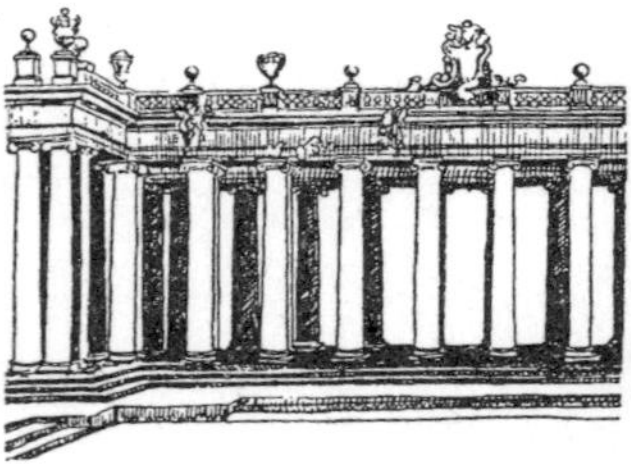

Kolonnade. Entwurf von Giovanni Battista Piranesi (1720–1778).

kolorieren, mit Farben ausmalen, z. B. bei →Holzschnitten*.

Kolorismus, der (von lat. color = Farbe). Einseitige Betonung der Farbe in der Malerei, manchmal auf Kosten der Linie oder ohne Rücksicht auf den →kompositionellen Zusammenhang.

Kolorit, das (von lat. color = Farbe). Die farbige Gestaltung eines Gemäldes, sowohl im Hinblick auf die Auswahl der Farben wie auf ihre Art und Form (weiches, hartes, toniges usw. ~).

Koloß von Rhodos. →Sieben Weltwunder V.

Kolossalordnung (von griech. kolossos = Kolossalfigur). →Säulen*- und →Pilasterordnung*, die über mehrere, meist zwei Geschosse geht. Hauptsächlich im →Barock. →Risalit*.

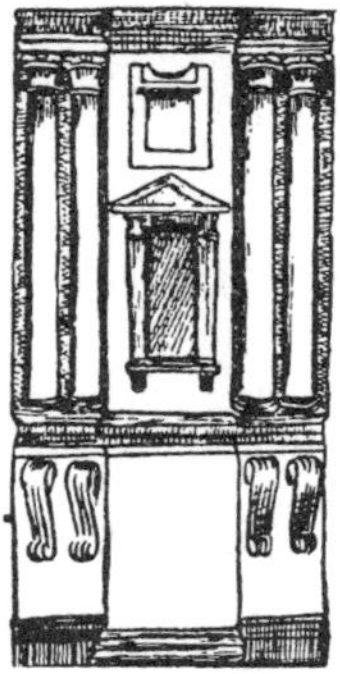

Kolossalordnung. Florenz: Biblioteca Laurenziana. Seit 1524. Von Michelangelo (1475 bis 1564). Vestibül. Um 1560.

Kolossalstatue. Das überlebensgroße Bildwerk eines Gottes oder eines Königs: großartige Beispiele in →Ägypten, →Indien, →China und →Japan.

Kolumbarium. →Columbarium*.

Kommunizierende Nebenchöre. → Neben→chöre, die durch eine Öffnung ihrer Seitenwände mit dem →Hauptchor verbunden sind. Bisweilen im →romanischen Kirchenbau.

Komplementärfarben. Gegenfarben, die im Farbenkreis paarig einander gegenüberliegen (Grün-Rot, Gelb-Blau usw.).

Komposition, die (von lat. compositio = Zusammenstellung). Der formale Aufbau eines Kunstwerkes, seine Gliederung. Wichtige Mittel der ~ sind die Reihung, die Symmetrie, die Anordnung in der Diagonale oder im Dreieck, das Verhältnis von Vorder-, Mittel- und →Hintergrund auf einem Gemälde usw.

Kompositkapitell, das. →Kapitell. II. Antike Kunst 4*.

Kompositordnung.→Säulenordnungen V*.

Konche, die (lat. concha, griech. kogche = Muschel). Bei →altchristl. und mittelalterlichen Kirchen die Wölbung der →Apsis*, auch die gesamte Apsis. →Dreikonchenanlage*.

Kondô (jap.: kondoo) = Goldene →Halle. (Chin.: ta-hsiung-pao-tien = Schatzhalle des Großen Helden). Haupthalle einer buddhistischen →Tempelanlage mit dem Hauptkultbild, der →Buddhastatue. Sie trägt ihren Namen von der Vergoldung der Kultstatue, um derentwillen der Tempel errichtet wurde.

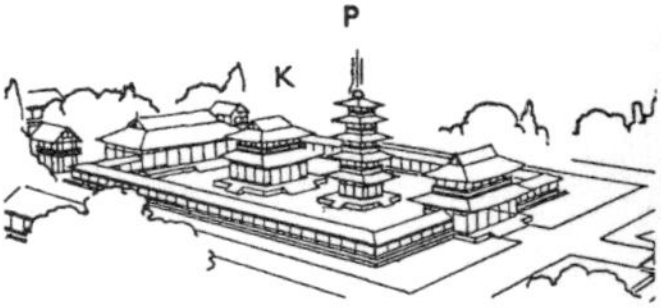

Kondô. Osaka (Japan): Shitennôji-Tempel. Gegr. 593; mehrfach erneuert. Wiederaufbau 1945. P = Pagode; K = Kondô.

Konfessio.→Confessio*.

konkav (lat.). Nach innen gewölbt.

Konkrete Malerei. So nannte Th. van Doesburg (1883–1931) die → abstrakte Malerei*, weil für den Künstler nichts konkreter sei als eine Linie, eine Farbe, eine Fläche.

Konsekrationskamm (lat. consecratio = Weihe, Heiligung). Verzierter Kamm, mit welchem dem

Bischof nach der Salbung das Haar geordnet wird.

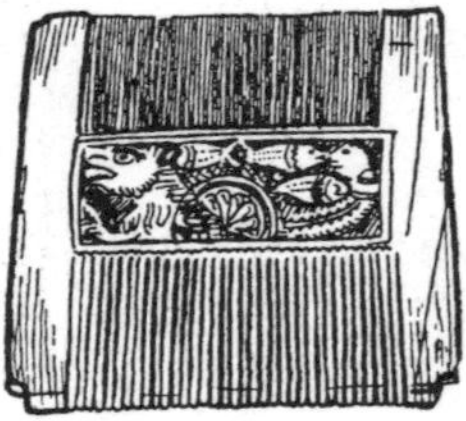

Konsekrationskamm. Trier: Domschatz. 8. Jahrh.

Konsekrationsmünze. Röm. Münze, die bei der Erhebung des Kaisers zum Gott (Konsekration) geprägt wurde.

Konservator, der (lat. = Erhalter). Leitender Museumsbeamter sowie der Vorsteher der Denkmalpflege.

Konsole, die (franz. console: koñßol). Aus der Mauer vorspringender Stein als Träger für Balken, →Balkone, Figuren usw.

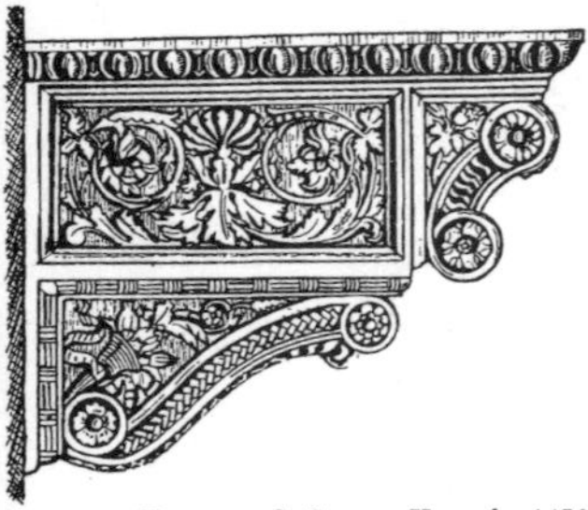

Konsole. Florenz: S. Croce. Kanzel. 1470 bis 1474. Benedetto da Majano (1442–1497).

Konstantinisches Kreuz. →Kreuz 12*.

Konstruktivismus, der. Richtung der →abstrakten Malerei*. Das ungegenständliche Bild ist aus geometrischen Grundformen und undifferenzierten Farbflächen gestaltet. Hauptmeister: W. Kandinsky (1866–1944) und P. Mondrian (1872 bis 1944).

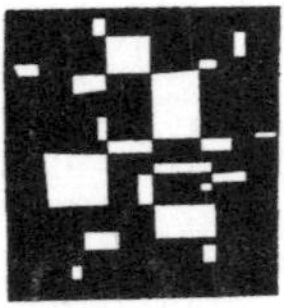

Konstruktivismus. Wassily Kandinsky (1866–1944): Weiß auf Schwarz. Öl 1930.

Konsulardiptychon, das. →Diptychon 1*.

Konterfei, das; konterfeien (franz. contrefait: koñtrefä = nachgeahmt). Gemaltes →Bildnis.

Kontorniaten, die (von ital. contorna : k = Rand). Röm. Bronzemedaillen des 4. und 5. Jahrh. n. Chr. mit Kaiserbildnissen oder mythologischen Darstellungen.

Kontrapost, der (ital. contrapposto

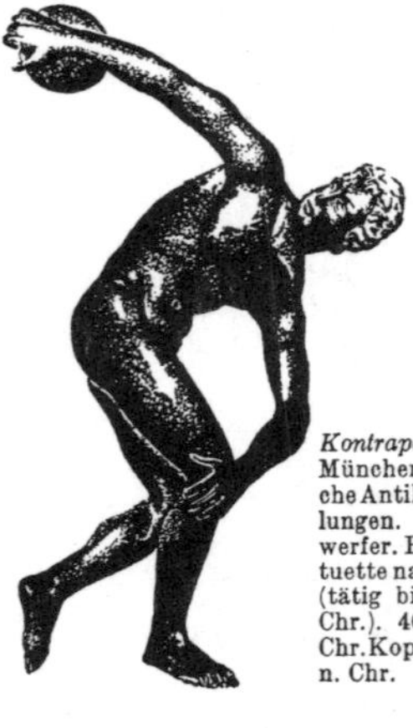

Kontrapost. München: Staatliche Antikensammlungen. Diskuswerfer. Bronzestatuette nach Myron (tätig bis 423 v. Chr.). 465–450 v. Chr. Kopf 2. Jahrh. n. Chr.

= Gegensatz). Gleichgewichtige Gestaltung des stehenden menschlichen Körpers: die steigenden und die sinkenden Rhythmen, Bewegung und Ruhe, das Vor- und das Zurücktreten werden zum Ausgleich gebracht. Jede Einseitigkeit ist vermieden; die Gegensätze halten einander die Waage. In der klassischen→griech. Skulptur entwickelt. →Sauroktonos*, Stand*- und Spielbein.

Kontra-Reliẹf. Aus Metallplatten, Drähten, Holz und Glas. Plastische Wandtafel. Das Material verliert seine besonderen Eigenschaften und wird Teil eines konstruktiven Zusammenhangs. V. Tatlin (1885–1953) schuf seit 1915 ∼s als schwebende Konstruktionen ohne Sockel; 1919 Projekt für ein „Denkmal der III. Internationale"

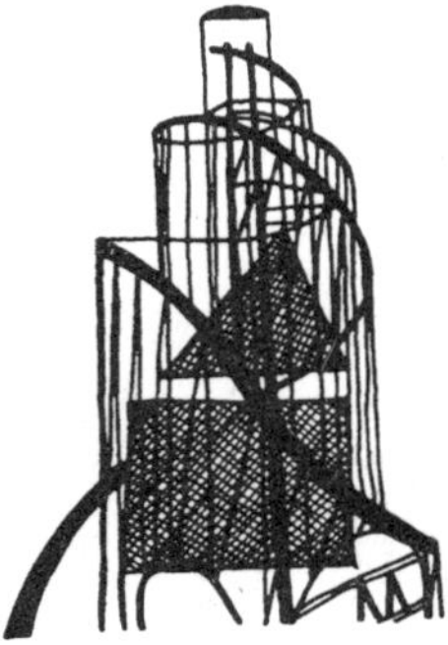

Kontra-Relief: Vladimir Tatlin (1885–1953): Denkmal der 3. Internationale. Entwurf. 1920.

Kontụr, die (franz. contour: koñtuhr = Umriß). Umrißlinie.

Konversatiọnsstück. Form der holländ. →Genremalerei* im 17. Jahrh.: Damen und Herren sind bei der Unterhaltung dargestellt.

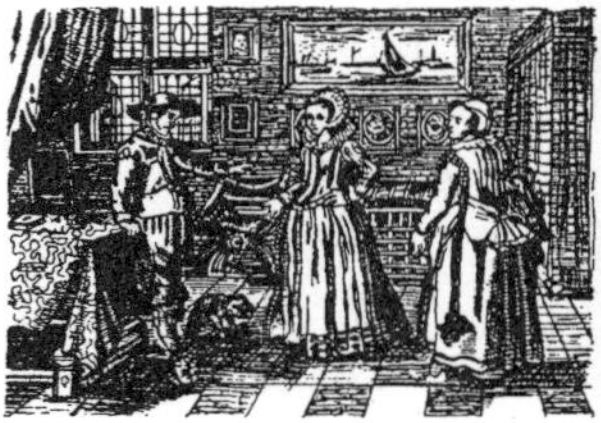

Konversationsstück. Adrian P. van der Venne (1589–1662). Stich. 1. Hälfte 17. Jahrh.

Konversen, die. →Conversi.

konvẹx (lat.). Nach außen gewölbt.

Konvẹxbogen. →Bogen 14*.

Kopffüßer. Form der →Plastik bei den →Naturvölkern: ein Geist ist dargestellt, nur aus Kopf und Füßen bestehend.

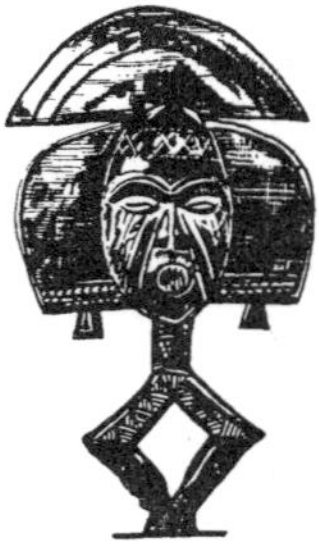

Kopffüßer. Paris: Sammlung Charles Ratton. Holz, mit Metall beschlagen. Aus Bakota (Gabun. Westafrika).

Kopfgefäß. →Rhyton.

Kopfleiste. →Leiste*.

Kopfreliquiạr, das (von lat. reliquiarium = Behälter für die Überbleibsel eines toten Heiligen). Reliquienbehälter in Büsten- oder Kopfform. In der mittelalterlichen

→Goldschmiedekunst meisterhaft ausgebildet.

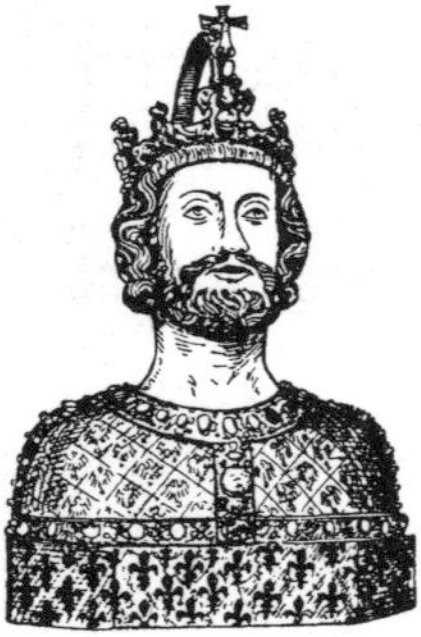

Kopfreliquiar. Aachen: Münster. Büste Karls d. Gr. Mitte 14. Jahrh. Krone 13. Jahrh.

Kopie, die (lat.). Nachbildung eines Kunstwerkes durch einen anderen Meister. Eine vom urspr. Meister wiederholte zweite Ausführung heißt→Replik.

Koptische Kunst. Die Kunst der Kopten, der christl. Nachkommen der Ägypter. Dauer: etwa vom 3. bis zum 9. Jahrh. Bauten (→Dreikonchenanlage* bes. beliebt), Bildwerke (mit der Neigung zu starrfrontalen Formen), Malerei (mit eigenständiger →Ikonographie), in Technik und Farbe vorzügliche Stoffe.

Koranständer. Ständer für das heilige Buch des →Islam*, den Koran. Meist zweiteilige Krippen, die sich scherenförmig zusammenklappen lassen; reich verziert mit Schnitzereien und →Intarsien*.

Korbbogen. →Bogen 7*.

Korbkapitell, das. →Kapitell III 2*.

Kore, die (griech.), Tochter der Demeter; dann allgemein = Mädchen. →Karyatiden*.

Koreanische Kunst. Die Kunst der Halbinsel Korea, die in engem Zusammenhang mit der →chin. Kunst steht und viele Formen und Techniken an die →jap. Kunst vermittelt hat. Bedeutende Werke auf allen Gebieten, oft von höchster Feinheit. Die wichtigsten Schöpfungen: 3. bis 4. Jahrh.

Korinthische Säulenordnung.→Säulenordnungen III*.

Korinthischer Stil. Form der griech. Baukunst von zierlichem und schmuckhaftem Charakter, nach der Ausbildung des →dorischen und →jonischen Stiles als die späteste der drei grundlegenden Bauweisen entstanden. Hauptkennzeichen ist die korinthische →Säule* mit dem als Korb oder Kelch entwickelten, von einem Blätterkranz umgebenen Kapitell*, das auf allen vier Seiten gleichmäßig durchgestaltet und betont nach oben gerichtet ist. Der Blätterkranz aus→Akanthuslaub* ist einfach oder verdoppelt. Den Übergang zur →Deckplatte vermitteln an den Enden→ Volutenranken*, die aus dem Kelch als Stengel hervorwachsen und in der Mitte Blumen, an den Ecken→Voluten* tragen. Die Deckplatte ist im →Grundriß meist leicht geschwungen. Die Säulen sind schlank und weitgestellt.

Berühmtes Monument des ~: Das Lysikratesdenkmal in Athen (334 v. Chr.).

Korinthisches Kapitell, das. →Kapitell. II. Antike Kunst 3*, Korinthischer Stil.

Kôro (jap.: kooro). Weihrauchbekken, -gefäß. →Teegerät.

Korporale, das (lat. = das dem Leib des Herrn dienende Tuch). →Bursa.

Kosmaten. →Cosmaten*.

Kosmokrator, der. Christus als Weltbeherrscher, auf einer Weltkugel thronend.

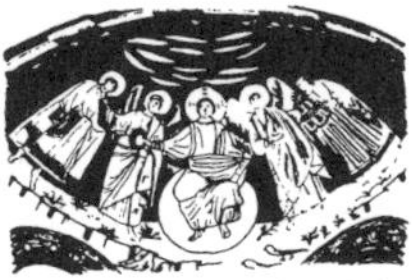

Kosmokrator. Ravenna: S. Vitale. Apsis, Mosaik. Christus zwischen zwei Engeln und den Heiligen Vitalis und Ecclesius.

Kouros, der. →Kuros.

Krabbe, die. →Kriechblume*.

Kraggesims, das. →Vorkragendes →Gesims*, das. Lasten abfängt.

Kragstein. Aus der Wandfläche vortretender Stein, als Auflager für Balken, →Gewölbe* usw →Konsole*.

Krakelüre, die (franz.). Die feinen Risse, die sich auf dem Gemälde durch Austrocknung bilden. →Craquelée.

Kranzgesims, das. →Gesims*.

Krapp, der. Aus der gemahlenen Wurzel der Färberröte hergestellte rote Farbe.

Krater, der (griech. = Mischgefäß). Bei den alten Griechen großes kelch- oder glockenförmiges Gefäß mit Fuß und zwei Henkeln zum Mischen von Wein und Wasser.

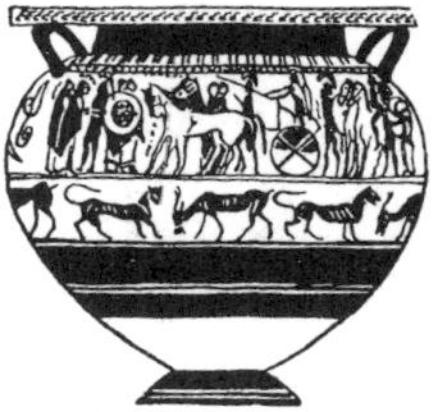

Krater. Paris: Louvre. Korinthisch. 6. Jahrh. v. Chr.

Kratzmalerei. →Sgraffito*.

Kratzputz. →Sgraffito*.

Kreide. Beliebtes Zeichenmaterial, schwarz oder farbig. Die weiße ~ dient u. a. zum Aufsetzen von Lichtern auf Bilder und Zeichnungen (→Weißhöhung). → Handzeichnung, Zeichentechnik.

Kreidemanier, die. →Kupferstich V*.

Kreml, der (russ.). Mit Mauer und Wall befestigter Teil in russischen Städten.

Krepidoma, das (griech. = Grund-

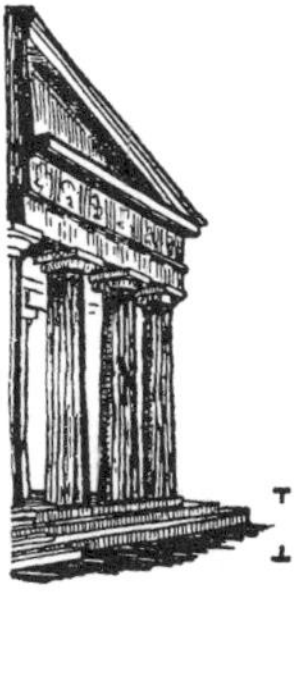

Krepidoma. Athen: Akropolis. Parthenon. 448–432 v Chr.

lage, Fundament eines Hauses). Der mit Stufen ausgestattete Unterbau des griech. Tempels*.

Krepis, die (griech.). Am →griech. →Tempel der Stufenbau. →Stereobat.

Kretische Kunst. Epoche der vorgriech. Kunst des 3. und 2. Jahrtsd. v. Chr.; Hauptfundstätte: die Insel Kreta. Ihre Träger sind keine Arier gewesen. Dekorativ heitere Malerei und locker angelegte Paläste von erlesener Feinheit. →Fliegender Galopp*, Oktopus*, Schlange, Stier.

Kreuz. Hauptformen des christl. ~es:

1. Griechisches ~. Mit vier gleichlangen Armen.
2. Lateinisches ~ (crux immissa).
3. Tau-, Antonius- oder ägyptisches ~ (crux commissa). An einem solchen ~ hängen auf Kreuzigungsbildern vielfach die Schächer.
4. Petrus~. Petrus wurde mit dem Kopf nach unten gekreuzigt.

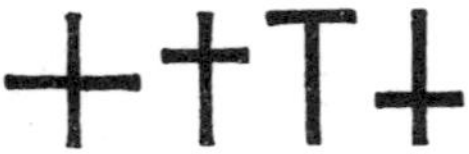

Kreuz. 1 2 3 4

5. Andreas~. Ein schrägliegendes griech. Kreuz (1). An einem solchen ~ erlitt der Apostel Andreas den Martertod.
6. Abwandlung des Andreas~es (5).
7. Gabel-, Deichsel- oder Schächer~.
8. ~ mit zwei gleichlangen Querbalken.

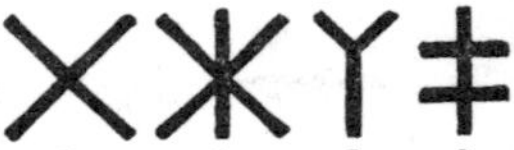

5 6 7 8

9. Henkel~. Lebenssymbol der →ägypt. Kunst; aus dieser in die christl. Kunst übernommen.
10. Erzbischöfliches oder Doppel~ oder Patriarchen~.
11. Päpstliches ~.
12. Konstantinisches ~ →Christusmonogramm*: die griech. Anfangsbuchstaben (Chr.) von „Christus".

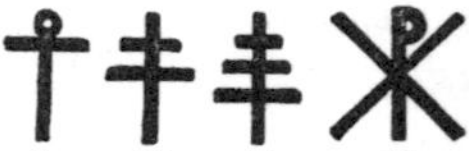

9 10 11 12

13. Russisches ~.
14. Wieder~, so genannt, weil die Enden der Balken ebenfalls ein ~ ergeben.
15. Krücken~, genannt nach der Krückengestalt der Teilbalken des ~es.

16., 17. Anker~.

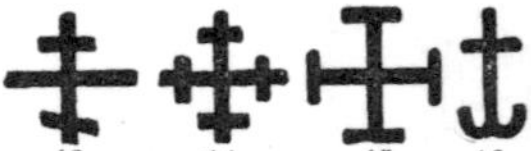

13 14 15 16

18. Kleeblatt~. Häufig an Triumph~en des 13. Jahrh.
19. Johanniter- oder Malteser-~.
20. Jerusalemer~. Griech. ~ mit vier kleinen griech. ~en in

den Winkeln des Großkreuzes. →Haken~*, Scheiben~*.

17 18 19 20

Kreuzaltar. →Laienaltar.

Kreuzarm. Der über das →Langhaus vorspringende Teil des → Querhauses. →Basilika 4*.

Kreuzauffindung. Nach der Legende fand die Hl. Helena, die Mutter des Kaisers Konstantin, 320 das Kreuz Christi auf. In der Kunst oft und z. T. in ausführlicher Erzählung dargestellt.

Kreuzblume. Die als Knospe oder Blume gebildete Spitze → gotischer* →Türme, Fialen*, Wimperge* usw. mit kreuzförmig angeordnetem Blattwerk.

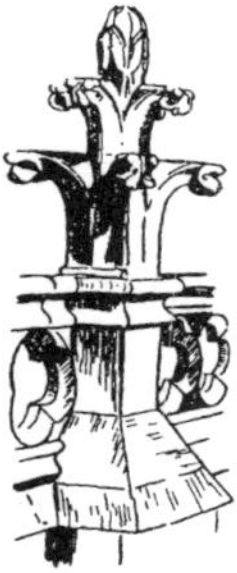

Kreuzblume. Paris: Kathedrale Notre Dame. Seit 1163. Apsis. Südseite.

Kreuzbogen. →Fries 3*.

Kreuzfahne. Langer Stab mit Wimpel, kreuzförmig endigend; als Siegeszeichen in der Hand des auferstehenden Christus.

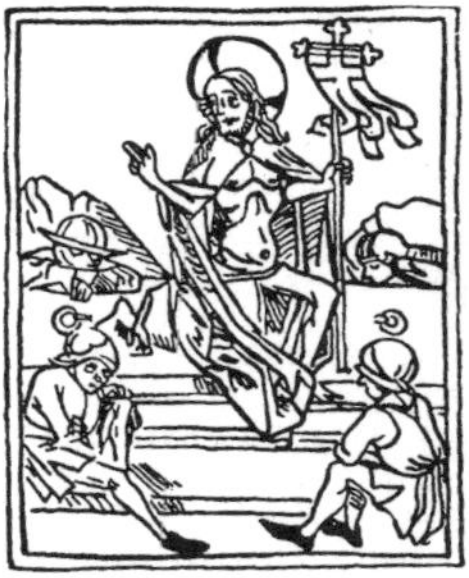

Kreuzfahne. Anton Sorg (nachweisbar 1475 bis 1493): Passion. Holzschnitt. 1480.

Kreuzgang. →Kloster*.

Kreuzgewölbe. →Gewölbe 2, 3*.

Kreuzgratgewölbe. →Gewölbe 2*.

Kreuzkuppelkirche. Form des →byzant.* Kirchenbaus seit dem 7. Jahrh.; →Grundriß ist das griech. →Kreuz*; der Kernbau ist von einer →Kuppel* überwölbt, oft auch die Nebenräume.

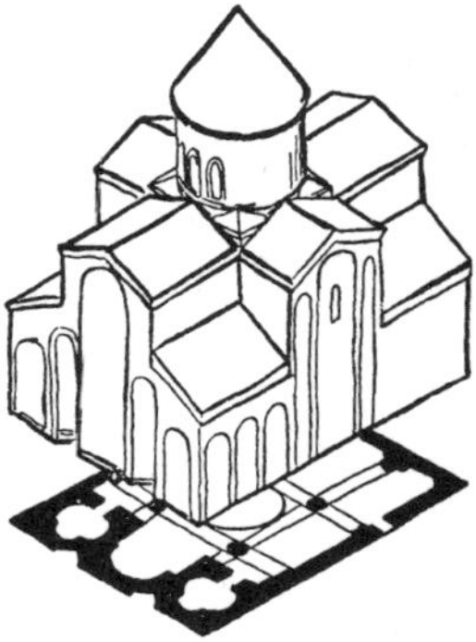

Kreuzkuppelkirche. Akhpat (= Insel Ahtamar im Van-See. Türkei, Armenien). 10. Jahrh. Isometrie und Grundriß.

Kreuznimbus, der (lat. nimbus = Strahlenschein). →Heiligenschein 1*.

Kreuzrippen. →Gewölbe 3*.

Kreuzwegstationen. Folge von Darstellungen des Leidensweges Jesu. Seit der Mitte des 16. Jahrh. Vierzehn Stationen erst seit dem 17. Jahrh.: Jesus I. wird zum Tode verurteilt; II. wird mit dem Kreuz beladen; III. fällt zum ersten Mal; IV. begegnet seiner Mutter; V. Simon hilft das Kreuz tragen; Jesus VI. begegnet Veronika; VII. fällt zum zweiten Mal; VIII. tröstet die Frauen; IX. fällt zum dritten Mal; X. wird seiner Kleider beraubt und mit Galle getränkt; XI. wird ans Kreuz geschlagen; XII. stirbt am Kreuz; XIII. wird in den Schoß seiner Mutter gelegt; XIV. wird ins Grab gelegt.

Kriechblume oder Krabbe. In der →Gotik* Blätter und Blumen aus Stein auf den Kanten von →Giebeln, →Fialen* usw. Ihren Namen hat die ~ daher, daß sie an dem architektonischen Glied emporzukriechen scheint.

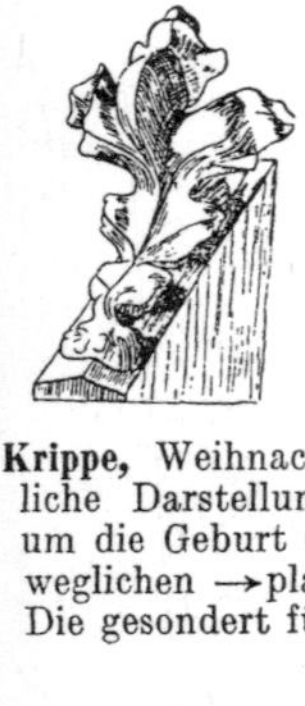

Kriechblume. Wien: St. Stephan. Neubau seit 1304

Krippe, Weihnachtskrippe. Räumliche Darstellung der Ereignisse um die Geburt Christi mit freibeweglichen →plastischen Figuren. Die gesondert für sich bestehende Krippe entwickelt sich im 16. Jahrh. unter dem Einfluß der Krippenspiele; sie stellt die Begebenheiten möglichst naturgetreu unter Verwendung wirklicher Stoffe und Metalle dar. Die erste deutsche Krippe dieser Art wurde 1603 in St. Michael, München, von den Jesuiten aufgebaut. Um 1700 liegt die Hauptblütezeit der ital. ~ in Neapel und Sizilien. →Barock und →Rokoko häufen die prächtigen Figuren zu farbenfrohen Aufzügen und bringen allerlei Mechaniken zur →genrehaften* Verlebendigung des Ganzen an. Vorzügliche ~n-Sammlung in München, Bayerisches Nationalmuseum.

Kris, der (malaiisch). Dolch auf Java und Bali; reich verziert.

Krishna, der (:Krischna = der Dunkelfarbige). In der →ind. Mythologie Held des Mahabharata-Epos; er ist die achte und lieblichste Inkarnation des →Vishnu*. Die

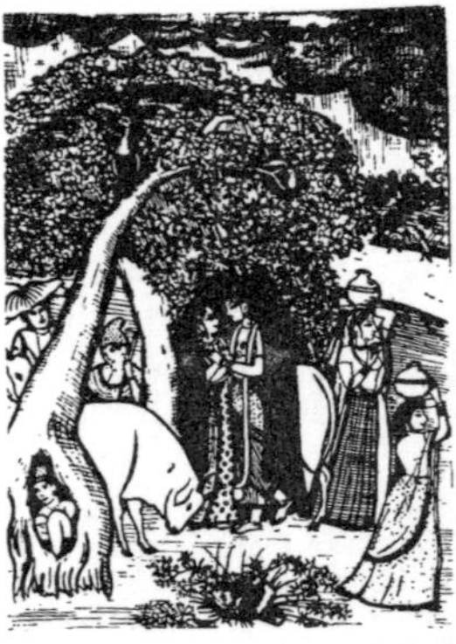

Krishna. Die Umarmung des Krishna und der Radha unter der Regenwolke. Miniatur aus Rajasthan (Indien) Etwa 17. Jahrh. n. Chr.

Kunst stellt gerne seine Tänze mit schönen Hirtenmädchen oder seine Liebe zu →Radha dar.

Krone. Kopfzierde; Zeichen der Herrscherwürde. Votiv~; vor dem Altar aufgehängt als Zeichen des Dankes für eine Gebetserhörung. Eine Sonderform der ~ ist die →Tiara*. →Votivbild*.

Kronleuchter. Deckenleuchter mit mehreren Lichtquellen. Solche Lichtkronen gab es schon im 11. Jahrh. Bedeutende →romanische Kronleuchter in Aachen, Hildesheim und auf der Komburg erhalten. Die Leuchter versinnbildlichen mit ihren Toren, →Türmen und Stadtmauern das Himmlische Jerusalem der →Apokalypse des Hl. Johannes. In der →Gotik* entwickelt sich die Form eines →Schaftes mit ausstrahlenden Armen. Prächtige gläserne ~ wurden in Venedig hergestellt. →Muttergottesleuchter*.

Krückenkreuz. →Kreuz 15*.

Krüppelwalmdach. →Dachformen 4*.

Krummstab. →Bischofsstab*.

Kruzifix, das (von lat. crucifixus = der Gekreuzigte). Darstellung des gekreuzigten Christus.

Kruzifixus, der; lat. crucifixus = der Gekreuzigte.

Krypta, die (griech. krypte = bedeckter Gang; Mehrz. Krypten). Im →romanischen Kirchenbau ein halb unterirdischer Kultraum unter dem →Chor oder östl. des Chors (→Außenkrypta). Vorformen sind die →Confessio* und die →Stollen~*. Seit dem 10. Jahrh. Verbreitung der →Hallen~: meist dreischiffiger, gewölbter, →säulengetragener* Raum. Den Bauten der →Hirsauer Schule* fehlt die ~; in der franz. Baukunst ist sie sehr selten.

Ku (chin.: gu). Becher für Opferwein. →Sakralbronzen*.

Kubismus, der. Stilform in der Kunst des 20. Jahrh. seit 1907. Hauptvertreter: G. Braque (1882–1963), J. Gris (1887–1927), F. Léger (1881–1955) und P. Picasso (1881–1973). Der Name von einem Kunstkritiker im abschätzigen Sinne geprägt: „Kubische Bizarrerien".

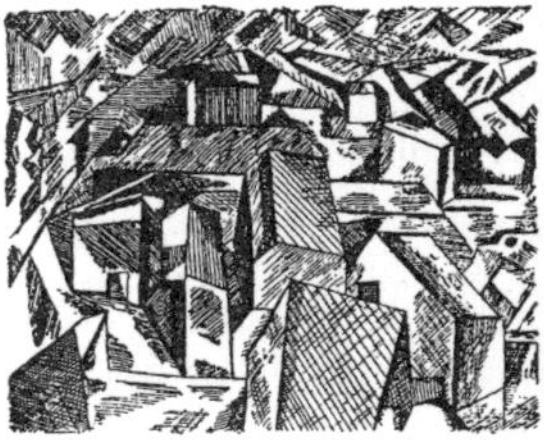

Kubismus. 1. Pablo Picasso (1881–1973): Landschaft von Horta de Ebro. Gemälde. 1909. Paris: Privatbesitz.

Zwar bleibt der Gegenstand erhalten; doch wird er in eine stereometrische Ordnung umgebildet. Eine Kunst mit klassischen Ten-

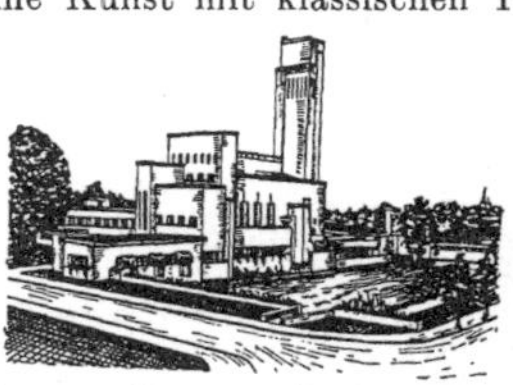

Kubismus. 2. Hilversum (Holland): Rathaus 1923/24. W. M. Dudok (geb. 1884).

denzen, welche Dinge keineswegs mißachtet, aber sie einer reinen strengen Gesetzmäßigkeit unterwirft. Das Werk hält die Mitte zwischen stereometrischer und organischer Form, zwischen Architektur und Bild.

Der ~ hat sich auch auf die Architektur des 20. Jahrh. ausgewirkt – in einer Bauweise, welche kubische Raumkörper rhythmisch stuft.

Küchenstück. Gattung der Malerei: Ausschnitt aus einem Küchenraum mit Geschirr und Eßgegenständen. Zuerst in der holländ. Malerei des 17. Jahrh.

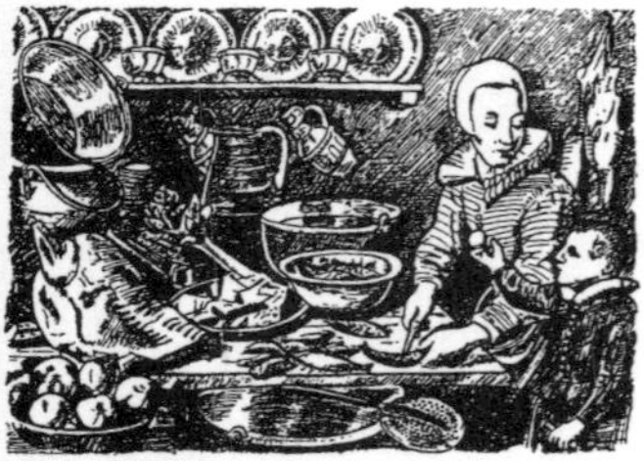

Küchenstück. Floris van Schooten (nachweisbar von 1612 bis 1655). Nach 1620. Im Kunsthandel.

Kuẹị (chin.: guẹẹ). Schüssel für Opferfleisch, -getreide oder -gemüse. →Sakralbronzen*.

Kümmernis, auch Wilgefọrtis, Liberạta, Ontkomer, St. Hulp u. a. genannt; legendäre Heilige, angeblich portugiesische Königstochter. Sie hatte sich heimlich Christus geweiht und erbat sich, als ihr Vater sie an einen Heiden verheiraten wollte, von Gott die Gnade, er möchte sie so verändern, daß kein Mann sie mehr liebe. Da machte Christus sie sich dadurch ähnlich, daß er ihr einen langen Bart

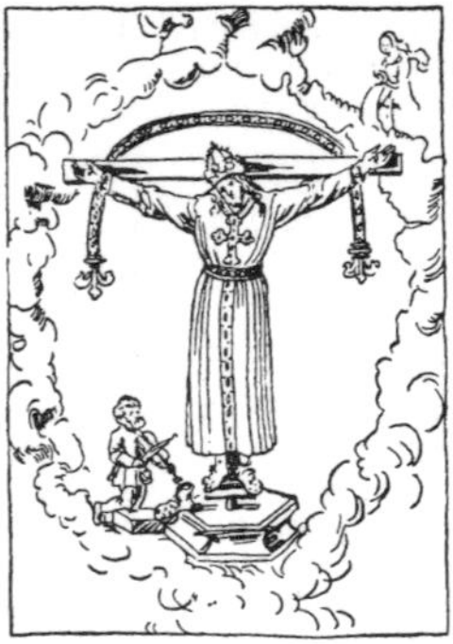

Kümmernis. Basel: Kunstsammlung. Zeichnung. Anf. 15. Jahrh.

wachsen ließ. Der Vater kreuzigte sie daraufhin, so daß sie einen christusähnlichen Tod erlitt. Die im 15. Jahrh. in Deutschland entstandene Legende geht von den nicht mehr verstandenen Nachbildungen des bekleideten, bärtigen Kruzifixus von Lucca (Volto

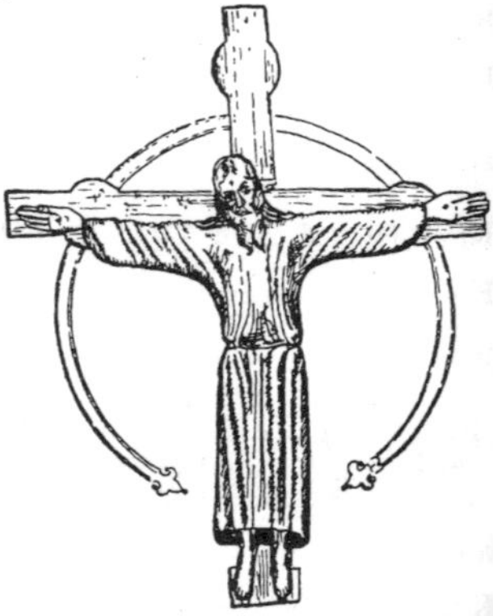

Lucca (Italien, Toscana): Dom. „Volto Santo" (= Hl. Antlitz). Kruzifix. Zedernholz. Seit 1098 in Lucca nachweisbar.

santo) aus; auch die Erzählung, ~ habe vom Kreuz aus einem armen Geiger einen ihrer goldenen Schuhe zugeworfen, bezog sich urspr. auf den Volto santo. – Dargestellt wird die ~ als schöngewandete, am Kreuze hängende bärtige Frau mit nur einem goldenen Schuh.

Künste, die sieben freien (lat. ạrtes liberạles). Wahrscheinlich irrtümlich so genannt, weil „liberạles" sich wohl von „lịber" = Buch ableitet; also die in Büchern niedergelegten Künste. Um 400 n. Chr. bildet sich die Gruppierung heraus:

Trịvium, das (lat.): Grammạtik, Arithmẹtik, Geometrịe.

Quadrịvium, das (lat.): Musịk, Astronomịe, Dialẹktik, Rhetọrik.

Das Mittelalter stellt zum ersten Male in →karolingischer Zeit die ~ als weibliche Figuren mit →Attributen dar.

Künstlerinschrift. →Signatur*.

Künstlermonogramm, das. Die Anfangsbuchstaben des Künstlernamens auf Kunstwerken. →Signatur*.

Künstlicher Baustein. →Baustein II.

Kufi. Ältere eckige Form der arab. Schrift. →Islamische Kunst*.

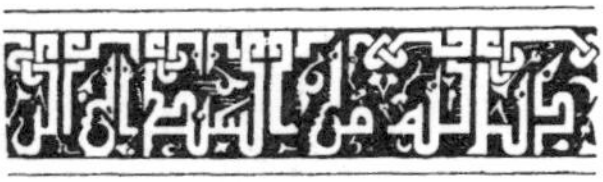

Kufi. Schriftfries in Flecht~ über Arabesken.

Kuh. Heiliges Tier der Muttergöttin →Hathor* in der →ägypt., der Muttergöttin →Inanna in der →vorderasiatischen Kunst. →Große Mutter*. Heiliges Tier in →Indien (Hinduismus).

Kuhmäuler. Breite, vorn abgerundete Schuhe. In Deutschland seit dem Ende des 15. Jahrh. üblich. Zum Stilempfinden der deutschen →Renaissance* gehörig.

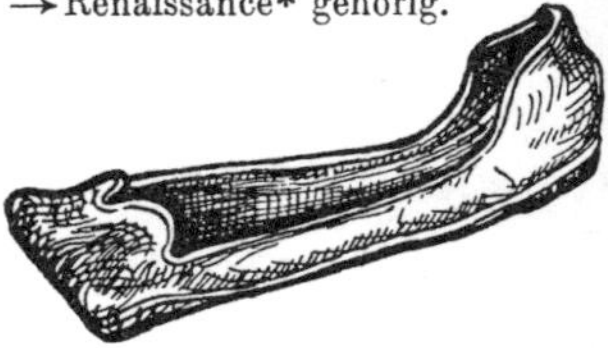

Kuhmäuler. München: Bayerisches Nationalmuseum. Um 1520.

Kukụlle, die. →Cuculla.

Kultscheibe. Kreisförmige Goldblechscheibe aus der →Bronzezeit, mit getriebenen geometrischen Mustern verziert; wohl zum Kult der Sonne gehörend.

Kultstuhl. Bei den →Naturvölkern ein Stuhl, bei dem Beine und Rücklehne aus einer menschlichen Gestalt bestehen. Der Ahne ist dargestellt, dessen Geist in dem ~ Wohnung genommen hat. →Zeremonialhaus.

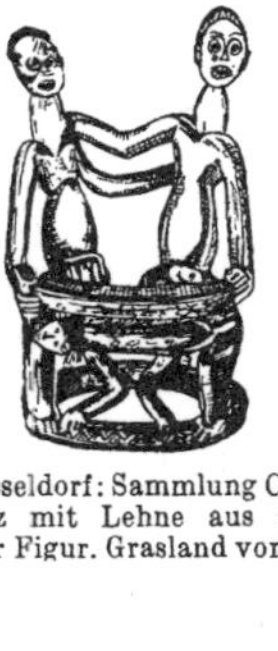

Kultstuhl. Düsseldorf: Sammlung Clausmeyer. Häuptlingssitz mit Lehne aus männlicher und weiblicher Figur. Grasland von Kamerun.

Kultwagen. Kleine Bronzewagen aus der →Bronzezeit und älteren →Eisenzeit in Mittel- und Nordeuropa, wohl Kultgeräte. Am bekanntesten ist der Sonnenwagen von Trundholm (Kopenhagen: Nationalmuseum), 1400 bis 1200 v. Chr., etwa 60 cm lang: ein stilisiert gebildetes Pferd zieht auf drei Räderpaaren eine kreisrunde, beiderseits mit Goldblech belegte Scheibe.

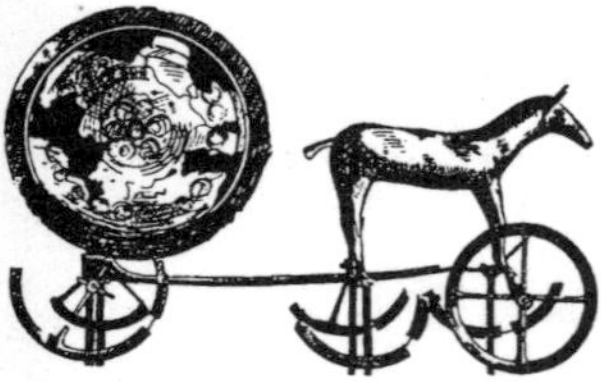

Kultwagen. Kopenhagen: Nationalmuseum. Sonnenwagen aus Trundholm (Dänemark, Insel Seeland). 1400–1200 v. Chr.

Kunstakademie, die. →Akademie.

Kunstauktion, die. Öffentliche Versteigerung von Kunstwerken. Die Auktionskataloge sind wegen ihrer Angaben über die zu verkaufenden Werke wissenschaftlich oft sehr wichtig.

Kunstdenkmäler. →Inventar.

Kunstgeographie. Die wissenschaftliche Erforschung der geographischen Zusammengehörigkeit von Kunstwerken.

Kunstgewerbe. →Angewandte Kunst.

Kunstglas. Künstlerische Formung und Verzierung von Glasgefäßen in verschiedenen Techniken. Schon im alten →Ägypten verbreitet. →Glas.

Kunsthandwerk. →Angewandte Kunst.

Kunsthistoriographie, die. Die geschichtliche Darstellung der Kunst. Begonnen in der ital. →Renaissance*.

Kunstkritik, die (von griech. krinein = beurteilen). Die wertende Beurteilung von Kunstwerken, vor allem in Tageszeitungen und Zeitschriften. Beginn: in Frankreich, Diderot, der 1759 bis 1781 seine Kritiken über Ausstellungen, die „Salons", veröffentlichte.

Kunstphilosophie, die. Philosophische Besinnung auf das Wesen, die Grundformen und den Sinn der Kunst.

Kunststein. →Steinguß.

Kunsttheorie, die. Während die →Kunstphilosophie die Kunst im allgemeinen untersucht, wendet sich die ~ einer einzelnen Kunstart (etwa der Bildenden Kunst im Ggstz. zur Dichtung) und den einzelnen Kunstgattungen (etwa der →Plastik oder der →Landschaftsmalerei oder der →Graphik usw.) zu, nicht um ihre geschichtliche Entwicklung, sondern um ihr Wesen und ihre Gesetzmäßigkeiten zu erkennen.

Kunsttopographie, die. Beschreibung und Untersuchung von Kunstwerken nach Orten (griech. topos = Ort). In diese Gruppe kunstgeschichtlicher Literatur gehören die →Inventare.

Kunst- und Wunderkammer. Typus der fürstlichen Kunstsammlungen in Deutschland vom späteren 16. bis zum 18. Jahrh. Gesammelt wurden nicht nur Kunstwerke, sondern auch Naturalien, Raritäten, technische Meisterleistungen einer spielerischen Phantasie. Eine solche ~ ist z. B. auf Schloß Ambras in Österreich erhalten.

Kupferstich.
Technik. Während der →Holzschnitt* auf dem Hochdruck (H) gründet, ist der ~ Tiefdruck (T), d. h. die Zeichnung wird in eine Kupferplatte eingetieft, die Vertiefungen werden mit Druckerschwärze gefüllt, und das angefeuchtete an die Platte fest angedrückte Papier saugt die Druckfarbe auf. Zum Eintiefen der Zeichnung dient dem Künstler der Grab-Stichel (G), ein vorn abgeschrägter Stahl quadratischen →Querschnitts, mit Griff. Zu beiden Seiten der Furche entstehen Grate, die mit dem Schaber, einem dreikantigen Stahl, entfernt werden oder aber auch zur Erzielung besonderer Wirkungen

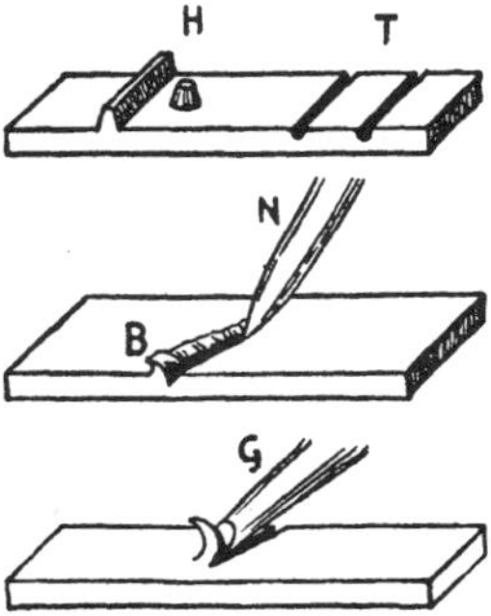

Kupferstich. H = Hochdruck. T = Tiefdruck. N = Nadel. B = Bart (Kaltnadel). G = Grabstichel.

stehenbleiben. Der Künstler kann die Einritzung in der Breite wie in der Tiefe variieren; auf diese Weise entstehen verschiedene Grade der Schwärze und des Glanzes. Um die Wirkung der Zeichnung zu überprüfen, nimmt der Künstler Probedrucke, die ihm klären, wo und wie er weitergestalten soll. Die Probedrucke beziehen sich auf verschiedene Zustände (franz. états : eta) der Platte. Probedrucke, auf denen der Künstlername noch nicht steht, heißen „vor der Schrift" (franz. avant-la-lettre : avañ la lätre), mit Künstler-→Signatur* „nach der Schrift" (franz. après- oder avec-la-lettre : aprä oder awek). Entwurf, Stich und Druck können von verschiedenen Händen ausgeführt sein. Darum enthalten die ~e besondere Angaben des entwerfenden Künstlers: inv. (lat. invenit = er hat es erfunden); des Zeichners: del. (lat. delineavit = er hat es gezeichnet); des Stechers: sc. (lat. sculpsit = er hat es gestochen); des Druckers: exc. (lat. excudit = er hat es gedruckt).

Man unterscheidet Reproduktionsstecher, die eine gegebene Vorlage im ~ wiederholen und so ihre weitere Verbreitung ermöglichen, und Malerstecher bzw. Malerradierer (franz. peintre-graveur : päñtre grawöhr), die nach eigener Erfindung das Blatt herstellen. Der ~ hat eine besondere Wichtigkeit als Ornamentstich erhalten. Als solcher verbreitet er →kunstgewerbliche Entwürfe seit dem 15. Jahrh.

Die ältesten ~e entstammen dem 2. Drittel des 15. Jahrh. und sind in Deutschland beheimatet.

Arten des ~s.

I. Radierung. Die Platte wird mit einem Ätzgrund (Asphalt, Wachs, Pech) überzogen und über einer Wachsfackel geschwärzt. Mit der Radiernadel (N), einer spitzen Stahlnadel, ritzt dann der Künstler seitenverkehrt die Zeichnung bis auf die Kupferplatte ein. Darauf wird die Platte mit Säuren geätzt, die an den von der Nadel bloßgelegten Stellen das Kupfer angreifen und vertiefen. Zum Schluß kann die Platte noch mit dem Stichel oder der kalten Nadel (Stahlnadel mit scharfer Spitze B) nachgearbeitet werden. – In der Frühzeit hat man als Grundlage statt des Kupfers auch Eisen genommen; dann spricht man von Eisenradierung. Zeichnet man auf die blanke Kupferplatte, ohne zu ätzen, so heißt dies Verfahren Kaltnadel-Radierung.

II. Schabkunst (17. Jahrh.) oder Mezzotinto (ital. = Mittelton). Die Kupferplatte wird erst mit der sog. Wiege, auch Granierstahl genannt, gleichmäßig aufgerauht („gewiegt"). Dann werden mit dem Schaber diejenigen Stellen glatt geschabt, die im Druck hell erscheinen sollen. Je glatter die Platte, desto heller der Abdruck; je rauher die Platte desto dunkler der →Schatten. Auf diese Weise entstehen tonige Wirkungen.

III. Farbiger ~. Druckt man drei sich ergänzende Schabkunstplatten in Blau, Rot und Gelb übereinander, so ergibt sich der farbige ~ (17. Jahrh.). Schabkunst und farbiger ~ dienten vor allem den Zwecken der Reproduktion.

IV. Aquatinta, die (ital.) oder Lavismanier, die (von lat. lavare = waschen). Auf die Platte wird Kolophoniumstaub aufgeschmolzen. Kolophonium ist eine durchscheinende spröde Harzmasse, in gemahlenem Zustand ein weißes leicht lösliches Pulver, das der Platte nach dem Ätzen ein zartes und dichtes Korn verleiht. Die Zeichnung ergibt sich durch stufenweises Abdecken und Wiederätzen. Die Wirkung der Aquatinta ähnelt der von Tuschzeichnungen.

V. Kreide- oder Crayonmanier, die (franz.: krajoñ = Kreide). Die Zeichnung wird auf den Ätzgrund mit Werkzeugen übertragen, die aus kleinen Punkten zusammengesetzte Linien ergeben. In der Wirkung kommen die Abdrucke →Kreide- oder Rötelzeichnungen sehr nahe.

Kuppa, die. →Kelch 2*.

Kuppel.

I. Die ~ ist ein Gewölbe in der Form eines Kugelsegmentes. Der Kugelmittelpunkt liegt entweder unter (Flach ~), auf (Halbkugel ~) oder über dem Kreismittelpunkt des ~fußes. Die ~ dient der Überwölbung runder (auch ovaler), vier- oder vieleckiger Räume; überwölbt sie einen runden (→Baptisterium* in Pisa) oder ovalen Raum, gehen die Wände nahtlos in die Kuppel über.

II. Sollen jedoch Räume mit quadratischem oder polygonalem Grundriß in den Kreis der ~ überführt werden, sind Hilfskonstruktionen erforderlich:

1. Hängezwickel. Sie sind konstruktiv ein Teil der ~; ihrer Form nach sphärische Dreiecke. Sie sind dann möglich, wenn der Kreisumfang des ~fußes die Ecken des zu überwölbenden Raumes schneidet. In diesem Fall ist die ~ eine Hänge~ oder Böhmische Kappe.

1
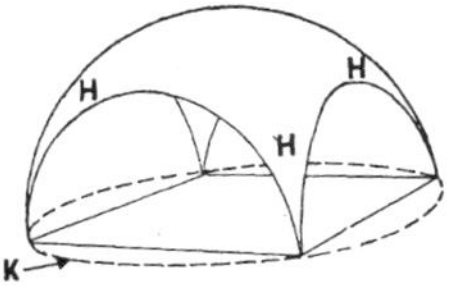

Kuppel. 1. Hänge~. H = Hängezwickel. K = Fußkreis der ~.

2. Pendentifs sind formal ebenfalls sphärische Dreiecke, konstruktiv jedoch selbständige Eckzwickel. Sie sind erforderlich, wenn sich der Kreisumfang des ~-fußes dem Vier- oder Vieleck des zu überwölbenden Raumes einbeschreiben läßt. Der Umfang des Kreises, der die Ecken des Vier- oder Vielecks berührt, wäre größer als der des ~fußes (2 ab). Diese ~ ist dann eine Pendentif~ (Istanbul: Hagia Sophia. →Pendentif*).

2a
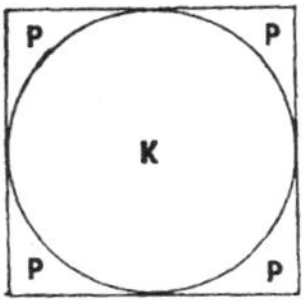

2b
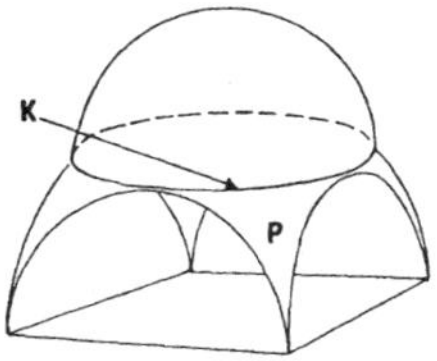

Kuppel. 2. Pendentif~. a = Grundriß. b = Schema. K = Fußkreis der ~ P = Pendentif.

3
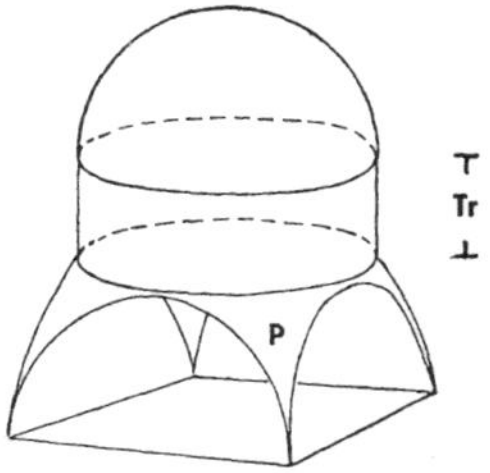

Kuppel. 3. Tambour~. Tr = Tambour. P = Pendentif.

III. Bei der Pendentif~ läßt sich zwischen ~fuß und Penden-

4
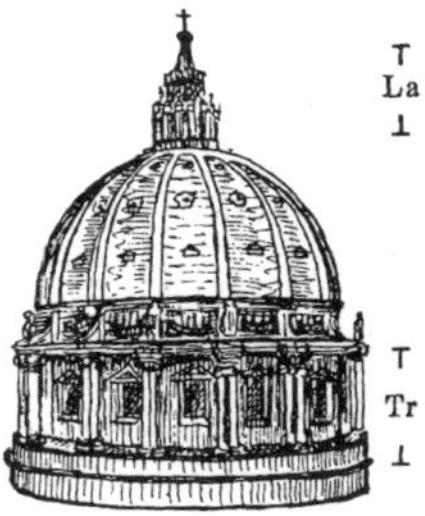

Kuppel. 4. Mit Laterne (= La). Tr = Tambour. Michelangelo (1475–1564): Kuppelmodell für St. Peter in Rom. 1558–1561.

tifscheitel ein zylindrischer, meist durchfensterter Raumteil, Trommel oder Tambour genannt, einfügen (3). Tambour~.

IV. Bisweilen hat die ~ im Scheitel eine kreisrunde Lichtöffnung, das →Auge*, oder einen kleinen Aufbau, die Laterne (4).

V. Große ~n werden als Doppel~n gebaut; mit einer inneren Raum~ und einer äußeren Schutz-~ (5).

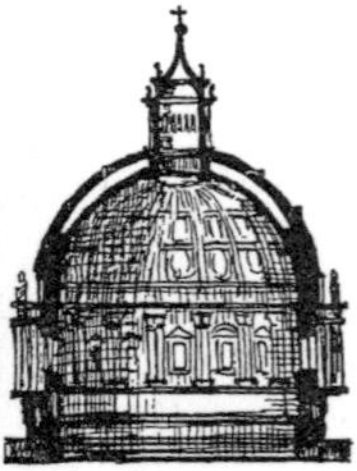

5

Kuppel. Doppel~. Michelangelo (wie Kuppel 4. Schnitt).

VI. Die Trompen~ (6) ist keine aus der Kugeloberfläche entwickelte ~, sondern ein mehrteiliges →Klostergewölbe.

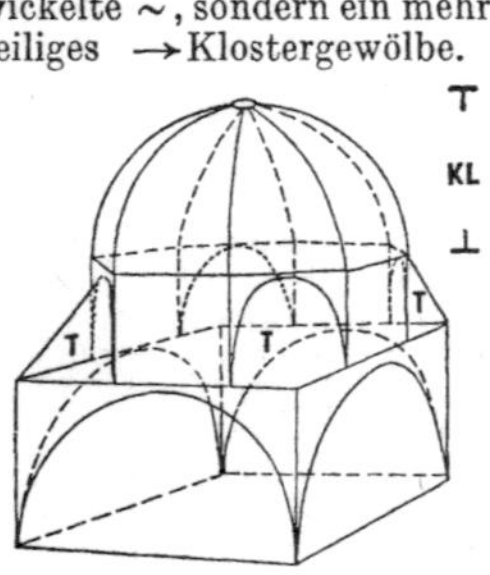

6

Kuppel. 6. Trompen~, Schema KL = Klostergewölbe. T = Trompe

Hierbei wird ein viereckiger Raum mittels→Trompen* in ein sechs- oder mehrteiliges Gewölbe überführt.

Kuppelbasilika, die. →Byzantinische* Kunst.

Kuppelgrab. Grabmal in Form einer →Kuppel*, die aus →vorkragenden Steinringen gebildet und in die Erde versenkt ist.

1
2
3

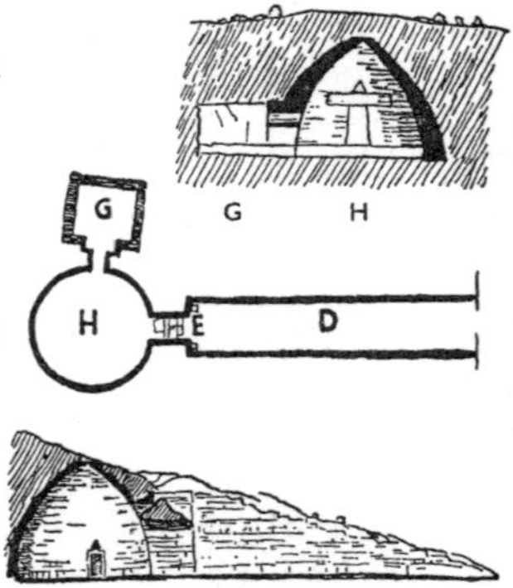

Kuppelgrab Mykene (Griechenland, Argolis): sog. Schatzhaus des Atreus. 1500–1200 v. Chr. Rekonstruktion. 1. Querschnitt 2. Grundriß. 3. Längsschnitt. D = Dromos (Gang). E = Eingangstor. H = Hauptraum (für den Totenkult). G = Grabkammer.

Kuppelhals. →Kuppel 3* (Tambour)*.

Kuppelmoschee, die. →Islamische Kunst *.

Kuppelreliquiar, das (von lat. reliquiarium = Behälter für die Überbleibsel eines toten Heiligen). Behälter für die Reliquien eines Heiligen, in der Form eines kleinen über→kuppelten* Bauwerks.

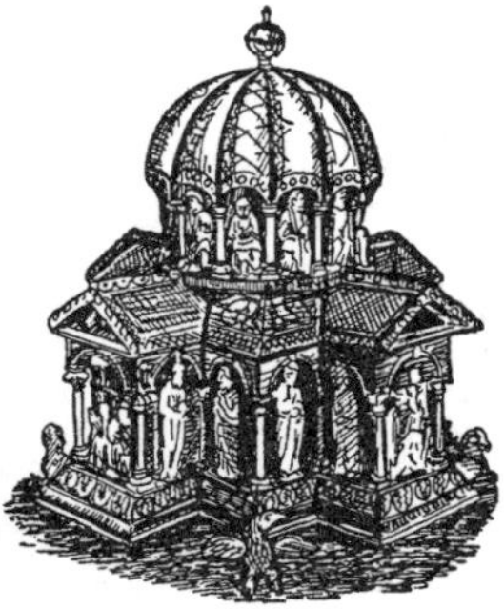

Kuppelreliquiar. Berlin: Staatliche Museen. Kölner Goldschmiedearbeit. 1175. Welfenschatz.

Kurfürstengläser, -krüge und -teller mit dem Bildnis des Kaisers und der Kurfürsten. Deutsche Erzeugnisse des 16. und 17. Jahrh.

Kuri|e, die (lat. curia). Als Bau Sitz eines Domherren; bes. reizvoll im →Barock (z. B. in Münster i. W.).

Kuros, der (griech. = Jüngling). In der →archaisch-→griech. Kunst

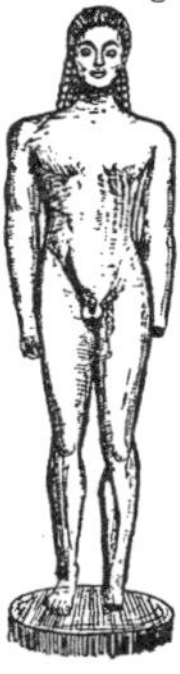

Kuros. Athen: Nationalmuseum. Marmor. 1. Viertel 6. Jahrh. v. Chr.

die Statue eines stehenden nackten Jünglings – Weihegabe, →Grabstatue oder Götterbild.

Kußtafel (Friedenskußtafel, pax, pacificale, osculatorium). Rechteckige Tafel (manchmal mit einer Reliquie oder einer Darstellung), mittels derer hochgestellten Laien im Hochamt der Friedenskuß überbracht wird, den sich die Geistlichen in der Messe vor der Kommunion geben.

Kwannon, der (jap.). →Kannon*.

Kyathos, der (griech.). →Vasen 8*.

Kybele. Phrygische Liebesgöttin. →Inanna, Große Mutter*.

Kybernetik, die (griech.) = Steuermannskunst. →Informationsästhetik.

Kykladische Kunst. →Ägäische Kunst.

Kyklopisches Mauerwerk, (griech. Kyklops = Angehöriger des Fabelvolks der Kyklopen, deren Name „Leute mit einem Rundauge" bedeutet). →Bruchstein 3*.

Kyma, das (griech. = Welle); Kymation, das. Schmuckleiste aus stilisierten Blattformen, bes. am →Gesims* griech. Tempel*. Verschiedene Formen:

1. dorisch. Strenges konkaves Profil.

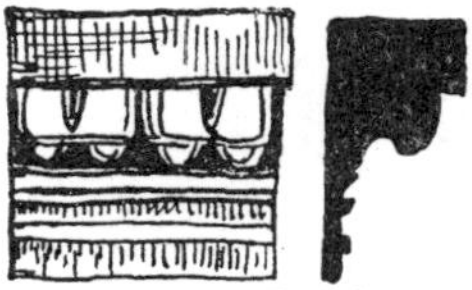

Kyma. 1. Dorisch.

2. jonisch. Konvexes Profil:

Wechsel von senkrecht angeordneten eiförmigen und pfeilspitzenartigen Zieraten. Unterer (manchmal auch oberer) Abschluß: eine Perlenschnur. →Eierstab*.

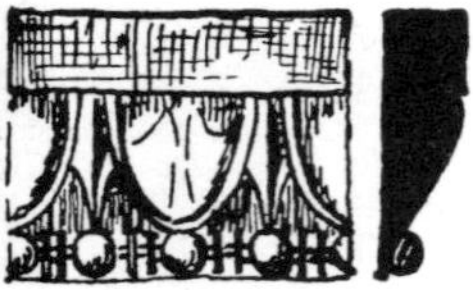

Kyma. 2 Jonisch.

3. lesbisch (Wasserlaub). Konvex-konkaves Profil; Folge herzförmiger, lebhaft bewegter Blätter.

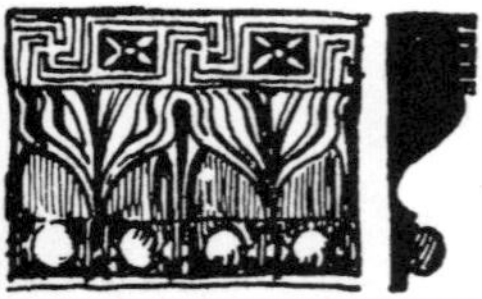

Kyma. 3. Lesbisch.

Kyriotissa, die (griech.).→Madonna VI.

L

Labarum, das (lat.). Röm. Feldzeichen: Fahne mit Querstange, von der ein rotes Seidenviereck herunterhängt. Mit dem →Christusmonogramm* Feldzeichen der Soldaten Konstantins d. Gr. (307/36) in der Schlacht gegen Maxentius (312).

Labarum. Rom: Trajanssäule. 113 n. Chr. vollendet.

Labyrinth, das (griech. labyrinthos).

I. urspr. altägypt. „Palast am Eingang des Sees", im Faijûm (unweit von Kairo); 12. Dynastie, 1842–1797 v. Chr. Von verwickeltem Grundriß.

II. Sagenhaftes kretisches Gebäude des Königs Minos, aus dessen verschlungenen Gängen sich Theseus nur dadurch herausfand, daß er beim Hineinlegen einen Knäuel abspulte und dann an dem Faden entlang zurückging.

III. Verwickelte geometrische Figur auf Fußböden (im Anschluß an den→Grundriß von II), z. B. in der→Kathedrale zu Chartres. Die Gläubiger rutschen auf den Knien büßend und betend das ~ ab, das auch „Jerusalemsweg" gegenannt wurde; diese fromme Übung trat an die Stelle einer Wallfahrt nach Jerusalem, die naturgemäß nur wenigen möglich war. Das ~ enthielt in der →gotischen* →Kathedrale oft den Namen des Architekten (1, 2).

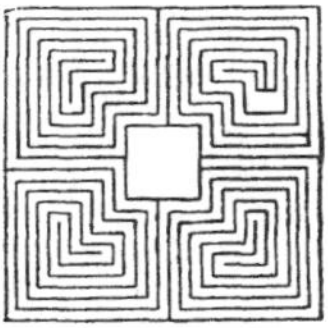

1

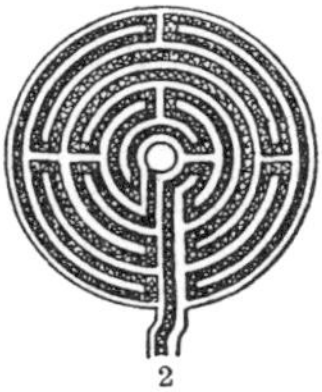

2

Labyrinth. 1. Orléansville (Algerien): Kathedrale. Um 324. 2. Ravenna: San Vitale. 526–547.

IV. Als Irrgarten im Schloßpark der→Renaissance* und des →Barock beliebt.

Lackarbeit. Hauptzweig der Kunst in→China (wohl seit dem 2. Jahrh. v. Chr.) und→Japan. Der Lack ist aus dem Saft des Lackbaumes gewonnen und wird in dünnen durchsichtigen Schichten zum Schutz von Holz und anderen Stoffen aufgetragen. Da der Lack sehr staubempfindlich ist, machen die Handwerker gern ein Schiff auf dem Meer zu ihrer Werkstatt. Die Trocknung dauert oft jahrelang. Verzierung durch →Perlmutteinlagen, Färbung einzelner Schichten, Muster aus eingestreutem Goldstaub, Aufmalen von Bildern. Es gibt auch Lackplastiken. →Kobako, Koro, Suzuribako.

Lackplastik. →Lackarbeit.

Laconicum, das (lat.). →Thermen V*.

Lady Chapel, die (engl.: lehdi tschäpel = Kapelle Unserer Lieben Frau). Marien→kapelle engl.→Kathedralen; meist in Richtung der Längsachse an den Ost→chor angesetzt.

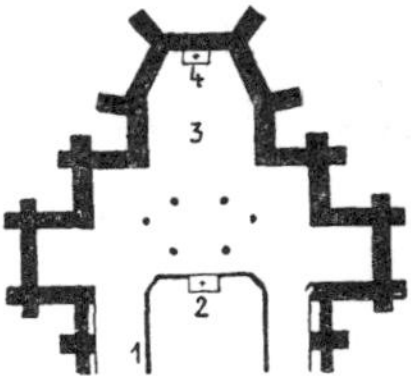

Lady Chapel. Wells (England, Somerset): Kathedrale. Voll. 1326. 1. Chorschranken. 2. Hochaltar. 3. Lady Chapel. 4. Altar der Lady Chapel.

Längengurt. →Schildbogen.

Längsgurt. →Gurtbogen*.

Längsholz. →Holzschnitt.

Längsschnitt. Vertikaler Schnitt parallel zur Längsrichtung eines Körpers (→Gurtbogen). Ggstz.: →Querschnitt, senkrecht zur Längsrichtung eines Körpers (→Pseudobasilika*).

Läufer. →Binder II*.

Lagerhaftes Mauerwerk. →Bruchstein 2*.

Lagermoschee, die. Architekturtyp der →islamischen* Kunst: Die Außenmauern waren zu einer→Bastion verstärkt, damit die Glaubensstreiter notfalls eine Zuflucht fänden.

Laibung, die. →Bogen 1*, Fenster 4–6*.

Laienaltar. In Stifts- und Klosterkirchen der für die Laien bestimmte Altar: zwischen →Chor und →Mittelschiff unter dem →Triumphbogen*, gelegentlich in der Mitte des →Langhauses. Dort nötig, wo ein→Lettner* die Aussicht auf den →Hochaltar versperrte. Dem Hl. Kreuz geweiht; darum auch Kreuzaltar genannt.

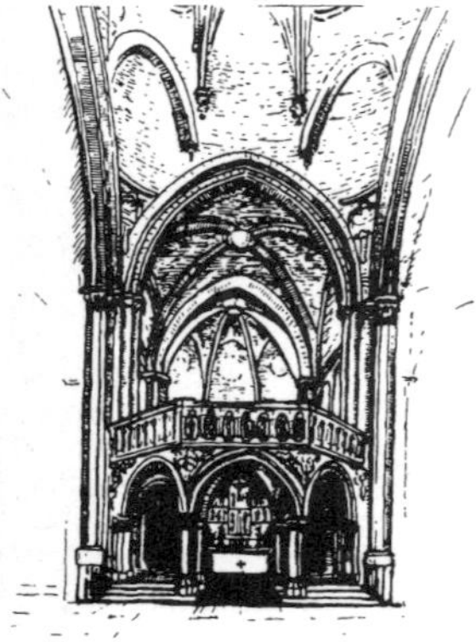

Laienaltar. Gelnhausen (Hessen): Marienkirche. Lettner um 1240.

Laienmalerei. →Naive Malerei*.

Laienremter. →Remter*.

Lakshmi, die (: Lakschmi). In der ind. Mythologie die Gattin des Gottes→Vishnu*.

Lambrequin, der (franz.: lañbr'kāñ = Bogenbehang). Querbehang mit Quasten oder Spitzen; am →Fenster*, über Türen, am Betthimmel. Im →Barock aus Stein oder →Stuck nachgebildet.

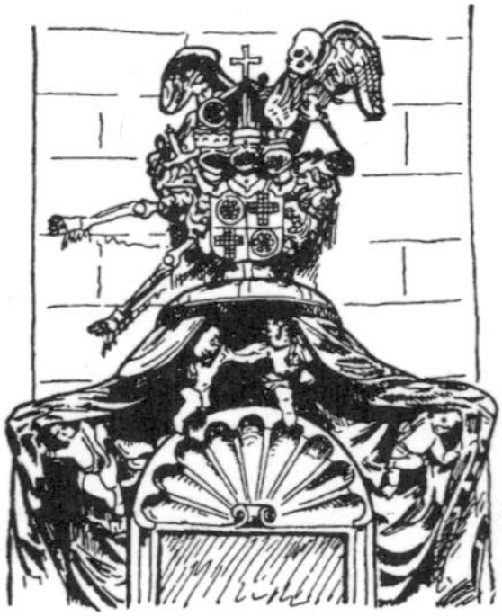

Lambrequin. Mainz: Dom. Denkmal des Kurfürsten Anselm Franz. Nach 1703. Bekrönung.

Land-Art, die (engl.: länd a't) = Landschaftkunst. Kunstrichtung des 20. Jahrh.: die Gestaltung spielt sich im Freien ab. Der Künstler zieht z. B. Furchen durch eine Landschaft oder stellt Gegenstände in ihr auf. Dabei bevorzugt er entlegene, elementare Regionen, z. B. Wüste oder Einöde, um am Ggstz. die menschenwidrige Durchrationalisierung unserer Umwelt deutlich zu machen. Er möchte noch einmal am Anfang und im Ursprung stehen. Seine vergänglichen Zeichen kann der Film festhalten. Künstler: C. Andre (1935 geb.), M. Heizer (1944 geb.), C. Oldenburg (1929 geb.), R. Smithson (1938–1973). →Arte Povera*, Conceptual-Art, Earth-Art*, Environment*.

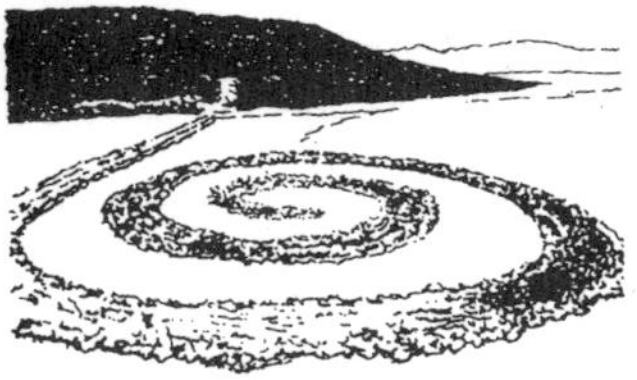

Land-Art. Robert Smithson (1938–1973): Spiral Jetty. Utah: Großer Salzsee. 1970.

Landeskonservator, der. →Denkmalpflege.

Landschaftsgarten. →Englischer Garten.

Landschaftsmalerei. →Freilichtmalerei, Heroische Landschaft, Ideale Landschaft, Marinemalerei*, Paysage intime, Pleinair, Ruine III, Seestück, Shan-shui, Staffage*, Vedute*, Zen-Malerei*.

Langhaus. Der Gemeinderaum des →basilikalen* Kirchenbaus; meist westöstl. verlaufend, ein- oder mehrschiffig. →Basilika 2–4*, Chorschranken*.

Langrolle. →Makimono.

Lanzettbogen (= lanzenförmiger Bogen). →Bogen 11*.

Lanzettfenster (= lanzenförmiges Fenster). →Fenster 8*.

Laokoon (griech. Laokoon). Priester in Troja; auf Geheiß der Götter wurde er mit seinen beiden Söhnen durch →Schlangen getötet. Berühmte Marmorgruppe in Rom, Vatikan, den Tod ~s und seiner Söhne darstellend; griech. Original von drei rhodischen Künstlern um 50 v. Chr. geschaffen. Von großem Einfluß auf die Kunsttheorie Winckelmanns, Lessings und Goethes (vgl. vor allem Lessings Schrift „~ oder über die Grenzen der Malerei und Poesie").

Laren. →Genius.

L'art pour l'art (franz.: lahr pur lahr = die Kunst für die Kunst). 1836 von Victor Cousin formuliertes Schlagwort der →Kunsttheorie, daß es in der Kunst allein auf die formale Gestaltung ankomme, nicht auf außerkünstlerische Inhalte. Wertvoll ist die Zurückweisung der kunstfremden Meinung, als ob schon das bedeutende Motiv über den Rang eines Werkes entscheide; gefährlich die ausschließliche Betonung der Form, wodurch die Kunst aus den reichen Lebensbezügen herausgerissen wird, in denen sie steht.

lasieren. Mit durchsichtigen Farben malen, z. B. in der →Aquarellmalerei. – Auch Überzug mit einem farblosen Anstrich, z. B. mit Zaponlacken.

Lateinisches Kreuz. →Kreuz 2*.

La-Tène-Kultur (franz.: -tän-). Epoche der europäischen →Vorgeschichte; nach dem schweizerischen Fundort La Tène benannte →keltische Kultur, um 450 v. Chr. bis um 150 n. Chr. Eigenständige Entfaltung des →Ornaments; schöne Gold- und →Bronzearbeiten*; auch Menschen- und Tierfiguren. →Eisenzeit.

Laterne, die (von lat. lanterna = Lampe). →Kuppel 4*.

Laube, auch →Arkade* oder →Loggia*. Überdeckter →Bogengang am Erdgeschoß städtischer Häuser.

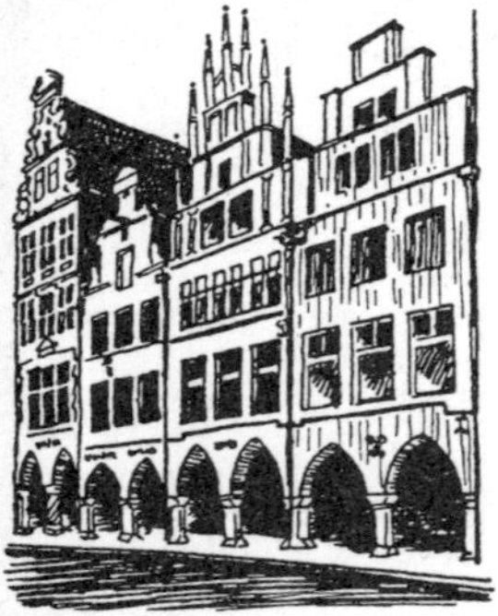

Laube. Münster i. W.: Prinzipalmarkt. Nach 1945 wieder aufgebaut.

Laubfries. →Fries 11*.

Laufender Hund. →Mäander 3*.

lavịẹren (von franz. lavẹr : lawẹ = verwaschen). Die aufgetragenen Farben mit Wasser verreiben, um so ihre Grenzen zu verwischen. Auch: eine Zeichnung mit →Wasserfarbe leicht antuschen (z. B. „lavierte →Federzeichnung").

Lạvismanier, die. →Kupferstich IV.

Lebensbaum. In der Mythologie vieler Völker ist der Baum Träger und →Sinnbild der Lebenskraft. Im Christentum erscheint das →Kreuz* als der wahre ~, im Ggstz. zum Baum der Erkenntnis, und nimmt dann bisweilen die Form des Baumes an. →Astkreuz*, Baumkreuz*.

Lebensbrunnen. →Allegorie der christl. Kunst: Tiere nahen einer Quelle unter einem tempelartigen Aufbau. →Sinnbild Christi als Quell des ewigen Lebens.

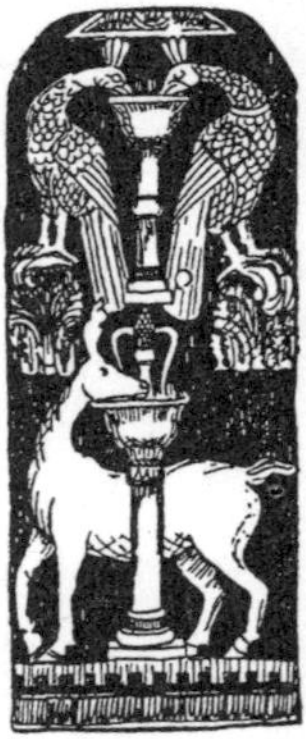

Lebensbrunnen. Berlin: Staatliche Museen. Zierplatte: Hirsch und Pfauen am Brunnen trinkend. Marmorrelief. Venezianisch. 10. bis 11. Jahrh.

Lẹda und der Schwan. →Zeus* nahte der Königstochter und Königin Leda liebeentbrannt in der Gestalt eines Schwanes, um sich mit ihr zu vereinigen. Aus der Verbindung gingen Helena und die →Dioskuren* hervor. Beliebtes Motiv der Malerei des 16. bis 18. Jahrh.

Legẹnda ạurea, die (lat. = Die Goldene Legende). Sammlung von Heiligenlegenden. Zwischen 1263 und 1288; Verfasser: Jacobus de Vorạgine. Wichtig für die →Ikonographie der christl. Kunst.

Legende, die (lat. legẹnda = das zu Lesende). Beischrift auf Bildwerken (→Banderole, Spruchband*), die der Erklärung der Bildinhalte dient. In- und Umschrift auf Münzen.

Legẹnde der drei Lebenden und der drei Toten. Drei Lebende – meist junge elegante Edelleute auf der Jagd – stehen plötzlich drei Toten gegenüber. Beliebtes Théma der mittelalterlichen Kunst.

Legiẹrung (von lat. lẹgere = zusammenlesen). Mischung von Metallen durch Zusammenschmelzen.

Lehrgerüst. Behelfsmäßiges Gerüst. Es bezeichnet die zu bauende Form, stützt ab und ist Arbeitsbühne bei der Herstellung von →Bögen*, Brücken und →Gewölben*.

Lẹị (chin.: lẹẹ). Vorratsgefäß. →Sakralbronzen*.

Leib einer Fiale. →Fiale*.

Leibung, die. →Laibung.

Leidenswerkzeuge, auch →Arma Christi genannt. →Sinnbilder des Leidens Christi (bis zu dreißig; am häufigsten Nägel, Stricke, Rutenbündel, Lanze, Rohr mit Essigschwamm, Zange, Würfel). →Gregorsmesse*, Hungertuch*.

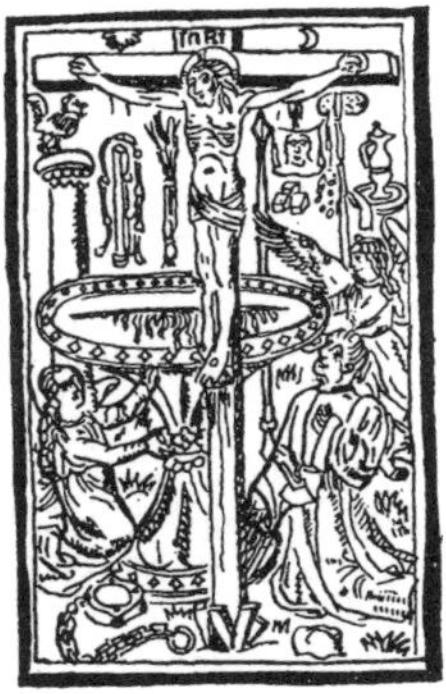

Leidenswerkzeuge. Paris: Nationalbibliothek. Heures d'Antoine Caillot et Martineau. Um 1488.

Leiste. Verzierung einer Druckseite

1 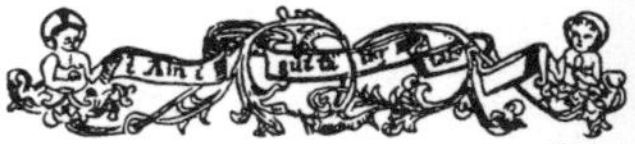

Leiste. Johannes Zainer (Ulm; tätig 1473–1500): Almanach. 1489. 1. Kopf ~. 2. Rand~.

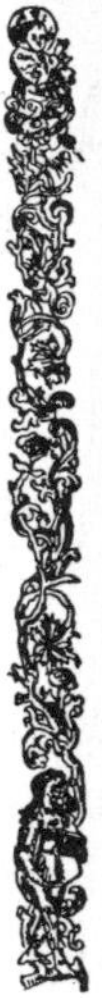

in Form eines Streifens. Kopf~, wenn oben auf der Seite; Rand~, wenn rechts oder links am Rande angeordnet.

Lẹị-wện (chin.: lẹẹ-wẹn = Donnermuster). In der → chin. Kunst vor allem auf den →Sakralbronzen*, ein Muster aus Spiralen und S-Linien. Von magischer Bedeutung.

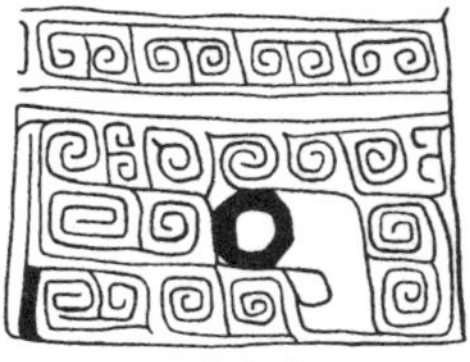

Lei-wên 2

Lektionạrium, das (lat. lẹctio = Lesung). →Litụrgische Bücher.

Lẹkythos, die (griech. Mehrz.: Leky-

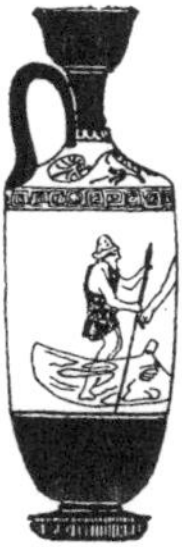

Lekythos. München: Staatliche Antikensammlung. Aus Athen. Um 460 bis 450 v. Chr. Charon.

then). Bei den alten Griechen kleines schlankes Gefäß auf Fuß mit Hals und Henkel; urspr. für Salbe und Öl; seit dem 5. Jahrh. v. Chr. hauptsächlich für den Grabkult verwandt.

Lesbisches Kymation, das (griech.). →Kyma 3*.

Lesene, die. →Lisene*.

Leto. →Niobe.

Lettner, der (von lat. lectionarium = Lesepult). In mittelalterlichen →Domen und Ordenskirchen trennte eine Wand den Raum der Kleriker von dem der Laien. Dort stand ein ~ genanntes Lesepult, von dem aus Epistel und Evangelium vorgetragen wurden. Dann übertrug man den Namen auf die gesamte Scheidewand, die ein oder mehrere Tore und oben eine Brüstung für das Lesepult hat; der ~ konnte auch als Sängerbühne dienen. →Lady Chapel*.

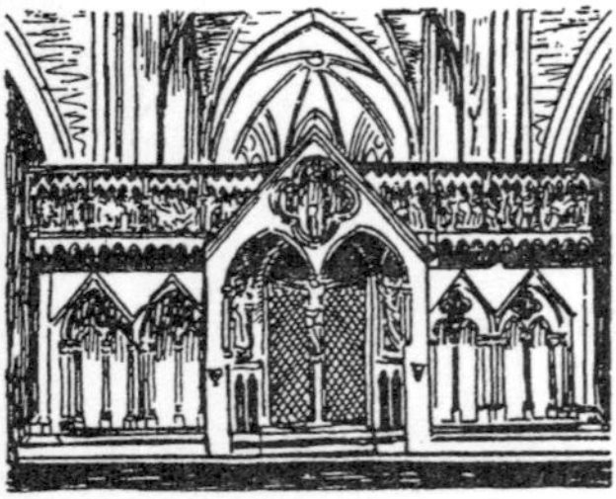

Lettner. Naumburg: Dom. Westchor. Um 1260.

Leuchte, Leuchter. →Ampel, Chanukkaleuchter*, Ewige Lampe*, Kronleuchter, Leuchterengel, Leuchterweibchen*, Lüster I, Moscheelampe*, Muttergottesleuchter*, Osterleuchter*, Siebenarmiger Leuchter*, Teneberleuchter*, Totenleuchte*.

Leuchterengel. Form der →Plastik in der →Renaissance*: ein Engel trägt einen Leuchter.

Leuchterweibchen. Eine weibliche Halbfigur aus Holz mit Fischschwanz und Geweihen an der Vorderseite eines Hängeleuchters; im 16. Jahrh. bes. in Deutschland verbreitet.

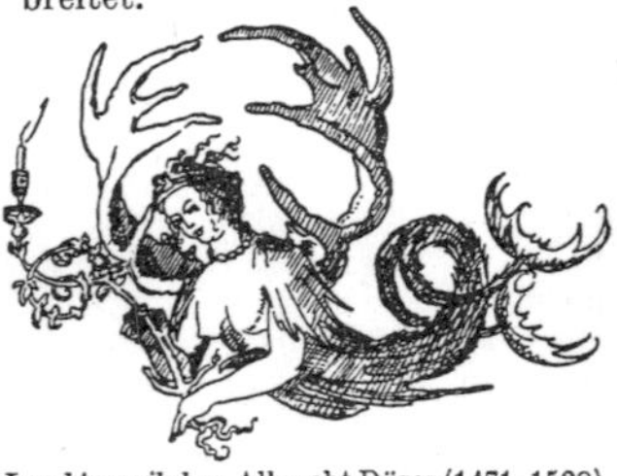

Leuchterweibchen. Albrecht Dürer (1471–1528). 1513. Wien: Kunsthistorisches Museum.

Levitenstuhl. Dreisitziges →Chorgestühl, in dem der Priester und die Leviten (= Diakon und Subdiakon) im Hochamt Platz nehmen, wäh-

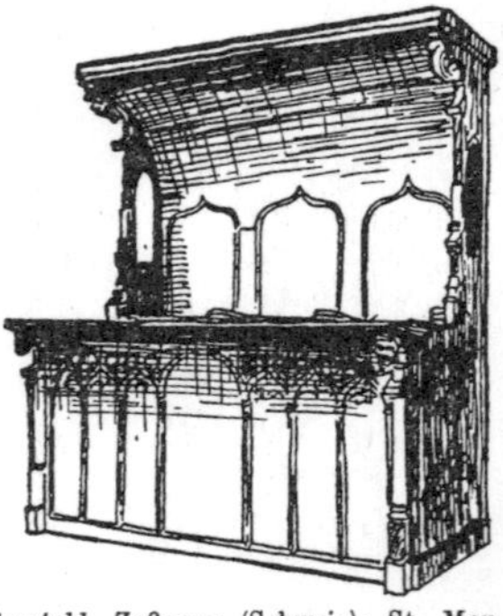

Levitenstuhl. Zofingen (Schweiz): St. Mauritius. 1520.

rend der Chor das Gloria und das Credo singt.

Liao (chin.: liao) = Nord- →Sung-Zeit. Chin. Epoche, 960–1127. →Chinesische Kunst.

Libationsschale (von lat. libatio = Trankopfer). Kultisches Gerät für die Darbringung eines Trankopfers. Künstlerisch gestaltet vor allem in der Kultur der →Tolteken (→Chacmool*).

Liberata, Hl. →Kümmernis*.

Lichtballett. So bezeichnet O. Piene (1928 geb.) seine mit Farbgasen gefüllten entmaterialisierten Lichtballons. Aufstieg eines 430 m langen mit Helium gefüllten Riesenschlauchs aus Polyäthylen; Regenbogenaktion bei den Olympischen Spielen 1972. →Op-Art*.

Lichtgaden, der. →Basilika 3*.

Lichtkrone. →Kronleuchter.

Lichtrelief. Das Objekt ändert durch Lichtreflexe ständig seine Erscheinung. Künstler: J. le Parc (1928 geb.), N. Schoeffer (1912 geb.).

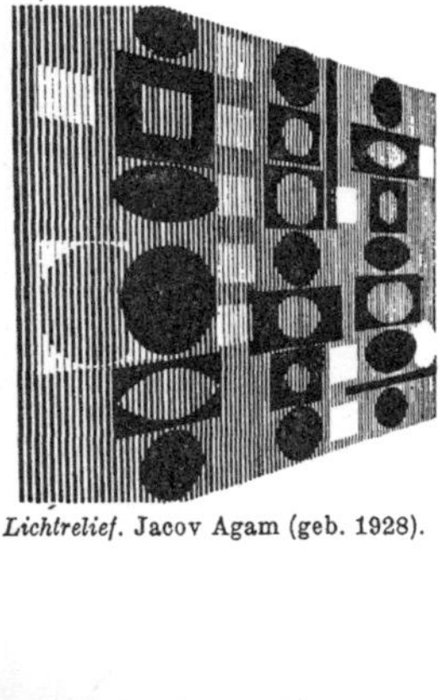

Lichtrelief. Jacov Agam (geb. 1928).

Limbus, der (lat. = Vorhölle). In der Höllenfahrt Christi als Abgrund, Dämonenmaul oder Palast des Hades dargestellt, aus dem Jesus nach seinem Kreuztod die Gerechten des Alten Bundes erlöst und zu sich emporzieht. →Anastasis*, Descensus.

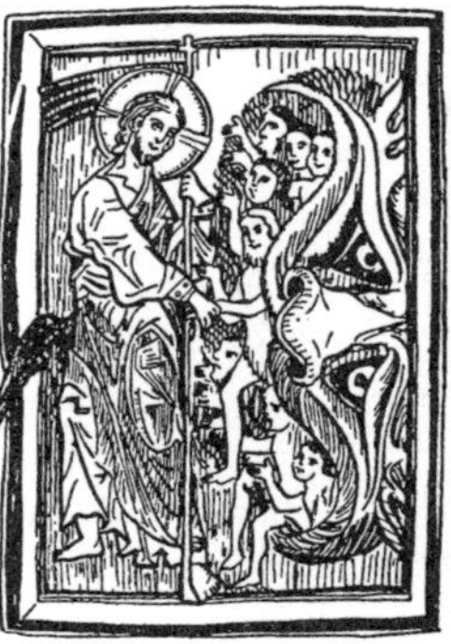

Limbus. Stuttgart: Landesbibliothek. Psalterium des Landgrafen Herman von Thüringen (gest. 1217).

Limosiner Email, das (franz.). →Email* aus der franz. Stadt Limoges (: limo[sch]e), bes. Maleremail (→Email VII). Beginn: Ende 12. Jahrh.; Ende: 2. Hälfte 17. Jahrh.

linear (von lat. linea = Linie, Gren-

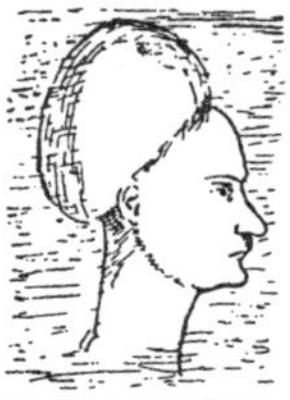

Linear. Pisanello (1377–1455): Kopf einer Frau. Paris: Louvre.

ze), zeichnerisch. Jede Stilform, welche Umgrenzungslinien, die Fläche und die Gliederung scharf betont (Ggstz.: die grenzverwischende Form des →malerischen Stils). Der Stilbegriff wird ebenso auf Bildwerke wie auf Bauten angewandt.

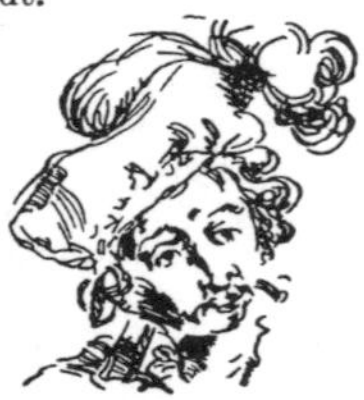

Malerisch. Caravaggio (um 1560/65 bis 1609): Verleugnung Petri. 1603. Teil. Rom: Vatikan.

Linear-, Frontalperspektive, die. →Perspektive 1*.

Linea serpentinata (ital. = schraubenförmige Linie). → Manierismus I*.

Linga, der = Phallos. In Indien kultisch verehrt: im Heiligtum ist ein oben abgerundeter Stein errichtet, der meist auf dreieckigem Sockel, dem Symbol des weiblichen Schoßes, ruht. Kult→symbol →Schivas*.

Linoleumschnitt. Technisch wie der →Holzschnitt*, nur meist größere Flächenzusammenhänge wie beim Metallschnitt (→Holzschnitt 2*).

Lipsanothek, die (griech. = Reliquienbehälter). Diese Bezeichnung ist nicht allgemein gebräuchlich, sondern nur bei der →altchristl. ~ von Brescia (: breschia), deren →Elfenbeinschnitzereien etwa um 370 n. Chr. geschaffen wurden.

Lisene, die (von franz. lisière : lisiär = Leiste, Rand). Senkrecht verlaufender, nur wenig vor die Mauer vorstehender Wandstreifen, ohne →Kapitell* und →Basis*; er gliedert die Wände im Innen- und am Außenbau. Vor allem in der→ romanischen Architektur beliebt. Auf dem gezeigten Bilde verbindet sich die ~ mit einem Blendbogen. →Blende.

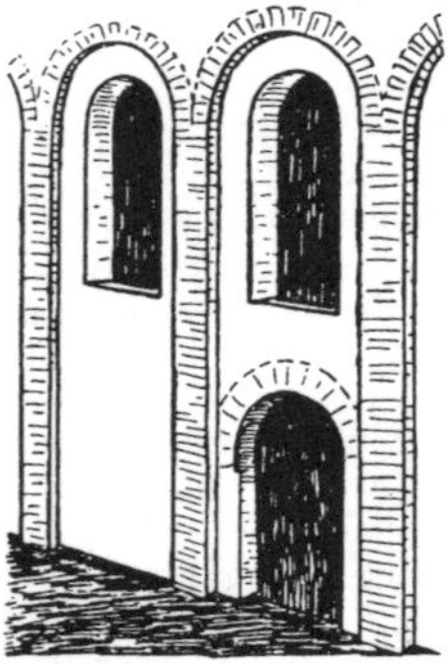

Lisene. Ravenna: S. Apollinare in Classe. 535–549.

Literatenmalerei. In →China (→ Wen-jen-hua) und in →Japan (→ Bunjinga) eine nicht von Berufskünstlern, sondern von Liebhabern ausgeübte Malerei – frei von akademischen Regeln und mit betonter Individualität.

Lithographie, die (griech. = Steinzeichnung). 1798 von A. Senefelder erfunden. Die ~ beruht darauf, daß das Bild mit fetthaltiger Kreide oder in Tusche auf einen Kalkschieferstein gezeichnet wird. Das weitere Verfahren macht sich die gegenseitige Abstoßung von Fett und Wasser folgendermaßen nutzbar: die bildfreien Stellen werden mit einer Gummilösung, die etwas Salpetersäure enthält, „geätzt". Diese Stellen nehmen bei Feuchtung Wasser an, stoßen jedoch bei der Einfärbung die fette Farbe ab, während umgekehrt die Bildstellen Wasser abstoßen und Farbe annehmen. Die ~ ist zur Illustrierung besonders geeignet.

Liturgische Bücher (von griech. leiturgia = Gottesdienst). Die zur Feier des Gottesdienstes benötigten Textbücher, die seit dem frühen Mittelalter künstlerisch oft reich ausgestattet wurden.

Es sind zu unterscheiden:

Antiphonar, das; mit den Gesängen des kirchlichen Stundengebetes.

Benedictionale, das; das Buch mit den bischöflichen liturgischen Segnungen; im späten Mittelalter auch mit Beschwörungen.

Brevier, Breviarium, das; mit dem kirchlichen Chor- oder Stundengebet, d. h. denjenigen Gebeten, welche die Welt- und Ordensgeistlichen zu verschiedenen Stunden des Tages verrichten müssen.

Epistelbuch, Epistolarium, Epistolar, das; mit allen in der Messe vorkommenden nicht-evang. Lesungen, die nach dem Kirchenjahr geordnet sind, hauptsächlich den Lesungen aus den Apostelbriefen (daher der Name = Briefbuch).

Evangeliar, das; mit dem vollständigen Text der vier Evangelien.

Evangelistar, das; mit den in der Messe vorkommenden Abschnitten der Evangelien.

Graduale, das; mit den gesungenen Teilen der Messe.

Lektionarium, Lektionar, das; mit den für den Gottesdienst benötigten Lesungen aus der gesamten Bibel.

Missale, das; mit allen zur Messe gehörenden Texten.

Perikopenbuch, das; Sammelbegriff für →Epistolar und →Evangelistar.

Plenarium, das (von lat. plenum = vollständig). Das gesamte →Missale. Auch das Buch mit dem vollständigen Text der Evangelien oder der in der Messe verwandten Lesungen.

Pontifikale, das; mit den dem Bischof vorbehaltenen liturgischen Texten außerhalb der Messe.

Psalterium, das; oder der Psalter. Das Buch mit den 150 Psalmen für das kirchliche Stundengebet.

Rituale, das; das Buch mit den Formeln für die Spendung der Sakramente, Sakramentalien, Prozessionen, Begräbnisse usw.

Sakramentarium, Sakramentar, das; das Buch mit den vom Bischof oder Priester bei der Messe gesprochenen Gebeten (also ohne Gesänge und ohne Lesungen).

Liturgische Farben. In der katholischen Kirche die wechselnden Farben der Gewänder.

weiß als Farbe des Lichts und der Freude: an den Festen des Herrn, Mariens, der Engel, der Heiligen, die nicht Märtyrer waren.

rot als Farbe des Feuers und des Blutes: an Pfingsten, den Leidensfesten des Herrn, an Festen der Märtyrer.

grün als Farbe frischen Lebens: an den Sonntagen nach dem Fest der Erscheinung des Herrn und nach Pfingsten.

violett als Farbe der Buße: in der Advents- und Fastenzeit sowie am Fest der Unschuldigen Kinder.

rosarot als Farbe gedämpfter Freude: an den Sonntagen Gaudete (3. Sonntag im Advent) und Laetare (4. Sonntag in der Fastenzeit).

schwarz als Farbe des erloschenen Lebens: am Karfreitag und in Totenmessen.

Liturgischer Kamm. →Konsekrationskamm*.

Liturgustisch. →Betsaal.

Lịvre d'hẹures, das (franz.: liwr dọhr = Stundenbuch). →Stundenbuch*.

Liwạn, der. Vorderasiatische Form des Wohnhauses: die Wohnräume öffnen sich in →tonnengewölbten →Hallen zum Hofe hin.

Lọculi, die (lat.; Mehrz.). →Katakombe*.

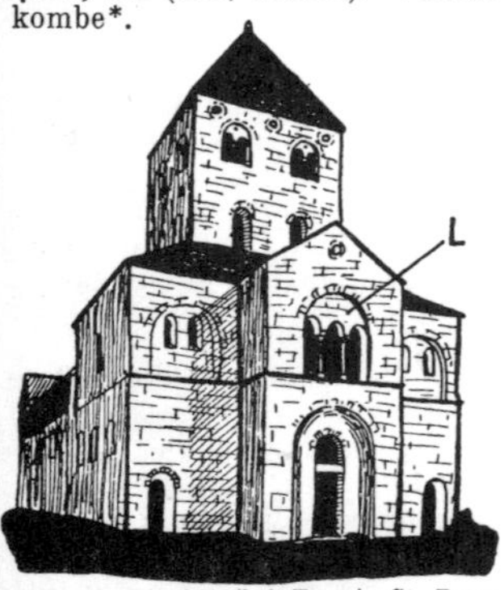

Loggia. 1. Werden (bei Essen): St. Peter. 875–943. L = Loggia.

Loggia, die (ital.: lọd[sch]a = Bogengang, Loge). Eine ein- oder mehrseitig offene →Bogen*→halle.

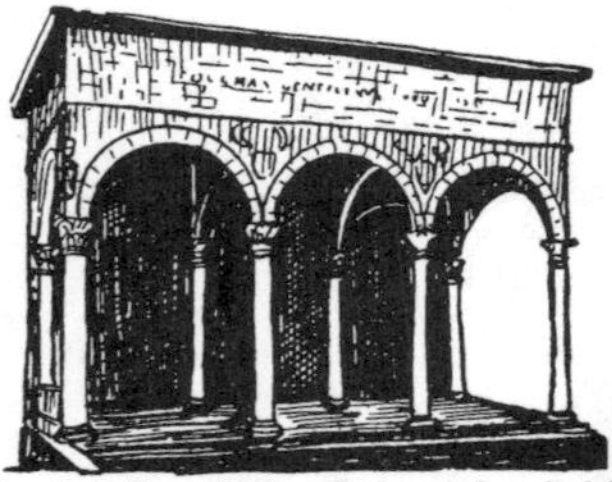

Loggia. 2. Siena (Italien, Toskana): Loggia del Papa Pio II. Piccolomini. 1462–1463.

I. Vor dem Erdgeschoß oder ihm eingegliedert. →Laube*.

II. Einem Obergeschoß eingegliederter offener Raum, im Unterschied zum vorspringenden →Balkon innerhalb der→Bauflucht (1). L = Loggia.

III. Ein eigenes Bauwerk (2).

Lokạlfarbe. In der Malerei der →reine Farbton, der nicht durch Licht und→Schatten* oder durch die Einbeziehung in einen Gesamtton verändert ist.

Lọtos, der. In der→ägypt.,→chin., →jap. und→ind. Kunst weit verbreitetes Motiv; manchmal zu einem Thron ausgebildet. Sinnbild des unendlichen Lebens. Im Buddhismus Sinnbild der Reinheit: unbefleckt vom Schlamm, leuchtet schneeweiß die Blüte. →Buddha.

Lọtossäule. →Kapitell (Ägypten 3)*.

Louịs quatọrze, das (franz.: lụi katọrs = Ludwig XIV.). Stil der franz. Kunst unter Ludwig XIV. (1643/1715): →Barock. →Régence-Stil 1*.

Louis XIV. A. C. Boulle (1642–1732): Kommode.

Louis quinze, das (franz.: luị kä̦ñs = Ludwig XV.). Stil der franz. Kunst unter Ludwig XV. (1723/74): →Rokoko. →Régence-Stil 3*.

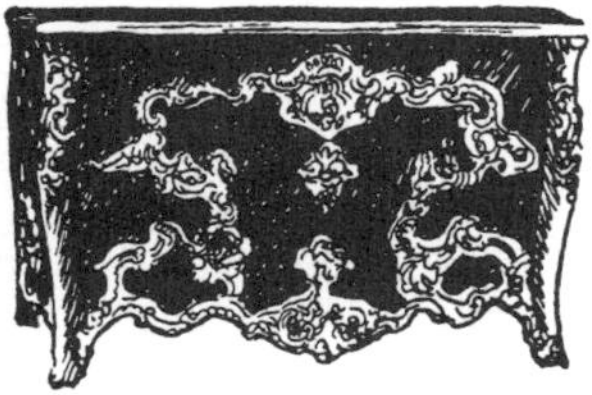

Louis XV. Schloß Fontainebleau: Kommode.

Louis seize, das (franz.: luị ßä̦hs = Ludwig XVI.). Stil der franz. Kunst unter Ludwig XVI. (1774/92): Übergang vom→Rokoko zum →Klassizismus.

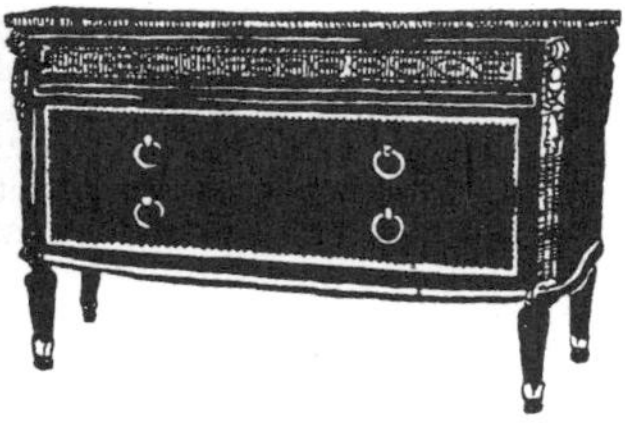

Louis XVI. Claude Charles Saumier (1735 bis 1807): Kommode. Fontainebleau.

Louis treize, das (franz.: luị träs = Ludwig XIII.). Stil der franz. Kunst unter Ludwig XIII. (1610/1643). Schöne Schloßbauten mit unterschiedlich hohen Baukörpern; bewegte Umrißlinie der Dächer. Wechsel von Ziegel und→Haustein beliebt.

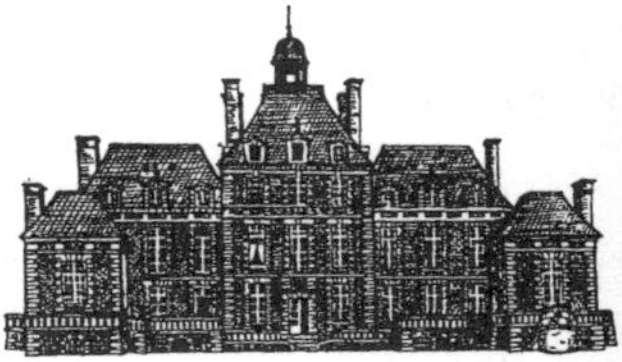

Louis XIII. Balleroy (Frankreich, Normandie): Schloß. 1626–1636. François Mansart (1598–1666).

Ludwig, franz. Könige. →Louis.

Lünette, die (von franz. lune: lün = Mond). Feld über Türen und →Fenstern* oder als Bekrönung eines Rechtecks in der Form eines Halbkreises oder eines Kreisabschnittes. →Bogenfeld*.

Lüster, der (franz. lustre: lüstr = Glanz, Kronleuchter).

I. →Kronleuchter.

II. Dünner, metallisch schillernder Überzug auf→keramischen Gegenständen und auf →Glaswaren.

Lüsterweibchen. →Leuchterweibchen*.

Luftperspektive, die. In der freien Natur gehen die Farben der Gegenstände, je weiter sie vom Betrachter entfernt sind, für das menschliche Auge in Blautöne über. Zum Ausdruck der Entfernung stuft der Maler die Farben der Dinge zur Tiefe hin wachsend nach Blau oder Blaugrün ab. →Perspektive*.

Lukarne, die (franz.). Dach→erker mit verziertem Giebelfenster.

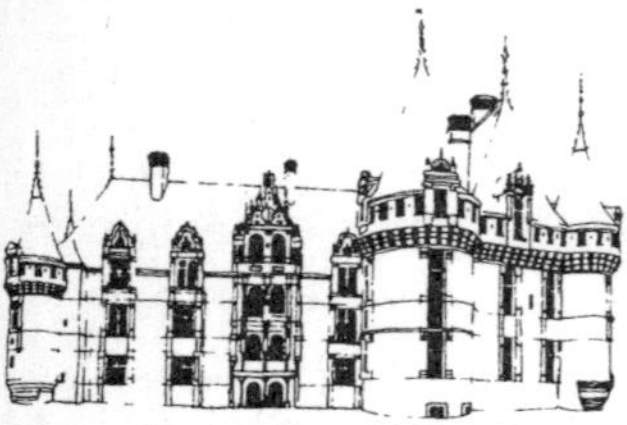

Lukarne. Azay-le-Rideau: Schloß. Eingang. 1518–1529.

Lukasbilder. Nach der Legende porträtgetreue Bildnisse der Madonna, die der Evangelist Lukas gemalt haben soll. →Acheiropoieten, Lukasmadonna*.

Lukasbrüder, Lukasbund. →Nazarener.

Lukasgilde. Frühere Bezeichnung von Maler→zünften (nach dem Evangelisten Lukas, dem Patron der Maler).

Lukasmadonna. Motiv der Malerei: der Hl. Lukas malt die Madonna. →Lukasbilder.

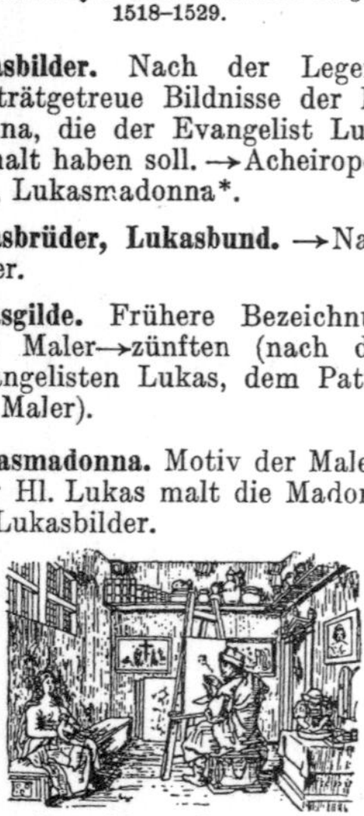

Lukasmadonna. Marcus Geeraerts d. J. (1561 bis 1635): Der hl. Lukas zeichnet die Madonna.

Luminodynamik, die. →Op-Art II*.

Lunula, die (lat. = kleiner Mond). Der Hostienhalter in der →Monstranz*, der eine halbmondförmige Gestalt hat. →Custodia*.

Luristan-Bronzen. So genannt nach dem Fundort, der westpersischen Gebirgsprovinz Luristan, wohl 1. Jahrtausend v. Chr. Grabbeigaben: Waffen und Geräte, vor allem Trensen und Wagenbeschläge. Die Tierdarstellungen gerade in ihrer →stilisierten Form von außerordentlicher Lebendigkeit.

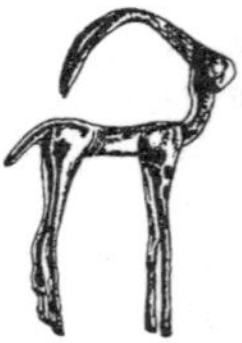

Luristan-Bronzen. Steinbock. Bronze. Zwischen 1500 und 600 v. Chr. Sammlung Graeffe.

Lustschloß. Ein in allen höfisch bestimmten Kulturen verbreiteter Bautyp; ein Schloß, das nicht der Ausübung der Regierungsgeschäfte und der Repräsentation, sondern entspannenden Vergnügungen und Festen dient. In schöner Gegend gelegen; manchmal von ländlich-intimem Charakter.

Luzifer. →Teufel.

M

Madonna. Die wichtigsten Madonnentypen der→byzant. Kunst:

I. Blacherniotissa (Name vom Kloster Blachernai in Byzanz). Drei Typen; Erklärung →Blacherniotissa*.

II. Eleusa (griech. = Gottesmutter-„Rührung"). ~ mit Kind, wehmütig die kommende Passion vorausahnend. →Ikon*.

III. Galaktotrophusa (griech. = die Stillende). ~, das Kind nährend.

IV. Glykophilusa (griech. = die Zärtliche). ~ als Halbfigur, das Kind an die Wange drückend.

V. Hodegetria (griech. = Wegführerin). Die ~ als stehende Vollfigur trägt auf dem Arm das Kind, das meist eine Rolle hält und mit der Rechten segnet.

VI. Kyriotissa (griech. = Mutter des Herrn). Die ~ steht und drückt das Kind an ihre Brust.

VII. Nikopoia (griech. = Siegbringende). Die ~ sitzt auf einem kissenbedeckten Thron oder Sessel und hält vor sich auf dem Schoße das Kind.

VIII. Platytera (griech. = „umfangreicher" als die Himmel, da Maria den Schöpfer trug). Weiterbildung von I: In einer Scheibe oder einem Kreis schwebt vor der Brust der stehenden →Orans* im Voll- oder Halbbild das Jesuskind. →Blacherniotissa 3*.

Madonna im Rosenhag. Die Madonna sitzt in einem Rosengarten, der Sinnbild ihrer Jungfräulichkeit ist und zugleich den Paradiesgarten bedeutet. Deutsche Schöpfung des →Andachtsbildes. Anf.: Mitte 13. Jahrh.; Hauptblüte: 15. und 16. Jahrh. Die Entwicklung in Frankreich, den Niederlanden und Italien während des 15. Jahrh. parallel mit der deutschen und teilweise von ihr unabhängig. Die älteste und wichtigste Bildtradition hat das Elsaß.

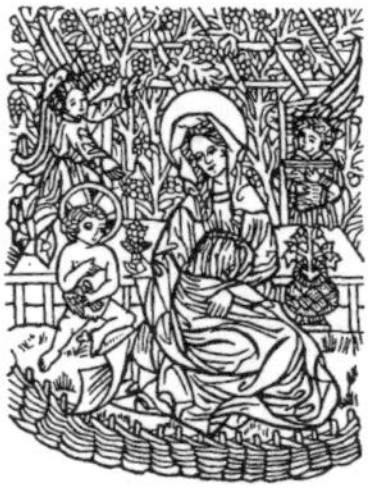

Madonna im Rosenhag. Holzschnitt. Oberrheinisch. Um 1430/40.

Mäander, der (griech. Maiandros = Fluß in Lydien). Zierband, nach dem windungsreichen Mäander-Fluß genannt.

I. Rechtwinklig gebrochene Muster (1); Abfolge von→Hakenkreuzen*; „verschlüsselt" (2).

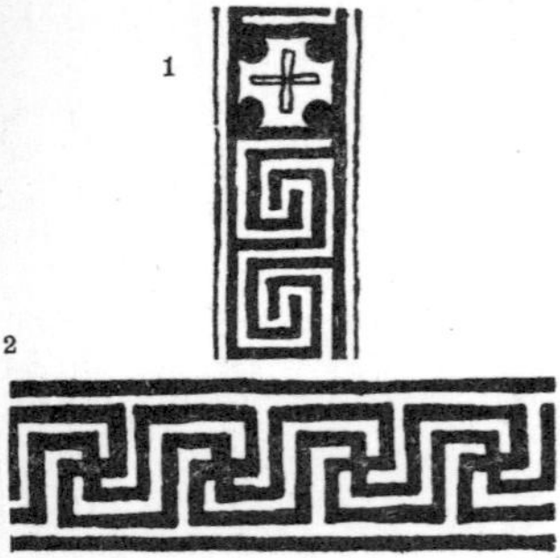

Mäander. 1. 2. Griechische Vasen.

II. Kurvig geschwungene Muster; →Wellenband* Laufender Hund (3). Von der →vorgeschichtlichen →Keramik bis zum →Klassizismus wirksam; meisterlich angewandt in der →griech. Kunst.

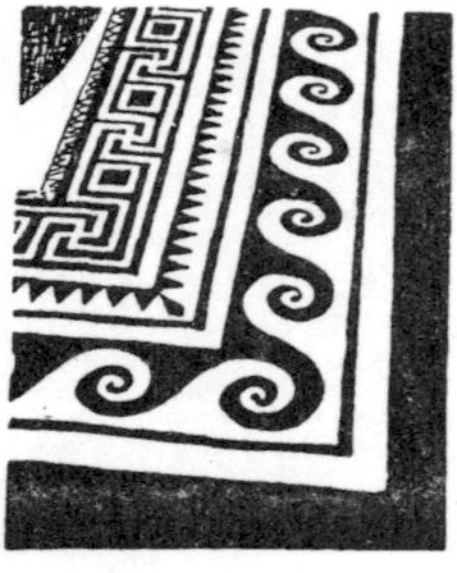

Mäander. 3. Pergamon (Türkei): Palast. Zwischen 197 bis 159 v. Chr. Mosaikfußboden.

Mänaden, die (griech. mainades = die Rasenden). Ekstatisch rasende Verehrerinnen des Gottes →Dionysos*. Dargestellt in langen Gewändern mit Rehfellen darüber, Efeu und →Schlangen im aufgelösten Haar, den →Thyrsosstab schwingend.

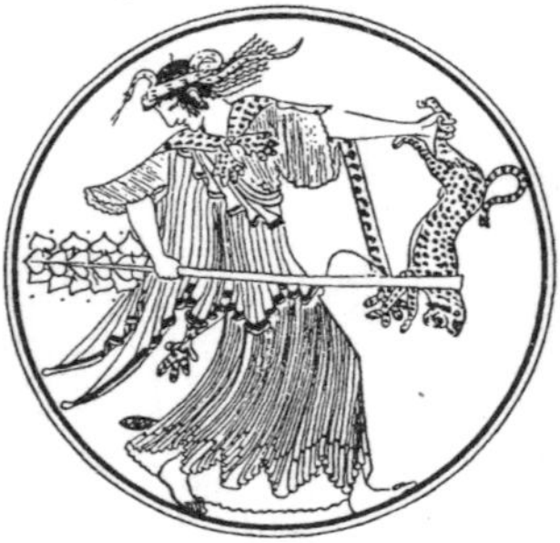

Mänaden. München: Staatliche Antikensammlungen. Weißgrundiges Schalenbild des Brygosmalers. 1 Viertel 5. Jahrh. v. Chr. Innenseite der Schale.

Männerseite. Die (vom Eingang aus) rechte Seite des Kircheninnern, die →„Epistelseite". Dort nahmen im Mittelalter (und nehmen in vielen Gegenden auch heute noch) die Männer Platz. Ggstz.: →Frauenseite.

Majestà, die (ital. = Majestät). Ital.

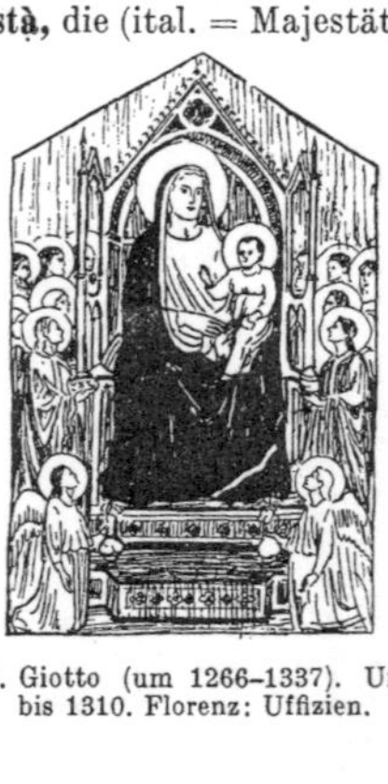

Maestà. Giotto (um 1266–1337). Um 1305 bis 1310. Florenz: Uffizien.

Bezeichnung der thronenden Madonna inmitten von Engeln und Heiligen.

Magdalénien, das (franz.: magdalenịäñ). Epoche der Jüngeren →Altsteinzeit (etwa 40000 bis 10000 v. Chr.) in West- und Mitteleuropa. Bedeutende Tiermalerei, magischen Zwecken dienend (Jagd- und Fruchtbarkeitszauber). →Höhlenmalerei*, Vorgeschichtliche Kunst.

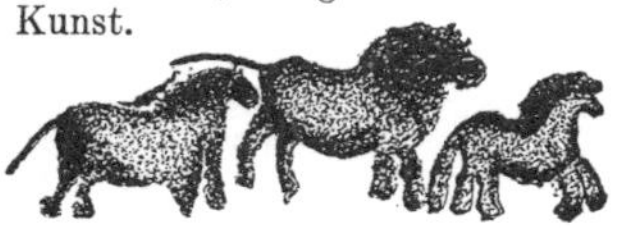

Magdalénien. Lascaux (Frankreich; Dep. Dordogne): Höhle. Teil eines Frieses mit fünf Pferden. Wandmalerei.

Maghrẹb, der (arab.) = Westen. Der Westen der arab. Welt: Marokko, Algerien und Tunesien. Ein eigener Bereich der →islam. Kunst*.

Magischer Realismus. →Neue Sachlichkeit I*.

Mạgna Mạter, die (lat.). →Große Mutter*.

Maitrẹya, der (Sanskrit) = Mịrọkụ (jap.). Eine wichtige Gestalt der →buddhistischen Kunst: ein Buddha der Zukunft.

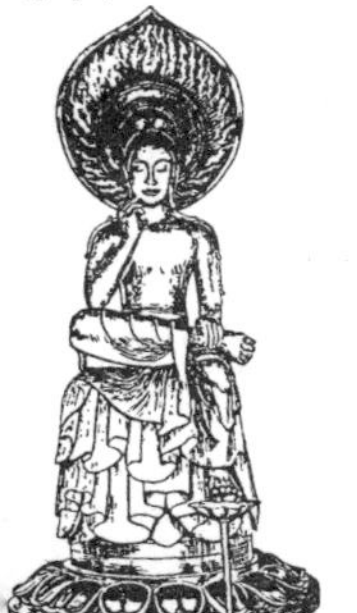

Maitreya. Horyuji-Tempel bei Nara (Japan); Osttempel Chuguji (Nonnenkloster). Holz. Mitte 7. Jahrh n Chr.

Majẹstas Dọmini, die (lat. = Herrlichkeit des Herrn). Darstellung des thronenden Christus, der die Rechte erhebt und mit der Linken das Buch des Lebens hält. Oft mit →Evangelistensymbolen* oder den 24 →Ältesten* der →Apokalypse.

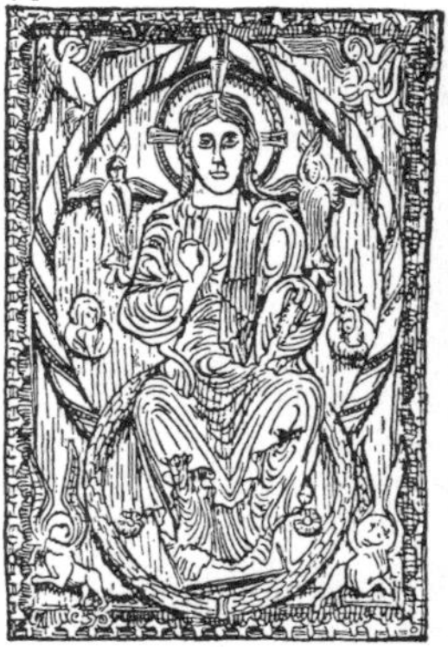

Majestas Domini. Berlin: Staatliche Museen. Elfenbein. Ada-Gruppe. 9. oder 10. Jahrh.

Majọlika, die (ital. Name nach der balearischen Insel Mallọrca, dem Herstellungsort span.-maurischer Fayencen; Mallorca hieß im Alttoskanischen Maiọlica). →Fayence.

Majụskel, die (lat. maiụscula = größerer Buchstabe). Großer Buchstabe der lateinischen Schrift. Ggstz.: →Minụskel. →Versalien*.

Mạkara, das. Phantastisches Tier in der →ind. Kunst; in Delphin- oder Krokodilsgestalt. Oft an Toren.

Makāra, der. Mischwesen aus Elefant und Fisch in der indonesischen Plastik; oft mit →Kalaköpfen verbunden.

Makartbukett, das. Nach dem Maler Hans Makart (1840–1884) benannt: ein Strauß aus getrockneten Blumen, Binsen und Gräsern; Ende des 19. Jahrh. mit Vorliebe in der „guten Stube" aufgestellt.

Makedonische Renaissance. →Byzantinische Kunst II*.

Makimono, das (jap. = Langrolle). Jap. Rollbild im Querformat. Ggstz.: →Kakemono.

Mal. Ein aufrecht stehendes denkmalhaftes Gebilde aus Stein oder Holz; unfigürlich oder auch mit bildhaften Darstellungen verbunden.
→Dreifaltigkeitssäule, Fêng-shui, Gedenksäule, Gerichtssäule, Gesetzesstele, Grabstele, Herme*, Marktsäule, Menhir*, Obelisk*, Pagode*, Passionssäule,* Pestsäule, Pranger, Pyramide*, Roland*, Säulenmonument*, Schandpfahl, Siegessäule, Stambha, Steinkreuze*, Stele*, Totenleuchte*, Triumphsäule*, Votivdenkmal.

Malachit, der (griech. = malvenfarbig). Smaragdgrünes Mineral, schon in der →ägypt. Kunst und seitdem immer wieder in der Kunst verarbeitet. →Schminkpalette*.

Malerbuch. Anweisung von Malern für Maler; Bildvorlagen. Z. B. Malerbücher vom Berge Athos. Zwischen 1701 und 1733.

Maleremail, das. →Email VII.

malerisch. Ggstz. zu →linear* oder zeichnerisch: eine bestimmte Stilform, welche, die Grenzen auflösend, weiche Übergänge und ineinanderflutende Bewegungen liebt. Der Stilbegriff wird sowohl auf Bildwerke wie auf Bauten angewandt.

Malerradierer, -stecher, der. →Kupferstich.

Maltechnik. →Al fresco, alla prima, Al secco, anschießen, Aquarellmalerei, Arrazzi, Ateliermalerei, Aubussonteppich, Basselisse, batiken, bemalen von Figuren, Bildrolle, Bildteppich, Bildwirkerei, Bister, Blutemail, Bolus, Borkenmalerei, bräunen, Breitpinsel, Buchmalerei, Chiaroscuro, Chrysographie, Clair-obscur, Cloisonné, Deckfarben, Deckweiß, Drahtemail, einschlagen, Email*, Enkaustik, Farbenperspektive, Faßmaler, Firnis, Fleischton, Freilichtmalerei, Fresko, Furchenschmelz, Galerieton, gebrochene Farben, Glasmalerei*, Goldgrund, Gouachemalerei, Graffito, Grisaille, Grubenschmelz, Grundfarben, Grundierung, Guaschmalerei, Halbtöne, Hell-Dunkel, Hinterglasmalerei, Hintergrund, höhen mit Deckweiß, Ikon*, illuminieren, Illustration, Impasto, Impressionismus*, Inkarnat, Kalligraphie, Karnation, Karton, Kaseinfarben, Kette, Kolorismus, Kolorit, Kontur, Lackarbeit, lasieren, lavieren, Limosiner Email, linear*, Lokalfarbe, Luftperspektive, Maleremail, malerisch, Mezzotinto, Miniatur, Mittelgrund, monochrom, Mosaik, Muffelfarben, Mumienbildnisse*, nachdunkeln, Nachtstück, Neoimpressionismus, Niello*, Ölmalerei, opak, Palette, Palettemesser, Pastell, Pasticcio, pastos, Pentimenti, Perspektive*, Pettenkofersches Verfahren, Pigment, Piktographie*, Pinsel, pinxit, Pleinair, Pointillismus, Polychromie, Primamalerei, Punze*, regenerieren, rentoilieren,

Replik, Rindenmalerei, Scharffeuerverfahren, Schatten*, Schattenriß*, Schlaglicht, Schlagschatten, Schlepp-Pinsel, Schmelzfarben, Schmelzmalerei, Schwarzlot, Seccomalerei, Sekkomalerei, Sfumato, Sgraffito*, Sikkative, Silhouette, Skizze*, Spachtel*, Spatel, Spiegelmalerei, Spitzpinsel, Staffage*, Staffeleigemälde, Stucco lustro, Stukkolustro, Tafelmalerei, Tapisserie, Temperamalerei, Teppich*, Textilkunst, transluzid, Tuschmalerei*, Überfangglas, Übermalung, Unterglasurmalerei, Untermalung, Valeur, Vasenmalerei, Vedute, Vordergrund, Wachsmalerei, Wandmalerei, Wasserfarben, Wismutmalerei, zeichnerisch, Zelleneinlage, Zellenschmelz, Zellenverglasung, Zentralperspektive.

Malteserkreuz. →Kreuz 19*.

Mandala, der oder das. →Schri-Yantra*.

Mandapa, der. Kultraum des ind. hinduistischen Tempels.→Indische Kunst*.

Mandorla, die (ital. = Mandel; Mehrz.: Mandorlen). Heiligenschein 2*.

Mandschu-Zeit. →Ch'ing-Zeit.

Maniera greca, die (ital. = griech. Kunststil). Mit diesem Begriff bezeichnet man die →byzant.* bestimmten Formzüge der ital. Malerei bes. des 13. Jahrh.

Manierismus, der (von ital. manierismo = Künstelei).

I. Stufe der Formentwicklung zwischen Hoch→renaissance* und →Barock (etwa 1530 bis 1580). In der Malerei: übermäßig gestreckte, verwickelt bewegte Körper mit kleinen Köpfen; oft in schraubenförmiger Linie gedreht (→linea serpentinata). Unruhige Farben; Gelb, Hellila, Rosa bevorzugt; helle, kalte, gläserne Farbtöne. Starker Wechsel von Hell und Dunkel; schmale, zur Tiefe hin drängende Räume, deren Begrenzung im Unklaren gelassen wird, Ausdruck des inneren Zwiespaltsund einerspannungsvollen seelischen Ergriffenheit. Religiös z. T. im Zusammenhang mit der Gegenreformation. Gesellschaftlich Betonung des Aristokratischen in Höflingen und Damen von oft dekadenter Erscheinung. Vorzügliche → Porträtkunst. – Auch in der →Plastik und Architektur finden sich manieristische Züge.

II. Im allgemeinen und abschätzigen Sinne: jede gekünstelte, ge-

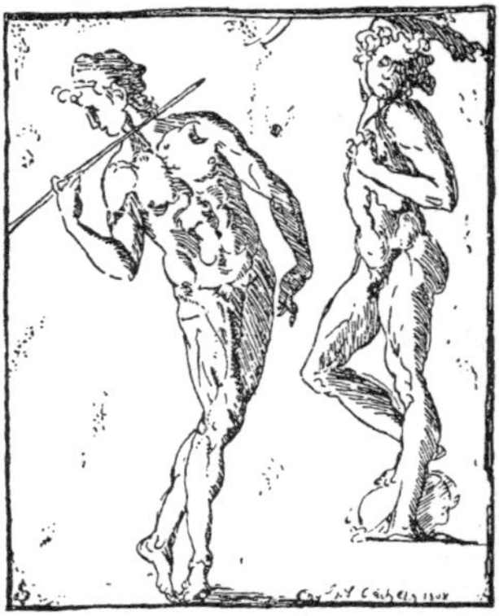

Manierismus Francisco Pacheco (1564–1654). Aktstudien: Jüngling mit Speer und Hl. Sebastian. Federzeichnung. Wien, Albertina.

wollte Formgebung, vor allem als Folge einer unechten Nachahmung eines echten Stils.

Mansarddach. →Dach 6*.

Mansarde, die (vom franz. mansart : mañßahr).

I. Dach mit gebrochenen Dachflächen, benannt nach dem franz. Baumeister Jules Hardouin-Mansart (: [sch]ül arduañ mañßahr, 1648–1708); diese Dachform beschränkt oder beseitigt die Abschrägung von Räumen im Dachgeschoß. →Dachformen 6*.

II. Jeder Raum im Dachgeschoß mit abgeschrägten Wänden.

Mantel. →Bronzeguß*.

Mantelriemen. →Fürspan, Tassel*.

Manuelischer Stil. →Emanuelstil*.

Manufaktur, die (von lat. manu facere = mit der Hand machen). Werkstatt der Handarbeit; in der Kunst vor allem im Hinblick auf →Keramik, Porzellan und Teppich*herstellung verwandt.

Marduk. Höchster babylonischer Gott des Lichtes, der die ältere →sumerische Göttin des Chaos, →Tiamat, tötete. →Drache, Schlange II, Vorderasiatische Kunst.

Maria. →Abschied Christi von ~, Anna Selbdritt*, Assumptio*, Begegnung Christi mit ~, Heimsuchung*, Himmelfahrt ~s, Madonna, Madonna im Rosenhag*, Maestà*, ~ im Ährenkleid, Marienkrönung*, Marientod*, Mater dolorosa*, Rosenkranzbild*, Sacra conversazione*, Schöne Madonnen*, Schutzmantelmadonna*, Sieben Freuden ~s, Sieben Schmerzen ~s.

Maria im Ährenkleid. Bildtyp seit dem 14. Jahrh. Maria trägt ein gegürtetes, mit Ähren geschmücktes Kleid. Vielleicht ist damit Maria als Acker Gottes aufgefaßt. Oder sollten die Ähren mißverständlich aus einem Sternenkleid entstanden sein?

Marianische Symbole. →Sinnbilder der Reinheit und Heiligkeit Mariens, zahlreich in der mittelalterlichen Kunst. Beispiele: der verschlossene Garten, der Feigenbaum, die Rose von Jericho, die Jungfrau mit dem→Einhorn*, der brennende Dornbusch des Moses, Gideons Vlies usw.

Marienkrönung. Bildmotiv seit dem 12. Jahrh.: Maria wird im Himmel von Christus (in der Spät→gotik* zugleich auch von Gottvater) gekrönt.

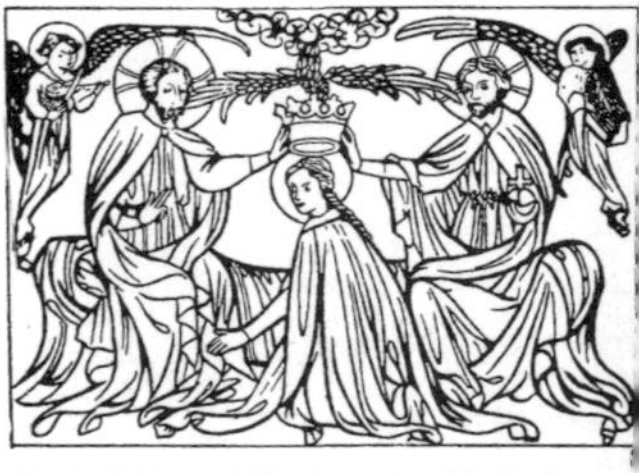

Marienkrönung München: Graphische Sammlung. Holzschnitt Anf. 15. Jahrh. Böhmisch?

Marientod. Darstellung des Sterbens Mariä, zuerst in der →byzant. Kunst* (→Koimesis). Maria liegt ausgestreckt auf dem Bett; dahinter steht Christus und trägt die Seele der Toten in der Gestalt eines kleinen Kindes auf dem Arm. Die

Apostel am Kopf- und Fußende des Bettes.

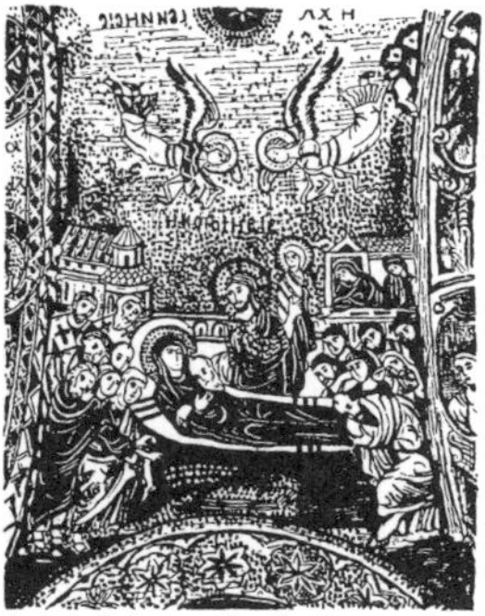

Marientod. Palermo: La Martorana. Deckenmosaik. Um 1145.

Marinemalerei. Art der →Landschaftsmalerei: Darstellung des Meeres, der Küste und des Hafens. Diese Bilder heißen „Marinen". Als eigene Bildgattung in der holländ. Malerei des 17. Jahrh. entwickelt. →Seestück.

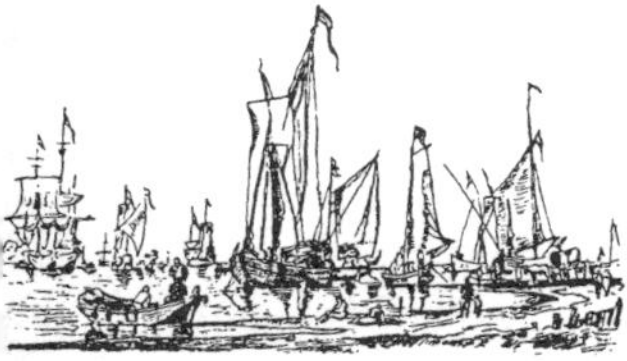

Marinemalerei Abraham Storck (1635–1720): Küste und Segelschiffe Sepia-Federzeichnung mit Tuschlavierung. 1681. London: Britisches Museum.

Marke. Zeichen an →kunstgewerblichen Gegenständen. Die ~ gibt den Meister, die Manufaktur, den Ort, das Jahr der Herstellung oder bei Edelmetallen den Feingehalt an. →Porzellanmarken*.

Marketerie, die (franz. marqueterie : markätri = eingelegte Arbeit von Holz, Metall, Marmor). →Intarsia*.

Marktsäule. Im Mittelalter eine auf dem Markt aufgestellte →Säule*, vor der Rechtsakte getätigt wurden. Ein →Säulenmonument* als Hoheitszeichen des Rechtes. →Gerichtssäule, Roland*.

Marmor, der (griech. marmoros = schimmernd). Körnigkristallinischer Kalkstein; bevorzugtes Material der antiken Bau- und Bildhauerkunst. Auch in der nachantiken Kunst, bes. Italiens, gern verwandt.

Die bekanntesten ~sorten des griechischen Festlandes:

I. pentelischer ~ (blauweiß);

II. hymettischer ~ (blaugrau und weiß).

Die bekanntesten ~sorten der griechischen Inseln, die sich durch das gröbere Kristallkorn von den ~arten des Festlandes unterscheiden:

I. parischer ~ (blauweiß);

II. naxischer ~ (hellgrau).

Der bekannteste ~bruch Italiens befindet sich oberhalb Carrara (Toskana); hier hat z. B. Michelangelo (1475–1564) ~ gebrochen.

Marmorarii Romani. →Cosmaten*.

Marmorsaal. Der große Festsaal („Kaisersaal") im Hauptgeschoß →barocker Schlösser, kostbar mit →Marmor, →Wandgemälden und oft mit Spiegeln ausgestattet: das Reich des Lichtes, wo der Fürst residiert. →Spiegelgalerie*.

Maqsura, die (arab.). In der →Moschee eingegrenzter Betplatz für den Fürsten, eine Familie, eine Gilde. In der Nähe des→Mihrab*.

Mars, der (lat.). Röm. Gott des Krieges, dem griech. →Ares gleichgesetzt.

Marsyas, der (griech.), lat. Marsyas. Phrygischer Flußgott, aus dessen Mythos die Kunst zwei Vorgänge darstellt:

I. →Athena* hatte die Flöte erfunden, aber sie verworfen und verflucht, weil sie das Gesicht des Musizierenden verzerre. ~ griff die Flöte auf und brachte es im Spiel zur Meisterschaft. Berühmte Gruppe von Athena und Marsyas in Frankfurt a. M., Liebieghaus.

II. In einem musikalischen Wettstreit, zu dem ~ →Apollon* aufforderte, unterlag jener und wurde zur Bestrafung seines Übermutes von dem Gott dazu verurteilt, daß ihm bei lebendigem Leibe die Haut abgezogen wurde. Die Schindung des ~ mehrfach im →Hellenismus dargestellt.

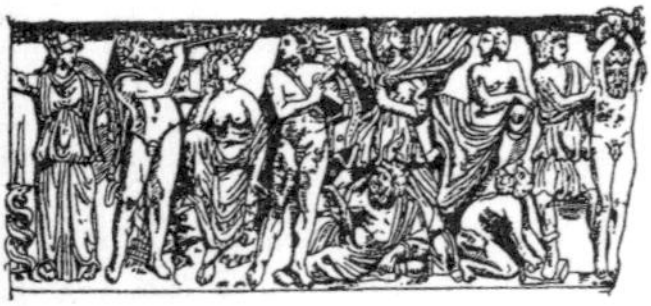

Marsyas. Paris: Louvre. Sarkophag aus Rom. Ende 2. Jahrh. n Chr. Relief: Wettstreit mit Apoll und Schindung des ~.

Martyrium, das. Grab oder Grabkirche eines christlichen Märtyrers. →Altchristliche Kunst.

Maschinenkunst. →Kontra-Relief*.

Masdschid (arab.) = →Moschee. →Islamische Kunst*.

Masdschid-i Dschami (arab.) = „Große Moschee" oder→Freitagsmoschee. →Islamische Kunst*.

Massivbau. Bau aus natürlichen oder künstlichen Steinen, →Beton oder →Stahlbeton. Ggstz.: → Skelettbau.

Maske. Zur Verhüllung des Gesichtes und des ganzen Körpers, verbreitet in der→Vorgeschichte, bei den →Naturvölkern, aber auch in den →Hochkulturen (Griechen, Japaner). Ihres magischen Sinnes entkleidet im Karneval. Urspr. dazu bestimmt, den Träger in das Masken-Wesen ekstatisch zu verwandeln, damit er auf diese Weise Götter, Dämonen und Geister gegenwärtig mache. Eng verbunden mit dem Tanz. Außerordentliche formale Phantasie der →Naturvölker mit drei großen Themen: Ahnen – Tiere (zur Ausübung des Jagdzaubers) – Geister. Anlässe zu ~festen sind vor allem ein Begräbnis, der Beginn des Wachstums im Frühjahr, die Ernte, die Jugendweihe, die Ehrung von Geistern und Dämonen, die Weissagung der Priester, die Heilung von Kranken, der Vorabend eines Kriegszuges, die Aufführung von Kultdramen. →Gogonsa, Klappmaske*, Nô-Spiel*.

Maßwerk. Das→Bauornament* der →Gotik*. Der Name deutet an, daß dieses →Ornament keine gegenständlich-organischen Formen hat, sondern mit dem Zirkel „gemessen", d. h. konstruiert ist. Ausgangspunkt ist das ~ der →Fenster*. Sind zwei Fenster unter einem gemeinsamen →Bogen* zusammengefaßt, so entsteht unter diesem Bogen eine Leerstelle, die das ~ ausfüllt. Die Formen sind sehr mannigfaltig; vor allem beliebt sind die Rose, die verschiedenen →Paßformen (aus Teilen des Kreises zusammengesetzte Zierate) und die Fischblase. →Baldachin 1*, Decorated Style 2*, Dreipaß*, Dreischneuß*, Fenster 11*, Fischblase*, Königsgalerie*.

Mastaba, die (arab. = Steinbank). Altägypt. Grabform: langgestreckt mit geböschten Seiten. Das eigtl. Grab ist durch einen Schacht zugänglich.

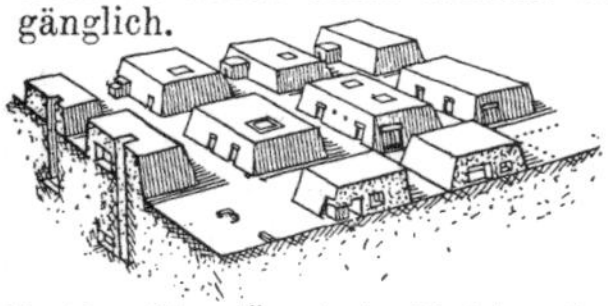

Mastaba. Giza (Ägypten): Mastabagräber. 4. Dyn. 2600–2480 v. Chr. Links zwei angeschnittene Mastabas, den Schacht zur Grabkammer zeigend.

Mastenkirche = nordische Holzkirche. →Stabkirche*.

Mater dolorosa, die (lat. = schmerzhafte Mutter). Darstellung der Gottesmutter, die unter der →Passion Christi leidet; oft ist ihre Brust von einem Schwert oder von sieben Schwertern durchbohrt, welche die →Sieben Schmerzen Mariens bedeuten (Weissagung Simeons, Flucht nach Ägypten, dreitägiges Suchen Jesu, Begegnung auf dem Kreuzweg, unter dem Kreuz, Kreuzabnahme, Grablegung).

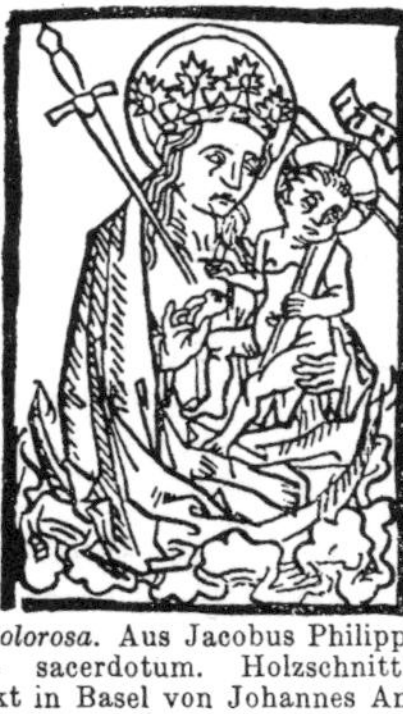

Mater dolorosa. Aus Jacobus Philippi: Praecordiale sacerdotum. Holzschnitt. 1489. Gedruckt in Basel von Johannes Amerbach.

Materialbild, -kunst. Bilder setzen sich aus kunstfremden Mitteln wie Blech, Kies, Säcken, Sand, Schwämmen, Tüchern zusammen. Künstler: A. Buri (1915 geb.), Y. Klein (1928–1962), P. Manzoni (1933–1963), A. Tàpies (1923 geb.).

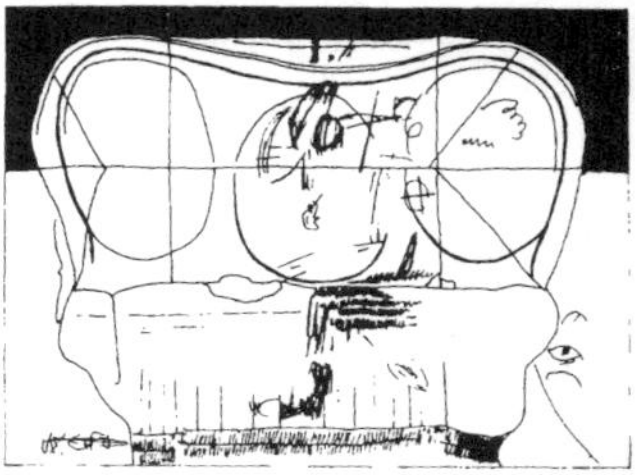

Materialbild. Antonio Tàpies (geb. 1923): Zeichen auf weißen Ovalen Sand, Leim, Farbe auf Holz. 196 cm h, 260 cm br. 1966. Köln: Wallraf-Richartz-Museum.

Mathura. →Buddha I.

Matroneum, das (lat.). →Gynaikeion.

Maureske, die. Pflanzenornament, nicht →maurischen Ursprungs; gleichbedeutend mit →Arabeske*.

Maurische Kunst. Die →islamische* Kunst in Spanien (mit Ausstrahlungen nach Süditalien und Sizilien). Die berühmtesten Werke sind die Alhambra (arab. = rote Burg) in Granada (im wesentlichen 13. und 14. Jahrh.) und die

→Moschee in Córdoba (785 bis 990). Nach der Besiegung der Araber kommt es zu einer islamisch-christl. Mischkunst, dem →Mudéjar-Stil*.

Mausoleum, das (lat.), griech. Maussoleion. Grabgebäude, benannt nach dem mächtigen Grabmal des Königs Maussolos in Halikarnaß, das als eines der sieben Weltwunder galt. Voll. nach 353 v. Chr. Nur Reste (im Britischen Museum, London) erhalten. – Ähnliche Grabbauten wurden schon von den Römern Mausoleen genannt.

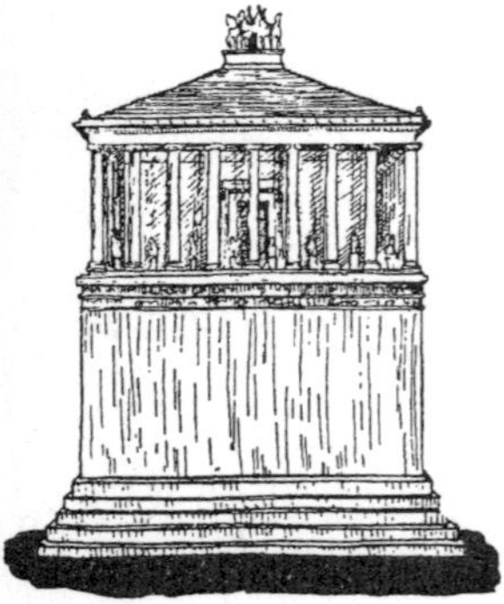

Maussoleion in Halikarnaß (Türkei). Voll. nach 353 v. Chr. Rekonstruktion von F. Krischen.

Maya → Altamerikanische Kunst der ~ (etwa 320 bis 1697). Aus unbekannten Gründen wurden die alten, im heutigen Zentralmexiko gelegenen Tempelstädte im 9. Jahrh. verlassen; neue Stadtanlagen entstanden auf der Halbinsel Yukatán. Tempelstädte mit → Tempelpyramiden*, →Ballspielplätzen* und Observatorien von kosmologisch-kultischer Bedeutung; Paläste. – In der →Bauplastik und →Wandmalerei sowohl religiöse als auch profane Themen.

In bestimmten Zeitabschnitten wurden →Stelen* von magischer Bedeutung aufgestellt.

Ausgezeichnete →Keramik. →Federarbeiten.

Hauptsächliche Fundstätten:

Uaxactun, Tikal, Copán, Palenque, Bonampak, Chichen Itzá (mit →toltekischem Einfluß), Uxmal, Mayapan.

Medaille, die (franz.: medaje von lat. metallum). Gegossene oder geprägte Schau- und Denkmünze von runder Form aus Blei, →Bronze, Silber oder Gold. Seit der Antike oft künstlerisch gestaltet. Der herstellende Künstler heißt Medailleur (franz.: -däjöhr).

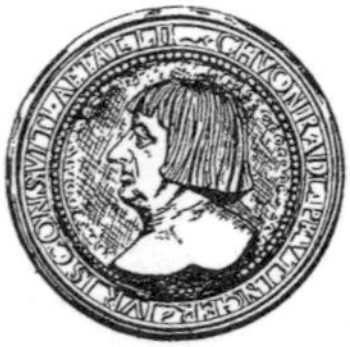

Medaille. Hans Schwarz (tätig zwischen 1517 und 1532): Konrad Peutinger. Bronze~. 1517/18. Wien: Kunsthistorisches Museum, Münzkabinett.

Medaillon, das (franz.: medajoñ). Rund oder oval gerahmtes Bild bzw. →Relief*; in kleinem Format als →Bildnis~.

Meder, Kunst der ~. →Vorderasiatische Kunst.

Medische Kunst. Die Kunst der Meder (715 — 550 v. Chr.), Vorläuferin der →Persischen Kunst. Felsgräber und Fels →reliefs*, Töpferei*, Bronzegefäße und Bronzewaffen erhalten.

Mẹdrese, die (arab.). →Islamische Kunst*.

Medụse, die (griech. mẹdusa, lat. medụsa). →Gorgo Medusa*.

Megalịth (griech. = aus großen Steinen bestehend). →Vorgeschichtliche Kunst.

I. Denkmäler der über die ganze Erde verbreiteten ~ -Kultur. Sie bestehen aus mächtigen, unbehauenen oder nur roh zugerichteten Steinblöcken und gehören der →Jungsteinzeit und →Bronzezeit an. Denkmäler der ~-Kultur sind u. a. die →Dolmen*, →Cromlechs, →Menhire*, Gang- und Kistengräber. →Säulenmonument*.

II. ~→Keramik, die (griech.). Tongefäße und →Ornamentstil der nordischen →Jungsteinzeit; im wesentlichen senkrechte Ritzlinien oder →plastische Rippen, gerüstartiges Rahmenwerk in kräftigem Tiefstich, in der späteren Zeit auch flächenbedekkende Muster.

III. ~ische Mauern. Mauern aus Steinblöcken, die ohne →Bindemittel geschichtet sind. In Griechenland heißen sie→kyklopische Mauern (z. B. in Mykẹnä oder Tyrins). →Bruchstein 3*.

Mẹgaron, das (griech. = großes Gemach, Saal). Das altgriech. Herrenhaus; es besteht aus einem Saal (mit dem Herd in der Mitte) und einer →säulen*gestützten Vor→halle. Aula*.

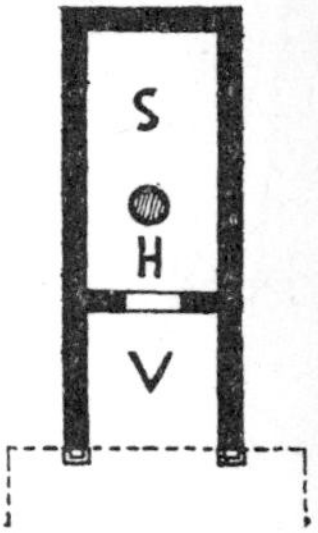

Megaron. Troja II. 2400–2200 v. Chr. H = Herd, ⌀ etwa 4 m. S = Saal 10 : 20 m. V = Vorhalle.

Meidạn, der (arab.). Platz in arab. Städten mit Haupt→moschee und →Basar.

Mẹịjị-Tạịshô-Periode (jap.: mẹị-[dsch]ị-tạị-schọọ). Epoche der →jap. Kunst, 1868–1926.

Meisterzeichen. →Steinmetzzeichen*.

Melpoméne, die. →Muse.

Memọrie, die; **Memoriạlbau,** der. In der →Antike und in der →altchristl. Kunst ein kleiner Bau zum Gedächtnis eines Toten oder zur Verehrung des heroisierten bzw. heiligen Toten; für kleinere Versammlungen, Opfer und Totenmähler geeignet.

Mẹnhir, der (keltisch = langer

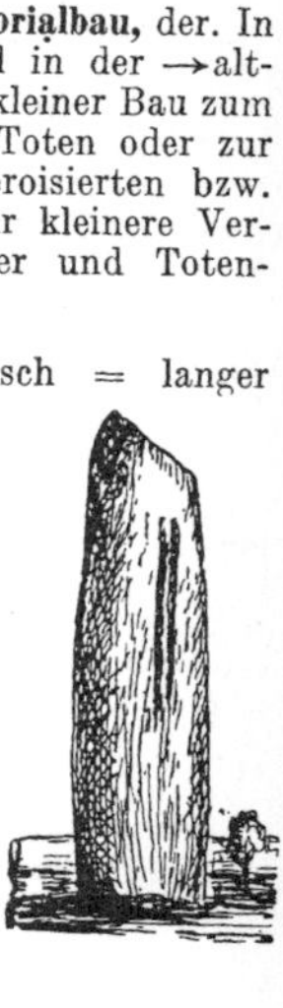

Menhir von Kerloas bei Plouarzel (Frankreich, Bretagne). 12 m hoch.

Stein). Senkrecht stehender unbehauener Stein, der wohl zu kultischen Zwecken aufgerichtet wurde. Aus der →Jungsteinzeit und →Bronzezeit. →Säulenmonument*, Vorgeschichtliche Kunst.

Menora, die (hebr.). Jüdischer Kultus: siebenarmiger →Chanukkaleuchter*. Chanukka = Fest der Tempelweihe.

Mensa, die (lat. = Tisch). →Altar I*.

Merkur, der (lat.). Röm. Gott des Handels, dem griech. →Hermes* gleichgesetzt. Sein Name leitet sich von merx (lat.) = Ware ab.

Merkurstab. Botenstab des griech. Gottes →Hermes* mit zwei verschlungenen →Schlangen (griech. das Kerykeion, lat. der Caduzeus).

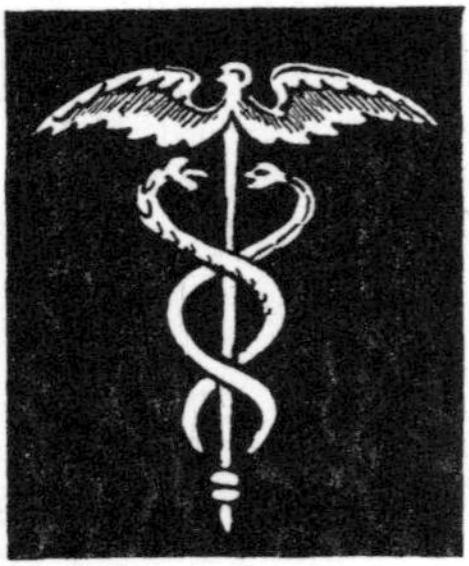

Merkurstab. Karel van Mander (1548–1606): Allegorie auf Krieg und Frieden. 1600 Bonn: Slg. Malmedé. Teil.

Meru, der. Nach der hinduistischen Mythologie Indiens Berg im Mittelpunkt der Erde; Wohnung von Göttern verschiedener Klassen, deren Lebenszeit zwar lang, aber doch begrenzt ist. Oft sind die Bewohner des ~ an den →Türmen süd→indischer →Tempel →plastisch dargestellt. →Gopuram*.

Merz. K. Schwitters (1887–1948) schnitt aus einer Anzeige der „Commerz- und Privatbank" das Wort ~ aus und machte es zum Titel seines Schaffens (1919). Er verwandte dabei die verschiedensten Materialien: „Der Kistendeckel, die Spielkarte, der Zeitungsausschnitt wird zur Fläche, Bindfaden, Pinselstrich oder Bleistiftstrich zur Linie, Drahtnetz, übermaltes oder aufgeklebtes Butterbrotpapier zur Lasur, Watte zur Weichheit". Von 1923 bis 1933 arbeitete Schwitters am „~bau", der durch zwei Stockwerke seines Hauses in Hannover ging. Die Grotten und Höhlen darin bestimmte er für die „gesammelten Brocken des täglichen Abfalls"; durch Luftangriff 1943 zerstört. Der zweite ~-Bau verbrannte 1951 in Norwegen.

Mesdschid il Dschuma oder **Mesdschid al-Dschami** = →Freitagsmoschee.

Mesoamerikanische Hochkulturen. →Altamerikanische Kunst.

Mesolithikum, das (griech.) = Mittlere Steinzeit, d. h. alle Kulturen zwischen der →Alt- und Jungsteinzeit. →Mittelsteinzeit*.

Mesopotamien. →Vorderasiatische Kunst.

Messe von Bolsena. In der mittelital. Stadt Bolsena soll ein Priester während der Messe aus Unachtsamkeit den konsekrierten Opferwein vergossen haben. Da zeigten sich auf dem →Korporale blutrote Abbilder von Hostien. Berühmtes Gemälde von Raffael (1511/14).

Meßkännchen. Für Wein und Wasser zum Gebrauch beim Meßopfer.

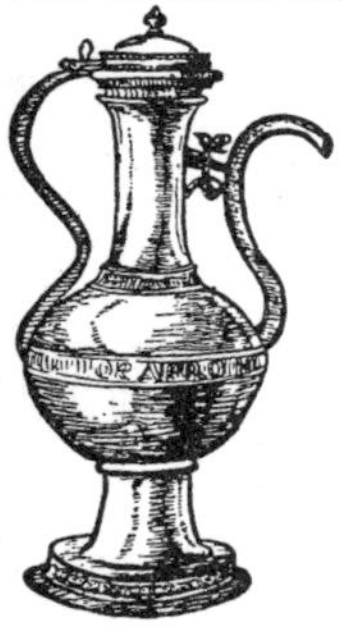

Meßkännchen. Englischer Privatbesitz. 16. Jahrh.

Metallfeder. →Feder.

Metallschnitt. →Holzschnitt 2*.

Met|ope, die (griech. = Raum zwischen zwei Löchern zur Aufnahme der →Balkenköpfe*; Platte, die diesen Raum verkleidet). Aus dem Holzbau des griech. →Tempels* in die steinerne Form übernommen: viereckige Platte mit →Relief* unter der Traufrinne →dorischer Tempel, im Wechsel mit →Triglyphen* (triglyphos = Dreischlitz, drei senkrechte Einbuchtungen).

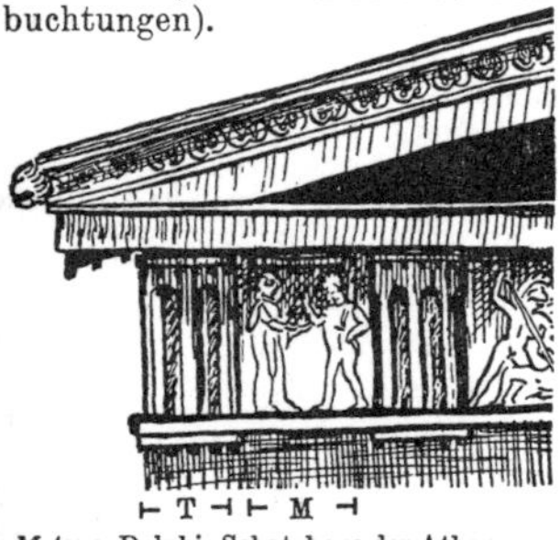

Metope. Delphi: Schatzhaus der Athener. 500 v. Chr. M = Metope. T = Triglyphe.

Mezzanin, das (ital. = Halbgeschoß). In der Palastarchitektur der →Renaissance* und des →Barock das niedrige Zwischengeschoß, meist zwischen Erd- und Hauptgeschoß, bisweilen unter dem Dach. →Risalit*.

Mezzotinto, das (ital. Halbton).

I. Bezeichnung für jede durch Beimischung von Grau gebrochene Farbe.

II. →Kupferstich II.

Micha|el, Hl. Einer der drei →Erzengel. In der Kunst erscheint er

I. als Drachentöter: den aufrührerischen Satan schmettert er in die Hölle. →Teufel, Drache*;

II. beim Jüngsten Gericht als Seelenwäger: er wägt Verdienst und Schuld der Toten gegeneinander ab;

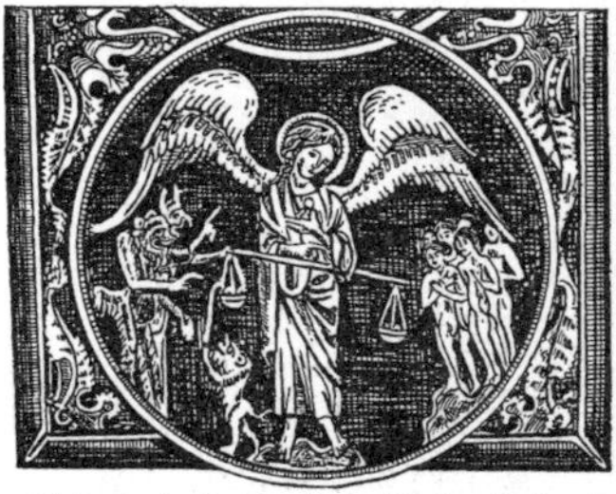

Michael als Seelenwäger. Paris: Nationalbibliothek. Psalter des Hl. Ludwig und der Blanka von Kastilien. 1. Hälfte 13. Jahrh.

III. ihm sind Bergheiligtümer und →Turmkapellen geweiht – gleichsam als Befehlsstand gegen die Dämonen der Finsternis. Die →Kapellen werden gern im Westteil der Kirchen errichtet, weil der Westen die Richtung der Nacht und der nächtlichen Unholde ist.

Mịdgardschlange. →Schlange II.

Mihrạb, der (arab.). Gebetsnische in der →Moschee, die die Richtung nach Mekka angibt.

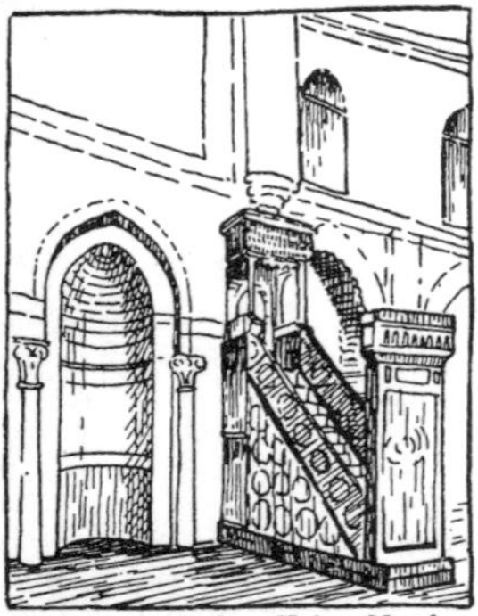

Mihrab. Rechts: Mimbar. Kairo: Moschee el-Mu'aijad. Vollendet 1422.

Miliẹumalerei (franz.: miljọ̈h-). Naturalistische Malerei, welche die proletarische Umwelt des Menschen, sein „Milieu", genau zu schildern sucht. Ein solcher Darsteller des Berliner kleinbürgerlichen und proletarischen Milieus ist z. B. Heinrich Zille (1858–1929) gewesen.

Mịllefiọriglas (ital. = tausend Blumen). Vielfarbiges, blumenartig gemustertes →Glas. Die Technik schon in Alt→ägypten und in der →Antike gepflegt, von den Venezianern im 15. Jahrh. erneuert.

Mịmbar, Minbar, der. Predigtkanzel der →Moschee. →Mihrab*.

Minarẹtt, das (arab.-türkisch = Leuchtturm). Turm der →islam.* →Moschee, von dem der Muẹzzin (arab. = Ausrufer) fünfmal am Tage die Gläubigen zum Gebet ruft. Seit der Zeit der Omajaden (661–749); angeregt vom →Glokkenturm der christl. Kirche. Verschiedene Formen: meist schlank = rund mit spitzem Dach, auch viereckig oder spiralförmig.

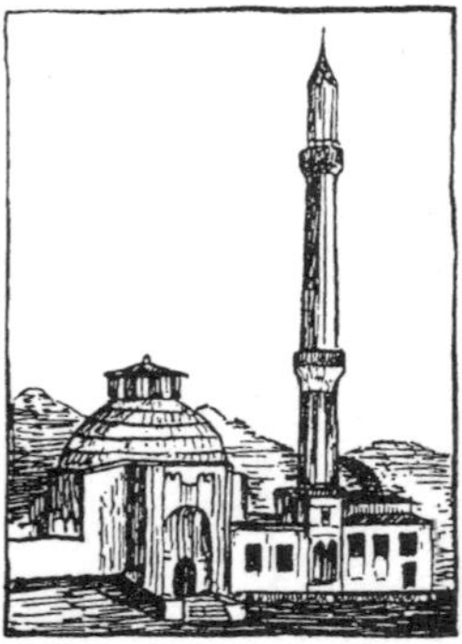

Minarett. Konya (Türkei): Ince Minarett-Cami (schlanke Minarett-Moschee). 1258. Von Keluk ben Abdullah. Seit dem 19. Jahrh. ist das ~ z. T. zerstört.

Minbar. →Mimbar.

Minẹrva, die (lat.). Römische Göttin, der griech. →Athẹne* gleichgesetzt.

Ming-Zeit. Epoche der chin. Geschichte, 1368–1644. →Chinesische Kunst.

Miniatụr, die (von lat. mịnium, Mennig; eigtl. = Rotmalerei; dann: kleines Bild).

I. Handgemalte Bilder in alten Handschriften. Der Schreiber des Textes heißt Miniạtor, der Maler Illuminạtor. →Stundenbuch*.

II. Malerei, meist →Bildnismalerei, in kleinem Format. Gemalt wird auf Metall, →Elfenbein und →Porzellan. Bes. beliebt im 18. Jahrh. und im →Biedermeier. Oft wurde die ~ auch zur Verzierung von Schmuck- oder Tabaksdosen (→Tabatièren*) verwandt.

Minimal-Art (engl.: minimel a't) = Mindestkunst. Um 1960 in den USA entstanden. Einfache Grundformen werden geometrisch gereiht, mit dem Ziel, auf diese Weise elementare räumliche Beziehungen zu klären. Künstler: C. Andre (1935 geb.), R. Bladen (1918 geb.), D. Flavin (1933 geb.), D. Judd (1928 geb.), R. Morris (1931 geb.), S. Smithson (1938 geb.), Sol le Witt (1928 geb.).

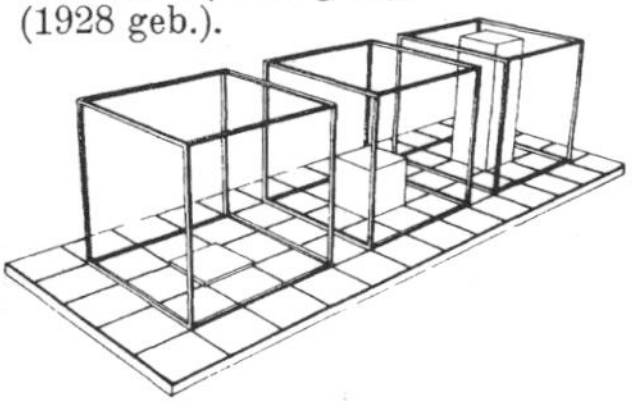

Minimal Art Sol Lewitt (geb. 1928): Dreiteiliger Satz. Stahl, farbig gespritzt, Tesastreifen. 80 cm h, 208 cm br, 50 cm t. 1968. Köln: Wallraf-Richartz-Museum.

Minnekästchen. Mit Schnitzwerk und Bildern geschmücktes Kästchen; im Mittelalter Gabe des Bräutigams an die Braut.

Minos. →Europa und der Stier.

Minuskel, die (von lat. minusculus = ziemlich klein). Die kleinen Buchstaben. Ggstz.: →Majuskel.

Miroku, der (jap.: mi|roku). →Maitreya*.

Miserikordi|en, die (lat. misericordia = Barmherzigkeit). →Chorgestühl 2*.

Miserikordi|enbild. →Erbärmdebild*.

Missale, das (lat.). →Liturgische Bücher.

Mithra, der. →Persischer Sonnengott, „unbesiegt" wie die Sonne, darum bei den röm. Soldaten hochverehrt, die seinen Kult – den einflußreichsten unter den Mysterienreligionen der Spätantike – in allen Provinzen des röm. Reiches verbreiteten. Viele Kultdenkmäler sind erhalten; beliebt vor allem die Darstellung der Tötung des Ur→stiers, dessen Blut zum Lebensquell wird. Zahlreiche Kultstätten des ~, sog. Mithräen; meist dunkel, oft unterirdisch; an den Langseiten des rechteckigen Raumes Bänke für die Teilnehmer des Gottesdienstes, an der hinteren Schmalwand das Kultbild, meist

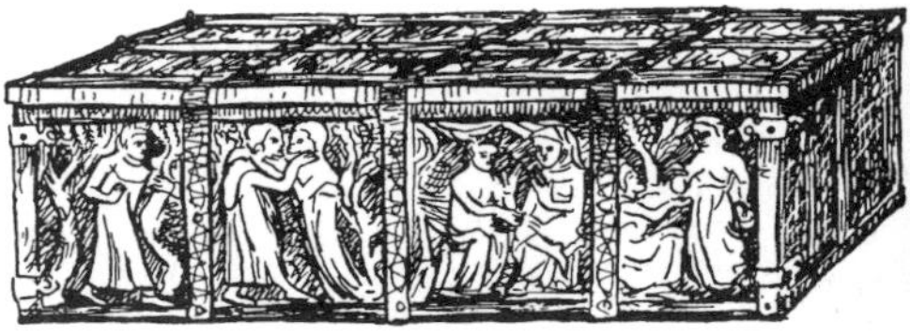

Minnekästchen. Wien: Sammlung Ambras. Deutsch. 14 Jahrh.

Mino|ische Kunst. →Kretische und →Mykenische Kunst.

ein →Relief* mit dem Bild der Tötung des Urstiers.

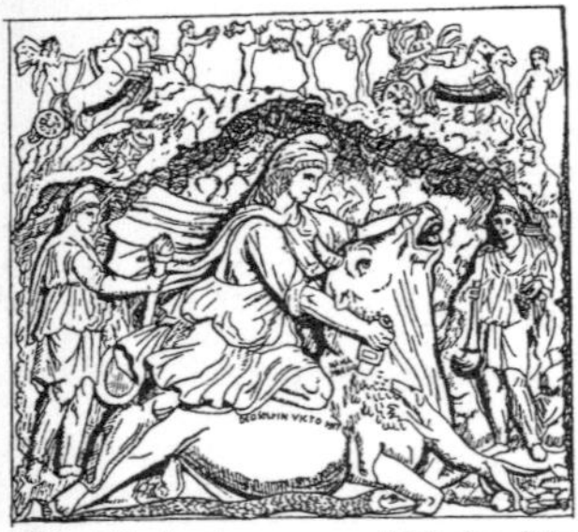

Mithra. Paris: Louvre. ~ tötet den Stier. Relief. Mitte 2. Jahrh n. Chr.

Mịthuna, der oder das (: Meithuna = „Gruppe der Vereinigung"). In der →ind. Kunst ein Liebespaar; häufig an Hindutempeln.

Mitra, die (griech. = Binde, Gürtel).

I. Kopfbinde der griech. und röm. Frauen.

II. Kopfbedeckung der Bischöfe, →infulierten Äbte und Prälaten bei liturgischen Feierlichkeiten.

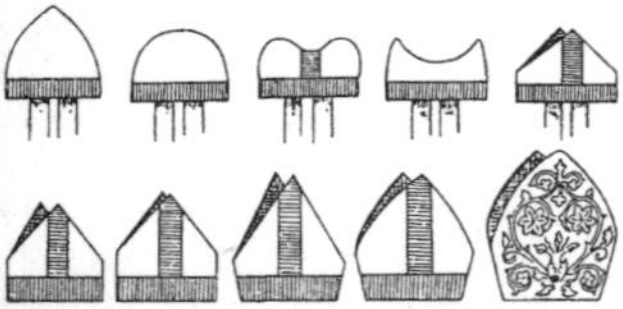

Mitra. Entwicklung vom 11. Jahrh. bis heute.

Mittelgrund. In einem →perspektivisch* angelegten Gemälde die mittlere Raumzone, zwischen dem →Vorder- und dem →Hintergrund.

Mittelrisalịt, der. →Risalit*.

Mittelschiff. Der mittlere langgestreckte Raum im →Langhaus einer Kirche. →Basilika 2–4*.

Mittelsteinzeit. In Mesopotamien etwa 10000 bis 5000 v. Chr. In Europa etwa 10000 bis 3000 v. Chr. →Felsbilder. Hauptmotiv: der Mensch in figurenreichen Szenen und in stark verkleinerter Darstellung; voller Bewegung. Hauptfundstätten: Rußland, Skandinavien, Ostspanien, Afrika. →Vorgeschichtliche Kunst.

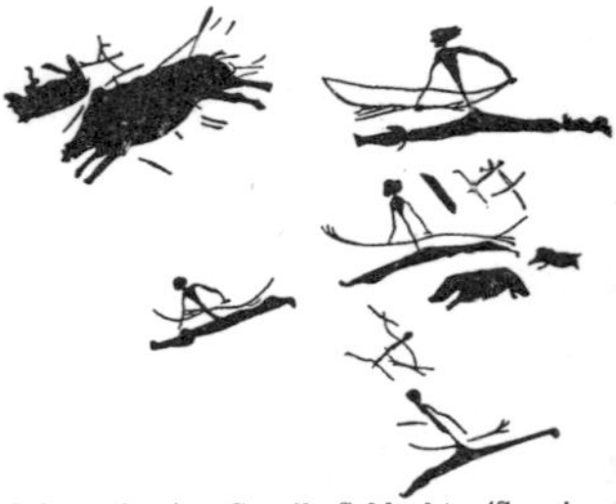

Mittelsteinzeit. Gasulla-Schlucht (Spanien; Prov. Castellón): Cueva Remigia. Jagd auf Wildschwein.

Mịxed Mẹdia, die (Mehrz.; engl.: mikßt mịdi^e), Multimedia, Totalkunst. Verbindung mehrerer Medien.

I. Aktion und Aufführung mit Fernsehen, Film, Licht, Musik, Sprache, Tanz. Versuch eines modernen Gesamtkunstwerkes. Verbindung von Kunst und Leben; Anspannung aller Sinne; Steigerung des Bewußtseins; Durchbruch durch unsere schematisierte Umwelt.

II. Bezeichnung für ein Objekt aus verschiedenen Materialien. →Assemblage, Collage*, Environment*, Materialbild*, Objet trouvé, Objekt-Kunst, Ready made*, Schimmelobjekt.

Mixteken. →Altamerikanische Kunst der ~ (um 800 bis 1521) im heutigen Mexiko. Ruinenstätten: Monte Albán (urspr. Kultstätte der →Zapoteken) und Mitla. Tempelstadt mit kultischem →Ballspielplatz*; Gräber, Paläste, →Wandmalereien.

Mizusashi (jap.: misussachi). Tontopf für Wasser. →Teegerät.

Mobile, das (lat.). Bewegliches Objekt. →Kinetische Kunst*.

Mochica-Kultur(:motschika).→Altamerikanische Kultur an der nordperuanischen Küste mit starker Ausstrahlung nach allen Seiten. Hauptfundort: Moche. Um 112 n. Chr. (± 190). Lehmziegel→pyramiden* bei Moche. →Plastiken, auch vorzügliche →Porträtplastiken. →Keramik; die Gefäße ohne Hilfe der Töpferscheibe hergestellt. Ihre Bemalung bringt thematisch eine Darstellung des Lebens in seiner ganzen Breite, oft humorvoll und oft voll düsterer Magie. Berühmt sind die Tongefäße in Kopfform: Porträts führender Männer, auch von Einäugigen, Blinden oder sonstwie Entstellten in scharfer Charakteristik. →Federarbeiten. Kostbare Gewebe, vor allem für die Toten, im Dienste eines zauberischen Kultus.

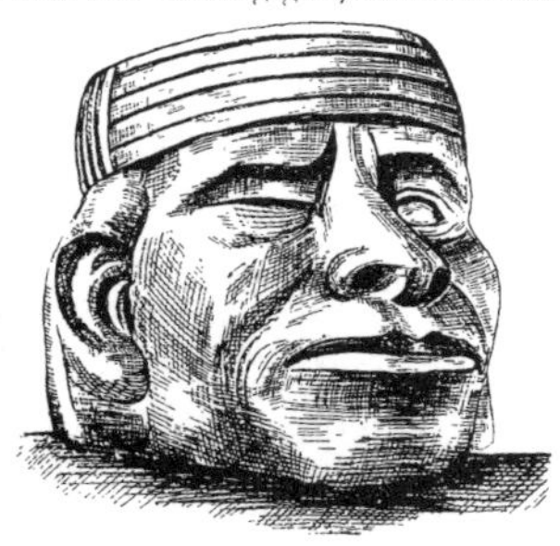

Mochica-Kultur. Chicago: Sammlung H und M. Gaffron. Porträtkopf eines Einäugigen Ton Nordperu Zwischen 400 und 600 n. Chr.

Model, auch **Modul,** der (lat. modulus = kleines Maß).

I. Der untere →Säulen*halbmesser, der in der →Antike und → Renaissance* zur Bestimmung architektonischer Maßverhältnisse benutzt wird; die Säulenhöhe oder der Säulenabstand sind z. B. ein bestimmtes Vielfaches dieses Grundmaßes.

II. →Formmodel.

Modell, das.

I. Wirkliche Menschen oder Gegenstände, die dem Künstler bei der Durchführung seines Werkes als Muster dienen.

II. Verkleinerte →plastische Ausführung eines Bild- oder Bauwerks; zur Erprobung der Wirkung oder zu Lehrzwecken angefertigt.

Modellierholz. Werkzeug in verschiedenen Formen zur Bearbeitung von →Plastiken in weichem Material.

Modellierstuhl, -bock. Dreibeiniges Gestell mit drehbarer Platte, auf der der Bildhauer sein Werk modelliert und bearbeitet.

modern style, der (engl.: maodörn ßtail) = moderner Stil. Engl. Bezeichnung des →Jugendstils*.

Modul, der. →Model I.

Modulor, der. Proportionsschema, das vom menschlichen Körper ausgeht; seine Maße werden auf Bauten übertragen. Entwickelt von Le Corbusier (1887–1965). Grundmaße: 226 cm aufrecht stehender Mensch mit erhobener Hand; 113 cm die Hälfte davon; 183 cm Körpergröße.

Mönch- und Nonnendach. Dachdeckung mit ineinandergreifenden Hohlziegeln.

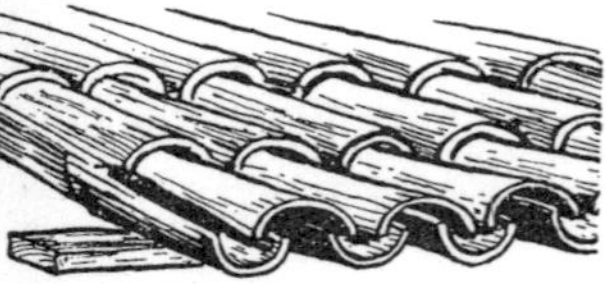

Mönch-Nonnendach.

Mörtel. →Bindemittel.

Mogulbauten. →Islamische Architektur in→Indien unter der Mogul-Dynastie (1526–1858): →Moscheen, Grabanlagen, Paläste. Bes. berühmt das Grabmal Tadsch Mahal bei Agra (1630–1652).

Mogulmalerei. →Islamische Malerei in →Indien unter der Mogul-Dynastie (1526–1858). Die Form gründet in der →persischen →Buchmalerei; auch abendländische Einflüsse werden wichtig. Weltliche Hofkunst, die das ganze Leben und die Mythenwelt Indiens in oft stimmungsvollen, auch die Landschaft einbeziehenden Darstellungen umfaßt.

Mohammedanische Kunst. →Islamische Kunst*.

Mohenjo Daro-Kultur (Mohendscho Daro). →Indische Kunst, Induskultur.

Moiré-Effękt, der. Moiré, der oder das (franz.: mwarę) bezeichnet einen Vorgang in der Drucktechnik. Bei der Autotypie werden zwei Glasscheiben mit feinen geritzten Linien, die ein Bild in →

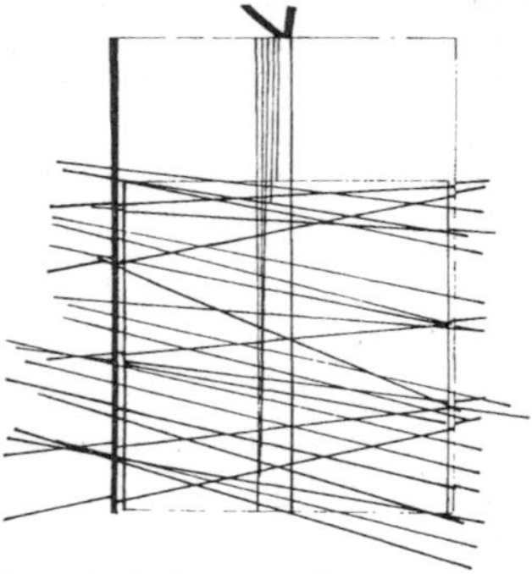

Moiré-Effekt Jésus-Raphael Soto (geb. 1923): Vibrationsstruktur. 1964.

Rasterpunkte zerlegen, rechtwinklig übereinander gelegt und in der Kamera zwischen Objektiv und Film befestigt. Eine Autotypie ist also eine →Rasterätzung. Schon die geringste Abweichung von der Rechtwinkligkeit hat bei Halbtonbildern eine störende Musterung zur Folge.

Diesen Fehler in der Drucktechnik benutzt J.-R. Soto (1923 geb.), um neue künstlerische Wirkungen zu erzielen. In seinen „Vibrationsbildern" legt er zwei identische oder fast identische Kompositionen aus geraden Linien oder Kurven übereinander und verschiebt sie dabei ein wenig. Auf diese Weise entsteht der Eindruck von Vibrationen, die sich jedoch allein aus der Wahrnehmung ergeben, also nicht tatsächlich geschehen.

Die beiden übereinander gelegten Kompositionen können auch durch einen Zwischenraum voneinander getrennt werden. Geht nun der Betrachter davor hin und her, so scheinen sich die geraden Linien oder Kurven auf und ab zu bewegen; sie verschwinden und tauchen dann wieder auf, zerfallen oder fallen zusammen. Das sind rein optische Vorgänge, die in der →Op-Art (I)* große Bedeutung haben.

Man kann mit solchen Strukturen ganze Räume füllen und so ein Optical-→Environment* schaffen. Dadurch fühlt sich der Betrachter in die Dreiheit von Raum–Zeit–Materie einbezogen.

Momoyama-Periode. Epoche der →jap. Kunst, 1573–1615.

Monatsbilder. Veranschaulichung der einzelnen Monate: Darstellung der in ihnen üblichen ländlichen Arbeiten und Vergnügungen. Oft zusammen mit den entsprechenden Bildern des Tierkreises.

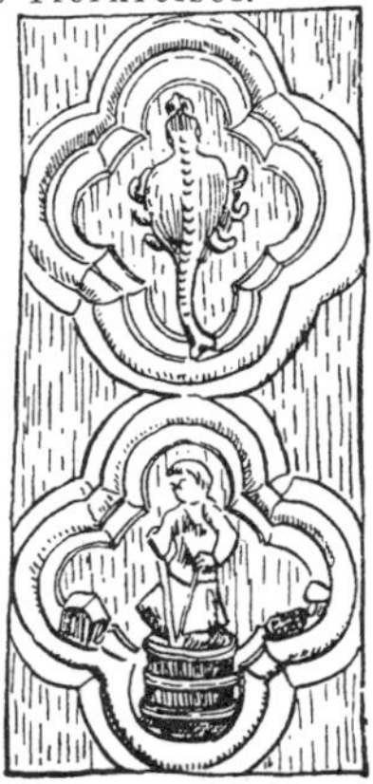

Monatsbilder. Amiens: Kathedrale. Westfassade. 1225–1236 Sockelreliefs. Teil: Skorpion (Oktober). Keltertreter.

monochrom (griech.) = einfarbig. Monochromen, die; einfarbige oder in der gleichen Farbe verschieden abgetönte Bilder. Monochromie, die; Einfarbigkeit.

Monogrammisten. Diejenigen Künstler, von denen man nur die Anfangsbuchstaben ihres Namens von der →Signatur* her, nicht den vollen Namen kennt.

Monolith, der (griech. = großer Steinblock).

I. Erinnerungszeichen oder Grabdenkmal aus einem großen Block. →Menhir*.

II. Aus einem großen Stein gefertigtes Stück: →Pfeiler, Säule*, Kuppelschale*, Obelisk* usw.

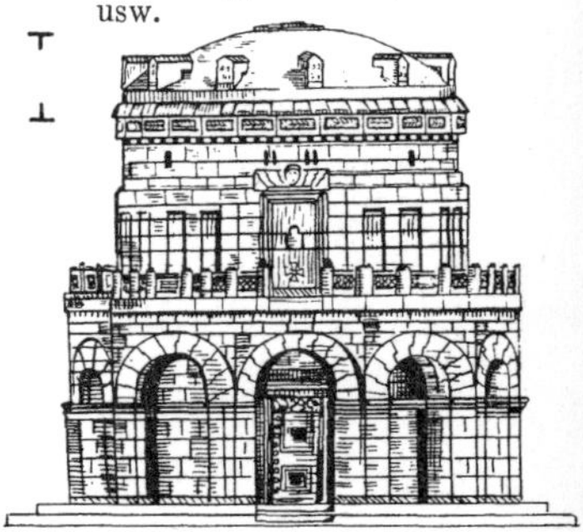

Monolith (zu II). Ravenna: Grabmal des Ostgotenkönigs Theoderich (um 455–526) Um 546–552 Die Kuppelschale ist aus einem Stein gearbeitet

Mon|opteros, der (griech.). →Antiker Rund→tempel*, dessen Dach von →Säulen* getragen wird; ohne →Cella* (1). Im →Barock und

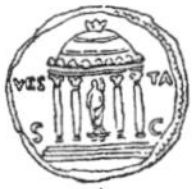

1

Monopteros. 1 Athen: Akropolis. Tempel der Roma. Für den röm. Kaiser Augustus (30 v. Chr. bis 14 n. Chr.). Medaille Domitians (81 bis 96).

→Empire als Gartentempel verwandt.

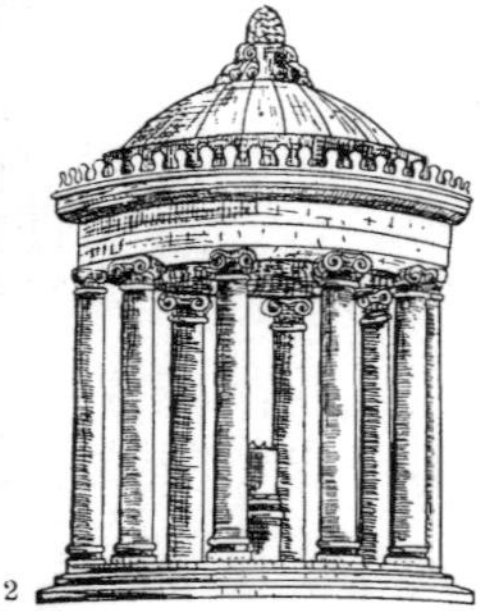

2. München: Englischer Garten. ~. 1833. Entwurf von Leo v. Klenze (1784–1864)

Vgl. den ~ des →Englischen Gartens in München (2).

Monstranz, die (lat. = Schaugefäß). Liturgisches Gefäß, das hinter Glas die geweihte Hostie zeigt. Die Hostie wird von der Lunula (lat. = Möndchen), einem halbmondförmigen Träger, gehalten. Seit der Einführung des Fronleichnamsfestes (1264) entwickelt. Turm~: Das →Fialenwerk* um die Lunula gleicht einem →Turm; Hauptform der →Gotik*. →Sonnen~* als Hauptform des →Barock.

Monstranz. Von Hans von Reutlingen. Aachen: Münster. Um 1500.

Monument, das (lat.). Denkmal. →Mal, Säulenmonument*.

monumental. So nennt man ein Werk von großzügiger, feierlicher, wuchtiger Form. Innere, nicht notwendig äußere Größe ist ihm eigen.

Morellische Methode. Giovanni Morelli (1816–1891) veröffentlichte 1880 ein Buch „Experimentalmethode zur Bestimmung von Kunstwerken". Grundgedanke: der Maler folgt bei der Darstellung des Menschen gewissen Schemata, an denen man seine Urheberschaft erkennen kann, z. B. an der Wiedergabe des Ohrs, der Hand oder der Gewandfalten. Das erleichtert die Zuordnung anonymer Kunstwerke zu bestimmten Malern.

Mosa|ik, das (arab. muzauwaq = verziert, lat. opus Alexandrinum musivum; ital. mosa|ico = Bildwerk aus bunten Steinen). Verschiedenfarbige Steine oder Glasstücke werden in den noch feuchten Mörtel oder Kitt der Wand eingesetzt. Die so entstehenden Muster oder Figuren dienen der Ausschmückung von Fußböden, Wänden und →Gewölben*. →Etimasia*, Heiligenschein*, Isokephalie*, Stiftmosaik*.

Moschee, die (arab. masdschid = Anbetungsort), Kultbau des Islam.

Ein Vorhof mit →Reinigungsbrunnen führt in das Gebetshaus, dessen Boden mit →Teppichen* ausgelegt ist, da die ~ nicht mit Schuhen betreten werden darf; keine Bilder, nur Schriftzeichen; neben der Gebetsnische (→Mihrab*) der Mimbar, eine Predigtkanzel (→Mihrab*). Außen das →Minarett*. Zwei Typen: Hof- und Kuppel~. →Islamische Kunst*.

Moscheelampe. Ein bauchiger Topf aus weißem, blauem oder grünem Glas, mit Blumen, Wappen oder Schrift reich verziert. Sinnbild Allahs. In der →Moschee zu Hunderten verwandt. →Islamische Kunst*.

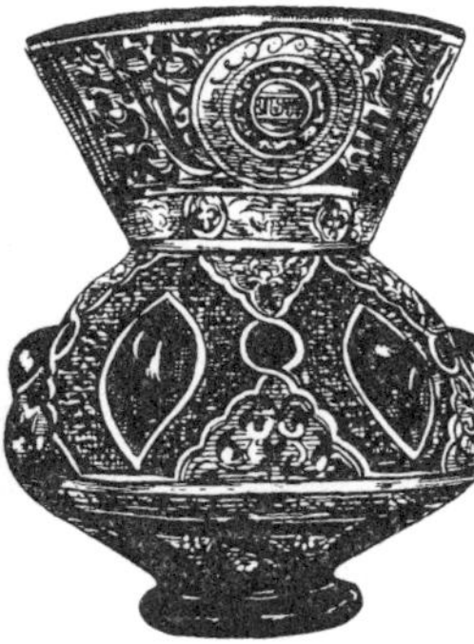

Moscheelampe. Wien: Naturhistorisches Museum. Moschee-Glasampel mit Emailverzierung; um den Hals Tomar-Inschrift aus dem Koran Aus der Sultan-Hasan-Moschee in Kairo Syrisch Mitte 14 Jahrh.

Mozarabischer Stil. Span. Stil, der →romanische und →maurische Elemente mischt; entwickelt von den unter arab. Herrschaft stehenden Christen.

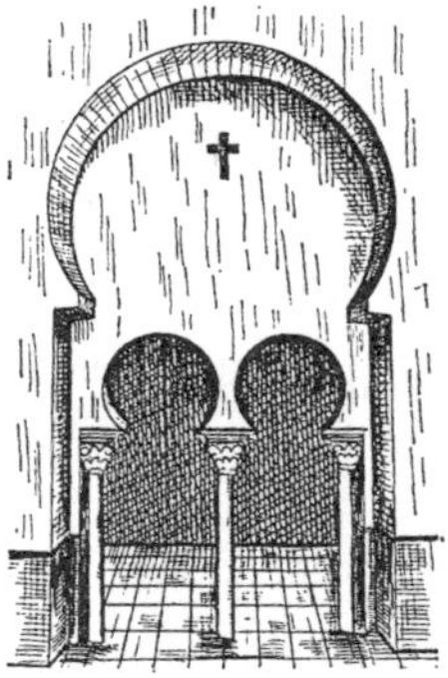

Mozarbischer Stil. Santiago de Peñalba (Spanien, Prov. León): Kirche. 937 voll. Eingang.

Mudéjar|stil (: Mude[x]ar, arab.-span. Name nach den Mudejaren, d. h. den „zum Bleiben ermächtigten" Mauren; von arab. mudaggan : mudaddjan). Maurisch-islamische Kunst im Auftrag christl. Herren. 12.–16. Jahrh. Überwiegen der →maurischen Formzüge, besonders des Hufeisenbogens (→Bogen 5*) und der →Stalaktitengewölbe*.

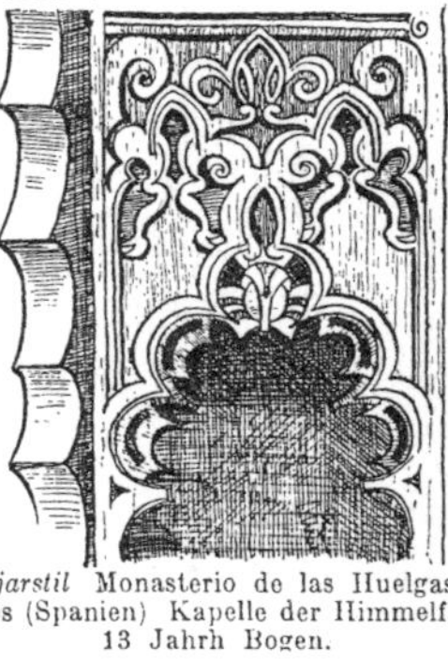

Mudéjarstil Monasterio de las Huelgas bei Burgos (Spanien) Kapelle der Himmelfahrt 13 Jahrh Bogen.

Mụdra. Symbolische Handstellungen bei Kulttanz und -bild. Die wichtigsten ~ s des →Buddha sind:

1. Buddha dreht das Rad der Lehre (des Dharma), d. h. er bringt die Heil bewirkende Wahrheit;
2. er weist in der Geste der Erdbeschwörung mit der Rechten nach unten, um die Erde als Zeugin für seinen Entschluß der Weltentsagung anzurufen;
3. er legt meditierend die Hände ineinander und sammelt sich so auf den Kern des Seins;
4. er hebt die rechte Hand, mit der Fläche nach außen, und tröstet die Menschen: Fürchtet euch nicht!

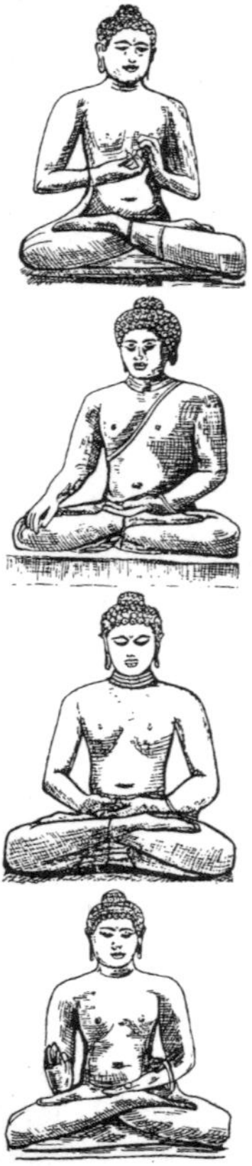

Mudra. Borobudur (Indonesien; Java). Grauer Trachyt Zwischen 760 und 780 n. Chr. 1 Kreisterrasse Buddha, das Rad der Lehre drehend. 2. Unterste Balustrade, Ostseite. Buddha in der Geste der Erdbeschwörung. 3 Unterste Balustrade, Westseite. Buddha in der Geste der Meditation. 4 Obere Balustrade. Buddha in der Geste: Fürchtet Euch nicht!

Münster, das (lat. monastẹrium = Kloster). Urspr. die ganze Klosteranlage; dann Name der →Stiftskirche oder des →Doms (bes. in Süddeutschland).

Münzkunde, -kunst. →Numismatik.

Mụffelfarben. →Keramische Farben, die auf die →Glasur aufgetragen und bei Temperaturen von 700–850° in Muffeln gebrannt werden. Die Muffel ist ein feuerfester eiserner oder tönerner Behälter, in dem die Kerạmik vor direkter Feuer- und Gaswirkung geschützt ist. Farben, die unter direkter Feuerwirkung stehen und unter der Glasur liegen, heißen Scharffeuerfarben.

Muldengewölbe. →Gewölbe 7*.

Multimẹdia, die (Mehrz.) →Mixed Media.

Mụltiple, das (engl.: mạltipl). Kunstwerk, das in industrieller Fertigung serienmäßig hergestellt wird. Ggstz.: das →Unikat. Vgl. Katalog der Kölner Ausstellung „Ars multiplicata" 1968. →Siebdruck*.

Mumi|enbildnisse. Bildnisse von Verstorbenen auf Mumienhüllen (1.–4. Jahrh. n. Chr.), auf Holztafeln oder Leinwand in →Enkaustik oder →Tempera gemalt. Wohl →porträtecht. Verbreitet in der spät-→ägyptischen und →römischen Kunst.

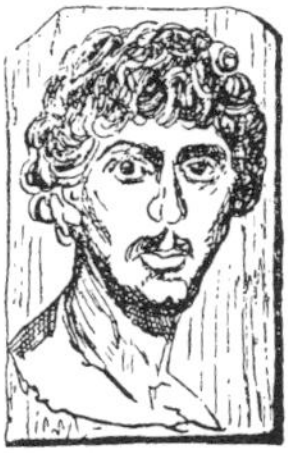

Mumienbildnis Aus Fajum (Unterägypten). Griechisch-ägyptisch

Muqarnas, das (arab.: -ka-). In der →islamischen Architektur die Aufteilung einer →Trompe* in kleinen Nischen, z. T. unregelmäßig und mit herabhängenden Teilen an den Nischenenden. →Stalaktitengewölbe*.

Muranoglas. →Glas aus der in der Stadt Murano entwickelten →Kunstglasindustrie. Murano ist ein Vorort Venedigs. Die dortige →Manufaktur entstand im 13. Jahrh. und erreichte ihre größte Blüte im 18. Jahrh. →Kronleuchter, Netzglas*.

Muraqqa, das (arab.). Klebealbum: eine Sammlung einzelner Miniaturen, Zeichnungen und Schriftseiten berühmter Maler und→Kalligraphen. Die Seiten, auf die sie geklebt werden, bestehen aus Buntpapier oder sind am Rande farbig oder golden verziert.

Muromachi-Periode (jap.: muro|matschi). Epoche der→jap. Kunst, 1392–1573.

Muschelnische. Nische in Form einer Muschel.

Muschelornament (franz. rocaille : rokaj = Grotten- oder Muschelwerk). Zierwerk mit besonderer Verwendung des Muschelmotivs, oft mit →Grottenwerk* verbunden. Spät→renaissance*, Barock, Rokoko.

Muschelornament Stuck. Bruchsal: Schloß. Seit 1721

Muschelwerk. →Muschelornament*.

Mushrabije, das (arab.). Das hölzerne Gitter am Fenster arab. Bauten.

Muse, die; Mehrz. Musen, die (griech.) In der griech. Mythologie weibliche Schutzgottheiten der Kunst und Wissenschaft. Urspr. wurde eine Muse verehrt, dann drei, darauf neun.

Erato mit Kithara: ernste Lyrik.

Euterpe mit Flöte: Musik.

Kalliope mit Buch und Rolle: Epos.

Klio mit Schriftrolle: Geschichte.

Melpomene mit tragischer Maske: Tragödie.

Polyhymnia, die „Liederreiche". Ohne Attribut.

Terpsichore mit Lyra: Tanz.

Thalia mit komischer Maske: Komödie.

Urania mit Globus: Astronomie.

Die →Attribute wurden erst in →hellenistischer Zeit zuerteilt.

Musivische Kunst. →Mosaik.

Muskelmann. Menschliche Gestalt ohne Haut, zur Verdeutlichung der Muskeln und Sehnen für das Studium der Künstler; gemalt oder →plastisch.

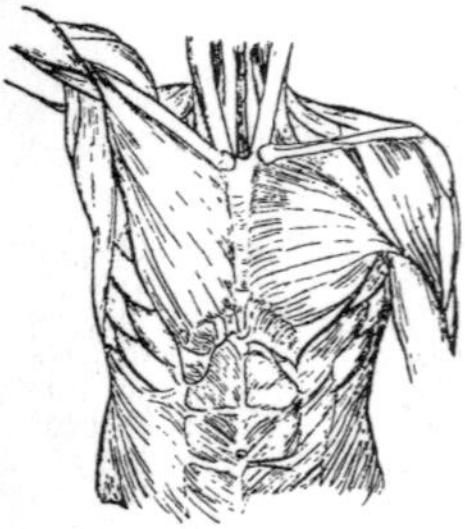

Muskelmann Gezeichnet von R Helmert. 1879.

Musterbuch. Vorlagenbuch mit Mustern vor allem für das →Kunsthandwerk, im Mittelalter auch für Bauten. →Bauhüttenbuch, Malerbuch.

Muttergöttin. →Große Mutter*.

Muttergottesleuchter. →Kronleuchter mit der stehenden Muttergottes, die oft von einem Hirschgeweih wie von einem →Heiligenschein* umgeben ist. Seit dem 15. Jahrh.

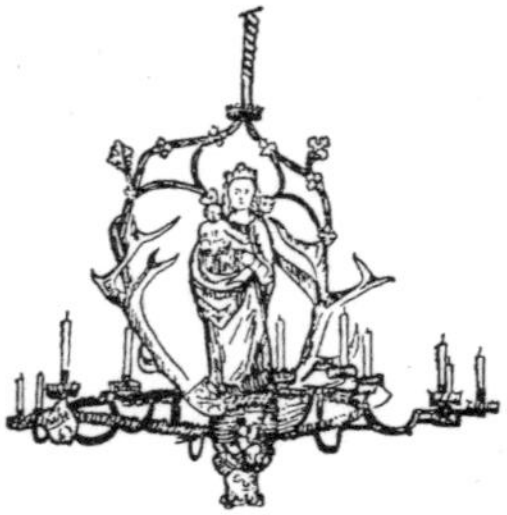

Muttergottesleuchter Lüneburg: Rathaus. Ende 15 Jahrh

Mykenische Kunst. Epoche der vorgriech. Kunst in der 2. Hälfte des 2. Jahrtsd. v. Chr. Gewaltige →Burgen* in Mykene (Löwentor), Orchomenos und Tiryns; →Kuppelgräber*, z. B. das sog. Schatzhaus des Atreus in Mykene. In der →Dekoration noch Weiterwirken der →kretischen Kunst, wenn auch mit anderen Themen.

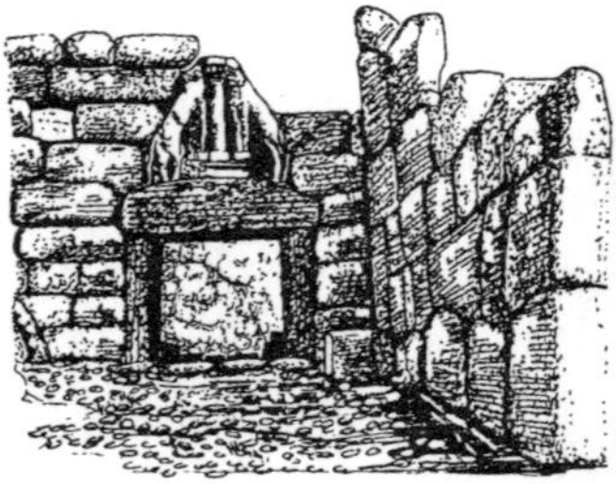

Mykenische Kunst Mykene (Griechenland, Argolis): Burg; Löwentor. Um 1300 v. Chr Maße des Reliefs: 3 m h., 3,66 m br, 61 cm tief

Mysterienvilla. Name einer Villa in Pompeji aus dem 1. Jahrh. v. Chr. Fast völlig erhalten, auch die Wandbilder im Innern.

Mythologie, die (griech.).
I. Gesamtheit der mythischen Überlieferungen eines Volkes.
II. Wissenschaftliche Erforschung der Mythen. Grundlegend für die →Ikonographie (II) und →Ikonologie der Kunst.

N

Nabis, die (Mehrz.; hebr.) = Propheten, Erleuchtete. Franz. Künstlervereinigung um 1890. Verzicht auf Naturnachahmung in einer flächenhaften Malerei mit kühnen Farben und symbolischen Motiven. Ausgegangen von P. Gauguin (1848–1903). Künstler: P. Bonnard (1867–1947), M. Denis (1870–1943), P. Sérusier (1864–1927), F. Valloton (1865–1925), E. Vuillard (1868–1940).

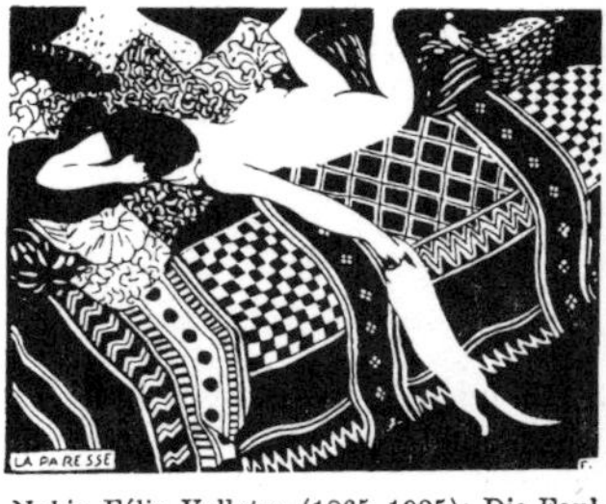

Nabis. Félix Valloton (1865–1925): Die Faulheit. Holzschnitt. 1896.

nachdunkeln. Das Dunkelwerden von →Ölgemälden, das im Lauf der Zeit entsteht.

Nachgotik. Nachwirken der →Gotik* bei Kirchen des 16. und 17. Jahrh., auch →postume Gotik genannt.

Nachmalerische Abstraktion. Neue Abstraktion. →Colour painting*.

Nachtstück. Ein Bild, das die Nacht, Mondschein oder einen künstlich erhellten dunklen Innenraum darstellt. Seit dem 15. Jahrh. Eigene Bildgattung im →Barock.

Näpfchen. Vertiefungen in der Mauer mittelalterlicher Kirchen neben den →Portalen. Dort entnahm man Gesteinsstaub als Zaubermittel gegen Krankheit.

Naga, die (sanskr.). →Schlange.

Nagara-Stil. Nordind. Tempel. →Indische Kunst*, Mandapa, Schikhara. Blütezeit: 8.–13. Jahrh. Monumente bes. in Bhubaneshwar, Khajuraho und Konarak.

Nagelbild. Objekt (Kiste, Platte, Stuhl) mit eingeschlagenen oder aufgeleimten Nägeln. →Clouage*.

Naive Malerei. Laienmalerei, Sonntagsmalerei. Malerei von Liebhabern des Malens, ohne Vorbildung. Sie betreiben diese Tätigkeit zum Vergnügen, fern von Kunsttheorien oder Kunstrichtungen. Sie malen geschichtslos wie Kinder, einfach bäuerliche Leute oder Angehörige der Naturvölker.

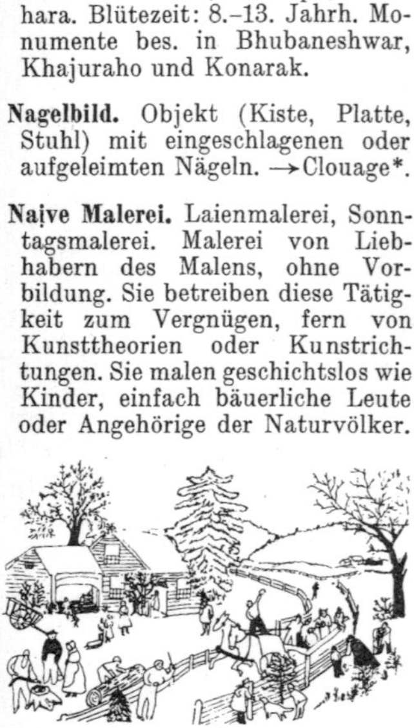

Naive Malerei. Grandma Moses (1860–1961): Fröhliche Fahrt.

Sie stellen die Wirklichkeit handgreiflich dar, einfach und farbig. Freilich kann diese Naivität auf die Dauer auch in Mache, Trick und Geschäft ausarten. Schöpferische Künstler: H. Rousseau (1844–1910) und A. M. Robertson-„Grandma" Moses (1860–1961).

Nandaimon (jap.). Äußeres Tor, Eingangstor, Südtor oder Großes Südtor einer →buddhistischen →Tempelanlage in →Japan.

Nandi, der. Stier ∼. Dem →ind. Gott →Schiva* heilig. Häufiger Gegenstand ind. →Plastik. →Stier.

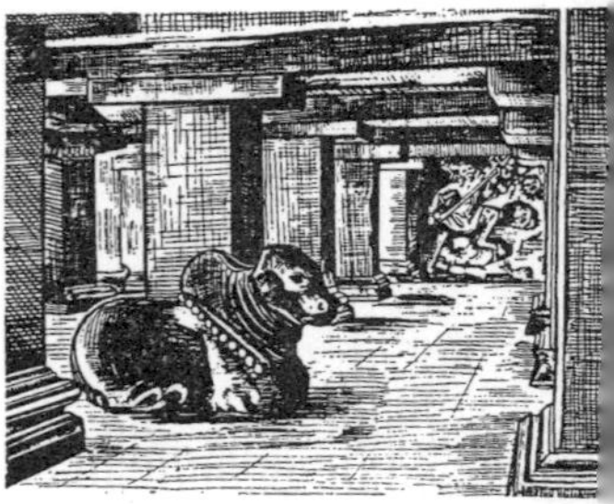

Nandi. Ellora. (Indien; Dekkhan): Brahmaistische Höhle. Nr. 15. Um 750.

Nao (chin.). Glocke. →Sakralbronzen*.

Naos, der (griech. naos = Wohnung). Der Raum für das Götterbild in griech. →Tempel*. →Cella*.

Nara-Periode. Epoche der →jap. Kunst, 645–794.

Hakuhô 645–709
Tempyô 710–794.

Narthex, der (griech.). Die Vorhall

der →altchristl. Basilika. →Basilika 4*.

Nase. Eingezogener Zusammenstoß der Kreisabschnitte, der sog. →„Pässe", aus denen das gotische →Maßwerk gebildet ist. →Dreipaß*, Fischblase*.

Natarạdscha, der. Kultbild des ind. Gottes →Schiva* im Tanz.

Natsuka, das (jap.). Plastisch verzierter Gürtelknopf, 2 bis 15 cm groß, am jap. →Kimono*; seit 1600. Aus Elfenbein, Holz oder Horn.

Naturalịsmus, der. Kunststil, der sich um eine möglichst wirklichkeitsgetreue Darstellung bemüht; Steigerung des →Realismus und Ggstz. zur →idealisierenden Darstellung.

Natụre mọrte, die (franz. natụ̈hr mort = gestorbene Natur). →Stilleben*.

Naturvölker, Kunst der ~. Kunst gewisser Völkergruppen, die, heute immer mehr verschwindend, neben uns und gleichzeitig mit uns noch →vorgeschichtlich leben. Fünf Verbreitungsgebiete: Asien, Amerika, Australien, Afrika, Südsee. Die Kunst wird nicht ästhetisch erlebt, sondern in magischer und mythischer Weise gebraucht.

→Ahnenpfahl*, Ahnenplastik, Borkenmalerei, Chilkat-Decken, Fetisch, Geisterhütte, Gogonsa, Gope, Hauspfeiler, Idolplastik*, Initiationsfigur, Kalebasse, Klappmaske*, Knochenplastik, Körperschmuck, Kopffüßer*, Kultstuhl*, Maske, Perlmutter, Pfahlbauten*, Pfahlplastik, Piktographie*, Rangstatue*, Rindenmalerei, Schädelplastik, Tatauierung, Totempfahl, Zeremonialhaus.

Nạutiluspokal. Gefäßform der deutschen →Renaissance*: Pokal mit Nautilusmuschel; kostbar verziert mit Meerwesen (Delphinen, →Nereiden, →Tritonen*).

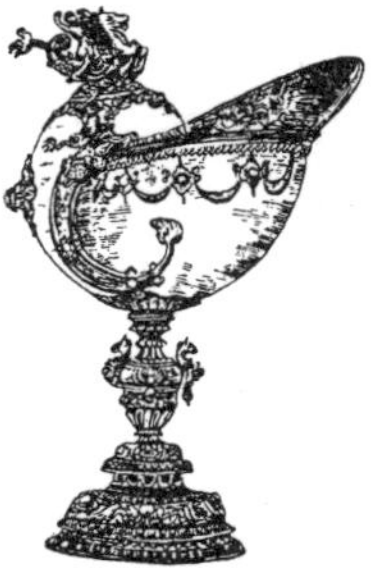

Nautiluspokal. Wien: Hofburg; Schatzkammer. ~, vergoldete Silberfassung. 28,5 cm h., 4 Beschauzeichen. Wohl niederländische Arbeit. 2. Hälfte 16. Jahrh.

Nạxischer Marmor. →Marmor.

Nazarẹner. Name (urspr. Spottname) für eine Gruppe deutscher romantischer Künstler in Rom (Deutschrömer), die die Erneuerung der christl. Kunst suchten; sie bildeten in Anlehung an religiöse Bruderschaften (seit 1809) den Lukasbund, dessen Mitglieder Lukasbrüder hießen. Sie schlossen sich in der Form Perugino, dem jungen Raffael und dem reifen Dürer an. Hauptmeister: Joh. Fr. Overbeck (1789–1869), P. Cornelius (1783–1867), W. v. Schadow (1789–1862), J. Schnorr v. Carolsfeld (1794–1872), Ph. Veit (1793–1877), Jos. v. Führich (1800 bis 1876), E. v. Steinle (1810–1886).

Nạzca-Kultur (: nạ[th]ka). →Altamerikanische Kultur in Südperu. 261 v. Chr. bis 636 n. Chr. (± 250). Hauptorte: Nasca, Ica, Pisco. Wohnsiedlungen mit Plattformen und →Pyramiden* aus Lehmziegeln. Kunstvolle Töpferei und Weberei.

Nebenapsis, die. →Apsis*.

Nebenchor. →Chor am Ende eines →Seitenschiffes. Ggstz.: →Hauptchor, am Ende des →Mittelschiffes einer Kirche. →Apsis*.

Nebenschiff. →Seitenschiff.

Nebenstützen. →Gebundenes System*.

Nekropọle, die (griech. = Stadt der Toten). In Ägypten waren die weit ausgedehnten Grabbezirke Hauptstätten der Kunst, z. B. die Felsengräber bei Theben (in der Nähe des heutigen Luxor und Karnak, jenseits des Nils) oder die Totenstadt von Memphis (Unterägypten), Sakkara. →Grabbeigaben, Grabkammer, Grabstatuen, Mastaba*, Pyramide*, Salbkegel*, Sonnenheiligtum*, Sonnenschiff.

Neo-Dada-Bewegung; um 1950/1960. Sie knüpft an die →Anti-Kunst des →Dadaismus an. Hauptformen: →Akkumulationen*, Environment*, Happening.

Neogotik. →Neugotik.

Nẹo|impressionịsmus, der; auch Pointillịsmus genannt (: poãñtij-; von franz. point = Punkt). Spätform des →Impressionismus*: →reine (ungemischte) Farbentupfen werden dicht nebeneinandergesetzt. Erst für den Betrachter verbinden sie sich zu Gegenständen von lockeren und verschwimmenden Formen. Hauptmeister: G. Seurat (: ßörạ; 1859 bis 1891) und P. Signac (ßinjạk; 1863–1935).

Neoklassizismus. →Neuklassizismus.

Neolịthikum, das (griech.-lat.) = →Jungsteinzeit.

Neptụn, der (lat.). Röm. Gott des Meeres, dem griech. →Poseidon* gleichgestellt.

Nere|ịden, die (griech.). Die 50 Töchter des griech. Meergottes Nereus; Nixen im Gefolge des →Poseidon*. Berühmt das Nereidenmonument in Xanthos (5.–4. Jahrh.; Statuen in London: Britisches Museum).

Ner Tamịd. Das →Ewige Licht vor dem Thoraschrein der →Synagoge (I).

Netzgewölbe. →Gewölbe 5*.

Netzglas. Ein venezianisches Kunstglas des 16. Jahrh. mit eingeschmolzenen, spiralig laufenden Fäden, die sich netzförmig kreuzen.

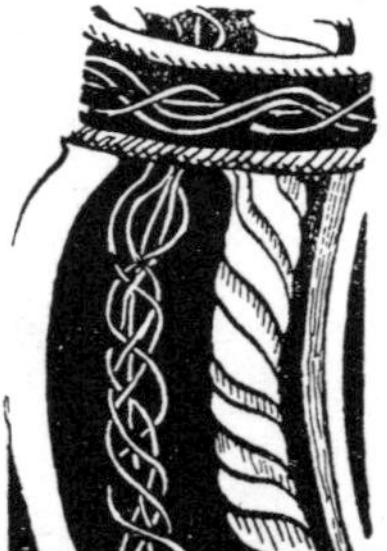

Netzglas. Sammlung Wilfred Buckley. Kanne. 16. Jahrh.

Neubarock, der oder das. So nennt man die Wiederaufnahme →barocker Formen in der →Architektur der 2. Hälfte des 19. Jahrh.

Neue Sachlichkeit.

I. In der Malerei Gegenbewegung gegen den →Expressionismus*

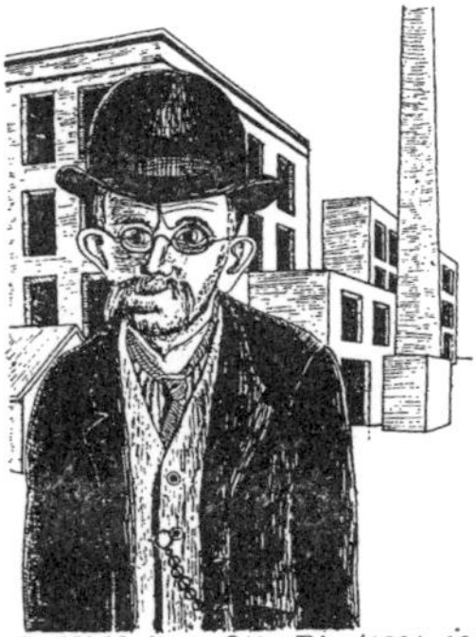

Neue Sachlichkeit. 1. Otto Dix (1891–1969): Der Arbeiter. 1921. Ehem. Stuttgart: Württembergische Staatsgalerie.

(seit etwa 1925): Die Dinge werden aus kühler Beobachtung hart und glatt dargestellt; es entsteht der Eindruck einer wie verzauberten, unheimlichen Starrheit.

II. In der Baukunst, der Innenausstattung und dem →Kunstgewerbe des 20. Jahrh.: Abwendung von den historischen Stilformen; materialgerechte, klare und schmucklose Gestaltungsweise.

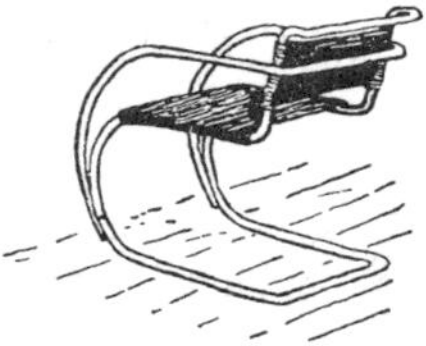

Neue Sachlichkeit. 2. Stahlsessel.

Neugotik, die. Wiederaufnahme →gotischer* Baugestaltung, zuerst – seit etwa 1750 – in England; das ganze 19. Jahrh. hindurch wirksam.

Neuklassizịsmus, der. Der europäische Klassizismus in der Zeit von etwa 1770–1830. →Klassizismus II.

Neurenaịssạnce, die (franz.: -rönäßạñß). Form des →Historismus im 19. Jahrh.: Nachahmung der →Renaissance*.

Neurọkoko, das. Form des →Historismus im 19. Jahrh.: Nachahmung des →Rokoko.

Neuromạnik, die. Form des →Historismus im 19. Jahrh.: Nachahmung der →Romanik.

Ni|ẹllo, das (ital., von lat. nigẹllum = schwarze Masse). Eine Masse aus Blei, Kupfer und Schwefel, die in

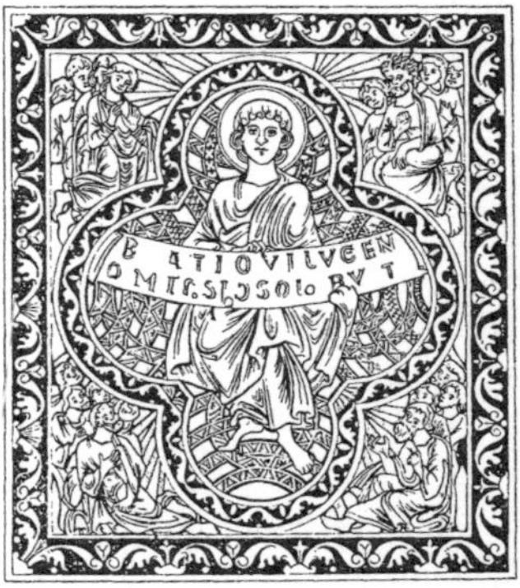

Niello. Aachen: Münster. Kronleuchter. Aachener Arbeit von Wibert. 1156–1184. Teil.

der →Gold- und Silberschmiedekunst dazu dient, eine in das Metall →gravierte Zeichnung auszufüllen. Die Masse wird dem Metall eingeschmolzen und dann die Oberfläche poliert, so daß sich die mit ∼masse gefüllte Zeichnung schwarz von dem Metall abhebt. Schon in Alt→ägypten bekannte Technik. Meisterlich gehandhabt im Mittelalter.

Nike, die (griech. = Sieg). Geflügelte griech. Göttin, die den Sieg überbringt, manchmal auf →Siegessäulen aufgestellt (z. B. die Nike des Paionios, 2. Hälfte 5. Jahrh. v. Chr.).

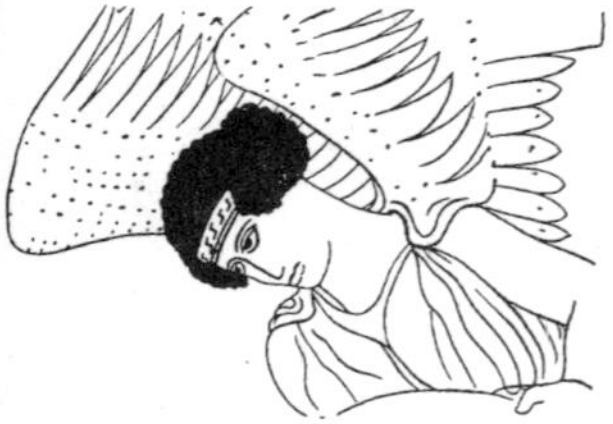

Nike. München: Staatliche Antikensammlungen. Vasenbild. 460–450 v. Chr.

Nikopoia, die griech.). →Madonna VII.

Ni-ku-lu. Theoretische Schrift über die chin. Landschaftsmalerei, um 1600. Sechzehn Grundtypen werden beschrieben.

Nimbus, der (spätlat. = Strahlenkranz). →Heiligenschein*.

Niobe, die (griech. Niobe). Tochter des kleinasiatischen Königs Tantalos, verheiratet mit Amphion, dem König von Theben. Rühmte sich gegenüber der →Leto, die nur zwei Kinder besaß, ihres Kinderreichtums. Leto (lat. Latona) empfing von →Zeus* das Zwillingspaar →Apollon* und →Artemis. Diese töteten die Kinder der ∼ wegen der Beleidigung ihrer Mutter; die Götter verwandelten ∼ selber in Stein. Seit dem 5. Jahrh. häufiges Motiv der Kunst (z. B. Kopenhagen: National-Museum, Niobidengiebel; 2. Hälfte 5. Jahrh. v. Chr.).

Niobiden, die (von griech. Niobe). Kinder der →Niobe.

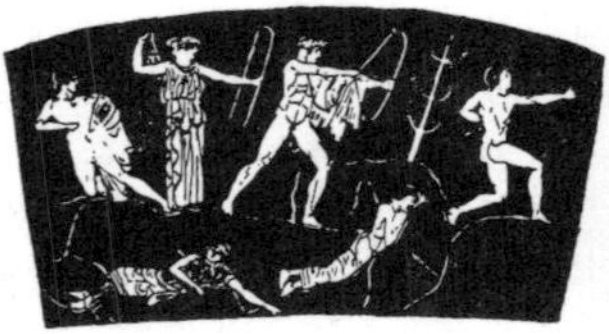

Niobiden. Paris: Louvre. Krater. Um 460 bis 450 v. Chr. Aus Orvieto. Rückseite.

Nirwana, das (sanskr.) = Erlöschen. Eingehen in die letzte geheimnisvolle Wirklichkeit → Buddha.

Nischensarkophag, der. Eine Form des altchristl. →Sarkophags*: eine Reihe von Nischen, durch →Säulen* oder →Pilaster voneinander abgegrenzt. In den Nischen einzelne Personen plastisch dargestellt oder Szenen in →Relief*-form.

Nischensarkophag. Rom: Lateranmuseum. Sarkophag Nr. 171. Teil. 4. Jahrh.

Nodus, der (lat. = Knoten). Der Knauf des →Kelches*.

Noli me tangere (lat. = Rühr mich nicht an). Nach Joh. 20, 14–18. Bild des auferstandenen Christus, welcher Maria Magdalena als Gärtner erscheint. Diese kniet mit ausgebreiteten Armen vor ihm. Zuerst im 4. Jahrh. dargestellt auf der →Lipsanothek von Brescia.

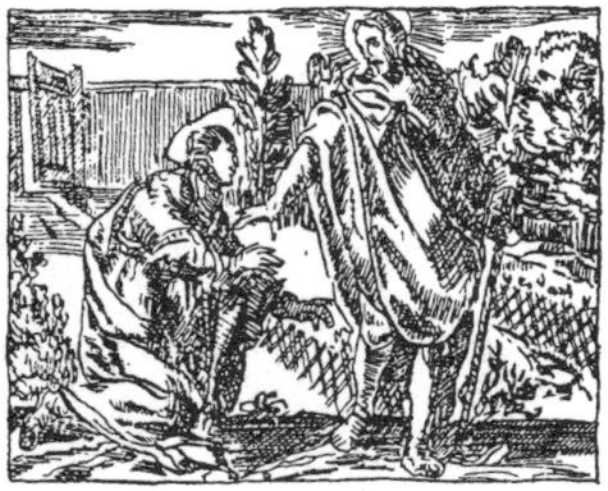

Noli me tangere. Antonio Tempesta (1555 bis 1630). Kupferstich. 1591.

Nonne. →Mönch-und Nonnendach*.

Nonnenchor, der oder das. →Empore*, Westwerk*.

non-objective painting (engl.: ob[sch]ektiv peinting). Die engl. Bezeichnung für →abstrakte Malerei*.

Normannische Kunst. Wichtig als Vorbereitung der →Gotik* aus romanischem Stilempfinden; Bauten vor allem in Caen (11./12. Jahrh.).

Nô-Spiel. Klassisches Theater der Japaner schinto|istischen und →buddhistischen Ursprungs. Theaterspiel in →Masken; nur männliche Darsteller. Kahler Bühnenraum, doch kostbare Gewänder. →Kanonisch festgelegte Tänze. Der heutige Spielplan umfaßt etwa 240 Stücke.

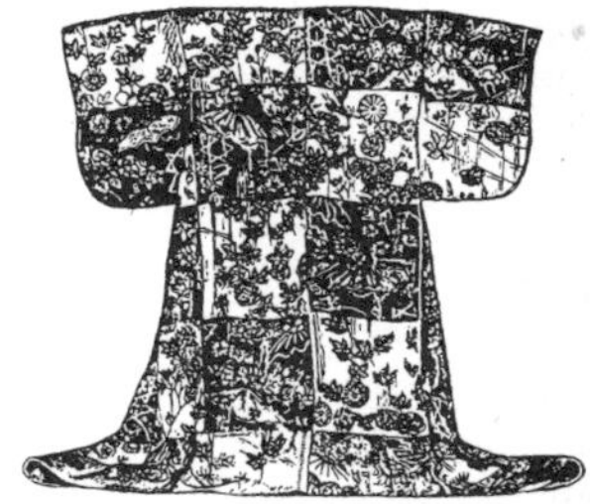

Nô-Spiel. Berlin: Staatliche Sammlungen. Nô-Gewand aus quadratischen Teilen mit Chrysanthemen auf weißem und Päonien auf goldenem Grund. Stickerei auf Seide. Aus Japan. 17 Jahrh.

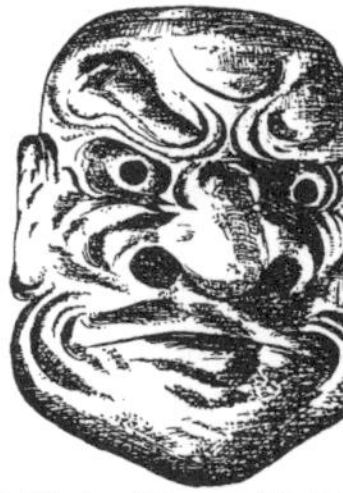

Nô-Spiel. Maske. Dämon. 13. Jahrh. Japan: Privatbesitz.

Nothelfer. Vierzehn Schutzheilige, meist Märtyrer, an die sich das Volk mit Vorliebe in allen Nöten gewandt hat. Acacius, Ägidius, Barbara, Blasius, Christophorus, Cyriak, Dionysius, Erasmus, Eustachius, Georg, Katharina von Alexandria, Margarete, Pantaleon, Vitus. Bes. verbreitet seit dem 15. Jahrh. In Deutschland wurde die Wallfahrtskirche Vierzehnheiligen (berühmter spät→barocker Bau von Balthasar Neumann, 1742–1772) Mittelpunkt für die Verehrung der ~.

Notname. Ein Behelfsname für solche Kunstwerke, deren Meister man nicht kennt, z. B. →Niobiden*maler (nach dem Thema), →Apoll* von Belvedere (nach dem Standort, dem →Belvedere* des Vatikans in Rom), François-Vase (nach dem Entdecker).

Nouveaux Réalistes, die (Mehrz.; franz.: nuwo realiste) = Neue Realisten. Gruppe franz. Plastiker; 1960 gegr. Sie pflegten schon vor der engl.→Pop-Art* die Material-→Assemblage. Künstler: César (1921 geb.), Christo (1935 geb.), Y. Klein (1928–1962), N. de Saint-Phalle (1930 geb.), J. Tinguely (1925 geb.).

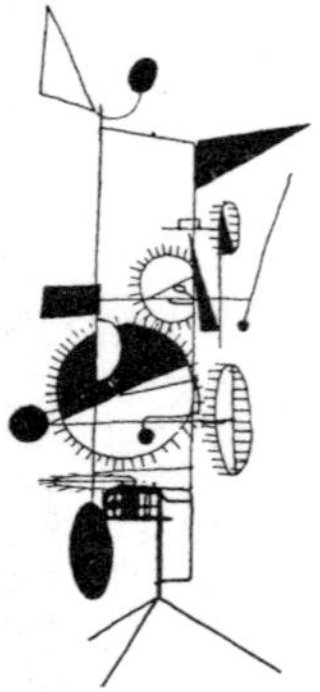

Nouveaux Réalistes. Jean Tinguely (geb. 1925): Sculpture métamécanique. 1956.

Novecento, das (ital.: nowetschänto). Kunst des 20. Jahrh. Seit 1922 in Italien eine Bewegung, die die Rückkehr zur Tradition empfahl.

Numismatik, die (von griech. nomisma = Münze). Münzkunde. Münzen sind oft künstlerisch gestaltet und tragen das Bild von Göttern, Herrschern, Bischöfen, mythischen Tieren usw. →Avers, Brakteaten. Hera*. Revers. Zeus*.

Nymphä|um, das (griech. Nymphaion = Brunnentempel, Mehrz.: Nymphäen). In der Antike urspr. ein den Nymphen heiliger Ort, meist Quellgrotte oder Brunnenhaus. Später, bes. in der röm. Kaiserzeit, zu einer größeren Anlage ausgestattet.

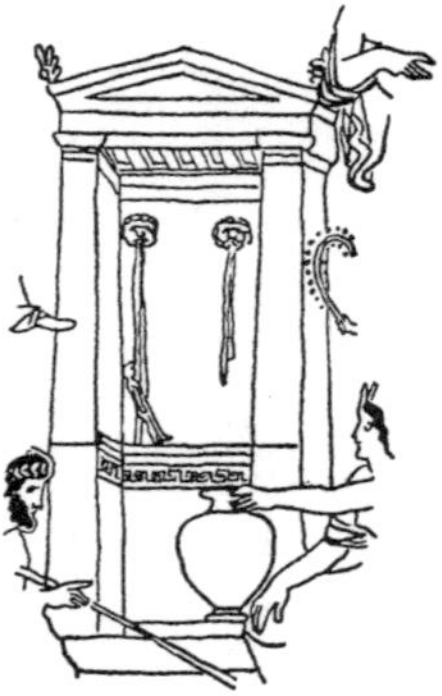

Nymphäum. Ruvo (Italien, Apulien): Museum. Unteritalische Vasenmalerei: An einem Nymphäum wird ein Gefäß bemalt.

Nyx, die (griech. = Nacht). →Hypnos.

O

Obelisk, der (griech. = kleiner Spieß). Hoher rechteckiger →monolither* Stein→pfeiler, nach oben verjüngt und mit einer →pyramidenförmigen* Spitze. In →Ägypten wohl ein Kultmal des Sonnengottes. →Säulenmonument*.

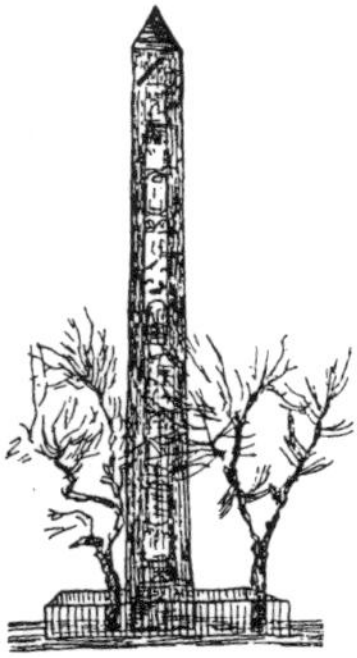

Obelisk. Heliopolis (Unterägypten): ~ vom zerstörten Tempel des Re Roter Granit. 20 m hoch. Spitze urspr vergoldet. Errichtet von König Sesostris I. (1971–1928 v. Chr.; 12. Dyn.).

Obergaden (= Lichtgaden), der. →Basilika 3*.

Obi, der oder das (jap.). →Kimono*.

Objektkunst. Sie benutzt jedes Material für die Herstellung von Kunstwerken, um die Trennung von Kunst und Umwelt zu vermeiden. →Assemblage, Collage*, Junk-Culture, Materialbild*, Objet-trouvé, Ready-made*, Schimmelobjekt.

Objet-trouvé, das (franz.: ob[sch]ä truwe) = Fundstück. Objekt aus Abfallprodukten des täglichen Gebrauchs. Die Loslösung vom Verwendungszweck ermöglicht neue ästhetische Qualitäten und eine kritische Distanz zur Konsumgesellschaft. Künstler: Arman (1928 geb.), J. Johns (1930 geb.), A. Warhol (1930 geb.). →Junk-Culture, Merz, Pop-Art*, Ready-made*.

Obsidian, der. Erstarrte vulkanische Lava der Trachyte, von dunkler Farbe. Seit der →Jungsteinzeit für Messer und für Schmucksachen verwendet.

Ochsenauge. Rundes oder ovales →Fenster*, bes. im →Barock.

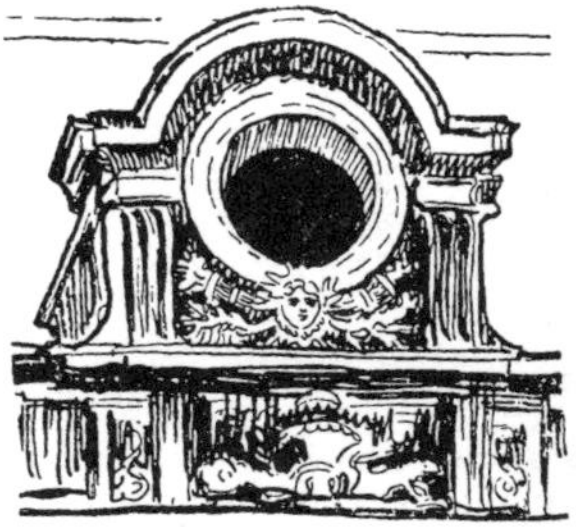

Ochsenauge. Paris: Louvre. Petite Galerie. Obergeschosse von Louis Le Vau d. J. (1612 bis 1670). Um 1660. Dachgaupe.

Odeon, das (lat.), griech. Odeion. In der Antike ein gedecktes Gebäude für musikalische Aufführungen. Das erste ~ wurde von Perikles in Athen um 440 v. Chr. erbaut. Auch heute noch wird der Name ~ für

Konzerthallen verwandt (z. B. Paris: Odéon, erbaut 1782).

Odin. →Wodan.

Oeil-de-boeuf, das (franz.: öij de böff). →Öchsenauge*.

Ölberg. Auf einem künstlichen Felsen aufgebaute Szenen aus der Leidensgeschichte Christi, mit der Darstellung Christi am Ölberg im Mittelpunkt. Seit dem 15. Jahrh. Meist neben der Kirche aufgestellt. Verwandt dem →Kalvarienberg.

Ölmalerei. Malerei mit Farben, deren →Bindemittel Mohn-, Lein- oder Nußöl ist. Die Farben fließen nicht ineinander, lassen sich aber leicht vermischen und übereinandersetzen. Viele Techniken sind möglich: dünner und →pastoser Auftrag; Fertigmalen in einem Zug (Primamalerei) und Aufbau des Bildes auf einer einfarbigen Untermalung, auf die Zeichnung, Komposition und Lichtverteilung eingetragen werden; Malen mit deckenden und mit durchscheinenden Farben (→lasieren); Verbindung mit →Temperamalerei; verschiedene Bildträger (Leinwand, Holz, Pappe, Metall). Die ~ erleichtert Korrekturen. Die Farben behalten beim Trocknen Ton und Glanz. Nach dem Trocknen überzieht man sie mit einem schützenden →Firnis. Schon das Mittelalter kannte die ~.

Oeuvre, das (franz.: öwre = Werk). Das Gesamtwerk eines Künstlers.

offener Dachstuhl. Das →Gebälk des Daches ist im Innern eines Gebäudes sichtbar, wird also nicht durch eine Decke dem Auge entzogen. →Empore 4*.

Ohrmuschelstil. Zierform im →Kunstgewerbe und in der →Dekoration (zwischen 1580 und 1680 in den Niederlanden und in Deutschland, bis 1630 in Italien); in diesem →Ornament kehrt eine an die Ohrmuschel erinnernde Form in verschiedenen Größenmaßstäben immer wieder. →Knorpelwerk.

Oinocho|e, die (griech.). Altgriech. Gießgefäß, mit dem man Wein aus den Mischkrügen in Trinkgefäße gießt. Einhenklig, in der üblichen Weise verziert. →Vasen 10*.

Oinochoe. München: Staatliche Antikensammlungen. Etwa 4. Jahrh. v. Chr.

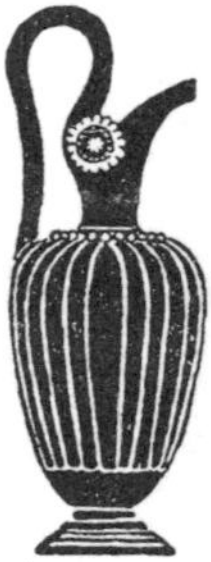

Oktogon, das (griech.); auch Oktagon, Achteck. Jeder Bau, dessen

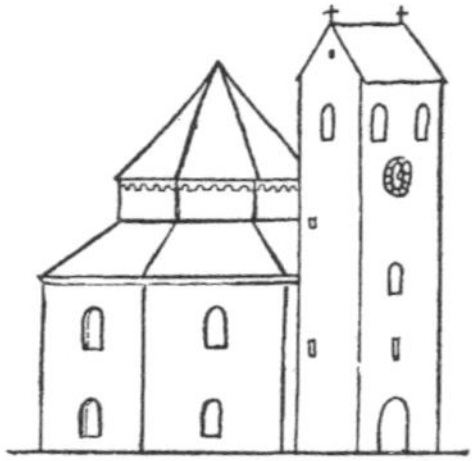

Oktogon. Ottmarsheim (Frankreich, Elsaß). Ehem. Benediktinerinnenklosterkirche. 1049 gew. 1. Außen.

Grundriß ein regelmäßiges ~ bildet.

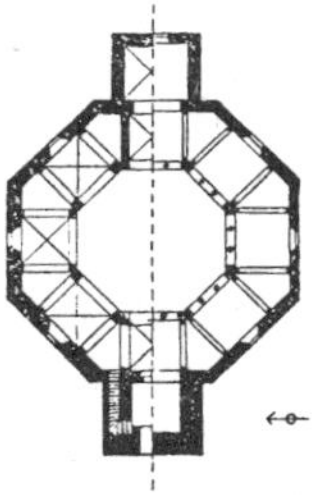

Oktogon. 2. Grundriß unterer, 3. oberer Stock.

Oktopus, der = Krake. Beliebtes Motiv auf Gefäßen der →kretischen Kunst.

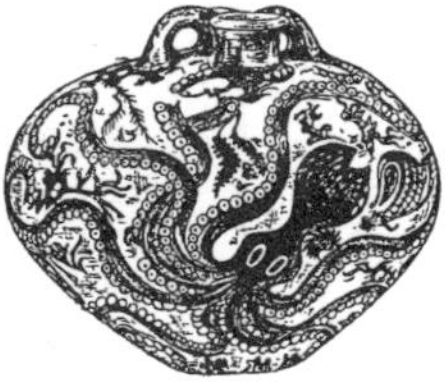

Oktopus Herakleion (Kreta): Museum. Bügelkanne mit ~, Muscheln, Korallenriffen und Seetang. Aus Gurnia (Kreta). Zwischen 1580 und 1450 v Chr.

Olmeken. →Altamerikanische Kunst der ~ (etwa 300 v. Chr. bis 600 n. Chr.). Älteste mittelamerikanische →Hochkultur, an der mexikanischen Golfküste. Hauptfundorte: Tres Zapotes, Túxtla, La Venta, Cerro de las Mesas. Steinbauten. →Stelen*. Voll→plastische, z. T. überlebensgroße Steinfiguren; der Jaguargott als häufiges Motiv. Kleinkunst in →Jade.

Ontkomer. →Kümmernis*.

Onyxglas. Kunstglas mit unregelmäßiger farbiger Äderung.

opak. →Email*.

Op-Art, die (engl. Kurzwort aus Optical art: optik^{e}l a't) = optische Kunst. Kunstrichtung etwa seit 1950.

I. Malerei, Graphik. Geometrische Muster wie Kreis, Rechteck, Spirale, Streifen werden schwarz-weiß oder in kontrastierenden Farben so wiederholt, daß die Illusion verschiedener Ebenen und der Eindruck einer flimmernden Raumtiefe entsteht →Clouage*, Moiré-Effekt, Nagelbild, Vibrationsbilder.

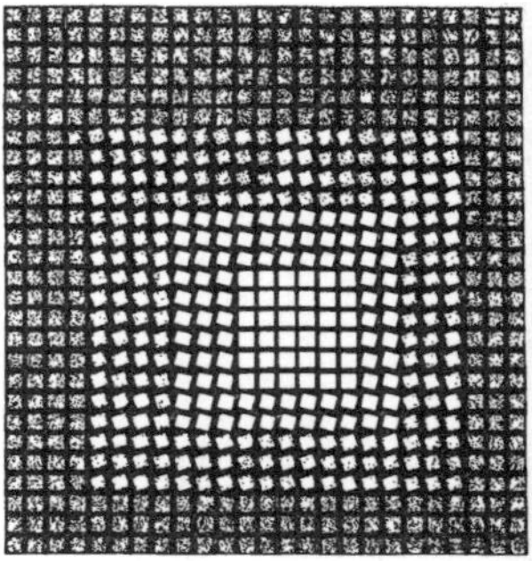

Op Art I. Victor Vasarely (1908 geb.): Eridan rouge. 216 cm h, 200 cm br. 1957, 1964. Privatsammlung.

II. Lichtkörper, die selber leuchten oder Licht reflektieren. Sie sind manchmal in vielen Stufen zwischen Licht und Schatten durch Motore bewegt oder strahlen Licht in verschiedenen Farben, mit

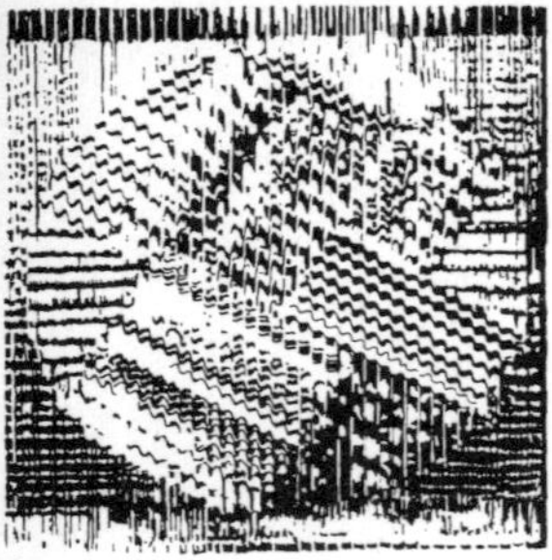

Op Art II. Heinz Mack (geb. 1931): Rotorelief 7. 1966.

verschiedenen Längen und von verschiedener Zeitdauer aus. Dabei sind unendliche Variationen möglich programmierte und nicht programmierte, z. T. vom Betrachter selber zu bewirkende. Der Zusammenhang von Licht, Raum und Zeit wird als Lumino-, Spatio- und Chrono-

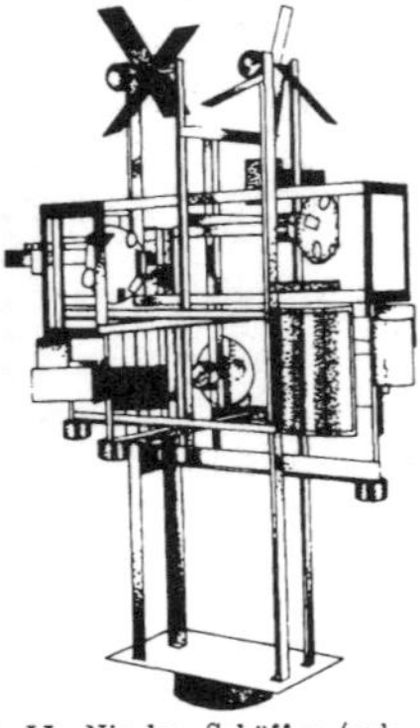

Op Art II Nicolas Schöffer (geb. 1912): Chronos 5. Duralumin, Plexiglas, Elektromotoren. 200 cm h. Köln: Wallraf-Richartz-Museum.

dynamik bezeichnet. →Kinetische Kunst*, Mobile.

III. Die Richtung geht – über die Plastik hinaus – auf eine bewegte Lichtarchitektur, z. B. Lichttürme, →Lichtballett, Lichtrelief. Künstler: M. Bill (1908 geb.), A. Jacquet (1939 geb.), H. Mack (1931 geb.), P. Mondrian (1872-1944), N. Schoeffer (1912 geb.), J.-R. Soto (1923 geb.), F. Stella (1936 geb.), G. Uecker (1930 geb.), V. Vasarely (1908 geb.).

Opisthodomos, der (griech. = Hinterhaus). Beim griech. →Tempel* ein Raum hinter der→Cella*; von dieser durch eine Wand abgegrenzt (o).

Opisthodomos, Olympia: Heraion (Tempel der Hera) 7 Jahrh. v. Chr

opus alexandrinum, das (lat.). Fußboden→mosaik; Name wohl von Alexandria abgeleitet.

opus incertum, das (lat.). Röm. Mauerwerk aus →Bruchsteinen* mit →Mörtelguß.

opus reticulatum, das (lat.). Röm. Mauerwerk, dessen Steine netzförmig angeordnet sind.

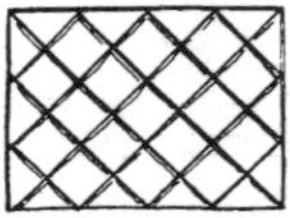

Opus reticulatum

ọpus spicạtum, das (lat.). Röm. Mauerwerk, dessen Steine ährenförmig oder im Fischgratmuster zusammengesetzt sind.

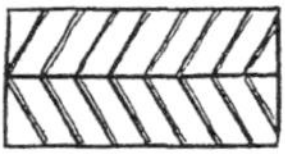

Opus spicatum.

ọpus tesselạtum, das (lat.). Fußboden→mosaik aus kleinen würfelförmigen Steinen in verschiedenen Farben.

Orangerịẹ, die (franz.: orañ[sch]ᵉrị). →Barockes Gewächshaus zur Überwinterung südl. Pflanzen, mitunter auch für Feste benutzt.

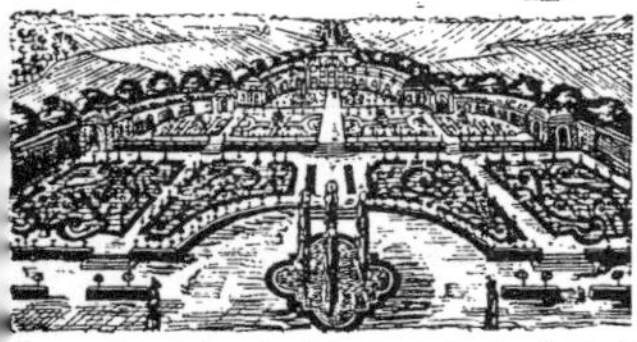

Orangerie. Gaibach (Unterfranken): Schloß Schönborn. Johann Leonhard Dientzenhofer (gest 1707) Umbau 1694–1710. Nach Salomon Kleiner (1703–1761): Stichwerk der Schönborn-Schlösser Weißenstein und Gaibach. Augsburg 1728.

Ọrans, Orạnt, der; Orạnte, die (lat.

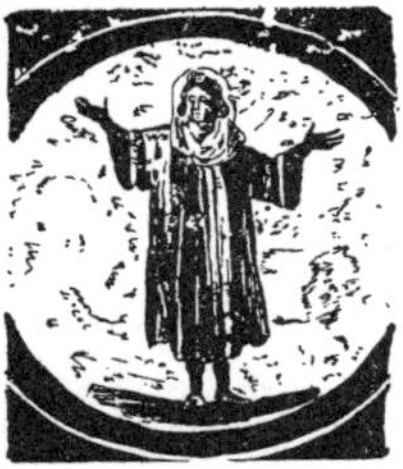

Orans Rom: Kallixtuskatakombe. Ende 3. Jahrh.

der oder die Betende; Mehrz.: Orạnten). In der →altchristl. Kunst langgewandete Gestalt mit ausgebreiteten Händen; sie bedeutet die Personifikation des Gebetes.

Oratọrium, das (lat. = Betraum). Mehrz. Oratọrien.

I. Hauskapelle, →Betsaal.

II. Kleine vergitterte Loge in →Barock- und →Rokokokirchen für hochgestellte geistliche und weltliche Persönlichkeiten.

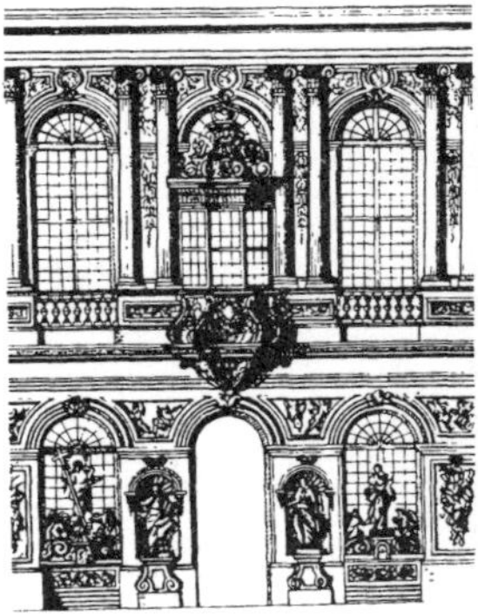

Oratorium (zu II) Würzburg: Residenz. Entwurf zur Kirche im Oval. 1722/23. S. E. LXX. Maximilian von Welsch (1671–1745).

III. Die →Bettelorden bezeichnen ihre Kirche als Oratorium.

IV. Bezeichnung des Priester→chores in →Kloster- und →Stiftskirchen.

Orchẹs|tra, die (zu griech. orchẹị|s|thai = tanzen). Runder, später halbrunder Tanzplatz des Chors vor der Bühne des griech. →Theaters*.

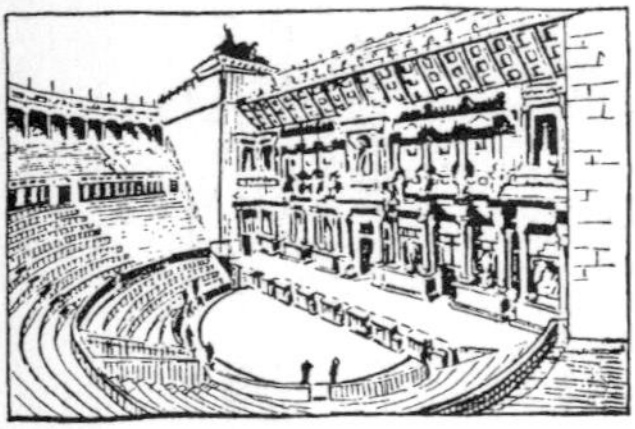

1

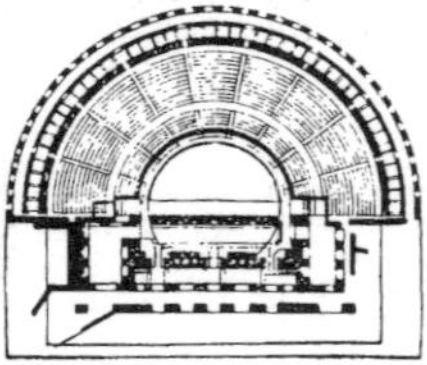

2

1. Ostia bei Rom: Theater. Errichtet von Agrippa (um 62 bis 12 v. Chr.). Rekonstruktion.
2 Taormina (Sizilien): Griechisches Theater. Beg. 5 Jahrh v. Chr. Grundriß.

Ordensburgen. Die →Burgen* des Deutschen Ritterordens in Preußen und Livland. →Dansker*, Deutschordensburgen, Remter*.

Ordnung.→Säulenordnungen*.

Orgelprospekt, der. Die künstlerisch gestaltete Schauseite des Orgelgehäuses, bes. im →Barock und →Rokoko.

Orientalischer Stil. →Vasenmalerei, griech. Kunst II.

Orientierung, die. Allgemein: Beziehung auf eine Himmelsrichtung oder ein anderes Bauwerk. → Ostung.

Ornament, das (von lat. ornare = schmücken). Verzierung an Bauten und Gegenständen; dann →Dekoration genannt, wenn eine Verzierung im ganzen, nicht im einzelnen gemeint ist. Hauptformen:

I. geometrisches ∼. →Mäander*.

II. vegetabilisches oder Pflanzen∼. →Kapitell (Gotik)*, Arabeske*.

III. →Tier∼*.

IV. Von menschlichen Formen ausgehendes ∼. →Blattmaske*.

Ornamentstich. →Kupferstich*.

Orpheus (griech. Orpheus). Berühmter Sänger im griech. Mythos. Als seine Gattin Eurydike (lat. Eurydice) von einer →Schlange getötet wurde, erlaubte ihm der Gott Hades, bezwungen von seinen Klagegesängen, sie aus der Unterwelt emporzuholen, unter der Bedingung, daß er sich nicht nach ihr umblicke. Als ∼ dieses Gebot verletzte, entschwand ihm Eurydike von neuem; diese Szene hält ein Marmorrelief, um 440 v. Chr., fest (Kopie in Neapel: Nationalmuseum). Die antike Kunst zeigt ihn auch noch in einigen anderen Szenen auf Wand- und →Vasenbildern: wie er die Tiere durch seinen Gesang bezaubert; wie er durch seine Musik wilde thrakische Krieger bändigt und bewegt; wie er als Gegner des →Dionysos von →Mänaden* zerrissen wird.

Orphismus, der. Bezeichnung von G. Apollinaire (1880–1918) für die Bilder R. Delaunays (1885–1941); 1912. Loslösung vom Gegenstand zugunsten des Zusammenklangs von Farbe und Licht. Der Name knüpft – willkürlich – an eine griech. Mysterien- und Erlösungsreligion, die im 6. Jahrh. v. Chr. entstandene Orphik an, die auf die Gestalt des Orpheus zurückgeht.

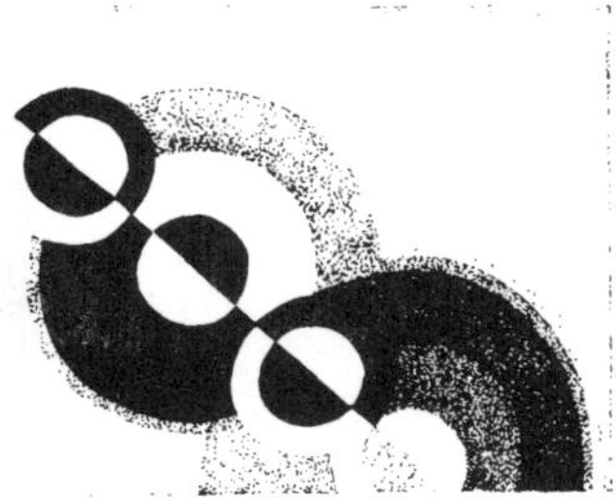

Orphismus. Robert Delaunay (1885–1941): Rhythmus. Öl auf Leinwand. 146 cm h, 114 cm br. 1934. Paris: Musée National d'Art Moderne.

Orthostaten, die (griech.).

I. Am griech. →Tempel* die unterste Schicht der →Cellamauer*.

II. In der →vorderasiatischen und →röm. Baukunst hochkant stehende Blöcke am →Sockel zur Verkleidung der Wand; oft mit →Reliefs* geschmückt.

Osculatorium, das (lat.). →Kußtafel.

Osebergstil. →Wikingerkunst I, II.

Osiris. Ägypt. Gott, Gatte der →Isis*. Als Mensch dargestellt, mit Geißel und Fürstenstab, auf dem Haupt eine Krone mit Federn und Ziegenhörnern. Der verstorbene König wird dem ~ gleichgesetzt. Weitverbreiteter Kultus, zumal an ~ der ägypt. Unsterblichkeitsglaube anknüpft: ~ ist der gerechte Richter im Totenreich.

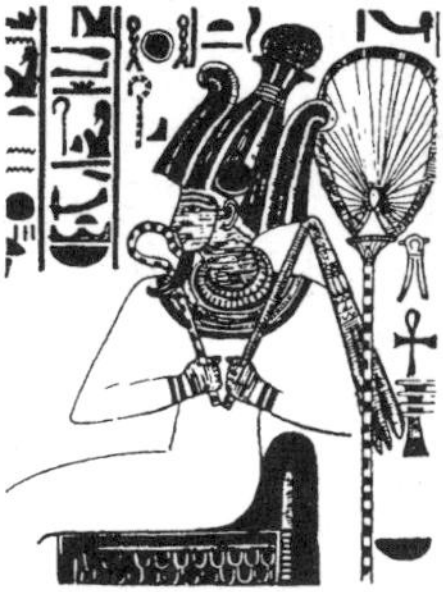

Osiris als Totenrichter. Theben (Oberägypten): Grab 66. 1301–1235 v. Chr.

Ostasiatische Kunst. →Chinesische Kunst, Japanische Kunst.

Ostensorium, das (lat. = Schaugerät). →Monstranz*.

Osterleuchter. →Leuchter für die Osterkerze, die am Karsamstag geweiht wird und während des Gottesdienstes bis Christi Himmelfahrt brennt.

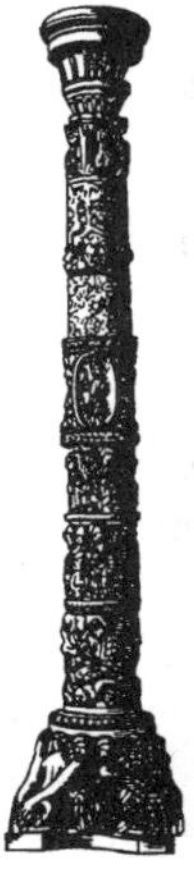

Osterleuchter. Rom: St. Paul vor den Mauern. 12. Jahrh.

Ostkirchliche Kunst. Die Kunst der Ostkirche im Ggstz. zu der der Westkirche. Entstanden seit der Teilung des Römischen Reiches (395) und fortentwickelt bis zum 18./19. Jahrh., bes. in Rußland. →Altchristliche Kunst, Byzantinische Kunst.

Ostung. Die Richtung der Längsachse im christl. Kirchenbau von Westen nach Osten: →Chor und →Altar* liegen im Osten; die betende Gemeinde blickt ostwärts. Die ~ ist nicht immer durchgeführt. Auch im nichtchristl. Kultbau ist die ~ häufig.

Ottonische Kunst. →Romanische Kunst Deutschlands im Zeitalter der Ottonen (919–1024). Blüte der Kunst auf allen Gebieten. Viele Dome gewaltigen Ausmaßes und eine ausdrucksstarke Malerei.

Architektur. →Eingezogener Chor*, Loggia 1*, Oktogon*, Westwerk*.

Bildkunst. →Älteste 24*, Agnus Dei*, Assumptio*, Dedikationsbild*, Majestas Domini*, Pfingsten*.

Geräte. →Adlerfibel*, Altar III, 9 (Tragaltar)*, Scheibenkreuz*, Siebenarmiger Leuchter*.

P

Pacem, Pacificale, Pax (von lat. pax = Friede). →Kußtafel.

Päpstliches Kreuz. →Kreuz 11*.

Pagode, die (von prakritisch bhagodi = göttlich. Chin.: Ta; jap.: To). →Ind. und →ostasiatischer Kultbau des →Buddhismus. (Für die nichtbuddhistische Pagode Ostaiens →Fêng-shui.) Aus dem ind. →Stupa* weiterentwickelt und wie dieser urspr. Träger von Buddhareliquien. Neben dem →Kondô* das wichtigste Gebäude buddhistischer→Tempelanlagen.

Als selbständiges Bauwerk ist die ~ ein 3 bis 9stöckiger→Turm aus Stein oder Holz auf quadratischem oder polygonalem →Grundriß und dient der prozessionsmäßigen Umwandlung. Die Zahl der Stockwerke ist ungerade. Jedes Stockwerk hat ein eigenes →Dach*, bisweilen mit herabhängenden Glokken. Das Innere hat keinen eigenen Andachtsraum; es enthält entweder eine →Buddhastatue oder einen bis zur Spitze durchgehenden, mit Sûtratexten oder →Buddha →reliefs* geschmückten Mittel→pfeiler, der oben die Reliquien birgt. Als unselbständiges Bauwerk bildet die ~, ebenfalls wie der →Stupa*, den Mittelpunkt einer Kulthalle: als freistehender →Pfeiler in →Höhlenkirchen und -kapellen (→Säulenmonument*) oder als Figuren→schrein in- und außerhalb von→Tempelanlagen. Die ~ wurde zum→Symbolzeichen und →Mal des Buddhismus.

Eine →jap. Sonderform seit der →Kamakura-Zeit ist der zweigeschossige Tahô-tô.

In Europa wurde die Pagode (→ Chinoiserie) ein beliebtes Motiv des spät→barocken und →engl. Gartens.

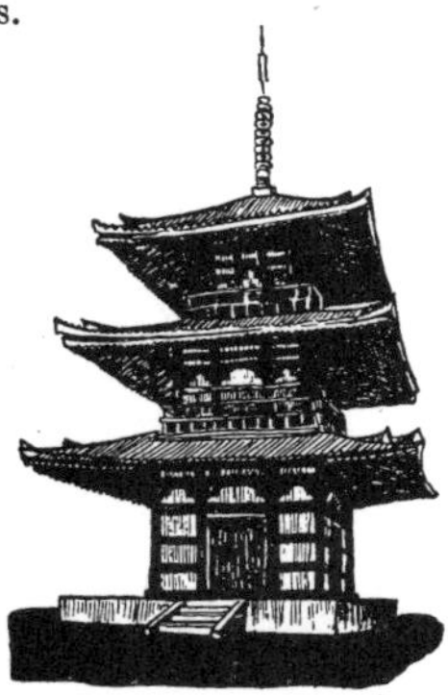

Pagode des Tempels Hokkiji bei Nara (Japan). 686.

P'ai-lou, das (chin.: pai lou). Ehrentor, freistehend über der Straße oder auf dem Weg zu einem Tempel.

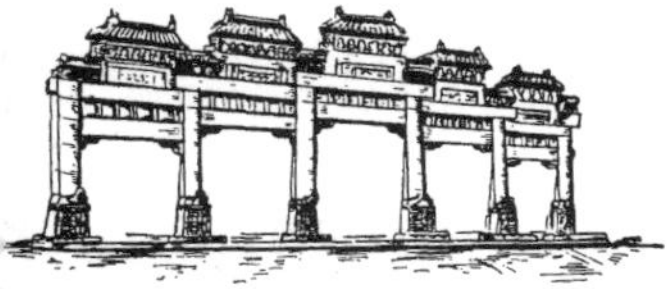

P'ai-lou. Gräber der Ming-Dynastie (1368 bis 1644) bei Peking: Fünftorige Ehrenpforte am Beginn der Straße, die zu den Gräbern führt.

Pala d'oro, die (ital. = Goldenes Blatt). Goldenes oder vergoldetes →Antependium (→Altar 8*). Berühmt die ~ in der Markuskirche zu Venedig: →Schmelzarbeiten mit Juwelen auf goldenen und silbernen Platten aus dem 10. bis 12. Jahrh.

Paläolithikum, das (griech.) = → Altsteinzeit.

Paläologenkunst. →Byzantinische Kunst (III*) unter den Paläologenkaisern von Byzanz (1261–1453).

Palästra, die (lat.), griech. Palaistra. Ringschule, überhaupt Kampfplatz im alten Griechenland.

Palas, der (mhd.). Herrenhaus der mittelalterlichen →Burg* mit Festsaal.

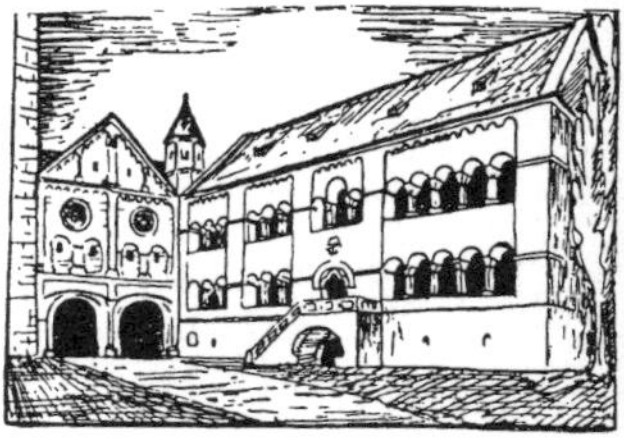

Palas. Gelnhausen (Hessen): Kaiserpfalz. Beg. nach 1170. Rekonstruktion. Erdgeschoß: kleine Fenster. 1. Obergeschoß: Arkaden, zu einem Gang gehörig, hinter dem die Zimmer lagen, 2. Obergeschoß: Großer Saal.

Palastschule (veraltete Bezeichnung). Drei illustrierte →Evangeliare →karolingischer Kunst in Aachen, Brüssel und Wien, zwischen 795 und 810. In antikisierendem →malerischem Stil.

Palette, die (franz.). Ovale oder rechteckige Scheibe mit Daumenloch, zum Ansetzen und Mischen der Farben.

Palettemesser. Dient zum Reinigen der →Palette sowie zum Abkratzen der auf die Leinwand aufgetragenen Farben, die der Maler als mißlungen empfindet.

Palimpsest, der, das (von griech. palin = wieder, psen = abwischen, radieren). Schriftstück, dessen erste Beschriftung durch Abwaschen, Abreiben oder Abschaben beseitigt wurde, um zum zweiten Male beschrieben zu werden. Man wollte so Schreibstoff sparen. Es ist jetzt häufig gelungen, die erste Beschriftung wieder sichtbar zu machen.

Palladio-Motiv. Von Serlio und Palladio entwickelte Architekturform in der Spätrenaissance: Verbindung eines mittleren Bogens mit zwei schmaleren Seitenöffnungen, die von einem Gebälk in Höhe des Bogenkämpfers abgeschlossen werden →Venezianisches Fenster*

Palladium, das (lat.; griech. Palladion). Palladien sind kleine Standbilder von bewaffneten Schutzgöttern, z.B. →Apollon*, →Aphrodite und bes. →Athena*. Das berühmteste ~ stammt aus trojanischer Zeit und ist dem Mythos nach ein Geschenk des →Zeus* an seinen Sohn Dardanos; uns bekannt durch Darstellung auf rotfigurigen →Vasen*, oft auch auf Panzern römischer Kaiserstatuen (Athenabild).

Pallas, die (griech.). Beiname der Göttin →Athene* als kriegerischer Jungfrau; lat. Pallas Athene.

Pallium, das (lat. = Mantel, Obergewand der Griechen). Oft Tracht der Redner in der →Antike.

I. Im klassischen Altertum: viereckiger weiter Mantel.

II. Altarbekleidung. →Altar 8*.

III. Liturgisches Abzeichen der Erzbischöfe: etwa drei Finger breite weißwollene Binde mit sechs schwarzseidenen Kreuzen; sie wird über dem Meßgewand um die Schulter gelegt. Ein kurzes Stück hängt auf Brust und Rücken hinunter.

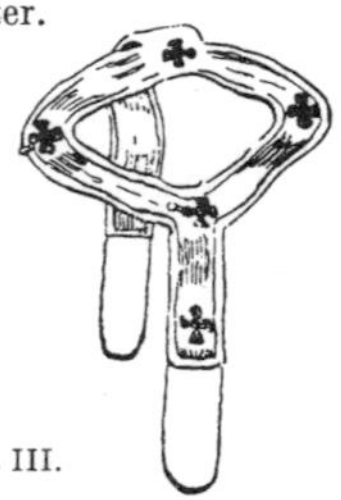

Pallium III.

Palmenkapitell, das. →Kapitell. Ägyptische Kunst 3*.

Palmensäule. →Säulenform* der ägypt. Kunst: der →Schaft ist rund und trägt als Kapitell ein Büschel etwas nach außen gebogener Palmzweige, die durch Bänder zusammengehalten sind. →Kapitell. Ägyptische Kunst 3*.

Palmesel. Ein hölzerner Esel auf

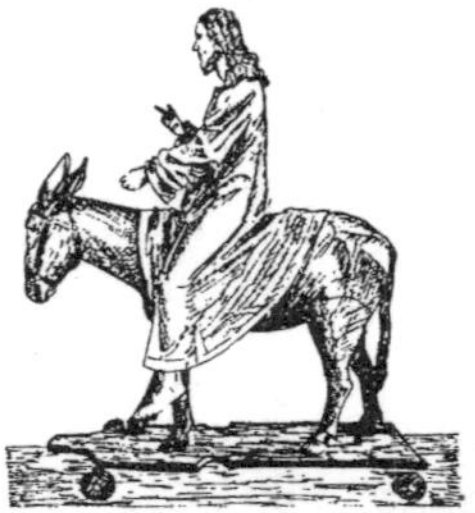

Palmesel. Aus der Werkstatt von Hans Multscher (um 1400 bis 1467). Holz. 1456 Stift Wettenhausen (Bayr. Schwaben).

Rädern, auf dem in der Prozession am Palmsonntag ein Priester, ein Ministrant, später nur noch eine Holzfigur als Christus ritt.

Palmette, die (franz.: palmä't = Palmbäumchen). Verzierung mit Anklängen an Palmblätter; starke Betonung der Mittelachse und symmetrische Anordnung der Blätter. Weit verbreitetes →Dekorationsmittel der →griech. Kunst in Architektur und Malerei. Einzeln stehend als Bekrönung von Grab→stelen* oft angewandt.

Palmette. Athen: Akropolismuseum. Stirnziegel aus bemaltem Ton. Vom vorperikleischen Parthenontempel. Um 500 v. Chr.

Pan. Griech. Berg- und Herdengott. Urspr. mit Bockskopf und Bocksbeinen dargestellt; seit der 2. Hälfte des 5. Jahrh. v. Chr. in wachsendem Maße der menschlichen Gestalt angeglichen.

P'an (chin.). Flache Wasserschale. →Sakralbronzen*.

Pan¦athenäische Preis¦amphoren (von griech. panathenaia = Hauptfest aller Athener zu Ehren der Göttin →Athena*). Große Tongefäße; auf der einen Seite immer eine Darstellung der kämpfenden Athena, auf der anderen die eines Wettkampfes. Mit Öl gefüllt als Siegerpreis in gymnastischen Wettkämpfen. →Amphora*.

Paneel, das (niederländisch).

I. Füllende, vertieft liegende Holztafel im →Täfelwerk*.

II. Die Wandtäfelung insgesamt.

Pantograph, der (griech.) = Allesschreiber. →Storchschnabel*.

Pantokrator, der (griech. = Der Allmächtige). Der im Himmel thronende Christus als Weltherrscher. Ein Hauptmotiv der christl. Kunst seit dem 4. Jahrh.; vor allem als →Apsis*gemälde verwandt. →Evangelistensymbole*, Majestas Domini*.

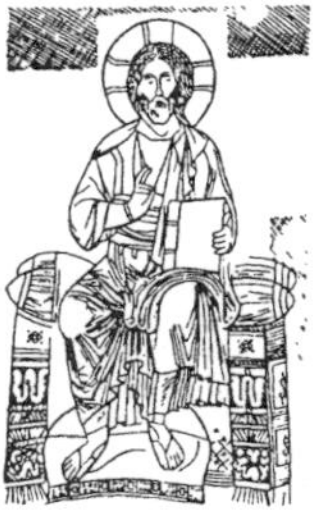

Pantokrator. Mirosh bei Pskow (Rußland): Klosterkirche. 1156.

Papiers collés, die (Mehrz.; franz.:

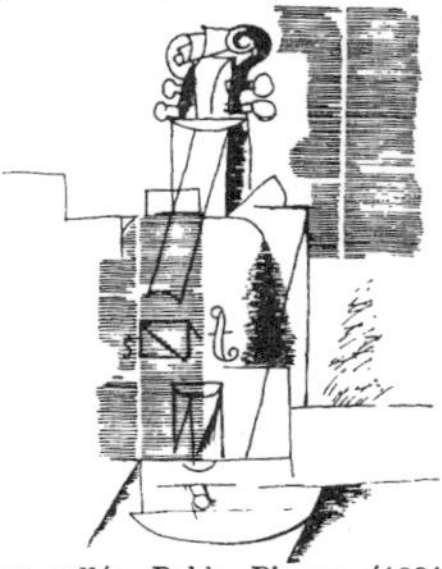

Papiers collés. Pablo Picasso (1881–1973): Violine. Geklebtes Papier. 1912. Paris: Privatsammlung.

papję kolę) = zusammengeleimte Papierstücke. 1912 entstandene Kunstart: G. Braque (1882–1963) und P. Picasso (1881–1973) fügten in ihre →Tafelbilder Stücke von →Tapeten* und Wachstuch ein, die aber nicht ihr Material als solches hervorkehren, sondern als Farbfeld inmitten anderer Farben wirken. →Collage*.

Papyrus, der (lat.), griech. papyros; Mehrz.: Papyri. Schriftstück auf Papyros (Nilschilf) als Schreibstoff. Man schrieb mit einem schräg geschnittenen Binsenhalm, später mit einer Rohrfeder (Kalamus).

Papyruskapitell, das. →Kapitell I 1/2*.

Parabelbogen. →Bogen 8*.

Paracas (: kas). →Altamerikanische Kultur von ~, einer Halbinsel in Südperu. Hervorragende Webereien und →Federarbeiten. Zwischen 700 und 300 v. Chr.

Paradies, das (griech. paradeisos, aus dem avestischen paridaeza = umzäunter hl. Bezirk). →Atrium 4*.

Paradiesesflüsse. Im Anschluß an 1 Moses 2, 10 ff. Die vier ~ werden in der frühchristl. Kunst als kleine Wasserläufe, in der mittelalterlichen als Männer mit Gefäßen, aus denen Wasser strömt, dargestellt. Die Namen der ~ sind: Euphrat, Tigris, Typhon und Physon.

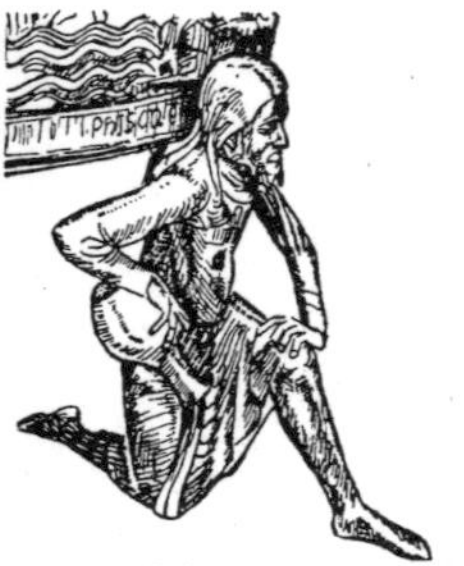

Paradiesesflüsse. Hildesheim: Taufbecken. Um 1230. Physon.

Paradiesgärtlein. Darstellung Mariens in einem paradiesisch schönen Garten. Berühmt ist das ~ in Frankfurt, Städel; um 1420.

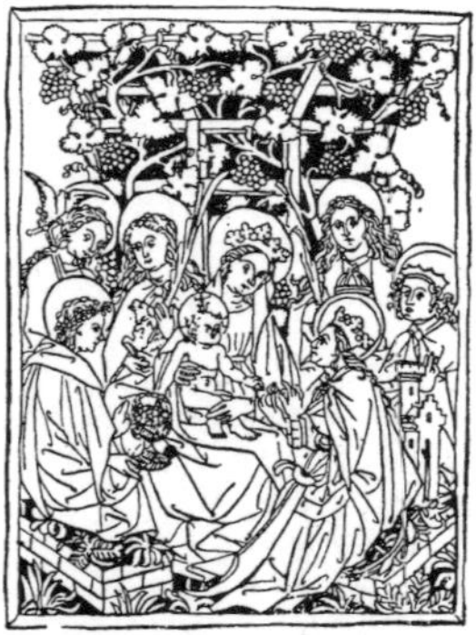

Paradiesgärtlein. Holzschnitt. 15. Jahrh. Maria mit dem Kinde, umgeben von hl. Frauen: Margarete mit der Taube auf dem Kreuz, Barbara mit dem Turm, Agnes mit dem Lamm, Dorothea mit dem Blumenkörbchen, Katharina mit Rad und Schwert verlobt sich durch Überreichung eines Ringes mit dem Kinde als ihrem Bräutigam.

Paradiesschlange. →Schlange II.

Paragone, der (ital.) = Vergleich. In der Kunsttheorie der ital. → Renaissance führen die Künste ein Streitgespräch: Welche steht am höchsten? Welche einzigartigen Werte verwirklichen Baukunst, Skulptur und Malerei, Dichtung und Musik?

Parallelfalten. →Falten 2*.

Parallelperspektive. →Perspektive 5*.

Paramẹnt, das (spätlat.). Gewand oder Behang, die beim Gottesdienst verwandt werden.

Pạrischer Marmor. →Marmor.

Park. →Englischer Garten, Eremitage*, Französischer Park, Parterre de broderie*, Ruine IV, treillage.

parkettịẹren (von franz. parqueter : parkötẹ = täfeln). In der Kunstgeschichte versteht man unter ∼ das Aufleimen rostähnlich angeordneter Hölzer auf der Rückseite von Gemälden, deren Holztafel teilweise zerstört ist. Man verhindert dadurch, daß das Bild sich verzieht.

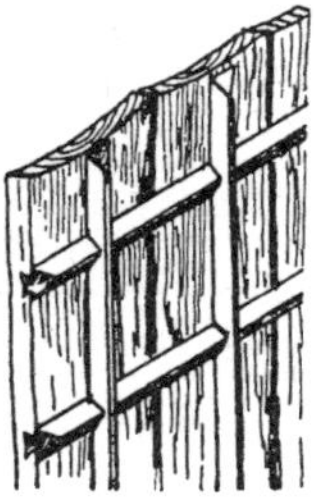

parkettieren.

Parlatọrium, das (lat. = Sprechzimmer). →Kloster*.

Parlịẹr, der. →Bauhütte.

Parọchet, der. Vorhang vor dem →Aron Hakkodesch. →Synagoge I*.

Partẹrre de broderịẹ, das (franz. : partạhr de broderị = Stickerei-Beet). Gemeint sind die einer Stickerei gleichenden Rasenflächen und Blumenbeete im → franz. Park des →Barock.

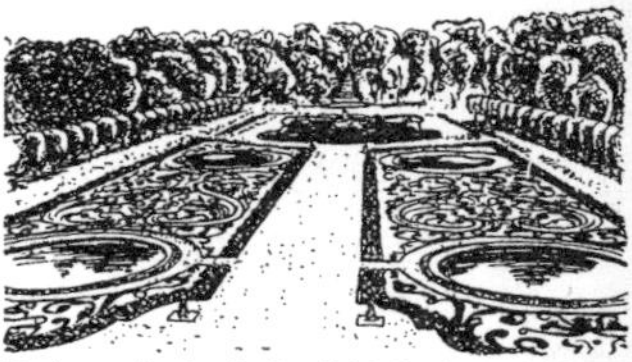

Parterre de broderie. Schloß Augustusburg (1724–1765) in Brühl bei Köln. Gartenparterre vor der Südfront 1738. D. Girard (gest. 1738). Wiederhergestellt 1935.

Parther- oder Arsakidenzeit, Kunst der ∼. Epoche der →Persischen Kunst.

Pạrvati, die. Tochter des Himalaya. Gattin und →Schakti des ind. Gottes →Schiva*.

Paß (= Zirkel). Der Dreiviertelkreis im →gotischen* →Maßwerk. Nach der Anzahl dieser Kreisabschnitte spricht man von Drei∼*, Vier∼, Fünf∼, Sechs∼ und Viel∼.

Passionạl(e), Passionạr, das (von lat. pạssio = Leiden, Martyrium). Buch mit der Leidensgeschichte der Märtyrer.

Passiọn Christi. →Abschied Christi von Maria, Arma Christi, Astkreuz*, Baumkreuz*, Begegnung Christi mit Maria, Christkönig, Christus im Elend, Christus in der Kelter*, Christus in der Rast*, Ecce homo, Erbärmdebild*, Gnadenstuhl*, Gregorsmesse*, Heilige Stiege*, Herz-Jesu-Bild*, Hungertuch*, Imago pietatis*, Kalvarienberg, Kreuzwegstationen, Leidenswerkzeuge*, Mater dolorosa*, Messe von Bolsena, Ölberg, Palmesel*,

Passionssäule*, Passionssarkophage, Schmachtlappen, Schmerzensmann, Schweißtuch der Veronika*, Sieben Schmerzen Mariens, Stigmatisation*, Suppedaneum, Teneberleuchter*, Triumphkreuz*, Vesperbild*, Vortragekreuz.

Passionssäule, Martersäule.

I. Darstellung Christi an der Geißelsäule.

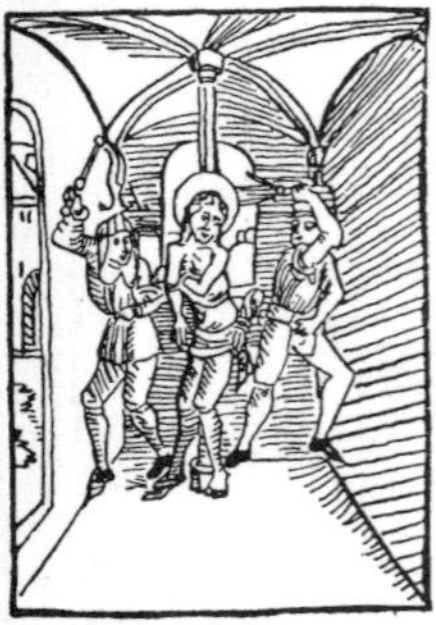

Passionssäule. 1. Bertholdus: Horologium. Holzschnitt. Nürnberg 1489.

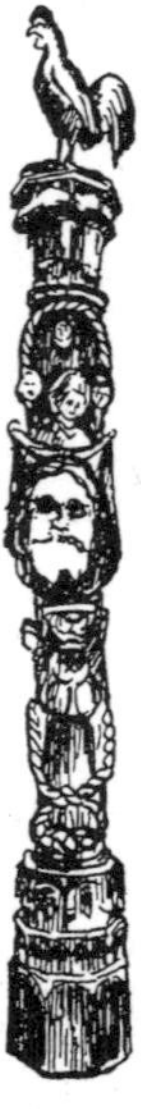

Passionssäule. 2. Braunschweig: Dom. Aus Holz. Um 1511.

II. Säule mit den →Passionswerkzeugen Christi; auf der Säule steht der Hahn. →Gregorsmesse*.

Passionssarkophage. Eine Gruppe →altchristl. →Sarkophage* mit →Passionsdarstellungen, zwischen 330 und 410.

Passionswerkzeuge; →Arma Christi. Darstellung der Werkzeuge (bis zu 30), die bei der →Passion Christi verwandt wurden; Sinnbilder seines Leidens; in der deutschen Kunst des späten Mittelalters sehr beliebt. →Gregorsmesse*, Herz Jesu*, Hungertuch*, Leidenswerkzeuge*.

Pastell, das (ital. pastello = Farbstift). Trockenmalerei mit Pastellstiften auf rauhem Papier, Pappe oder von einer dünnen Gipsschicht überzogener Leinwand. Die Farben werden in einer staubigen Schicht aufgetragen und zart verrieben. Von heller samtartiger Wirkung. Die Malmaterie läßt sich nicht ausreichend fixieren; darum Verglasung nötig.

Pasticcio, das (ital.: pastitscho = Nachbild, Gemisch). Täuschende Nachahmung eines Bildwerkes in betrügerischer Absicht. Bei röm. Kopien griech. Gemälde heißt ~ ein aus mehreren Vorlagen neu zusammengesetztes Bild.

Pastophorium, das; Mehrz. die Pastophorien (griech.). So heißen im Kultbau der →Ostkirche zwei Nebenräume, rechts und links von der →Apsis*, die zuerst während des 4. Jahrh. in Syrien aufkommen. Sie sind viereckig oder halbrund geschlossen und öfters mit der Apsis und den →Seitenschiffen durch Türen verbunden. Der eine Raum dient der Vorbereitung des Meßopfers oder der Aufbewahrung der in der Messe übriggebliebenen geweihten Hostien;

die Prothesis (griech. = Aufstellung). Der andere Raum dient der Aufnahme der liturgischen Geräte und Bücher sowie dem Ankleiden des Klerus: das Diakonikon (griech.) = Raum für die Vorbereitung des Gottesdienstes.

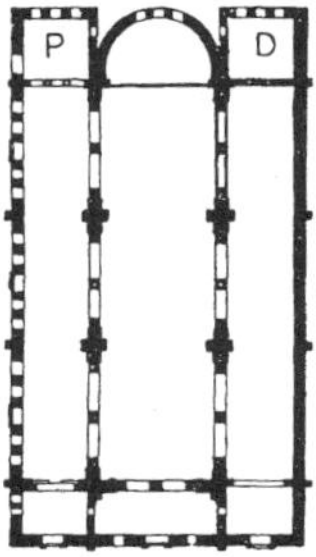

Pastophorium. Rusafa (Syrien): Sergiosbasilika. 5. Jahrh P = Prothesis, D = Diakonikon.

Pastorale, das (lat. = das Hirtenleben betreffend). In der Malerei: idyllische, meist spielerische oder romantische Darstellung aus dem Leben der Hirten und Schäfer.

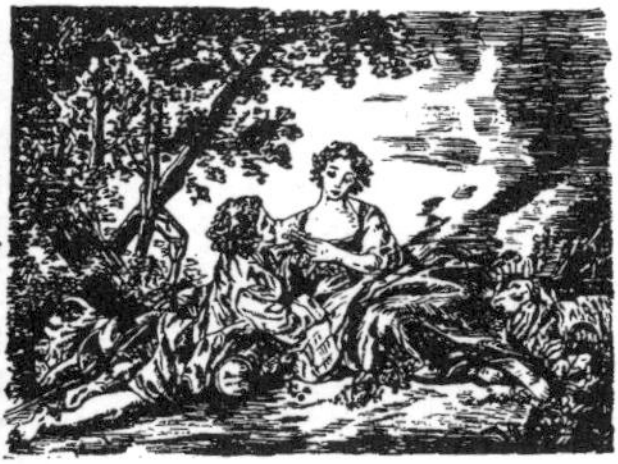

Pastorale. François Boucher (1703–1770): Pastorale. Öl Paris: Louvre.

pastos (ital. = teigig). →Impasto.

Patene, die (lat.). Hostienteller; auf dem →Kelch* aufliegend.

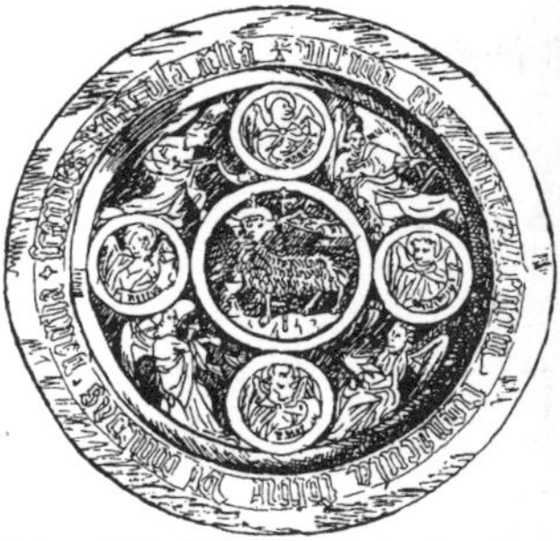

Patene. Hildesheim: Domschatz. Sog. Bernwardskelch. Ende 14. Jahrh.

Patina, die (ital. = Firnis, schützender Überzug). Blaugrüner, brauner oder schwarzer Überzug (Edelrost) auf Kupfer und → Bronze, der sich allmählich in der Luft von selbst bildet, aber auch künstlich erzeugt werden kann.

Patio, der (span.). Binnenhof des span. Wohnhauses mit Springbrunnen und Gewächsen. Boden und Wand mit Fliesen (→Azulejos) ausgestattet. Der ~ ist →maurischer Herkunft.

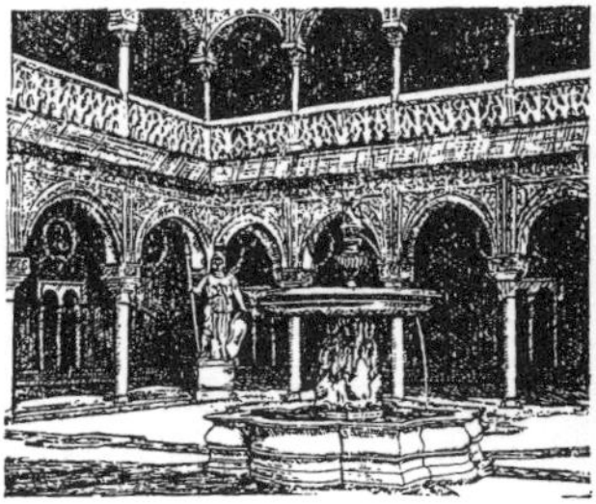

Patio. Sevilla (Spanien): Casa de Pilatos. Um 1492 bis Mitte 16. Jahrh.

Patriạrchenkreuz, Erzbischöfliches Doppelkreuz. →Kreuz 10*.

Pavillọn, der (franz.: pawijọñ = Zelt).
I. Ein großes viereckiges Zelt.
II. Ein freistehendes kleineres Gebäude, das ganz oder zum Teil offen ist. Garten~. → Gloriette*, Monopteros*.
III. Am →Barockschloß mit dem Hauptbau fest verbunden; dient als Eck~ der Gliederung des Außenbaues. → Risalit*.

Pax, die (lat. = Friede). **Paxtafel.** →Kußtafel.

Paysạge intịme, die (franz.: peisạ[sch]-äñtịhm). →Intime Landschaft.

Pechnase. An der mittelalterlichen →Burg* ein kleiner, unten offener →Erker, durch den man auf die Angreifer siedendes Pech oder Steine schütten konnte. →Burg 1, Nr. 14*; Burg 2, Nr. 2*.

Pẹintre-gravẹur, der (franz.: päñtr -grawọ̈hr) = Maleradierer. → Kupferstich.

peintụre non figuratịve, die (franz. : päñtụ̈r noñ figüratịw). Die franz. Bezeichnung für →Abstrakte Malerei*.

Pektorạle, das (von lat. pẹctus = Brust).
I. Brustschmuck, Schließe am → Chormantel. →Pluviạle*;
II. das vom Priester getragene Brustkreuz.

Pẹlikan, der. Nach spätantiker Fabel reißt der ~ seine Brust auf, um mit seinem Blut die Jungen zu nähren. In der christl. Kunst → Sinnbild des Opfertodes Christi.

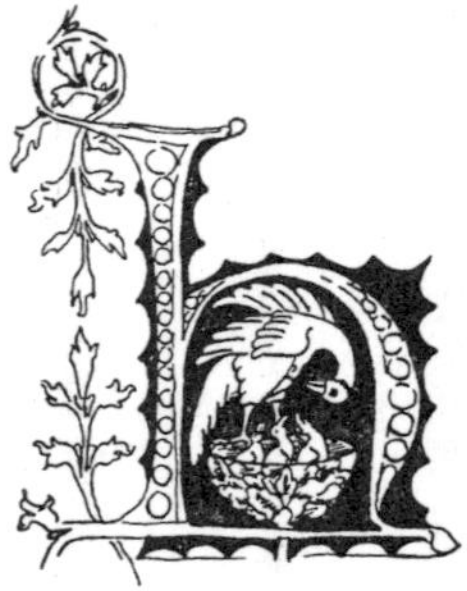

Pelikan. Osnabrück: Domschatz. Codex Gisle. Um 1350. Initiale H.

Pelịke, die (griech.). →Vasen 11*.

Pendentịf, das (franz.: pañdañtịf = Gewölbezwickel, Hängebogen). → Kuppel II 2*.

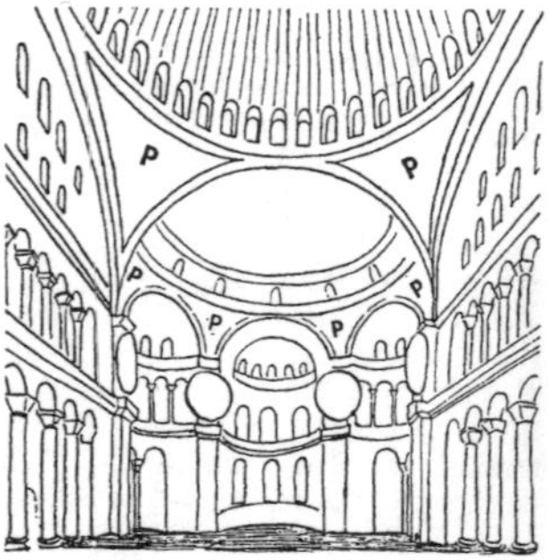

Pendentif. Istanbul: Hagia Sophia. 532–537. Kuppel erneuert 558–562. P = Pendentif.

Pendentịfkuppel (franz.: pañdañtịf-). →Kuppel II 2*.

Pentelischer Marmor. →Marmor.

Pentimenti, die (ital. = Sinnesänderungen, Verbesserungen). „Reuezüge“: Umrißlinien und →Untermalungen, die der Künstler bei der Durchführung des Bildes abgeändert hat, die aber unter der fertigen Arbeit noch durchscheinen.

Peplos, der (griech.). Eng anliegendes, weibliches und auch männliches Gewand der Griechen mit Überschlag und meist mit Gürtung; auf der Schulter gewöhnlich von einer Spange gehalten.

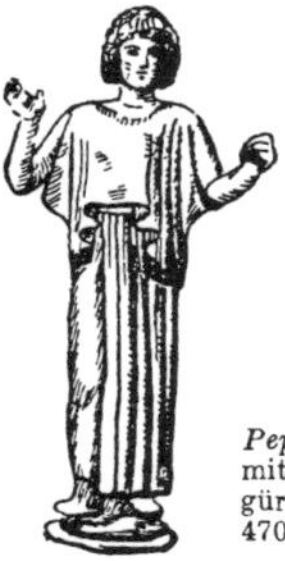

Peplos. Dorischer ~ mit Überschlag, ungegürtet. Statuette. Um 470 v. Chr.

Pergamenische Kunst. Gruppe innerhalb der →hellenistischen Kunst: die Kunst des Reiches von Pergamon in der heutigen Türkei (283 bis 133 v. Chr.). Hauptwerk: Pergamonaltar (Berlin: Pergamonmuseum). Um 180 v. Chr. errichtet. Um den Unterbau zog sich ein hoher Fries mit der Darstellung der Gigantomachie (= Kämpfe der Götter mit den Giganten).

Pergament, das (vielleicht nach der Stadt Pergamon genannt, wo in der →Antike in großem Umfang ~ hergestellt wurde). Aus Schafs-, Kalbs- oder Ziegenhaut hergestelltes Schreibmaterial, das seit dem 4. Jahrh. an die Stelle des →Papyrus trat.

Pergola, die (ital. = Laube). Offener →Lauben*gang aus Pfeilern oder →Säulen*, die Lattenwerk zum Ranken von Pflanzen tragen.

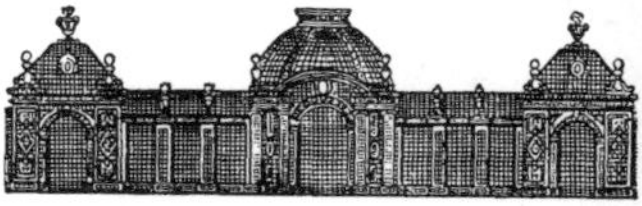

Pergola. Charles A. Daviler (1653–1700): Cours d'Architecture Paris 1691.

Peribolos, der (griech. = Ringmauer, Gehege). Der heilige Bezirk um den griech. →Tempel*.

Perikopenbuch (von griech. perikope = Abschnitt). →Liturgische Bücher.

Peripteros, der (griech.). Form des griech. →Tempels*: um den ganzen Tempel läuft ein Säulengang. →Dipteros*.

Peristyl, das (griech. peristylon, von peri = ringsherum, stylos = Säule). Die Säulenhalle um den Binnenhof des griech. und röm. Hauses. →Atrium (1–3)*.

Perlmutter. Innere Lage der Schale oder des Gehäuses verschiedener Weichtiere, durch Glanz und schöne Färbung ausgezeichnet. Vielfältig in der Kunst verwandt (bei den →Naturvölkern, in der röm. Kaiserzeit, in →Byzanz*, bei →jap. →Lackarbeiten, in der europäischen Kunst seit der →Renaissance*).

Perlstab, Perlschnur. Ziermotiv der Baukunst, später auch an Möbeln: perlenähnliche Kugeln sind zu einer Schmuckleiste aneinandergereiht. →Kyma 2*.

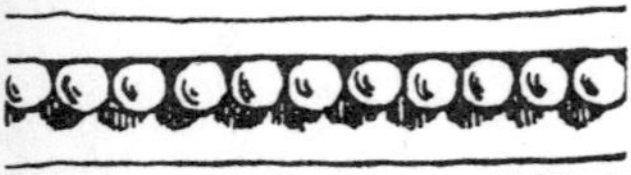

Perlstab. Rom: Vatikan. Stanzen: Türflügel. Um 1520.

Perpendicular Style (von lat. perpendiculum = Richtlot; engl.: pöhpendikjuler ßtail). Spätstil der engl. →Gotik*, seit 1360, genannt nach dem senkrechten →Stabwerk, das →Fenster* und Wände gliedert. Starke Betonung der geraden Linie. Beliebt ist das →Fächergewölbe. Für die übrigen Stufen der engl. →Gotik* → Decorated Style*, Early English*, Tudorstil.

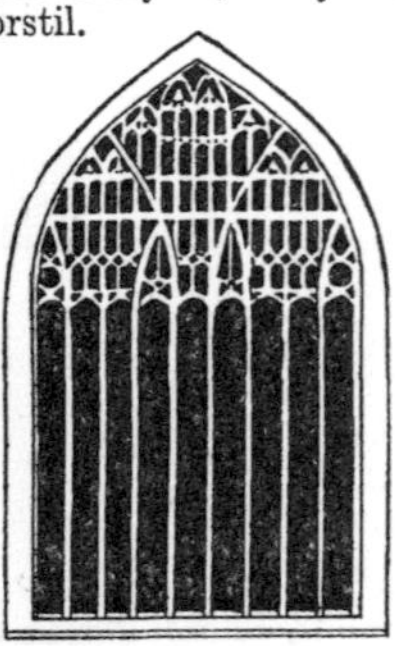

Perpendicular Style. Hull (England; Yorkshire): Kirche der Hl. Dreifaltigkeit. Ende 14. Jahrh.

Persische Kunst. Kunst des Perserreiches:

I. der Achämeniden 559–330 v. Chr.

II. der Seleukiden 323–249 v. Chr.

III. der Parther oder Arsakiden 249 v.–226 n. Chr.

IV. der Sassaniden 226–642 n. Chr.

Nach 642 Beginn der →islamisch*-persischen Kunst, die auf die gesamte islamische Kunst eine starke Wirkung ausübte. →Vorderasiatische Kunst.

Perspektive, die (von lat. perspicere = hindurchschauen). Die räumliche Darstellung von Gegenständen auf der Fläche eines Bildes; durch die ~ entsteht ein unserer Wahrnehmung entsprechender Raumeindruck.

Gleichgroße Gegenstände erscheinen nach der Tiefe zu kleiner: perspektivische Verkürzung. – Alle Geraden des Raums, die zur Bildfläche parallel laufen, verlaufen auch in der Darstellung parallel. – Die in die Tiefe laufenden Geraden, die untereinander parallel sind, schneiden sich auf dem Bilde in einem Punkt, dem Fluchtpunkt. – Der Fluchtpunkt derjenigen Geraden, die vom Betrachter ausgehen und senkrecht zur Bildfläche in die Tiefe laufen, heißt Augenpunkt (A). – Die durch den Augenpunkt in der Bildfläche waagerecht laufende Linie ist die Horizontlinie (H).

Arten der ~:

Die bisher beschriebene Art der ~, die geometrisch konstruiert werden kann, heißt Linear- oder Zentral~.

Sie wird ergänzt durch die →Luft- und Farb~, die das Abnehmen der Deutlichkeitsgrade und das Verblauen der Farben in der Ferne zur Darstellung der Raumtiefe benutzt.

1. In der F r o n t a l~ ist der Fluchtpunkt identisch mit dem Augenpunkt, der vor dem Betrachter im Bilde und zwar auf der Horizontlinie liegt. Dabei ist vorausgesetzt, daß die Flächen parallel zur Bildfläche laufen oder rechtwinklig auf ihr stehen.

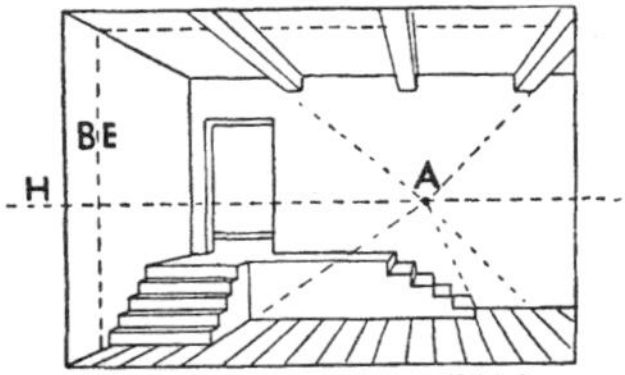

1. *Frontalperspektive.* BE = Bildebene.

2. Verlaufen die Flächen in andere (schiefe) Richtungen, so liegt der Fluchtpunkt (Fl. P.) dieser Flächen links oder rechts, in größerem oder geringerem Abstand vom Augenpunkt auf der Horizontlinie; er kann auch außerhalb der Zeichnung fallen. Diese Form der ~ heißt S t r a h l e n~.

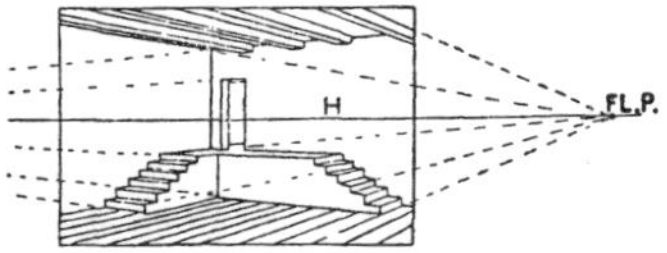

2. *Strahlenperspektive.*

3. Liegt der Punkt, von dem aus

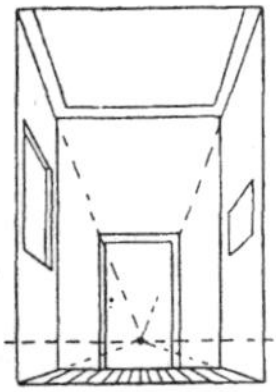

3. *Frosch~.*

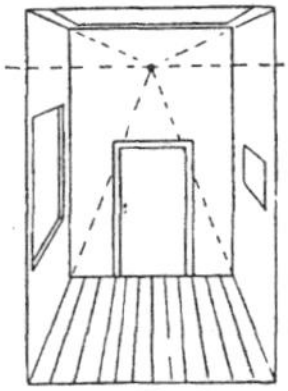

Vogel~.

der Betrachter den Raum sieht, sehr hoch, so erscheinen die Gegenstände in V o g e l ~; liegt er sehr tief, in F r o s c h~.

4. In der frühchristl. und mittelalterlichen Malerei gibt es die u m g e k e h r t e ~, die nicht vom Betrachter, sondern von der Hauptfigur des Bildes her angelegt ist; diese schaut gleichsam die Linien des Bildes in der Verkürzung. Doch handelt es sich nicht um eine nachrechenbare Konstruktion; vielmehr macht sich die umgekehrte ~ von der physischen Organisation des menschlichen Sehens unabhängig und ist geistig bestimmt: Geraden, die im Horizont zusammenlaufen müßten, schnei-

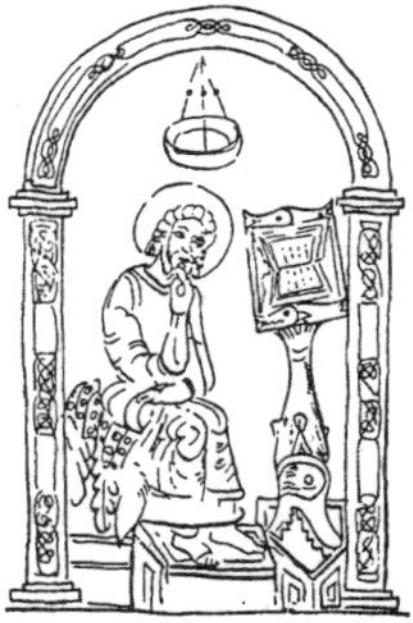

4. *Umgekehrte Perspektive.* Codex millenarius. Karolingische Miniatur. 8 Jahrh. Kremsmünster (Österreich): Benediktinerabtei. – Evangelist Matthäus.

den sich etwa im Beschauer; Figuren des →Vordergrundes erscheinen im Falle geringerer Wichtigkeit kleiner als die des →Mittel- und →Hintergrundes. →Deësis*.

5. P a r a l l e l~. →Ostasiatische Form der ~, bei der die Linien,

statt sich in einem Fluchtpunkt zu schneiden, parallel verlaufen: Ausdruck einer auf die Unendlichkeit und das Weltganze gerichteten Kunst.

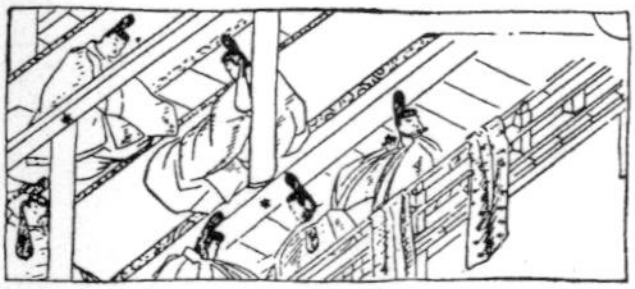

5. *Parallelperspektive.* Odawara (Japan): Sammlung Masuda. Mondnacht im Palast. Aus einer Bildrollenfolge zum Roman des Prinzen Genji von Murasaki. 12. Jahrh.

6. Kavalier~: eine Form der Parallel~. Die Höhen des abgebildeten Körpers erscheinen in richtiger Größe. Dagegen werden die unter 45° geneigten Strahlen nur halb so lang wie in Wirklichkeit wiedergegeben.

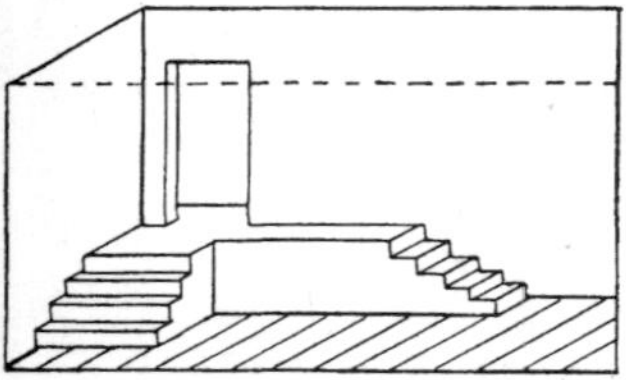

6. *Kavalierperspektive.*

Peruanische Kunst. Die Kunst der vorspan. Zeit an der Küste und auf dem Hochland von Peru, etwa von 500 v. Chr. bis 1532 n. Chr. Bedeutende Baukunst; u. a. →Quaderbau ohne →Bindemittel in meisterlicher Technik. Reich entwickelte →Keramik, z. T. mit sehr →realistischen Darstellungen. Schöne Gewebe, Flechtarbeiten und Arbeiten aus dünnem gehämmertem Goldblech. Am bekanntesten ist die Endphase der ~, die→Inka-Kunst mit ihrer großartigen monumentalen Architektur (Tempel, Paläste, Festungen, Straßenbau).

Pesel, der (mhd. pfiesel = heizbares Frauengemach). Die Fest- und Besuchsstube des altfriesischen Bauernhauses.

Pestsäule. →Dreifaltigkeitssäule als →Votivdenkmal gegen die Pest. →Säulenmonument*.

Petruskreuz. →Kreuz 4*.

Pettenkofersches Verfahren. Es wird für die Wiederauffrischung stumpf gewordener Gemälde angewandt. Alkoholdämpfe weichen den trüb und dick gewordenen →Firnis auf, den man nun unschwer entfernen kann, und festigen den Zusammenhang zwischen Farbmaterie und →Bindemitteln. Dadurch gewinnt die Farbe ihre Leuchtkraft zurück.

Pfahlbauten. Auf Pfählen stehende Hütten in seichtem Wasser. In →vorgeschichtlicher Zeit oder bei →Naturvölkern vorkommend.

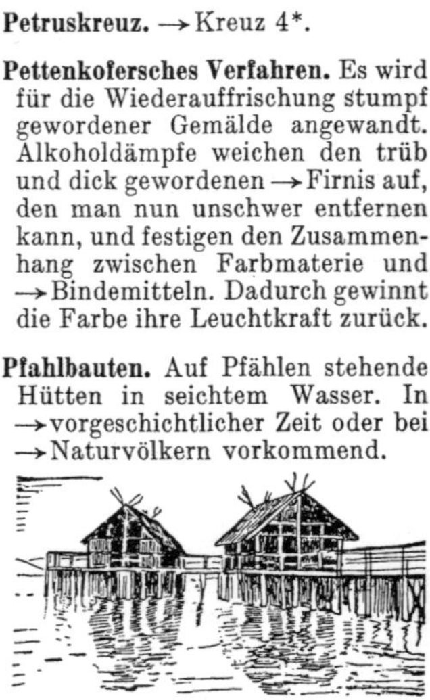

Pfahlbauten. Unter-Uhldingen (Bodensee). Rekonstruktion von ~ der jüngeren Steinzeit.

Pfahlplastik. In der Kunst der → Naturvölker aus dem Baumstamm entwickelte Bildwerke. Verbreitung: Afrika, Pazifik, Nordwestamerika. →Ahnenpfahl*.

Pfalz, die (ahd. phalanza von lat.

palạtium = Palast). Mittelalterlicher Palast des Kaisers, Königs oder Bischofs. Die ~en dienten vor allem den deutschen Königen und Kaisern, die keine feste Residenz hatten, als Unterkunft bei ihren zur Ausübung ihrer politischen Pflichten unternommenen Reisen. So fällt die Blütezeit der ~en mit der Blütezeit des Kaisertums zusammen: 800 bis 1250. Unter Karl d. Gr. sind sie im ganzen Frankenreich verbreitet und finden sich z. B. in Ingelheim, Reims, Lyon, Arles, Verona, Ravenna.

Die fast immer in der Ebene gelegene ~ besteht aus einer Gruppe von Gebäuden, deren Kernstück der →Pạlas* mit dem Kaisersaal ist. Die ~ kapelle ist doppelgeschossig (Münster zu Aachen; → Doppelkapelle*): der obere Teil ist für den Kaiser und sein Gefolge der untere für die niederen Dienstmannen bestimmt.

Die ~ hat eine mannigfache Bedeutung: sie ist Wirtschaftshof, der die Hofhaltung des Kaisers zu tragen hat, Mittelpunkt der Verwaltung für den umliegenden Reichsbesitz und Ort der Rechtsprechung; sie ist Stätte der Synoden und Reichsversammlungen; sie ist baukünstlerisches →Symbol des Kaisertums (da der Kaiser sich als legitimer Nachfolger der römischen Kaiser fühlt, knüpft die ~ vielfach an die →röm. Baukunst an und verwendet gern auch Teile aus röm. Bauten in symbolischer Absicht, z. B. in Aachen).

Pfau.

I. In der Antike Hl. Tier der →Hera*. Seit der Mitte des 2. Jahrh. wird der ~ als der Vogel dargestellt, der die Seele der toten Kaiserin in den Himmel trägt. →Apotheose*.

II. In der →altchristl. Kunst → Sinnbild des →Paradiesgartens (der Teil steht für das Ganze). Da sein Fleisch als unverweslich galt, wurde er zum →Symbol der Auferstehung.

III. In der neueren Kunst Sinnbild der Eitelkeit.

Pfeiler. Senkrechte Stütze von rechteckigem oder polygonalem →Querschnitt; bei kreisförmigem Querschnitt Rund~ genannt, aber im Ggstz. zur →Säule* ohne Schwellung und Verjüngung. Teile des ~: Fuß, →Schaft, Kapitell*. Er steht entweder frei (Frei~) oder tritt aus der Wand heraus (Wand~). →Bündel~*.

Pfeilerbasịlịka, die. Basilika, deren Stützen →Pfeiler sind.

a
b
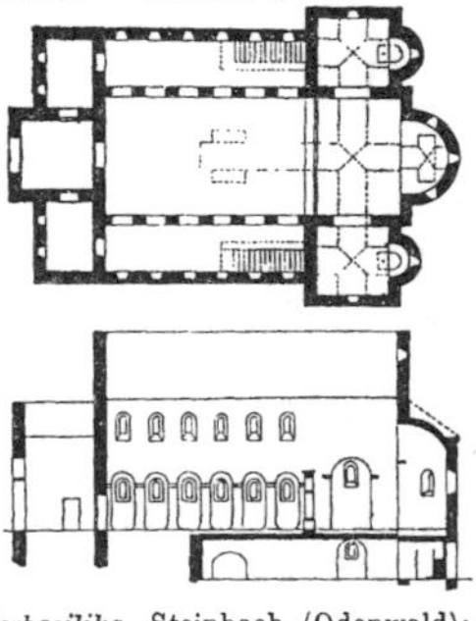

Pfeilerbasilika. Steinbach (Odenwald): Einhardsbasilika. Anf. 9. Jahrh. a Grundriß. b Aufriß.

Pfeilhöhe. →Bogen II*.

Pfingsten. Darstellung der →Ausgießung des Hl. Geistes (Apostelgeschichte Kap. 2).

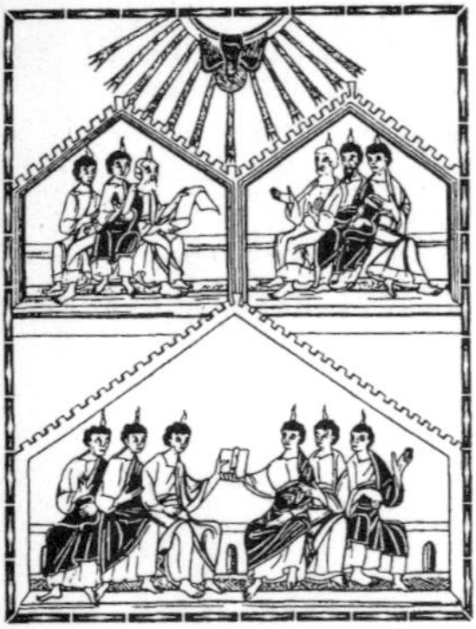

Pfingsten. München: Staatsbibliothek. Cm 57, cod. lat. 4452. Um 1000.

Pfosten. Aufrecht stehendes Holz, das die Konstruktion eines Bauteiles trägt und sichert.

Pharos, der. →Sieben Weltwunder IV.

Philosophensarkophage. Die ältesten christl. →Sarkophage* um 250–280. Im Mittelpunkt ein Philosoph, der das Evangelium in der Hand hält; Sinn: das Christentum als die wahre Philosophie.

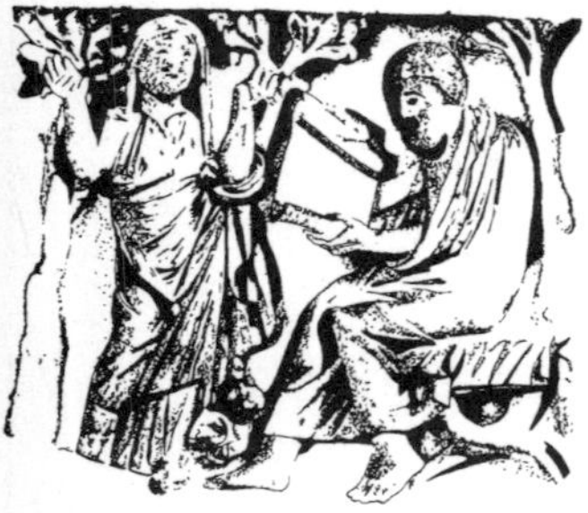

Philosophensarkophage. Rom: S. Maria Antiqua. Sarkophag. Um 270. Mittelteil: Orans und Philosoph.

Phönix, der. Ägypt. Wundervogel, der sich alle 500 Jahre selbst verbrennt und aus der Asche verjüngt wiederaufersteht. In der christl. Kunst →Sinnbild der Unsterblichkeit sowie des Todes und der Auferstehung Christi.

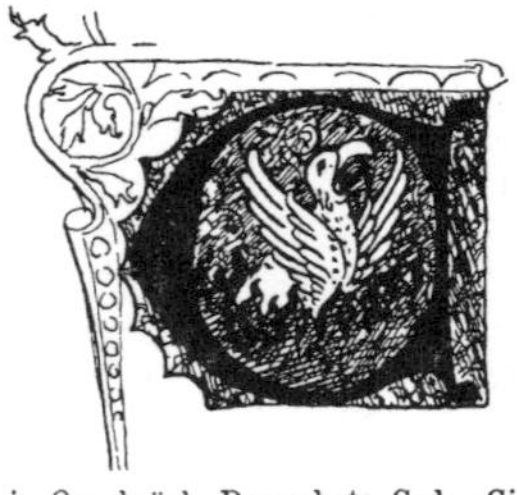

Phönix. Osnabrück: Domschatz. Codex Gisle. Um 1350. Initiale C.

Physiologus, der (lat.; griech. Physiologos = Naturkundiger). Auch das Bestiarium (lat.), franz. bestiaire (: bestiähr) genannt. Tierbuch des Mittelalters, das auf ältere Quellen zurückgeht: Verbindung einer z. T. mythischen Zoologie mit christl. Glaubensgehalten, moralisierend und →allegorisierend; von größter Bedeutung für die Tier-Motive der mittelalterlichen Kunst.

Piano nobile, das (ital.). →Belétage.

Piazza, die (ital.). Platz.

Piazzetta, die (ital.). Kleiner Platz.

Pietà, die (ital. = frommes Mitgefühl). Die ital. Bezeichnung für →Vesperbild*.

Pietra dura, die (ital.) = harter Stein. Florentiner →Mosaik: →Einlegearbeit aus →Marmor und

Halbedelsteinen. Sie sind fugenlos miteinander verbunden und poliert. →Inkrustation.

Pigment, das (lat.). In der Malerei: Farbe, Farbstoff.

Piktographie, die. Ein Mittelding zwischen Malerei und Schrift bei den Eskimos: eine Handlung wird durch die Aneinanderreihung vieler wirklichkeitsnaher oder →symbolischer Bilder berichtet. Diese Ideenschrift errät man mehr, als daß man sie läse. Manchmal dient sie dem Erzähler lediglich als Gedächtnisstütze.

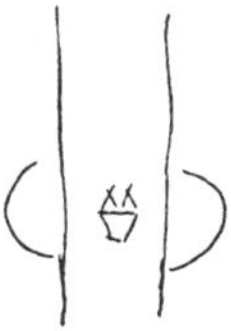

Piktographie eines Eskimomädchens: Ein Mädchen auf einem Fluß zwischen zwei Bergen.

Pilaster, der (von lat. pila = Pfeiler). Flacher Wand→pfeiler, der nur wenig aus der Wand herausragt. Er trägt das →Gebälk, verstärkt die Wand und gliedert sie. Er kann glatt und →kanneliert sein. Er gliedert sich in Fuß, →Schaft und →Kapitell*. →Risalit*.

Pilgerampulle, die. →Ampulle IV*.

Pilgerkirche. Für die mittelalterlichen ~n des →romanischen Stiles sind bezeichnend: die Größe (manchmal Fünfschiffigkeit), →Emporen* (oft auch im →Querschiff), →Chorkapellen* (für die Ausstellung von Reliquien). Beispiele: in Frankreich St-Sernin in Toulouse 1096–1118, in Spanien Santiago de Compostela 1075 bis 1122. →Pilgerstraßen*.

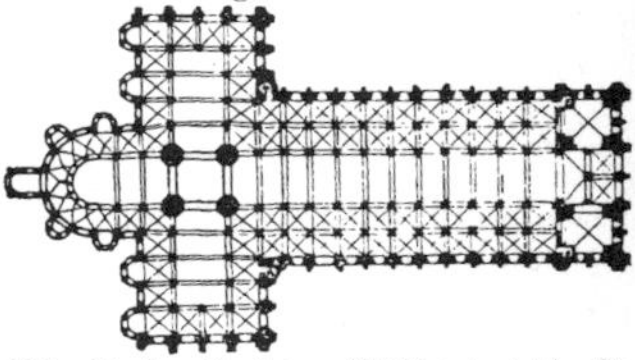

Pilgerkirche. Toulouse (Südfrankreich): St-Sernin. 1096 bis 1118. Grundriß.

Pilgerstraßen. Die Wege, welche die Pilger zu einem berühmten Heiligtum gingen, wurden kunstge-

Pilgerstraßen. Französische ~ nach Santiago de Compostela (Spanien). 1. *Straße:* Arles, St-Gilles, St-Guilhemle-Désert, Toulouse, Somport, Jaca, Puente la Reina, Burgos, León, Santiago de Compostela.
2. *Straße:* Le Puy, Conques, Moissac, Ostabat, Roncevaux, Pamplona, Puente la Reina, Santiago de Compostela.
3 *Straße:* Vézelay, Périgueux, Ostabat, Roncevaux, Puente la Reina, Santiago de Compostela.
4. *Straße:* St-Denis, Orléans, Tours, Poitiers, Bordeaux, Ostabat, Roncevaux, Puente la Reina, Santiago de Compostela.

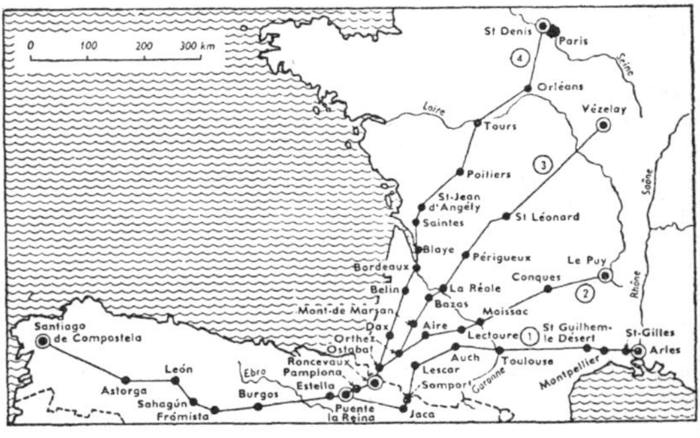

schichtlich oft sehr wichtig, weil sie von reich ausgestatteten Heiligtümern umsäumt waren. Berühmt vor allem die franz. ~ nach Santiago de Compostela. →Pilgerkirche*.

Pilzkapitell, das. →Kapitell IV 3*.

Pinakothek, die (von griech. pinakes = Gemälde, theke = Aufbewahrungsort). Urspr. Aufbewahrungsort von Bildern, die der Göttin →Athene* geweiht waren, und zwar im linken Flügel der Propyläen* zu Athen. Dann Gemäldesammlung überhaupt.

Pini|enzapfen. Beliebtes architektonisches Ziermotiv, das der orientalischen Kunst entstammt. → Sinnbild der Fruchtbarkeit. In der →griech. Kunst als Bekrönung von Grabdenkmälern und als→Wasserspeier* beliebt; dem →Dionysos geweiht (→Thyrsosstab). In der christl. Kunst als Bekrönung des → Lebensbaumes verwandt. →Mänaden*.

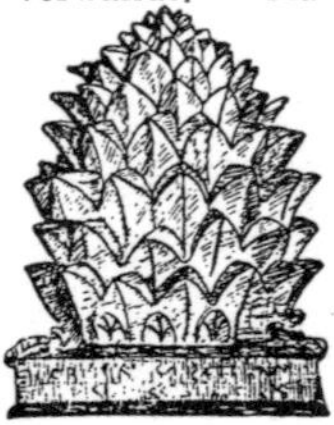

Pinienzapfen. Aachen: Münster. Vorhalle. Spätantik oder karolingisch.

Pinsel. Er dient

I. zum Auftragen der Farben in der Malerei;

II. als Breit- oder Spitzpinsel zur Anfertigung von →Handzeichnungen. Als →Zeichenmaterial kommen →Tinte, Tusche, Sepia in Frage.

→Schleppinsel, Zeichentechnik.

Pinte, die. Krug aus rheinischem Steinzeug. 16. und 17. Jahrh.

pinxit (lat. = „hat es gemalt", Abkürzung: pin. oder p.). Zusatz zur →Signatur* eines Malers.

Piquage, die (franz.: pika[sch] von piquer = stechen, durchlöchern). Der ital. Künstler L. Fontana (1899–1968) schlitzte die Leinwand seiner Bilder und das Metall seiner Plastiken auf, um durch die Schnittränder den Übergang von der Fläche zum Raum zu verdeutlichen. Dieses Verfahren nennt man ~.

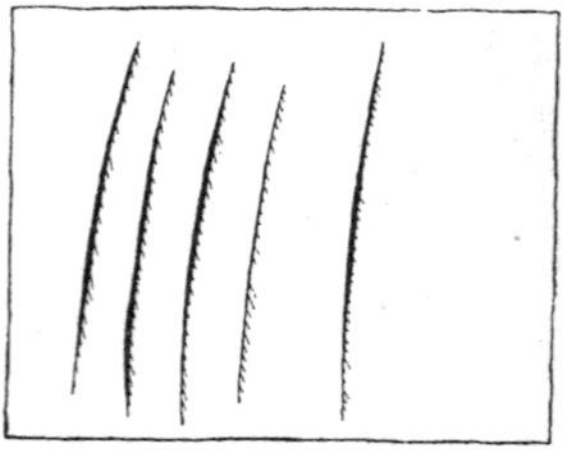

Piquage. Lucio Fontana (1899–1968): Erwartung. Öl auf Leinwand. 5 Schnitte, mit schwarzen Stoffstreifen hinterlegt. 80 cm h, 100 cm br. 1960. Köln: Wallraf-Richartz-Museum.

Piscina, die (lat. = Teich).

I. Fischbecken.

II. Schwimmbecken in den röm. →Thermen*.

III. Taufbecken;→Baptisterium*.

IV. Ablauf für das Wasser, das der Priester zur liturgischen Waschung der Hände und der gottesdienstlichen Gefäße benutzt hat; an der rechten Chorwand neben dem →Altar*.

Pithos, der (griech.). →Vasen 12*.

pittoresk (lat.-ital.-franz.) = →malerisch. Ggstz.: →linear*.

Pittura metafisica, die (ital.) = Metaphysische Malerei. Richtung der ital. Malerei 1914–1920. In einem überdeutlich durchmodellierten Raum stehen Figuren, z. T. puppenartige oder Puppen, starr und bewegungslos; Dinge liegen ohne Zusammenhang und ungenützt herum. Ausdruck der Alogik, des magisch Rätselhaften und der Absurdität unseres Daseins. Künstler: C. Carrà (1881–1966), G. de Chirico (1888 geb.), G. Morandi (1890–1964). →Surrealis-

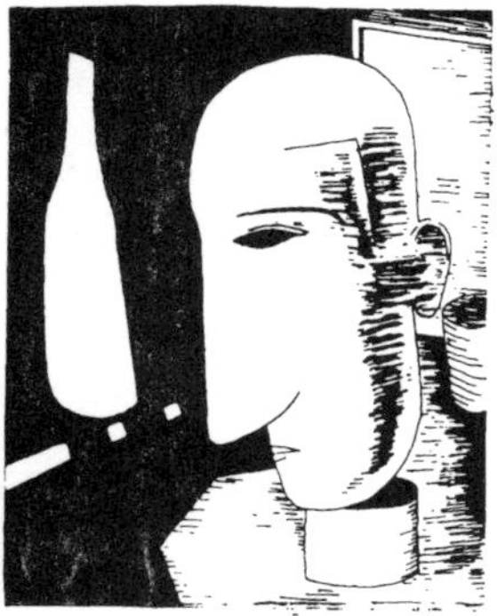

Pittura metafisica. Carlo Carrà (1881–1966): Trunkener Herr. Öl. 60 cm h, 44,5 cm br 1916. Mailand: Privatsammlung.

Plafond, der (franz.: plafoñ = Decke). Die flache Decke eines Raumes. Ggstz.: →Gewölbedecke*.

Plakat, das (niederländisch-franz.), öffentlicher Aushang. Die ~kunst entstand Ende des 19. Jahrh.; ihre Zwecke: Werbung, politische Propaganda, Zeitkritik. Einfluß des jap. →Farbenholzschnittes. ~künstler: A. Beardsley (1872–1898), J. Chéret (1836–1932), R. Dufy (1877–1953), T. T. Heine (1867–1948), K. Kollwitz (1867–1945), Ch. L. Léandre (1862–1930), E. Orlik (1870–1932), P. Picasso (1881–1973), F. von Stuck (1863–1924), H. de Toulouse-Lautrec (1864–1901).

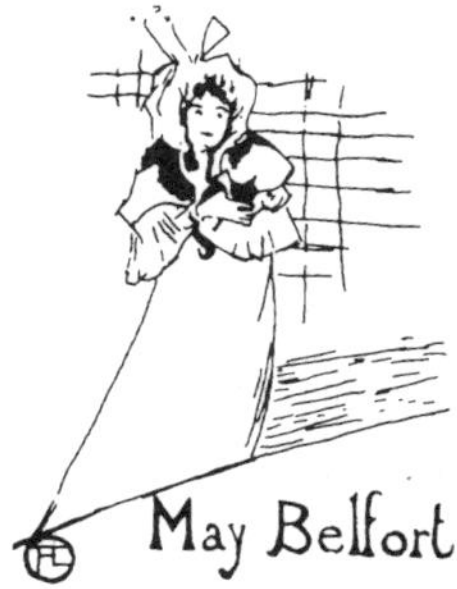

Plakat. Henri de Toulouse-Lautrec (1864–1901): ~ für May Belfort.

Plakette, die (franz. plaquette: -kätt). Kleine, gegossene oder geprägte Platte von eckiger Form mit einer →Relief*darstellung; →Medaille*.

Planierhammer. →Treibarbeit*.

Plas|tik, die (von griech. plassein = formen). Bildhauerkunst: diejenige Kunst, die Körper bildet, entweder als ringsum abtastbare Figuren: Vollplastik, oder erhaben auf einer Fläche: →Relief*. →Bauplastik.

Plateresker Stil (span. plateresco, von platero = Silberschmied). In Spanien der spät→gotische* Zierstil mit überladenen kleinteiligen Schmuckformen. Elemente des →Mudéjarstils* und der ital. Früh→renaissance* verbinden sich in ihm mit →gotischem* Formengut. Seit Ende 15. Jahrh.

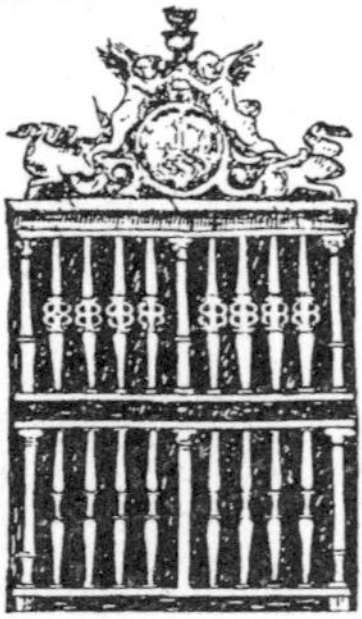

Plateresker Stil. Sevilla (Spanien): Casa de Pilatos: Schmiedeeisernes Fenstergitter. 1 Hälfte. 16 Jahrh

Plattenfries. Fries, der aus aneinandergereihten gerahmten Rechtecken besteht. Beliebt in der antiken und →romanischen Baukunst. →Fries 1.

Platytera, die (griech.). →Madonna VIII.

Pleinair, das (franz.: plänähr = Freilicht). →Freilichtmalerei.

Plenarium, das (von lat. plenum = vollständig). →Liturgische Bücher.

Plinthe, die (griech. plinthos = Platte, Ziegel). Die niedrige, rechteckige oder quadratische Platte unter →Säulen*, →Pfeilern, →Statuen.

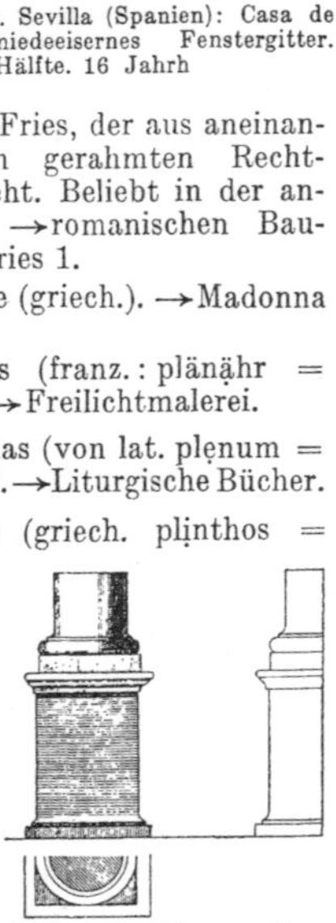

Plinthe. Vignola (1507–1573): Nouveau Livre des Cinq Ordres d'Architecture. Paris o. J. Pl. 6.

Pluviale, das (lat. = Regenmantel). Rauch-, Chor- oder Vespermantel. Liturgisches Gewand: Ärmelloser, bis zu den Füßen reichender, vorn offener Schultermantel mit einem schildförmigen Rückenstück, das urspr. Kapuze eines bei Prozessionen benutzten Regenmantels war. Der kath. Priester trägt das ~ bei feierlichen Prozessionen, Segnungen, Vespern usw.

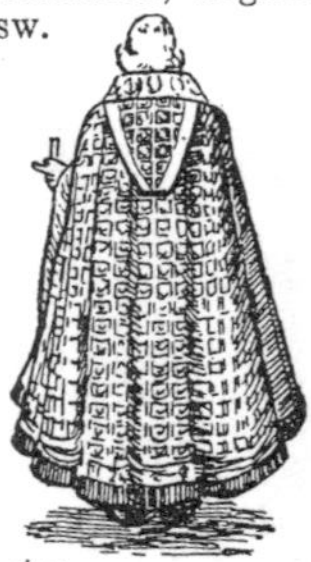

Pluviale. Aachen: Münsterschatz.

Podest, der oder das.

I. Absatz zwischen zwei →Treppenläufen*.

II. Schmales Podium.

Podiumtempel. →Etruskische Form des antiken →Tempels*: ausgesprochene →Fassade; die Rück-

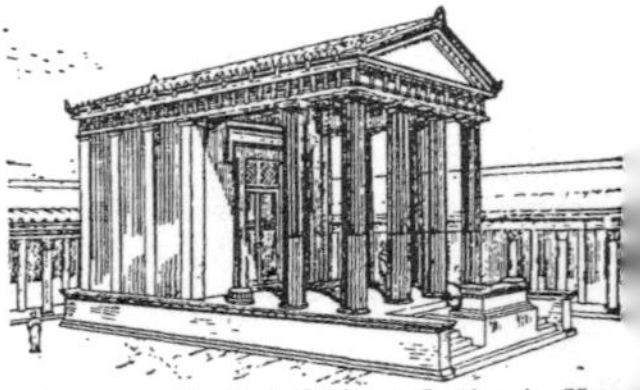

Podiumtempel. Cori (Italien; Latium): Herkulestempel Rekonstruktion von R. Delbrueck (1875–1957)

seite architektonisch unbetont. Die Vorhalle so tief wie die →Cella*. Auf hohem Podium errichtet. Der ~ ist im Ggstz. zum allseitig ausgebildeten griech. →Tempel* ein Richtungsbau.

Pointillismus, der (franz.: poäñtij-). →Neo-Impressionismus.

Pollux. →Dioskuren*.

Polsterquadern. →Quadern mit abgerundeter Außenseite.

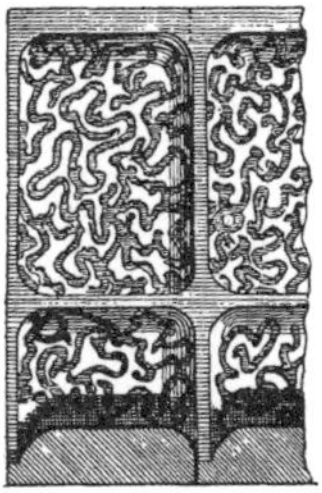

Polsterquader. Charles A. Daviler (1653 bis 1700): Cours d'Architecture. Paris 1691.

Polychromie, die (griech. polychromia = bunte Bemalung [kein antikes Wort]). →Dekorative Ausstattung mit kräftig voneinander abgesetzten bunten Farben, z. B. in der →Volkskunst, in der Gestaltung von Innenräumen mit →Mosaiken, →Glasgemälden*, →Inkrustation, →Keramik usw.; am Außenbau (farbige Behandlung griech. →Tempel*, farbig glasierte Ziegel in der →Backsteingotik, Wechsel von weißem, schwarzem und rotem Marmor usw.); an Stein- und Holzbildwerken (→Faßmaler) und an →Reliefs*.

Polydeukes (griech.). →Dioskuren*.

Polyhymnia, die (griech.). →Muse.

Polyptychon, das (griech.). Ein aus mehr als drei Tafeln zusammengesetztes Gemälde. →Diptychon*, Triptychon.

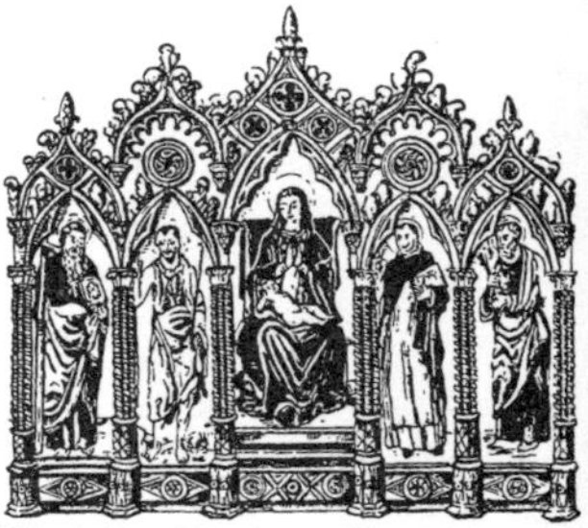

Polyptychon. Bartolomeo Vivarini (um 1432 bis 1499). 1464. Venedig: Accademia.

Ponderation, die (lat.). Ausgeglichene Verteilung der Massen, bes. der Körperlast auf die Beine einer Statue. →Kontrapost*, Stand- und Spielbein*.

Pontifikale, Pontificale Romanum, das (lat.). →Liturgische Bücher.

Pop-Art, die (engl.). Von England und Amerika um 1960 ausgegangene und dann in ganz Europa verbreitete Kunstrichtung.

Realistische Darstellung ohne feine Nuancen; intensive, manchmal schreiende Farben wie für Plakate. Motive aus unserem Alltag: Autos und was dazu gehört, Bierdosen, →Comics, Eiscreme, Film, hot dogs, illustrierte Zeitschriften, Konserven, Kühlschränke, Nahrungsmittel, Pin-up-Girls, Schaufensterpuppen, Torte, Verpackungen, Werbung. Diese Themenwahl erfolgt, um die Kunst aus ihrer Isolierung zu lösen und sie zu einem Bestandteil des heutigen Lebens zu machen.

Das Wort „Pop" ist ungeklärt. Es ist wohl keine Abkürzung von „popular" (engl.) = volkstümlich; diese Kunst war übrigens nie volkstümlich. Wahrscheinlich ist „Pop" ein Ausruf des Erstaunens wie das deutsche „paff" (seit dem 17. Jahrh.), das ursprünglich den Knall eines Schusses bezeichnete, aber auch ein sprachloses Erstaunen („ich bin ganz paff").

Die ~ übersteigert manchmal die Maße ins Monumentale, etwa bei Lichtschaltern, Telefonen oder Waschbecken, um Verwunderung auch über das Alltägliche wachzurufen und das eigentlich Ungewöhnliche auch des Gewohnten aufzudecken.

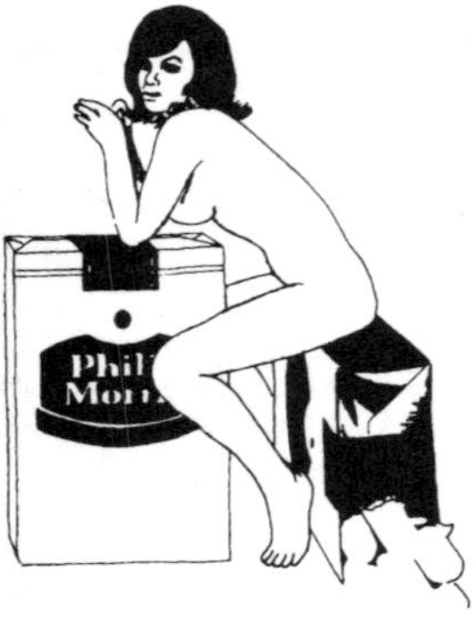

Pop-Art. Mel Ramos (geb. 1935): Phillip Morris. Siebdruck. 71 cm h, 56 cm br. 1965. Privatsammlung.

Ihr Ziel ist es letztlich, die Lebensinhalte des heutigen Menschen zu verdeutlichen: Konsum/Technik/Fetische aus Fernsehen, Kino und Sport/Sucht nach Unterhaltung.

Künstler: Arman (1928 geb.), P. Blake (1932 geb.), Christo (1935 geb.), M. Duchamp (1887–1968), J. Dine (1935 geb.), R. Hamilton (1922 geb.), R. Indiana (1928 geb.), A. Jacquet (1939 geb.), A. Jones (1930 geb.), R. Lichtenstein (1923 geb.), C. Oldenburg (1929 geb.), E. Paolozzi (1924 geb.), M. Pistoletto (1933 geb.), R. Rauschenberg (1925 geb.), M. Raysse (1936 geb.), J. Rosenquist (1932 geb.), G. Segal (1925 geb.), D. Spoerri (1930 geb.), W. Vostell (1932 geb.), A. Warhol (1930 geb.), T. Wesselmann (1931 geb.). →Environment*, Happening.

Portal, das (lat.). Künstlerisch gestalteter Eingang eines Bauwerks, oft mit reichem →Ornament- oder mit bildnerischem Schmuck. Wichtige Einzelheiten des ~: →Archivolte*, Gewände, Türsturz, Tympanon, Wimperg*.

Portatile = altare ~, (lat.). Tragaltar. →Altar 9*.

Portikus, der (lat. die porticus = Eingangshalle). →Säulen*getragene →Halle als Vorbau an der Haupteingangsseite eines Gebäudes.

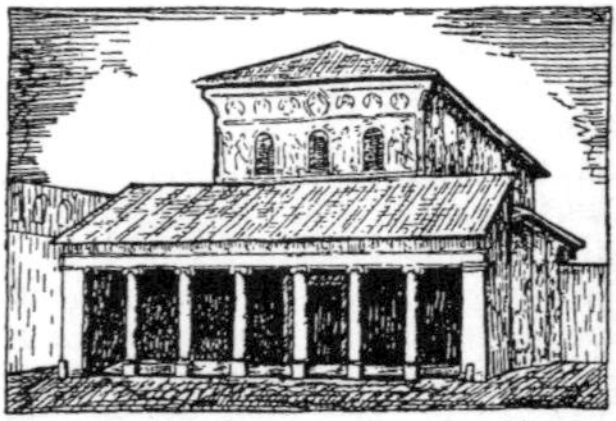

Portikus. Rom: S. Lorenz vor den Mauern. Gegr. von Kaiser Konstantin (306–337). Umgebaut im 6. und 13. Jahrh.

Portlandzement. →Beton.

Porträt, das (franz. portrait: porträ = Bildnis). Darstellung eines individuellen Menschen in Plastik und Malerei; ein Urmotiv der Kunst seit den →ägypt. →Skulpturen. Seinem Stil nach kann das ~ →idealisiert (Steigerung des Dargestellten ins Erhabene und vollendet Schöne), wirklichkeitsgetreu (→realistisch) und unter Umbildung der äußeren Gesichtszüge Herausgestaltung eines bestimmten seelischen Ausdrucks (→expressionistisch*) sein. Der Form nach unterscheidet man das Einzel-, Doppel- und Gruppen~, Bildniskopf und Bildnisbüste (mit dem oberen Teil der Brust), Brustbildnis und Bruststück (mit der ganzen Brust), Halbfigur, Kniestück und Ganzfigur, Vorderansicht (franz. en face: añ faß), Seitenansicht (→Profil), Halbprofil. →Verlorenes Profil*. →Mochica-Kultur, Mumienbildnisse*, Römische Kunst, Selbstbildnis, Teotihuacan-Kultur.

Porzellan, das.
Herstellung. →Keramisches Erzeugnis aus feuerbeständiger Kaolinerde und schmelzbarem Feldspat. Die innig durchgerührte Masse wird auf Filterpressen von überflüssigem Wasser befreit und mehrere Wochen gelagert. Dann verarbeitet man die knetbare Masse auf der →Töpferscheibe oder verflüssigt sie, um sie in zerlegbare Gipsformen zu gießen. Die fertigen Stücke werden einige Zeit getrocknet, bei etwa 900° verglüht, glasiert und bei etwa 1400° gar gebrannt. Die farbige Verzierung des ~s kann durch Färbung der Masse, durch farbige →Glasuren oder durch Auftragen der Farben geschehen. Werden die Farben nach dem Verglühbrand aufgetragen (Unterglasurmalerei), so kommen nur wenige Farben, Metalloxide, sog. Scharffeuerfarben, in Betracht (z.B. das Kobaltblau des Meißener →Zwiebelmusters*); die Farben erhalten dann die Glasur und werden darauf gar gebrannt. Bei der Aufglasurmalerei werden die Farben nach dem Garbrand auf die Glasur aufgetragen und bei schwachem Feuer dieser eingebrannt (→Muffelfarben). Durch rasche Abkühlung ruft man haarfeine Risse in der Glasur hervor (→Craquelée). Man unterscheidet nach der Höhe der Brenntemperatur (nicht nach dem Härtegrad) Hart~ (hohe Brenntemperatur) und Weich~ (niedrige Brenntemperatur).

Hauptarten des ~s.

I. Ostasiatisches ~. Das älteste sicher datierte Stück stammt in →China aus dem Jahre 1352.

II. Europäisches Hart~, bes. der Manufakturen von Meißen (gegr. 1710) und Berlin (gegr. 1750).

III. Biskuit~. Unglasiertes Weich~ von matter, etwas rauher Oberfläche.

IV. Fritten~. Weich~ mit geringem Gehalt an Kaolin, daher auch als künstliches ~ bezeichnet. Sehr leuchtkräftige Farben, geringe Haltbarkeit. Bes. in den romanischen Ländern für Luxusgeschirr beliebt.

Porzellankunst. Außer Gebrauchsgegenständen gibt es auch Schaugeräte und →Plastiken aus →Porzellan. →Commedia dell'arte.

Porzellanmarken. Dem →Porzellan

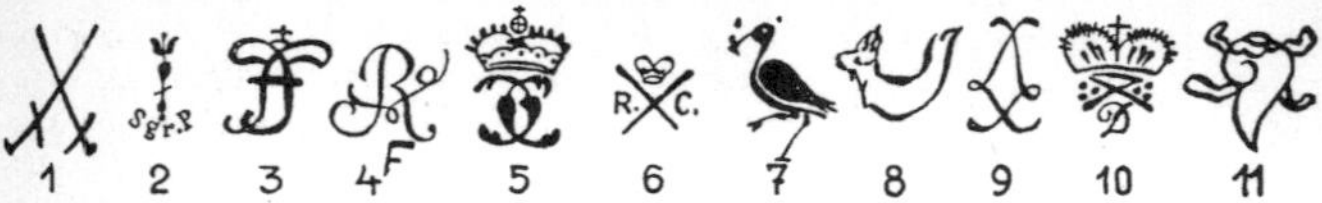

Porzellanmarken. 1. Meißen 1730–63. 2. Kgl. Porzellan-Manufaktur, Berlin seit 1882. 3. Fulda. 4. Frankenthal. † Van Recum 1755–99 5. Ludwigsburg. 18. Jahrh. bis 1806. 6. Ph. Rosenthal. 7. Haag. 8. Lille 1784–1817. 9. Vincennes 1738–56. 10. Derby seit 1782. 11. China Muschelform.

eingebrannte Zeichen der einzelnen →Manufakturen; Erkennungs- und Echtheitsmarken.

Porzellanzimmer. Mit chin. →Porzellanen dekoriertes Zimmer, Ausfluß der europäischen Chinamode (→Chinoiserie) seit dem 17. Jahrh. Die Porzellane sind teils original, teils nachgeahmt. Mitte 18. Jahrh. gehörte ein solcher Raum zur Ausstattung eines jeden Schlosses.

Poseidon, der (griech. Poseidon). Griech. Gott des Meeres. Sein Attribut ist der →Dreizack. →Neptun.

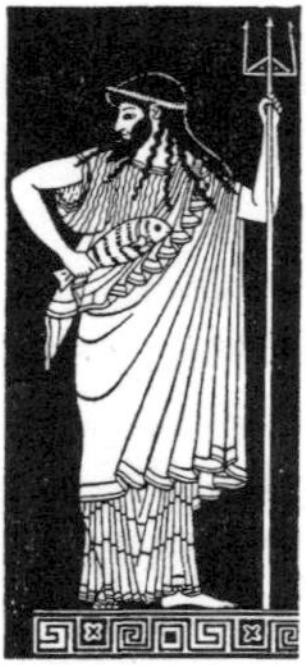

Poseidon. Berlin: Staatliche Sammlungen. Panathenäische rotfigurige Amphora des Kleophrades-Malers. Um 490 v. Chr.

Postament, das (lat.). Gestell, auf dem sich eine →Säule* oder eine →Statue erhebt; gegliedert in Fußgesims, →Schaft und →Kranzgesims.

Poster, das oder der (engl.: poußter) = →Plakat*. Eine Gruppe von Plakaten: künstlerisch durchgeformt, dekorativ oder provozierend. Unter dem Eindruck der →Pop-art* begann man ~ zu sammeln und als Wandschmuck zu verwenden. Viele ältere berühmte Plakate wurden nachgedruckt.

Postume Gotik = →Nachgotik. →Gotik II.

Präfabrikation, die. →Fertigbauweise.

Prä|raffa|eliten. 1848 gegründete Vereinigung engl. Maler, die sich an die Vorläufer Raffaels anschlossen, um die Kunst vom Seelischen und Natürlichen her zu

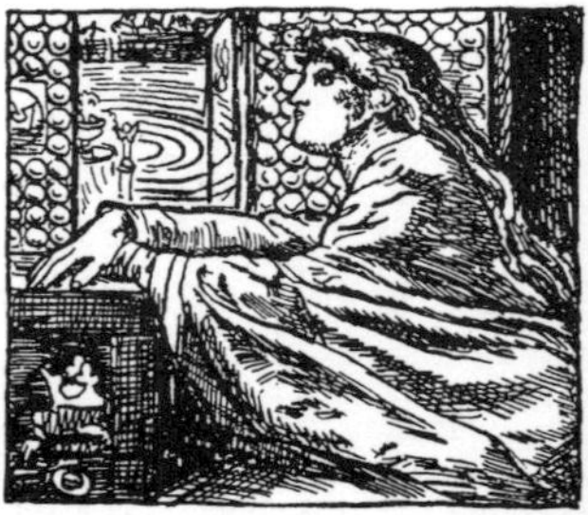

Präraffaeliten. Dante Gabriele Rossetti (1828–1882): Titelblatt zu „Des Prinzen Fahrt". 1866.

erneuern. Hauptmeister: D. G. Rossetti, (1828–1882), H. Hunt (1827–1910), John E. Millais (1829 bis 1896).

Prätorianum, das. →Castrum*.

Pranger, der (mhd.: pfrengen = pressen, drücken). Ein Schandpfahl an dem man nach mittelalterlichem Strafrecht den Missetäter gefesselt der öffentlichen Schande preisgab. Ein →Säulenmonument* als Hoheitszeichen des Rechtes.

Predella, die (ital. aus ahd. bretil = Brettchen). Unterbau am →Flügelaltar*, oft mit Reliquien; die Altarstaffel. Oft mit gemalten und geschnitzten Darstellungen.

Preis|amphora, die. →Amphora*.

Presbyterium, das (griech.). Im christl. Kirchenbau der gottesdienstliche Raum für die Priester. →Apsis*, Basilika 4*.

Prieche, die (norddeutsch) = → Empore* in der Kirche.

Primamalerei. →Ölmalerei.

Primitive Kunst.

I. Im eigtl. Sinne: die Kunst der Naturvölker, die freilich unsachgemäß als „primitiv" bezeichnet wird.

II. Im übertragenen Sinne: eine scheinbar primitive, in Wirklichkeit lediglich unnaturalistische Kunst, bes. im Mittelalter in Deutschland, Frankreich und Italien.

III. In der neuen Kunst nennt man „primitiv" eine an Kinderbücher erinnernde, echt oder bewußt kindliche Darstellungsweise; Hauptmeister: Henri Rousseau (1844–1910). Seine Kunst wie die des Mittelalters ist in Wirklichkeit nicht durch Begriffe wie „naiv, dilettantisch oder kunstlos" zu charakterisieren; darum ist der Ausdruck ~ für diese Gestaltungen im Grunde ungeeignet. →naive Malerei.*

Probedruck. Z. B. →Kupferstich*.

Profanbau, profane Kunst (lat. = vor dem Tempelbezirk [fanum] gelegen). Die gesamte Architektur und sonstige Kunst, soweit sie nicht religiös ist.

Profil, das (ital.).

I. →Bildnis in der Seitenansicht. Ggstz.: →en face. →Porträt, Halbprofil, Verlorenes Profil*.

II. In der Baukunst: betonte Grenzlinie eines Bauteils, z. B. Umrahmung eines Fensters. →Fenster 1*.

Project-Art, die (engl.: projäkt) = Projektkunst. Eigentlicher Inhalt ist die Planung selbst, nicht die Ausführung. Verwandt mit der →Conceptual-Art*.

Proletkult. Russische Abkürzung für „Proletarische Kultur". Damit war eine zwischen 1918 und 1920 bes. aktive Vereinigung gemeint, die eine proletarische Kunst und Literatur schaffen wollte. Für sie war bis heute maßgebend die Verherrlichung von Arbeiter, Industrie und Maschine. Pathetische Darstellung des Proletariates in der Fabrik, der Landwirtschaft, der Roten Armee und der Partei. Ablehnung aller →abstrakten* oder versuchshaften Kunstrichtungen, etwa des →Suprematismus*. →Sozialistischer Realismus*.

Prọnaos, der, oder Prọnaon, das (griech.). Vorhalle des antiken →Tempels*. Ggstz.: →Opisthọdomos*.

Proportiọn, die (von lat. propọrtio = Verhältnis). Das geregelte und wohlgestaltete Verhältnis der einzelnen Glieder eines Kunstwerks untereinander. Was als beste ~ empfunden wird, wechselt mit den Zeiten und Stilen. Immer wieder hat man versucht, die „richtige" ~ in Maßzahlen auszudrücken; am wichtigsten ist dabei der Goldene Schnitt geworden (Teilung einer Linie A in einen kleineren Teil B und einen größeren C, und zwar so, daß das Verhältnis B : C = C : A gilt); der Goldene Schnitt herrscht in der Kunst durchaus nicht vor, wie sich überhaupt die gute ~ nur selten aus rechnerischen Beziehungen entwickelt.

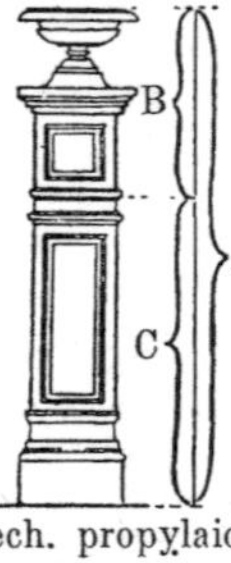

Proportion.
Goldener Schnitt.

Propyläen, die (griech. propylaion, zu pro = vor, pyle = Tor, meist Mehrz.: propylaia lat. propylạẹa). Torbau, der zu einem geschlossenen Bezirk von Monumentalbauten führt, bes. vor griech. Heiligtümern. Am berühmtesten sind die ~ auf der →Akrọpolis zu Athen (436–432 v. Chr.).

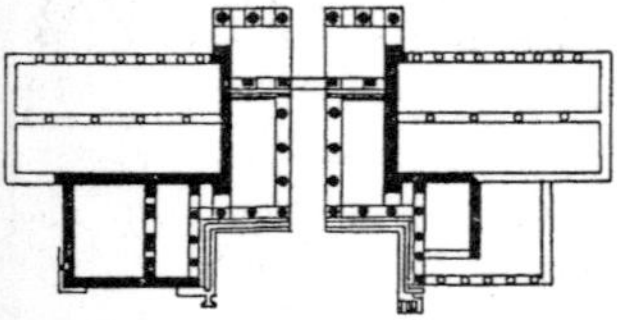

Propyläen des Mnesikles. 436–432 v. Chr. Athen: Akropolis.

Prospẹkt, der (lat. prospẹctus = Aus-, Fernsicht).

I. Sachlich genaue und →perspektivisch* richtige Ansicht einer Stadt oder Landschaft im Bild oder →Kupferstich*.

II. Bei der Orgel: Schauseite mit ornamental angeordneten Zinnpfeifen.

Prọstylos, der (griech.). Form des antiken →Tempels*: an der Stirnseite eine Vorhalle mit 4 bis 6 (seltener 8) Säulen.

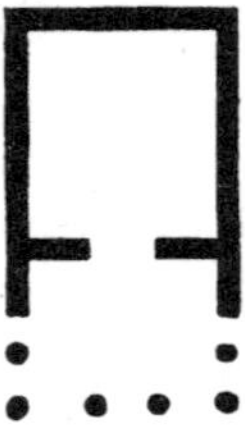

Prostylos.

Proszẹnium, das (griech.-lat.) = Vorderbühne.

I. Im antiken →Theater der Platz vor der →Skene.

II. Im modernen →Theater Raum zwischen Vorhang und Rampe.

Prọthesis, die (griech. = Aufstellung). →Pastophọrium*.

Prọto|renaissạnce, die (griech. prọtos = der erste; franz. renaissạnce

: renähßañß = Wiedergeburt). Vor→renaissance* (zum Unterschied von der Frührenaissance des 15. Jahrh.). Mit ~ bezeichnet man jegliche Wiederaufnahme antiker Formen vor der Renaissance (→Karolinger, Ottonen, 12. und 13. Jahrh.).

Prozeßkunst. Sie konzentriert sich auf das Geschehen im Alltag und will es als Ablauf in Raum und Zeit bewußt machen. Dazu verhelfen auch filmische Aufzeichnungen. Die ~ richtet sich auf Sachverhalte, die zwar für den Verlauf von Handlungen maßgebend sind, aber im allgemeinen nicht beachtet werden.

Psalterium, das; auch der Psalter (lat.). →Liturgische Bücher.

Pseudobasilika, die (griech. pseudos = Täuschung). Scheinbare →Basilika*: Kirche mit erhöhtem Dach des →Mittelschiffs; im Grunde aber →Hallenkirche*, deren Mittelschiff über die Seitenschiffe erhöht ist, jedoch keine eigenen Fenster besitzt. Gleichbedeutend mit Stufen- oder Staffelhalle.

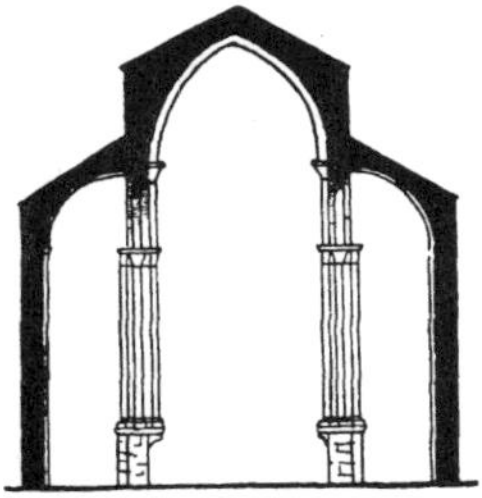

Pseudobasilika. Ehem. Benediktinerabtei Fontfroide bei Narbonne (Südfrankreich). Kirche. Ende 12. Jahrh.

Pseudodipteros, der (griech.). Griech. →Tempel* mit einem Säulenumgang, im Ggstz. zum →Dipteros*, der zwei Säulenumgänge besitzt. Der eine Säulenumgang des ~ hat dieselbe Tiefe wie der doppelte Säulenumgang des →Dipteros. →Tempel 10*.

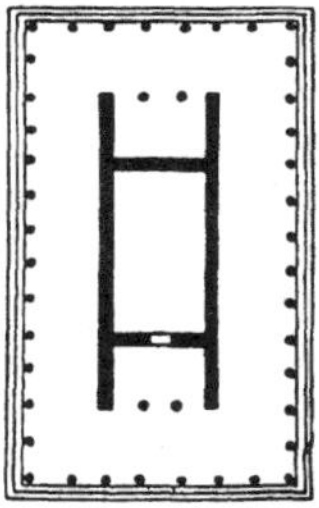

Pseudodipteros. Messa (Insel Lesbos, Ägäis). Jonisch. 4. Jahrh. v. Chr.

Pseudoperipteros, der. →Tempel 9*.

Psyche, die (griech. psyche = Seele). Personifikation der Seele; in der antiken Kunst als Vogel, erst im →Hellenismus als kleines Mädchen mit Schmetterlingsflügeln dargestellt.

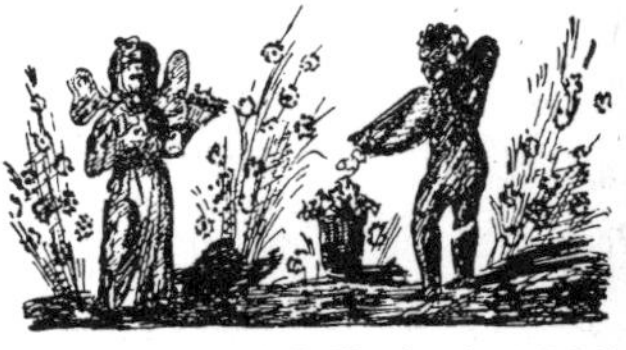

Psyche. Rom: Domitilla-Katakombe. 3. Jahrh. Eros (rechts) und Psyche (links) beim Blumenpflücken

Psychopompos, der (griech. = die abgeschiedenen Seelen geleitend). →Hermes*.

Psykter, der (griech.). →Vasen 13*.

Pultdach. →Dachformen 1*.

punktịeren. Will ein Bildhauer ein Modell auf den für die Ausführung bestimmten Stein- oder Holzblock maßstäblich übertragen, so bezeichnet er zunächst von Hand oder mit der Punktịermaschine die wichtigsten Punkte, um bei der Arbeit einen genauen Anhalt zu haben; diesen Vorgang nennt man ~.

Pụnze, die. Stahlstift oder -stempel zum Eintreiben bestimmter Formen in Metall, Leder oder den Grund eines →Tafelgemäldes. Der so behandelte Gegenstand heißt gepunzt oder punziert.

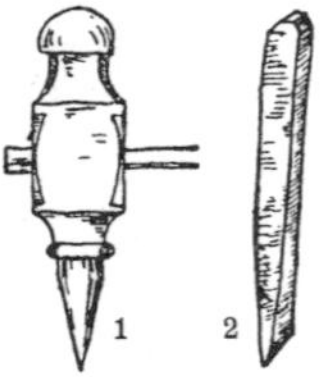

Punze. 1. Hammer. 2. Stahlstift.

Purịsmus, der.

I. Er will die Stilreinheit als solche und betreibt z. B. die Entfernung →barocker Altäre aus einer →romanischen Kirche. Im 19. Jahrh. häufig.

II. Manifest „Après le Cubisme" 1918. Es fordert die Abkehr von allen gefühlshaften Bewegungen in der Kunst und die Rückkehr zu architektonischer Strenge. Die funktionale Schönheit der Maschine wird als Leitziel künstlerischer Form herausgestellt.

Pụtte, die (ital. pụtto, der = kleines Kind). Nackter kleiner Knabe, manchmal mit Flügeln. Umformung der →gotischen* Kinderengel unter Anlehnung an die antiken →Eroten*. Erstmalig in der ital. Früh→renaissance*. → Amorette*. Sehr häufig im →Barock; dort gern für →allegorische Darstellungen mit dem entsprechenden →Attribut verwandt.

Pylọn, der (griech. das große Eingangstor der →Tempel* und Paläste; Mehrz.: Pylọnen). Am Eingang des →ägypt. Tempels steht rechts und links je ein wuchtiger, →schräg geböschter Eckturm, der meist mit umfänglichen, farbig gehaltenen →Relief*darstellungen geschmückt ist.

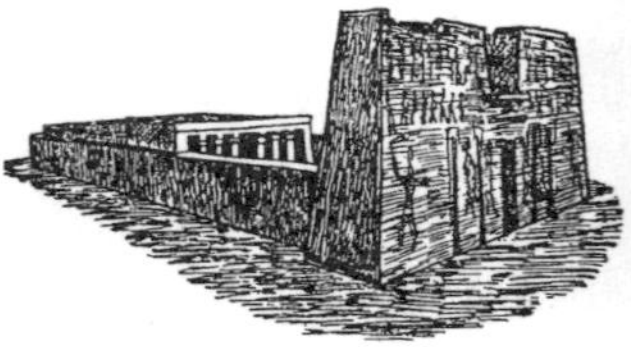

Pylon. Edfu (Oberägypten): Horustempel. 237–57 v. Chr. Pylon um 106–57 v. Chr.

Pyramịde, die (griech.: pyramịs). Ein Kultmal in der Form einer Pyramide.

I. Im Alten →Ägypten Grabwohnung der Könige, zunächst als →Stufen~* angelegt. Ein Schacht führte zur → Grabkammer, die, innerhalb der ~ oder unter ihr gelegen, von der Außenwelt streng abgesperrt war. Blütezeit zwischen 2600 bis 2300 v. Chr.

II. In→Vorderasien eine Form des Tempels, der sich auf einer abgeplatteten ~ erhob →Tempelpyramide*, Zikkurat*.

III. In →Altamerika eine Form des Tempels zur göttlichen Verehrung der Sonne: die neun Absätze verweisen auf die neun Himmel, welche die Sonne täglich durchschreitet; die Zahl der Treppenstufen auf die 365 Tage des Jahres. →Tempelpyramide*.

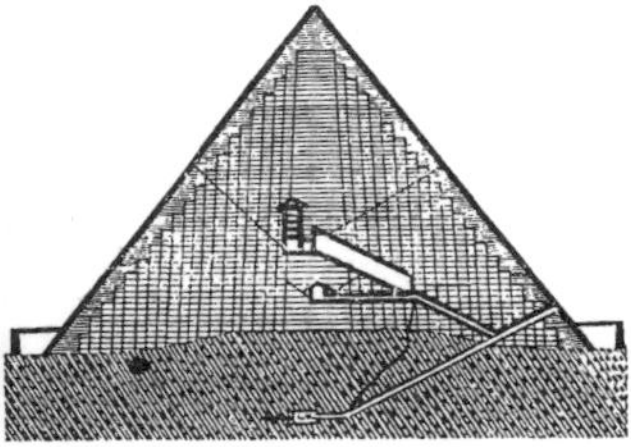

Pyramide I. Giza bei Kairo: Pyramide des Cheops. 4. Dyn. 2600–2480 v. Chr. Längsschnitt von Süden nach Norden.

Pyramidendach. →Dachformen 5*.

Pyramidentempel. →Tempelpyramide*.

Pythonschlange. →Schlange II.

Pyxis, die (griech. = Büchse).

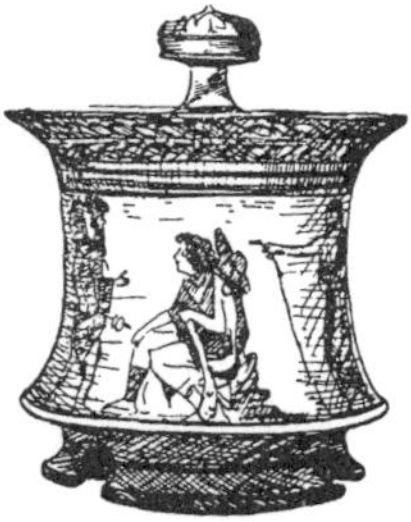

Pyxis. 1. *Antik.* New York: Metropolitan-Museum. Weißgrundige ~ mit Parisurteil. Um 460 v. Chr. Vom Penthesilea-Maler. Aus Cumae (Italien, Campanien).

1. Antiker Behälter aus Holz, Ton oder Metall mit Deckel.

2. In der christl. Kunst: Behälter zum Aufbewahren der Hostien = →Ciborium*; oft zylindrisches Gefäß mit Deckel oder über dem →Altar* schwebende Taube. Aus Holz, Edelmetall oder Elfenbein. – Auch Behälter für die hl. Öle und Reliquien. →Eucharistische Taube*.

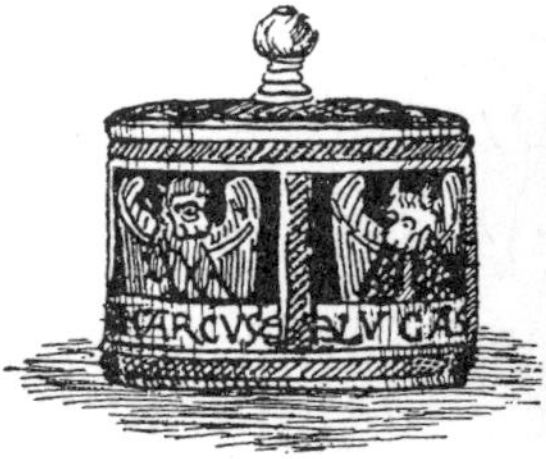

Pyxis. 2. *Romanisch.* Liverpool (England, Lancashire): Public Museum.

Q

Quader, der. →Baustein I.

Quadratischer Nimbus. →Heiligenschein IV*.

Quadratischer Schematismus. Geometrisierung des →Grundrisses: Das →Vierungsquadrat* als Grundmaß für Vorchor, →Querhaus und →Langhaus. →Gebundenes System*.

Quadrierung, die. Aufmalung von Scheinfugen auf den Putz einer Wand; Nachahmung von →Quadersteinen.

Quadriga, die (lat. quadrigae = Viergespann).

I. Der zweirädrige, hinten offene, stehend gelenkte Streitwagen der Griechen mit vier Pferden nebeneinander; später, vor allem in Rom, nur noch als Rennwagen und bei Triumphzügen verwandt.

II. Zur Bekrönung von Bauten verwandt. →Mausoleum*.

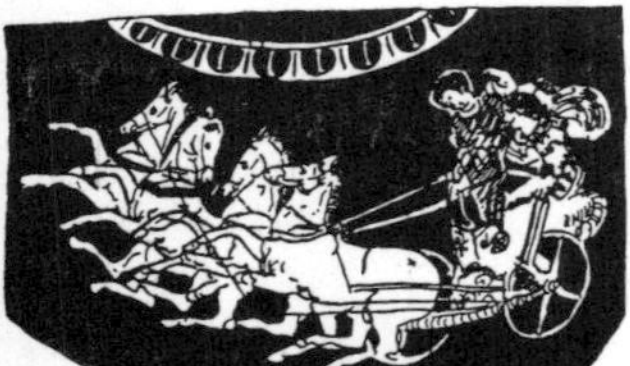

Quadriga. London: Britisches Museum. Hydria des Meidias. Um 410 v. Chr. Leukippiden-Raub.

Quadrivium, das (lat.). →Künste, die sieben freien.

Quattrocento, das (ital.: kwattrotschento = vierhundert; Abkürzung für 1400). Ital. Kunst der Früh→renaissance*, etwa seit 1420. Die Künstler des ~ heißen Quattrocentisten.

Queen Anne Style (engl.: quihn änn ßtail). Der engl. Bau- und Möbelstil in der Regierungszeit der Königin Anna (1702–1714). Damals entstanden vorbildlich schöne Land- und bürgerliche Wohnhäuser.

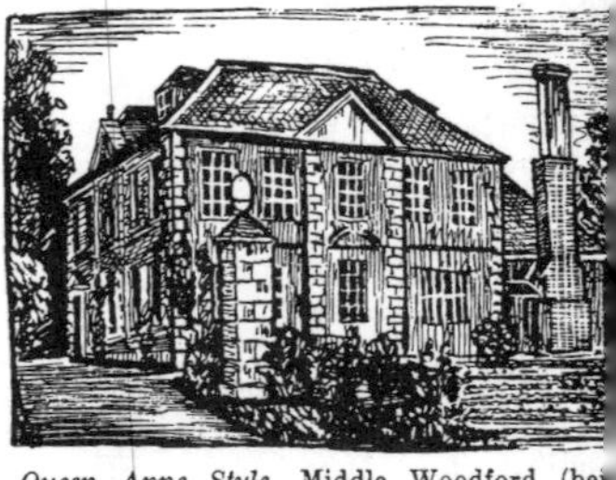

Queen Anne Style. Middle Woodford (bei Salisbury; England, Wiltshire): Heale House 1. Viertel 18. Jahrh.

Queen Elizabeth Style, der. →Elisabeth-Stil*.

Quergurt. →Gurtbogen*.

Querhaus, Querschiff. In Querrichtung verlaufender Raum des christl. Kirchenbaus zwischen →Langhaus und →Chor. Das mittlere Joch, in dem sich Lang- und Querhaus durchdringen, heißt →Vierung*. →Basilika 4*, Kreuzarme.

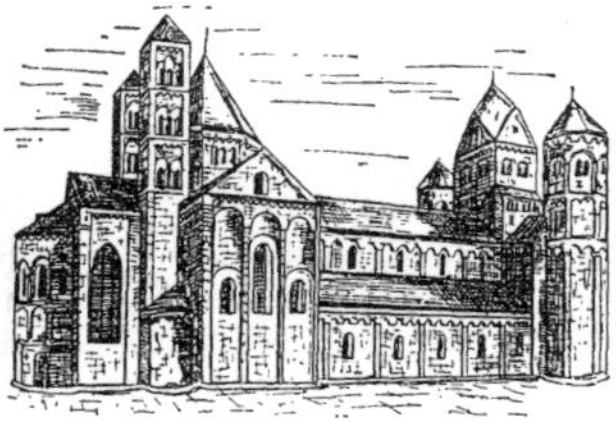

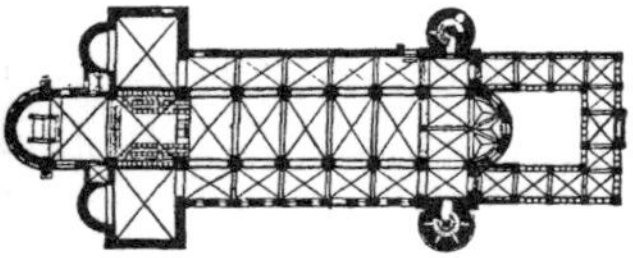

Querschiff. Maria Laach: Benediktinerabteikirche. 1193–1230. Mit doppeltem ~. Ansicht von Nordosten und Grundriß

Querschnitt. Ebener Schnitt senkrecht zur Längsrichtung eines Körpers; z. B. →Pseudobasilika*. Ggstz.: →Längsschnitt, parallel zur Längsrichtung eines Körpers; z. B. →Gurtbogen*.

Qibla (arab.). Richtung des Betens im Islam: nach Mekka hin. → Mihrab*.

R

Radfenster. →Fenster 9*.

Radha (ind.). Schönes Hirtenmädchen, Geliebte des →Krishna*.

Radialer Kapellenkranz. →Kapellenkranz.

Radiernadel. →Kupferstich I*.

Radierung (von lat. radere = schaben, kratzen). →Kupferstich I*.

Radschputen-Malerei. Ind. →Miniatur-Malerei zwischen 1500 und 1800; Hofkunst der reichen Radschputen-Fürsten in Radschputana und Pahari. Thematische Anknüpfung an die hinduistische Tradition; formale Anknüpfung an die →Mogulmalerei. Hauptthema: → Krishna*-Legende. →Indische Kunst.

Ragamala-Miniaturen in der →ind. Kunst; 1475–1700. Raga bedeutet Farbe, die in der Seele des Zuhörers ein jeweils eigenes Gefühl zu erwecken vermag, und bezeichnet eine nach Tages- und Jahreszeit wechselnde musikalische Stimmung. Es gibt 6 Ragas; eine Ragini ist die weibliche Form eines Raga. Jeder Raga hat 5 oder 6 Frauen, seine Raginis; d. h. jeder Raga-Melodie sind 5 oder 6 Ragini-Melodien zugeordnet. Eine Ragamala-Serie ist ein Satz von meist

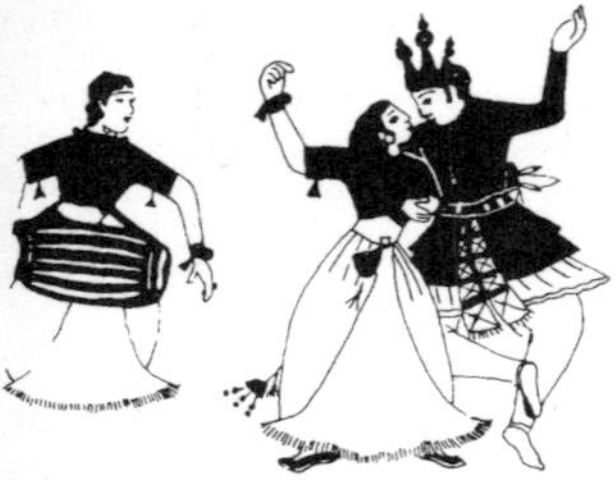

Ragamala. Oxford: Bodleian Library. Spielzeit: nachts oder während des Monsun. Megha Mallar ist die 5. Raga einer Ragamala. Megha Ragha, als Krishna dargestellt, tanzt mit einer Dame. Im Hintergrund eine Trommlerin. 1. Viertel 17. Jahrh.

36 Bildern, die die sechs Ragas mit ihren Frauen darstellen. Oft schwer lesbare Texte erläutern die Miniaturen, die häufig erotischen Charakter haben und auf die Liebe zwischen →Radha und →Krishna* bezogen sind.

Rahmenbau. Die Lasten werden von Rahmen, nicht von Mauern getragen. →Fachwerk*, Skelettbau.

Rakshạsa. In der indonesischen Kunst dämonische Gestalt, oft beiderseits am Tor eines Tempels; von →apotropäischem Charakter.

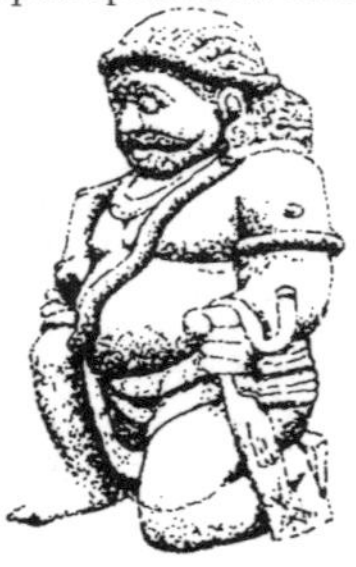

Rakshasa. Sewu (Indonesien). 9. Jahrh. 2.5 m h.

Rạma, der Mond. In der ind. Mythologie die milde Erscheinungsform des Gottes →Vishnu*.

Randleiste. →Leiste*.

Rangstatue. Bei den →Naturvölkern Form der →Plastik. Sie wird vor den Häusern oder im Walde zur Ehrung Verstorbener aufgestellt. Die Vielzahl der Köpfe bringt zum Ausdruck, daß der Tote die innere Kraft mehrerer Menschen besaß.

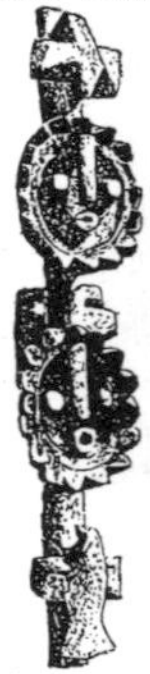

Rangstatue. Basel: Museum für Völkerkunde und Schweizerisches Museum für Volkskunde (Vb 4450). Aus dem Mark des Baumfarns geschnitzt. Von der Insel Venua Lava; Banks-Inseln, Melanesien.

Rạphael, der. →Erzengel.

Rappọrt, der (franz.: rapọr = Wie-

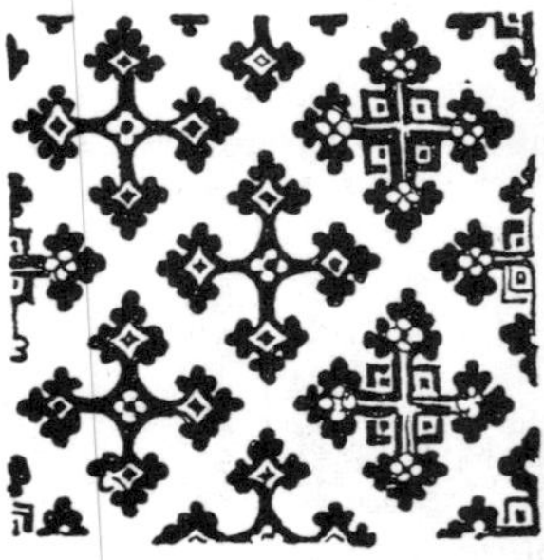

Rapport. Stuttgart: Landesgewerbemuseum Russischer Seidenbrokat. 18. Jahrh.

derbringen). Die regelmäßige Wiederkehr der Grundform eines Musters, z. B. an einer →Tapete oder einem →Teppich*.

Raster, der oder das.

I. Er zerlegt für den Druck Bildvorlagen in einzelne Punkte. Die Kunst des 20. Jahrh. ahmt manchmal mit Hilfe einer Schablone ~ nach und zerlegt so den Kopf eines Menschen in einzelne Punkte. Künstler: A. Jacquet (1939 geb.), R. Lichtenstein (1923 geb.). → Moiré-Effekt*.

II. Architektur des 20. Jahrh.: Aufteilung aufgrund eines rechtwinkligen Liniennetzes.

Ratha, das (sanskr. = Fahrzeug). →Hinduistischer Tempel als ein mit Pferden bespanntes Götterfahrzeug.

Rationale, das (lat.).

I. Brustschmuck in →Goldschmiedearbeit, von den Bischöfen im 11.–13. Jahrh. vorn auf dem Meßgewand getragen.

II. →Palliumartiges* Schulterkleid, unter dem Meßgewand getragen. Im Mittelalter Ehrenschmuck verschiedener Bischöfe.

Rauchfaß. Tragbares Metallgefäß für die liturgischen Räucherungen

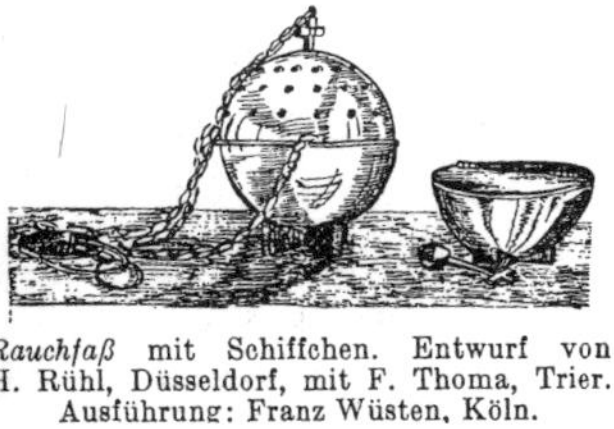

Rauchfaß mit Schiffchen. Entwurf von H. Rühl, Düsseldorf, mit F. Thoma, Trier. Ausführung: Franz Wüsten, Köln.

in der kath. Kirche. Eine als Feuerbecken verwandte Schale ist mit einem durchlöcherten Deckel verschlossen, der sich an einem Kettchen hochziehen läßt. Der Weihrauch wird in einem eigenen Gefäß aufbewahrt, das wegen seiner Form „Schiffchen" heißt.

Rauchmantel. →Pluviale*.

Rauhputz. Ein grober, also nicht glatter Verputz.

Raumkunst. Die →kunsthandwerkliche Ausstattung des Innenraumes bei weltlichen Bauten.

Rautendach. →Dachformen 14*.

Rautenfries. →Fries 4*.

Rayogramm, das. Ein Verfahren in der Fototechnik: man legt auf eine lichtempfindliche Platte verschiedene Objekte. Dabei entstehen Gebilde unrealistischen Charakters, die die Einbildungskraft anregen können. 1922 von Man Ray (1890 geb.) entwickelt. →Surrealismus*.

Rayonismus, der (franz.: räjo-) = Strahlungskunst. →Abstrakte* Form russischer Malerei; 1909 entwickelt. Einflüsse des franz. →Kubismus* und des ital. →Futurismus*. 1913 das „Rayonistische Manifest": Zerlegung der Gegenstände in Farbstrahl-Kompositionen. Angewandt in Bühnendekorationen für das Pariser Theater: Verzicht auf gegenständliche Fixierungen, bewegtes Licht in scheinbar entgrenzten Räumen.

Re. In →Ägypten Name des Sonnengottes. →Amun, Aton*, Flügelsonne*.

Ready-made, das (engl.: rädi me'd) = fertig. Serienmäßige Industrieprodukte wie Flaschenständer oder Räder stellt der Künstler unverändert, aber isoliert auf und erklärt sie zum Kunstwerk. Zuerst M. Duchamp (1887–1968) 1913; er suchte die engste Verknüpfung der Kunst mit der Wirklichkeit und lehrte die Industrieprodukte als reine Formen sehen, ohne ihre Gebrauchsfunktion.

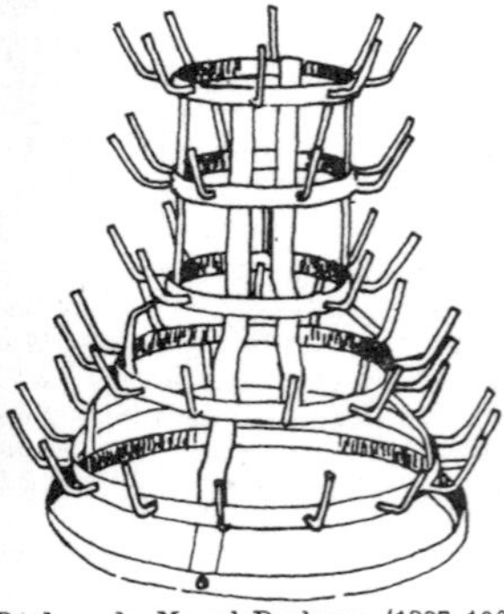

Ready-made: Marcel Duchamp (1887–1968): Flaschentrockner. 1913.

Realismus, der (von lat. realis = wirklich). Kunstrichtung, die die wirklichkeitsgetreue Wiedergabe der Gegenstände sucht; steht in Ggstz. zu einer Kunst, die die Wirklichkeit erhöht (→idealisiert) oder sie einer bestimmten Stilform unterwirft (→stilisiert). Realistische Kunstepochen sind in der Gesamtheit der Kunstgeschichte nicht häufig.

Redoute, die (franz.: rödute).

I. Teil einer Festung: Schanze.

II. Ballsaal.

Redundanz, die (lat.) = das Überflüssige. In der Informationstheorie bezeichnet ~ diejenigen Elemente einer Nachricht, die keine zusätzliche Information liefern, also wegbleiben können. M. Bense (1910 geb.) möchte mit Hilfe des Begriffes ~ auch den Wert eines Kunstwerkes, seine erkennbare Ordnung bestimmen. →Informationsästhetik.

Refektorium, das (von lat. refectio = Erfrischung). Es dient in →Klöstern* der Einnahme der gemeinsamen Mahlzeiten und der Erholung. Bei geistlichen Ritterorden heißt der gleiche Raum auch →Remter*. →Kloster, Grundriß G*.

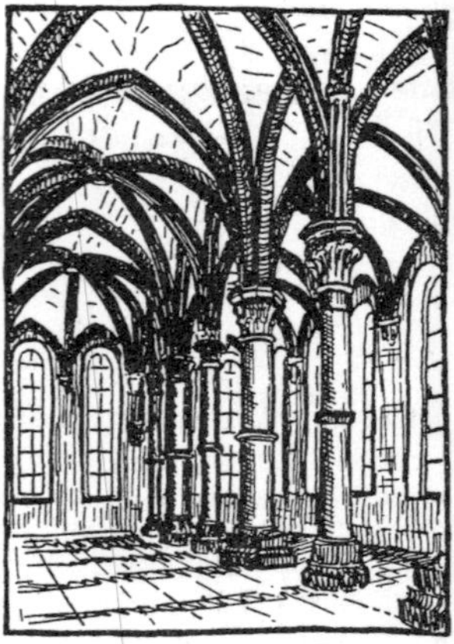

Refektorium. Maulbronn (Württemberg) Ehem. Zisterzienserkloster. Herren~. Um 1220/30.

Régence-Stil (franz.: re[sch]anß = Regentschaft). Franz. Übergangsstil zwischen dem →barocken →Louis-Quatorze* und dem →Rokoko, benannt nach dem Regenten Philipp von Orléans (1715–1723) Rundungen im →Grundriß; stat

Vollsäule →Pilaster; Verschmelzung von Wand und Decke; an der Decke heitere →Dekoration. →Bandelwerk*.

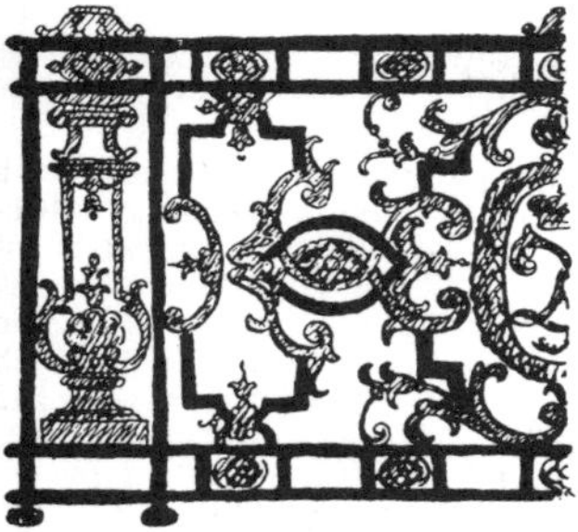

1. *Louis-Quatorze.* Jean Bérain (1638–1711).

2. *Régence-Stil.* Unbekannter Meister.

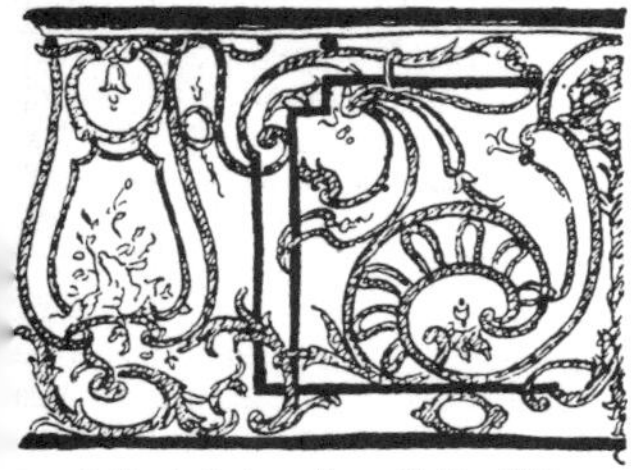

3. *Louis-Quinze.* François Cuvilliés (1695–1758).

regenerieren (lat. = erneuern). Wiederauffrischen von Gemälden, die in der Farbe blind und stumpf geworden sind. →Pettenkofersches Verfahren.

Regentenstück (von lat. regere = leiten). Holländ. →Gruppenbild des 17. Jahrh., das die Vorsteher (Regenten) einer Gilde darstellt.

Reiber. →Blockbuch.

Reiberdruck. Älteres Druckverfahren beim →Holzschnitt*: Das Papier liegt auf dem Holzstock und wird mit der Hand oder einem Reiber angedrückt; dabei zeichnen sich die Linien auf der Rückseite des Blattes durch.

reine Farben. →Vollfarben.

Reinigungsbrunnen. Brunnen im Vorhof einer →altchristl. →Basilika* (→Atrium 4*) oder Moschee (→Islamische Kunst 2b*). Er dient der →symbolischen Reinigung vom „Schmutz" der Sünde.

Reisealtärchen. →Altar 9*.

Reiswerkkirche = norwegische →Stabkirche*.

Relief, das (franz., von ital. rilievo = erhabene Arbeit). Art der →Plastik: Auf der Fläche entwickelte

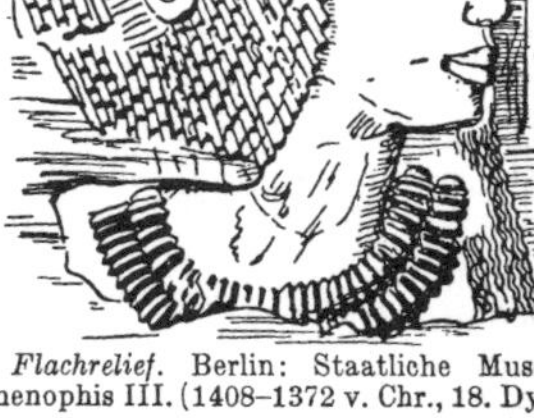

1. *Flachrelief.* Berlin: Staatliche Museen. Amenophis III. (1408–1372 v. Chr., 18. Dyn.).

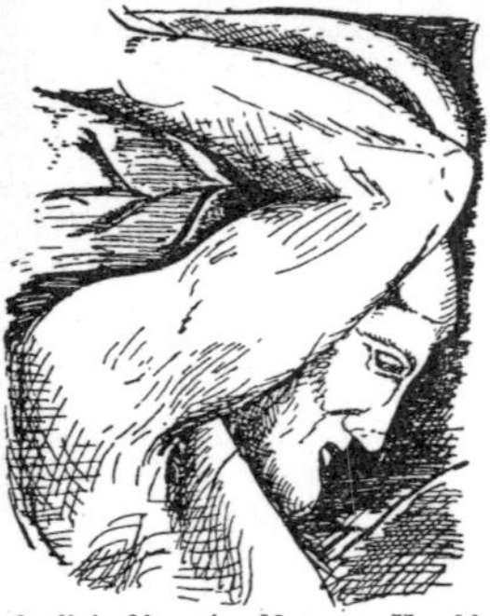

2. Hochrelief. Olympia: Museum. Herakles. Von der Atlasmetope des Zeustempels in Olympia. 460 v. Chr.

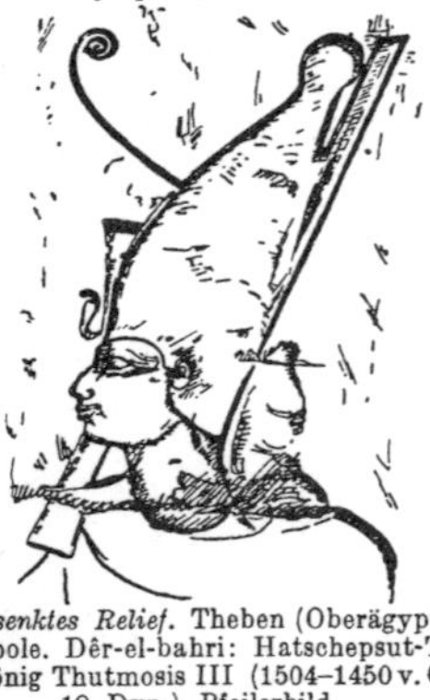

3. *Versenktes Relief.* Theben (Oberägypten): Nekropole. Dêr-el-bahri: Hatschepsut-Tempel. König Thutmosis III (1504–1450 v. Chr.; 18. Dyn.). Pfeilerbild.

plastische Darstellungen. Hauptformen (nach den Graden des Hervortretens der Figuren aus der Fläche): Flach~ (franz. basrelief : ba-), Halb~ und Hoch~ (franz. hautrelief : o-). Die →ägypt. Kunst kennt auch das versenkte ~, auf dem die Figuren in den Grund hinein vertieft sind, statt aus ihm hervorzutreten. Jeder Werkstoff der →Plastik ist auch für das ~ geeignet. Formal steht das ~ zwischen →Plastik und Malerei. Das strenge ~ nähert sich mehr der Plastik an: die Figuren heben sich klar vom Grunde ab. Das freie oder →malerische ~ folgt mehr der Malerei: die Figuren verschmelzen mit dem Grund, der oft ganze Folgen von Bauten oder eine Landschaft zeigt.

Reli|ef|intarsia, die. Verbindung von Holzeinlegearbeit und Schnitzerei; kommt im 17. Jahrh. in Böhmen auf. →Intarsia*.

Reliquiar, das (lat.). Behälter zur Aufbewahrung der Überreste vom Leichnam eines Heiligen. Zahlreiche Formen, am prächtigsten die Reliquienschreine, die aus einem metallverkleideten, mit →Dach* versehenen Holzkasten bestehen, oft mit →Email* und goldgetriebenen Figuren geschmückt und durch →Säulen* und →Bogen*stellungen gegliedert sind. Die

Reliquiar, Reliquienschrein. Köln-Deutz: St. Heribertkirche. Heribertschrein. Kölner Arbeit. Um 1170

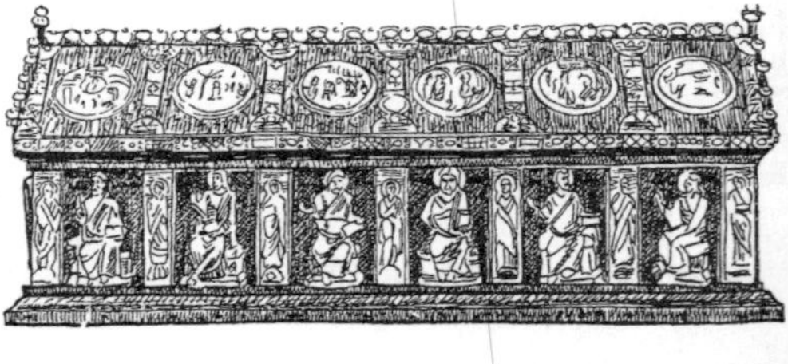

Reliquienschreine bilden die Form einer Kirche nach. →Arm~*, Kopf~*, Kuppel~*.

Reliquienschrein. →Reliquiar.

Remarquedruck (: römark-, von franz. remarque = Anmerkung). Einer der ersten Drucke einer →Radierung, mit einer kleinen Zeichnung am Rande, an der die Wirksamkeit der Ätzflüssigkeit erprobt wird. Dieses Ätzzeichen wird auf französisch „remarque" genannt.

Remter, Rempter, der. Das →Refektorium in →Burgen* geistlicher Ritterorden; es gab Winter- und Sommer-, Herren- und Laien~.

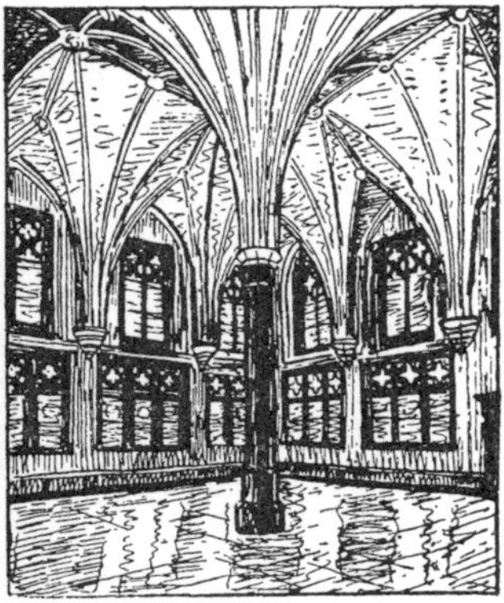

Remter. Marienburg (Ostpreußen): Deutschordensschloß. Sommerremter. Hauptsächlich 14. Jahrh.

Renaissance, die (franz. : rönäßañß = Wiedergeburt; ital. rinascimento : rinaschimento).

I. Name und Wesen. Der Name bezeichnet die „Wiedergeburt" der Künste in Italien, die Überwindung des Mittelalters und der Abhängigkeit vom deutschen Kaisertum. Dabei gehen starke formende Kräfte von der Antike aus. Betonung der selbstherrlichen Persönlichkeit; Bejahung der Welt um ihrer selbst willen. →Proto~.

II. Dauer. In Italien setzt die Früh~ um 1420 ein: Zeit des Werdens, noch Anklänge an die →Gotik*, vielfältige Ansätze zur Gestaltung eines neuen Stils. Die Hoch~ dauert etwa von 1500–1530; Vereinfachung und Klärung der Formen, höchste Harmonie und →Monumentalität. Die Spät~ und der →Manierismus* sind durch eine neue Unruhe und die Auflösung der ausgeglichenen Formen gekennzeichnet. Um 1580 Beginn des →Barock. – Außerhalb Italiens setzt die ~ z. T. später ein; die ital. Epochengliederung läßt sich dann nicht durchführen.

III. Ursprung und Verbreitung. Die ~ ist urspr. ein ital. Kunststil. Aber alle übrigen europäischen Länder (kaum jedoch Spanien) setzen sich bald mit ihr auseinander und verarbeiten sie, z. T. in starker Anlehnung an →gotische* Formen, auf ihre Weise. Frankreich führt den neuen Stil vor allem im Schloßbau durch, der sich aber durch stärkere Bewegtheit und größere Schmuckfreude vom ital. unterscheidet und viele mittelalterliche Züge beibehält. In

Deutschland und den Niederlanden kommt es zu einer Blüte des Bürger- und Rathauses, das, →gotische* Elemente vielfach weiterführend, schmuckreiche, individuelle, rhythmisch bewegte Formen zeigt. Die Malerei und Bildnerei dieser Länder entwickelt etwa von 1420–1530 eine großartige Kunst, in der sich mittelalterliche Seelenfülle und ein neues frisches Weltgefühl durchdringen.

IV. Grundzüge der Baukunst. In Italien ist nun der Palast- und Schloßbau dem Kirchenbau gleichgeordnet. Die →gotische* Senkrechte weicht der beruhigenden Waagerechten. Die Einzelformen sind einfach-regelmäßig, bestimmt und begrenzt. Jeder Teil tritt im Ganzen klar als er selbst hervor und ist zugleich Glied einer durchsichtigen harmonischen Ordnung. Antike Bauglieder werden reichlich verwendet. Neigung zum →Zentralbau*, dessen Mittelteil eine stadtbeherrschende →Kuppel* trägt. – Die außerital. Baukunst teilt mit der ital. nicht die symmetrische, ausgeglichene Grundform, wohl aber das Lebensgefühl einer neuen und stolzen Diesseitigkeit, die ihren Ausdruck oft in Schmuckreichtum und bewegten Kurven findet.

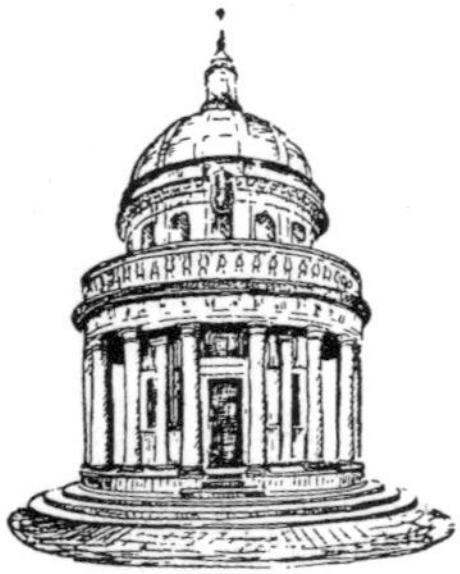

Renaissance (zu IV). Rom: Tempietto di S. Pietro Montorio. 1503. Donato Bramante (1444–1514).

V. Grundzüge der →Plastik. Gegenüber der →Gotik* stärkere Loslösung vom Bau; Blüte der →Freiplastik, bes. des Reiterdenkmals. Feier des individuellen Menschen in Bildnisbüste und →Grabmal. Feier des schönen Leibes im →Akt. Es wird die Wirklichkeitstreue, besonders in der anatomischen Richtigkeit, zugleich aber auch die Steigerung und Verklärung der Wirklichkeit in harmonischen Formen gesucht. – Während Frankreich sich enger an Italien anschließt, ist die italianisierende →Plastik in der Gesamtheit der deutschen Kunst unwesentlich; stattdessen Durchdringung spät→gotischer* Formen mit dem neuen Persönlichkeitsbewußtsein, besonders im →Schnitzaltar.

VI. Grundzüge der Malerei. Neue Themen der Weltlichkeit: antike Mythologie, →Landschaftsmalerei, individuelles →Bildnis, →Akt. Wirklichkeitstreue, zugleich aber auch Überhöhung der Wirklichkeit. Beherrschung der →Perspektive* und →Proportions*studien. In Deutschland wird die Richtung auf Ausgeglichenheit und Schönheit oft durch eine radikale Wiedergabe auch häßlichster und schmerzlichster Wirklichkeit durchbrochen.

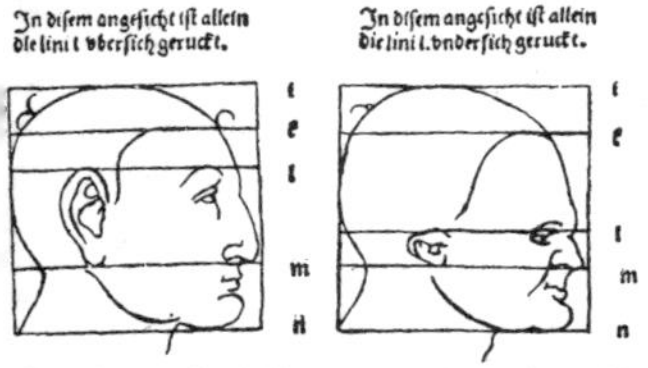

Renaissance (zu VI). Albrecht Dürer (1471 bis 1528): Proportionslehre. 3 Buch. Physiognomische Studien an Köpfen bei gleichbleibendem Umrißquadrat.

VII. Renaissance im weiteren Sinne nennt man jede Anknüpfung der nachantiken an die antike Kunst: →karolingische, ottonische ~, Proto-~.

rentoilieren (: rañtoa- von franz. rentoiler: rañtoale = mit neuer Leinwand versehen). Technischer Vorgang bei der →Restaurierung eines Gemäldes: die schadhaft gewordene urspr. Leinwand des Bildes wird mit einer neuen hinterlegt, oder die Farbsubstanz als Ganzes wird auf eine neue Leinwand übertragen; im letzteren Falle müssen vorher die Farben durch Aufkleben von Papierlagen haltbar gemacht werden. Nachdem das Bild ~t ist, werden die Papierlagen wieder entfernt.

Replik, die (franz. réplique: replik). Wiederholung eines Kunstwerkes durch den Kunstschöpfer. Die Wiederholung durch einen anderen heißt →Kopie. Eine Wiederholung durch den Kunstschöpfer selbst, aber mit Abweichungen von dem urspr. Werk wird als 1., 2., 3. usw. Fassung bezeichnet.

Repoussoir, das (franz.: röpußoar = dunkle Stelle im Vordergrund eines Gemäldes). Bezeichnung für einen Gegenstand im →Vordergrund des Bildes, der den Eindruck der Tiefe verstärkt.

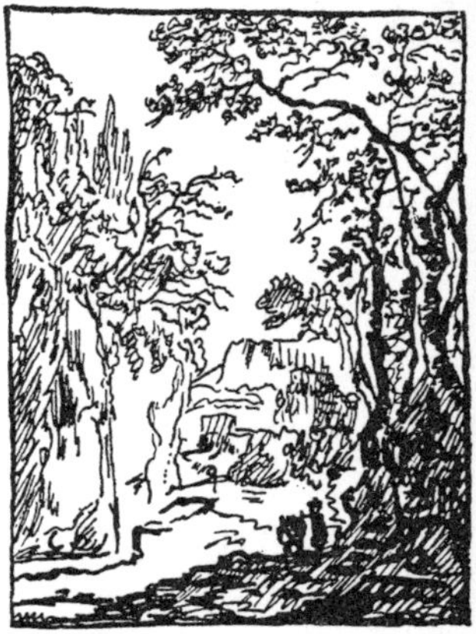

Repoussoir. Johann Heinrich Roos (1631 bis 1685): Gebirgslandschaft mit Bach, Steg und Kastell. 205 × 150 mm. Rötel, Feder. Um 1655. Wien: Albertina.

Reproduktion, die (neulat.: -ukz-, die mehrfache Erzeugung eines Gegenstandes). Vervielfältigende Nachbildung eines Kunstwerkes; etwa mit Hilfe des Druckes oder →Gusses.

Reproduktionsstecher. →Kupferstich*.

Restaurator, der (lat. = Wiederhersteller). →Restaurierung.

Restaurierung, die (lat. = Wiederherstellung). Die Wiederherstellung beschädigter alter Kunstwerke durch den Restaurator. Die Methoden und Ziele haben im Laufe der letzten hundert Jahre stark gewechselt. Die Eingriffe der Restauratoren in den alten Bestand waren im 19. Jahrh. oft so bedeutend, daß es zu einer Verfälschung des Eindrucks kam. Heute begnügt man sich im allgemeinen damit, den Verfall zum Stillstand zu bringen, ohne ihn zu beseitigen; wo etwa in einem Gemälde eine Stelle ausgeflickt werden muß, macht man sie als erneuerte kenntlich und tönt sie oft nur in gleicher Farbe bei, unter Verzicht auf eine genaue Durchgestaltung. Also nicht Wiederherstellung, Ergänzung, Übermalung, sondern lediglich Erhaltung und deutlich hervorgehobene Ausbesserung. Freilich ist der rein konservierenden Arbeit dort eine Grenze gesetzt, wo Kunstwerke noch im lebendigen Gebrauch sind, etwa als Räume für den Gottesdienst oder als Kultbild; hier muß die ~ unter möglichster Schonung des urspr. Zustandes doch so weit gehen, daß eine geschlossene Gesamtwirkung, ungestört von Flicken und Verstümmelungen, entsteht.

Retabel, das (lat.). →Altar 8*.

Revers, der (lat.). Die Rückseite einer Münze. Ggstz.: →Avers.

Revolutionsarchitektur. Damit sind Entwürfe einer neuen Architektur von C.-N. Ledoux (1736–1806) gemeint: die Bauten bestehen aus einfachen und schmucklosen stereometrischen Grundformen wie Kugel, Pyramide und Würfel. Sie sind den Bestrebungen der →Neuen Sachlichkeit (II)* verwandt.

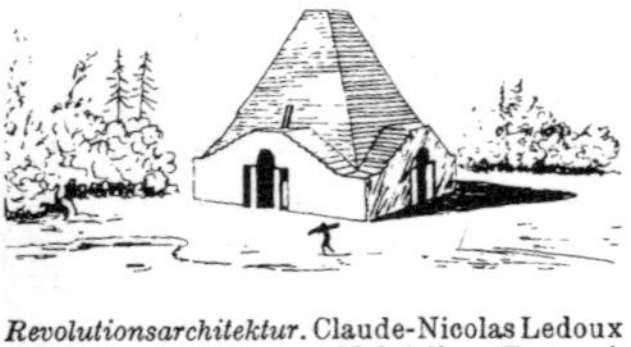

Revolutionsarchitektur. Claude-Nicolas Ledoux (1763–1806): Haus eines Holzfällers. Entwurf.

Rhombendach. →Dachformen 14*.

Rhythmische Travée (franz.: trawe = Joch). →Joch 1*.

Rhyton, das (griech. = Trinkhorn). Gefäß mit Ausguß in Tier- oder Kopfform. Urspr. Trinkgefäß. Seit →minoischer Zeit in Kleinasien, Korinth und Süditalien (Apulien) vorkommend. Für das Mittelalter →Aquamanile*.

Riefelung. →strigiliert*.

Riefenkeramik, die. Tonware mit Riefen oder →Kannelüren. Verbreitung: Mitteleuropa, Ende → Bronzezeit und Anfang →Eisenzeit.

Riesen, der. →Fiale II*.

Rindenmalerei. →Borkenmalerei.

Ringkrug. Ringförmiger Krug aus Ton oder →Steinzeug mit niedrigem rundem Fuß und engem Hals. Seit dem 16. Jahrh., bes. in Nassau (Westerwald).

Ringstraße. Sie verläuft ringförmig um einen Stadtteil.

Ringtonne. Tonnengewölbe (→Gewölbe 1*), das über einer ringförmigen oder halbringförmigen Grundfläche angelegt ist; z. B. → Chorumgang mit durchlaufendem Tonnengewölbe.

Rinnleiste. →Karnies*.

Rippe. →Gewölbe 3*.

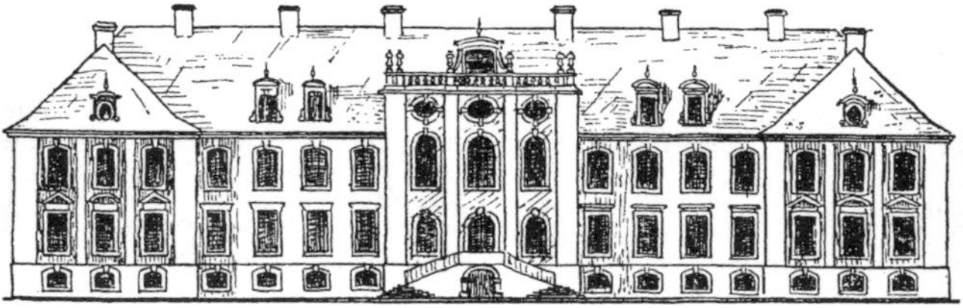

Risalit. Schema. Mittel (M)-, und Eck- (E) ~ ; das oberste Geschoß im Mittelrisalit ist ein →Mezzaningeschoß.

Risalit, der (von ital. risalire = vorspringen). Teil eines Gebäudes, der zur Aufgliederung und Belebung der Fläche in ganzer Höhe vorspringt. Man unterscheidet je nach der Lage Mittel-, Seiten- und Eck~.

Riß. →Aufriß*, Grundriß.

Rituale, das (lat.); Mehrz. Ritualien. →Liturgische Bücher.

Ritzfalten. →Falten 1.

Riwaq (arab.). Die überwölbten Gänge des →Arkadenhofs an einer →Moschee.

Rocaille, die (franz.: rokaje = Grottenwerk, Muschelwerk). Zarte, feingliedrige, asymmetrische Muschelform; das bevorzugte →Ornament des →Rokoko.

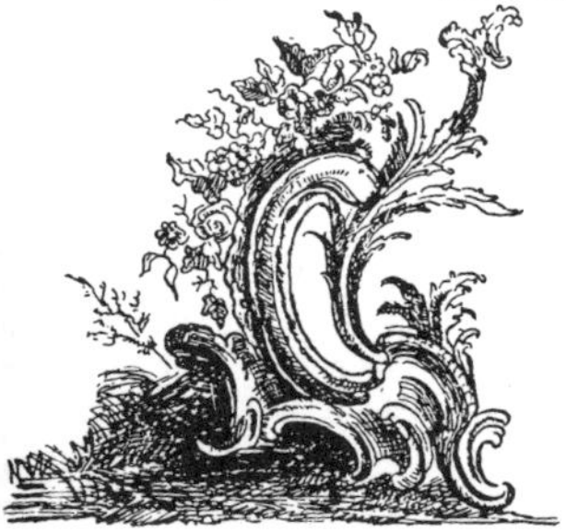

Rocaille. Franz Xaver Habermann (1721 bis 1796). 1780.

Röhrenfalten. →Falten 3*.

Römer. Trinkgefäß für Rheinwein, bis 40 cm hoch, aus grünem oder braunem Glas: kugelförmige →Kuppe, →Schaft mit Noppen oder mit Knauf, umgekehrt trichterförmiger Fuß. Seit der ersten Hälfte des 16. Jahrh. Der Name ist ungeklärt (vom holländ. „roemen" = preisen, prunken?).

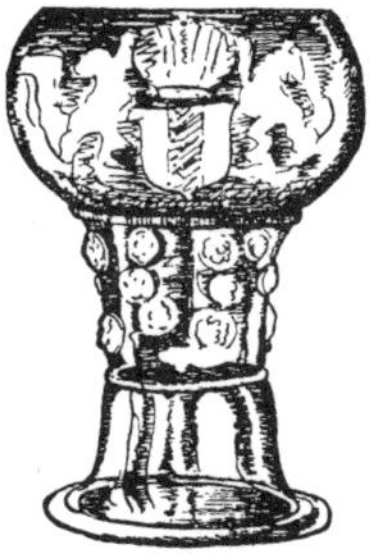

Römer. Berlin: Sammlung Jacques Mühsam. Farbloser ~ mit geschnittenem Wappen von Amsterdam. 1. Hälfte. 18. Jahrh.

Römische Kunst. Die Kunst der alten Römer war zwar bis um Christi Geburt von der →etruskischen und →griech. Kunst abhängig, gewann aber dann in wachsendem Maße an Originalität und vermochte die nachantike Kunst Europas im Mittelalter wie in der Neuzeit etwa bis 1900 mannigfach zu beeinflussen.

Verbreitungsgebiet: Europa (Italien, Spanien, Frankreich, England, Germanien, Donauraum); Nordafrika und Ägypten; Kleinasien, Vorderer und Mittlerer Orient.

Architektur. Bedeutende Nutzbauten; Stockwerksbauten, →Amphitheater*, Aquädukt*, Thermen*, monumentale Bogenkonstruktionen, Gewölbebau* (mit einem besonderen→Strebesystem). →Städtebaulich bedeutende Großanlagen; axiale Anordnung von Bauten. Bisweilen kühne Experimente mit → „barockisierenden" Bauformen.

Die Bildkunst war im wesentlichen staatlich bestimmt: Reiterstatue, →Triumphbögen* und -säulen*, Kaiser→büsten. Die → Porträtkunst zeigt in schonungsloser Wirklichkeitsnähe tiefdringende Seelenkenntnis.

Die ~ war in ihrer ganzen Entwicklung auch darum wichtig, weil sie →griech. Bildungsgut vermittelte und Europa mit den Kunstformen des Nahen und Mittleren Orients verband. In dieser Weise war sie der angemessene Ausdruck des Imperium Romanum und der Pax Romana, röm. Großmachtstellung und röm. Sicherung friedlicher Verhältnisse.

→Ädikula I*, Amphitheater*, Apodyterium, Apotheose*, Aquädukt*, Arretinische Gefäße, Atrium I*, Auge*, Augusteische Kunst, Aurora, Bacchanal, Bacchus*, Basilika II, Beton, Buchrolle, Caldarium, Circus, Codex, Columbarium* Cubiculum, Cupido, Diptychon I*, Dreizack, Enkaustik, Faun, Fortuna*, Forum*, Frigidarium, Gemme*, Genius, Greif*, Groteske*, Hypokausten*, Imago, Impluvium, Intaglio, Juno, Jupiter, Jupitersäule, Kamee, Kapitell II*, Konsulardiptychon, Labarum*, Laconicum, Mars, Merkur, Merkurstab*, Minerva, Neptun, opus* alexandrinum/incertum/reticulatum/spicatum/tesselatum, Peristyl, Säulenordnung IV/V, Sudatorium, Tablinum*, Tepidarium, Terra sigillata*, Theater II, Thermen*, Toskanische Ordnung, Tribuna, Triklinium*, Triumphbogen*, Triumphsäule*, Tunika, Venus, Verismus, Vestibulum I, Villa*, Wellenband*, Zentralbau*, Zinnenfries*. Vgl. zum Ganzen → griechische Kunst.

Rötel, der. Ein Zeichenmaterial, das kurz vor 1500 in Italien aufkam und bis zum →Rokoko sehr beliebt war. Die Stifte bestehen aus Eisenocker und Ton und geben eine sehr weiche Zeichnung. → Zeichentechnik.

Rohbau. Fertig aufgeführter Neubau ohne→Verputz und ohne den Innenausbau wie→Fenster*, Fußbodenbelag, Heizung, Türen.

Rokoko, das (franz. rococo; von →Rocaille). Abendländischer Kunststil etwa von 1730 bis 1780; Ausklang des →Barock und Übergang zum →Louis XVI*. Im wesentlichen ein Stil der →Dekoration, die der Lebensverschönerung der feudalen Gesellschaft dient: Verwandlung der schweren und drängenden →barocken Formen in ein flächengebundenes spielerisch schwingendes →Ornament. Blütezeit des aristokratischen Wohnhauses von intim schloßartigem Charakter. Dem er lesenen Geschmack der tragenden Gesellschaftsschicht entspricht in der darstellenden Kunst bes. die Eleganz der →Porzellanplastik und der duftige Reiz des →Pastells. Haltung und Lebensformen der Gesellschaft spiegelt die Malerei vor allem in ihrer erotischen Stimmung. – Das ~ setzt in Frankreich ein und wird dann vor allem von Deutschland aufgenommen. In Deutschland aber gewinnt es auch eine Verwurzelung im Volk: das süddeutsche ~ zeigt das Höfische und das Bäuerische in seiner Farbenfreude und schlichten Heiterkeit zu schönster Harmonie vereint. Die deutsche Baukunst dieser Zeit gehört nur insoweit dem ~ an, als die →Grundrisse vereinfacht sind und der Wandaufbau flächig wird. Gleichzeitig entfalten sich die höchst verwickelten Raumschöpfungen des Spät→barock. →Louis quinze*, Régence-Stil 3*, Rocaille*.

Roland (Rolandssäule). Steinerne oder hölzerne Bildsäulen, die einen meist überlebensgroßen Ritter mit Schild und hochgehobenem nacktem Schwert darstellen. Verbreitungsgebiet: Raum zwischen Weser und Oder mit einzelnen Ausstrahlungen. Standort: auf dem Markt oder Hauptplatz einer Stadt. Seit dem 14. Jahrh.; Bedeutung unklar, wohl ein Rechts→symbol. →Mal, Säulenmonument*.

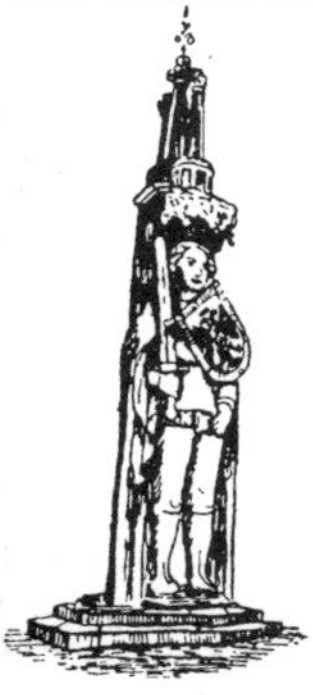

Roland. Bremen. 1404.

Rollbild. →Bildrolle.

Rollenfries. →Fries 5*.

Rollsiegel. Zylindrische Steine mit Bildern und Schriftzeichen, die zum Siegeln auf weichem Ton abgerollt wurden. Sie erlaubten im Vergleich zum Stempelsiegel längere Schriften und mehr Bilder. Aufgefunden in der Schicht Uruk VI um 3000 v. Chr.

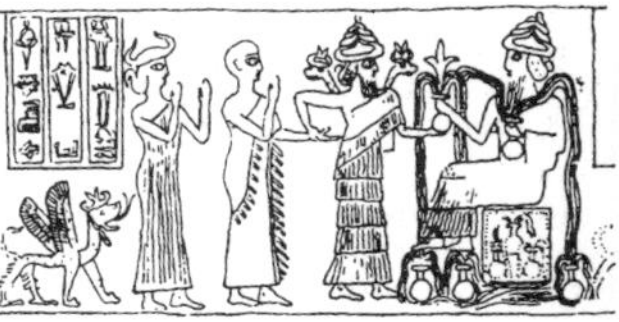

Rollsiegel. Berlin: Vorderasiatisches Museum. Abdruck eines iranischen ~s: den König führt ein Gott mit zwei Drachenköpfen auf den Schultern zum höchsten Gott hin. 2. Hälfte 2. Jahrtausend v. Chr.

Rollwerk. →Ornament, dessen Formen sich an den Rändern zur

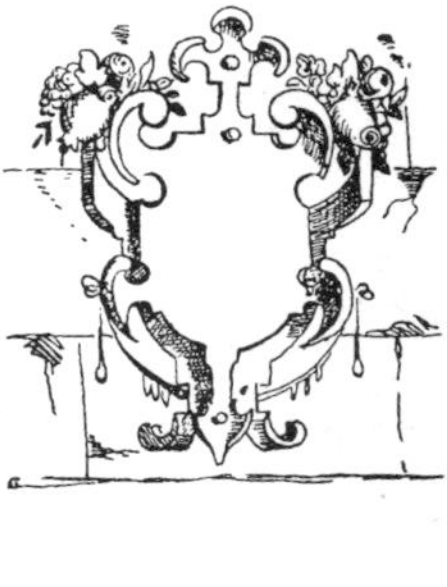

Rollwerk. Daniel Meyer (1576–1630). 1609.

Steigerung der →plastischen Wirkung rollen, namentlich an → Spruchbändern*, Kartuschen* und Wappen. Seit Mitte 16. Jahrh. bes. in der flämischen und deutschen Kunst bis zum Ende des →Barock.

Romanik, romanischer Stil. Als Stilbegriff um 1830 von S. Boisserée (1783–1854) eingeführt.

I. Wesen. Es handelt sich um den ersten mittelalterlichen Kunststil, welcher der spätantiken und →byzant.* Epoche folgt und der →Gotik* vorangeht. Von der Erdferne der byzant. Kunst und der Vergeistigung der Gotik unterscheidet sich die ~ durch blockhaft-feste Formen und eine den Stein und seine Massigkeit betonende Bauweise.

II. Dauer, Ursprung, Verbreitung. Die ~ dauert von etwa 1000 bis 1250 und ist im ganzen Abendland verbreitet. Besonders erfindungsreich entfaltet sich die franz. ~ zwischen 1050 und 1150. Deutschland bringt eine Reihe klassisch-ausgeglichener Bauten hervor, vor allem doppelchörige* Anlagen; weit länger als Frankreich, das schon um 1150 kraftvoll zur →Gotik* vorstößt, hält es am ~ Stil fest, der in einer erregten oder →ornamental spielerischen Architektur erst um 1250 ausklingt.

III. Grundzüge der Baukunst. Die ~ knüpft bei aller Selbständigkeit konstruktiv und formal vielfältig an die alt→röm. Architektur an. Sie betont den Stein in seiner Wucht und schafft einen ausgesprochenen Körper- und Massenbau. Der Außenbau der Kirchen ist reich und prächtig durchgeformt, und zwar nicht nur an der Front, sondern nach allen Richtungen. Mächtige Türme – manchmal sechs und mehr – sind zu einem ausgewogenen Gesamtbild verbunden. Es wechseln die kubischen und die zylindrischen Formen, die →monumentalen und die zierlichen, die sich vor allem an reizenden →Friesen* und in der →Zwerggalerie* entfalten. – Der →Grund- und →Aufriß* ist ungewöhnlich mannigfaltig. Bes. in Deutschland antwortet dem östl. →Chor und →Querhaus oft ein westl. Chor und Querhaus. →Emporen* gliedern den Bau in der Höhe. Die →Krypta erweitert sich zu einer mehrschiffigen →Halle. Die Längs-, Quer- und Hochrichtung ist betont durchgestaltet, wobei der →Stützenwechsel* und der Wechsel von →Haupt- und Nebenpfeilern den Weg zum Altar rhythmisch aufteilen. Kurz vor 1100 setzt die Einwölbung der Kirchen ein, die das monumentale Gesamtbild vollendet. Bezeichnend für die ~ sind der halbkreisförmige →Bogen* in seiner gespannten Kraft und Gelassenheit sowie das →Würfelkapitell mit seiner ausgeglichenen Verbindung von Stütze und Last, von eckigem →Bogen*- und rundem →Säulenquerschnitt.* Im ganzen und im einzelnen ist für die Kompositionsweise der ~ Baukunst die Bindung und Ordnung der Gegensätze, die Harmonie aus Spannungen bezeichnend.

IV. Grundzüge der Bildkunst. Die Freude an der körperhaften Erscheinung führt in der →Skulptur zur Ausbildung des erhabenen →Reliefs*, der →Vollplastik und gelegentlich sogar der →Freistatue. Die ~ bringt zum ersten Male seit der Antike wieder eine Großplastik hervor, und zwar in enger Verbundenheit mit der Architektur. Die Kleinplastik hat innerliche Größe und unterscheidet sich nur maßstäblich, nicht in Form und Gehalt von den Großwerken. Der Körper der Figuren kommt zu lebendiger Erscheinung. Das Gesicht erhält persönliche Züge, ohne daß jedoch ein naturgetreues →Bildnis geschaffen würde. – Von gleicher Bedeutung ist die →Wand-, →Glas*-, →Miniatur- und →Email*-Malerei, die, ohne eine Körper- und Raum→illusion anzustreben, in →sinnbildhafter Gestaltung die Heilstatsachen darbietet. Der Vorrang der geistigen Bezüge vor der Naturnähe zeigt sich u. a. darin, daß die Figuren auf den Bildern diejenige Größe erhalten, die ihnen ranggemäß, also nicht auf Grund ihrer wirklichen Gestalt, zukommt. Meisterschaft in der harmonischen Gestaltung der Fläche. →Adorant*, archaischer Stil*, Evangelistensymbole*, Niello*.

V. Gebrauchsgut. Die ~ gibt dem kirchlich-liturgischen Gebrauchsgut die klassische Form, an die sich alle kommenden Stile anlehnen: den Gießgefäßen*, Altar- und Rad-→leuchtern, Reliquienschreinen, Kelchen*, Weihwasserkesseln*, Weihrauchfässern usw. Der moderne Begriff des →Kunstgewerbes ist auf diese Gegenstände nicht anwendbar; denn ihre kultische Weihe gibt ihnen eine erhabene Form, die über bloße Zweckmäßigkeit und Schönheit hinausgeht. →Aquamanile*, Reliquiar*, Taufstein*.
→abgetreppt*, Adlerfibel*, Adlerkapitell*, Adorant*, Älteste/24*, Agnus Dei*, Altar (Tragaltar)*, Apsis*, Aquamanile*, archaischer Stil*, Archivolte*, Arkade*, Armreliquiar*, Assumptio*, Ausgießung des Hl. Geistes, Außenkrypta*, Baldachin*, Ballenblume*, Baptisterium*, Bauornament, Blattfries*, Blattkapitell*, Bogen*, Bogenfeld*, Bogenfries*, Cherubim*, Dedikationsbild*, Doppelchor*, Doppelkapelle*, Dreikonchenanlage*, Drôlerie*, eingezogener Chor*, Evangelistensymbole*, Fries II*, gebundenes System*, gekröpftes Gesims*, Gewölbe*, Kämpfer*, Kapitell IV*, Karner*, Limbus*, Loggia I*, Majestas Domini*, Oktogon*, Ottonische Kunst, Palas*, Paradiesesflüsse*, Pilgerkirche*, Pilgerstraßen*, Reliquiar*, salische Kunst, Scheibenkreuz*, Seraph*, Siebenarmiger Leuchter*, Staufische Kunst, Stützenwechsel* Taufstein*, Totenleuchte*,

Treppenturm*, Vierung (ausgeschiedene)*, Vierungsturm* Westbau*, Westwerk*, Zakkenbogen*, Zinnenfries*, Zwerggalerie*, Zwillingsfenster.

Romanịsmus, der (neulat.). Kunststil der holländ. Malerei im 16. Jahrh.: Auseinandersetzung mit der ital. →Renaissance*, doch unter Beibehaltung spät→gotischer* Grundzüge, woraus eine gewisse Spannung und Unruhe entsteht.

Romạntik, die. Stilrichtung in der 1. Hälfte des 19. Jahrh., bes. in England und Deutschland. Themen der Malerei: Landschaften als Träger sehnsüchtiger oder melancholischer Stimmungen, Motive aus den Märchen, den Sagen und der Ritterzeit. Eine religiöse Sonderrichtung der ~ ist die Kunst der →Nazarener, eine bauliche Sondererscheinung die → Neugotik.

Rose. →Fenster 11*, Königsgalerie*.

Rosenkranzbild. Gemalte oder geschnitzte Darstellung: Maria und das Kind in einem Kranz von Rosen oder Rosenkränze an die Gläubigen verteilend. Auftraggeber sind die von den Dominikanern inspirierten Rosenkranz-Bruderschaften mit geistlichen und weltlichen Mitgliedern. Ältestes Beispiel: 1474 (Köln: St. Andreas).

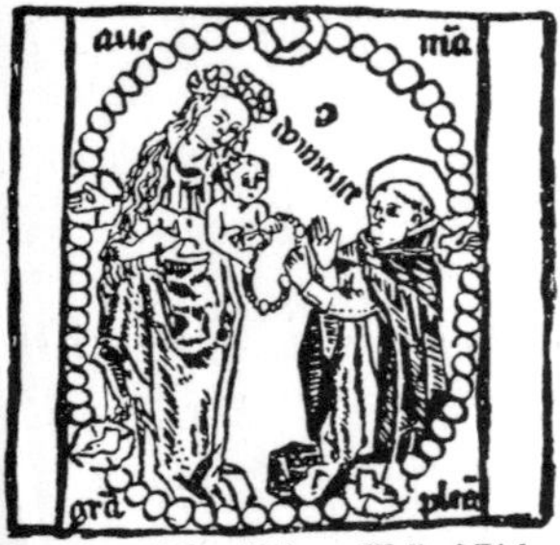

Rosenkranzbild. Köln: Wallraf-Richartz-Museum. Kupferstich. Kölnisch. Um 1480 bis 1500. Umschrift: Ave Maria gratia plena.

Rosẹtte, die (franz.: rosạt = Röschen). Uralte Zierform: vom Mittelpunkt eines Kreises gehen blattähnliche Gebilde in radialer Anordnung aus. Entsteht dabei der Eindruck der Drehung, so spricht man von einer Wirbel~.

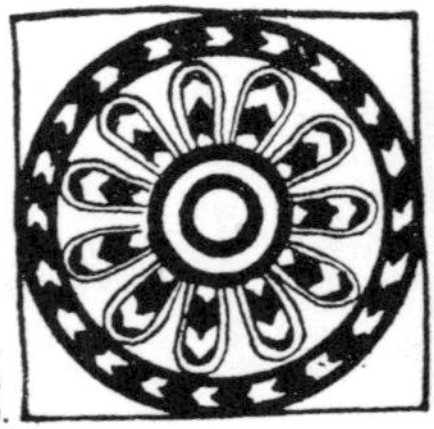

Rosette. Emaillierter Ziegel. Assyrisch. Aus Nimrud (Irak).

Rossebändiger. →Dioskuren*.

Rọstra, die (von lat.: rostrum = Schiffsschnabel). Rednertribüne im alten Rom. Sie war mit erbeuteten Schiffsschnäbeln verziert.

Rotfiguriger Stil, der. →Vasenmalerei in der griech. Kunst.

Rọtoreli|ẹf. Es besteht aus sich

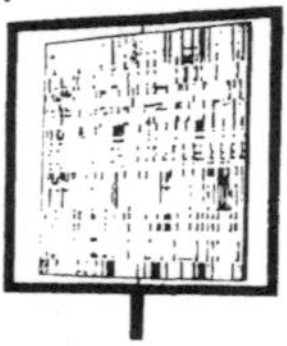

Rotorelief. H. Mack (1931 geb.). 1959.

drehenden Scheiben. Sie erwecken den Eindruck von Räumlichkeit und rufen unterschiedliche Lichtwirkungen hervor. Ihre Gestalt scheint sich je nach der Schnelligkeit der Umdrehung ständig zu ändern. H. Mack (1931 geb.). → Kinetische Kunst*.

Rotuli, die (Mehrz.; lat.). Die Griffknoten am Schaft des Kelches.

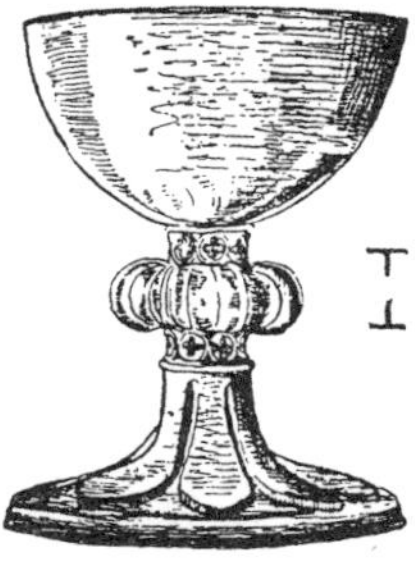

Rotuli Salzburg: Dom. Kelch Mitte 14 Jahrh.

Rotunde, die (lat. = rund). →Zentralbau* auf kreisförmigem oder polygonalem→Grundriß; selbständig oder als Teil eines Bauwerks. →Karner*.

Rubinlüster, der. →Gubbio-Keramik.

Rücken des Bogens. →Bogen II.

Rücklaken, das. Im Mittelalter schmaler Wandbehang, gegen den sich der Sitzende lehnt; oft mit bildlichen Darstellungen.

Rüstlöcher. Viereckige Löcher in der Mauer mittelalterlicher Kirchen zur Befestigung von Gerüsthölzern.

Ru|ine, die (franz. ruine: rüin = Verfall). Die Reste eines im Verfall begriffenen Bauwerkes. Die Einstellung zur ~ hat im Laufe der Zeit stark gewechselt:

I. Die ~ als Steinbruch für neue Bauten; üblich im Altertum, im Mittelalter und noch im 18. und 19. Jahrh. →Spolien.

II. Die ~ als geschichtliches Zeugnis von künstlerischem Reiz. So empfand die ital. Renaissance* die antiken ~n.

III. Die Ruine als Gleichnis der Armut und als Zeichen der Vergänglichkeit. Deutsche Malerei seit der 2. Hälfte des 15. Jahrh.: der ruinenhafte Stall von Bethlehem. Im 17. Jahrh. bei den Meistern der →Heroischen Landschaft (z. B. Poussin und Lorrain) und bei den Holländern (bes. Jakob van Ruysdael).

IV. Die Ruine als romantischer Stimmungswert (Anlaß zur Wehmut und zum elegischen Dahinträumen). Im →Rokoko und in der →Romantik des 19. Jahrh. Mitunter Anlage künstlicher ~n, z. B. die Löwenburg von Wilhelmshöhe bei Kassel (1790).

Rundbau. →Zentralbau*, Baptisterium*, Karner*.

Rundbogen. →Bogen 3*.

Rundbogenfenster. →Fenster B III*

Rundbogenfries. →Fries 6*.

Rundfenster. →Fenster 10*.

Rundkirche. →Rundbau.

Rundpfeiler. →Pfeiler.

Rundplastik. Ein vollrund gearbeitetes, allseitig abtastbares Bildwerk, das von jeder Seite eine künstlerisch befriedigende Ansicht bietet. Es steht in Ggstz. einerseits zum →Relief* (das nicht vollrund ist) und anderseits zur →Vollplastik (soweit sie nur auf eine Hauptansicht gearbeitet ist).

Rundstab. Zierstab, dessen Querschnitt einen Dreiviertel- (D), Halb- (H) oder Viertelkreis (V) bildet; bes. in der →Romanik.

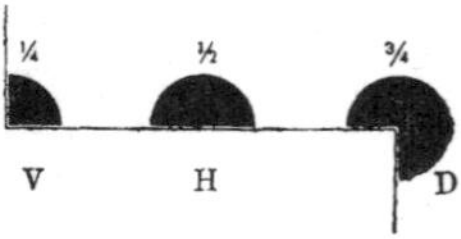

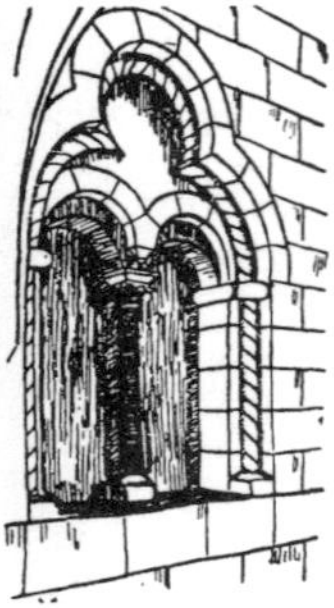

Rundstab.

Runenstein. Findling oder Felsplatte mit einer Inschrift in Runen, zur Erinnerung an gefallene Helden im nordgermanischen Gebiet zwischen dem 4. und 12. Jahrh. errichtet. Mit →Ornamenten, Tier-, Waffen- und Schiffsdarstellungen, manchmal auch mit Krieger- und Reiterbildern. →Gedenksäule, Säulenmonument*.

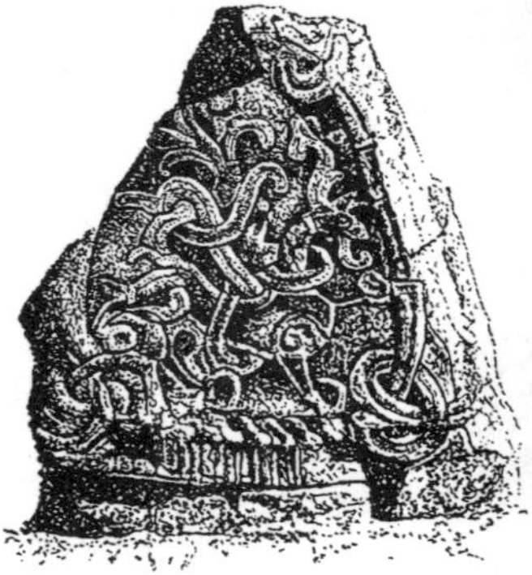

Runenstein. Jelling (Dänemark; Nordjütland): Der große Runenstein. Um 980 von dem Dänenkönig Harald Blauzahn als Gedenkstein für seine Eltern errichtet. Drachenseite.

Russisches Kreuz. →Kreuz 13*.

Rustika, die. →Bossenwerk*.

S

Saalkirche. Einschiffige Kirche aus einem einzigen ungeteilten Raum.

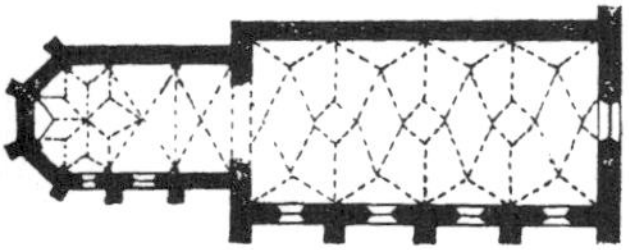

Saalkirche. Eggenburg (Niederösterreich): Redemptoristenkirche (ehem. Franziskanerklosterkirche) Weihe 1466. Grundriß.

Sachmet. Im Alten →Ägypten löwenköpfige Göttin; ihr Name bedeutet die „Mächtige". Kriegsgöttin, Erregerin von Krankheit und Pestilenz, in Beziehung zur →Uräusschlange*.

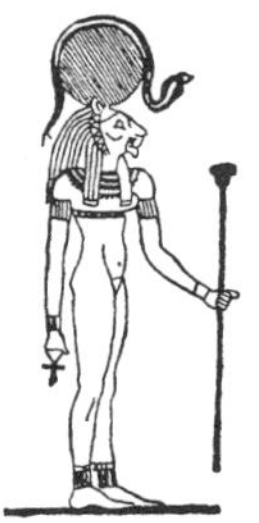

Sachmet

Sacra (oder santa) conversazione, die (ital. = Heilige Unterhaltung). Ital. Bezeichnung für die seit dem 15. Jahrh. beliebte Darstellung der Madonna mit Heiligen.

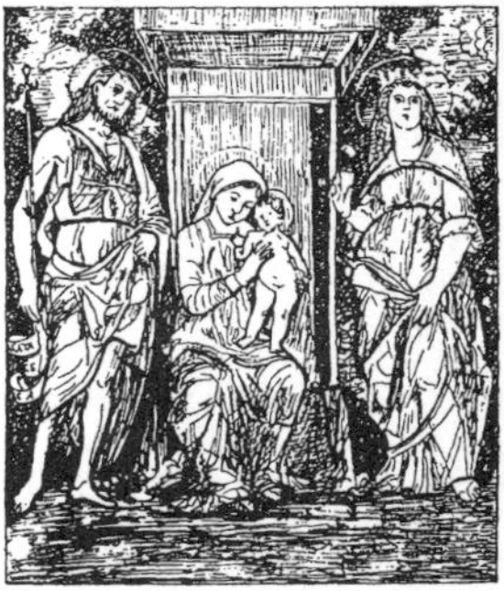

Sacra conversazione. Andrea Mantegna (1431 bis 1506): Madonna mit dem Kinde und den Heiligen Johannes d. T. und Magdalena. London: Nationalgalerie.

Sägedach. →Dachformen 7*.

Säule. Senkrechte, nach oben verjüngte runde Stütze im Bau. Mitunter als Schmuck, ohne tragende Aufgabe, verwandt.

Teile der ~:

1. Fuß.
   a Bodenplatte = griech. plinthos. →Plinthe*.

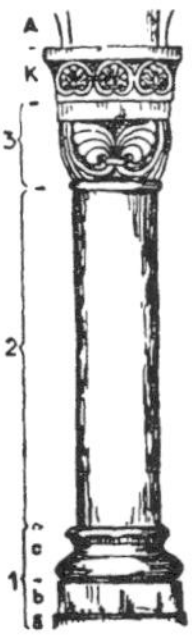

Säule. Maria Laach: Benediktinerabteikirche. Geweiht 1156.

b Würfel = griech. →stylobates.
c Rundung = griech. →basis
2. Schaft. Mittelteil.
3. Kapitell*, auf dem der Architrav* (gerades →Gebälk) oder meist unter Einfügung eines →Kämpfers (K)* die → Archivolte (A)* = Bogenschlag ruht.

Säulenbasilika, die. →Basilika*, deren Stützen →Säulen* sind. Ggstz.: →Pfeilerbasilika*.

Säulenhalle. Jeder von →Säulen* getragene offene Raum, bes. der Binnenhof (das → Peristyl) des antiken Hauses. →Atrium*.

Säulenhals. →Echinus*.

Säulenmonument. Ein Denkmal in Form einer Säule, seit der →megalithischen Zeit. Das Mal hat kultische Bedeutung, dient als

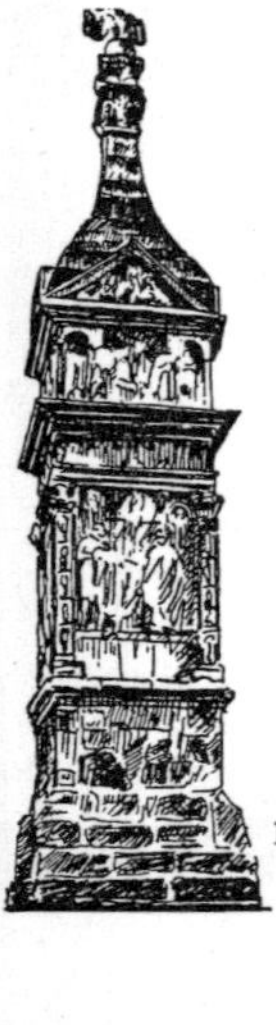

Säulenmonument. Igel bei Trier: Römisches Grabdenkmal in Säulenform. Um 250 n. Chr.

Sitz der Toten, bewahrt Lebenskräfte, ist ein Zeichen der Königs- und Rechtsmacht, hält die Erinnerung an ein geschichtliches Ereignis oder an geschichtlich bedeutsame Persönlichkeiten fest. Eine entwickelte Art des ~ sind →Pagode* und →Turm*.

→Ahnenpfahl*, Atlanten*, Dreifaltigkeitssäule, Fêng-shui, Gedenksäule, Gerichtssäule, Gesetzesstele, Gigantensäule, Grabstele, Hauspfeiler, Herme*, Jupitersäule, Karyatide*, Marktsäule, Menhir*, Nike*, Obelisk*, Passionssäule II*, Pestsäule, Pranger, Roland*, Runenstein*, Säulenstatue*, Schandpfahl, Siegessäule, Stambha, Steinkreuze*, Stele*, Totempfahl, Totenleuchte*, Triumphsäule*, Votivdenkmal.

Säulenordnungen. Die →griech. Baukunst hat drei ~:

I. Dorische Ordnung (1). Keine →Basis. →Kannelierter →Schaft, der sich nach oben in einer flachen Kurve verjüngt (→Entasis*). Wulstförmig abgeschrägtes →Kapitell*, quadratische → Deckplatte.

Querschnitt durch den Schaft einer dorischen Säule.

II. Jonische Ordnung (2). Insgesamt schlanker. →Basis: mit oder ohne viereckige →Plinthe*, stets → Hohlkehlen* und →Wulst. →Schaft mit Stegen zwischen den →Kannelüren; →Entasis*. →Kapitell*: zwei große seitlich ausladende →Voluten*. →Abakus*, Echinus*.

III. Korinthische Ordnung. (3). In der Gesamtgliederung der jonischen Ordnung verwandt, doch mit den →Akanthusblättern* des →Kapitells* viel reicher als jene. →Korinthischer Stil.

Querschnitt durch den Schaft einer jonischen oder korinthischen Säule.

IV. Tuskische(→etruskische) Ordnung (→röm. Baukunst). Glatte dorische Säule mit →Basis und dorischem Kapitell*.

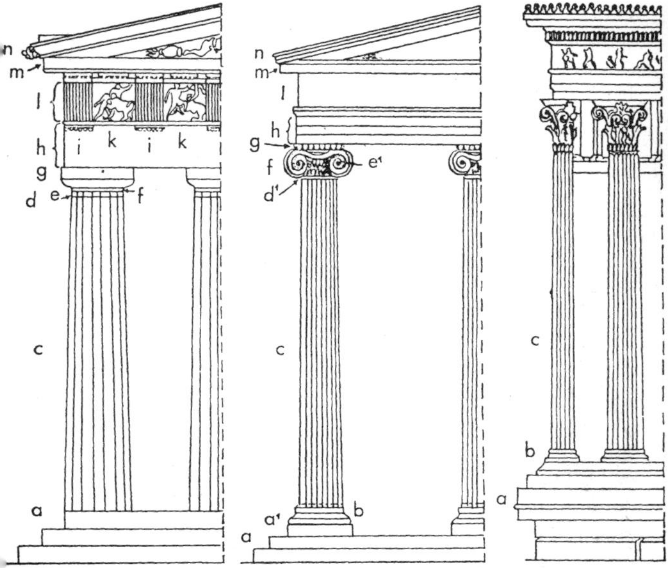

1 2 3

Säulenordnungen.

1. dorisch, 2. jonisch, 3. korinthisch, a Stylobath, a¹ Plinthe, b Basis, c Schaft, d Hals, e Riemchen, e¹ Polster oder geschwungenes Band, nach beiden Seiten spiralförmig gerollt (Voluten) und mit kräftig betontem Mittelpunkt (Auge), f Echinus; zwischen e und f Hals, Hypotrachelion, g Abakus, h Balken (Epistyl, Architrav), i Triglyphen, k Metopen, l Fries, m Kranzgesims, n Rinne (Sima).

V. Komposit-Ordnung (röm. Baukunst). Aus →jonischen und →korinthischen Formen gemischt. →Kapitell II 4*.

Säulenportal, das. Jedes durch Säulen* gegliederte →Portal, bes. das →abgetreppte* Portal mit eingestellten Säulen an →romanischen und →gotischen* Kirchen des Mittelalters.

Säulensarkophag. In der Antike und in der →altchristl. Kunst verbreitet: Der →Sarkophag* ist durch Säulenstellungen aufgegliedert. Die →Säulen* stehen oft vor Nischen, die mit →Bogen*, geradem →Gebälk und dreieckigem →Giebel geschlossen sein können.

Säulenstatue, die. →Plastische Figur, die vor einer →Säule* steht und wesensmäßig an diesen Hintergrund gebunden ist; in der 1. Hälfte des 12. Jahrh. hat die Figur selber säulenhaften Charakter und ist manchmal mit der Säule aus einem Stück gearbeitet. →Säulenmonument*.

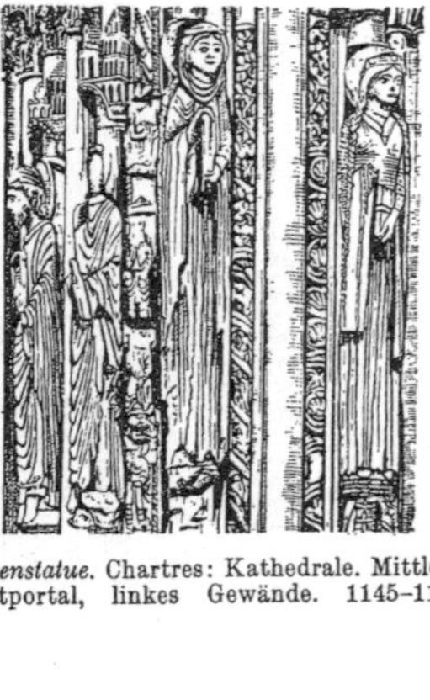

Säulenstatue. Chartres: Kathedrale. Mittleres Westportal, linkes Gewände. 1145–1150.

Säulentrommel. Säulen bestehen entweder aus einem Stück (→Monolith) oder aus mehreren aufeinandergeschichteten Stücken von zylindrischer Form, den ~n.

Säulenzwischenraum. →Intercolumnium*.

Sakralbronzen. In der →chin. Kunst Opfergefäße aus →Bronze, zwischen 1600 und 200 v. Chr. Folgende Formen sind zu unterscheiden: Chia(d[sch]ia), Chüeh(:d[sch]üä) (1) zum Erhitzen. – Ku (3), Chih (:dsche) für Opferwein. – Kuei (: gueе) (4) für Opferfleisch, Getreide oder Gemüse.

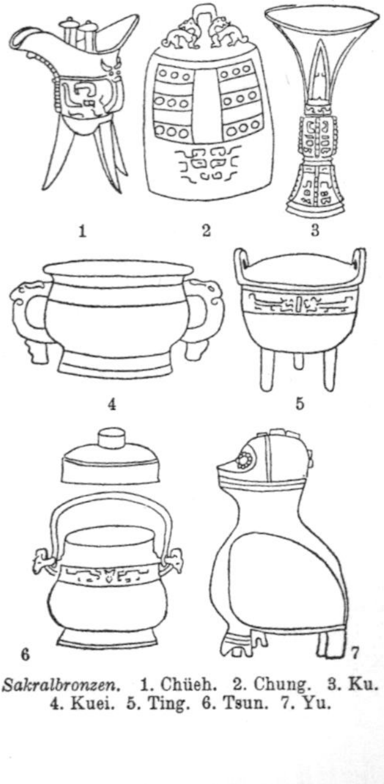

Sakralbronzen. 1. Chüeh. 2. Chung. 3. Ku. 4. Kuei. 5. Ting. 6. Tsun. 7. Yu.

Nao, Chung (: dschung) (2), Glokke. – P'an flache Wasserschale. Ting (: ding) (5) zum Kochen. Yu (7), Hu, Lei (: lee), Tsun (: dsun) (6) zum Aufbewahren. →Lei-wên*, T'ao-t'ieh*.

Sakramentar, das (spätlat.). →Liturgische Bücher.

Sakramentshäuschen. Behälter zur Aufbewahrung der Hostie auf der →Evangelienseite neben dem →Altar*: Sockel in Art eines →Pfeilers; vergitterter →Schrein, →

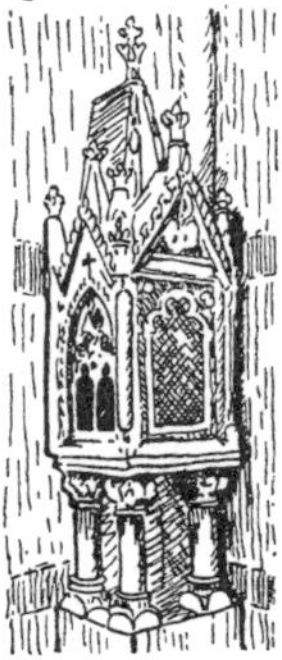

Sakramentshäuschen. Hameln (Niedersachsen): Stiftskirche. Um 1280.

turmartige Bekrönung; öfters mit →Treppen*aufgang. Vor allem in der deutschen Gotik* seit dem 14. Jahrh.

Sakristei, die (mittellat. sacristia = Kirchenzimmer). An den →Chor einer Kirche seitlich anschließender Raum zum Ankleiden der Geistlichen und Altardiener sowie zur Aufbewahrung der liturgischen Gewänder und Geräte. Manchmal zugleich Schatzkammer.

Sala terrena, die (ital.). Der große →hallenartige Raum im Erdgeschoß →barocker Schlösser, der Gartensaal. Oft mit →Grottenwerk*, Wasserrinnsalen und den →Allegorien der vier Elemente – Feuer, Wasser, Erde, Luft – ausgestattet. Architektonisch bildet er den Übergang zum →Park. →Ikonologisch bedeutet er die Erdzone im Ggstz. zur Himmelszone des großen →Marmorsaales im Hauptgeschoß. Im Marmorsaal residiert der Fürst als ein zweiter →Apoll*. Das Deckengemälde feiert den lichtbringenden Apoll und oft zusammen mit ihm den Fürsten als Besieger dunkler Mächte und Hort der Wissenschaften und Künste. Das →Treppenhaus* versinnbildlicht den Aufstieg aus der Erdgebundenheit in ein olympisches Dasein.

Salbkegel. In der →ägypt. Kunst des Neuen Reiches tragen Männer und Frauen auf ihrem Kopf oft

Sala terrena. Wien: Oberes Belvedere. 1720 – 1724. Johann Lukas von Hildebrandt (1668 – 1745). Nach einem Stich von Salomon Kleiner (1703–1761). Zwischen 1731 und 1740.

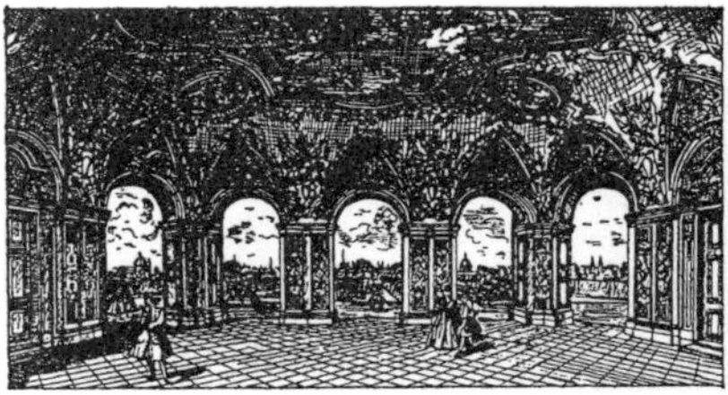

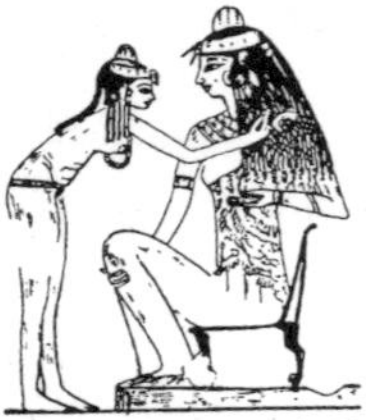

Salbkegel. Theben (Oberägypten): Nekropole Grab 38: Dame und Dienerin. Wandmalerei 1420–1411 v. Chr. 18. Dyn.

einen ~ von oben abgerundeter Form: aus ihm tropft Myrrhen „auf den Scheitel".

Salische Kunst. →Romanische Kunst Deutschlands im Zeitalter der Salier (1024–1125) - von ernstem, herbem Stil. Hauptwerk: der Dom zu Speyer, beg. um 1030. Architektur. →abgetreppt*, Apsis*, Außenkrypta*, Dreikonchenanlage*, Treppenturm*, Westbau*.
Bildkunst. →Archaischer Stil*.

Salvatorbild (lat. = Heiland). Christus als Erlöser der Welt = Majestas Domini*.

Sandformverfahren. →Bronzeguß * II.

Sanktuarium, das (lat. = heiliger Raum, Allerheiligstes). In der christl. Kirche der Altarraum, das →Chor. →Basilika 2–4*.

Sarapis, Serapis. Orientalischer Gott, der unter den Ptolemäern (322 bis 30 v. Chr.) nach →Ägypten kam; dem altägypt. →Osiris*-Apis, dem verstorbenen →Apisstier, gleichgesetzt. Sein Kult war im ganzen röm. Reich verbreitet.

Sargwand. Von außen gesehene Umfassungsmauer des →Obergadens. →Basilika 2/3*.

Sarkophag, der (griech. = „Fleischesser", sarx = Fleisch, phagein = essen). Urspr. Bezeichnung des Alaunschiefers von Troas, mit dem man nach Plinius den Sarg auslegte, um die Verwesung der Leiche zu beschleunigen; dann Name für jeglichen Monumentalsarg aus Stein, Ton, Metall oder Holz. Arten des ~ sind der → Clipeus-, Fries-, Passions-, Philosophen*-, Säulen~. → strigiliert*.

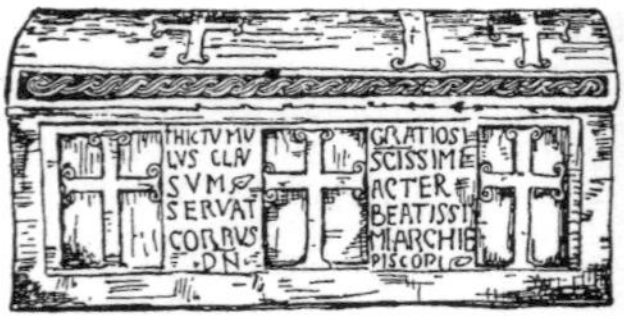

Sarkophag Ravenna: S. Apollinare in Classe. ~ des Gratiosus. 6. (?) Jahrh.

Sarkophagaltar. →Altar II 4*.

Sassanidenzeit, Kunst der ~. Epoche der →persischen Kunst.

Sassanidische Kunst. →Persische Kunst IV.

Satellitenstadt. →Trabantenstadt.

Satteldach. →Dachformen 2*.

Satyr, der (griech. satyros; Mehrz. Satyrn). Lustig ausgelassener Tiermensch im Gefolge des →Dionysos (menschliche Gestalt, doch mit tierischen Ohren, Schwanz, Hufen und Hörnern). Name ungeklärt.

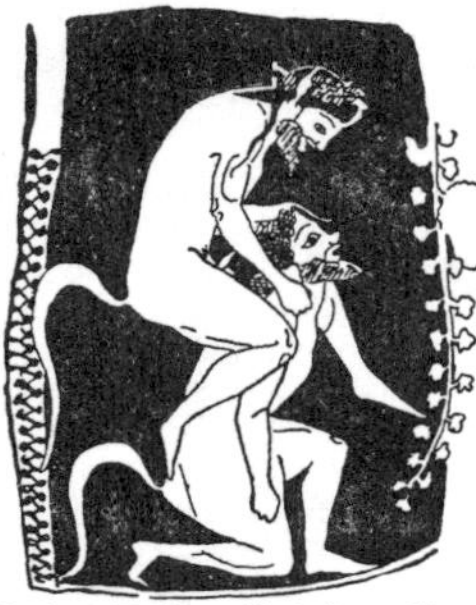

Satyr. Orvieto (Italien, Umbrien): Museum. Amphora des Andokides-Malers. Um 530 v. Chr. Satyrn im Huckepackspiel.

Sauro|ktonos (griech. = Eidechsentöter). Beiname des jugendlichen →Apoll*, der eine Eidechse töten will. Berühmte Statue des Praxiteles (2. Viertel 4. Jahrh. v. Chr.).

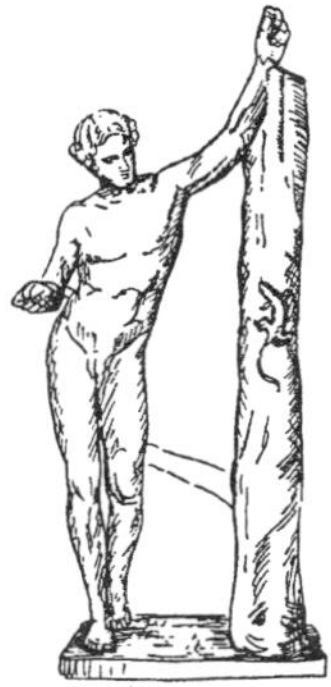

Sauroktonos. Rom: Vatikan. Apollon ~. Griech. Bronzestatue. Um 370 bis 360 v. Chr. Dem Praxiteles zugeschrieben. Röm. Marmorkopie.

sc. (lat.; sculpsit = er hat es gestochen). →Kupferstich*.

Scala sancta, die (lat.). → Heilige Stiege*.

Schaber, der. →Kupferstich*.

Schabkunst. →Kupferstich II*.

Schablone, die. Ausgeschnittene Vorlage für Vervielfältigungen. Aus Blech, Holz, Kunststoff, Papier. Grundlage der →Serigraphie.

Schachbrettfries. →Fries 7*.

Schächerkreuz. →Kreuz 7*.

Schädelplastik. Bei den →Naturvölkern der Schädel eines Ahnen, der künstlerisch bearbeitet ist – etwa unter Benutzung von Muscheln, Glasperlen, →Perlmutterbelag, Pflanzenfasern. Die ~ enthält die Lebenskraft des Ahnen.

Schaft. →Fiale*, Säule*.

Schaftring. Steinerner Ring als Unterteilung eines →Säulen*schaftes in verschiedener Höhe, auch Wirtel genannt. Die Säule heißt gewirtelt, das Anbringen des ~s Wirtelung. In der spät→romanischen Baukunst vorkommend. →Refektorium*, Templerkirche*.

Schaftring. Bonn: Alter Friedhof. Ehem. Ramersdorf: Deutschordenskapelle. Zwischen 1225 und 1250.

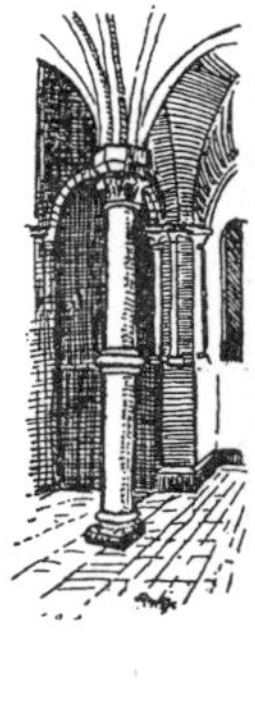

Schahname, das (pers.) = Das Buch der Könige; von Firdausi (932–1021). Iranisches Epos von 60000 Doppelversen. Oft in der →Miniaturmalerei (I) illustriert.

Schakti heißt in Indien die weibliche Seite im Wesen eines Gottes, durch die er schöpferisch wird und die Welt der Erscheinungen hervorbringt. Vor allem ist →Schiva* oft mit seiner ~ dargestellt; →Parvati. →Schri-Yantra*.

Schale. →Augenschale*.

Schalldeckel. →Kanzel.

Schalung. Im Bauwesen:

I. die äußere Bekleidung von Holzhäusern mit sog. Schalbrettern;

II. auf die Dachsparren genagelte Bretter als Unterlage für Schiefer-, Blech- und Pappdächer;

III. die Stampf- und Gießformen für →Beton.

Schandpfahl. →Pranger.

Schang-Zeit. →Shang-Zeit.

Schan-schuee. →Shan-shui.

Scharffeuerverfahren. →Muffelfarben.

Scharrierung. Furchung der Oberfläche eines Steins aus →dekorativen Gründen.

Schatten. Die durch Lichteinfall bedingte Dunkelzone hinter einem festen Körper. Man unterscheidet: Eigen~ (E): auf dem Körper selbst; Schlag~ (S): auf der Fläche hinter dem Körper; Kern- und Halb~ (K): die ersteren dunkler, die letzteren heller.

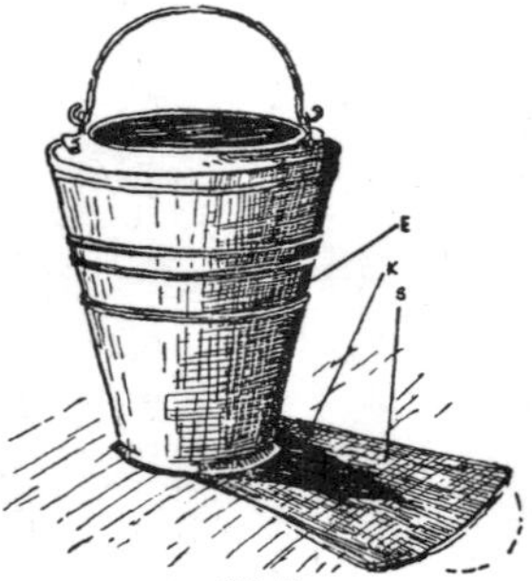

Schatten.

Schattenriß. Das dem →Schatten des Menschen ähnliche →Bildnis: es werden nur die mit Schwarz ausgefüllten Umrisse gegeben (1). Ersatz für die Bildnisminiatur. Auch Silhouette genannt, nach dem Finanzminister Ludwigs XV., Etienne de Silhouette (: ßiluạt), der durch seine Sparmaßnahmen bekannt war.

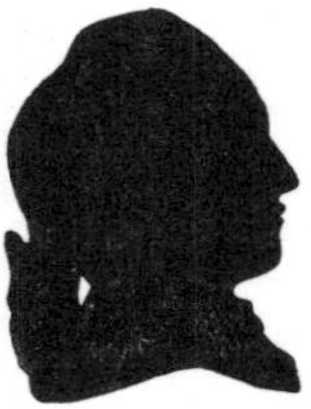

Schattenriß. 1. Goethe, 21jährig.

Die Herstellung (2) geht so vor sich, daß der zu →Porträtierende zwischen der Lichtquelle und einem in einen Rahmen gespannten Papierbogen Platz nimmt. Ein

Spiegel dient als Reflektor zur Verstärkung der Lichtwirkung.

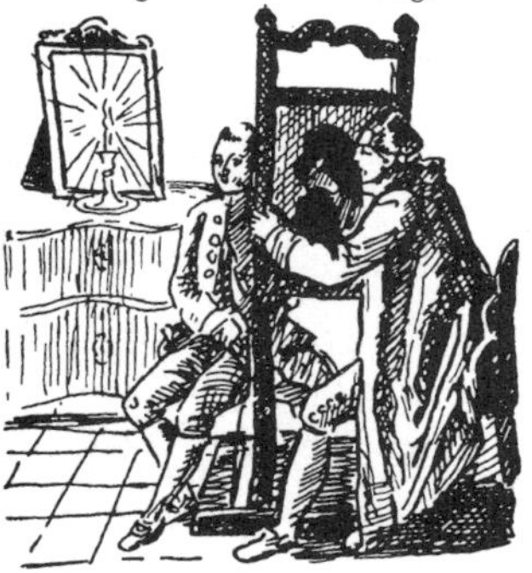

Schattenriß. 2. Der Silhouettenzeichner nach Lavater. 1776.

Schattenspiel. Ein von hinten erleuchteter Papier- oder Glasschirm. Vor oder hinter ihm agieren Figuren aus Pergament, Papier oder Leder. Ein ~er setzt sie durch Stäbchen oder an Fäden in Bewegung. Erfunden in China. Dann in Asien und Nordafrika verbreitet. →Karagöz, Wajang*.

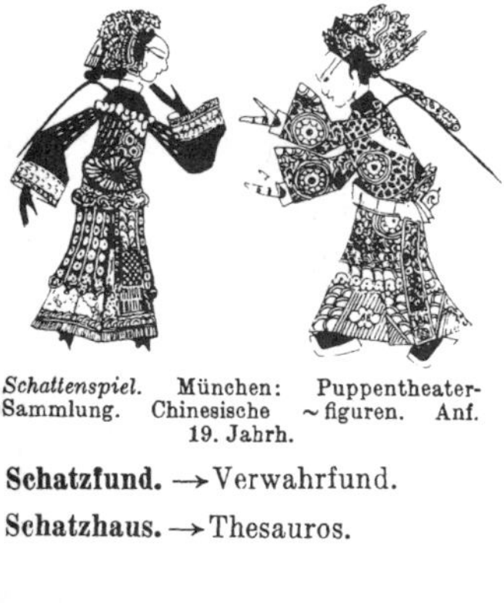

Schattenspiel. München: Puppentheater-Sammlung. Chinesische ~figuren. Anf. 19. Jahrh.

Schatzfund. →Verwahrfund.

Schatzhaus. →Thesauros.

Scheibenfibel. Art der →Fibel in der Völkerwanderung; aus Gold und mit Edelsteinen.

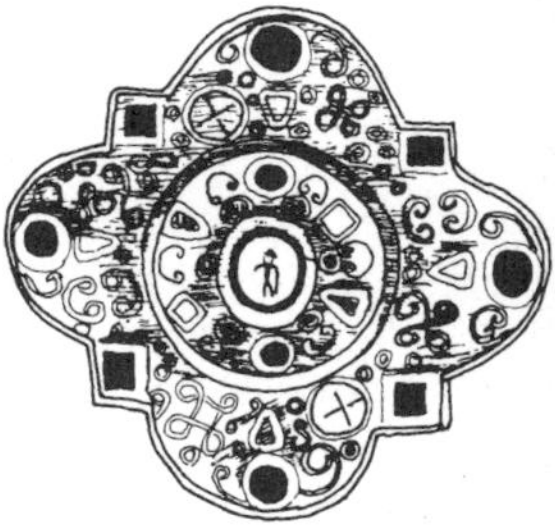

Scheibenfibel. Bonn: Rheinisches Landesmuseum. Vierpaßfibel. Im Mittelfeld römische Gemme aus Sardonyx. Durchmesser 7,5 cm. 7. Jahrh.

Scheibenfries. →Fries 8*.

Scheibenkreuz. →Kreuz* mit einer Scheibe als Hintergrund und verbindender Fläche. Die Scheibe trägt Edelstein-Schmuck oder figürliche Darstellungen. Vor allem aus der Zeit zwischen 1000 und

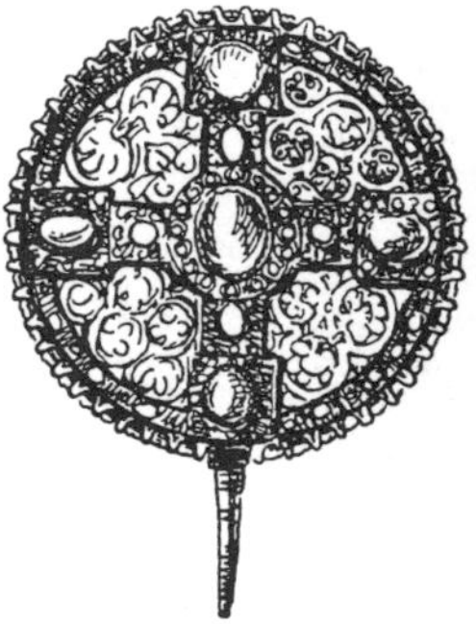

Scheibenkreuz. Hildesheim: Domschatz. Kupfer vergoldet. Mitte 12. Jahrh.

1300. Bei dem abgebildeten Kreuz sind als Schmuck Kristalle, Perlen und farbige Steine verwandt. Die Zwischenräume zwischen den Kreuzbalken sind mit verschlungenem Rankenwerk gefüllt.

Scheidbogen. Der →Bogen*, der im Kirchenbau die →Schiffe voneinander trennt. →Gurtbogen*.

Scheinarchitektur. Eine etwa durch Malerei oder Spiegelscheiben vorgetäuschte Architektur.

Scheinarkade, die. →Blende, Arkade I a*.

Scheinempore. →Empore 3*.

Scheitel. Höchster Punkt oder höchste Linie der Überwölbung.

Scheitelrippe. →Rippe, die der → Scheitellinie des→Gewölbes* folgt.

Scheitrechter Bogen. Aus Keilsteinen konstruiert, mit waagerechter →Laibung. →Bogen 1*.

Scherben. Das Material der →Keramik: gebrannter oder ungebrannter Ton.

Scherbrunnen. →Tonsur.

Scherenschnitt. →Schattenbild*.

Schichtmauerwerk. Lagerhaftes → Bruchsteinmauerwerk*, dessen Steine winkelrecht bearbeitet und als Läufer und →Binder* angeordnet sind.

Schiff. Das →Langhaus des Kircheninnern. Bei unterteilten Räumen unterscheidet man das Haupt- oder →Mittel~, Quer~, Neben- oder Seiten~.

Schiffchen. →Rauchfaß*.

Schiffskanzel. →Kanzel in Schiffsform, entsprechend der Predigt Christi vom Schiff aus. Die älteste wohl in der Klosterkirche zu Irsee (1725).

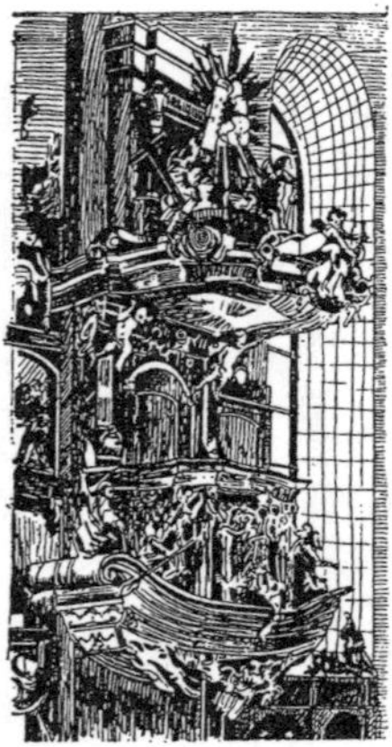

Schiffskanzel Altenerding bei Erding (Oberbayern): Pfarrkirche Mariä Verkündigung. Kanzel von Chr. Jorhan d. Ä. Holz. 1767.

Schikhara, der. Kegelförmiger parabolischer Tempelturm in Nordindien. →Indische Kunst* (nordind. Tempel).

Schildbogen. Der das →Joch* seitlich begrenzende→Gewölbe*→bogen*, der in Achsenrichtung verläuft, auch Längengurt genannt. Ggstz.: →Gurtbogen*.

Schilfrohrfeder. →Feder.

Schimäre, die. →Chimäre.

Schimmelobjekt. Eine Form der →Objektkunst: mit Bakterien des Schimmelpilzes infizierte Substanzen werden unter Glas eingeschlossen. Sie schimmeln dann weiter bis zur völligen Zersetzung. Damit ist das Objekt verbraucht. Es veranschaulicht den Prozeß des Lebens exemplarisch. D. Rot (1930 geb.).

Schindeldach. Dachdeckung aus Holzschindeln, deren zugeschärfte Kanten nach der Wetterseite liegen, damit der Regen nicht eindringt.

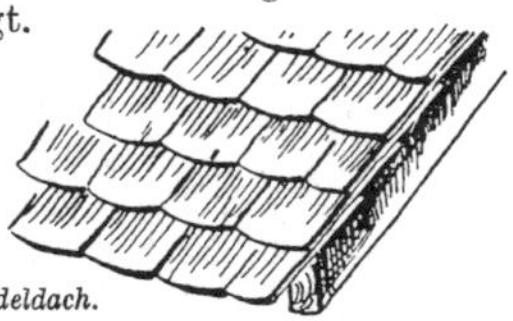

Schindeldach.

Schinto|ismus, der (von jap. schinto = „Weg der Götter"). Jap. Ur- und Nationalreligion, ein Natur- und Seelenkult, in dem vor allem die Sippen- und Ahnengötter verehrt werden. Die Kultbauten der→Tempel und→Schreine* sind sorgfältig der Landschaft eingeordnet und entstehen überall, wo man sich eine Gottheit wohnend vorstellt: auf Bergen, in Wäldern, an Flüssen. →Japanische Kunst, Schrein III*, Torii*.

Schirmgewölbe. Sphärisches →Gewölbe*, das vom →Scheitel aus in mehrere →Kappen aufgegliedert ist. Die Kappen sind durch→**Grate** oder →Rippen begrenzt und jede für sich →gebust.

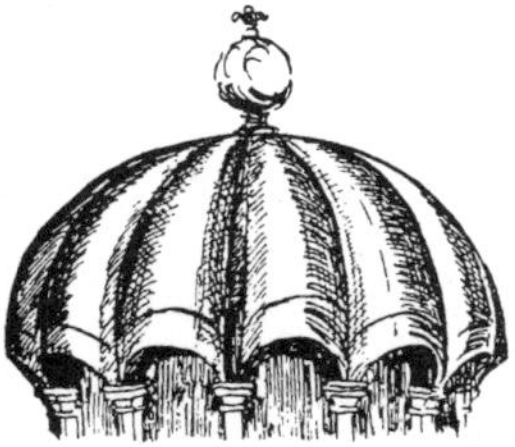

Schirmgewölbe. Berlin: Staatliche Museen, Welfenschatz. Kuppelreliquiar. Kölner Goldschmiedearbeit. 1175.

Schiva. (Sanskrit = der Gnädige). Ind. Gott der Weltschöpfung und Weltzerstörung; bildet zusammen mit →Brahma und →Vishnu* die hinduistische→Dreieinigkeit. Dargestellt mit vielen Armen, im Tanze rasend; →Schlangen, eine Kette von Schädeln, ein drittes Auge auf der Stirn und eine Mondscheibe als Kopfschmuck sind seine

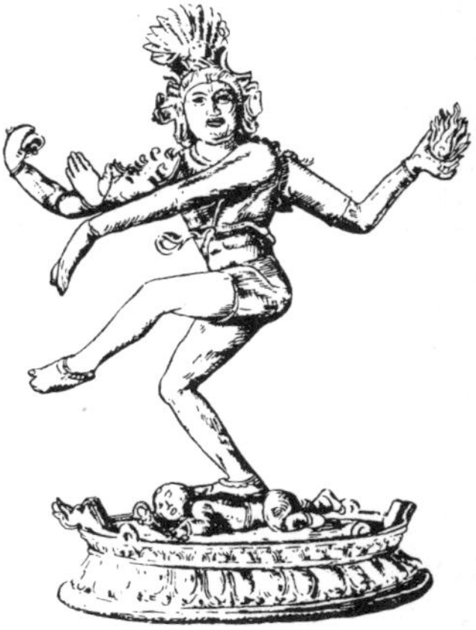

Schiva. Madras (Südindien): Museum. Bronze aus Südindien. Typ des 10.–12. Jahrh. Kopfputz aus Cassiablättern, in denen ein Totenkopf erscheint. Das dritte Auge auf seiner Stirn als Zeichen seiner Macht. Mit einem männlichen und einem weiblichen Ohrring: Mann und Weib sind in ihm eins. In der Rechten eine kleine Trommel, mit der er die Menschen wachruft; in der Linken eine Flamme durch die er vernichtet. Seine vier Arme schleudern in alle Richtungen Lebensgewalt. Er tanzt auf dem Zwerg der Unwissenheit oder Täuschung. Früher umgab ein Flammenkranz die ganze Figur.

→Attribute. →Ind. Kunst, Linga, Parvati, Schakti, Trimurti.

Schlaglicht. In der Malerei und →Graphik ein intensiver Lichtstrahl, der einen Gegenstand markant hervorhebt.

Schlagschatten. →Schatten*.

Schlange. Eines der großen Tier→symbole der Kunst.

I. Verkörperung guter Mächte im Umkreis der →Großen Mutter*. →Griechische Kunst: der Heilgott →Asklepios war urspr. wohl eine heilkräftige ~; darum die ~ in seinem Zeichen (→Äskulapstab*). →Indische Kunst: ~nsteine, ~nkönige und ~nköniginnen* mit menschlichem Haupt und ~nhaft endendem Körper, die →Welt~ Ananta (= „Endlos"), auf der →Vishnu* ruht. →Kretische Kunst: Priesterinnen mit ~n.

II. Verkörperung dunkler und böser Mächte. →Ägyptische Kunst: →Uräus~*. Altgermanische Kultur: Thor tötet die Midgard~. Babylonische Kunst (→Vorderasiatische Kunst): →Marduk tötet →Tiamat. Christliche Kunst: die ~ als →Teufelswesen; →Aspis*, Immaculata*, Paradies~. →Griechische Kunst: im Mythos von →Laokoon oder vom Kampf des →Apoll* gegen die Python~; die →Gorgo* trägt ~nhaare.

Schlangenkönige, ~königinnen. In der →ind. Kunst Dämonen mit menschlichem Haupt und schlangenhaft endendem Körper. → Schlange I.

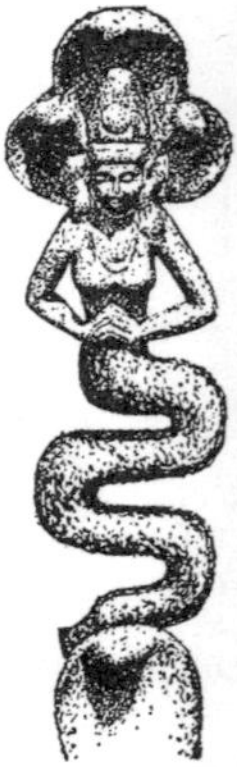

Schlangenkönige. Mahabalipuram (bei Madras; Indien): Herabkunft der Ganga. Felsrelief Granit. Mitte 7 Jahrh. n. Chr. Mitte: Schlangengöttin.

Schlangenrelief, ~stein. In der Kunst Steinplatten mit Schlangenreliefs. →Indische Kunst, Schlange I, Teotihuacan.

Schlegel, der. Ein zum Schlagen dienendes Werkzeug der Zimmerleute und Steinmetzen.

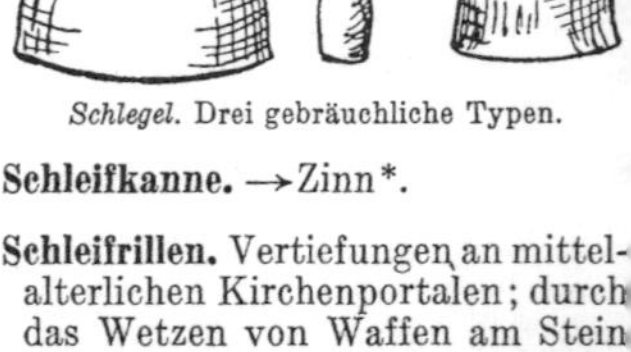

Schlegel. Drei gebräuchliche Typen.

Schleifkanne. →Zinn*.

Schleifrillen. Vertiefungen an mittelalterlichen Kirchenportalen; durch das Wetzen von Waffen am Stein entstanden. Auf diese Weise wollte man den Waffen für den Kampf eine besondere geweihte Kraft geben.

Schlepp-Pinsel. Bei der →Freskomalerei zieht der Künstler die langen Konturen mit Hilfe des ~s, dessen Stiel als Rohr ausgebildet und mit Farbe gefüllt ist. Dadurch erübrigt sich das häufige Eintauchen des Pinsels.

Schloß. →Barock mit weiteren Stichwörtern; →Rokoko mit weiteren Stichwörtern.

Schlußstein. Der oberste abschließende Stein eines →Gewölbes* oder →Bogens*, als Platte oder als Knauf gebildet, oft reich verziert. Bisweilen hängt er vom Gewölbe herab (hängender ~). →Abhängling*, Bogen II*.

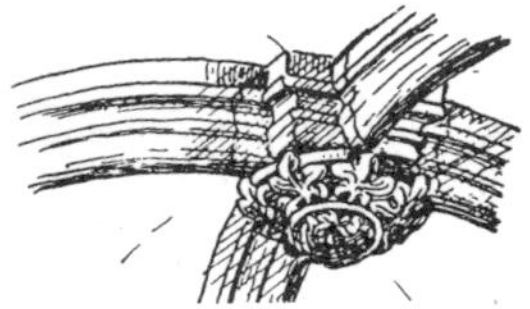

Schlußstein. Erfurt: Dom. Chor 1349–1372. Langhaus (Umbau) 1456–1472.

Schmachtlappen. →Hungertuch*.

Schmelzarbeiten. →Email*.

Schmelzfarben. →Muffelfarben.

Schmelzmalerei. →Email*.

Schmerzensmann. →Andachtsbild.

Schmerzensmutter. →Mater Dolorosa*.

Schminkpalette. Auf ihr rieb man im Alten →Ägypten →Malachit und andere Stoffe zu Schminkfarben an; darum war sie in der Mitte napfartig vertieft. Bes. prunkvolle Stücke waren für die Schminkung des Herrschers beim Gottesdienst im Tempel bestimmt. Andere waren von vornherein als Weihegabe für die Götter gedacht. Die Schminke diente nicht nur der Zier, sondern vor allem auch magischem Schutz.

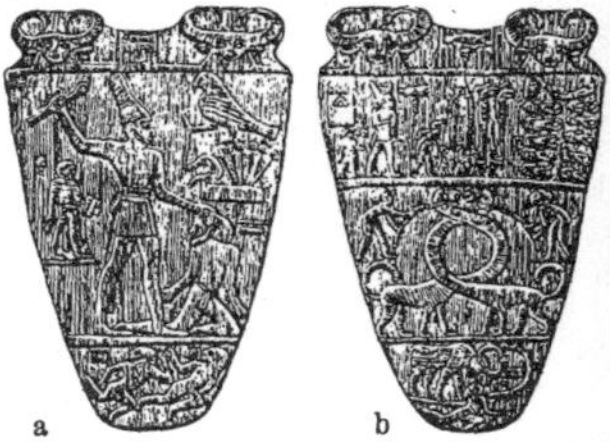

Schminkpalette. Kairo: Museum. Schminkpalette des Königs Narmer. 64 cm h. Schiefer. Um 2800 v. Chr. 1. Dyn. a Vorderseite. b Rückseite.

Schnecke. In der Baukunst jede schneckenförmig gewundene Verzierung. Wichtig für das →ionische Kapitell*, die ital. →Renaissance* und den →Barock. Gleichbedeutend mit →Volute*.

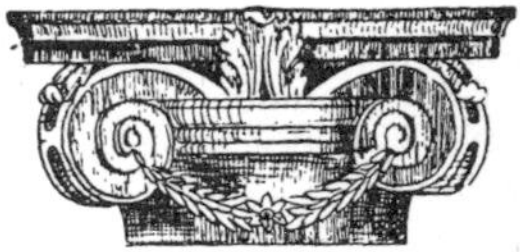

Schnecke. Aus dem Werk von J. F. Panther: Anleitung zur bürgerlichen Baukunst. 1764.

Schneuß, der. →Dreischneuß*, Fischblase*, Zweischneuß*.

Schnitt. →Längsschnitt, Querschnitt.

Schnitzaltar. →Flügelaltar*.

Schnurkeramik, die. Kulturgruppe der →Jungsteinzeit, so genannt nach der Verzierung auf Tongefäßen, die durch den Abdruck von

Wickelschnüren hergestellt wird oder solche Abdrücke nachahmt.

Schöne Madonnen. Gruppe von Madonnen aus dem Anfang des 15. Jahrh. Das Gewand von mächtigem Umriß und geschmeidiger Faltengebung. Das Gesicht der Madonna lieblich und die Haltung des Kindes spielerisch.

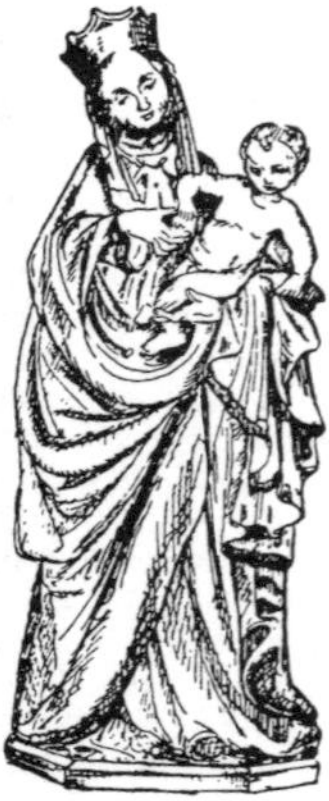

Schöne Madonnen. Breslau: Kunstgewerbemuseum. Um 1420.

Schöner Gott. →Beau Dieu*.

Schookintee. →Shôkin-tei.

Schrägschnitt. Form der →islamischen Kunst: eine lückenlose

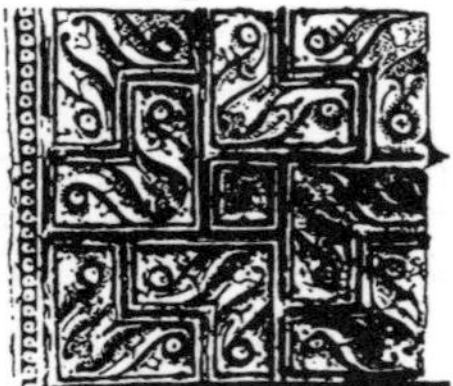

Reihung von Formen verdeckt die Grundfläche. Er findet sich im plastischen Dekor, in der Malerei, bei Geräten und auf Textilien.

Schraffen, die = Schraffierungen. →schraffieren*.

schraffieren. Man spricht von ~, wenn parallele Linien dicht aufeinanderfolgen. Sie deuten den →Schatten* an oder dienen zur Unterscheidung einzelner Teile in Schnitten und →Grundrissen. Im letzteren Falle zieht man sie gern in verschiedenen Richtungen, läßt sie sich überkreuzen oder strichelt sie.

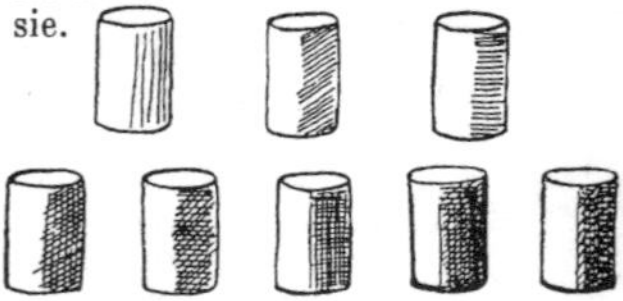

schraffieren.

Schranken. →Altarschranken*, Cancelli, Chorschranken*.

Schreiber. Ein Hauptmotiv der alt→ägypt. Kunst. Schreiben war

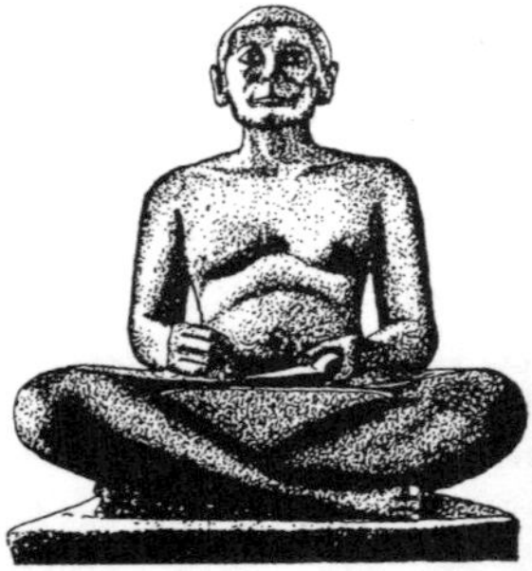

Schreiber. Paris: Louvre. Kalkstein, bemalt. Aus seinem Grabe bei Sakkara (Unterägypten) 2480–2350 v. Chr. 5. Dyn.

damals eine von wenigen beherrschte Kunst. Der ~ hatte eine wichtige Funktion im Kult und in der Wirtschaft. Er stand als ein Weiser an der Spitze der Gesellschaft. Berühmte Statue im Louvre, Paris (um 2400 v. Chr.).

Schrein.

I. Reliquienschrein. →Reliquiar*.

II. Schrein eines →Flügelaltars*.

III. In →Japan: Kult~ des →Schintoismus. Ein türloses Tor (→Torii*) führt zu ihm hin. Der ~ selber – aus Holz, in zeitlichen Abständen erneuert – besteht aus einer Gebetshalle und dem für die Laien verschlossenen Allerheiligsten, in dem kein Götterbild, sondern die Gottesmacht etwa in einem Spiegel oder Schwert verehrt wird. Dem architektonischen Typ nach ist der ~ ein Wohnhaus

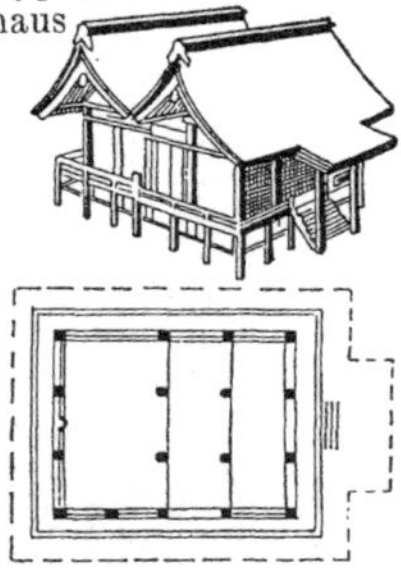

Schrein (zu III) Japanisches Schreinheiligtum Umzeichnung nach einem Rollbild.

Schreinswächter. →Flügelaltar 1*.

Schrift. →Initiale*, Kalligraphie, Kufi*, Runenstein*, Stundenbuch*.

Schriftband. →Spruchband*.

Schrị-Yạntra, das (ind.). Ein Schema aus abstrakten Zeichen und stilisierten →Lotosblüten, häufig in Indien. Es dient der Meditation: der Sammlung der Gedanken auf das Wesen der Welt und der Lebensvorgänge. Das ~ – ein Sinnbild sowohl des universalen wie des individuellen Lebens – besteht aus drei Elementen: die Linien eines äußeren viereckigen Rahmens sind nach einem regelmäßigen Muster gebrochen; der Rahmen umschließt konzentrische Kreise und stilisierte Lotosblütenblätter; darin eingeschlossen ist eine Komposition von neun sich durchdringenden Dreiecken: die oberen 5 Dreiecke, mit der Spitze nach unten, symbolisieren die weibliche, die unteren 4 Dreiecke, mit der Spitze nach oben, die männliche schöpferische Energie. Auch sonst weicht die →ind. Kunst manchmal in solche →Symbole und Zeichen aus, um das zu vergegenwärtigen, was über die begrenzte Gestalt hinausgeht. Eine figurale Form des ~ – im →Buddhismus Zentral- und Ostasiens verbreitet – ist das M a n d a l a, meist eine Rundform mit Mustern, die zu Gemälden erweitert sind.

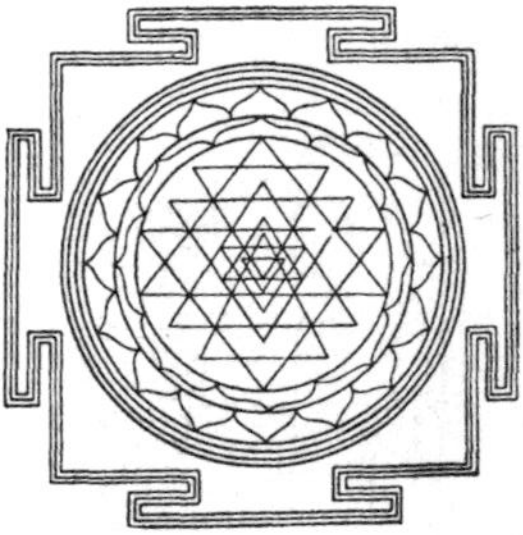

Schri-Yantra

schroten. →Ziselierung II*.

Schrotschnitt, Schrotblatt. →Holzschnitt 3*.

Schub. →Gewölbe* II, Seitenschub.

Schüsselfalten. →Falten 5*, 9*.

Schützenstück. In der holländ. Malerei Gruppenbildnisse von Schützengilden oder anderen Korporationen, seit der 2. Hälfte des 16. Jahrh.

Schulchan, der. In der →Synagoge* der Tisch, an dem die Thora verlesen wird.

Schule von Barbizon (franz.: Barbisoñ). →Intime Landschaft.

Schulterbogen. →Bogen 13*.

Schultermantel. →Pluviale*.

Schuß. →Kette.

Schutzengel. Der Engel, der von Gott dem einzelnen Menschen (auch Völkern, Kirchen, Genossenschaften) zum Schutz beigegeben ist. In der Kunst vor allem →Raphael als Begleiter des Tobias.

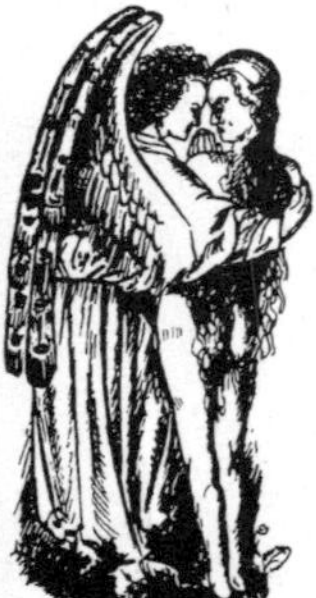

Schutzengel. Stephan Lochner (gest. 1451): Weltgericht. Um 1440. Köln: Wallraf-Richartz-Museum. Teil: Gruppe aus dem Einzug der Seligen in den Himmel.

Schutzmantelmadonna. Maria, Mutter der Barmherzigkeit, breitet ihren Mantel über die Gläubigen, um sie zu schützen. Seit dem 13. Jahrh. bes. von den Zisterziensern und Dominikanern verbreitet. Im späteren Mittelalter als Pestbild beliebt (die Pfeile aus der Höhe bezeichnen den Zorn Gottes).

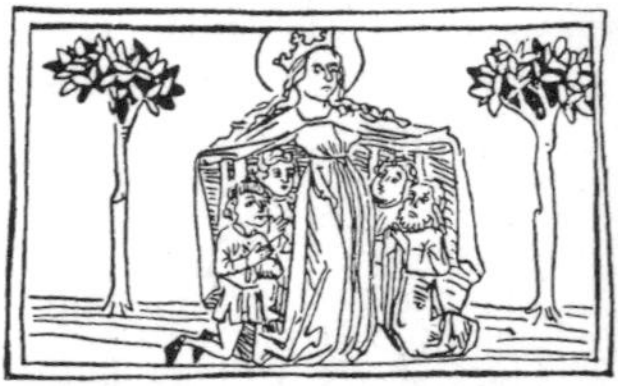

Schutzmantelmadonna. Günther Zainer (Augsburg; tätig zwischen 1468–1478): Heilsspiegel. Um 1475.

Schwarze Kunst. Verfahren des →Kupferstichs*: Schabkunst oder Mezzotinto.

Schwarzfiguriger Stil der →Vasenmalerei in der →griech. Kunst.

Schwarzlot. →Glasmalerei*.

Schweifwerk. Eine im deutschen Früh→barock häufige Schmuckform: →Beschlagwerk*, in Ver-

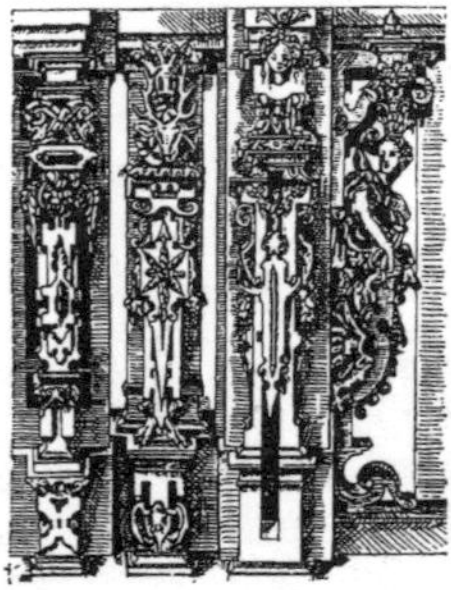

Schweifwerk. Wendel Dietterlin (1550/51 bis 1599): Architectura. 2. verm. Ausgabe in 5 Büchern. Nürnberg 1598.

bindung mit →Voluten* und anderen bewegten →Ornamenten.

Schweißtuch der Veronika. Um 1400 aufkommendes Motiv im →Passionszyklus: Veronika reicht dem kreuztragenden Christus ein Tuch zum Abtrocknen des Schweißes. Indem Christus das Tuch benutzt, bildet er in ihm sein Antlitz ab.

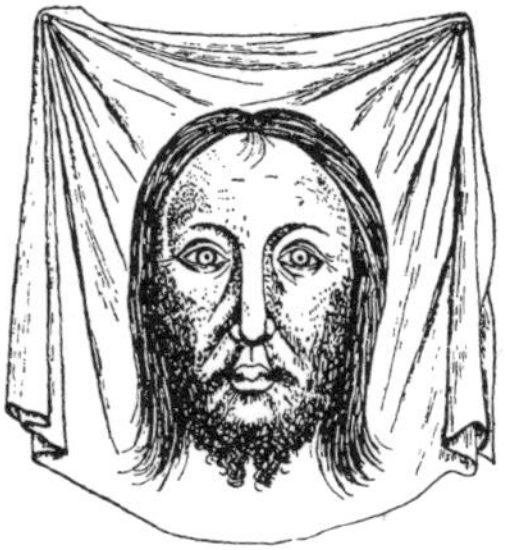

Schweißtuch der Hl. Veronika. Meister der Spielkarten (tätig zwischen 1430 und 1450). Kupferstich. Aus Basel? 15 Jahrh.

Schwibbogen.

I. Über die Straße gespannter →Bogen*, der die Hausmauern verstrebt oder als Verbindungsgang dient (1).

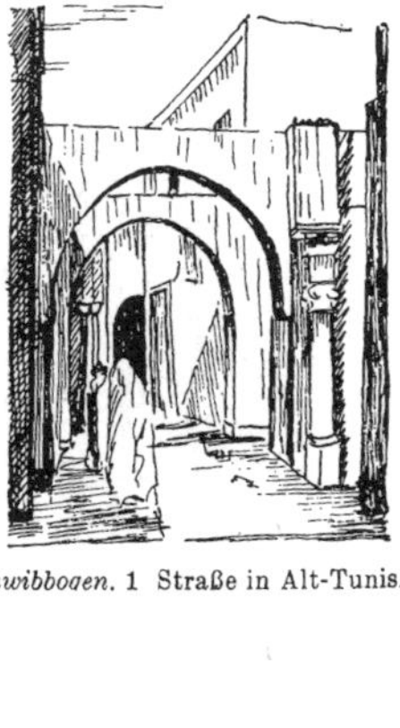

Schwibbogen. 1 Straße in Alt-Tunis.

II. Ungenaue Bezeichnung für den →gotischen* Strebebogen.

III. Senkrecht übermauerter →Bogen* in der Achse eines →Hauptpfeilers der Kirche (2). →Empore 4*.

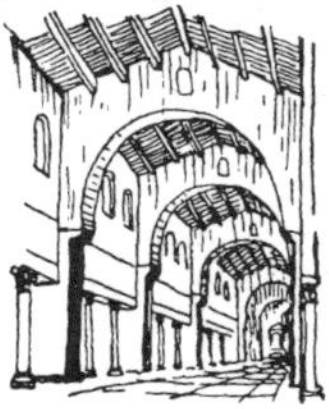

Schwibbogen. 2. Rom: S. Prassede. Um 822 begonnen. Mehrfach restauriert.

Schwungfalten. →Falten 4*.

Sebil, der (türk.). Öffentliches Brunnenhaus in der osmanischen Kunst, vor allem in Istanbul (17. Jahrh.). Es zu stiften, war ein gottgefälliges Werk.

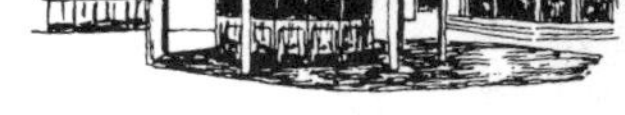

Sebil. Istanbul. Südwestlich der Hagia Sophia.

Seccomalerei, die. →al secco.

Secento, das (ital.: ßetschento = 600, d. h. das 17. Jahrh.). Ital. Bezeichnung für die Kunst des 17. Jahrh. Die Künstler des ~ heißen Secentisten.

Sechspaß, der. →Paß.

Seelenwaage. →Michael II.

Seestück. →Marinemalerei*.

Segmentbogen = Flachbogen. →Bogen 4*.

Segmentfenster. →Fenster 12*.

Seitenrisalit, der. →Risalit*.

Seitenschiff. In der kirchlichen Baukunst der langgestreckte Raum zu beiden Seiten des →Mittelschiffs; manchmal verdoppelt. →Gebundenes System*.

Seitenschub. Druck des →Gewölbes* zur Seite, der durch →Widerlager aufgefangen werden muß. Je flacher die Wölbung, desto stärker der ~.

Sekkomalerei. →al secco.

Seladon, das. Undurchsichtige grünliche →Glasur der →chin. →Keramik. Benannt nach einer franz. Romanfigur des 17. Jahrh.: Céladon (:ßeladoñ); die Farbe seines Gewandes war damals Modefarbe.

Selbdritt. →Anna Selbdritt*.

Selbstbildnis. Das →Porträt, das ein Künstler vor dem Spiegel von sich selbst anfertigt. Das erste gesicherte porträtgetreue ~ der europäischen Kunst ist dasjenige Dürers (1471–1528) aus dem Jahre 1484.

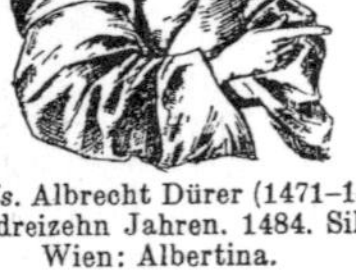

Selbstbildnis. Albrecht Dürer (1471–1528): im Alter von dreizehn Jahren. 1484. Silberstift. Wien: Albertina.

Selene. →Endymeon.

Seleukidenzeit. Kunst der ~. Epoche der →persischen Kunst.

Semantische Malerei. Form der →abstrakten Malerei* aus symbolischen Zeichen. Künstler: L. Lattanzi (1925 geb.), W. Schreib (1925 geb.).

Sen-Malerei. →Zen-Malerei*.

Sepia, die. Aus dem Farbstoff des Tintenfisches gewonnene Farbe, die zum →Schattieren* und →Lavieren von Zeichnungen verwandt wird. →Zeichentechnik, Tinte.

Sepulcrum, das (lat. = Grab). →Altar I*.

Serail, das (persisch-türk.). Palast des Sultans oder fürstliches Schloß.

Seraph, der; Mehrz. Seraphime

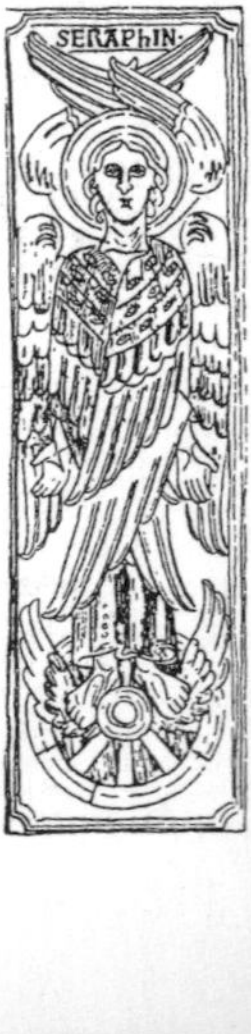

Seraph. Meister Fridericus: Maurinusschrein. Um 1180. Köln: St. Pantaleon.

(hebr. = Brennender Lichtengel). Engel mit sechs Flügeln. Oft wie ein →Cherub* dargestellt.

Serapis. →Sarapis.

Serigraphie, die. →Siebdruck*.

Setzstufe. →Treppe III*.

Sezession, die (lat. = Trennung). Name von Künstlergruppen, die sich von einer größeren Künstlervereinigung abspalten, um ihre eigenen künstlerischen Absichten gegen die Mehrheit durchzusetzen.

Sfumato, das (ital. = verraucht). Mit hauchhaften verschwimmenden Umrissen dargestellt.

Sgraffito, das (von ital. sgraffiare = kratzen). Kratzmalerei, sehr wetterbeständige Art der →Wand-, bes. →Fassadenmalerei; in Deutschland seit dem 13. Jahrh. angewandt. Die Mauer erhält zunächst einen Rohputz; auf ihn werden dann weitere verschiedenfarbige Putzschichten aufgetragen. Man kratzt nun mit dem Kratzeisen den Putz in verschiedener Tiefe ab, so daß die Herstellung eines mehrfarbigen Bildes möglich wird.

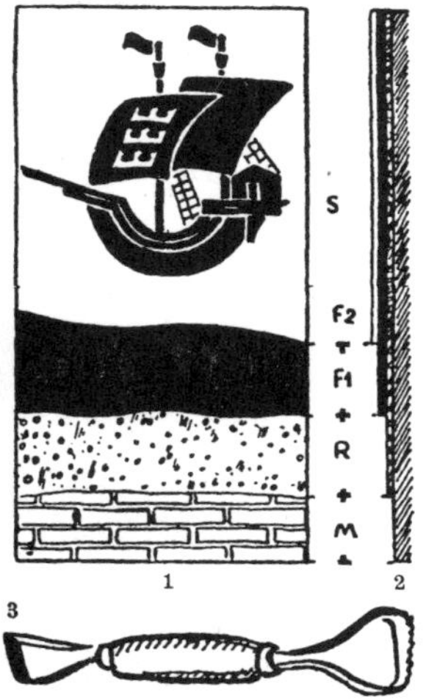

Sgraffito. Marke des Kölner Stapelhauses. Von Prof. Paul Schröder, Köln. 1. Ansicht. 2. Schnitt. M = Mauer, R = Rohputz, F_1 = erste Farbschicht, F_2 = zweite Farbschicht, S = Sgraffito. 3. Kratzeisen.

Sh. . . . Wörter, die man unter ~ nicht findet, suche man unter **Sch.**

Shang (chin.: schang)**-Zeit.** Epoche der chin. Geschichte, 1523–1028 v. Chr. →Chinesische Kunst.

Shan-shui (chin.: schan-sch^{u}ee = Berg und Wasser) = Landschaftsbild. Die ostasiatische Kunst vergegenwärtigt in der →Landschaftsmalerei vor allem das Walten der Naturkräfte. →Zen-Malerei*, chinesische Kunst.

Sheddach (engl.: schäd = Schuppen). →Dachformen 7*.

Shintô|ismus. →Schintoismus.

Shiva. →Schiva*.

Shôkin-tei (jap.: schookin|tee) = Teehütte. →Teezeremonie.

Shri-Yantra. →Schri Yantra*.

Sibylle, die (griech. Sibylla = Prophetin). Antiker Name für Seherin. In der christl. Kunst werden die ~n als weibliche Gegenstücke der Propheten dargestellt. Seit dem 12. Jahrh. Berühmt sind die von Michelangelo 1508–1512 geschaffenen Gemälde der ~n in der Sixtinischen Kapelle des Vatikans in Rom.

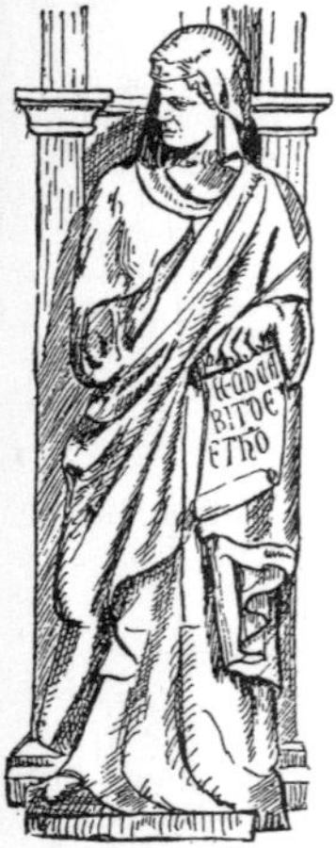

Sibylle. Giovanni Pisano (nachweisbar 1256 bis 1314) Siena (Italien, Toskana): Dom. Fassade.

Sichtbetọn, der (franz.: -ọñ). Unverputzter Beton.

Siebdruck. Für das gewünschte Bild wird eine Schablone geschnitten

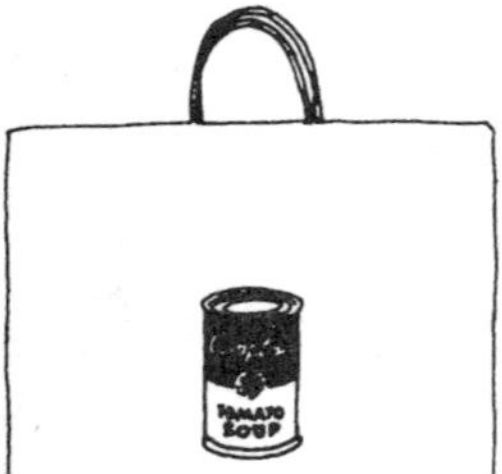

Siebdruck. Andy Warhol (1930 geb.): Shopping Bag. „Campbell's Tomato Soup". 1966.

und auf ein engmaschiges Sieb befestigt. Das Sieb wird auf Papier gelegt und mit Farbauftrag versehen. Die Farbe wird mittels einer Gummirakel durchgedrückt. Die Schablone bewirkt die der Vorlage entsprechende Verteilung auf den Druckträger. Bei Farbdruck ist für jede Farbe eine eigene Schablone erforderlich.

Siebenarmiger Leuchter. Er ist aus dem jüdischen Gottesdienst (→Synagoge*) in den christl. Kultus übernommen und wird im Mittelalter zu →monumentalen Formen ausgebildet. Dir Kirche bekundet damit, daß sich in ihr der jüdische Kultus erfüllt.

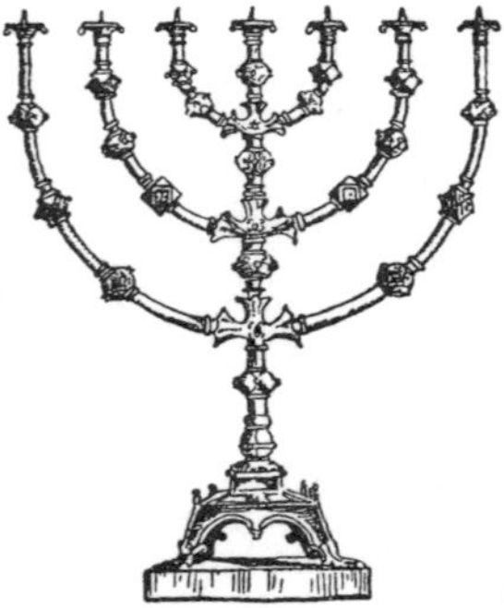

Siebenarmiger Leuchter. Essen: Münster. 2,33 m hoch. Bronze. Um 1000.

Sieben freie Künste. →Künste.

Sieben Freuden Mariens.
I. Verkündigung;
II. Heimsuchung;
III. Geburt Christi;
IV. Anbetung der Könige;
V. Prophezeiung Simeons;
VI. Wiederfinden Jesu im Tempel;
VII. Marienkrönung.

Sieben Schmerzen Mariens. →Mater dolorosa*.

Sieben Weltwunder. Nach dem griech. Dichter Antipatros um 150/120 v. Chr. Berühmte Bau- und Bildwerke der Antike.

I. Ephesos: Artemistempel. 6. Jahrh. v. Chr.
II. Gizeh: →Pyramiden*. Um 2500 v. Chr.
III. Olympia: Tempel des Zeus. Goldelfenbeinbild des Zeus von Phidias; 432 v. Chr. beg. →Cella*, Tempel 8*.
IV. Pharos (vor Alexandria): Leuchtturm. Um 280 v. Chr.
V. Rhodos: „Koloß". 32 m hohes Erzstandbild des Sonnengottes →Helios*, 291 v. Chr.
VI. Babylon: die „Hängenden Gärten der Semiramis" (um 800 v. Chr.). Terrassenförmige Gartenanlagen auf dem Gelände des Königspalastes.
VII. Halikarnassos: →Mausoleum*. Um 350 v. Chr.

Siegelzylinder. →Rollsiegel*.

Siegessäule. Zur Erinnerung an einen Sieg errichtete Säule, oft mit →Reliefs* geschmückt oder von einer →Statue gekrönt. →Nike*, Säulenmonument*, Triumphsäule*.

Signatur, die (lat. = Bezeichnung). Bezeichnung des Künstlers auf seinem Werk – meist durch seinen vollausgeschriebenen oder abgekürzten Namen, oft durch die Anfangsbuchstaben seines Namens (Künstlermonogramm), seltener durch eine →symbolische Figur. Bes. wichtig für den Kunsthandel („signiertes Bild"). Eine eigene Gruppe der ~ bilden die mittelalterlichen →Steinmetzzeichen*. →Genremalerei* (mit der ~ Rembrandts), Monogrammisten.

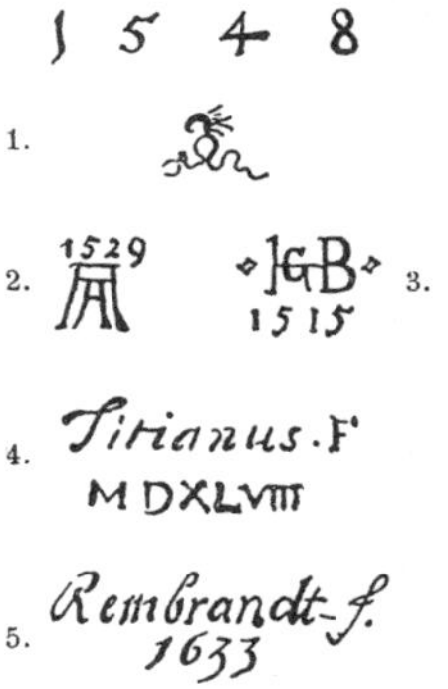

Signatur. 1. Cranach d. Ä. (1472–1553). 2. Altdorfer (1480–1538). 3. Hans Baldung (1476–1545). 4 Tizian (1477–1576). 5. Rembrandt (1606–1669).

Signet, das (lat. = Bezeichnung). Zeichen des Druckers oder Verlegers in einem Druckwerk (z. B. der „Tümmler" von Ferd. Dümmlers Verlag).

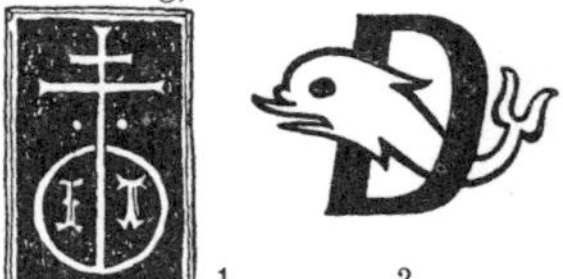

1 2

Signet. 1. Johann Trechel. 1489. 2. Ferd. Dümmlers Verlag.

Sikkativ, das (lat. = Trockenmittel). Gewisse Chemikalien, die in geringer Menge den →Ölfarben und Firnissen beigemischt werden, um deren Trockenzeit abzukürzen.

Silberschmelz. →Email VI.

Silberschmiedekunst. Es gelten dieselben Techniken und Gesetzmäßigkeiten wie für die →Goldschmiedekunst. Nur ist das Anwendungsgebiet weiter.

Silberstift-Zeichnung. Werkzeug ist ein Metallgriffel mit Silberspitze. Das Papier ist mit →Kreide oder Knochenpulver →grundiert. Die Zeichnung läßt sich nicht korrigieren. Diese Technik ergibt hellgraue, feine, stets gleich kräftige Linien; die →Schatten* müssen durch eine Verdichtung der Striche ausgedrückt werden. Zarte duftige Wirkung; bes. beliebt für Frauen- und Kinder→porträts.

Silen, der. →Satyr*.

Silhouette, die (franz.: ßiluät). → Schattenriß*.

Sima, die (griech.). Traufleiste des antiken →Tempels*.

Sims, der oder das. →Gesims*.

Singerie, die (franz.: ßäñ[sch]eri = Affenposse). Darstellung des menschenähnlichen Spiels der Affen in der Zierkunst des →Rokoko, oft mit der →Chinoiserie verbunden. Das Rokoko steht damit in einer weitreichenden →ikonographischen Tradition. →Affe.

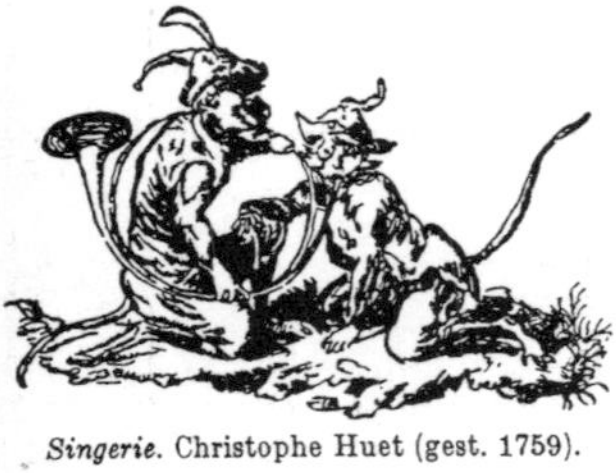

Singerie. Christophe Huet (gest. 1759).

Sinnbild. →Symbol.

Sinterung, die. Vorgang in der →Keramik: Überzugsschicht, die sich im Brennprozeß oder durch Verwitterung bildet.

Sippenbild. Darstellung der hl. Sippe (= der Verwandtschaft Mariens): meist sitzen die Frauen mit Anna und Maria auf einer Bank; die Männer stehen dahinter, und die Kinder spielen auf dem Schoß der Mütter oder am Boden. Bes. beliebt im 15. und 16. Jahrh.

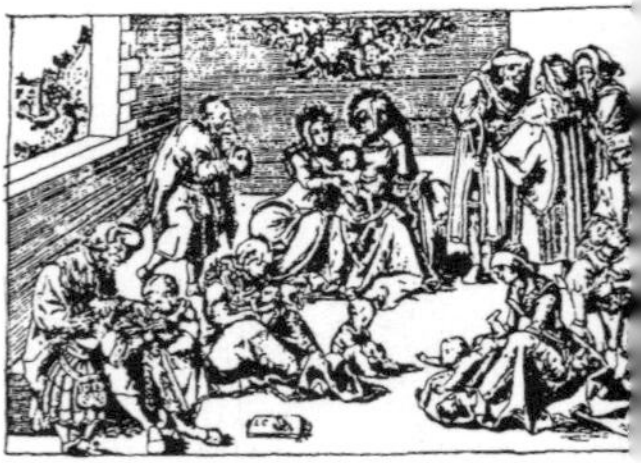

Sippenbild. Lukas Cranach (1472–1553): Hl. Sippe. Holzschnitt. Um 1510.

Sirenen (griech. Mehrz.). In der griech.→Mythologie betörend singende Seedämonen, halb Weib, halb Vogel; sie locken die Seefahrer an, töten sie und trinken ihr Blut. Auf anderen Darstellun-

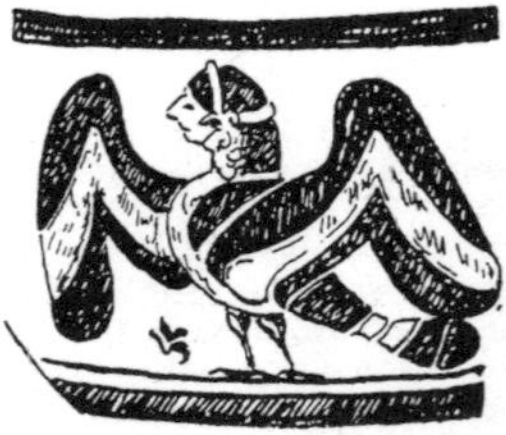

Sirenen. London: Britisches Museum. 2. Hälfte 6. Jahrh. v. Chr. Chalkidisch.

gen trägt ein menschenköpfiger Vogel einen Toten: eine Veranschaulichung des Todesdämons. →Stele*.

Sittenbild. In der Malerei die Darstellung alltäglicher typischer Szenen aus verschiedenen Ständen; erwachsen aus den Themen der Göttermahlzeit und des Verlorenen Sohnes.

Situla, die (lat.). Metallgefäß mit Henkel aus der illyrischen →Eisenzeit; frühes 1. Jahrtausend v. Chr.; z. T. mit Menschen- und Tierdarstellungen in →Treibarbeit*.

Skarabäus, der (griech.-lat. Mehrz.: Skarabäen).

1. Großer Pillendreher. Bei den →Ägyptern Erscheinungsform des Sonnengottes.

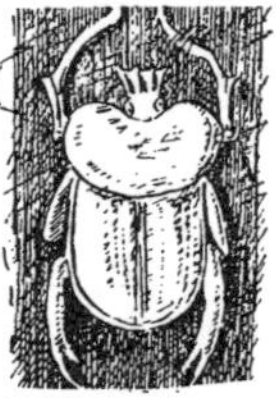

Skarabäus. 1. Bild des Sonnengottes (großer Pillendreher). Theben (Oberägypten): Tal der Könige. Grab Sethos' I. (1312–1298 v. Chr. 19. Dyn.).

2. Steine, die in Form eines ~ geschnitten sind und auf der Unterseite figürliche Darstellungen und Inschriften zeigen. Zum Siegeln und zu magischen Zwekken verwandt.

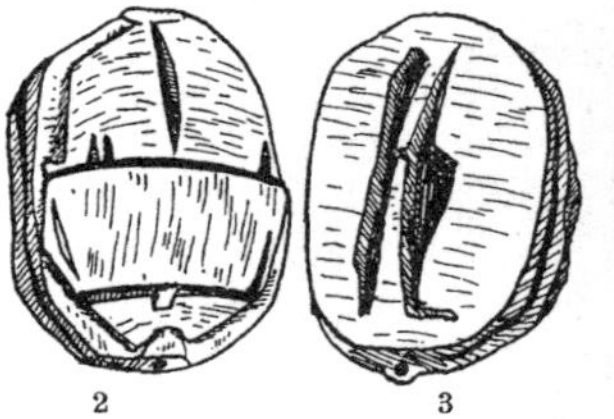

2 3

Skarabäus. Käferstein. Hellblau glasiert. 2. Vom Rücken gesehen. 3. Von der Bauchseite gesehen.

Skelettbau. Ein Rahmengerüst trägt die dazwischen gespannten Wände. →Curtain Wall*, Fachwerk*, Glasbau.

Skene, die (griech.). Das Bühnengebäude im griech. →Theater. →Orchestra*.

Skizze, die. Flüchtiger Entwurf eines Bildes, einer →Plastik (Ton~) oder eines Bauwerks. Das Heft, in dem der Künstler solche ~n sammelt, heißt ~n-Buch*.

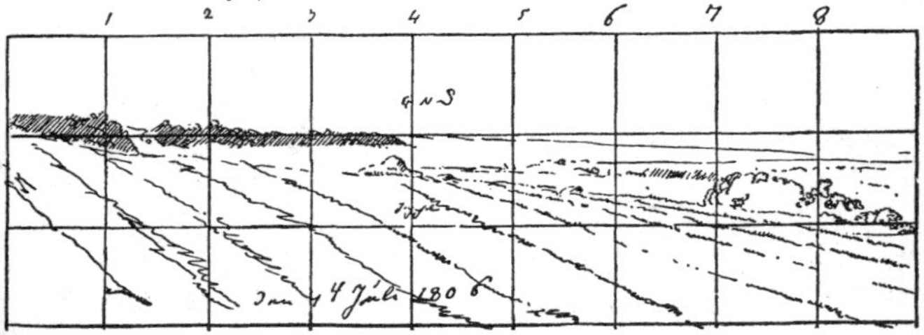

Skizze. Caspar David Friedrich (1774–1840). ~ von der Ostsee. 1806. Oslo: Nationalgalerie.

Skulptur, die (lat.). →Plastik.

Skyphos, der (griech.). Großes tassenförmiges Trinkgefäß der alten Griechen mit zwei waagerecht abstehenden Henkeln. →Vasen 15*.

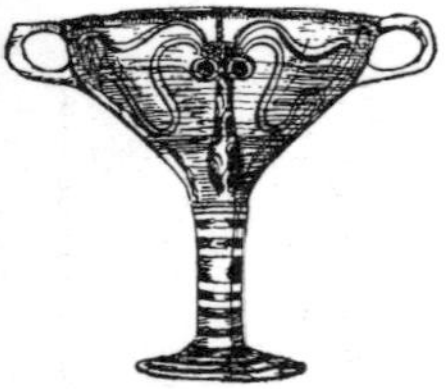

Skyphos. Spätmykenisch.

Skyscraper, der. →Wolkenkratzer.

S-Linie. →Gotik* V.

Sockel.

I. Der untere, etwas vorspringende Teil eines Gebäudes, einer →Säule* oder eines →Pfeilers.

II. Der Block, auf dem sich eine →Statue erhebt.

Sockelgesims. →Gesims*.

Söller, der (von lat. solarium = der Sonne ausgesetzter Ort). →Altan*. Auf Stützen ruhender, nicht überdachter Austritt in den obersten Geschossen eines Gebäudes. Im übertragenen Sinne: Dachboden als Speicherraum.

Soft-Sculpture, die (engl.: -ßkalptschör) = weiche Skulptur. Waschbecken, Lichtschalter, eine Toilette und andere Gebrauchsgegenstände werden in riesigem Maßstab aus Leinwand nachgebildet – eine Ironisierung unseres reinen Zweckdenkens. C. Oldenburg (1929 geb.).

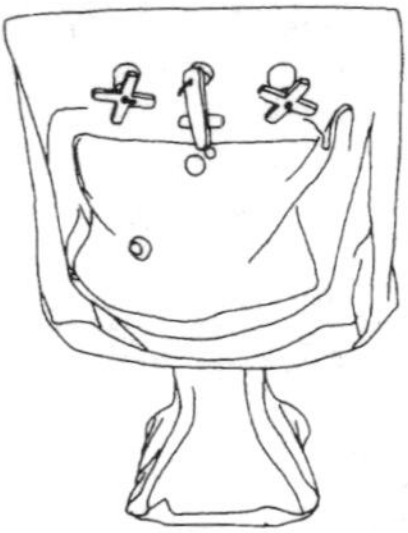

Soft-Sculpture. Claes Thure Oldenburg (1929 geb.): Weiches Waschbecken. Leinen, Kapok, Farbe, Holz. 1965: Köln: Wallraf-Richartz-Museum.

Sohlbank. →Fenster A IV*

Solitär, der (lat. = Einsiedler). Einzeln gefaßter, bes. großer Diamant.

Sommerremter. →Remter*.

Sonderbund. Vereinigung westdeutscher Künstler und Kunstfreunde. Ausstellungen 1910 in Düsseldorf, 1912 in Köln. Ziel: Überblick über die zeitgenössische Kunst in Europa.

Sondergotik, die. Fachausdruck für die Sonderentwicklung der →Gotik* in Deutschland, bes. während ihrer Spätphase im 15. und Anf. 16. Jahrh.

Sonnenheiligtum. Sakralbau der →ägypt. Kunst in der 5. Dyn.; diese Heiligtümer lagen wohl auf dem Westufer des Nils in der Nähe der königlichen →Nekropole. Den Mittelpunkt der Anlage bildete nicht eine Götterstatue, sondern – in bildloser Verehrung des Sonnengottes – ein →Obelisk*, vor dem der König den Sonnenaufgang betend und opfernd erwartete. Beim Obelisk ein Sonnenschiff (30 m lang, aus Ziegeln): in ihm konnte der König den Sonnengott auf seiner Fahrt begleiten.

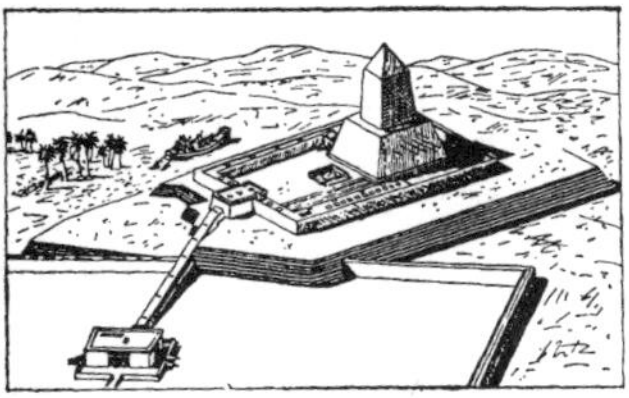

Sonnenheiligtum. Abu Gurab (bei Kairo): Sonnenheiligtum des Ne-user-Re. Zwischen 2480 und 2350 v. Chr. 5. Dyn. Rekonstruktion.

Sonnenmonstranz, die. →Barokke Form der →Monstranz*: die →Lunula* steht in einem reich verzierten Strahlenkranz.

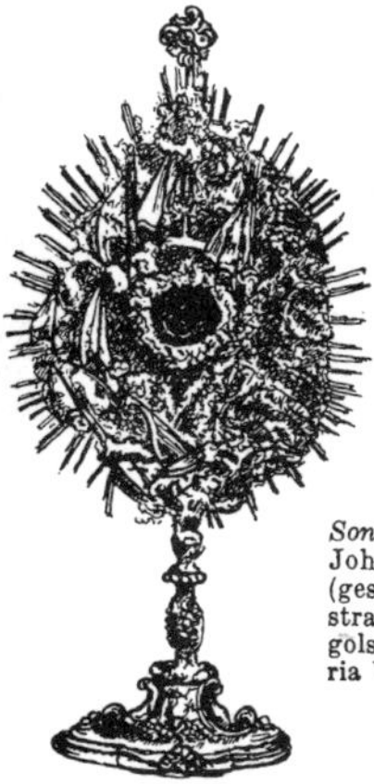

Sonnenmonstranz. Johannes Zeckel (gest. 1728) Monstranz. 1708. Ingolstadt: St. Maria Victoria.

Sonnenschiff. →Sonnenheiligtum*.

Sonnenwagen. →Kultwagen*.

Sonne und Mond. →Majestas Domini*.

Sonntagsmalerei. →Naive Malerei*.

Soprapọrte oder **Suprapọrte,** die (ital. = über der Tür). Die meist mit einem Gemälde verzierte Fläche über der Tür, zwischen →Türsturz und Decke.

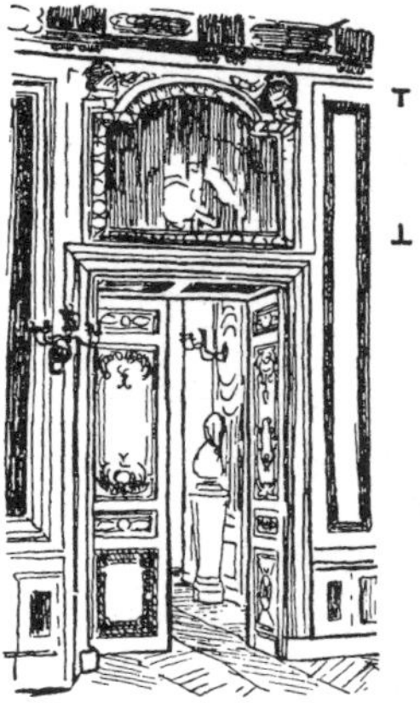

Sopraporte Versailles: Schloß. 1689 vollendet. Le Salon du Grand Couvert.

Souterrạin, das (franz.: ßutärräñ) = unter dem Boden. Ein z. T. in den Erdboden hineinreichendes Geschoß eines Hauses.

Sozialistischer Realismus. Die Sowjetunion erklärte 1932 einen bestimmten Stil in bildender Kunst, Literatur und Musik für verbindlich. Es sollte die Wirklichkeit der Arbeiterklasse in ihrer revolutionären Entwicklung wahrheitsgetreu dargestellt werden. Die Kunst hat damit die Aufgabe, sozialistisches Bewußtsein zu erwecken und für den Klassenkampf revolutionär zu erziehen. Parteitreue, Kollektivismus und idealisierende Feier des marxistischen Systems gelten als führende Motive. Dadurch riegelte sich der ~ von der Entwicklung der Kunst im 20. Jahrh. ab. Viele kommunistische Länder übernahmen ihn im Sinne der Sowjetunion. In den letzten Jahren zeigen sich Auflockerungstendenzen.

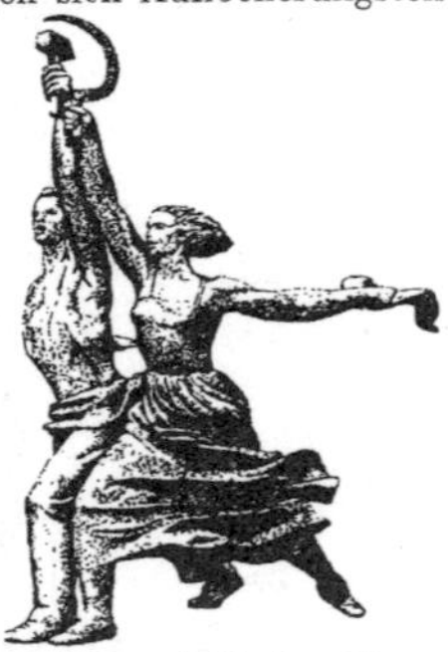

Paris: Weltausstellung 1937. Ausstellungspavillon der Sowjetunion. Arbeiter und Bäuerin. Stahl. 25 m h.

Spachtel oder **Spatel,** der. Ein Werkzeug: die mit einem Griff versehene Fläche aus Metall, Bein,

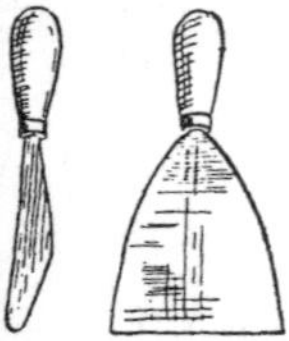

Spachtel. Das Palettmesser (links) wird zum Anreiben der Farben auf der Palette gebraucht.

Holz u. dgl. dient zum Auftragen und Verreiben streichbarer Massen, auch zur Reinigung anderer Werkzeuge. Für Bildhauer, Dachdecker, Glaser, Maler, Maurer usw.

Spätrenaissance, die (franz.: -rönäßanß = Wiedergeburt). →Renaissance*.

Spannbeton, der (franz.: -oñ). Die Stahleinlagen sind mit gewaltigen Zugkräften vorgespannt. Ein biegsamer und elastischer Baustoff; bes. geeignet für den Bau aus Fertigteilen. →Beton.

Spannweite. →Bogen* II.

Spatiodynamik, die. →Op-Art II*.

Spazialismo, lo (ital.). Kunstrichtung seit 1946. Künstler: L. Fontana (1889–1968). →Piquage*.

Speckstein. Leicht schneidbares Mineral, weiß oder grünlich bis grau. Für kleinplastische Arbeiten bes. in →Ostasien, in der Antike und in Deutschland verwandt.

Speculum humanae salvationis, das. →Heilsspiegel.

Speisekelch.→Ciborium II*, Kelch*.

Sphinx, der oder die; Mehrz.: die Sphingen.

1. In Ägypten: Der ~. Liegender Löwe mit Männerkopf. Bildnis und →Symbol des Königs.

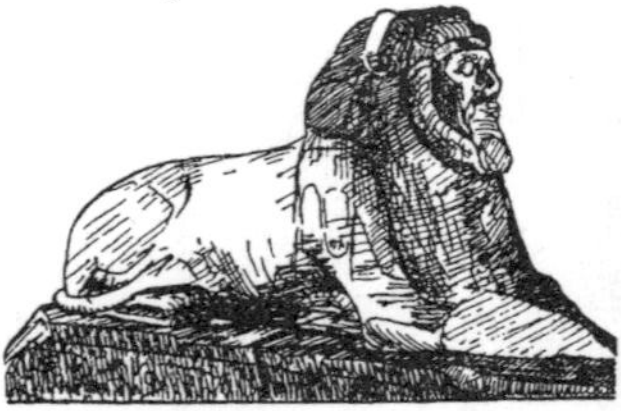

Sphinx. 1. Kairo: Museum. Granitner ~ des Königs Amenemhêt III. (1842–1797 v. Chr. 12. Dyn).

2. In Griechenland: Die ~. Löwin mit dem Oberleib und und dem Kopf einer Frau. Freistehend oder als Bekrönung

von Gräbern. Vielfach geflügelt dargestellt. Seit dem 7. Jahrh. v. Chr.

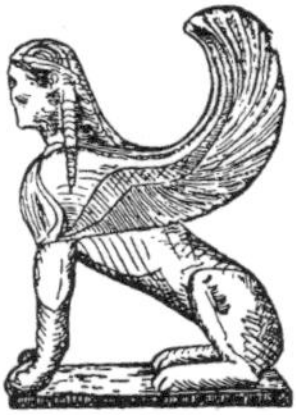

Sphinx. 2. Delphi: Museum. ~ auf hoher ionischer Säule. Weihgeschenk der Naxier in Delphi. 560 v. Chr.

Spiegelgalerie, die. Langgestreckter, für Empfänge und Festlichkeiten bestimmter Raum →barocker Schlösser, der zur Verstärkung der Tiefenwirkung mit Spiegeln ausgestattet ist. Bes. beliebt in der franz. Architektur des 17. Jahrh.: Schloß in Versailles.

Spiegelgewölbe. →Gewölbe 8*.

Spiegelmalerei. →Hinterglasmalerei, in der einzelne Teile statt einer Bemalung eine spiegelnde Metallfolie haben.

Spielbein. In der →Plastik das Bein einer stehenden menschlichen Figur, das im Ggstz. zum →Standbein* den Körper nicht trägt, sondern nur leicht stützt und frei in den Gelenken „spielt". →Kontrapost*, Sauroktonos*.

Spielkarten. Wichtig für die Ent-

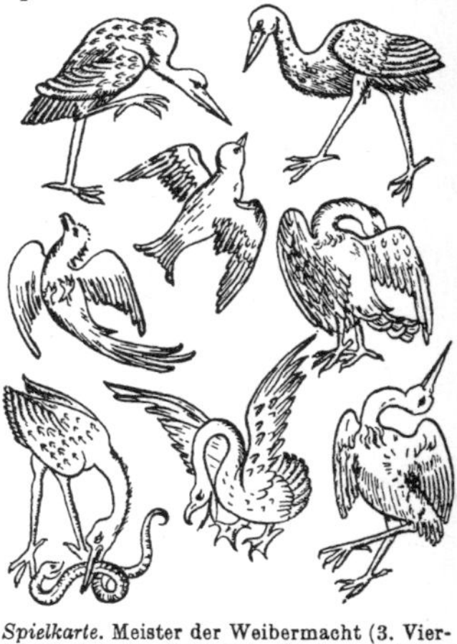

Spielkarte. Meister der Weibermacht (3. Viertel 15. Jahrh): Vogelacht. Niederrheinischer Kupferstich. Wien: Albertina.

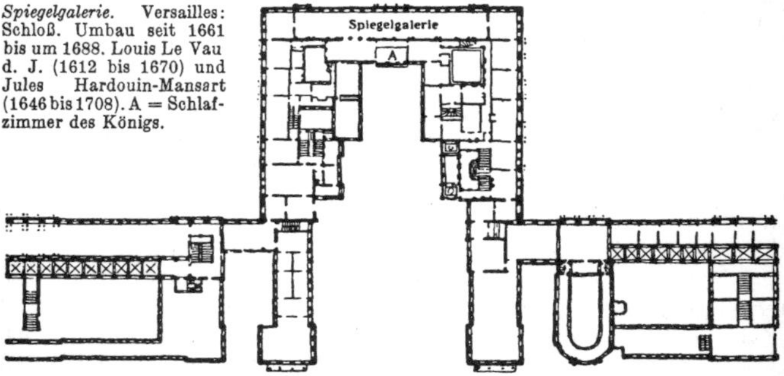

Spiegelgalerie. Versailles: Schloß. Umbau seit 1661 bis um 1688. Louis Le Vau d. J. (1612 bis 1670) und Jules Hardouin-Mansart (1646 bis 1708). A = Schlafzimmer des Königs.

wicklung des →Kupferstichs*: aus der Zeit vor 1470 sind acht, aus der Zeit zwischen 1470 und 1500 drei gestochene Kartenspiele erhalten. Motivisch sehr mannigfaltig (nicht nur festgelegte Zeichen wie heute). Berühmt sind die ~ des Meisters E. S.

Spindel, die. In der Architektur Mittelpfosten einer →Treppe*.

Spiral-Mäander-Keramik, die. → Bandkeramik 2*.

Spitzbogen. →Bogen 9–11*.

Spitz- oder **Bossiereisen.** Vierkantiges, unten gespitztes Eisen, mit dem die größten Unebenheiten bei der →Werksteinbearbeitung beseitigt werden. Es wird mit dem →Schlegel* getrieben.

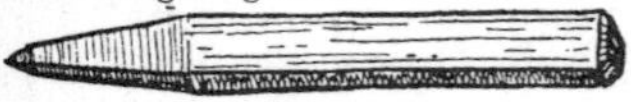

Spitz- oder Bossiereisen.

Spitzpinsel. →Pinsel.

Spitzzahnverzierung. Engl. normannisches →Bauornament*. Reihe spitzer Zähne, welche die Form dreiseitiger →Pyramiden* haben. →Archivolte*.

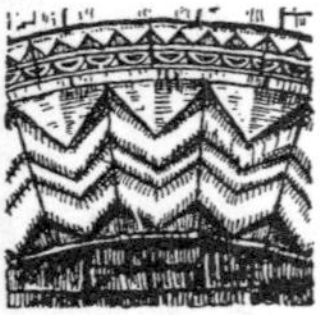

Spitzzahnverzierung eines Fensters. Cintheaux (Frankreich, Calvados): St-Germain. 12. Jahrh.

Spolien, die (lat. Mehrz. = Siegesbeute). So nennt man Bruchstücke antiker heidnischer Bauten, die an christl. Bauten wiederverwandt wurden. Alt-St. Peter in Rom z. B. war mit vergoldeten Dachziegeln gedeckt, die aus dem →Tempel der →Venus und Roma stammten.

Sposalizio, das (ital. = Vermählung). Ital. Name für die Darstellung der Verlobung oder Vermählung Mariens mit Joseph.

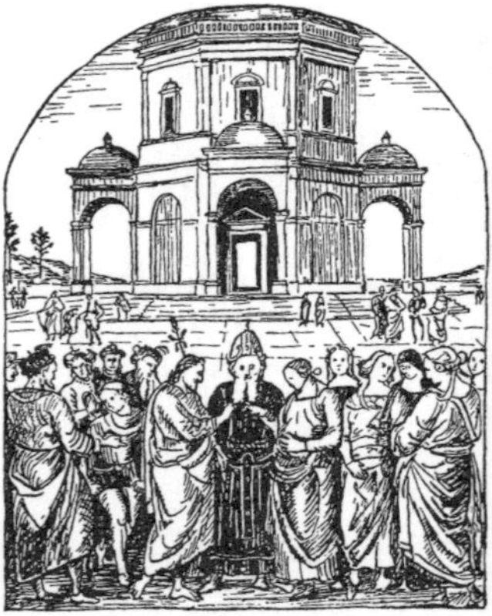

Sposalizio. Pietro Perugino (1445–1523). Caen (Frankreich, Normandie): Museum.

Spritzmalerei. Die Farben werden durch einen Zerstäuber oder mittels →Spritzpistole aufgetragen. Um scharfe Konturen zu erreichen, bedient man sich einer →Schablone.

Spritzpistole. Pistolenartiges Gerät zum Versprühen von Farbe, Lack oder Metall. Von M. Ray (1890 geb.) in die Malerei eingeführt. Für einen glatten Farbüberzug größerer Flächen, aber auch für verwischte Übergänge geeignet.

Spruchband. Auf mittelalterlichen Darstellungen halten Figuren oft ein geschwungenes Band, auf dem ihr Name, ein Spruch bzw. ein von ihnen gesprochener Satz steht. Das ~ erweitert also die Grenzen der Bildkunst durch Einführung

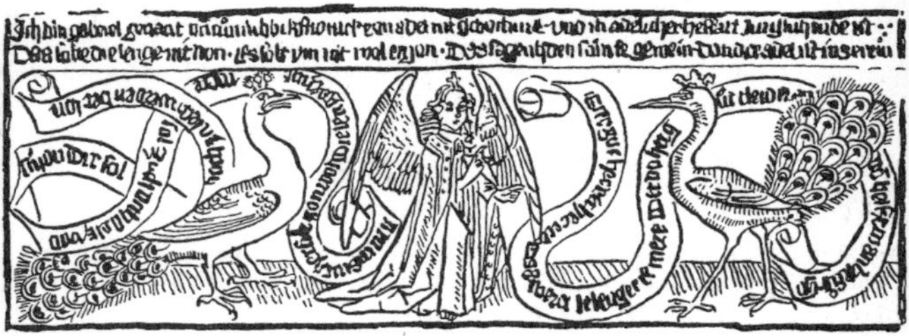

Spruchband. Johann Amerbach (tätig in Basel 1477–1489): Almanach auf das Jahr 1478. Berlin: Staatsbibliothek. Erzengel Gabriel zwischen zwei Pfauen.

eines sprachlichen Elementes. →Banderole, Herz Jesu*.

Stab. →Hohlkehle*.

Stabkirche. Norwegische Holzkirche, deren Wände aus senkrechten Pfosten aufgebaut sind; auch Mastenkirche genannt, da die Pfosten an Masten erinnern. Gie-

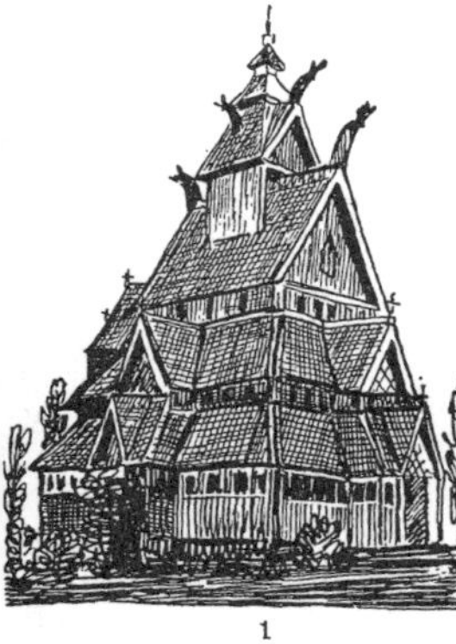

1

bel mit →Drachenköpfen*, Türen mit spätgermanischem →Tierornament*. Das Innere vielleicht im Anschluß an die Form der nor-

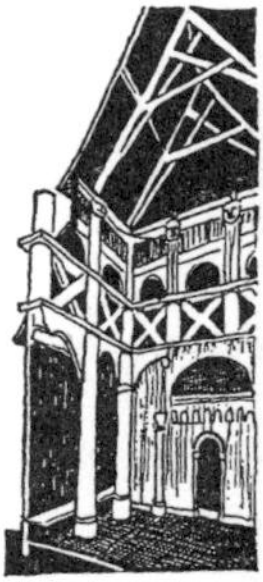

2

Stabkirche. Bórgund (Norwegen, Prov. Nordbergenhus). Wahrscheinlich vor 1150, erwähnt 1360. 1. Ansicht. 2. Innen.

dischen →Königshalle*. Früheste ~ aus dem 11. Jahrh. Etwa 25 ~n erhalten.

Stabwerk. →Fenster 1.

Stạdion, das (griech.); Mehrz.: die

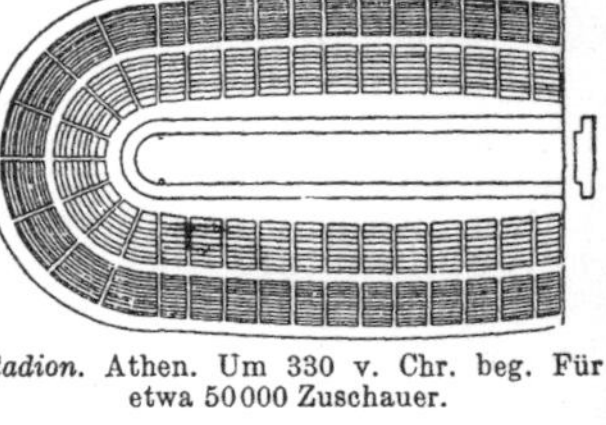

Stadion. Athen. Um 330 v. Chr. beg. Für etwa 50000 Zuschauer.

Stadien. In Griechenland die U-förmig angelegte Laufbahn. In der Neuzeit Großkampfbahn von elliptischer Form. Gut erhalten das antike ~ in Delphi für 7000 Zuschauer (wohl das größte war das ~ in Ephesos für 76000 Teilnehmer).

Stadtbaukunst. Die künstlerische Durchgestaltung einer ganzen Stadt. Sie betrifft vor allem die Führung der Straßen und die Fassadenbildung, die Auflockerung der Straßenzüge durch Plätze, Brunnen, Denkmäler, die Hervorhebung bestimmter Punkte etwa durch Kirche, Schloß oder Rathaus, die Einpassung der Bauten in das Gelände und die Landschaft, die Formung der Höhenzone durch →Türme, Kuppeln*, Giebel. Man unterscheidet „gewachsene" und „gegründete" Städte. Erstere sind allmählich geworden ohne vorgängigen Plan, z. B. Dinkelsbühl. Letztere sind von vornherein in ihrer Gesamtanlage geplant, z. B. Amsterdam. Auf beiden Wegen ist künstlerische Harmonie erreichbar.

Die ~ des 20. Jahrh. steht vor vielen neuen Aufgaben, die größtenteils aus dem technischen Zeitalter erwachsen sind: Aussonderung der Industrie-, Geschäfts- und Wohnviertel, Anlage von Siedlungen und Übergang zu den Vorstädten und ländlichen Bezirken, Gestaltung eines Kulturzentrums, Führung des Autoverkehrs, Regelung des Verhältnisses von Grünflächen und bebauten Zonen, Gärten, →Parks und Sporteinrichtungen, Gliederung durch Hochbauten, Brücken, →Theater, Museen usw., Akzentuierung der Kirchen trotz bescheidener Größe. Auch hier sind Lösungen möglich, die über das Technische und Organisatorische weit hinausgehen und trotz aller unvermeidbaren Beschränkungen doch eine klare und wohltuende Gesamtform erreichen.

Ständerbau. →Holzbau II.

Staffage, die (französierendes, aber unfranzös. Wort: staffa[sch][e]).
Bei- und Füllwerk eines Bildes: auf Architektur- und →Landschaftsbildern nebensächliche Figuren, auf Figurenbildern landschaftliche oder architektonische Zutaten, die der Belebung oder der Gestaltung der Bildtiefe dienen. Im →Barock gab es eigene Maler, welche die ~ in das Bild hineinmalten.

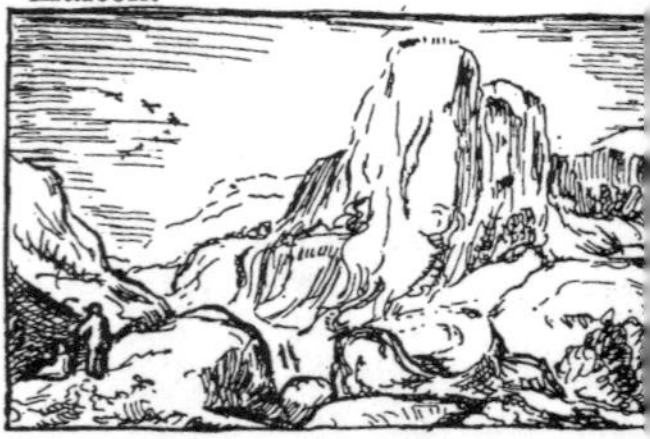

Staffage. Abraham Bloemaert (1564–1651): Landschaft mit Felsengruppe. Wien: Albertina.

Staffelchor. In der →romanischen Baukunst →Hauptchor mit →

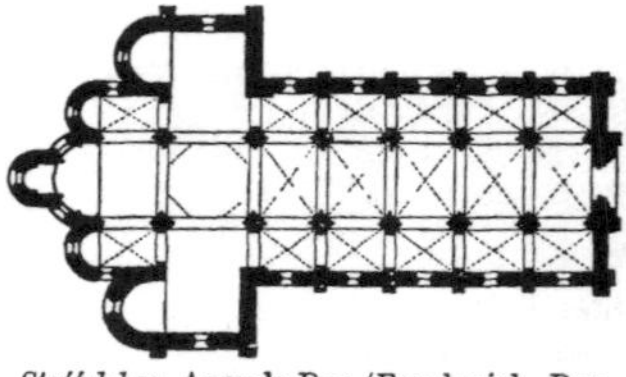

Staffelchor. Anzy-le-Duc (Frankreich, Burgund): Ehem. Kluniazenser-Kirche. Ende 11. und Anfang 12. Jahrh.

Nebenchören, die sich stufenweise verkleinern. An Benediktinerkirchen nach der kluniazensischen Reform. Auch Benediktinerchor genannt.

Staffeleigemälde. Auf der Staffelei, dem Malgestell, entstandenes frei bewegliches Bild. Ggstz.: →Wandmalerei.

Staffelgiebel, auch Treppengiebel. →Treppen*förmig abgestufter → Giebel an mittelalterlichen Häusern. →Laube*.

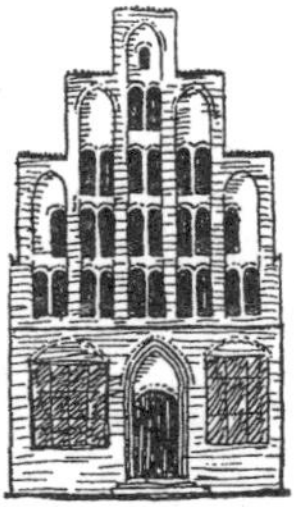

Staffelgiebel. Rostock: Wockrenterstraße 40. 15. Jahrh. Rekonstruktion.

Staffelhalle. →Pseudobasilika*.

Staffiermalerei. Bemalung von Stein- und Holzbildwerken.

Stahlbeton, der (franz.: -oñ). →Beton mit Stahleinlagen. →Spannbeton.

Stahlstich. Dieselbe Technik wie beim →Kupferstich*, nur daß statt Kupfer Stahl genommen wird. Im 2. Drittel des 19. Jahrh. dort verwandt, wo man eine große Auflage herstellte.

Staketen, die. →Treppe II*.

Stalaktitengewölbe (griech., der stalagmos = Tropfen). Gewölbe der →islamischen Baukunst, das an herabhängende Tropfsteine erinnert: aus →treppen*artig übereinander angebrachten Teilen zusammengesetzt.

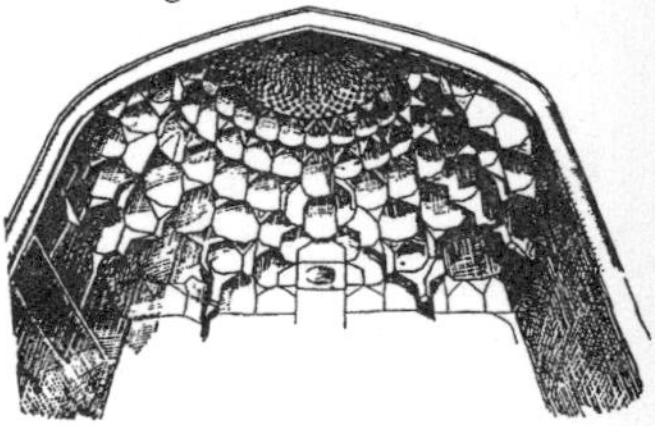

Stalaktitengewölbe. Isfahan (Iran): Königsmoschee. 1612–1637.

Stallen, die (Mehrz.). →Chorgestühl*.

Stambha, der (=Pfosten, Säule). In der →ind. Kunst eine →Gedenksäule, die an bedeutsame Ereignisse aus dem Leben →Buddhas erinnert. →Säulenmonument*.

Stammbaum Christi. →Jessebaum*.

Stamnos, der (griech. = Krug, Weinkrug). In der griech. Töpferei

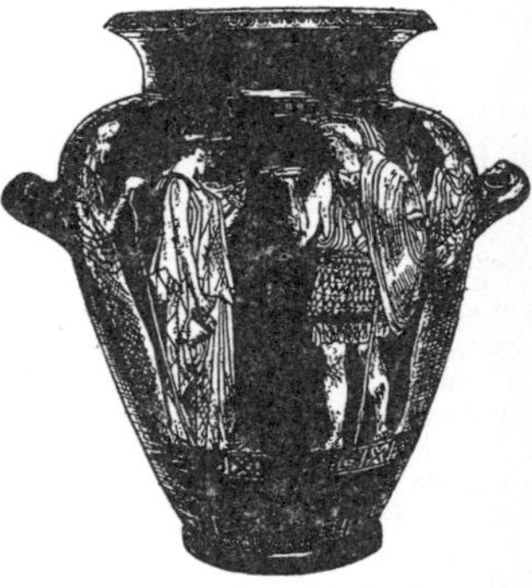

Stamnos. München: Staatliche Antikensammlungen. ~ des Kleophon-Malers. Ton. Um 440 v. Chr. – Abschied eines Kriegers.

zweihenkliger Krug, oft mit meisterhaften Bildern geschmückt. →Vasen 16*.

Standbein. Das Bein, das die Last des Körpers trägt. Ggstz.: →Spielbein. →Kontrapost*, Sauroktonos*.

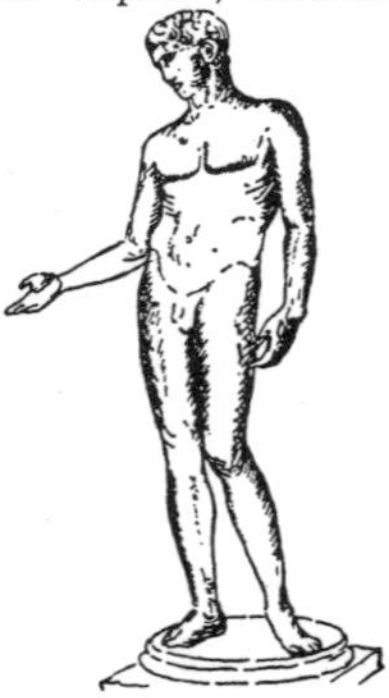

Standbein. Florenz: Archäologisches Museum. Idolino. Bronzefigur eines stehenden Knaben. Wohl römische Kopie nach einem griechischen Original des 5. Jahrh. v. Chr.

Standbild. →Statue.

Statik, die. Wissenschaft vom Gleichgewicht der Kräfte an ruhenden Körpern. In der Architektur Berechnung der im Baugefüge auftretenden Kräfte und im Zusammenhang damit Berechnung der Konstruktion und des Ausmaßes von Bauteilen.

statuarisch (lat. statua = Standbild). →Statuenhaft. Der Ausdruck wird dann auf gemalte Figuren angewandt, wenn sie durch die Ruhe und Denkmalhaftigkeit ihrer Erscheinung an eine Statue erinnern.

Statue, die (lat. statua = Standbild, Bildsäule). →Rundplastische Figur eines Menschen oder Tieres.

Staufische Kunst. →Romanische Kunst Deutschlands im Zeitalter der Staufer (1138–1254). In dieser Epoche erreicht die deutsche →romanische Kunst ihren Höhepunkt und endet in einem bizarr-reichen, erregten Spätstil.
Architektur. →Arkade*, Baldachin*, Bauornament 1*, Blattfries*, Blattkapitell*, Bogenfries*, Doppelchor*, Doppelkapelle*, Karner*, Palas*, Zwerggalerie*.
Bildkunst. →Adorant*, Drôlerie*, Evangelistensymbole*, Limbus*.
Gerät. →Aquamanile*, Armreliquiar*, Cherubim*, Paradiesesflüsse*, Reliquiar*, Seraph*, Taufstein*.

Staurothek, die (griech. = Kreuzbehälter). Behälter einer Reliquie vom →Kreuze* Christi.

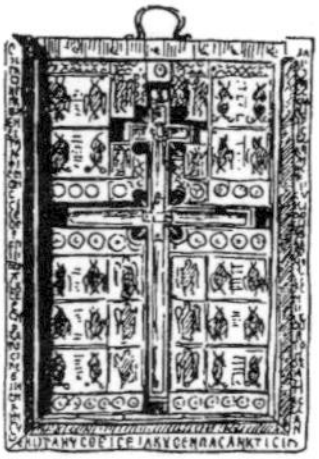

Staurothek Limburg (Lahn): Franziskanerkirche; Domschatz. Mit Email und Steinen. Zwischen 948 und 976. Aus der Hagia Sophia in Konstantinopel 1204 geraubt.

Stegfalten. →Falten 1*.

Steigender Bogen. →Bogen 20*.

Steigendes Karnies, das. →Karnies*.

Steindruck. →Lithographie.

Steinguß. Guß einer →Statue aus pulverisierten und dann angerührten Steinbrocken. Vor allem im →Weichen Stil.

Steingut. Tongeschirr mit porösem →Scherben, weißgebrannt, meist mit →Glasur.

Steinkreuze. Als Grenz- und Gerichtskreuze verwandt, meist aber Votiv-, Unglücks-, Mord- und Sühnekreuze. Berühmt sind die frühmittelalterlichen →Kreuze* auf den britischen Inseln (seit etwa 650). →Säulenmonument*.

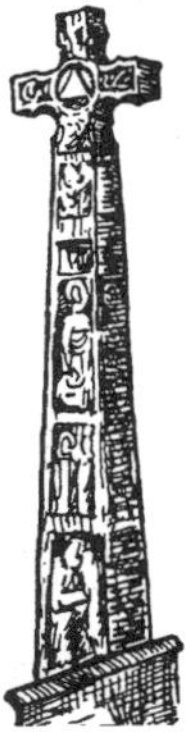

Steinkreuze. Ruthwell (Schottland, Dumfriesshire): Kirche. Runenkreuz. Um 700.

Steinmetzzeichen. Marke, welche der Steinmetz bes. im Mittelalter in den von ihm bearbeiteten Block hineinhaute, um ihn so als seine Leistung zu bezeichnen.

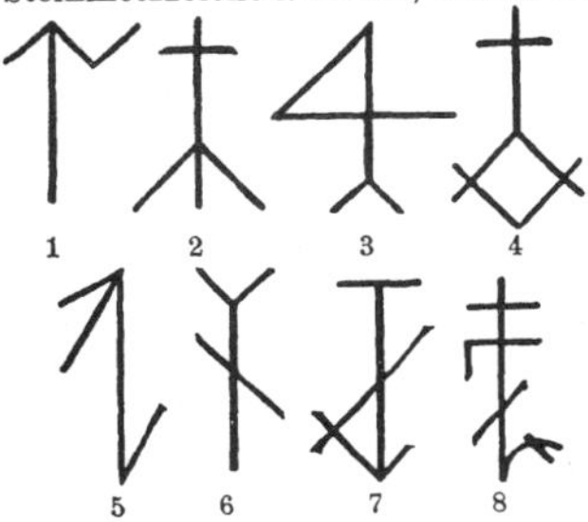

Steinmetzzeichen. Nach Orten. 1.–3. Wien: St. Stephan. 4. Kuttenberg: St. Barbara. 5. Laun (Böhmen): St. Nikolai. 6. Kaschau: Dom. 7. Weil: St. Peter und Paul. 8. Wien: St. Stephan.

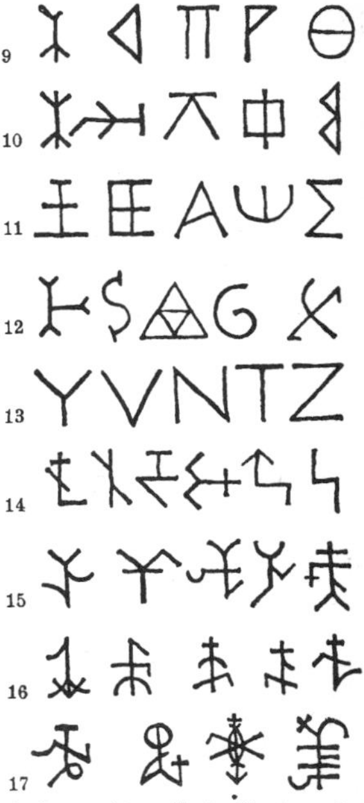

Steinmetzzeichen. Nach Epochen. 9. Griechisch. 10. Pompejanisch. 11. Römisch 12. Romanisch. 13. von der Romanik zu Gotik. 14. Gotisch. 15. Spätgotisch. 16. Renaissance. 17. Zopfstil.

Steinschlegel, der. Hammerähnliches Werkzeug aus Holz, mit dem man Steine zerkleinert. Schlegel 1 und 3*.

Steinschneidekunst. Die handwerkliche und künstlerische Bearbeitung von Edel- und Halbedelsteinen: durch Schleifen, Formen, Polieren usw.; bes. durch das Schneiden von Bildern in den Stein. →Gemme*, Kamee.

Steinzeichnung. →Lithographie.

Steinzeit. →Vorgeschichtliche Kulturen, deren Waffen und Werkzeuge vorzugsweise aus Stein bestehen. Man unterscheidet folgende Epochen:

I. Alt~ (das Paläolithikum). In Europa vom Beginn der Eiszeit bis zu deren Ende (etwa 10000 v. Chr.). →Altsteinzeit, Höhlenmalereien*, Magdalénien*.

II. Mittel~ (das Mesolithikum). In Mesopotamien etwa 10000 bis 5000 v. Chr.; in Europa etwa 3000 v. Chr. →Mittelsteinzeit*.

III. Jung~ (das Neolithikum). In Europa etwa seit dem 3. Jahrtausend v. Chr. →Cromlech, Dolmen*, Megalith, Menhir*, Tiefstichkeramik, Vorgeschichtliche Kunst.

Auf die ~ folgt die →Bronzezeit, die etwa um 2000 v. Chr. beginnt.

Steinzeug. Tonwaren aus feuerfestem, beim Brennen wasserundurchlässig werdendem Ton, erkennbar an ihrem steinartigen festen Bruch. Die glänzende → Glasur entsteht dadurch, daß beim Brennen Salz verdampft wird. Berühmt vor allem das rheinische ~.

S|tele, die (griech. = Säule). In der →griech. Kunst aufrechtstehende Steinplatte; diente als Weihegeschenk, als Inschriftentafel oder als →Grabmal mit der Darstellung des Verstorbenen. →Säulenmonument*.

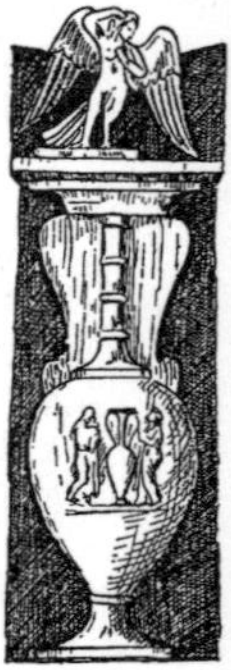

Stele. Athen: Nationalmuseum. 4. Jahrh. v. Chr. Bekrönung der ~: Hadessirene als Klagefrau. Einem unvermählt gestorbenen Mädchen wird das Brautbad im Bilde nachgespendet.

S|tereobat, der (griech.: stereobates). Der →griech. →Tempel* erhebt sich auf Stufen; der Name für den Stufenbau ist krepis. Im Innern des Stufenbaus steigen Mauerzüge vom gewachsenen Boden auf, die ~en. Selber nicht sichtbar, tragen sie als oberste sichtbare Schicht die →Stylobate, d. h. das Fundament für die →Säulen*stellungen.

Sterngewölbe. →Gewölbe II 4.*

Stich.

I. im Bauwesen: →Bogen II*.

II. in der Graphik: →Kupferstich*, Stahlstich.

Stichband-Keramik. →Band-Keramik 1–2*

Stichblatt. So nennt man eine scheibenförmige Platte aus Leder oder Metall, die Griff und Klinge an Schwertern und Degen trennt. Sie hat die Aufgabe, die Hand gegen Hieb und Stich zu schützen.

Oft ist sie reich verziert und in durchbrochener Arbeit angelegt. Der jap. Name für ~ ist →Tsuba.

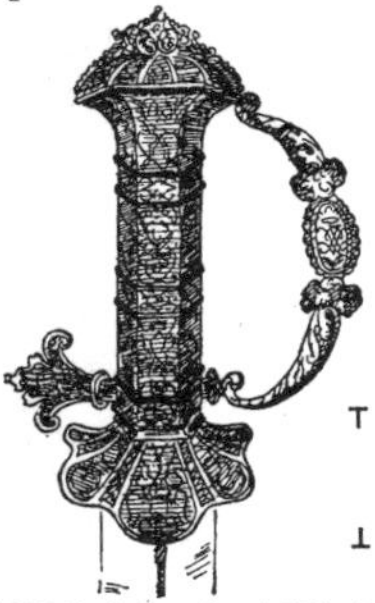

Stichblatt. J. Leonhard Wüest. 1730.

Stichbogen = Flachbogen. →Bogen 4*.

Stichel. →Kupferstich*.

Stichhöhe. →Bogen II*.

Stichkappe. Tonnenförmiger →Gewölbeteil* über →Fenstern* und Türen, der in das Hauptgewölbe

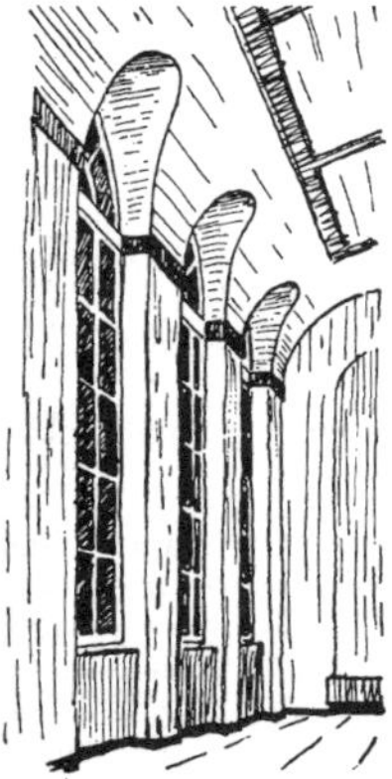

Stichkappe.

des Raumes – →Tonnen- oder →Spiegelgewölbe – senkrecht einschneidet; bes. dann nötig, wenn ein Fenster höher als der Ansatz des Deckengewölbes reichen soll.

Stier. Eines der großen Tiersymbole der Kunst: Verkörperung eines göttlichen Wesens (→Apis, Nandi*), Inbegriff männlicher Geschlechtskraft. In →Vorderasien dem →Tammuz*, in →Indien dem →Schiva*, als →Evangelistensymbol* dem Hl. Lukas zugeordnet. →Fliegender Galopp*, Mithra*, Stiermensch*.

Stiermensch. Ein Hauptmotiv der

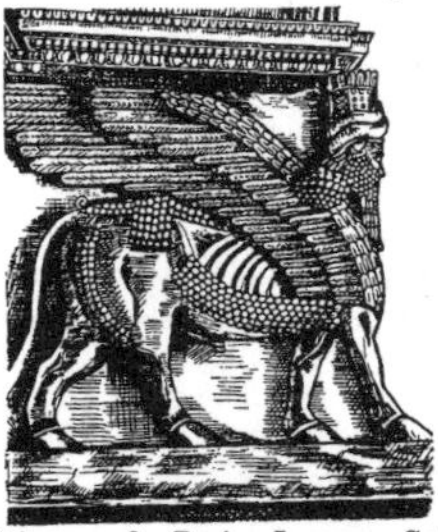

Stiermensch. Paris: Louvre. Geflügelter ~. Gipsstein. Vom Palast Sargons II. (721–705 v. Chr.) in Chorsabad (Irak).

→vorderasiatischen Kunst: Der Dämon hat den Körper eines →Stiers und den Kopf eines Menschen. Der Stierkörper ist geflügelt; das Haupt des Menschen trägt eine Krone. Ein Schutzgeist an den Eingängen der Tempel und Paläste.

Stifterbildnis. →Adorant*, Dedikationsbild*, Donator.

Stiftmosa|ik, das. →Mosaik aus schwarzen, weißen und roten Tonstiften zur Verzierung der Wände in den Tempeln und Palästen des alten Mesopotamien. →Vorderasiatische Kunst.

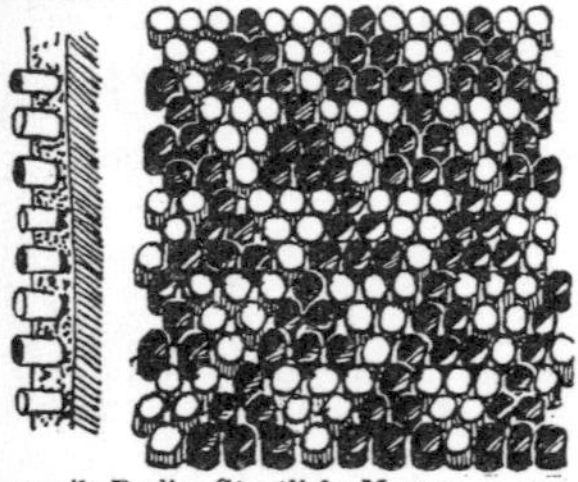

Stiftmosaik. Berlin: Staatliche Museen. ~ aus gebranntem Ton. Von der Fassade des Palastes in Uruk (Irak). Um 3000 v. Chr.

Stiftskirche. Kirche eines Kollegiatkapitels, d. h. einer Vereinigung von Weltgeistlichen, welche zur Abhaltung feierlicher Gottesdienste verpflichtet waren. Bisweilen wird auch eine →Klosterkirche ~ genannt.

Stigmatisation, die (von griech. stigma = Stich, Brandmarke entflohener und wiedereingefangener Sklaven). Das Auftreten der Wundmale Christi, bei gewissen vom Leiden Christi tief beeindruckten Personen, z. B. beim Hl. Franz von Assisi.

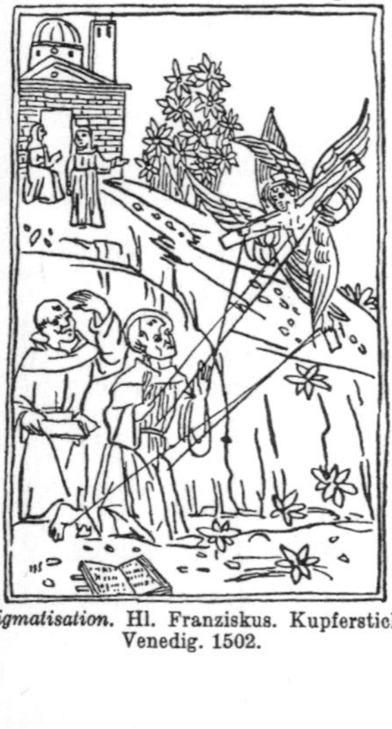

Stigmatisation. Hl. Franziskus. Kupferstich. Venedig. 1502.

Stijl, De ~ (holländ.: de ßteil). 1917 gegr. Vereinigung niederländischer Künstler. Ungegenständliche→abstrakte* Darstellung in Malerei und Plastik von elementarer geometrischer Einfachheit. Blockhaft geordnete, von der Funktion her konzipierte Architektur. Verwandt dem →Bauhaus und dem →Konstruktivismus. Künstler: T. van Doesburg (1883–1931), P. Mondrian (1872–1944), J. J. P. Oud (1890–1963), G. T. Rietveld (1888–1964), G. Vantongerloo (1886–1965).

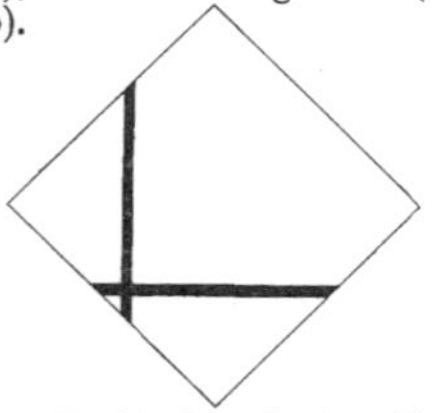

Stijl, De. Piet Mondrian (1872–1944): Komposition mit zwei Linien. 1931.

Stil, der (lat. stilus = Schreibgriffel). Die bes. Art eines Kunstwerkes; die Gesamtheit der Formzüge, durch welche diese Sonderart zum Ausdruck gelangt.

I. Die geschichtlichen Stile. ~ eines Einzelkünstlers, einer Altersgruppe (z. B. Altersstil), eines Zeitalters (z. B. →Romanik, Gotik*, Renaissance* usw.), einer Landschaft, eines Volkes.

II. Grundformen des Stils. ~ einer Gattung (z. B. des →

Holzschnitts*), oft eng verbunden mit dem Material- und Zweckstil, von denen der erste aus dem Werkstoff und seiner Technik, der zweite aus dem Gebrauchszweck entwickelt ist. Übergeordnete ~begriffe wie →linear* oder →malerisch, →naturalistisch oder →stilisiert usw. Die ~analyse und ~kritik ermittelt die Zugehörigkeit eines näher zu bestimmenden Werkes zu den unter I genannten geschichtlichen ~en. Obwohl auf einzelne Kriterien angewiesen, erreicht sie doch oft eine völlig sichere Zuschreibung.

stilisieren. Ggstz. zu einer →naturalistischen Auffassung: Der Künstler weicht vom Natureindruck ab und überformt ihn, um so eine größere Strenge und Geschlossenheit der Gestaltung zu erzielen.

Stilleben. Darstellung „stiller", d. h. unbewegter Gegenstände in einer vom Maler bewirkten, also nicht zufälligen Anordnung. Blumen, Früchte, tote Tiere, Krüge usw. Bes. beliebt in der holländ. Malerei des 17. und 18. Jahrh.

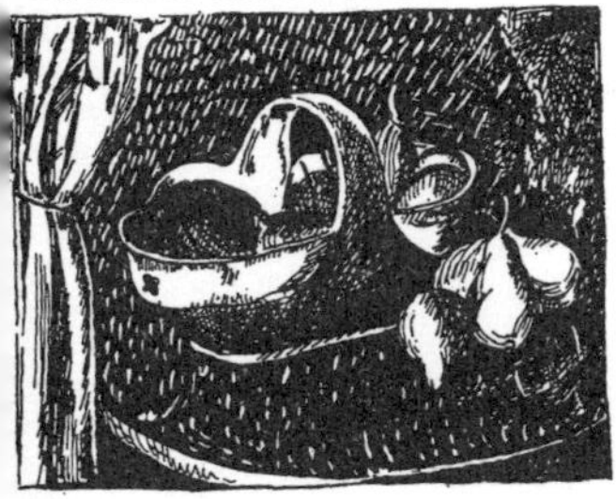

Stilleben. Othon Coubine (geb. 1883). Paris: Armand Parent.

Stipes, der (lat.). →Altar I*.

Stirn des Bogens. →Bogen II*.

Stirnziegel. Aufrechtstehende Ziegel an den →Traufseiten antiker Bauten, meist mit →Palmetten* verziert. →Akroterion*.

Stoa, die (griech. = Halle). →Portikus*.

Stola, die (lat. von griech. stole = Gewand).

I. In Rom und Byzanz langes Frauengewand, das mit breiten Borten verziert ist.

II. Bestandteil der liturgischen Gewandung in der kath. Kirche: streifenförmiges Stück aus Leinen oder Seide, das über der →Albe* angelegt wird. Abzeichen des Diakons und des Priesters.

Stollenkrypta, die. Sonderform der →Krypta. Die ~ (z. B. in der Kathedrale zu Chartres) besteht aus Kammern, die an die Schiffe einer Kirche erinnern. Sie sind durch starke Mauern geschieden und durch zwei querlaufende Gänge verbunden. Kammer und Gänge mit →Tonnengewölben.

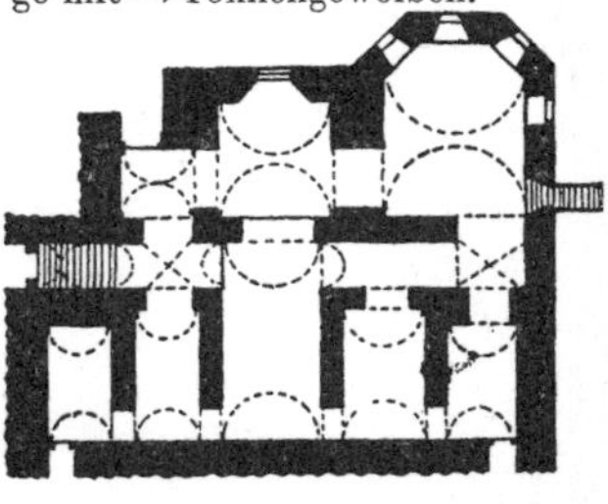

Stollenkrypta. Echternach (Luxemburg): Ehem. Benediktinerabteikirche St. Willibrord. 1016–31. Krypta wohl karolingisch.

Stollenschrank. Schrank mit Doppeltüren, der auf hohen schweren Pfosten (Stollen) ruht. Unter dem Schrankkasten meist Schubladen, die hier zum ersten Male in der Geschichte des Möbels auftauchen. Seit dem 15. Jahrh. in den Niederlanden, am Rhein und in Frankreich verbreitet.

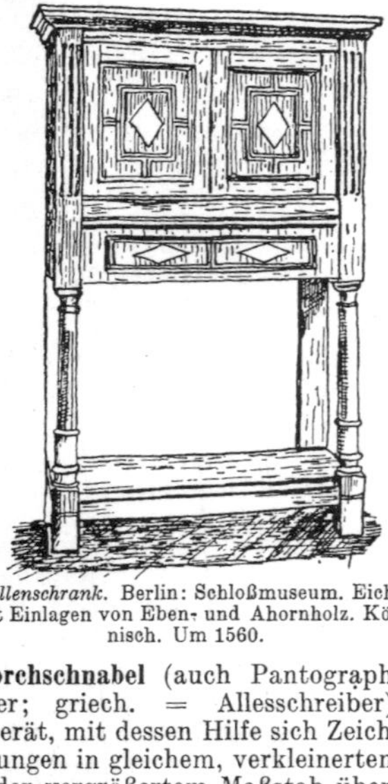

Stollenschrank. Berlin: Schloßmuseum. Eiche mit Einlagen von Eben- und Ahornholz. Kölnisch. Um 1560.

Storchschnabel (auch Pantograph, der; griech. = Allesschreiber). Gerät, mit dessen Hilfe sich Zeichnungen in gleichem, verkleinertem oder vergrößertem Maßstab übertragen lassen. Der ~ besteht aus mehreren verstellbaren Leisten mit drei Stiften, dem Befestigungsstift P, dem Führungsstift F und dem Zeichenstift Z; F und Z lassen sich vertauschen, je nachdem die Zeichnung vergrößert oder verkleinert werden soll.

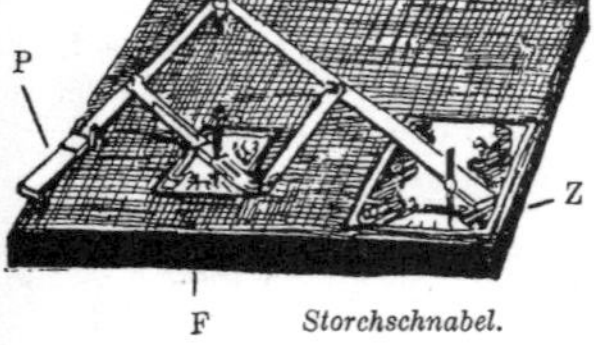

Storchschnabel.

Strahlenaton (ägypt.). →Aton*.

Strahlenperspektive. →Perspektive 2*.

Strebebogen. →Gotik 1*.

Strebepfeiler. →Gotik 1 und 2*, Königsgalerie*.

Streumuster. Eine Form der Verzierung bei →Porzellan, Teppichen*, Stoffen, Tapeten usw.: kleine Muster werden über die Fläche verstreut.

s|trigiliert (lat. die strigilis = das Schabeisen). Die s-förmige Riefelung an den Wänden →altchristl. →Sarkophage*.

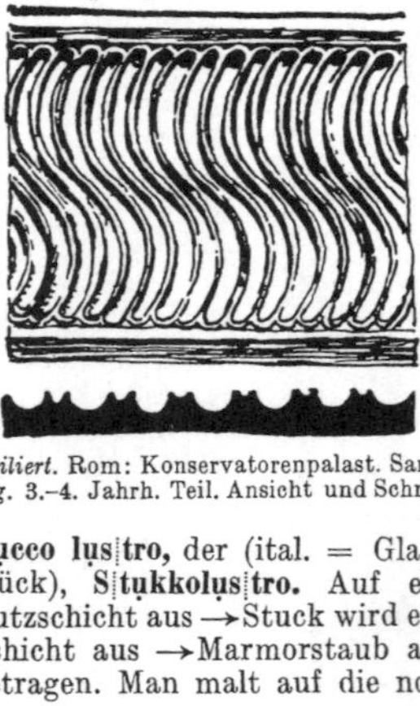

strigiliert. Rom: Konservatorenpalast. Sarkophag. 3.–4. Jahrh. Teil. Ansicht und Schnitt.

S|tucco lus|tro, der (ital. = Glanzstück), **S|tukkolus|tro.** Auf eine Putzschicht aus →Stuck wird eine Schicht aus →Marmorstaub aufgetragen. Man malt auf die noch feuchte Fläche mit einem →Bindemittel aus Seifenlauge und Kalk. Dann glättet man die Fläche mit einer heißen Maurerkelle.

Stuck, der. Werkstoff aus Gips, Kalk und Sand; zunächst weich und vielgestaltig zu formen, aber dann schnell hart werdend, so daß rasch und sicher gearbeitet werden muß. Für →Plastiken und zur Oberflächenbehandlung von Wänden. →Stucco lustro.

Stuckmarmor. Eine im 17. und 18. Jahrh. gebräuchliche Imitation des Marmors. Ein Gipsmörtel wird mittels Marmorstaub gefärbt und nach der Erhärtung poliert. Auf diese Weise sind sorgfältig aufeinander abgestimmte Farbkompositionen im Innenraum möglich.

Stütze. →Säule* oder →Pfeiler, der den Bau trägt.

Stützenwechsel. Wechselnde Anordnung verschieden gestalteter Stützen in der →romanischen

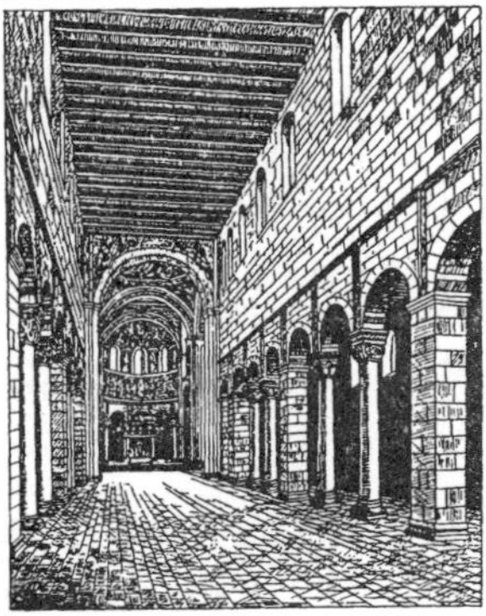

Stützenwechsel. Hildesheim: Benediktinerabteikirche St. Godehard. 1133–1172.

Baukunst. Es wechseln etwa →Pfeiler (a) und Säulen* (b) im Rhythmus: abab oder abba. ~ findet sich immer beim →gebundenen System* in der Abfolge von →Haupt- und Nebenpfeiler.

Stufen. →Treppe*.

Stufenhallenkirche. →Pseudobasilika*.

Stufenpyramide. →Ägypt. Königsgrab: Vorform der eigentlichen glatten →Pyramide*, in mächtigen Stufen sich emporschichtend; mehrere →Mastabas* sind hier aufeinandergesetzt.

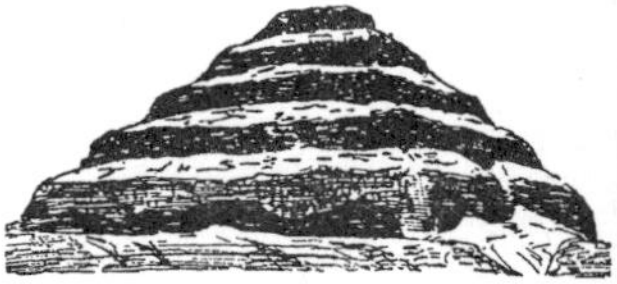

Stufenpyramide. Sakkâra (Unterägypten): Grabbezirk des Königs Djoser. 3. Dyn. (2650 bis 2600 v. Chr.). Die ~ mit sechs Stockwerken. Heutige Höhe etwa 60 m.

S|tukkolus|tro, der. →Stucco lustro.

Stundenbuch (lat. das Horarium,

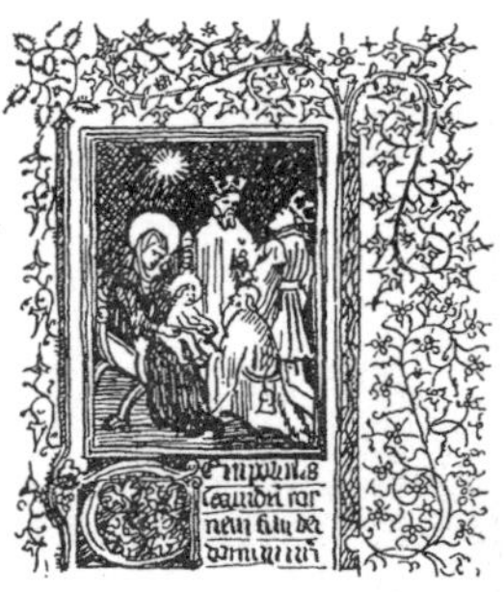

Stundenbuch. London: Britisches Museum. Hours of Virgin. Burgundisch. Anfang 15. Jahrh. Anbetung der Könige.

franz. →Livre d'heures). Gebetbuch für Laien mit Texten für die einzelnen Tageszeiten. Im späten Mittelalter oft reich verziert.

Stupa, der (Sanskr. = Schädel). Form →ind.-→buddhistischer Sakralarchitektur, entwickelt aus dem→Tumulusgrab*. Über einem kreisrunden Kern erhebt sich eine Halbkugel, wie ein Erdhügel über einem Grab; auf dem Scheitelpunkt birgt ein →Kiosk (= Harmika) die Reliquien. Über dem Kiosk ein oder mehrere (später bis zu 13 immer kleiner werdende) Schirme (= Chattra). Die Anlage wird eingegrenzt durch einen steinernen Zaun (= Vedika), später auch durch eine →Tschaityahalle: Der oft mit vielen →Skulpturen geschmückte Zaun hat vier Torbogen (→Torana*).→Pagode*, Yakshi*.

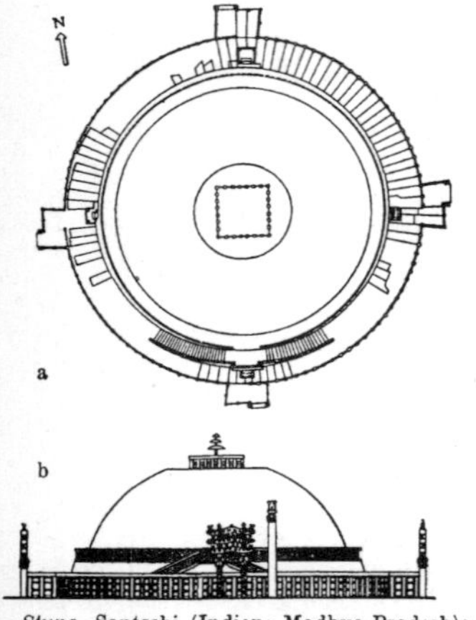

Stupa. Santschi (Indien; Madhya-Pradesh): Großer ~. Ziegelbau mit Sandsteinmantel. 3. Jahrh. v. bis 1. Jahrh n. Chr. a Grundriß. b Aufriß der Südseite.

„Sturm, Der". 1910 von Herwarth Walden in Berlin gegründete Zeitschrift; setzte sich nachdrücklich für die Kunst des →Expressionismus* ein.

Sturmstangen. →Glasmalerei 4*.

Sturz. Der obere waagerechte Abschluß einer Maueröffnung: Fenster~, Tür~. →Fenster 4 und 5*, Trumeau*.

Sturzbecher. Trichterförmiger Becher ohne Fuß, der nur „gestürzt", also auf der Öffnung, stehen konnte. Nürnberg 16. Jahrh. Umgestülpt bildete er oft eine grotesk geformte, meist weibliche Gestalt.

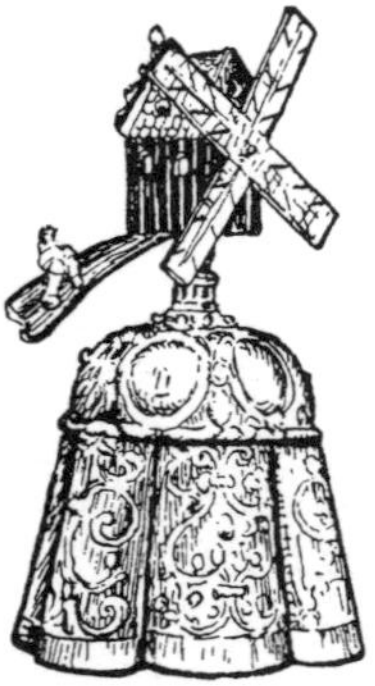

Sturzbecher.

Style flamboyant, der. →Flamboyant-Stil.

Style Louis XIII., der. ~ Louis-treize*.

Style Louis XIV., der. →Louis-quatorze*.

Style Louis XV., der. →Louis-quinze*.

Style Louis XVI., der. →Louis-seize*.

Style Régence, der→Régence-Stil*.

Stylobat, der (griech.). Beim griech. →Tempel* die Grundfläche, auf der die →Säulen* stehen.

Sudatorium, das (lat.). →Thermen V*.

Sugriva, der (ind.). Affenkönig des ind. Epos Ramayana, Helfer des Gottes →Rama im Kampf gegen die Dämonen. In der Kunst gern dargestellt.

Sui-(chin.: ssui) **Zeit.** Epoche der chin. Geschichte, 581–618. →Chinesische Kunst.

Sumerische Kunst = Kunst des Landes Sumer im Mündungsgebiet des Euphrat und Tigris, im heutigen Irak gelegen. →Vorderasiatische Kunst.

Sung- (chin.: ssung) **Zeit.** Epoche der chin. Geschichte, 960–1278. Nord-Sung oder Liao 960–1127; Süd-Sung oder Chin 1127–1278. →Chinesische Kunst.

Super-Exlibris, das. →Exlibris* auf der Außenseite eines Buches als Hinweis auf seinen Besitzer (z. B. sein Wappen oder Monogramm).

Suppedaneum, das (lat. = Fußgestell). Die Stütze unter den Füßen des Gekreuzigten. Auch die oberste Altarstufe. →Altar 3*.

Supraporte, die. →Sopraporte*.

Suprematismus. Russische Richtung →abstrakter* Malerei, 1913 von K. Malewitsch (1878–1935) begründet. Größte geometrische Einfachheit; Bildtitel z. B. „Schwarzes Rechteck auf weißem Grund" (1913), „Weißes Rechteck auf weißem Grund" (1919). Er wollte das Gewohnte immer weiter zurückdrängen und die reine Kunst wiederfinden, „die im Laufe der Zeit durch die Anhäufung der ‚Dinge' nicht mehr zu sehen war". Er empfand die elementaren geometrischen Formen: Kreis, Kreuz, Rechteck, Winkel als grundlegend. →Stijl, De.

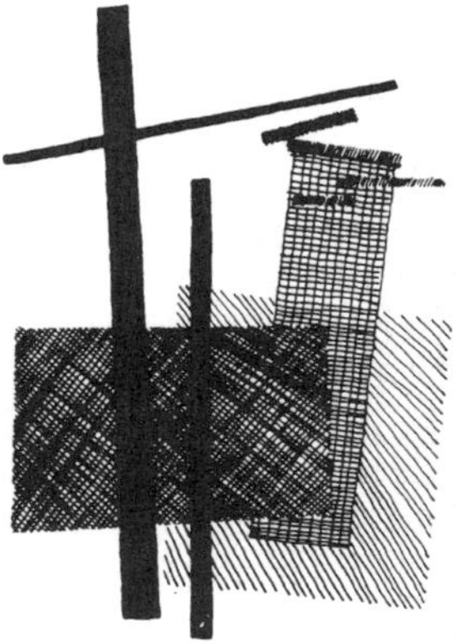

Suprematismus. K. Malewitsch (1878–1935): Komposition.

Suq, das (arab.). Laden- und Handwerkerviertel islam. Städte. → Basar.

Surrealismus, der (franz.: ßür-). Stilrichtung in der Kunst der Gegenwart; 1924 von Pariser Malern und Dichtern begründet. Der ~ möchte, statt die Wirklichkeit wiederzugeben, „Überwirkliches" gestalten: das Wesen der Dinge, die Ideen, Assoziationen, mehrschichtiges Erleben (z. B. zwischen Traum und Wirklichkeit), die seelischen Tiefenschichten der menschlichen Persönlichkeit, bes. auch ihre verhüllten erotischen Spannungen, das Wilde und Wüste in Mensch und Welt, das der Alltag zu verdecken pflegt. Frei von den Gesetzen der Vernunft und der Natur, rückt er auf den Bildern die gegensätzlichsten Dinge zusammen, bildet die Gegenstände um, teilt sie nur andeutend mit, folgt der Logik des Traums, verflüssigt die Grenze zwischen Mensch, Tier, Pflanze und Ding, läßt Äußeres und Inneres sich durchdringen. Dabei verschmäht er grundsätzlich nicht die alten Formmittel der wirklichkeitsgetreuen Schilderung, der →Perspektive*, der Licht- und →Schattenbildung*. So verschiedenartig die verwandten Formmittel sind, so einheitlich ist ihre Richtung auf das „Überwirkliche". Wie alle Kunst, sucht auch der ~ die gesetzmäßige Verknüpfung und Auswägung der Formen, ist also in gestalterischer Hinsicht nicht willkürlich oder chaotisch.

M. Chagall (1889 geb.), G. de Chirico (1888 geb.), S. Dalí (1904 geb.), M. Ernst (1891–1976), R. Magritte (1898 geb.), Y. Tanguy (1900 geb.). →Abklatschverfahren, écriture automatique*.

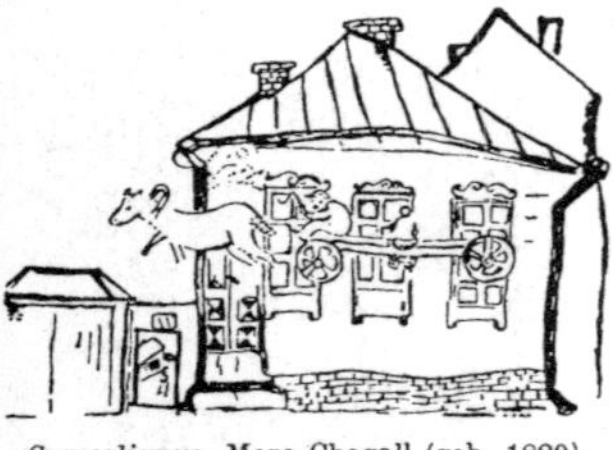

Surrealismus. Marc Chagall (geb. 1889). Radierung.

Suzuribako (jap.: ssusuri|bako). Schreibkasten aus →Lack mit Tuschstein, Wassertropfer und →Pinseln. →Kalligraphie, Tuschmalerei*.

Swastika, die (Sanskr. = heilbringendes Zeichen). →Hakenkreuz*.

Symbol, das (griech.). Sinnbild. Immer wieder ist die Kunst an die Grenze der Anschaulichkeit gelangt; dann hat sie Sinnzeichen erfunden, die über das in ihnen Sichtbare hinaus Gedankliches, Metaphysisches bedeuten. Dieser geheime und eigentliche Sinn ist nur denen verständlich, die als Eingeweihte die ~e kennen. Beispiele:

Ägyptische Kunst. →Skarabäus*, Uräusschlange*.

Chinesisch-japanische Kunst. →Yang und Yin*.

Christliche Kunst. →Agnus Dei, Hostienmühle*, Marianische Symbole, Pelikan*.

Indische Kunst (hinduistische, buddhistische). →Lotos, Mandala, Mudra*, Schri-Yantra*, Swastika.

Vorderasiatische Kunst. → Hakenkreuz*.

Symbolik, die. Die Wissenschaft von den →Symbolen.

Symbolismus, der.

I. Jede Kunst, die durch →Symbole ergreifen möchte.

II. Im engeren Sinne künstlerische Bewegung um 1885–1890. Der Gegenstand wird nicht als solcher wichtig genommen, sondern dient als Chiffre einer hintergründigen Wirklichkeit. Vertreter des ~ u. a. J. Ensor (1860 bis 1959); E. Munch (1864 bis 1944) nur bedingt; O. Redon (1840–1916).

Symmetrie, die (griech.) = Maß. Beide Hälften eines Ganzen entsprechen sich spiegelbildlich. Ein in allen Künsten häufig angewandtes Prinzip der Komposition.

Synagoge, die (griech. synagoge = Versammlung).

1

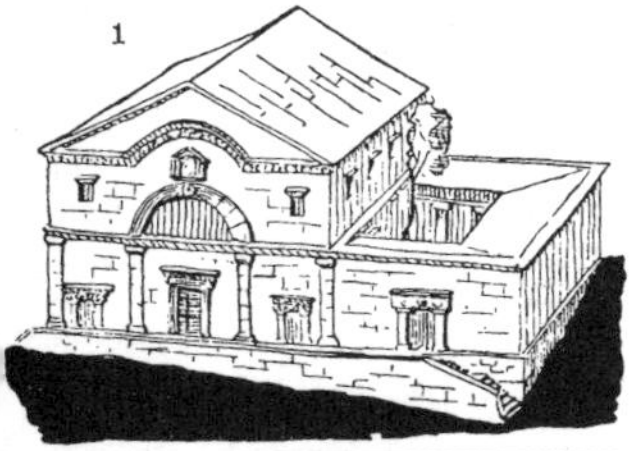

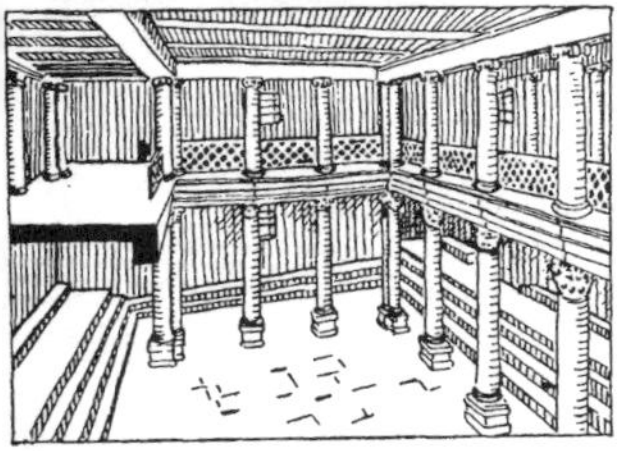

2

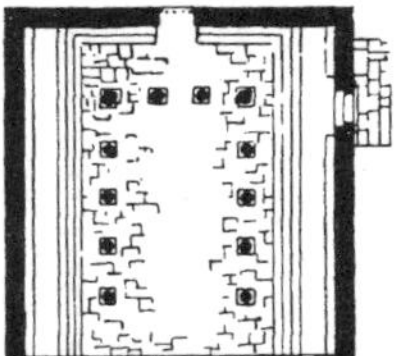

3

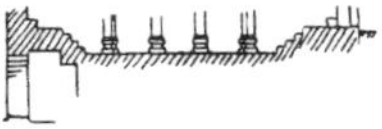

4

Synagoge. 1. Tell-Hum (Palästina). Anfang 3. Jahrh. n. Chr. Außen von Süden. Rekonstruktion. – Irbid (Jordanien). 3. Viertel 3. Jahrh. v. Chr. Rekonstruktion. 2. Innen. 3. Grundriß. 4. Querschnitt.

I. Jüdischer Kultbau. →Halle mit →Säulen*reihe an den Längsseiten und der Rückwand. Die Säulenreihe trägt eine dreiseitig herumgeführte →Empore*, die nur durch ein von außen angebautes →Treppenhaus* zugänglich ist und zum Aufenthalt der Frauen dient. Sitzreihen an den Längsseiten. Mit der Längsachse nach Jerusalem gerichtet („Orient"). An dem einen Ende der Längsachse ein etwas erhöhter Platz für die Heilige Lade (Aron Hakkodesch), d. i. der Schrein mit den Thorarollen und dem Parochet, seinem Vorhang. Zu Seiten des Schreins zwei →siebenarmige* Leuchter. Davor das →Ewige Licht (Ner Tamid). Der Platz für Schrein und Leuchter liegt an der Eingangswand. In der Mitte des Raums, der Almenar; von seinem Tisch, dem Schulchan, wird die → Thora verlesen.

II. Sinnbild des verblendeten Judentums in der mittelalterlichen Kunst: weibliche Gestalt mit

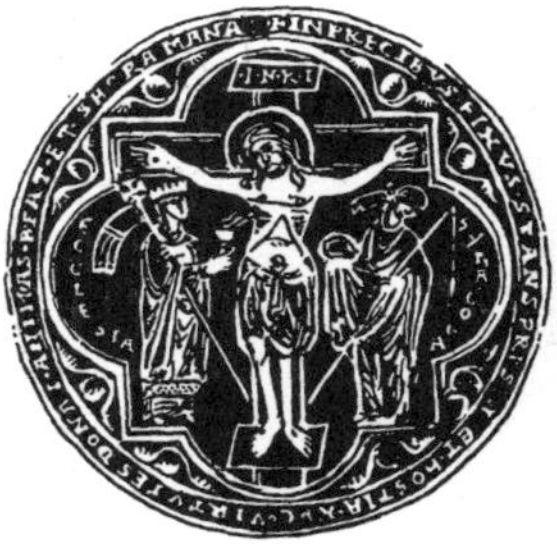

Synagoge. Augsburg.: Dom. Tragaltar. Werkstatt des Godefroid de Claire. Um 1160 (Synagoge rechts, Ecclesia links.)

einer Binde über den Augen und einer zersplitterten Lanze, gebeugt oder zusammenbrechend. Ggstz.: →Ekklesia*.

Szu (chin.) = Buddhistischer → Tempel.

T

Ta (chin.) = Tō (jap.). →Pagode*.

Tabatière, die (franz.: tabatjạ̈r). Schnupftabakdose, im 18. Jahrh. künstlerisch ausgestaltet und beliebtes Geschenk. →Miniatur II.

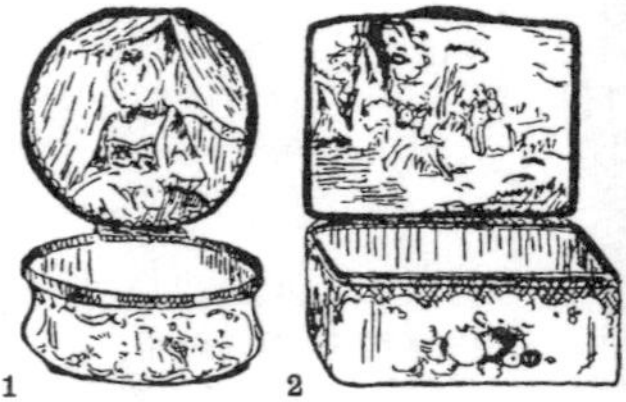

1 2

Tabatière. Dresden: Slg. C. H. Fischer. Aus der Manufaktur in Meißen. 1. Erste Hälfte 18. Jahrh. Mit dem Porträt einer älteren Dame. 2. Um 1730. Parklandschaft. Fruchtbuketts.

Tabernạkel, das (lat. tabernạculum = Hütte, Zelt).

I. →Altar 7*. Schrein oder Gehäuse in der Kirche, in dem die geweihten Hostien aufbewahrt werden. Im Mittelalter tragbar. In der Neuzeit ist das ~ mit dem Altar fest verbunden.

II. →Baldachin*architektur mit hohem Spitzdach, mit oder ohne

→Plastik; an →Strebepfeilern der →gotischen* Architektur.

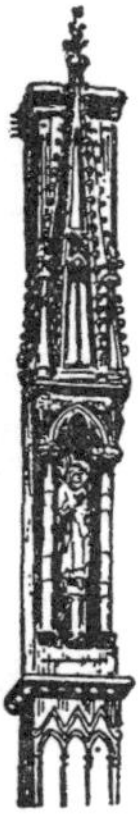

Tabernakel. Reims: Kathedrale. Westfassade. 14. Jahrh.

Tablịnum, das (altlat. = [Schrift-] Tafelzimmer). Im röm. Haus liegt zwischen →Atrium* und →Peristyl das ~: Geschäftszimmer und Archiv.

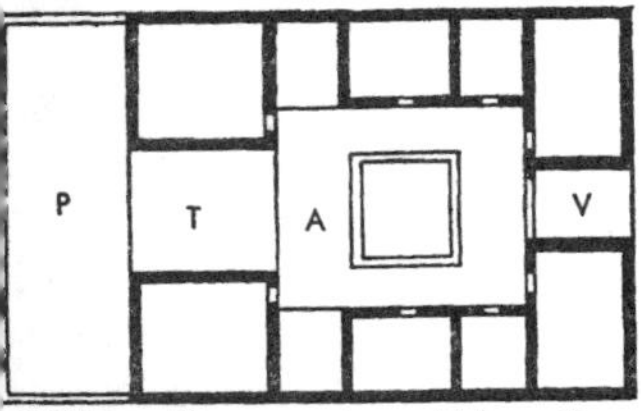

Tablinum. T = ~, A = Atrium, V = Vestibulum, P = Peristyl.

Tachismus, der (von franz. la tache : tasch = der Fleck). Richtung in der Kunst des 20. Jahrh.: spontan oder automatisch aus Flecken und Farbspritzern hergestellte Malerei; der Begriff 1952 geprägt. Die Bilder entstehen nicht in bewußter Komposition, sondern aus dem Spiel mit der Farbe und aus dem Rhythmus der Hand. Führende Künstler: J. Pollock (1912–1956), W. Schulze gen. Wols (1913–1951), A. Tàpies (1923 geb.), H. Trier (1915 geb.). →Action painting*, Drip paintings, Informel.

Täfelwerk (Täfelung, Getạfel). Holzverkleidung von Innenwänden, oft reich geschmückt. Bes. vom 15. bis 18. Jahrh. in den nordischen Ländern beliebt („altdeutsche Stube").

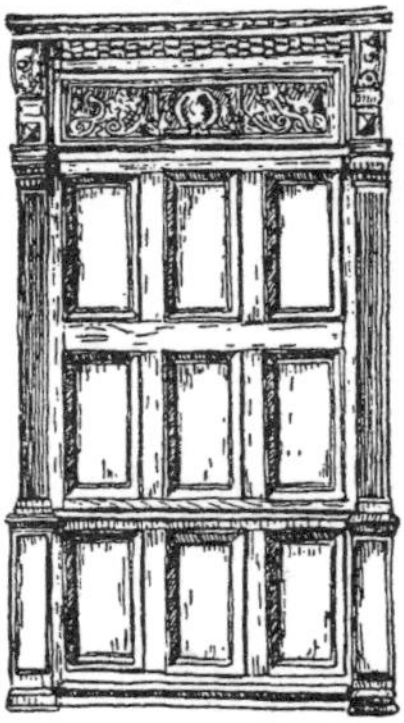

Täfelwerk. Köln: Spanischer Bau am Rathaus. Konrad Schnitzler. Um 1612. Köln: Kunstgewerbemuseum.

Tafelmalerei. Malerei auf Holztafeln, später auf Leinwand. →Keilrahmen*.

Tạhôtộ (jap.: tạhọọ|tọọ). →Pagode*.

Ta-hsiụng-pạọ-tiẹn (chin.: da-hschiụng-bạọ-diạn). →Kondô*, buddhistischer →Tempel*.

Taltempel. →Totentempel*.

Tambọụr, der (franz.: tam̃bụhr = Trommel). →Kuppel 3*.

Tammuz. Mythischer König der →sumerischen Stadt Uruk, heute Warka (Irak). Als Gatte der Muttergöttin →Inanna wurde er zum Vegetationsgott und Herrn der Herden (→Große Mutter*). Er wurde der Hauptgott der altmesopotamischen Kultur. Seine Darstellung ist in der Kunst→Vorderasiens in vielfacher Abwandlung verbreitet.

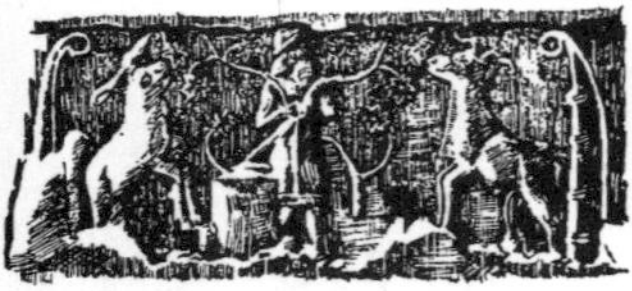

Tammuz. Berlin: Staatliche Museen. Siegelbild. Aus Uruk (Irak). 2800 bis 2600 v. Chr.

Tanagrafiguren. (Tanagra, altgriech. = Stadt in Böotien). Nach ihrem ersten Fundort Tanagra benannte kleine meist weibliche →Terrakottafiguren des 5. und 4. Jahrh. v. Chr. in verschiedenen Trachten, anmutig und oft von raffinierter Eleganz.

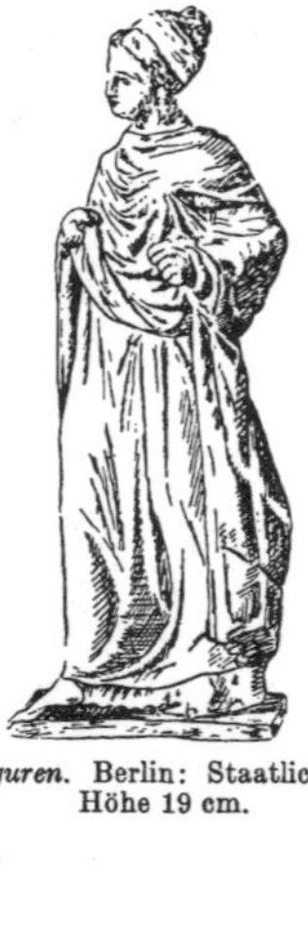

Tanagrafiguren. Berlin: Staatliche Museen. Höhe 19 cm.

T'ang-Zeit. Epoche der chin. Geschichte, 618–906. →Chinesische Kunst.

Tanzmaske. →Maske.

T'ao-t'ieh (chin.: tau-tiä). Dämonengesicht, stilisierte Tiermaske. Starke Hörner, große Augen, aufgerissenes Maul, meist ohne Unterkiefer. Häufig auf →Sakralbronzen*.

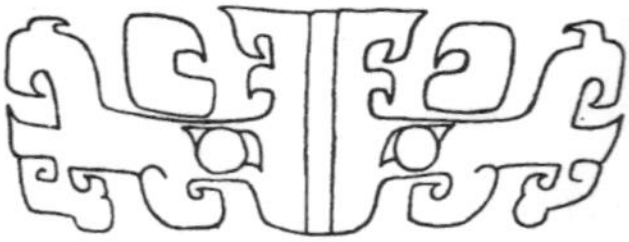

T'ao-t'ieh

Tapete, die (griech. tapes = Decke; lat. tapete = Teppich). Wandbekleidung – zunächst aus gewebten Stoffen und aus Leder, seit dem 18. Jahrh. aus Papier.

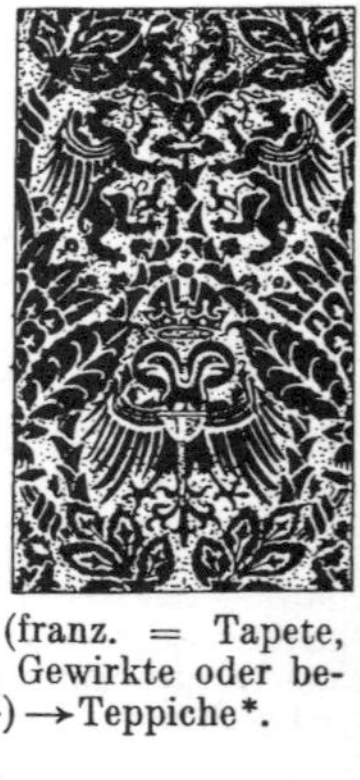

Tapete. Handdruck-Velour-Papier~. Um 1858. Aus der Kölner Fabrik Flammersheim und Steinmann. Kassel: Deutsches Tapetenmuseum.

Tapisserie, die (franz. = Tapete, Wandteppich). Gewirkte oder bestickte (Wand-)→Teppiche*.

Tassel, das. In der Tracht des 12. bis 14. Jahrh. Mantelschließe und Platte zum Befestigen der Mantelschnüre.

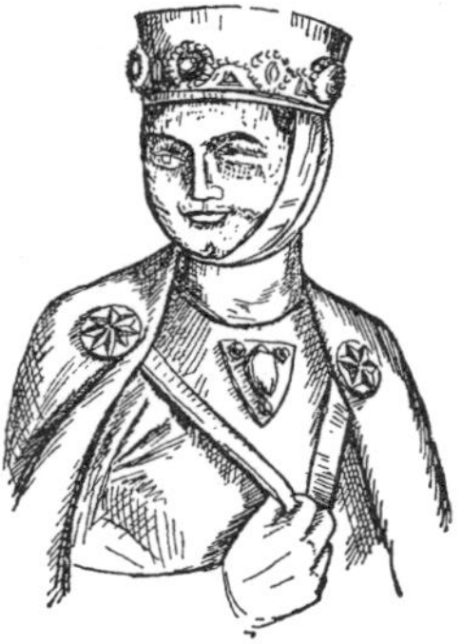

Tassel. Naumburg: Dom. Westchor. Reglindis. Um 1250. Teil.

Tatauierung (vom polynesischen „Tatau" = Ordnung). In den Körper eingestochene oder eingeschnittene Malerei - bei den →Naturvölkern als Reizschmuck zur Erweckung erotischen Gefallens, als Erkennungszeichen für Sippe, Stamm, Stand oder Alter, als eine Art von Ehrenzeichen oder als Zaubermal zu verschiedenen Zwecken.

Tau. →Fries II, 2*.

Taube. →Eucharistische Taube.*

Taufkapelle, -kirche. →Baptisterium*, Westwerk*.

Taufstein, Taufbecken. Behälter mit dem geweihten Taufwasser, über dem der Priester das Taufsakrament spendet. Ersetzt seit dem 11. Jahrh. den alten Taufbrunnen. In der →Romanik und →Gotik* reich verziert.

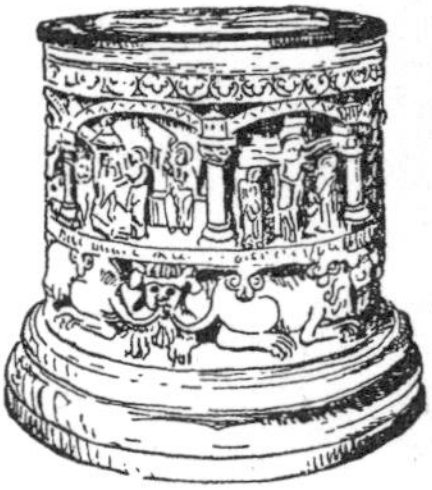

1

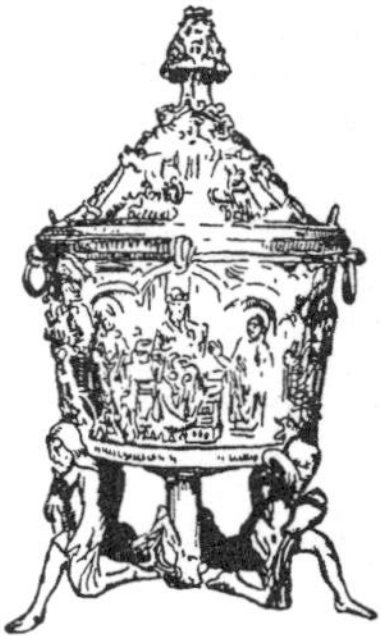

2

Taufstein. 1. Freckenhorst: Stiftskirche. Um 1129. 2. Hildesheim: Dom. Um 1220.

Taukreuz. →Kreuz 3*

Tauschierung (von arab. tauschija = Färbung). Das .Einlegen von Drähten aus edlen Metallen (z. B. Gold) in unedle Metalle (z. B. →Bronze) zum Zweck der Verzierung. Es ist eine besondere Kunst, die Rinne für den Draht so einzugraben, daß dieser nicht mehr herausfallen kann. Weitverbreitete Technik, meisterlich geübt, bes. im →islamischen, →ind. und →jap. →Kunsthandwerk.

Teegerät. Dient in →Japan zur Durchführung der →Teezeremonie.
→Cha-ire, Teeurne.
Chawan. Teeschale zum Trinken.
Kama. Wasserkessel aus Eisen.
Kobako und Kôro. Kästchen und Gefäß für Weihrauch, meist →Lackarbeit.
Mizusashi. Tönerner Topf für frisches Wasser.

Teezeremonie. In →Japan entwickelte sich unter dem Einfluß des →Zen-Buddhismus eine gemeinsame Weise des Teetrinkens, die der Selbsteinkehr und der Ehrfurcht vor dem Schönen dient. Die ~ hat sich kunstgeschichtlich mannigfach ausgewirkt: beim Teeraum liegt ein durchgeformter Garten, welcher in seinem blütenfreien reinen Grün die innere Sammlung fördert. Den Mittelpunkt des kleinen niedrigen Teeraumes bildet die Bildnische, →Tokonoma. Die →Teegeräte sind von unauffälliger, betont leiser Vollkommenheit und befinden sich noch heute fast alle im Besitz reicher Klöster oder vornehmer Familien. →Chashitsu, Japanische Kunst, Shôkin-tei, Teegerät, Tokonoma, Zen-Malerei.

Teigdruck. Einblatt→Holzschnitt* des 15. Jahrh.: eine Metallform wird in eine teigartige Masse abgedruckt.

Teilungsringe, -knoten. →Schaftring*.

Tektọnik, die (von griech. tektonikẹ = Baukunst).
I. Die gerüsthafte Zusammenfügung der Bauteile.
II. Die Lehre von den Baukonstruktionen.

Tellerkapitẹll, das. →Kapitell V 5*.

Tẹmenos, das (griech.). Heiliger Bezirk. Die innerhalb einer Umzäunung gelegenen →Tempel und anderen Kultgebäude der Griechen.

Tempel, der buddhistische = Ji (jap.) und Szu (chin.). Das Anlageschema des →ostasiatischen ~s ist das des

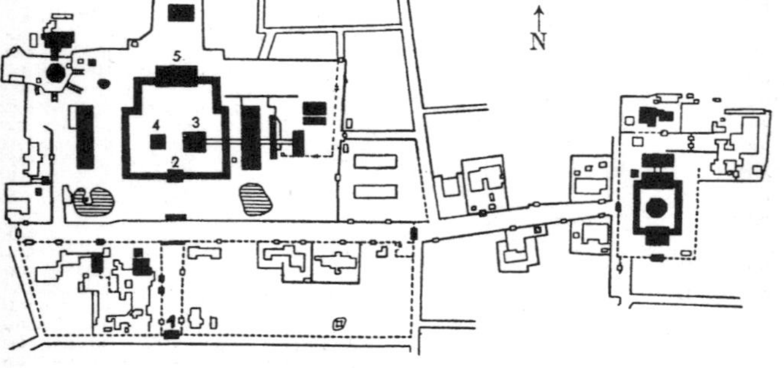

Tempel, der buddhistische. Hôryû-ji-Tempel bei Nara (Japan). Ost- und Westtempel mit 33 Gebäuden. 607–1868. Grundriß. 1. Nandaimon. 1439. 2. Chûmon. Um 607. 3. Kondô. Zwischen 607 und 645. 4. Pagode. Um 607. 5. Kôdô. 991.

alt→chin. Palastes und Wohngehöftes. Der ~ mit seinen zahlreichen Einzelgebäuden ist Kultstätte, Kloster, Ort der Wissenschaft und Erziehung.

Der Gebäudekomplex ist eingefriedet. Die Gebäude liegen, immer mit der Front nach Süden, an einer zentralen Achse, die von Süden nach Norden verläuft (auf →Yang* und Yin bezogen). Nebenbauten sind symmetrisch in Einzelkomplexen angefügt (der Hôryû-ji bei Nara z. B. hat 33 Gebäude).

Die wichtigsten Gebäude des Kernbezirks von Süden nach Norden:

1. Äußeres Tor oder →Nandaimon.
2. Mitteltor oder →Chûmon.
3. Buddhahalle oder →Kondô*.
4. →Pagode*.
5. Lesehalle oder →Kôdô.

Tempel, der griechische. Antiker Kultbau für das Götterbild, das in der →Cella* aufgestellt und immer →vollplastisch ist. Der ~ ist also kein Versammlungsort der betenden Gemeinde, in Ggstz. zu den christl. Kirchen. Die Opfer finden im Freien statt, meist an dem vor dem ~ stehenden →Altar*. Der ~ hat sich als Haus des Gottes auch formal aus dem Haus entwickelt (1, 2) und im Anschluß an dieses eine Reihe immer reicher werdender Typen ausgebildet (4 bis 10). Für den →plastischen Schmuck des ~s kommen folgende Stellen in Betracht:

I. →Statuen oder Hoch→reliefs* in den dreieckigen →Giebeln der beiden Schmalseiten;

II. →Relief*-→fries* an allen vier Seiten;

III. →Relief*tafeln in der Form von →Metopen*;

IV. →Statuen auf den drei Ecken der →Giebel. →Akroterion*.

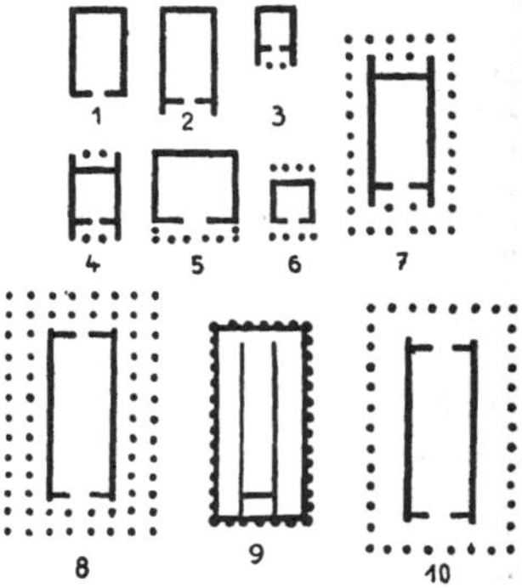

Tempel, der griechische. 1. Urform des Hauses. 2. Haus mit Vorhalle. 3. Antentempel: Haus mit Vorhalle und zwei Säulen = älteste Tempelform. Beispiel: Themistempel in Rhamnus (Griechenland, Attika). 4. Doppelantentempel: wie 3, doch mit einer gleichgebildeten Hinterhalle. Beispiel: dorischer Artemistempel in Eleusis. 5. Prostylos: Tempel mit seitlich offener Vorhalle, die durch eine Säulenreihe in der Front gebildet wird. Beispiel: Tempel des Empedokles in Selinus (= Selinunt, Sizilien). 6. Amphiprostylos: Tempel mit seitlich offener Vor- und Hinterhalle. Beispiel: Tempel der Athena Nike in Athen. 7. Peripteros: Säulengang um den ganzen Tempel. Beispiel: Poseidontempel in Paestum (Italien, Campanien), hier in Verbindung mit einer Doppelantenform. 8. Dipteros: doppelter Säulengang um den ganzen Tempel. Beispiel: Tempel des olympischen Zeus in Athen (erst 135 n. Chr. vollendet). 9. Pseudoperipteros: Tempel, dessen Säulenumgang in die Cellamauer eingelassen erscheint (mit der Mauer verbundene Halbsäulen). Beispiel: Zeustempel in Girgenti (Sizilien). 10. Pseudodipteros: Tempel mit scheinbar doppeltem Säulenumgang: der einfache Säulengang hat dieselbe Tiefe wie der doppelte Säulenumgang des Dipteros. Beispiel: Tempel der Artemis Leukophryene in Magnesia am Mäander (Türkei).

Tempel, der hinduistische. Den Göttern des Hinduismus geweiht, vor allem →Schiva* und →Vishnu*. →Indische Kunst*, Gopuram*, Mandapa, Schikhara.

Tempel, der schintoistische. ~ der jap. Ur- und Nationalreligion. → Japanische Kunst, Schrein III*, Torii*.

Tempelpyramịde. Eine Form sakraler Baukunst in →Altamerika (→Pyramide III*) und in →Vorderasien (→Zikkurat*). Eine in mehrere Absätze gegliederte und mit →monumentalen →Treppen* versehene →Pyramide* trägt auf der oberen Plattform einen gleichsam in himmlische Höhen entrückten Tempel, der nur wenigen Auserwählten zugänglich ist.

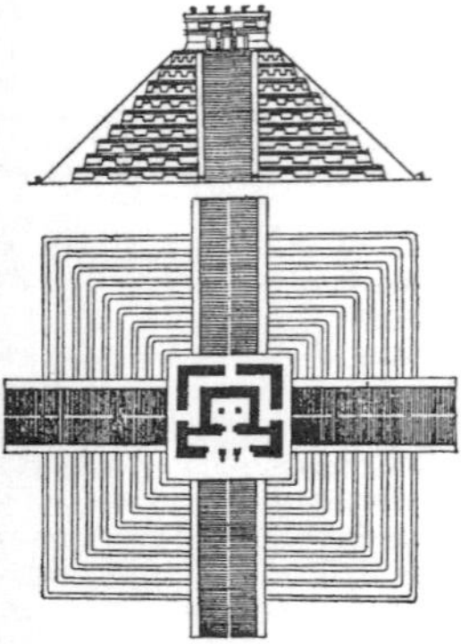

a

b

Tempelpyramide. Chichen Itzá (Mexiko, Yukatan): Kukulcan-Tempel. Um 1200. a Aufriß. b Grundriß.

Tẹmperamalerei (von lat. temperạre = mit einem Bindemittel mischen). Malerei mit deckenden, also nicht mit durchsichtigen Farben, die mit Eigelb und Leim angemacht sind. Die Farben lassen sich nicht weich ineinander verreiben (Ggstz. zur →Ölmalerei), sondern heben sich klar und hart voneinander ab. Sie trocknen matt auf und besitzen ge→firnißt eine große Leuchtkraft. Die Lichter werden durch Aufsetzen von Deckweiß („Höhen mit Deckweiß") erzielt. Die führende Technik der mittelalterlichen →Tafelmalerei. →Deckfarben.

Templerkirchen. Kirchen des 1119 gegründeten geistlichen Ritterordens der Templer. Berühmt ist die →Rundkirche in London, die 1185 nach dem Vorbild der Kirche des →Hl. Grabes* in Jerusalem errichtet wurde.

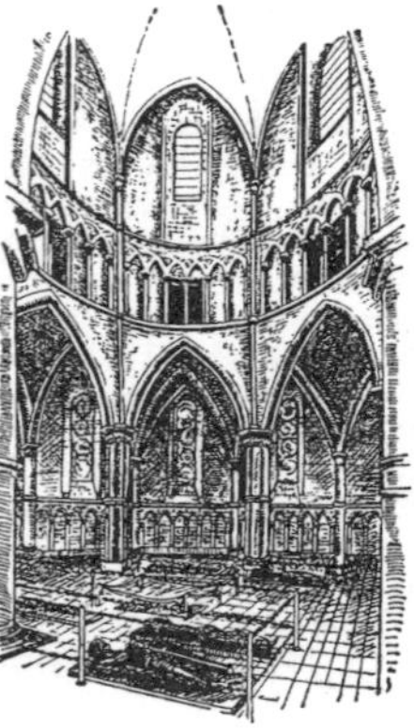

Templerkirche. London. 1185 gew., Chor 1240 gew.

Tẹmpyộ (jap.: tẹmp^{i}ọọ). Epoche der Nara-Periode in der →jap. Kunst, 710–794. →Nara-Periode.

Tẹneberleuchter (von lat. tẹnebrae = Finsternis). Ein in der Karwoche verwandter spätmittelalterlicher

→Leuchter mit 12 bis 15 Kerzen, welche Christus und die Apostel, dazu manchmal noch die drei Marien versinnbildlichen.

Teneberleuchter. 2. Hälfte 16. Jahrh. Burgos (Spanien): Kathedrale.

Teotihuacan-Kultur I–IV in Zentralmexiko; um 200 bis 1000 n. Chr. Hauptorte: Teotihuacan, Cholula, Azcapotzalco. Stadtanlagen, →Tempelpyramiden*, Wohnbauten, →Zitadellen.
→Porträtplastiken, Wandmalerei, Schlangen*→reliefs*. Vielfältige →Gebrauchskunst.

Tepidarium, das (von lat. tepidus = lau, kühl). →Thermen III*.

Teppich. Zu unterscheiden sind der Wand~ und der ~ als Fußbodenbelag. Drei Techniken:

1. Gewebter ~. Die →Kett- und →Schußfäden kreuzen sich rechtwinklig. →Aubusson~.
2. Gewirkter ~. Die bunten →Schußfäden werden mit Hilfe von Nadel oder Spule in die →Kette eingeflochten.
3. Geknüpfter ~. Die →Kettfäden werden mit kurzen bunten →Schußfäden verknüpft.

→Islamische Kunst*.

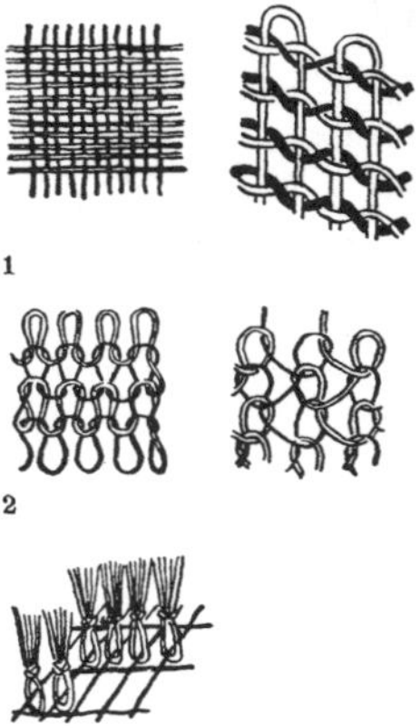

Teppich. 1. Gewebt. 2. Gewirkt. 3. Geknüpft.

Terpsichore, die (griech.). →Muse.

Terra di Siena (ital. = Erde aus Siena). →Bolus.

Terrakotta, die (ital. = gebrannte Erde). Un→glasierte gebrannte Tonerde von weißer, gelber, brauner, hell- oder tiefroter Farbe; hart und wetterbeständig. Für die Herstellung von Gefäßen und von Kleinplastiken, bes. auch von →Bauplastiken geeignet. →Tanagrafiguren*.

Terra sigillata, die (lat.). Antik-röm. Geschirr aus roter Tonerde (Erde = terra) mit kleinen →Relief-* figuren (= sigilla), mit schöner →Glasur. – ~-Gefäße oder →Aretinische Gefäße: Tongefäße der augusteischen Zeit von bester

Qualität, benannt nach dem Hauptherstellungsort Arezzo.

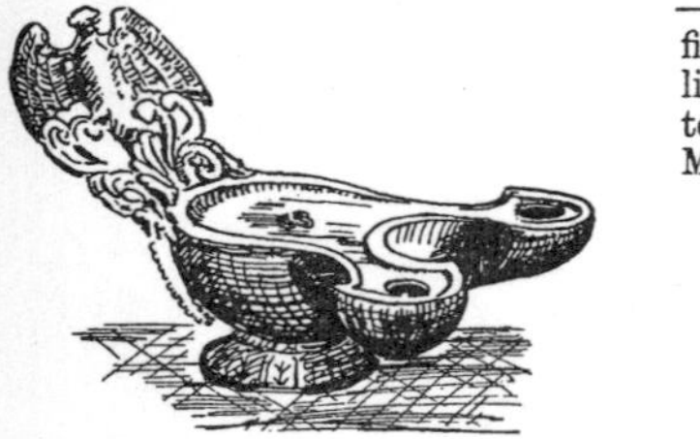

Terra sigillata. Katakombenlampe. Sammlung M. A. Elissen.

Terrazzo, der (ital. = Söller). Fugenloser Fußboden- oder Wandbelag, hergestellt aus einem Gemisch von Zement und verschiedenfarbigen Steinkörnungen.

Tetramorph, der (eigtl. die; griech. = Viergestalt.) →Cherubim 1*, Evangelistensymbole*.

Teufel. Name der abgefallenen Engel und bes. ihres Oberhauptes Luzifer. Die Kunst hat den ~ folgendermaßen gestaltet:

I. symbolisch: Aspis*, Basilisk*, Drache*, Löwe, Schlange;

II. menschlich: nackter, dunkelfarbiger Engel;

III. als Ungeheuer (etwa seit 1110, zuerst wohl in Frankreich): →satyrähnlich*, mit langen, spitzen Ohren, Hörnern, Bockfüßen oder Füßen mit Klauen, Schwanz, Fledermausflügeln, behaartem Körper. →Attribut: Haken oder Dreizack. Farbe: rot, schwarz, grün.

Textbild. Bildhaft angeordnete Schriftzeichen und Texte. In der griech., mittelalterlichen und barocken Kunst; grundlegend in der →islamischen Architektur (→Kufi); in der Gegenwart z. B. G. Apollinaire (1880–1918) und K. Schwitters (1887–1948). →Kalligramm*, Merz.

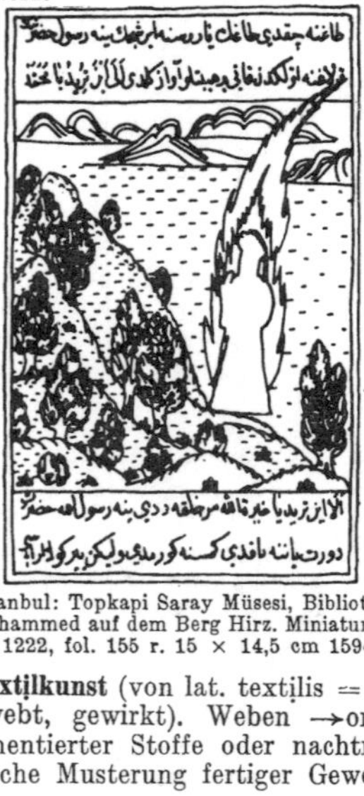

Istanbul: Topkapi Saray Müsesi, Bibliothek. Mohammed auf dem Berg Hirz. Miniatur Ms. H. 1222, fol. 155 r. 15 × 14,5 cm 1594/95.

Textilkunst (von lat. textilis = gewebt, gewirkt). Weben →ornamentierter Stoffe oder nachträgliche Musterung fertiger Gewebe.

Thalia, die (griech.). →Muse.

Thanatos, der (griech. = Tod). →Tod I.

Theater, das (griech. = theatron).

I. In Griechenland besteht das ~ aus folgenden Teilen: halbrunder Zuschauerraum mit ansteigenden Sitzreihen (oft an einem Berghang); kreisrunder Tanzplatz = die →Orchestra* (mit dem Altar des

→Dionysos; die Stätte des Chors der Tragödie); Bühnenbau = die Skene.

II. In Rom. Die griech. Form wurde übernommen, daneben aber die rein röm. Form des →Amphitheaters* entwickelt.

III. In der nachantiken Zeit zwei Grundformen: der ~saal und das Rang→logen~ →Orchestra*. (seit dem 17. Jahrh.).

Thermen, die (Mehrz., von griech. therme = Wärme). →Röm. Badeanlage, seit der Kaiserzeit von großer Ausdehnung und Pracht; verbunden mit sportlichen Einrichtungen und Bildungsstätten. Geheizt wurde durch →Hypokausten*, Hohlziegel im Fußboden oder hohle Wände, in welche die heiße Luft von einem Zentralofen her geleitet wurde. Folgende hauptsächliche Räume sind zu unterscheiden:

I. Apodyterium, das (griech.-lat.). Auskleidezimmer.

II. Frigidarium; das (lat.). Kaltes Bad.

III. Tepidarium, das (lat.). Lauwarmer Raum.

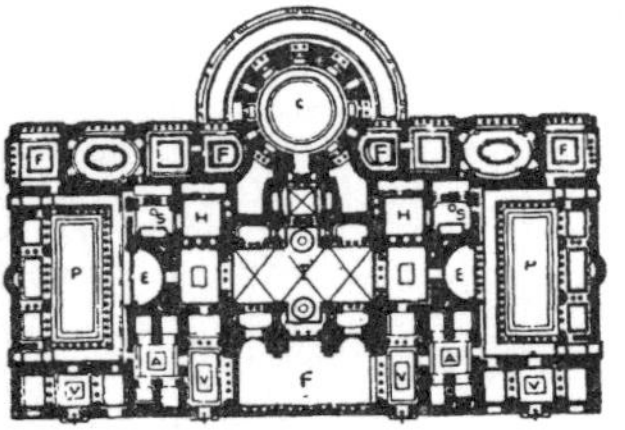

Thermen. Rom: Caracalla~. 206–217. A = Apodyterium. C = Caldarium. E = Exedra. F = Frigidarium. H = Heizung. P = Peristyl (Säulenhalle), Palaestra. S = Sudatorium. T = Tepidarium. V = Vestibulum.

IV. Caldarium, das (lat.). Heißluftraum mit großen Warmwasserbecken.

V. Laconicum oder Sudatorium, das (lat.). Dampfbad, so genannt wegen seiner angeblichen Herkunft aus Lakonien.

Thesauros, der (griech.). Schatzhaus zur Aufbewahrung von Weihegeschenken und heiligen Gefäßen.

Theseus (griech. Theseus). Attischer Nationalheros, der das Land von Ungeheuern befreite. Sein Heiligtum ist das Theseion in Athen aus dem Ende des 5. Jahrh. v. Chr.

Tholos, die (griech.). Griech. → Rundbau mit →Säulen*umgang und →Zeltdach. Zweck unklar.

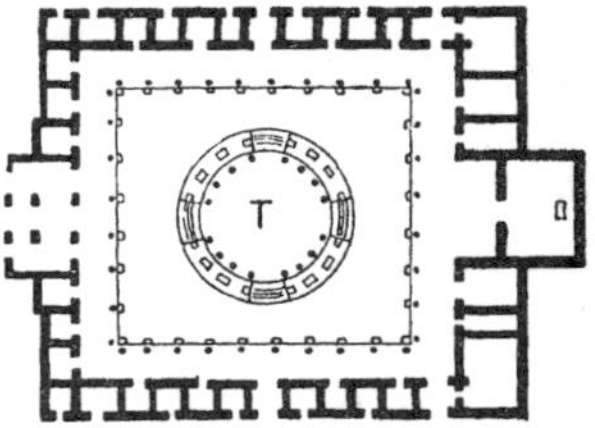

Tholos (= *T*). Puteoli (= Pozzuoli; Italien, Campanien): Sog. Serapeum, eine antike Markthalle, das Macellum (= Fleischmarkt). Hellenistisch.

Thor. →Schlange II.

Thora →Tora.

Thyrsosstab (griech.; Grundbedeutung unbekannt). Zeichen der Anhänger und Anhängerinnen des griech. Gottes →Dionysos: Leichter, mit Efeu und Weinlaub umwundener Stab, der oben einen →Pinienzapfen* trägt. →Mänaden*.

Tiahuanaco-Stil. →Altamerikanische Kultur in Bolivien. Am Südende des Titicacasees liegen die Ruinen der Kultmetropole von Tiahuanaco. Steinbauten: Tempel, →Tempelpyramiden*. „Sonnentor" mit einer zentralen Gottesfigur und Begleitfiguren. Darstellung von Puma und Kondor. →Monolithische Standbilder. →Keramiken. Zwischen 600 und 1000 n. Chr.

Tiamat. Sumerische Göttin des Chaos, in Drachen- und Schlangengestalt. →Drache II, Schlange II, Vorderasiatische Kunst.

Tiara, die (griech. = orientalische Kopfbedeckung, Turban). Die dreifache Krone des Papstes, wohl aus der byzant. Hoftracht entwickelt; →Sinnbild seiner höchsten Priester-, Hirten- und Lehrgewalt.

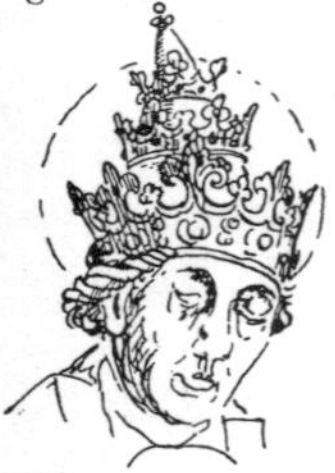

Tiara. Michael Pacher (1435–1498): Hochaltar der Pfarrkirche in St. Wolfgang (Österreich). 1471–1481. Papst Gregor. Linkes Bild der geschlossenen Predella.

Tiefschnittschmelz. →Email VI*.

Tiefstichkeramik. Tonware des nordischen →Megalithkreises in der →Jungsteinzeit. Das →Ornament ist eingetieft; die so entstehenden Muster erhielten manchmal weiße Kalkeinlagen. Die Gefäße sind durch das Ornament klar gegliedert. →Keramik.

Tiergefäß. →Rhyton.

Tierkreisbilder. →Monatsbilder*.

Tierornamentik, die. Jeder Schmuck, der Tiermotive als Zierat verwendet – in →naturalistischer oder →stilisierter Form. Berühmt ist die altnordische ~ (550–1100).

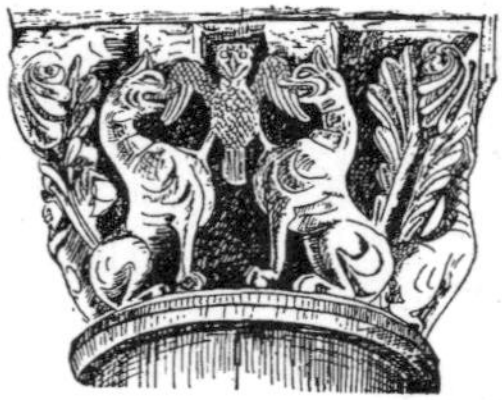

Tierornamentik. 1. Aulnay-de-Saintonge (Frankreich, Dep. Charente-Mar.): Kirche. 1119–1135. Kapitell.

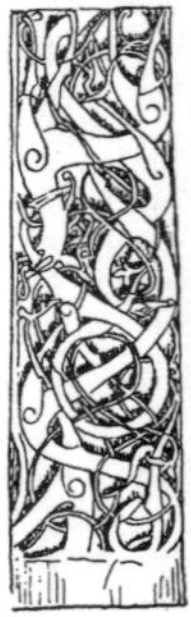

Tierornamentik. 2. Urnaes (Norwegen, Sognefjord): Stabkirche. Wahrsch. 11. Jahrh. Portal, Seitenteil.

Tiersymbolik, die. Die →sinnbildliche Bedeutung der Tiere, insbes. in der →altchristl. und mittelalterlichen Kunst; z. B. →Phönix* als Sinnbild der Unsterblichkeit, →Einhorn* als Sinnbild der Jungfräulichkeit Mariens. Hauptquelle ist der →Physiologus. Adler, (→Zeus*), Affe, Agnus Dei*, Drache*, Elefant*, Greif*, Kuh, Pelikan*, Schlange, Stier*, Taube, Widder. →Wikingerkunst.

Ting (chin.: ding). Kochgefäß. →Sakralbronzen 5*.

Tinte. Sie wird als Material bei der →Federzeichnung verwandt. Entweder stellt man sie aus Gạllusäpfeln her, oder man verwendet (seit dem 18. Jahrh.) den Sepiasaft aus den Farbsäckchen des Tintenfisches. →Handzeichnung, Zeichentechnik.

Tischaltar. →Altar 1*.

Titelkirche. →Titulus I.

Titelkupfer, das. Der →Kupferstich* gegenüber der Titelseite eines Buches.

Tịtulus, der (lat. = Aufschrift, Inschrift).

I. In der Verfolgungszeit (bis zum Anf. des 4. Jahrh.) stellten manchmal reichere Christen ein ganzes Privathaus dem Kultus zur Verfügung. Die der Gemeinde geschenkten Häuser behielten den Namen des früheren Besitzers bei, der gewöhnlich in einer Inschrift, dem ~, über dem Eingang verzeichnet war. Aus diesen Häusern gingen seit dem 4. Jahrh. oft selbständige Kirchbauten hervor, die in Rom „Titelkirchen" genannt wurden; es sind die ältesten Pfarrkirchen Roms.

II. Frühmittelalterliche Bildunterschrift meist in Versen; wichtig für die Erforschung der Bildinhalte.

Tō (jap.: tọọ) = →Pagode*.

Tod.

I. In der griechischen Kunst: Thạnatos, bärtiger alter Mann mit Flügeln; daneben auch wie →Hypnos, der Schlaf, als geflügelter Jüngling dargestellt; →symbolisch als →Genius mit gesenkter Fackel.

II. Seit der →etrụskischen Kunst, besonders aber im Christentum als Drohgeist, Ungeheuer mit Fledermaus-Flügeln, halbverwester Mensch und Skelett verbildlicht.

Töpferkunst. →Keramik.

Töpferscheibe. Die Drehscheibe des Töpfers; dient der Anfertigung runder Gegenstände aus →Ton. Nachweisbar um 3000 v. Chr.

Töpferware. →Keramik.

Törichte Jungfrauen. →Kluge und ~, Fürst der Welt*.

Tọkọnọmạ, die (jap.). Im jap. Haus eine Nische, in der man ein Bild aufhängt oder eine Blume aufstellt. Der Platz vor der ~ ist der Ehrenplatz; sie selbst darf man nicht betreten. Die ~ dient der Meditation.

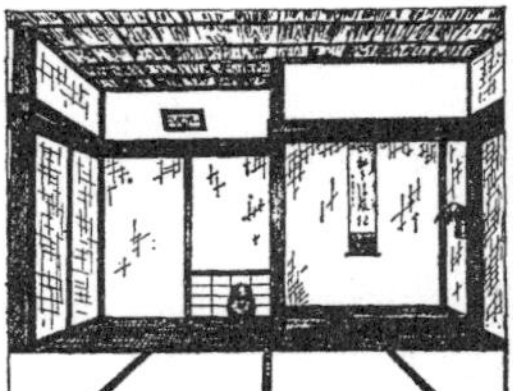

Tokonoma. Kyôto (Japan): Daitokuji-Tempel. Haus Kohô-an.1612/13.Teeraum „Bôsen". Rechts ~.

Toltẹken. →Altamerikanische Kultur der ~ (856–1168) in Zentralmexiko. Hauptstadt: Tollan. Um 1000 Auswanderung nach Yukatan; Nachblüte in Chichen-Itzá. →Tempelpyramiden*, Ballspielplätze* von kultischer Bedeutung; Paläste und →Hallen. →Schlangen→säulen* als →Symbol des Gottes Quetzalcoatl. Halbliegende Figur aus Stein, deren Schoß als →Libationsschale ausgebildet ist; →Chacmool*.

Tondo, der (ital. = rund; Mehrz.: Tondi). Bild oder →Relief* von kreisrunder Form, bes. in der Florentiner Kunst des 15. und 16. Jahrh.

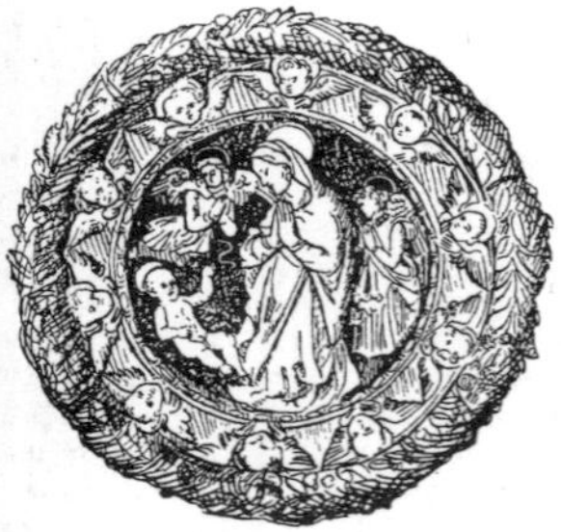

Tondo. Andrea della Robbia (1435–1525). Um 1498. Fiesole bei Florenz: Museum.

Tonerde. Leicht zu bearbeitender Werkstoff für Gebrauchsgegenstände und →plastische Darstellungen, seit →vorgeschichtlichen Zeiten angewandt.

Tonnengewölbe. →Gewölbe 1*.

Tonplastik. →Terrakotta.

Tonskizze. →Skizze*.

Tonsur, die (lat. = Abscherung). Kapelle mit Brunnentrog an der Westseite eines →Kloster*-Kreuzgangs; hier wurden dem Kleriker bei der Weihe Haupt- und Barthaar geschoren, die „~" erteilt.

Topographie, die (griech. = Ortsbeschreibung). Untersuchung der Kunstdenkmäler unter räumlichen Gesichtspunkten, also etwa einer Stadt oder einer geschlossenen Landschaft.

Tora, die, ~schrein, ~vorhang, ~rollen. Jüdischer Kultus: die Tora, die Gesetzesrolle, das Allerheiligste in der →Synagoge*, wird bis auf den heutigen Tag in Rollenform geschrieben. Schmuck der ~ sind der Wimpel, das ~mäntelchen und eine Silbergarnitur: der Tass (Schild) und die Rimmonien (Aufstecker) bzw. eine Krone. Da es strengstens verboten ist, die Schrift der ~ mit der Hand zu berühren, benutzt man einen Weiser, Jad.

Torana, das. →Ind. Torbogen vor →Stupas* oder selbständig als Ehrentor.

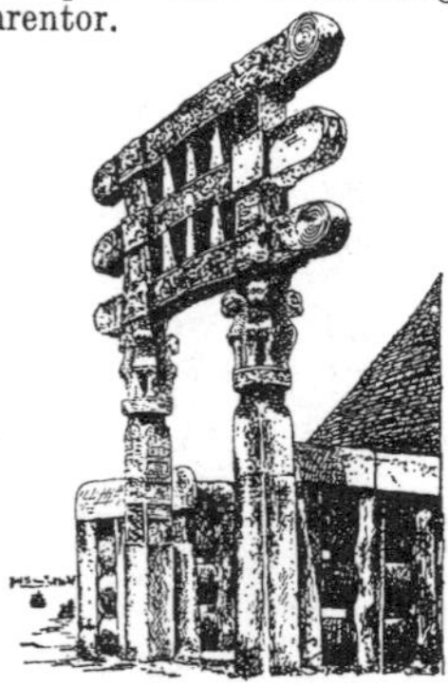

Torana. Santschi (Indien; Madhya Pradesh): Großer Stupa. Südtor. Sandstein, poliert; urspr. rot bemalt. 1. Jahrh. v. bis 1. Jahrh. n. Chr.

Toreutik, die (griech. toreutike techne = Treibarbeit). Die Kunst der Metallbearbeitung durch →Treibarbeit* und →Ziselieren*; auch die Gießkunst.

Torii, das (jap.). Im →Schintoismus

ein türloses Tor auf dem Weg zum Schreinheiligtum. →Schrein III*.

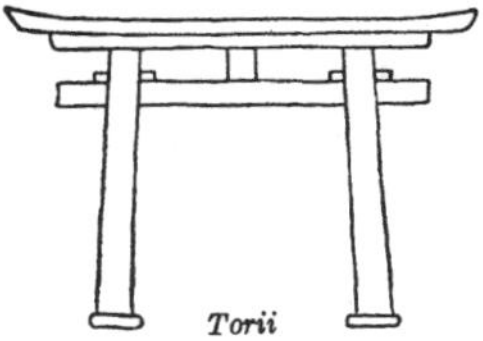

Torii

Torso, der (ital. = Rumpf; Mehrz.: Torsi). Bezeichnung einer unvollständig erhaltenen oder unfertig gebliebenen →Plastik. Erst das 19. Jahrh. hat mit Absicht Torsi hergestellt.

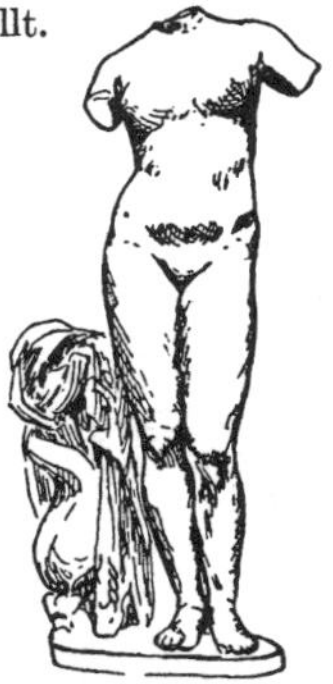

Torso. Rom: Thermenmuseum. Aphrodite aus Kyrene (Libyen). Römische Kopie eines griechischen Originals (im Stil des Lysippos, 2. Hälfte 4. Jahrh. v. Chr.).

Torus, der (lat. = Wulst, Anschwellung). Der Wulst an der →Basis der antiken →Säule*. →Säulenordnungen*.

Toskanische (= **tuskische**) **Ordnung.** →Säulenordnungen IV*.

Totalkunst. →Mixed Media.

Totempfahl. Pfahl vor dem Haus der nordwestamerikanischen Indianer aus einem halbierten Baumstamm. Aus ihm ist eine Fülle von Tier- und Menschenfiguren geschnitzt: Ahnen und Totemtier des Clans (dem Totemismus liegt die Anschauung zugrunde, daß eine Gruppe von Menschen mit einer bestimmten Tiergattung mystisch verwandt und aus ihr hervorgegangen ist; im Totemtier sind die schützenden Kräfte der Gruppe bewahrt und aufgerufen). →Ahnenpfahl*, Naturvölker, Säulenmonument*.

Totenbuch. Seit der 18. Dynastie (1580 v. Chr.) gaben die Ägypter ihren Toten →Papyri ins Grab. Texte und Bilder sind auf das Leben nach dem Tode bezogen.

Totenleuchte. →Säule* auf einem Friedhof mit einem →laternenartigen Aufsatz, zur Aufnahme eines Armeseelenlichtes bestimmt; bes. zahlreich in der franz.→romanischen Kunst. →Säulenmonument*.

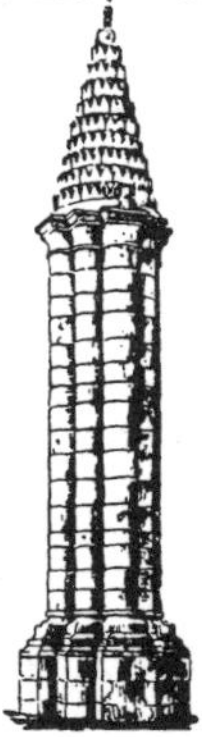

Totenleuchte. Cellefrouin (Frankreich, Dep. Charente): Friedhof. 12. Jahrh.

Totenschild, der. Erinnerungszeichen an einen Toten (seit dem 14. Jahrh.): kreisförmiger oder ovaler Holzschild mit Wappen, →Symbolen und Inschriften; über dem betreffenden Grab angebracht oder mit anderen ~en gereiht an der Wand einer Kirche oder →Kapelle.

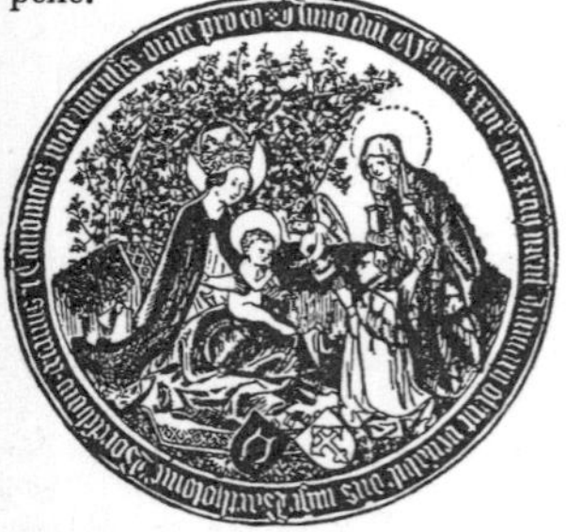

Totenschild. Frauenburg (Ostpreußen): Dom. ~ des Kanonikus Boreschow. Preußischer Meister. Um 1426.

Totentanz. Seit der 1. Hälfte des 15. Jahrh. Drei Grundformen:

1. Darstellung eines Reigentanzes von Lebenden und Toten; der Tote holt jeweils einen Lebenden.

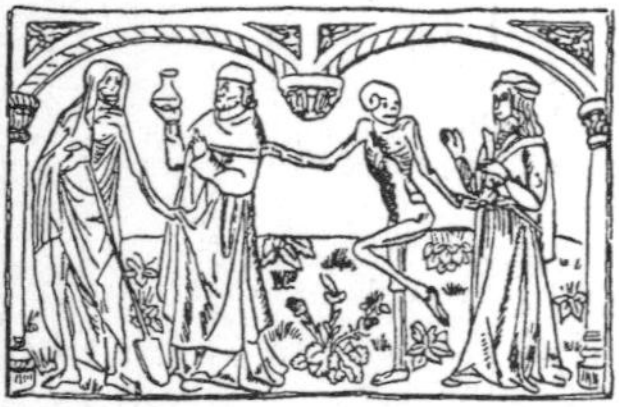

Totentanz. 1. Danse macabre. Ausgabe Guyot Marchant. 1485. Arzt und Liebhaber.

2. Darstellung des Todes als Skelett, wie er einen einzelnen Menschen hinwegrafft. Also Verzicht auf das Tanzmotiv und Auflösung in dramatische Einzelszenen.

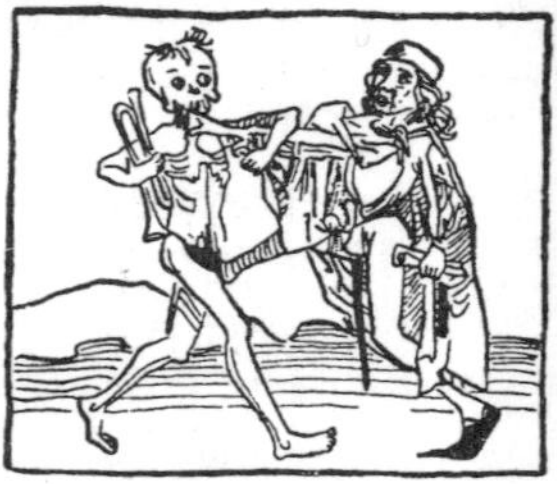

Totentanz. 2. Tod und Schreiber. Ulmer Druck. Etwa 1490.

Die Bilder sind oft mit Beischriften versehen, die in Rede und Gegenrede ein Streitgespräch zwischen den Lebenden und den Toten bzw. zwischen dem einzelnen Menschen und dem Tod andeuten. – Fast ausschließlich der Malerei und Graphik zugehörig.

3. Tanz der Toten für sich allein.

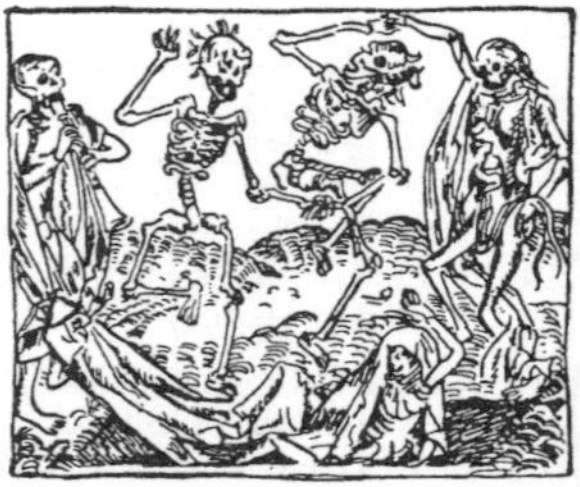

Totentanz. 3. Schedels „Weltchronik". Nürnberg. 1493. – Tanzende Skelette.

Totentempel. In Alt→ägypten zum Königsgrab gehörig, das vierteilig gegliedert war: Taltempel (im Tal, beim Nil gelegen) – Totentempel – Pyramide* mit der →Grabkammer – um die Pyramide Gräber der Vornehmen (→Mastaba*). Im ~ fand der Kult für die königliche Familie statt. Reiche Ausstattung mit →Statuen, →Reliefs* und Gemälden. →Pyramide*.

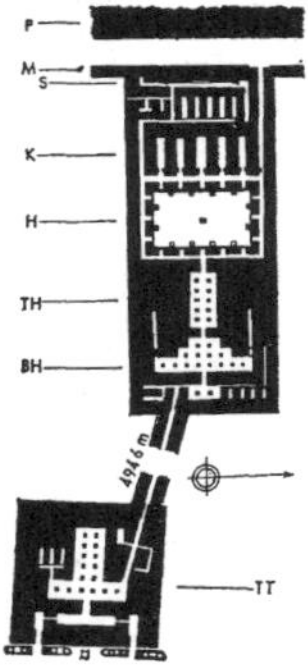

Totentempel. Giza (bei Kairo): Totentempel und Taltempel des Königs Chephren. 2600 bis 2480 v. Chr. 4. Dyn. Grundriß. TT = Taltempel. BH = Breite Halle. TH = Tiefe Halle. H = der Große Hof. K = fünf Kapellen. S = das Allerheiligste. M = Umfassungsmauer der Pyramide. P = Ostseite der Pyramide.

Totonaken. Kultur der ~ an der mexikanischen Golfküste. Um 600 bis 1500. Bauten. →Skulpturen. →Keramik. Hauptort: El Tajin, Cempoala. →Altamerikanische Kunst, Altmexikanische Kunst.

Trabantenstadt. Große Ansiedlung am Rande einer Großstadt mit eigenem Geschäftszentrum und eigenen kulturellen Einrichtungen.

Trabs, die (lat. = Balken) = Triumphbalken. →Triumphkreuz*.

Traditio legis, die (lat.). →Gesetzesübergabe an Petrus.

Träger. Bauteil aus Holz, Stein, Eisen usw., der die Last abfängt und ihren Druck überträgt. Er liegt auf zwei oder mehr Auflagern frei auf oder ist ein- oder zweiseitig eingespannt.

Tragaltar. →Altar 9*.

Tragendes Karnies, das. →Karnies*.

Tragpfosten. →Pfosten.

Tragstein. →Konsole*.

Trakt, der (lat.). Flügel einer größeren architektonischen Anlage.

Transept, das (franz.) = →Querschiff.

Transfiguration, die (lat.). Verklärung Christi. Christus erscheint auf dem Berge Tabor zwischen Moses und Elias, von Glanz umgeben und in leuchtendem Gewand; zu seinen Füßen liegen bestürzt die Jünger Petrus, Johannes und Jakobus (Markus 9, 1–12).

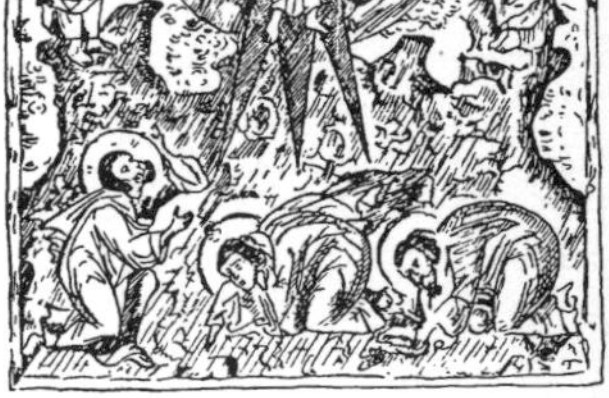

Transfiguration. Herstelle (bei Höxter, Westf.): Abtei. Russische Ikone. 17. Jahrh.

transluzịd (lat.) = durchschimmernd. →Email*.

Trapẹzkapitell, das. →Kapitell III 3*.

Trascọro, der (span.). In span. →Kathedralen und →Klosterkirchen befinden sich die Sitze der Geistlichkeit meist im →Mittelschiff. Dieser Bereich ist durch hohe Wände – →Chorschranken* – gegen die übrigen Teile der Kirche abgegrenzt. Die Außenseite dieser Schranken heißt ~. Oft reich verziert und mit eigenen Altären für die Laien versehen.

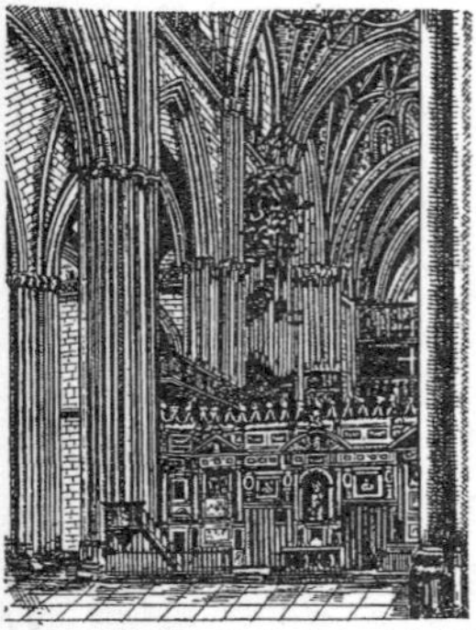

Trascoro. Sevilla: Kathedrale. 1403 bis Anf. 16. Jahrh.

Travée, die (franz.: trawẹ) = → Joch*.

Travertịn, der (lat. lạpis Tiburtịnus, Kalktuffabsatz bei Tịvoli, dem Tịbur der Römer). Heute wird so jeder als Baumaterial verwendbare Kalksinter genannt.

Trecẹnto, das (ital.: tretschẹnto = 300; Abkürzung für 1300). Bezeichnung für das 14. Jahrh. in der ital. Kunst. Die ital. Künstler des 14. Jahrh., bes. die Maler, heißen Trecentịsten.

Treibarbeit, Getriebene Arbeit. Das Hervor„treiben" erhabener Figuren, Zierate und Schriften aus Blechen von Gold, Kupfer, Silber, Messing usw. Der dabei verwendete Hammer heißt Treibhammer. Der Planierhammer dient zum Planieren des vertieften Metalls. Die Arbeit erfolgt ganz auf kaltem Wege, und zwar von der Innenseite zur Außenseite. →Situla.

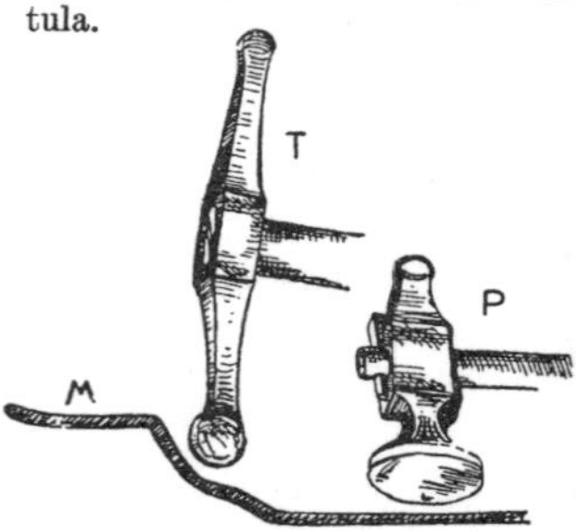

Treibarbeit. M = Metall. T = Treibhammer. P = Planierhammer.

treillạge, der (franz.: träjạ[sch] = Gitterwerk). Im → Franz. Park geschorene Hecken in architektonischer Form: sie bilden Wände, Bögen, Nischen usw.

Treppe. Die wichtigsten Teile der ~ sind:

I. Der ~ Anfänger (A). Der untere Pfosten einer ~.

II. Die Wange (W). Der seitliche Teil der ~, in den die Stufen beiderseitig eingelassen sind. Zur Befestigung der Stufen dient die Nut, ein Falz. Von der Wange steigen die Staketen (S) auf, welche die ~ zur offenen Seite hin abgittern; der Handlauf (H) verbindet die Staketen miteinander.

III. Die Stufen. Waagerecht: Trittstufe; senkrecht: Setzstufe; am Beginn: Antritts- oder Blockstufe (B; aus dem Vollen gearbeitet).

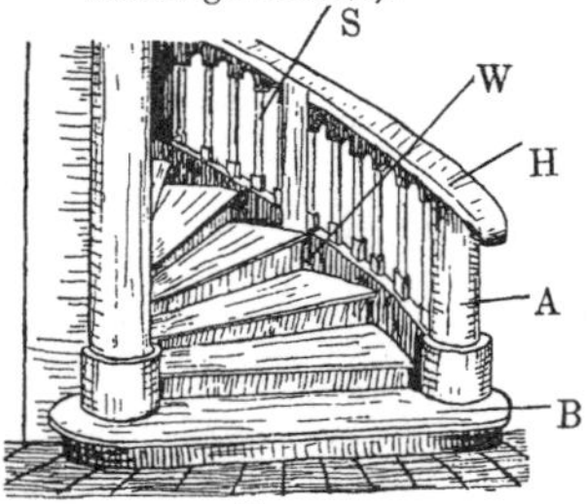

Treppe.

Eine Sonderform der ~ ist die →Wendel~ und der →Wendelstein.

Treppengiebel. →Staffelgiebel*.

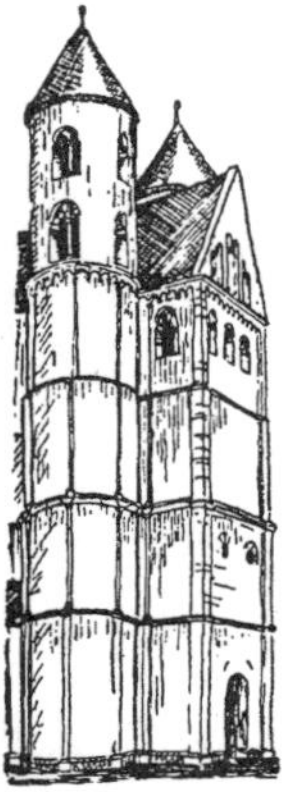

Treppenturm. Magdeburg: Ehem. Prämonstratenserkirche U. L. Frauen. Westseite. 2. Hälfte 12. Jahrh.

Treppenturm. →Turm mit →Wendeltreppe, die den Zugang zu den oberen Geschossen ermöglicht. Am Außenbau →romanischer und →gotischer* Kirchen von großer Bedeutung für die künstlerische Wirkung.

Triangulatur, die (lat.). Benutzung des rechtwinkligen oder gleichschenkligen Dreiecks zur Festlegung von Gliederungspunkten am Bauwerk.

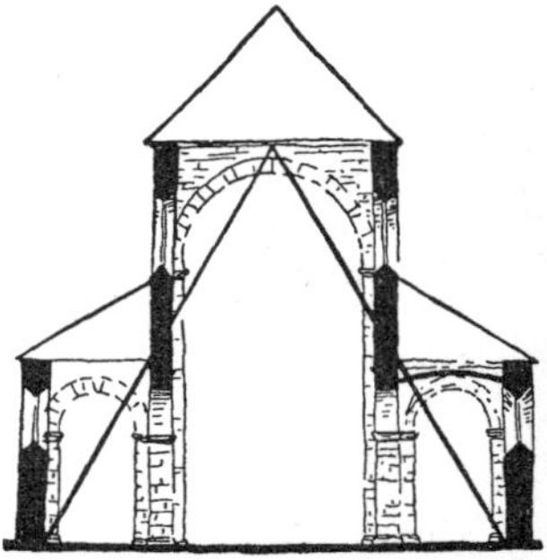

Triangulatur. Würzburg: Schottenklosterkirche St. Jakob. Voll. 1146. 1945 zerstört.

Tribüne, die (lat. tribuna = Rednerbühne). In Reihen ansteigende Plätze für Teilnehmer an öffentlichen Veranstaltungen, offen oder überdacht. Auch gleichbedeutend mit →Empore* und →Galerie gebraucht.

Tribuna, die (lat.). →Apsis*.

Triforium, das (lat.). Im Innenraum →romanischer und bes. →gotischer* Kirchen ein Laufgang unter den Fenstern von →Mittelschiff, Querschiff und Chor. Praktisch von geringer, als gliederndes Motiv von größter Bedeutung. Die Funktion der Gliederung tritt deutlich beim

Blend~ hervor, das keinen dahinterliegenden Gang hat, sondern nur eine Bogenstellung ist. Die Anfänge des ~s liegen in der 1. Hälfte des 11. Jahrh. →Gotik 1*.

Triglyph, der (griech. die triglyphos = Dreischlitz). Viereckige Platte unter der Traufrinne →dorischer →Tempel* mit drei senkrechten Rinnen. Die ~en stehen, abwechselnd mit den →Metopen*, über der Mitte jeder →Säule* und jedes →Säulenzwischenraums. → Dielenkopf*.

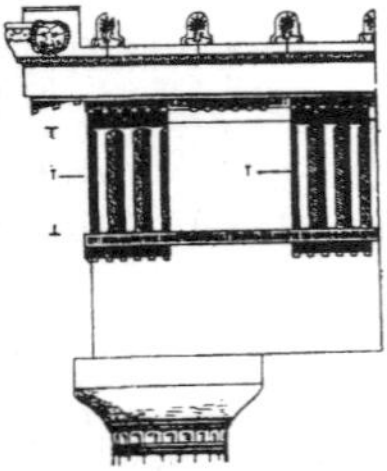

Triglyph (= T), Aigina (Griechenland): Aphaiatempel. Um 500 v. Chr. Rekonstruktion von R. Fiechter.

Triklinium, das (lat. triclinium = Speisesofa, Speisezimmer). Eßtisch der Römer, dreiseitig von Polstern mit je drei Liegeplätzen (lectus) umgeben; von der offenen Seite her wurde bedient. Im übertragenen Sinne: Speisezimmer.

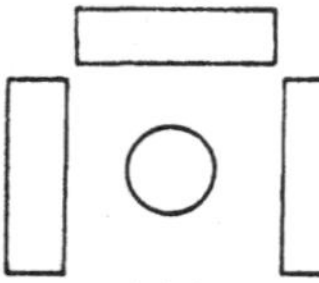

Triklinium.

Trikonchos, die = die →Dreikonchenanlage*.

Trimurti, die. Die Dreigestalt der hinduistischen Götter →Brahma, Vishnu* und Schiva*. In diesem Zusammenhang bezeichnet Brahma die Schöpfung der Welt, Vishnu ihre Erhaltung, Schiwa ihre Zerstörung. →Ind. Kunst.

Trinität, die (lat.). →Dreifaltigkeit*.

Trinkschale. Im alten Griechenland trank man den Wein aus zweihenkligen Schalen, die oft mit vorzüglichen Bildern geschmückt waren. →Augenschale*, Vasen 14*.

Triptychon, das (griech. = aus drei Platten bestehend). Dreiteiliges Gemälde, insbes. →Flügelaltar* mit feststehendem Mittelteil und beweglichen Flügeln.

Triton, der (griech. Mehrz.: Tritonen). In der griech. Mythologie ein Meergott, der riesige Sohn von →Poseidon* und der Meergöttin Amphitrite. Dargestellt mit Delphinschwanz, Pferdefüßen und Muschelhorn. Seit dem 5. Jahrh. v. Chr. erscheinen die ~en in großer Zahl, als Gefolge der bekannten Seegötter.

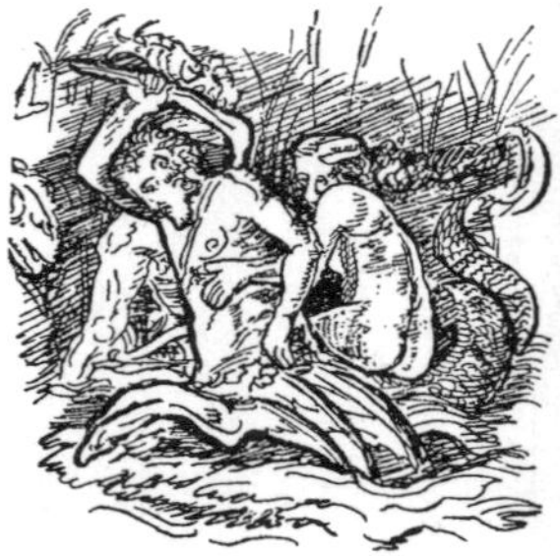

Triton. A. Mantegna (1430–1506): Kampf der Seegottheiten. Kupferstich. Vor 1494.

Trittstufe. →Treppe III*.

Triumphbalken. →Triumphkreuz*.

Triumphbogen.

1. Im alten →Rom Bau zur Erinnerung an einen Triumph, den

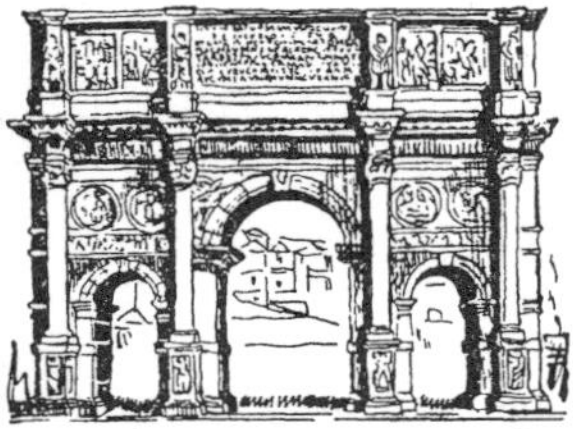

Triumphbogen. 1. Rom: Konstantinsbogen. Nach 312 n. Chr.

Einzug des siegreichen Feldherrn in die Stadt. Da im Triumphzug den Göttern als den Spendern von Sieg und Frieden

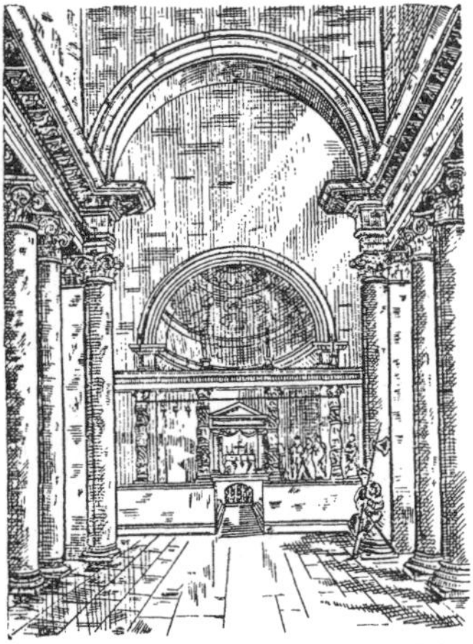

Triumphbogen. 2 Rom: Alt-St.-Peter. Weihe 326. Innen nach Osten. Rekonstruktion.

gedankt wurde, ist der ~ ein Werk der sakralstaatlichen Kunst.

2. In der christl. →Basilika* der →Bogen*, der →Chor und →Querhaus gegen das →Mittelschiff des →Langhauses abgrenzt.

Triumphkreuz. →Plastische Gruppe des gekreuzigten Christus mit Maria und Johannes als Begleitfiguren, in der →romanischen Kunst auf dem T r i u m p h b a l k e n

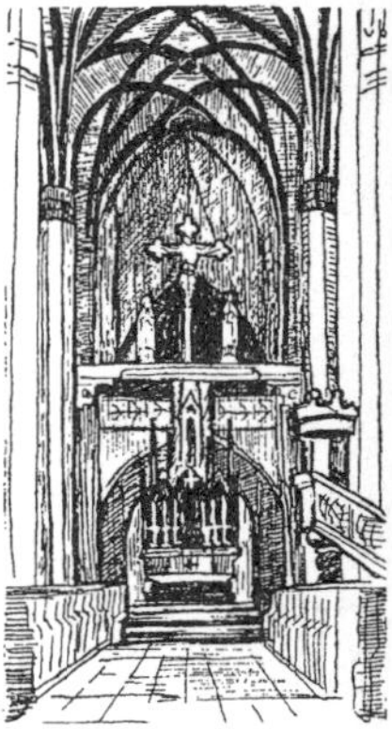

Triumphkreuz. Um 1235 Freiberg (Sachsen): Dom.

aufgestellt, der sich hoch über der Gemeinde am Eingang des →Chors befindet.

Triumphsäule. In der →röm. Kunst →Säule*, die auf einem vom Fuß bis zum →Kapitell* schräg umlaufenden →Reliefband* kriegerische Ereignisse festhält und mit der →Statue des auf diese Weise ausgezeichneten Kaisers gekrönt ist. Nur zwei ~n erhalten: die des

Trajan und die des Marc Aurel in Rom. →Gedenksäule, Säulenmonument*.

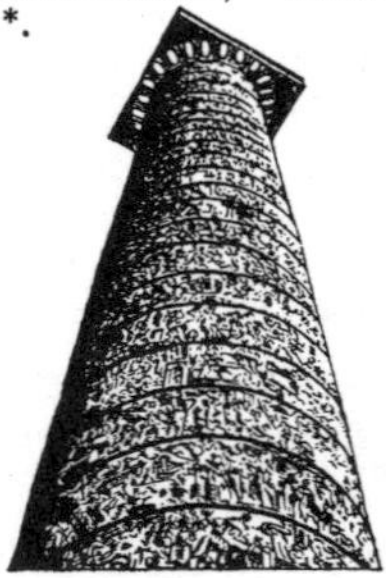

Triumphsäulen. Rom: Trajanssäule. 113 n. Chr. voll. Reliefband: Dakerkriege des Kaisers Trajan (98–117).

Trivium, das (lat.). →Künste, die sieben freien.

Trochilos. →Hohlkehle.

Trommel. →Kuppel 3*, Säulentrommel.

Trompe, die (franz.: tromp). Eine nischenartige →vorkragende Wölbung zwischen zwei Mauerecken, manchmal aus →abgetreppten →Bögen* bestehend. Sie ermöglicht es, etwa einen quadratischen Unterbau in ein Achteck oder ein Rund zu überführen, über dem sich dann leicht eine →Kuppel* konstruieren läßt. Oft wird als Wölbung auch ein achtteiliges →Klostergewölbe verwandt, das dann die sog. ∼nkuppel bildet. →Kuppel 6*. Die ∼nkonstruktion erscheint in der Monumentalarchitektur zuerst bei den →Sassaniden (226–642 n. Chr.).

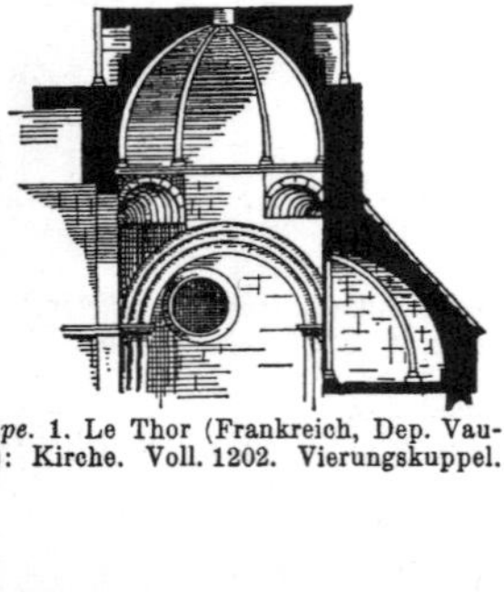

Trompe. 1. Le Thor (Frankreich, Dep. Vaucluse): Kirche. Voll. 1202. Vierungskuppel.

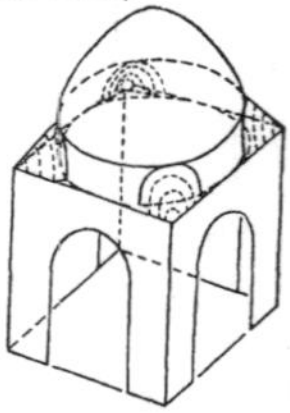

Trompe. 2. Sassanidischer Kuppelbau mit Trompen. Schema.

trompe l'œil, das oder der (franz.: tromplöj) = Augentäuschung. Die realistische Malerei kann einen Gegenstand so wiedergeben, daß der Betrachter nicht mehr zwischen Wirklichkeit und Gemaltem zu unterscheiden vermag.

Trompenkuppel. →Kuppel 6*.

Tropaion, das (griech. = Siegeszeichen). In Griechenland ein auf dem Kampfplatz errichtetes Siegesdenkmal: die Beute an Waffen oder Schiffsschnäbeln hing man an Bäumen auf oder befestigte sie an Stangen und Gerüsten, um sie →Zeus* zu weihen.

Tropfen am →dorischen →Tempel*. →Dielenkopf*.

Tropfleiste. →Gesims*, Wassernase.

Tropfsteingewölbe. →Stalaktitengewölbe*.

Truhe, die. Möbel in Kastenform, auch zum Sitzen eingerichtet. Oft

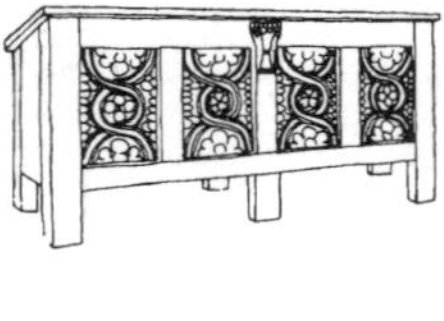

reich verziert, bes. die Hochzeits~ der Braut.

Trumeau, der (franz.: trümoh = Fensterpfeiler). Mittlerer →Fenster*- oder →Portal→pfeiler. Auch schmaler Spiegel zwischen zwei Fenstern.

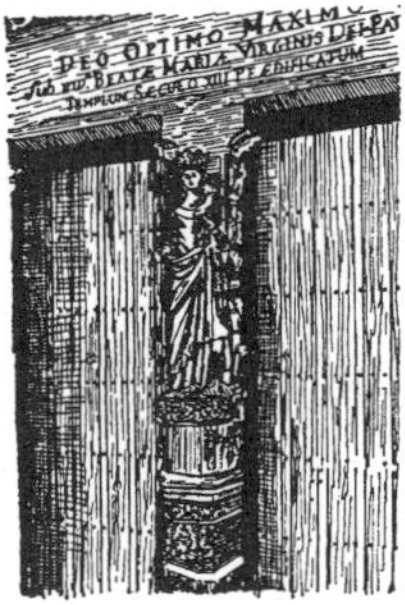

Trumeau. Reims: Kathedrale Notre-Dame. Mittleres Westportal, ~: Madonna mit Kind. Um 1240.

Tscha-ire. →Cha-ire.

Tschaitya, das. →Buddhistischer Kultbau in der →ind. Kunst: langrechteckige dreischiffige →Halle mit →Säulenstellungen*; am Ende des →Mittelschiffs ein →Stupa*, um den die Seitenschiffe herumgeführt sind, so daß die Pilger ihn umwandeln können. Eines der schönsten ~ ist der →Höhlentempel* in Karli.

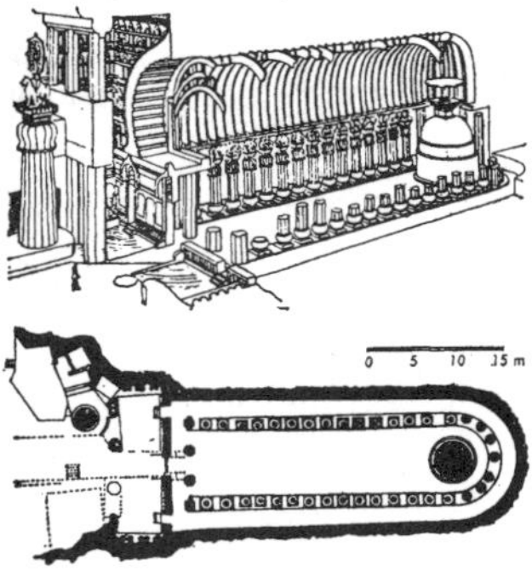

Tschaitya. Karli (Indien, Maharashtra): Buddhistisches Felsenkloster. ~halle. Wahrscheinlich Anf. 2. Jahrh. n. Chr. Aufriß und Grundriß.

Tschaschitsu. →Chashitsu.

Tschawan. →Chawan.

T[sch]ing-Zeit. →Ch'ing-Zeit.

Tschumon. →Chûmon.

Tschuumon. →Chûmon.

Tsuba (jap.). →Stichblatt* zwischen Klinge und Griff des jap. Schwertes; →durchbrochene Arbeit mit Gold- oder Silberauflage.

Tsun (chin.: dsun). Vorratsgefäß. →Sakralbronzen 6*.

Tuchhalle. →Gewandhaus*.

Tudor|blatt (engl.: tjuhder).→Ornament der engl. Spät→gotik*: Blatt, das in etwa an Efeu erinnert.

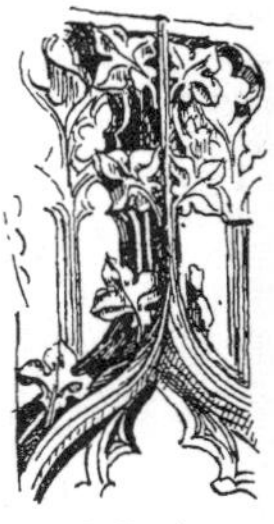

Tudorblatt. Grundisburgh (England, Suffolk): Abteikirche, Lettner. Mitte 14. Jahrh.

Tudor|bogen (engl.: tjuhder-). →Bogen 18*.

Tudor|stil, der (engl.: tjuhder-). Sonderform der engl. Spät→gotik*, benannt nach der Tudor-Dyn. (1485–1603). Übergang zur →Renaissance*. Der vierte Stil der engl. →Gotik*:

I. →Early English (1190 bis 1250)*,
II. →Decorated style (1250 bis 1360)*,
III. →Perpendicular style (seit 1350)*.

→Bogen 18*.

Türbe, die (türk.). →Islam. Grab in →Turmform. →Grabturm.

Türfeld. →Tympanon.

Türgesims. →Gesims*.

Türpfeiler. Mittelpfeiler eines großen →Portals, der den →Türsturz stützt. →Trumeau*.

Türpfosten. →Pfosten.

Türsturz. Waagerechter oberer Abschluß einer Tür. →Sturz, Trumeau*.

Tuffstein. Vorzüglicher Baustein aus verfestigten vulkanischen Auswurfmassen.

Tugenden und Laster. Personifikationen der christl. Kunst im Anschluß an das Werk des span. Dichters Prudentius (348 bis nach 405) „Psychomachie", das den Kampf der ∼ um die Seele schildert. Als weibliche Gestalten dargestellt, im wesentlichen die göttlichen Tugenden: Glaube (fides), Hoffnung (spes), und Liebe (caritas) und die Kardinaltugenden: Klugheit (prudentia), Gerechtigkeit (iustitia), Tapferkeit (fortitudo) und Maß (temperantia). In der Zahl und in der Darstellungsweise besteht eine große Mannigfaltigkeit. Die ∼ finden sich seit dem 12. Jahrh. sehr häufig in der →Plastik (an →Portalen und →Archivolten* franz. →Kathedralen; lebensgroß nur in Deutschland, erstmalig in Magdeburg).

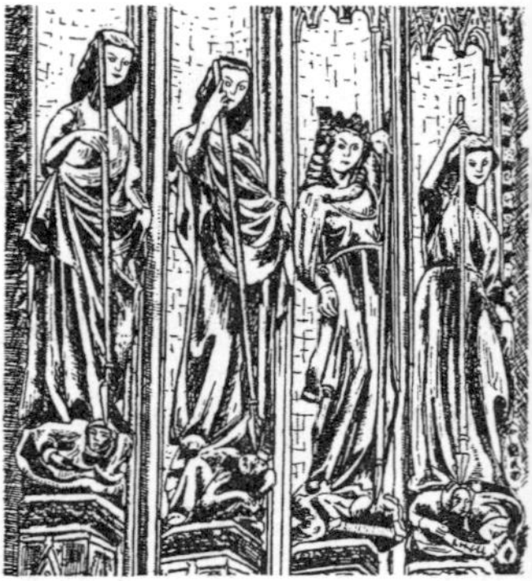

Tugenden und Laster. Straßburg: Münster. Westportal. Um 1280.

Tulaarbeit. →Nielloarbeiten* des 19. Jahrh. von der Krim, bes. aus Tula (Dosen, Löffel, Schmuck). Seit der Mitte des 19. Jahrh. auch in Wien gefertigt.

Tumba, die (lat. = Grabhügel, Grab).

I. Sargähnlicher Aufbau, wie er

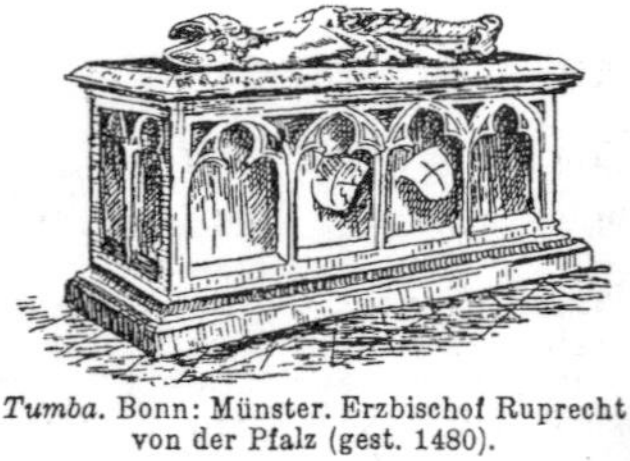

Tumba. Bonn: Münster. Erzbischof Ruprecht von der Pfalz (gest. 1480).

im Totenamt der kath. Kirche verwandt wurde.

II. Größerer →sarkophagartiger* →Reliquienschrein*.

III. Rechteckiger Unterbau über einem Grab, der die Grabplatte trägt; meist aus Stein. Manchmal mit →baldachinartigem *Überbau.

Tumulusgrab. Steinern eingefaßte Grabanlage in Form eines Erdhügels. Die →Etrusker bepflanzten das ~, weil es den Lebensberg darstellen sollte. →Stupa*.

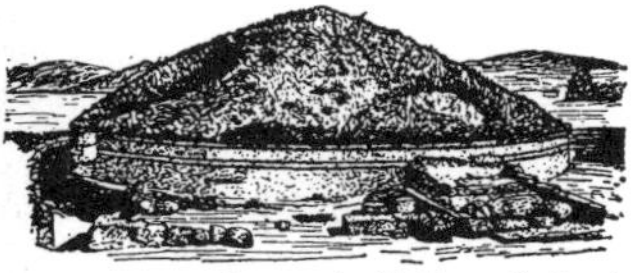

Tumulusgrab. Cerveteri (Italien; Latium). Etruskischer Name: Caere. 6. Jahrh. v. Chr.

Tunika, die (lat. tunica = Unterkleid, Kittel). Das im Hause als einziges Bekleidungsstück getragene Untergewand der alten Römer; urspr. aus weißer Wolle und ärmellos, in der Kaiserzeit aus Leinen und mit langen Ärmeln. →Chiton*.

Turm. →Chorturm, Doppelturmfassade, Michael III, Treppenturm*, Vierungsturm*, Westbau*, Westwerk*.

Turmdach. →Dachformen 5*.

Turmhelm. →Dach 8–9*.

Turm-Monstranz. →Monstranz*.

Tuschmalerei. Gattung der →ostasiatischen Malerei, mit schwarzer Tusche auf Papier. Religiösen Ursprungs; meisterhafte Erschließung des kosmischen Sinns von Landschaften, Pflanzen und Tieren. Die Tusche wird aus feinem Ruß (→Bister) und Leim hergestellt und mit Wasser verdünnt. →Suzuribako, Zen-Malerei*.

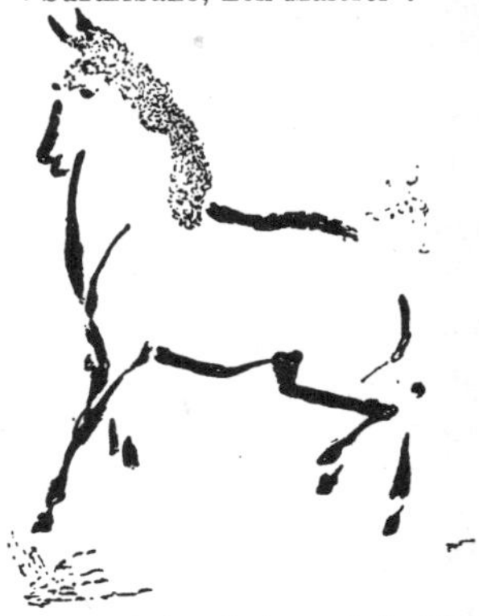

Tuschmalerei. Sesshû (1420–1506): Pferd. Nagoya (Japan): Tokugawa Art Museum.

Tuskische Säulenordnung. →Säulenordnungen IV.

Tyche, die. Gestalt der griech. Mythologie. Göttin des guten Ausgangs; in der →hellenistischen Zeit Verkörperung des Weltlaufs mit seinem Wechsel von Glück und Unglück; in Rom Glücksgöttin (→Fortuna*). Seit dem 6. Jahrh. v. Chr. ist ihr Kult bekannt. Ihre →Attribute in der Kunst sind das Füllhorn, das Steuerruder (zur Lenkung des Schicksals), Rad, Kugel und Flügel (wegen ihres raschen Auftauchens und Verschwindens).

Tympanon, das (griech. = Handpauke). Türfeld, das dadurch entsteht, daß bei einem rundbogigen →Portal der →Türsturz die Tür nach oben waagerecht abschließt. Diese Fläche, die der Türsturz und der Portalbogen eingrenzen, ist für →plastische Darstellungen in der mittelalterlichen Kunst bes. beliebt. →Bogenfeld*.

Typographie, die = Buchdruckerkunst. →Dadaismus, Futurismus* und Surrealismus* verwenden Elemente und Verfahrensweisen der ~ kompositorisch.

Typologịẹ, die (griech.; im Neuen Testament heißt „typos" Vorbild, Beispiel). Die Lehre von den Vorausdeutungen des Alten Testamentes auf das Neue Testament. Die Kunst stellt z. B. gegenüber: Elias im feurigen Wagen und Christi Himmelfahrt, das Passahmahl und das Abendmahl usw. Diese Anschauung gründet auf der Voraussetzung, daß das Neue Testament die Erfüllung des Alten, dieses voll verhüllter Hinweise auf das Neue ist. →Concordantia veteris et novi testamenti.

U

Überfangglas. →Glasmalerei*.

Übergangsstil. Eine veraltete Bezeichnung für die deutsche Baukunst aus der 1. Hälfte des 13. Jahrh., in der sich der Übergang von der →Romanik zur →Gotik* vollzieht.

Übermalung. Um Schäden auszubessern, nachgedunkelte Stellen aufzufrischen oder vermeintliche „Fehler" zu beseitigen, hat man Bilder oft mehrmals im Laufe der Zeit übermalt und so ihren urspr. Charakter stark geändert. Es ist eine wesentliche Aufgabe der Gemälde→restaurierung, solche ~ zu entfernen.

Ụkịyọ-ẹ (jap.: ụkịjọ|ẹ = „Bilder

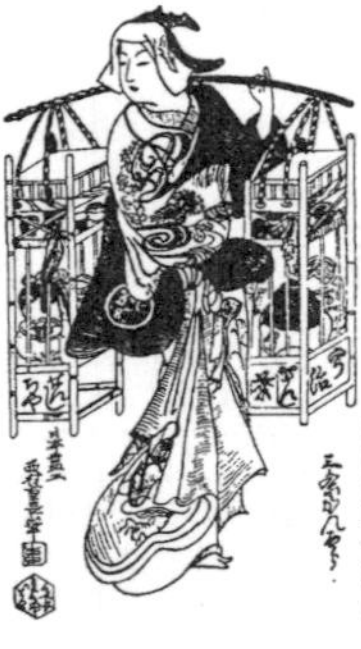

Ukiyo-e. Nishimura Shigenaga (1697–1756): Schauspieler Sanjô Kantarô als Teeverkäuferin. Handkolorierter Lackdruck. Um 1725.

der fließenden Welt"). So wurden die volkstümlichen Sittenbilder in →Japan genannt. Ggstz.: „Bilder der Ewigen Wahrheiten" (→Zenmalerei*). Der ~-Stil entfaltete sich im frühen 17. Jahrh. und blieb bis heute wirksam.

Umgang. →Chorumgang.

Umgekehrte Perspektive. →Perspektive 4*.

Umriß- oder Kartonstich (franz. : kartoñ). →Kupferstich* ohne Binnenzeichnung; im →Klassizismus verbreitet.

Unbefleckte Empfängnis. →Immaculata*.

Unechte Empore. →Empore 1*.

Unika, die (lat., Einz. = das Unikum). Werke der →Graphik, die nur in einem einzigen Exemplar erhalten sind, häufig bei →Holzschnitten* und →Kupferstichen* des 15. Jahrh.

Unikat, das (lat.). Ein Kunstwerk, das nur einmal existiert. Ggstz.: →Multiple, Replik.

Unregelmäßiges Mauerwerk. → Bruchstein 1*.

Unterglasurmalerei. →Porzellan.

Untermalung. Beim →Öl- und →Temperabild trägt der Künstler auf den Malgrund eine erste Farbschicht auf, welche den Grundton des Gemäldes und die Grundformen seiner Komposition festlegt. Meist ist diese ~ einfarbig gehalten; doch können für verschiedene Zonen des Bildes auch unterschiedliche Farben zur ~ verwandt werden.

Unterzug. Balken aus Holz, Stahl oder Stahlbeton, der auf einer Mauer oder einem →Pfeiler auflagert. Er stützt ab und entlastet.

Uräus-Schlange = Kobra (ägypt. = Die sich Aufbäumende). Kopfschmuck des alt→ägypt. Königs; zu seinem magischen Schutz bestimmt. →Sachmet*, Schlange II.

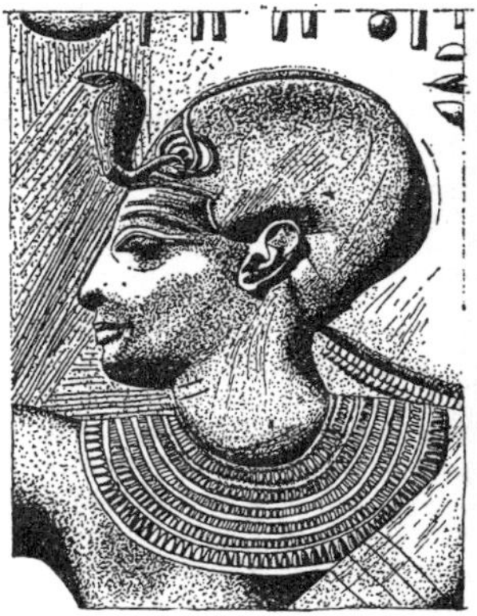

Uräus-Schlange. Abydos (Oberägypten): Tempel Sethos' I. (1312–1298, 19. Dyn.). Um 1300 v. Chr. voll. Kapelle des Ptah: Sethos I. Kalksteinrelief.

Urania, die (griech.). →Muse.

Uriel. →Erzengel.

Urne, die.→Vorgeschichtliches Tongefäß für das Bestattungswesen. Es enthält entweder Speise und Trank für den Toten oder dessen Asche. – Eine Abart ist die Gesichts~, deren Halspartie das Gesicht eines Menschen darstellt, während der Gefäßkörper gelegentlich körperähnliche Formen annimmt. Eine weitere Form ist die Haus~, eine Aschenurne in Hausform, also ein Wohnhaus für den Toten.

1

2

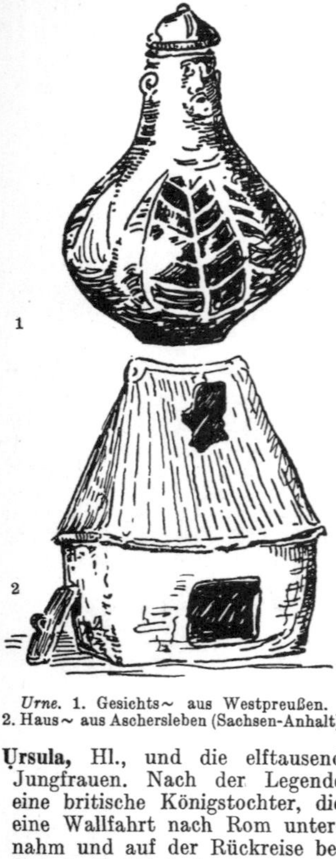

Urne. 1. Gesichts~ aus Westpreußen. 2. Haus~ aus Aschersleben (Sachsen-Anhalt).

Ursula, Hl., und die elftausend Jungfrauen. Nach der Legende eine britische Königstochter, die eine Wallfahrt nach Rom unternahm und auf der Rückreise bei Köln in die Hände der Hunnen fiel. Da sie sich weigerte, den Hunnenfürsten zu heiraten, wurde sie mit ihren Gefährtinnen durch Pfeile getötet. Die Zahl 11000 vielleicht aus einem Lesefehler entstanden: XI MV = 11 martyres virgines (11 jungfräuliche Märtyrinnen) wurde als 11 milia virginum (11000 Jungfrauen) mißdeutet. Der historische Kern der Legende reicht in das 4. Jahrh. zurück. Die Darstellung der ~ ist in der Kunst außerordentlich beliebt und in der Darstellungsweise oft der →Schutzmantelmadonna* angeglichen.

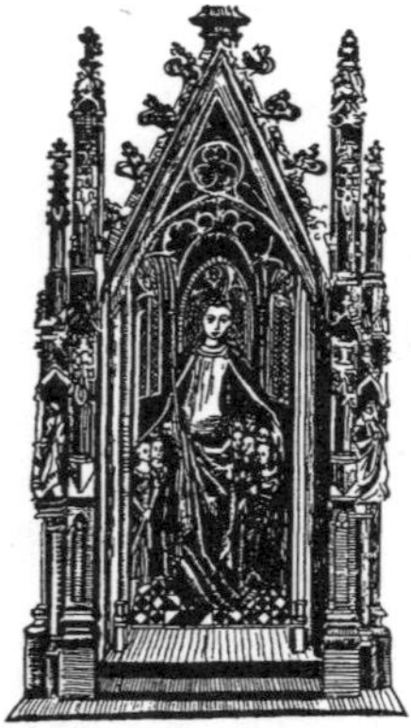

Ursula, Hl., und die elftausend Jungfrauen. Hans Memling (um 1435–1494): ~schrein. 1489. Brügge: Johanneshospital. Schmalseite: ~ beschützt ihre Gefährtinnen.

Uschebti, der (ägypt. = Antworter). Mumienhaftes Figürchen; →ägypt.

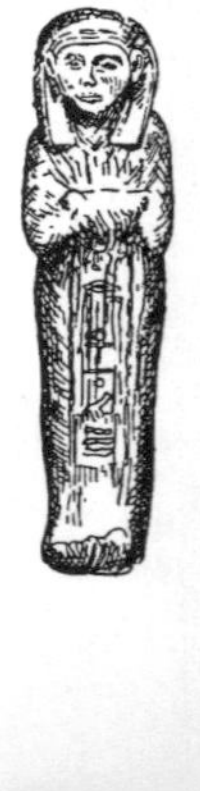

Uschebti. Berlin: Staatliche Museen. ~ als Mumie, 19 cm h. Schwarzer Stein. Ägypten, Mittleres Reich (2040–1680 v. Chr.).

→Grabbeigabe seit dem Mittleren Reich, von magischer Bedeutung: wird im Jenseits der Tote zur Arbeit aufgerufen, so meldet sich statt seiner der ~ und arbeitet für ihn.

V

Valeur, der (eigtl. die; franz.: walöhr = Wert); Mehrz.: Valeurs. Tonwerte; die feinen Abstufungen von Licht und →Schatten*.

Vasen. Die hauptsächlichsten Formen griech. Gefäße:

1. →Alabastron*, das. Meist walzenförmiges Gefäß mit Öl für die Körpersalbung; aus Alabaster, Ton oder Metall.
2. →Amphora*, die. Zweihenkliges bauchiges Gefäß zur Aufbewahrung von Wein und Öl.
3. Aryballos, der. Kleines Ölgefäß für die Körpersalbung.

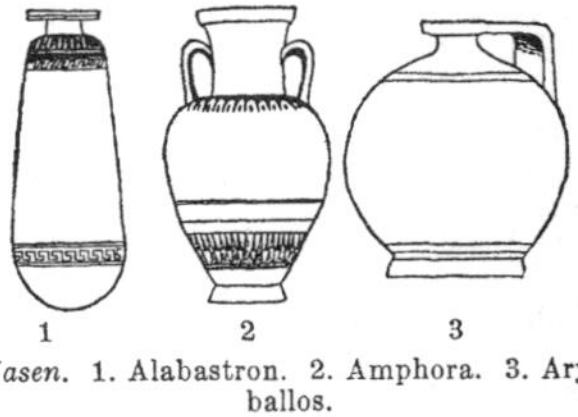

1 2 3

Vasen. 1. Alabastron. 2. Amphora. 3. Aryballos.

4. →Hydria*, die. Gefäß zum Wasserholen. Beim Einlassen des Wassers hielt man es an den seitlichen Henkeln. An dem senkrechten Henkel auf der Rückseite trug man es.
5. Kalpis, die. Wasserkrug. Hals,

Schulter und Bauch gehen ohne Knick ineinander über. Zweihenklig.

6. →Kạntharos*, der. Zweihenkliges Trinkgefäß, becherförmig; mitunter auf hohem Fuß.
7. →Kratẹr*, der. Großes kelch- oder glockenförmiges Gefäß mit Fuß und zwei Henkeln; zum Mischen von Wein und Wasser.

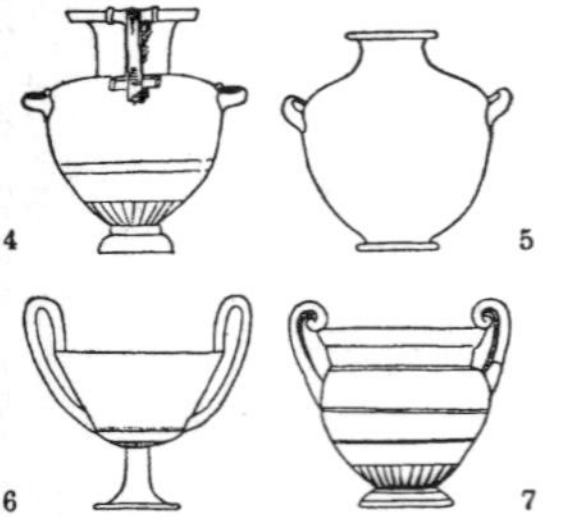

Vasen. 4. Hydria. 5. Kalpis. 6. Kantharos. 7. Krater (Voluten~).

8. Ky̆athos, der. Schöpfgefäß, mit dem der Mundschenk den Wein aus dem Mischkrug in den Becher schöpfte; ähnlich einer Tasse mit einem hohen Henkel.
9. →Lẹkythos*, die. Kleines schlankes Gefäß auf Fuß mit Hals und Henkel; urspr. für Salbe und Öl; seit dem 5. Jahrh. v. Chr. hauptsächlich für den Grabkult verwandt.
10. →Oinochọ|e*, die. Gießgefäß, mit dem man Wein aus den Mischkrügen in Trinkgefäße gießt. Einhenklig.

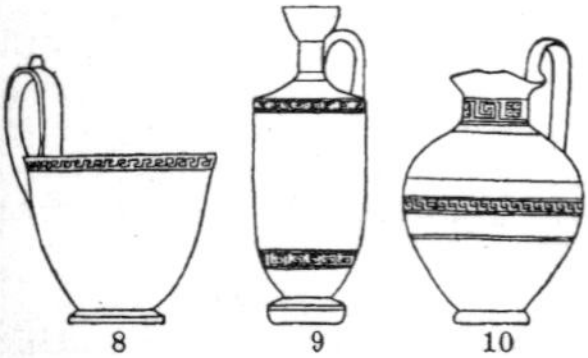

Vasen. 8. Kyathos 9. Lekythos. 10. Oinochoe.

11. Pelịke, die. Sackartige Bauch→amphora*.
12. Pịthos, der. Faßähnliches Vorratsgefäß.
13. Psyktẹr, der. Kühlgefäß von kugliger sackartiger Form. Engerer zylinderförmiger Unterteil, der zum Einsetzen diente.
14. Schale, aus der Wein getrunken wurde. →Augenschale*, Trinkschale.
15. →Sky̆phos, der. Großes tassenförmiges Trinkgefäß mit zwei waagerecht abstehenden Henkeln.
16. →Stạmnos*, der. Krug, Weinkrug, Mischgefäß.

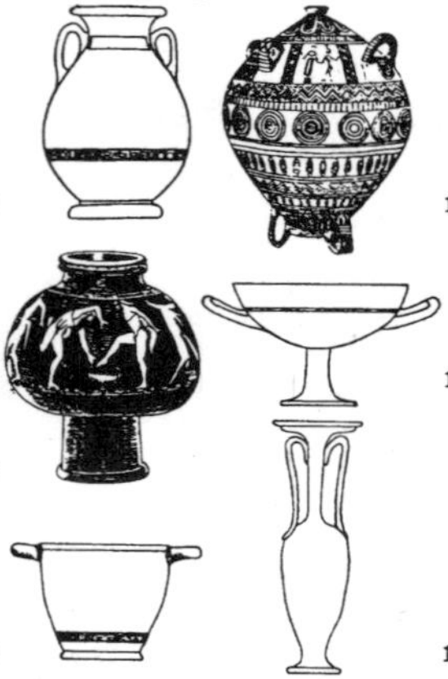

Vasen. 11. Pelike. 12. Pithos 13 Psykter. 14. Schale. 15. Skyphos 16. Stamnos.

Vasenbilder, griech.: →Apollon*, Athene*, Augenschale*, Bacchus*, Helios*, Herakles*, Hermes*, Mänaden*, Niobiden*, Nike*, Poseidon*, Pyxis 1*, Quadriga*, Satyr*, Sirenen*, Stamnos*.

Vasenmalerei. Jegliche Bemalung von Tongefäßen, beginnend schon in →vorgeschichtlicher Zeit, von höchster Vollendung in der → griech. Kunst, mit folgenden Epochen:

I. Geometrischer Stil (etwa 10.–8. Jahrh. v. Chr.). Geometrische →Ornamente, →lineare* Tier- und Menschengestalten.

II. Orientalisierender Stil (vorwiegend 7. Jahrh. v. Chr.). Zersetzung des geometrischen Stils. Aneignung neuer aus dem Orient eindringender Motive (u. a. →Lotosblüte, Greif*, Sphinx*, Löwe). Hauptwerkstätten die protokorinthischen und die korinthischen, die attischen und die rhodisch-milesischen.

III. Schwarzfiguriger Stil (charakteristisch für das 6. Jahrh. v. Chr.). Vor allem in Athen. Silhouettenhafte Figuren; die Innenzeichnung erfolgt durch Ritzung. – Die Technik wurde gelegentlich auch später beibehalten.

IV. Rotfiguriger Stil (Beginn letztes Viertel 6. Jahrh.; Blütezeit 5. Jahrh. v. Chr.). Die Figuren sind aus dem schwarzen Grunde ausgespart, die Innenzeichnung erfolgt durch schwarze Linien, – Ausläufer des rotfigurigen Stils (4. und 3. Jahrh. v. Chr.) vorwiegend in Unteritalien. Das sichere Stilgefühl schwindet; es kommt zu Formen und Farben, die dem Gefäß nicht mehr entsprechen und sich der Bildkunst annähern.

Die griech. ~ gibt einen hervorragenden Einblick in den Glauben, die Geschichte und das alltägliche Leben der Hellenen. Dazu vermittelt sie eine Vorstellung von der völlig verlorengegangenen griech. Monumentalmalerei.

Vedika, die. →Stupa*.

Vedute (: w-) die (ital. veduta : w- = Aussicht). →Perspektivische* Ansicht von Stadt und Landschaft in sachgetreuer Darstellung als Gemälde oder →Kupferstich*. Bei entschiedenem Vorrang der Sachtreue vor der künstlerischen Gestaltung spricht man von →Prospekt.

Velum, das (lat. = Vorhang, Tuch).

1. In →altchristl. und frühmittelalterlicher Zeit die Vorhänge, die, zwischen den →Säulen* des →Ciboriums angebracht,

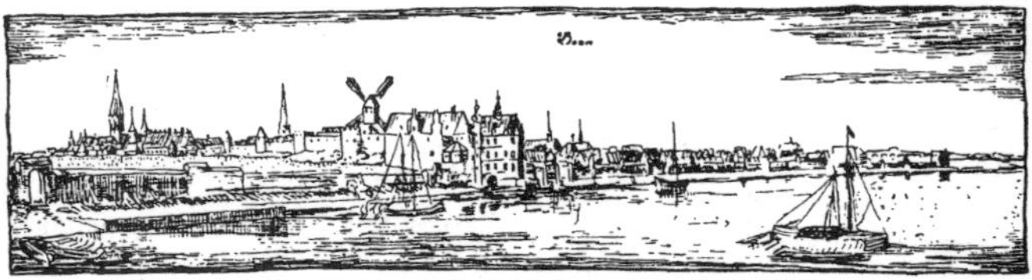

Vedute. Merian (1593–1650): Bonn. Holzschnitt. 1646.

den Altar verhüllten (→Altar 5*).

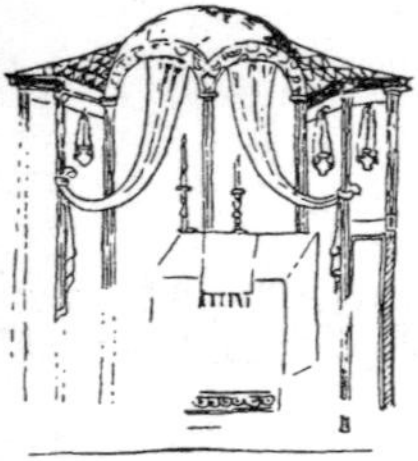

Velum. 1. Altar∼. Rom: S. Clemente. Fresko. 11./12. Jahrh. Teil.

2. Tuch zur Verhüllung des Kelches, Mäntelchen um den Speisekelch (→Ciborium*).

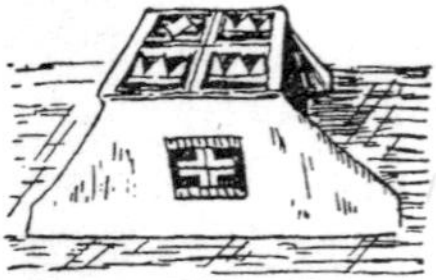

Velum. 2. Kelch∼. Entwurf.

3. Vorhang vor dem →Tabernakel oder Umhüllung um die →Pyxis*. →Custodia*.

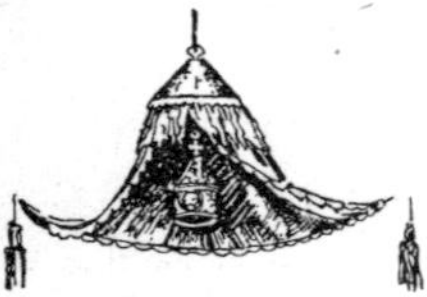

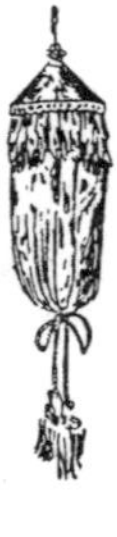

Velum 3. Pyxisbehälter mit kapselförmiger Kustodie. Im 12. und 13. Jahrh. in Gebrauch. Offen und Geschlossen

4. Schultertuch des Priesters, der das Allerheiligste trägt, sowie des Trägers von →Mitra (II)* und Stab.

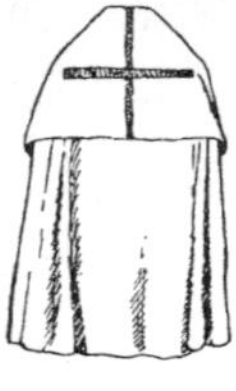

Velum 4 Schultertuch

5. Fasten∼. →Hungertuch*.

Venezianisches Fenster. →Palladio-Motiv.

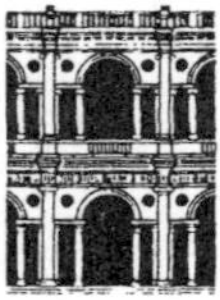

Venezianisches Fenster

Venus, die. Röm. Göttin der Liebe (griech. Aphrodite = Schaumgeborene). →Torso*. Berühmt sind folgende Statuen:
die ∼ des Praxiteles von K n i d o s; Kopie im Vatikan zu Rom;
die ∼ von M e d i c i (: meditschi), urspr. im Besitz der Medici; Kopie nach einem Vorbild des Praxiteles; Florenz: Uffizien;
die ∼ von M i l o (= Melos), Paris: Louvre. →Hellenistisches Original;
die ∼ →K a l l i p y g o s (= die mit dem schönen Hintern). Neapel: Nationalmuseum. Kopie nach einem →hellenistischen Original.
→Große Mutter*.

verblenden. Eine in einem durchschnittlichen Baumaterial hergestellte Mauer- oder Bodenfläche mit einem anderen wertvolleren Baustoff bekleiden, z. B. Ziegelmauern mit →Haustein.

Verismus, der (ital. verismo: w-). Abart des →Naturalismus: Stil der ungeschminkten Wirklichkeitstreue in →Plastik und Malerei. Röm. →Porträts der Republikanischen Zeit. – Ital. Kunst des 19./20. Jahrh.

Verklärung Christi. →Transfiguration*.

Verkröpfung. →Gekröpftes Gesims*.

Verkündigung. Zwei Themen der christl. Kunst:

I. Der Erzengel Gabriel kündigt Maria die Geburt Christi an (Lukas 1, 26ff.).

II. Engel verkündigen den Hirten auf dem Felde die Geburt des Herrn (Lukas 2, 8ff.).

Verlorene Form. →Bronzeguß*.

Verlorenes Profil (ital.). In der Malerei eine bestimmte Abweichung vom reinen →Profil: der Kopf der Figur dreht sich aus dem Profil vom Beschauer weg in den Bildraum hinein.

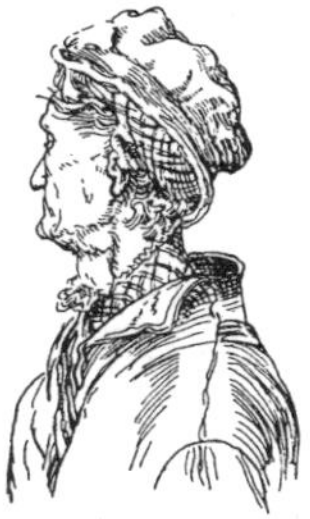

Verlorenes Profil. Albrecht Dürer (1471–1528): Endres Dürer. Zeichnung. 1514. Wien: Albertina.

Veronikabild. →Schweißtuch der Veronika*.

Versalien (lat. Mehrz.). Im Buchdruck und in der →Buchmalerei die großen Anfangsbuchstaben. Sie heißen ~ nach den Großbuchstaben der „Vers"anfänge.

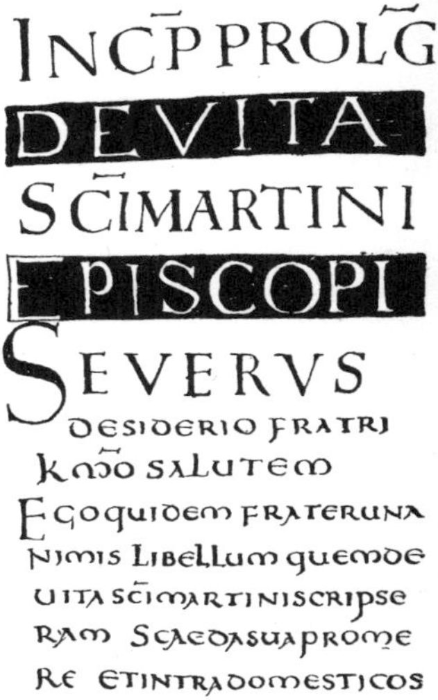

Versalien. Quedlinburg: Gymnasium. Vorrede zu einem Buch über das Leben des hl. Martin. 9. Jahrh.

verschalt. →Schalung.

versenktes Relief. →Relief 3*.

versetzen. Im Bauwesen das Verlegen und Verbinden der Bausteine und -platten zur Mauer- oder Bodenfläche.

Verwahrfund. Fund vergrabener Gegenstände, die entweder Händler vor dem Betreten eines unbekannten oder unsicheren Gebietes verbargen (Händlerfund), oder die man vor Kriegsscharen und Räuberbanden versteckte (Schatzfund). ~e sind seit der →Jungsteinzeit bekannt.

Vesperbild (ital. Pietà). →Plastische Gruppe Mariens mit dem toten Christus auf dem Schoße. Der Name bezieht sich auf das Geschehen am Abend (lat. vesper) nach der Kreuzabnahme und auf die Vesper, den Abendgottesdienst, wo dieses Geschehens gedacht wurde. Das ~ nimmt aus der →Beweinung Christi den dramatischen Höhepunkt heraus und vereinzelt ihn zum →Andachtsbild. Anf. des 14. Jahrh. in der deutschen Plastik geschaffen. Tritt Anf. 15. Jahrh. auch in der Malerei und im Holzschnitt auf. Vier Haupttypen: Christus wird

1. von seiner Mutter in Sitzhaltung getragen (hauptsächlich 14. und Anf. 15. Jahrh.);

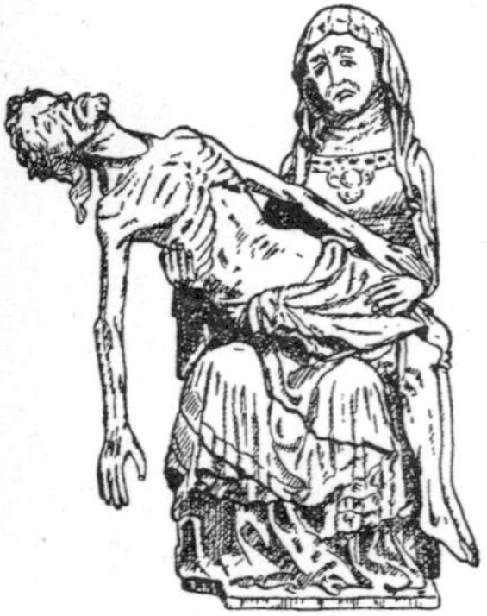

Vesperbild. 1. Soest (Westf.): Nikolaikapelle. Ende 14. Jahrh.

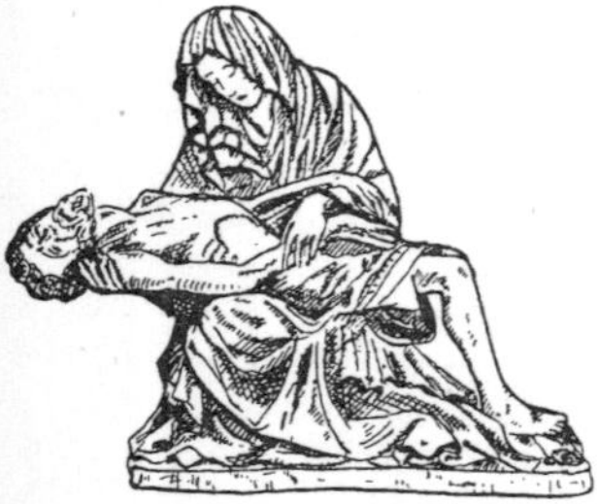

Vesperbild. 2. Frankfurt a. M.: Liebieghaus. Aus Steinberg. Frühes 15. Jahrh.

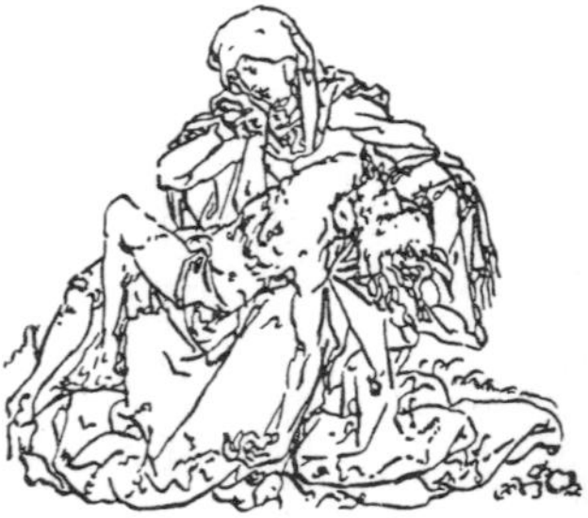

Vesperbild 3 Berlin, Kupferstichkabinett. Federzeichnung. Tirol. 1510.

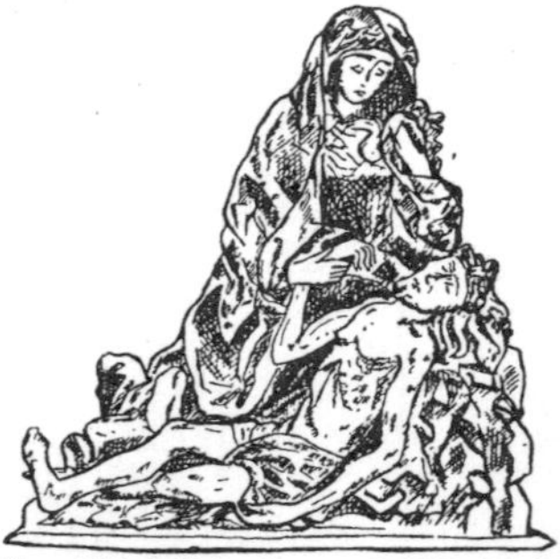

Vesperbild. 4. Peter Breuer. Anf. 16. Jahrh. Zwickau (Sachsen): Marienkirche.

2. in Ruhelage getragen (im wesentlichen 1. Hälfte 15. Jahrh.);
3. in Gleitlage getragen (etwa 1450 bis 1550);
4. ruht am Boden (etwa 1450 bis 1550).

Vespermantel. →Pluviale*.

Vestibulum, das (lat.).
I. Vor den vornehmen Häusern des alten Rom der Platz zwischen der Straßenlinie und der Haustür. Dort warteten die zum Morgengruß erschienenen Kli|enten (= die einem reichen Römer verpflichteten Bürger) bis zur Öffnung des Hauses.
II. Die Vorhalle größerer Häuser, heute das Vestibül (franz. vestibule: westibühl) genannt. →Atrium*, Tablinum*, Thermen*.

Vibrationsbild.→Moiré-Effekt*, Op-Art II*.

Video. Amerikanische Experimentierkunst: Elektronische Manipulation mit farbigen Fernsehbildern, durchweg nur dekorativ und spielerisch. Künstler: Billy Adler, Stephan Beck, Ron Hays.

Vielpaß. →Paß.

Vierblatt. Abwandlung des →Vierpasses in der späteren →Gotik*: an der Stelle von vier →Rundbögen erscheinen vier →Spitzbögen.

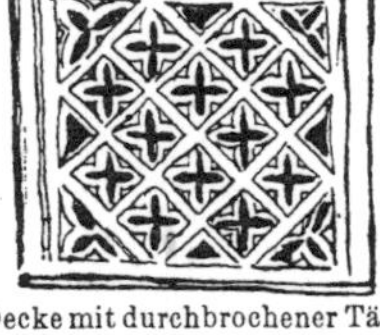

Vierblatt. Decke mit durchbrochener Täfelung.

Vierpaß. →Paß.

Vierpaß-Säule. Vier zu einer Stütze verschmolzene →Säulen*. →Bündelpfeiler*.

Viertelstab. In der Baukunst hochrundes (konvexes) Zierglied, dessen Querschnitt einen Viertelkreis bildet. →Rundstab*.

Vierung. Wo in der mittelalterlichen →Basilika* →Lang- und →Querhaus einander kreuzen, entsteht die ~. Hat dieses ~sjoch* einen quadratischen →Grundriß, so spricht man vom Vierungsquadrat, das im →Gebundenen System* Maßeinheit des ganzen Baus wird. Zwei Grundformen:

1. Die abgeschnürte ~ hat an den Ecken nicht nur Stützen, sondern Mauerteile, die in den

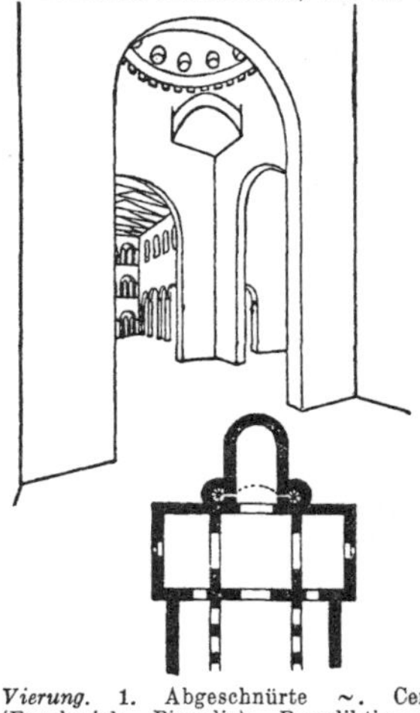

Vierung. 1. Abgeschnürte ~. Centula (Frankreich, Picardie): Benediktinerabteikirche. 790–799. Rekonstruktion. Innen und Grundriß.

Raum vorstehen. Zwischen ihnen spannen sich die entsprechend engeren →Bögen*. Zuerst Ende 8. Jahrh.

2. Die ausgeschiedene ~ ist durch vier starke Bögen gegen das →Querhaus, das →Langhaus und den →Chor abgegrenzt. Die ~sbögen werden von den ~spfeilern getragen. Zuerst kurz vor 1000.

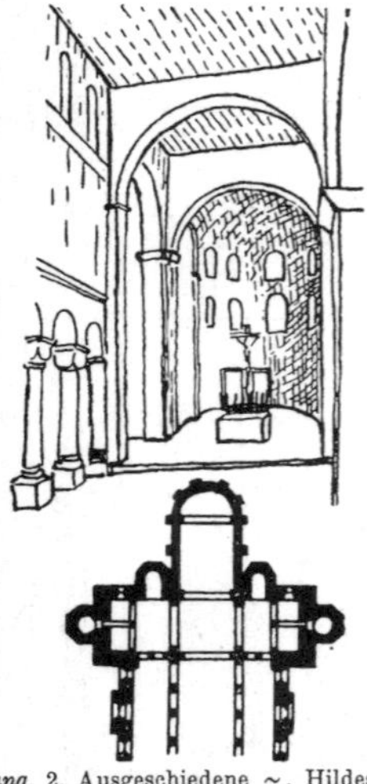

Vierung. 2. Ausgeschiedene ~. Hildesheim: St. Michael. 1001–33.

Vierungsturm. Im →romanischen Außenbau erhebt sich über der →Vierung* oft der ~.

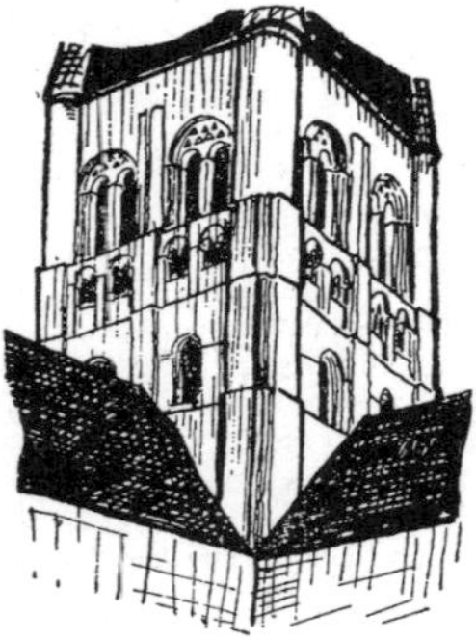

Vierungsturm. St. Albans bei London: Ehem. Benediktinerabteikirche. 1077 beg.

Vierzehnheiligen. →Nothelfer.

Vignette, die (franz.: winj-, von vigne = Weinrebe).

I. Urspr. die zierenden Weinranken am Rand spätmittelalterlicher Handschriften. →Stundenbuch*.

II. Kleine →ornamentale oder figürliche Zierstücke an betonten Stellen des Buches (am Anfang und Ende von Abschnitten).

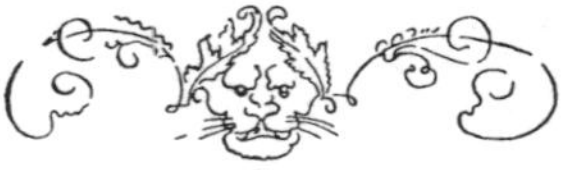

1

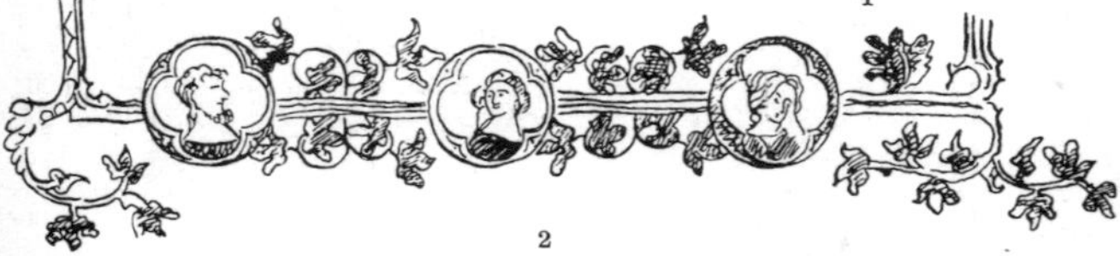

2

Vignette. 1. Albrecht Dürer (1471–1528): Gebetbuch des Kaisers Maximilian. Seit 1515. 2. Guilleaume de Lorris et Jehann de Menug: Roman de la Rose. Um 1340.

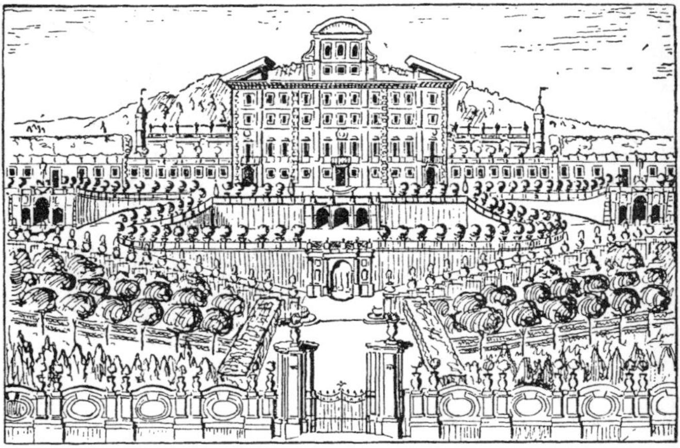

Villa. Frascati (Italien, Latium): ~ Aldobrandini. 1598–1603. Entwurf von Giacomo della Porta (um 1541 bis 1604).

Vihara, der. Hof mit Mönchszellen in der →ind. Fels- oder Freibauarchitektur.

Villa, die (lat.: w- = Landhaus). Sommersitz in Gärten und Parkanlagen. Hauptblütezeiten der ~: altes Rom (z. B. Villa Hadriana in Tivoli) und ital. →Renaissance* (z. B. Villa d'Este in Tivoli).

Vimana, das. In der →ind. Sakralarchitektur das Allerheiligste mit Kultstatue oder →Schrein.

Vishnu. →Ind. Gott, neben →Schiva* führend im Hinduismus. Viele Formen der Verkörperung. In der Kunst öfters mit 4 oder 8 Armen dargestellt; blauhäutig. →Attribute*: Muschel, Wurfscheibe, Keule und →Lotos. Er reitet auf dem Riesenvogel Garuda und thront auf der →Weltschlange. Seine Gattin ist →Lakshmi, die Göttin des Glücks. →Krishna*, Rama, Schlange, Weltschlange Ananta.

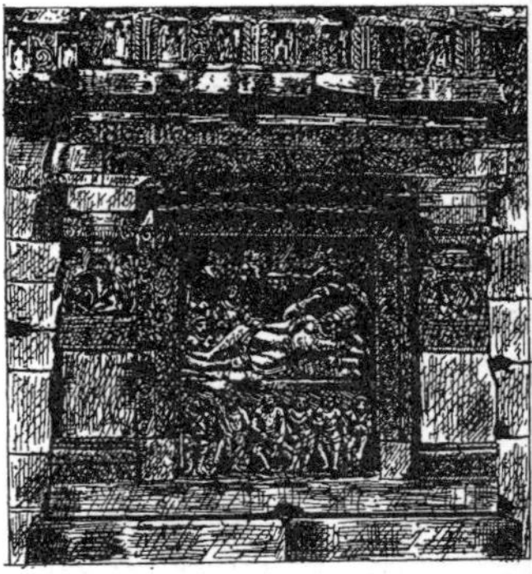

Vishnu. Deogarh (Indien; Madhya-Pradesh): ~tempel. Um 500 n. Chr. Reliefplatte an der Südfassade: ~ auf der Weltschlange Ananta (= Endlos)

Visierung, die. So heißt im 15. und

16. Jahrh. der Ausführungsentwurf eines Werkes; visieren = entwerfen. Die ~ ist so sorgfältig und eingehend, daß danach das Werk – Bau, →Altar*, Gemälde usw. – verwirklicht werden kann.

Visitatio, die (lat.: w- = Besuch). →Heimsuchung Mariens*.

Vitensammlung (lat. vita: w- = Leben). Sammlung von Künstlerbiographien; Grundform kunstgeschichtlicher Forschung, zuerst in der ital. →Renaissance*.

Vogelperspektive. →Perspektive 3*.

Volkskunst. →Kunsthandwerkliche Gestaltung von Hausbau und Hausrat, Trachten und Schmuck in der bäuerlichen oder kleinstädtischen Gemeinschaft. Die Aufgaben wachsen aus dem kirchlichen und weltlichen Brauchtum des Jahres hervor. In den Formen und Mustern durchdringt sich eine stetig bleibende Überlieferung frühgeschichtlicher Herkunft mit den auf das Land vordringenden Stilen der Kunst.

Vollfarben. Die reinen Farben des →Farbenkreises, ohne Beimischung von Schwarz, Weiß oder Grau. Ggstz.: →gebrochene Farben.

Vollplastik, die. Jedes vollrund gearbeitete Bildwerk, das jedoch im Ggstz. zur →Rundplastik nicht von jeder Seite eine ästhetisch befriedigende Ansicht zu bieten braucht, sondern auf eine Hauptansicht gearbeitet sein kann.

Volto Santo, der (: w-, ital. = heiliges Antlitz). →Kümmernis*.

Volute, die (: w-, von lat. volutum : w-, das Gerollte), Schnecke. In der Baukunst jede schneckenförmig gewundene Verzierung. Wichtig für das →jonische →Kapitell*, die ital. →Renaissance* und den →Barock. →Arabeske*.

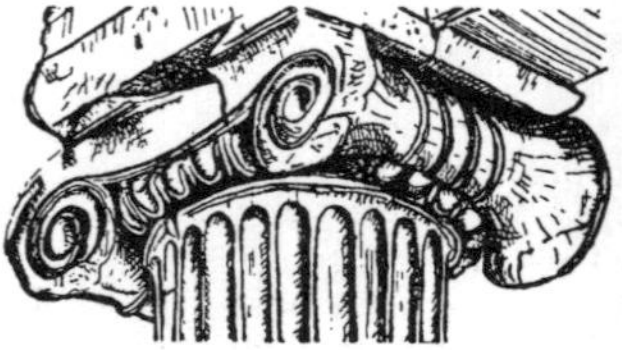

Volute. Athen: Akropolis. Propyläen. 436 bis 432 v. Chr. Jonisches Kapitell.

Vorarlberger Bauschule. →Barocke Baugruppe. Kirchen- und →Kloster*bauer aus dem Bregenzer Wald, tätig in Schwaben, Baden, Hohenzollern, im Elsaß und in der deutschen Schweiz. Führende Meister: Kaspar Moosbrugger (1656 bis 1723) und Peter Thumb (1681 bis 1766).

Typische Züge:

I. Wand→pfeilerkirche*.

II. Zwischen den →Pfeilern → Kapellen und →Emporen*, die auch durch das →Querschiff weitergeführt werden.

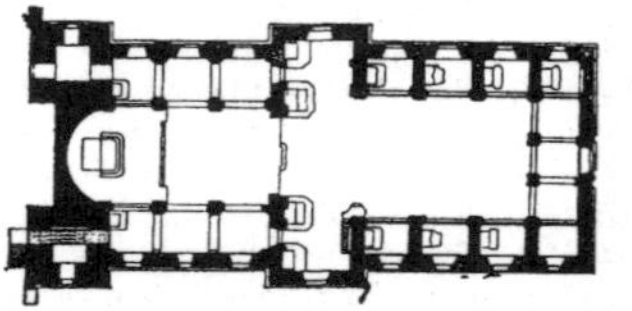

Vorarlberger Bauschule. Obermarchtal (Württ.): Prämonstratenserabteikirche. 1686 bis 1701. Michael Thumb (um 1640–1690), Christian Thumb (um 1660–1726), Franz Beer (1659–1726). Grundriß.

III. Das →Querschiff meist in der Mitte des →Langhauses.
IV. Der tiefe →Chor – als Mönchskirche – gleichgewichtig der Gemeindekirche.

Meist vorzüglich dekoriert.

Vorburg. →Burg*.

Vorderasiatische Kunst. Eine der ältesten Kunstkulturen der Menschheit. Ursprung: Gebiet von Euphrat und Tigris. Man unterscheidet folgende Epochen:

Vor- und Frühgeschichte 5000–2500 v. Chr.

Sumerisch-Akkadische Zeit 2500–2150 v. Chr.

Fremdherrschaft der Gutäer 2150–2070 v. Chr.

Neusumerische Zeit 2070–1955 v. Chr.

Westsemitische Zeit (Hammurabi in Babylon 1728–1686) 1830–1530 v. Chr.

Zwei Völkerwanderungen – Großmächte zwischen ihnen (Churrier, Kassiten, Hethiter) 1686–1200 v. Chr.

Großreiche (Assyrer; Meder und Neubabylonier; Perser, →Persische Kunst) 1200– 330 v. Chr.

Charakteristische Kunstformen: Geböschte Tempel in Terrassenform; Tempelstädte. Bedeutende Paläste. Sieges- und Gesetzes→stelen*. →Vollplastiken auf runder →Basis von großer Geschlossenheit. Kultvasen. →Reliefs* und →Statuen in Kupfer und →Bronze. Felsreliefs. →Siegelzylinder. Herrliche Jagd→reliefs*. Die Darstellung mythischer Tiere von starker Wirkung auf die europäische Kunst des Mittelalters. →Cherubim*, Drache*, Greif*, Große Mutter*, Kuh, Lebensbaum, Marduk, Mithra*, Pinienzapfen*, Rollsiegel*, Schlange, Siegelzylinder, Stiermensch*, Stiftmosaik*, Tammuz*, Tiamat, Zikkurat*.

Vordergrund. →Hintergrund.

Vor der Schrift. →Kupferstich (Wesen)*.

vor der Schrift. →Avant la lettre.

Vorfahren Christi. Der Stammbaum Christi nach Lukas 3, 23–38. In der Kunst gern als →Jessebaum* dargestellt, im Anschluß an Js. 11, 1.

Vorgeschichtliche Kunst. Älteste Form der Kunst in den noch schriftlosen Epochen, etwa seit 60000 v. Chr. Ggstz.: Kunst der →Hochkultur.
→Ägäische Kunst, Altsteinzeit, Aurignacien, Bandkeramik*, Cromlech, Dolmen*, Felsbilder, Große Mutter*, Haniwa, Höhlenmalereien*, Hünengrab, Idolplastik*, Jungsteinzeit, La Tène-Kultur, Luristanbronzen*, Magdalénien*, Megalith, Menhir*, Mesolithikum, Mittelsteinzeit*, Neolithikum, Pfahlbauten*, Tiefstichkeramik, Urne*.

Vorhangbogen. →Bogen 15*.

Vorhangfassade. →Curtain Wall*.

Vorhölle →Höllenfahrt Christi*, Limbus*.

Vorkragen, das. Das Vortreten von Bauteilen aus der →Bauflucht.

Vorlage, die. Einem Hauptglied oder der Wand vorgelegtes kleineres Glied. →Dienst, Lisene*, Pilaster.

Vortragekreuz. Auf einer Stange befestigtes →Kreuz*, das bei feierlichen Aufzügen kirchlicher Würdenträger und bei Prozessionen vorangetragen wird; oft kostbar verziert.

Votịvbild, Votịvtafel (w-; von lat. vọtum : w- = Gelübde). Eine Tafel, die auf Grund eines Gelübdes oder aus Dank für Gebetserhörung an einer Wallfahrtsstätte oder am Ort des betreffenden Ereignisses aufgehängt wird; mit Text, Heiligenfiguren oder einer bildlichen Schilderung der Begebenheit, an welche die Tafel erinnern soll. Demselben Zweck dienen Votịvgaben: →plastische Darstellungen von wunderbar geretteten Personen, Gliedern, Schiffen, Haustieren usw. →Ex voto.

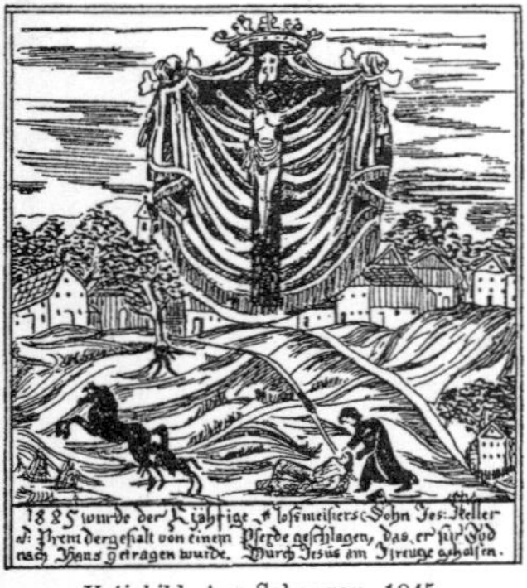

Votivbild. Aus Schongau. 1845.

Votịvdenkmal. Ein Denkmal mit dem gleichen Sinn wie das →Votivbild. →Säulenmonument*.

Votịvkapelle (:w-; von lat. vọtum : w- = Gelübde). Auf Grund eines Gelübdes errichtete →Kapelle.

W

Wachsbildnerei (= Zẹroplastịk). Wichtig als Modell für den →Bronzeguß*, sodann für Totenmasken (→Imạgo), →Votivgaben (im Mittelalter z. T. lebensgroße Wachsfiguren), →Bildnis→reliefs* und →Büsten bes. in der ital. Renaissance*.

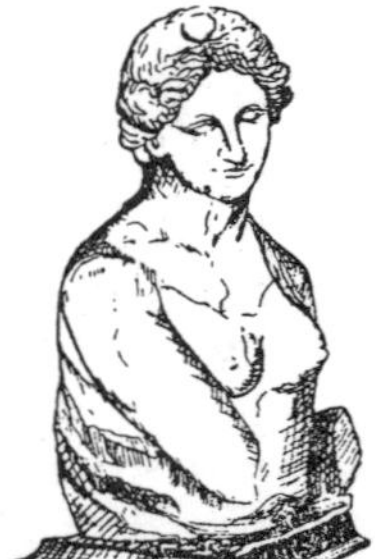

Wachsbildnerei. Berlin: Staatliche Museen. Büste der Flora. Aus dem Umkreis Leonardo da Vincis (1452–1519).

Wachsmalerei. →Enkaustik, Mumienbildnis*.

Wächterfiguren. →Grabstatuen.

Wạjang (= Schatten). Form des Theaters mit Figuren in Java und Bali. Für Männer ein →Schattenspiel*; für Frauen, die hinter dem Bildschirm sitzen, sind die Figuren sichtbar.

~golek: Schattenspiel mit → reliefartigen Flachfiguren.

~kulit: Schattenspiel mit Lederfiguren.

~purwa: Schattenspiel mit Holzfiguren.

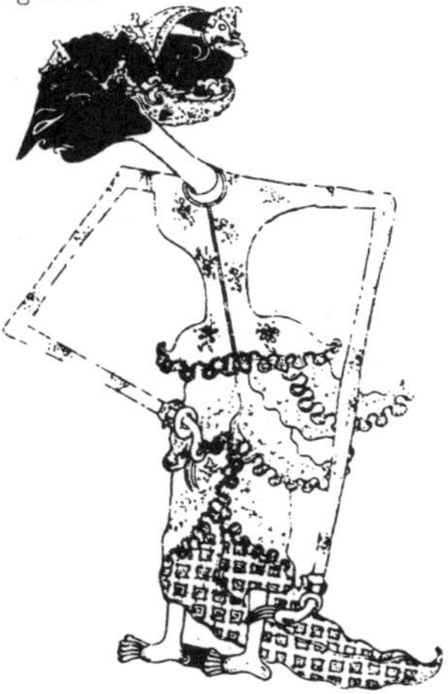

Wajang. Kunti. Aus dem Epos Bharatayuddha. Wayang purwa. Java.

Walmdach. →Dachformen 3*.

Wandelaltar. →Flügelaltar*.

Wandgrabmal. →Epitaph*.

Wandmalerei. Älteste Form der Malerei. Künstlerisch sind vor allem zwei Gesetzlichkeiten zu beachten: die Wahrung des Wandcharakters durch Anordnung der Figuren vor einem flächigen Grund und eine auf Fernwirkung abgestimmte großzügige Gestaltung, die sich nicht an kleinteilige Einzelheiten verliert. Techniken: → Fresko, Sekkomalerei, Enkaustik, Sgraffito*, im weiteren Sinne auch Mosaik und Glasmalerei*.

Wandpfeiler. →Pfeiler, Pilaster.

Wandteppich. →Teppich*.

Wange.

I. Einschließende Seitenwand, bes. einer →Treppe* oder des →Chorgestühls* (1–6).

II. Teil des Gewölbes. →Gewölbe 1 und 6*.

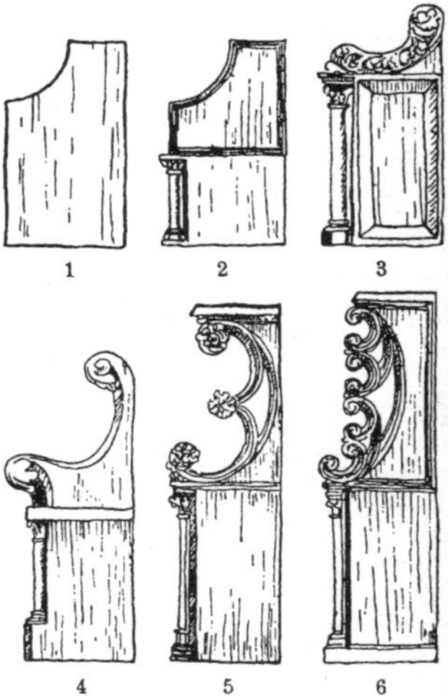

Wange. 1. Römisch; 2. Goslar; 3. Toul; 4. Reims; 5. Xanten; 6. Marienstadt. Aus Heribert Reiners: Die rheinischen Chorgestühle der Frühgotik. Straßburg 1909.

Wappenkunde, Heraldik, die. Sie behandelt wissenschaftlich die Entstehung und Bedeutung der Wappen. Entstanden Mitte 14. Jahrh.

Wappenscheibe. Form der →Glasmalerei*: Scheibe mit dem Wappen eines Einzelnen, eines→Klosters*, einer Stadt oder einer Gilde, die einem öffentlichen Gebäude geschenkt wurde. Solche Stiftungen sind in der Schweiz während des 15. und 16. Jahrh. sehr beliebt.

Wasserburg. →Burg*.

Wasserfarben. →Aquarellmalerei.

Wasserlaub. →Kyma 3*.

Wassernase. Tropfleiste. Die vordere, vorspringende Kante an →Gesimsen, Sohlbänken (→Fenster 3*), Deckplatten usw., an der das Regenwasser abläuft. Die hinter der ~ liegende Rinne verhindert, daß das Wasser zur Mauer zurückläuft.

Wasserschlag. Abgeschrägtes →Gesims* oder schräg gestellte Fläche am →Strebepfeiler. →Gotik*.

Wasserschräge. →Gesims*.

Wasserspeier. Vom Dach abstehende Rinne, die das Regenwasser von der Mauerflucht ableitet, indem sie es in weitem Bogen ausspuckt. In der griech. Baukunst als Löwenkopf, in der →Gotik* als Tier,

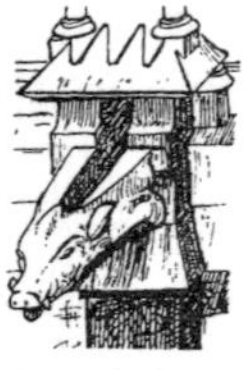

Wasserspeier. Reims: Kathedrale. 13./14. Jahrh.

Fabelwesen, Mensch usw. gebildet, die zum großen Teil wohl als ethische →Symbole (der Sünde und der Läuterung), z. T. auch als aus der Kirche ausfahrende Dämonen zu deuten sind.

Wasserzeichen. Linien, Schrift oder andere Zeichen, die durchscheinend in Papieren angebracht sind, um deren Herkunft (als Fabrikmarke) oder Echtheit (etwa bei Papiergeld) zu erweisen. Das echte ~ entsteht im Prozeß der Papierherstellung und wird nicht erst nachträglich dem Blatt beigefügt. Die ältesten ~ finden sich Ende des 13. Jahrh.

Wehrgang. →Burg 2*.

Wehrkirche. Zu Verteidigungszwekken wehrhaft, oft burgartig ausgebaute→Festungskirche mit starker Umwallung, bergfriedartigem Kirchturm und wehrgangartigem Obergeschoß Diente in Kriegszeiten der Bevölkerung als Zuflucht

Weicher Stil. Entwicklungsstufe der deutschen →gotischen* Plastik um 1400 bis 1430: weiche, schön geschwungene Gewandfalten; Richtung auf das Anmutige und Zierliche; Meisterwerke vor allem im kleinen Format. Beliebtes Material: →Ton und →Alabaster. →Schöne Madonnen*.

Weichporzellan. →Porzellan.

Weiherelief, das. Ein antikes→Relief*, das den Göttern als Weihegabe dargebracht wurde, meist mit Szenen aus dem Kult der betreffenden Gottheit.

Weihnachtskrippe. →Krippe.

Weihrauchfaß. →Rauchfaß*.

Weihwasserbecken. Becken mit Weihwasser am Eingang der Kirche, in verkleinerter Form an den Türen der Privathäuser.

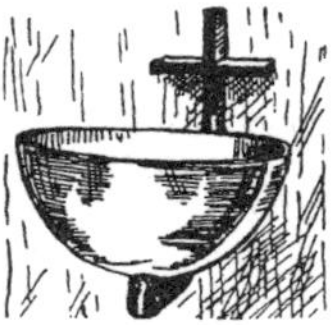

Weihwasserbecken. Kupfer, innen verzinnt. F. Schwerdt (Aachen). 20. Jahrh.

Weihwasserkessel. Liturgisches Gefäß mit Weihwasser, das zur Besprengung des →Altars* und der Gläubigen verwandt wird. Der Weihwedel (lat. Aspergill) ist ein Metall- oder Holzstab mit einem Kopf aus Borsten oder mit einer durchlöcherten Metallkugel, in der ein Schwamm ist.

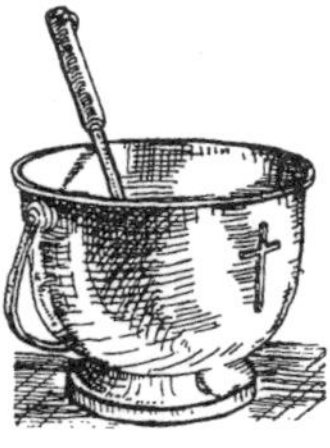

Weihwasserkessel. Messing. Josef Pöhlmann. Nürnberg: Kunstgewerbeschule.

Weißhöhung. →Kreide.

Weißschnitt. Form des →Holzschnittes* um 1500: die Zeichnung wird in den Stock (nicht aus ihm) geschnitten und erscheint also in den Abdrucken weiß auf schwarzem Grund.

Wellenband. Wellenförmiges →Ornament, schon in →vorgeschichtlicher Zeit verwandt.

Wellenband. 1. Griechisch. 2. Römisch.

Welsche Haube. →Dachformen 11*.

Weltschlange Anạnta (= „Endlos"). Auf ihr ruht →Vishnu*. →Ind. Kunst, Schlange I.

Wendelstein. Gewendelte →Treppe*, die dem Baukörper vorgelagert ist, z. B. an der Albrechtsburg in Meißen (vor der Fassade) oder am Schloß zu Blois (in dem Winkel zweier Flügel). →Wendeltreppe.

Wendeltreppe. →Treppe* über kreisförmigem →Grundriß. Die Stufen sind um den Pfosten angeordnet, der vom Mittelpunkt des Kreises aufsteigt.

Wẹn-jẹn-huạ (chin.: wẹn-[sch]ẹnhuạ). →Literatenmalerei.

Werke der Barmherzigkeit. Im Anschluß an Matth. 25, 34ff. Urspr. sechs: I. Durstige tränken; II. Obdachlose beherbergen; III. Nackte bekleiden; IV. Kranke pflegen; V. Gefangene besuchen; VI. Hungrige speisen. Als VII. wurde im 12. Jahrh. hinzugefügt: Tote begraben. In der Kunst seit dem 12. Jahrh. dargestellt.

Werkkunst. →Angewandte Kunst.

Werkstein. →Baustein I.

Westbau. Mächtiger →Turmbau an der Westseite →romanischer Kirchen. Am ~ befindet sich häufig der Haupteingang.

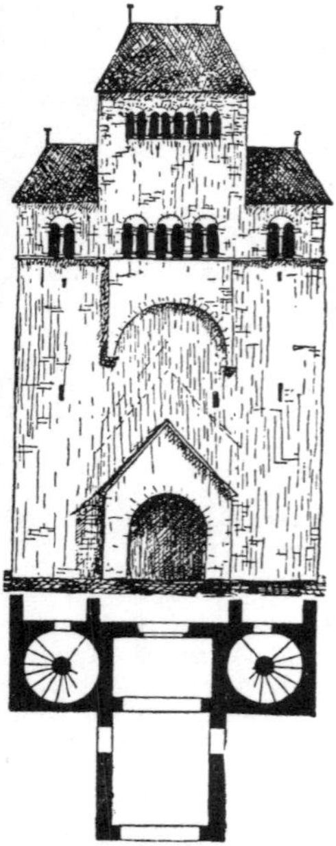

1

2

Westbau. Minden (Westf.): Dom. Westbau (zweitürmig) 1061–1072. Oberer Abschluß im 12. Jahrh. stark verändert. 1. Ansicht. 2. Grundriß.

Westwerk. Westl. →Zentralbau* als Vorkirche einer frühmittelalterlichen →Basilika*. Um einen quadratischen schachtartigen → Turmraum sind nach Norden, Süden und Westen in ein oder zwei Stockwerken →Emporen* gelegt, die sich in →Arkadenstellungen zum Mittelraum hin öffnen. Die →Emporen* hatten meist Nischen für →Altäre*. Das ~ diente als →Tauf- oder Pfarrkirche, als →Empore* für den Herrscher und sein Gefolge oder als →Nonnenchor, auch als Tagungsort der Sendgerichte. Vielleicht wurden dorthin gewisse Teile der Festliturgie, etwa zu Ostern, verlegt. →Ottonische Kunst.

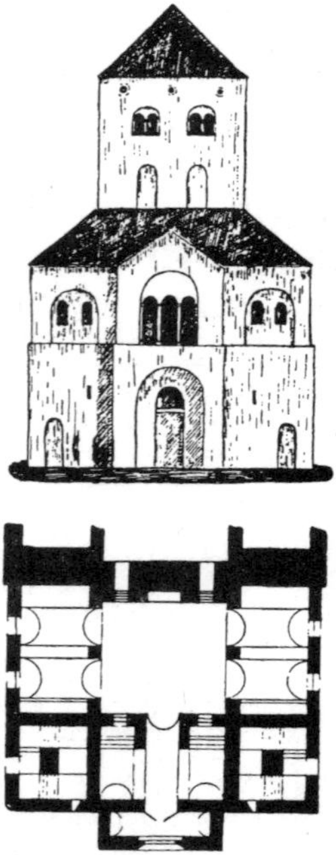

1

2

Westwerk. Werden (Ruhr): Ehem. Benediktinerabteikirche. ~ (ehem. Peterskirche). Vollendet 943. 1256 mit der Abteikirche vereinigt. 1. Ansicht von Westen. 2. Grundriß des Erdgeschosses.

Widder. Eines der großen →Tiersymbole der Kunst: Verkörperung männlicher Geschlechtskraft (ähnlich wie beim →Stier). In →Ägypten erschien →Amun in der Gestalt eines ∼s; in der →vorderasiatischen Kunst ist→ Tammuz* von Stieren und ∼n begleitet.

Widerlager. Bei →Bögen*, Gewölben* und Brücken entsteht ein seitlicher →Schub, der durch besondere Stützpunkte, die ∼, abgefangen und auf das darunter liegende Mauerwerk geleitet wird. →Bogen 1*, Gewölbe I.

Widmungsbild. →Dedikationsbild*.

Wiederkreuz. →Kreuz 14*.

Wiege. →Kupferstich II*.

Wiegendruck. →Inkunabel.

Wịkingerkunst. Die nordgermanische Kunst zwischen 800 und 1100 n. Chr. Holzbauten (→Stabkirche*), Holzschnitzerei, →Goldschmiedekunst und →Buchmalerei. Übergang zur christl. Kunst des Mittelalters. Das →Tierornament* wird im Ggstz. zu seiner Gestaltung im 6. bis 8. Jahrh. nun der Naturform etwas mehr angenähert. Folgende Entwicklungsstufen des Tierstils sind zu unterscheiden:

I. Ọsebergstil (800–850). So genannt nach der Fundstelle in Oseberg, dem umfangreichsten Grabfund der Wikinger, um 850 n. Chr.; zur Schiffsbestattung einer norwegischen Fürstin gehörig: Schiff, Wagen, Schlitten, Mobiliar. Mit ausgezeichneter →Tierornamentik* (→Drache). Übergang zur eigentlichen ∼.

II. Jüngerer Ọseberg- oder Greiftierstil (850–900): Tiere, die sich am Rand der Schmuckstücke anklammern, sind ein beliebtes Motiv. Auseinandersetzung mit der →karolingischen Kunst.

III. Älterer Jẹllinge-Stil (900 bis 980); so genannt nach dem Fundort, dem Königsgrab von Jellinge (Nordjütland). Bandförmiges, naturfernes →Tierornament*, Auseinandersetzung mit der →irischen Kunst.

IV. Jüngerer Jẹllinge-Stil (980–1100). Kennzeichnend ist ein raubtierähnliches großes Fabelwesen mit Spiralgelenken, halbmondförmigen Klauen, einem von einer Schlange umknoteten →Greifenkopf* und einem →palmettenartigen* Nackenschopf.

Wịkingerzeit, Kunst der. Skandinavische Kunst aus der Zeit von 800 bis 1100.

Wilder Mann. In der Kunst des 15. und 16. Jahrh. (→Kupferstich*. Minnekästchen*, Wappen, Teppiche*) häufige Darstellung von bärtigen, am ganzen Körper be-

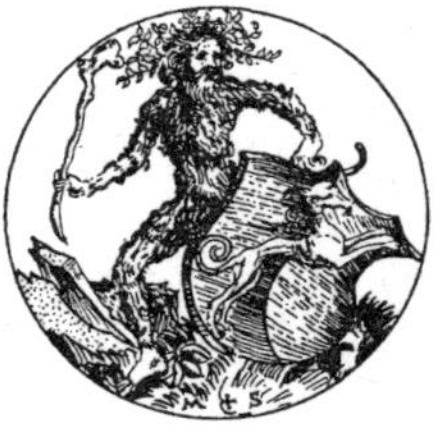

Wilder Mann. Martin Schongauer (um 1430 oder 1445–1491). Kupferstich.

haarten Gestalten mit Laubkränzen um Haupt und Hüften, oft mit einer Keule bewaffnet. Wahrscheinlich auf Volksmythen zurückgehend. In der Volkskunst Süddeutschlands und der Schweiz weiterlebend (→Fassadenmalerei, →plastische Torbekrönungen). Die Darstellung der „Wilden Frau" ist seltener.

Wilgefortis, Hl. →Kümmernis*.

Willkomm, Willkommbecher. Pokal zum Willkommtrunk bei festlichen Anlässen. Aus Glas (mit Sprüchen und Bildern) oder aus Silber →getrieben und →graviert, meist mit Deckel. Frühestes Beispiel 1547. Von der Mitte 16. bis 18. Jahrh. verwandt.

Wimperg, der. →Gotischer* →Ziergiebel* über →Fenster* und Türen. Mit →Blendmaßwerk gefüllt; die seitlichen Schrägen mit →Kriechblumen* besetzt; oft von →Fialen* flankiert; auf der Spitze eine →Kreuzblume*.

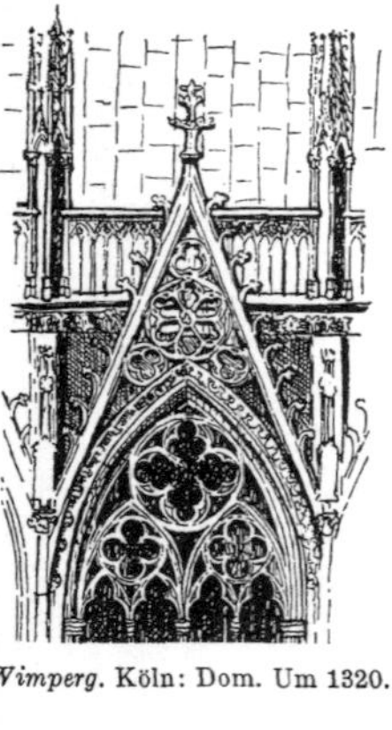

Wimperg. Köln: Dom. Um 1320.

Winddruck. →Gotik IV*.

Windruten. →Glasmalerei 4*.

Winkelband-Keramik. →Band-Keramik I*.

Winterremter. →Remter*.

Wirbelrosette. →Rosette*.

Wirtel. →Schaftring*.

Wischnu. →Vishnu*.

Wismutmalerei. Malweise des 16. und 17. Jahrh. bes. in Süddeutschland: Kreidegrund; darauf Wismut in Pulverform, Glättung mit einem Polierstahl; nunmehr Auftrag der Lackfarben, die den Metallton leise durchschimmern lassen. Für das Innere von Schränkchen und Schachteln usw. verwandt.

Wodan, Wotan, Odin. Germanischer Hauptgott: Sturm-, Toten- und Schlachtgott. In der Kunst als Lanzenreiter mit Raben dargestellt, z. B. auf dem Reiterstein von Hornhausen im Landesmuseum Halle (Saale); →Bronzebeschlag auf einem Helm: Wendel in Upland, Schweden.

Wolkenkratzer, Skyscraper (engl.: ßkaißkreipör). Hochhaus. Das höchste war 1970 das Welthandelszentrum in New York, 382 m.

Würfel der Säule. →Säule 1c*.

Würfelfries. →Fries 7*.

Würfelhocker, der. Plastische Form der alt→ägypt. Kunst, eine Weihegabe: auf einem Block, der aus der Gestalt eines hockenden Menschen hervorgegangen ist, sitzt der realistisch gebildete Kopf des Stifters.

Der würfelförmige Block trägt oft eine lange Inschrift in Hieroglyphen. Von etwa 2000 bis zum 1. Jahrtausend v. Chr.

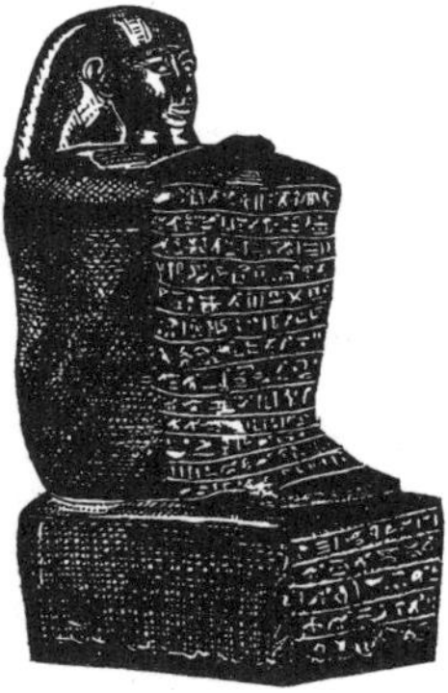

Würfelhocker. London: Britisches Museum. Kanzler der Hatschepsut, Sen-nefer. Aus Theben (Oberägypten). Um 1500 v. Chr. 18. Dyn.

Würfelkapitell, das. →Kapitell IV 4*.

Wulst, der (lat. der Torus). In der Baukunst ein sich wulstartig herauswölbendes Zierglied, bes. an der →Basis der Säule*.

Wurzel Jesse. →Jessebaum*.

X

Xylograph, der, **Xylographie,** die. →Holzschnitt*.

Y

Yaksha, der. Naturgott in der → ind. Kunst.

Yakshi, die. Ind. Baumgöttin, ein Lieblingsmotiv ind. Plastik. →Ind. Kunst.

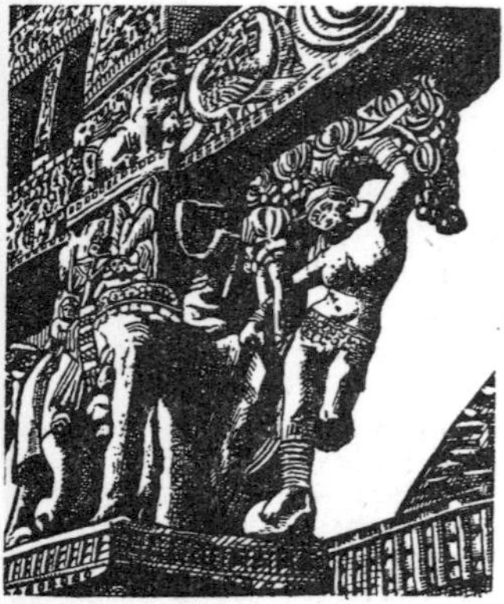

Yakshi. Santschi (Indien; Madhya-Pradesh): Großer Stupa. Osttor. Sandstein, poliert; urspr. rot bemalt. 1. Jahrh. v. bis 1. Jahrh. n. Chr. Kragstein.

Yamato-e (jap.: jamato|e). Die eigtl. jap. im Unterschied zur chin. Malerei. Blütezeit im 12. Jahrh. Thema: das jap. Leben in seiner ganzen Breite, einschl. der Satire. Oft →Bildrollen von 30 m Länge mit einer fortlaufenden Erzählung. →Chin. Kunst, Jap. Kunst.

Yang und Yin (chin.: jang; jin). →Symbol des polar geordneten Kosmos: von einer S-Linie schwarzweiß geteilter Kreis.

Yang (hell): Himmel, Sonne, das Männliche, das aktiv Schöpferische.

Yin (dunkel): Erde, Wasser, Mond, das Weibliche, das Empfangende, die Mutter.

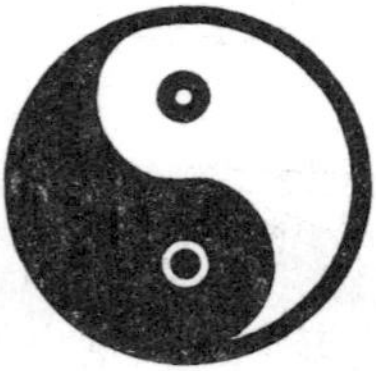

Yang und Yin.

Yantra, das (ind.). →Schri-Yantra*.

Ypsilonfalten. →Falten 6*.

Yu (chin.: ju). Vorratsgefäß. → Sakralbronzen*.

Yüan-Zeit. Epoche der chin. Geschichte, 1279–1368. →Chinesische Kunst.

Z

Zackenbogen. →Rundbogen (→Bogen 3*) mit zackenförmigem Umriß. Form der →romanischen Baukunst.

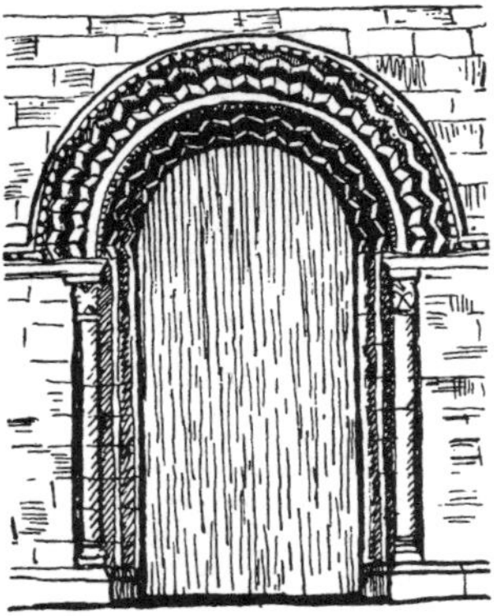

Zackenbogen. Blesme (Frankreich, Normandie): Kirche. 12. Jahrh. Portal.

Zahnfries. →Fries 9*.

Zahnschnitt. Die Reihe abwechselnd vor- und zurücktretender längsrechteckiger Felder als Zierat zwischen →Kranzgesims und →Architrav* am →Gebälk des →jonischen und korinthischen Tempels (griech. Geisịpodes). Auch gleichbedeutend mit Zahnfries (→Fries 9*) angewandt.

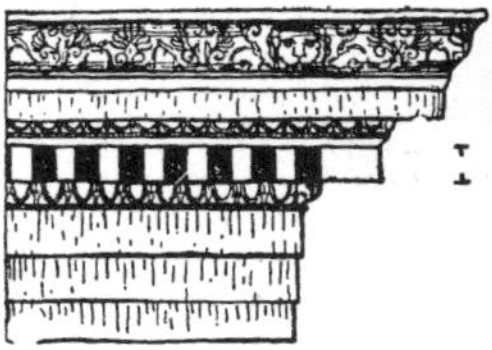

Zahnschnitt. Priene (Türkei): Athenatempel. Ende 4. Jahrh. v. Chr.

Zahnschnittfries. →Fries 9*.

Zangenfries. Fries aus zangenähnlichen Grundformen.

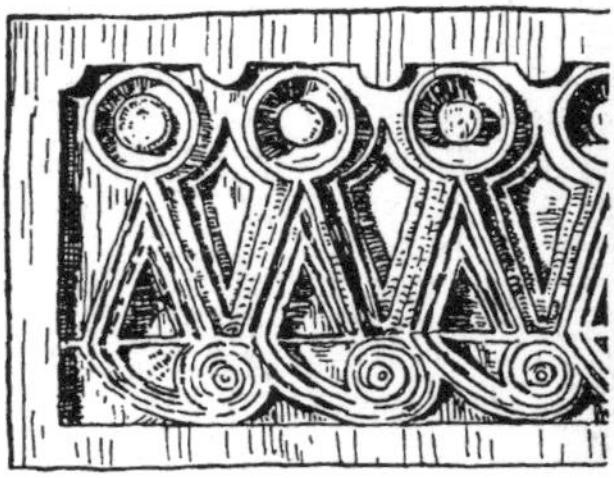

Zangenfries. Ravenna: Grabmal des Theoderich. Um 526.

Zapotẹken (: [th]apo-). → Altamerikanische Kunst der ~ im heutigen Mexiko; um 300 bis 1000 n. Chr. →Tempelpyramiden*; kultische →Ballspielplätze*; unterirdische Grabanlagen. Paläste. Räuchergefäße in Form menschlicher Figuren von großer Ausdruckskraft. Hauptfundstätten: Monte Albán und Mitla.

Zarge, die = Rahmen. Tür- oder →Fenster*~: das in die Wand eingepaßte Gerüst, an dem die Tür bzw. das Fenster befestigt ist. –

Der Bretterrahmen zwischen der Tischplatte oder dem Stuhlsitz und den -beinen.

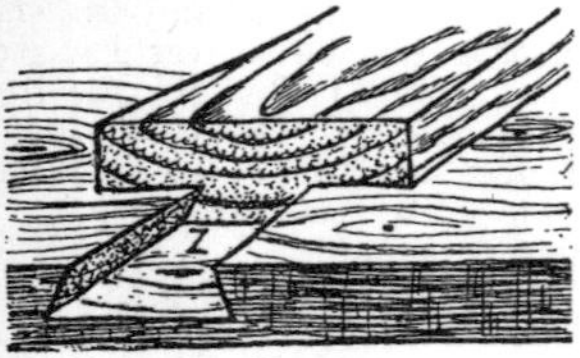

Zarge.

Zeichenmaterial. →Zeichentechnik.

Zeichentechnik. Als Zeichengrund dienen Papier, Seide, →Pergament. Papier wird oft vor dem Beginn der Arbeit →grundiert, d. h. es erhält eine einheitliche grüne, blaue, rötliche, vorzugsweise eine braune oder gelbliche Färbung, damit die Zeichnung wirkungsvoller zur Geltung kommt; → Carta azzura.
Als Zeichenwerkzeug dienen →Feder, →Pinsel oder Stifte aus verschiedenen Materialien: →Bleistift, Pastellstift, Rötel, Kohle, Kreide, Silberstift (mit dem der mit Farbe bestrichene Zeichengrund geritzt wird). Als Material für Feder und Pinsel dienen → Tinte, Tusche* und Sepia. Ein bes. Verfahren ist das →Clair-obscur. →Bister, Breitpinsel, Gänsekielfeder, Graphit, Handzeichnung, lavieren, Metallfeder, Pinsel, Sfumato, Spitzpinsel, Visierung, Weißhöhung.

zeichnerisch. →linear*.

Zeichnung. →Handzeichnung.

Zelleneinlage. →Email V*.

Zellengewölbe. Spät→gotisches* →Gewölbe*, das aus „Zellen" besteht d. h. aus kerbschnittartigen oder trichterförmigen Vertiefungen, die durch →Grate voneinander abgegrenzt sind.

1

2

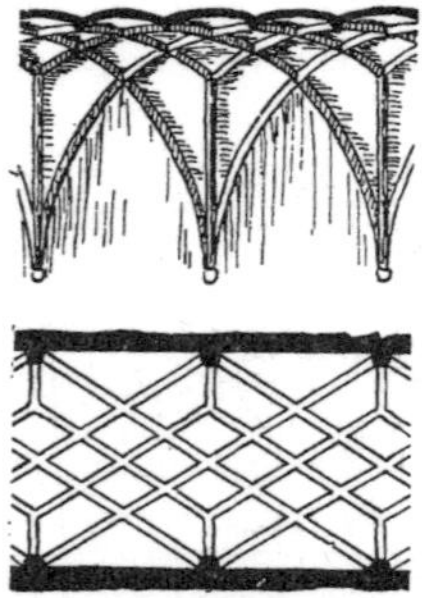

Zellengewölbe. 1. Ansicht. 2. Grundriß.

Zellenschmelz. →Email 4/5*.

Zellenverglasung. →Email V.

Zeltdach. →Dachformen 5*.

Zement, der (lat.). Fein gemahlenes →Bindemittel, das an der Luft und unter Wasser erhärtet und dann wasserbeständig ist.

Zen-Malerei (chin.: sen). Aus dem Buddhismus ist in →China und →Japan die Zen-Sekte hervorgegangen, die den Menschen durch Meditation zur Gelassenheit und zur Einordnung seines Ich in das All führen möchte. Als Weg dahin dient das Malen, dann auch das Betrachten von Bildern. Die Schöpfungen der ~ haben – über die meisterliche Gestaltung von Landschaft, Mensch, Pflanze, Tier hinaus – einen metaphysisch-sittlichen Sinn. Sie bevorzugen die →Tusche*, weil sie in ihrer Eintönigkeit von der Vielheit der Er-

scheinungen ab- und auf das Wesentliche hinlenkt. Ein Hauptformmittel ist die Leere des Bildgrundes.
Die Blütezeit der ~ lag in China zwischen 1000 und 1600, in Japan zwischen dem 14. und 17. Jahrh. →Shan-shui.

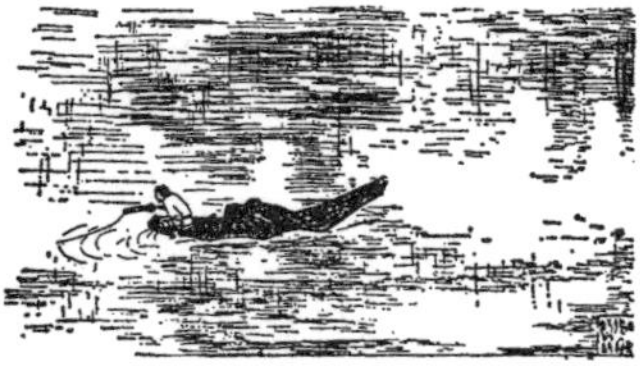

Zen-Malerei. Ma Yüan (Mitte 12. Jahrh. bis etwa 1224): Fischer. Farben auf Seide. Um 1200. Tôkyô: Sammlung Fürst Inouye.

Zentaur, der. →Kentaur*.

Zentralbau. Im Ggstz. zum längsgerichteten Bau entwickelt sich

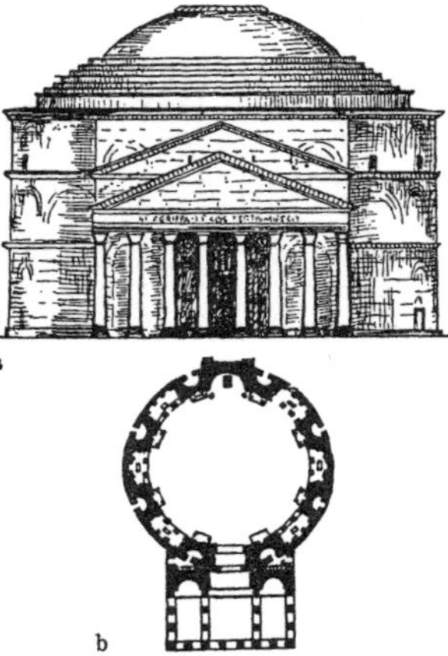

a

b

Zentralbau. Rom: Pantheon. 115–125 n. Chr. a Fassade. b Grundriß.

der ~ von der architektonisch betonten Mitte aus gleichmäßig nach allen Seiten. Der →Grundriß des Mittelbaus ist ein Kreis, ein Quadrat oder ein regelmäßiges Vieleck, ideale Wölbung für ihn die →Kuppel*. Dem Mittelbau gliedern sich Teilräume an, die alle auf die Mitte bezogen sind und oft Nebenkuppeln haben. Die christl. ~ten sind vor allem →Tauf- und Grabkirchen. →Baptisterium*, Kreuzkuppelkirche*.

Zentralperspektive. →Perspektive*.

Zeremonialhaus. Dient bei den →Naturvölkern zur Aufbewahrung der →Kultstühle*, der bemalten →Schädel, der heiligen Flöten und der Trommeln. Bis zu 20 m hoch.

Zero (franz: ßero) = Null. Dem →Suprematismus* verwandte Richtung der Kunst: reine Farbe und Schwingung des Lichtes im Raum; als Hinwendung zum Einfach-Wesentlichen. Vereinigung Düsseldorfer Künstler 1958–1966: H. Mack (1931 geb.), O. Piene (1928 geb.), G. Uecker (1930 geb.) →Clouage*, Kinetische Kunst*, Lichtballet, Nagelbild, Op-Art III*, Rotorelief*.

Zeroplastik. →Wachsbildnerei*.

Zeugdruck. Verfahren zum Bedrucken eines Gewebes mit ein- oder mehrfarbigen Mustern. Zum Handdruck (seit dem 4. Jahrh. n. Chr. bis um 1800) dienen Holz→model, in die das Muster erhaben eingeschnitten ist; der →Holzschnitt* hat genau die gleiche Technik, nur daß zum Druck Papier verwandt wird. Seit 1800 sind verschiedene maschinelle Verfahren in Gebrauch, heute der Walzendruck.

Zeus (lat. Jupiter). Hauptgott der Griechen. Allvater, Himmelsgott, Sohn des Kronos, Gatte der →Hera*, die ihm →Ares, Hephaistos und Hebe gebiert; aus seinem Haupt entspringt →Athene*. Viele Liebesverbindungen mit irdischen Frauen, denen er z. T. in Tiergestalt – der →Europa als →Stier, der →Leda als Schwan – begegnet; aus diesen Verbindungen stammen →Apollon*, Artemis, Aphrodite, Dionysos, die neun Musen (der Mythos spiegelt einen kultgeschichtlichen Vorgang: daß sich der neue Gott den alten Landesgöttinnen verband). In der Kunst wird ~ als bärtiger Mann blitzeschleudernd oder thronend dargestellt; am berühmtesten die nicht erhaltene →Goldelfenbeinstatue des Phidias aus Olympia. Attribut des ~ ist der Adler. Bedeutende ~tempel in Olympia, Dodona, Akragas/Sizilien. →Drache*.

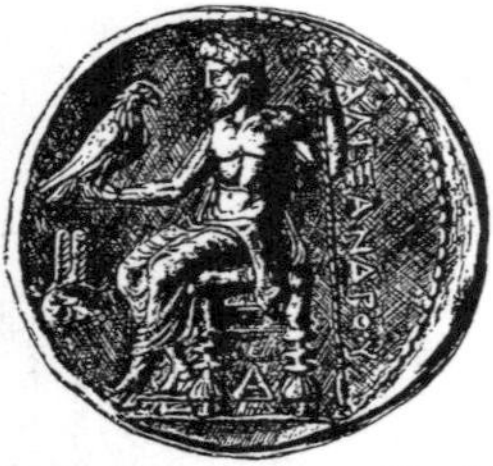

Zeus. Berlin: Privatsammlung. Silber-Tetradrachmon Alexanders d. Gr. Um 325 v. Chr. ~ Aetophoros.

Zeus - Amon. →Amun.

Ziborienaltar. →Altar 5*.

Ziborium, das. →Ciborium*.

Zickzackfries. →Fries 10*.

Ziegel. →Backstein.

Ziegelbau. →Backsteinbau.

Ziegelwürfelkapitell. Vereinfachtes →Würfelkapitell* aus Ziegeln.

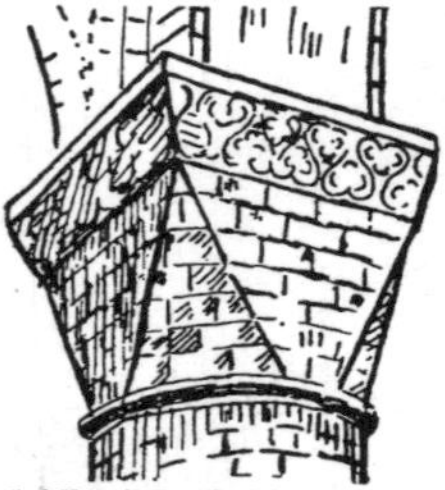

Ziegelwürfelkapitell. Jerichow (Sachsen-Anhalt): Prämonstratenserkirche. Chor. Mitte 12. Jahrh.

Ziergiebel. →Giebel, Wimperg*, Bauornament 2*, Gewandhaus*.

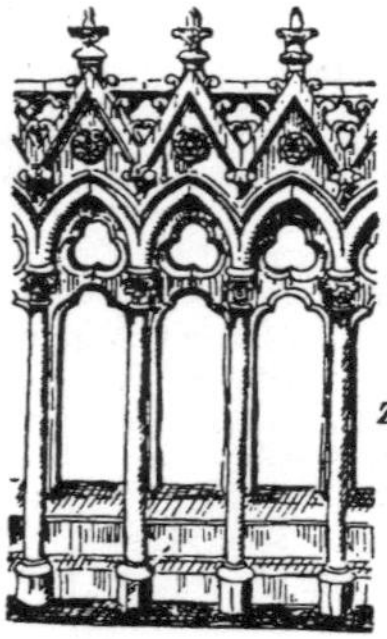

Ziergiebel.

Zierleiste. Schmückende →Leiste* am Rand oder Kopf einer Buchseite.

Ziggurat, die. →Zikkurat*.

Zikkurat, die. Der →sumerische bzw. →vorderasiatische Hochtempel, der sich auf einer geböschten ein- oder mehrstufigen Terrasse erhob. Von der Erde führte eine →Treppenanlage zum Hochtempel; die Treppe diente der Gottheit als heiliger Weg beim Niederstieg vom Himmel zu den Menschen. Nur der Priesterkönig und die Oberpriesterin, nicht das Volk, durften den Hochtempel betreten. Insgesamt stellte die ~ den Kosmos dar. In der Bibel erscheint sie als „Babylonischer Turm". → Tempelpyramide*.

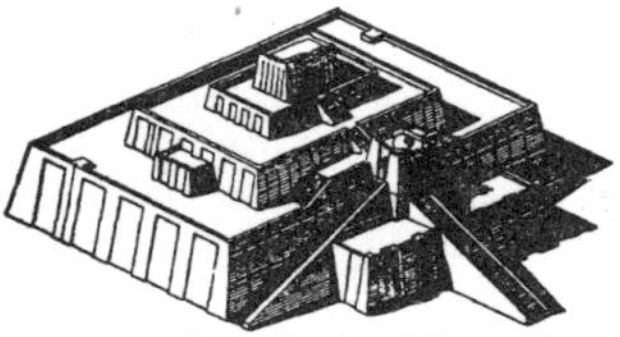

Zikkurat. Ur (Irak); Schicht III: ~. Neuerrichtet von Urnammu, König von Ur (2065 bis 2046 v. Chr.). Rekonstruktion.

Zimeli|e, die. →Cimelie.

Zingel, der. An der mittelalterlichen →Burg* die äußere Umfassungsmauer.

Zingulum, das (lat. = Gürtel). In der liturgischen Gewandung des kath. Priesters ein Gürtel, mit dem die →Albe* aufgeschürzt wird.

Zinn, das. Silberweißes, glänzendes, leicht zu schmelzendes Metall. Härter als Blei, aber weicher als Gold, läßt es sich mit dem Messer schneiden. Es wird zum Guß von Geräten und Gefäßen, auch von Kleinplastiken verwandt. – Bes. beliebt im 16. Jahrh. bei den →Zünften, die z. B. bei Festen den Wein aus der – manchmal über einen halben Meter hohen – „Schleifkanne" (= Kanne, die herangeschleift werden mußte) ausschenkten. In der Spät→renaissance* kam das Edel~ (im Ggstz. zum Gebrauchs~) auf: Schau- und Prunkstücke aus ~.

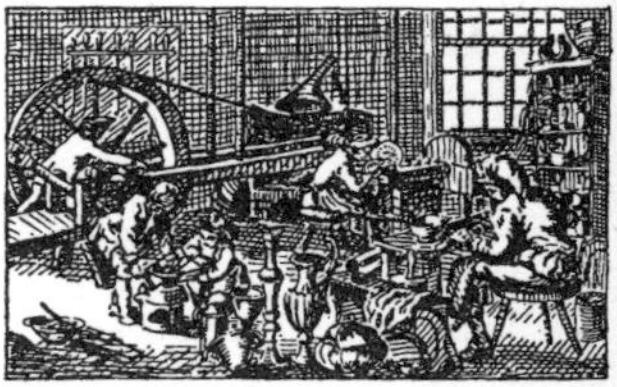

Zinn. Werkstatt des Zinngießers. Alter Stich.

Zinnenfries. Bauornament der → Romanik: Umriß wie eine Mauerzinne; in rechten Winkeln gebrochener Stab.

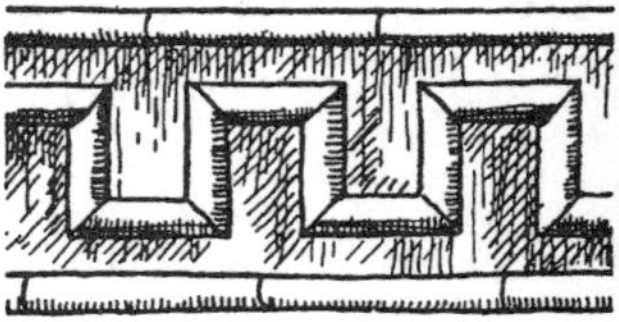

Zinnenfries.

Zirkus, der. →Circus.

Zisel|ierung.

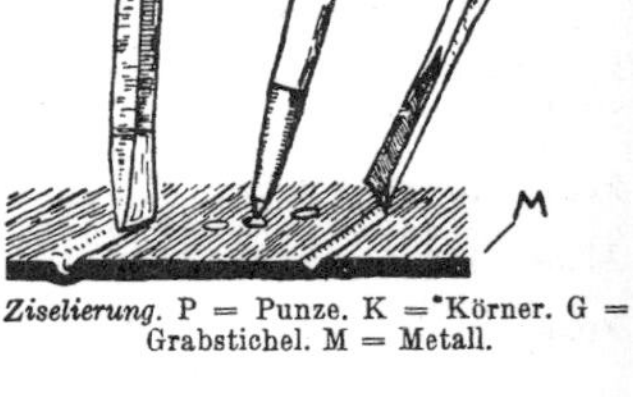

Ziselierung. P = Punze. K = Körner. G = Grabstichel. M = Metall.

I. Das Nacharbeiten der →Bronze nach dem Guß mit Hammer, Feile, Stichel. →Punze*.
II. Gleiche Technik wie bei der →Treibarbeit*, nur daß die Herstellung von der Außen- zur Innenseite verläuft; auch Schroten genannt.

Ziste, die. →Cista*.

Zisterne, die. Unterirdischer Behälter zur Speicherung von Regenwasser.

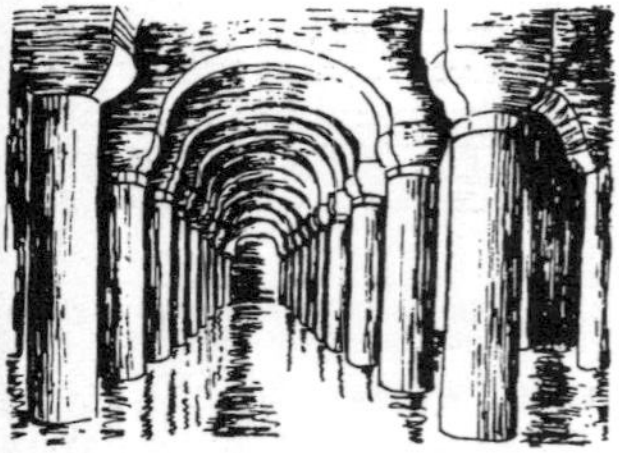

Zisterne. Istanbul: Yere Batan Saray-~. (= Versunkenes Schloß). 141 m l; 73 m br; in 12 Reihen 336 Säulen. 6. Jahrh.

Zisterzienserbaukunst. Baukunst des 1098 gegr. Zisterzienserordens, auf Einfachheit und Strenge gerichtet. Hauptmerkmale (die jedoch nicht immer alle und zugleich zutreffen):
I. Flacher →Chorschluß; zahlreiche flachgeschlossene Nebenkapellen am →Querhaus. – Oder rechteckig bzw. rund geführter →Umgang, dessen →Kapellen nicht hervortreten und unter einem →Pultdach zusammengefaßt werden.

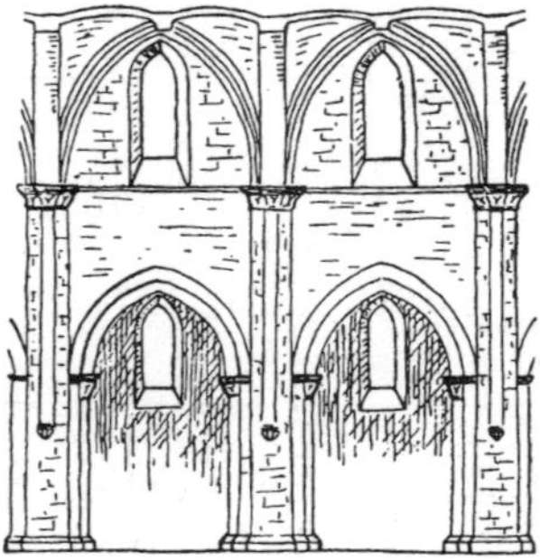

1

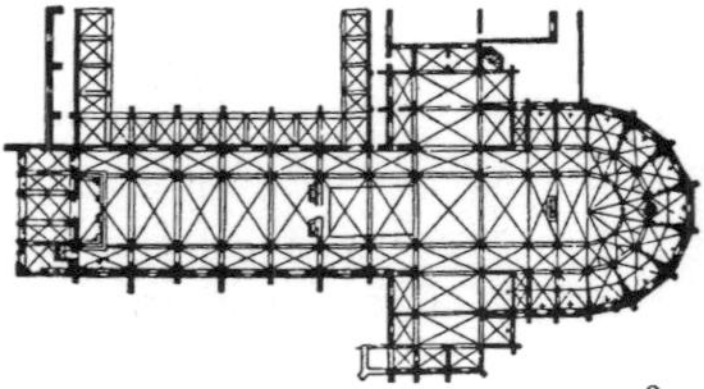

2

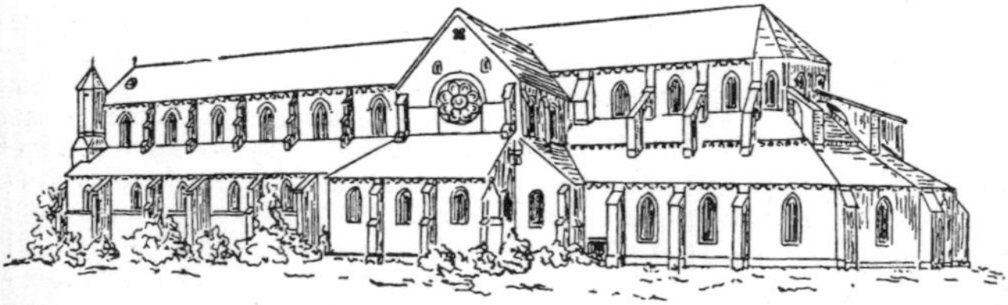

3

Zisterzienserbaukunst. Pontigny (Frankreich, Burgund): Zisterzienserabteikirche. 1150–1180. 1. Aufriß des Langhauses. 2. Grundriß. 3. Ansicht von Süden.

II. →Turmlosigkeit, nur→Dachreiter*.
III. →Langhaus flachgedeckt oder später →Rippengewölbe.
IV. →Pfeiler→vorlagen nicht bis zum Boden geführt.
V. Ohne Krypta und →Emporen*.

In Deutschland bereitete die ~ in vielfacher Hinsicht die →Gotik* vor.

Zitadelle, die (vom ital. cittadella: tschi- = Städtchen). Ein Festungswerk: an beherrschender Stelle, meist durch Wassergräben geschützt. Es sollte bis zuletzt gehalten werden.

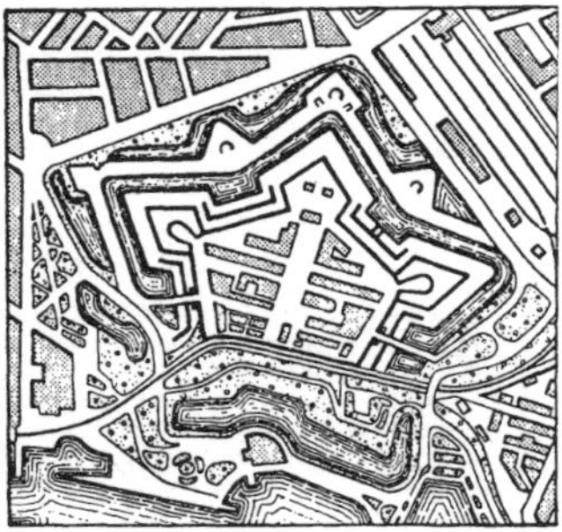

Zitadelle mit Bastionen und Wassergräben in Kopenhagen.

Zither, das (aus lat. secretarium = Geheimgelaß). Schatzkammer einer Kirche, für Dokumente und Heiligtümer bestimmt.

Zopfstil. Übergang vom →Rokoko zum →Klassizismus in der deutschen Kunst (etwa 1760 bis 1780), nach der Zopfmode der Zeit genannt. Gewisse Nüchternheit und Enge des bürgerlichen Empfindens, von Rationalismus und Aufklärung bestimmt.

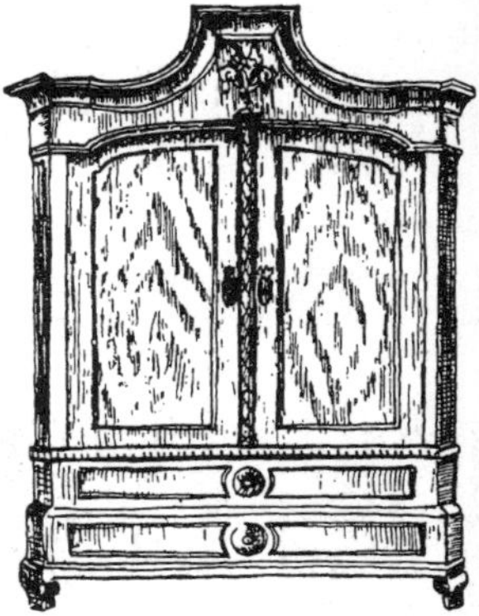

Zopfstil. Bremen: Gewerbemuseum. Bremischer Mahagonischrank. Ende 18. Jahrh.

Zunft. Gewerbliche Vereinigung. Die älteste ~ 1099 (die der Weber in Mainz); bedeutungsvoll bis zum 18. Jahrh. Auch die Künstler mußten Mitglied einer ~ sein, um überhaupt ihren Beruf ausüben zu dürfen; doch bildeten sie durchweg keine eigene ~, sondern waren einer anderen Berufsgenossenschaft eingegliedert, die die gleichen Rohstoffe bearbeitete wie sie. So gehörten z. B. die Maler im Florenz der →Renaissance* der ~ der Ärzte, Apotheker und Spezereihändler an: diese hatten es allesamt mit Farbstoffen zu tun. Die ~ bot wirtschaftlichen Schutz und bildete ein reiches geselliges Leben aus, hemmte aber auch stark die Freiheit des einzelnen. Der „freie Künstler" - mit all seinen Licht- und Schattenseiten - wurde zur Idealgestalt seit dem Sturm und Drang (18. Jahrh.).

Zustand. →Kupferstich*.

Zweischneuß, der. Form des →gotischen* →Maßwerks, aus zwei →Schneußen bestehend. Vgl. → Dreischneuß*.

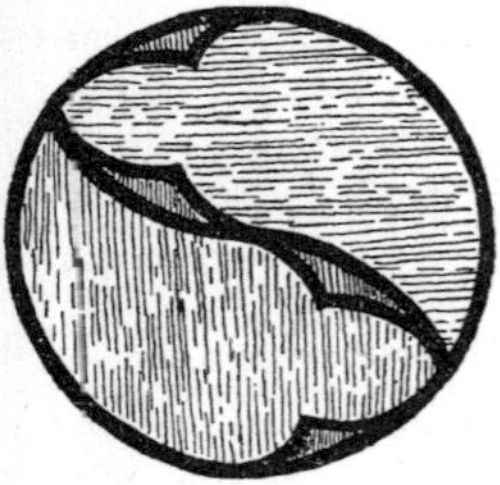

Zweischneuß.

Zweispitz. Werkzeug mit zwei Spitzen zum Bearbeiten von →Werksteinen.

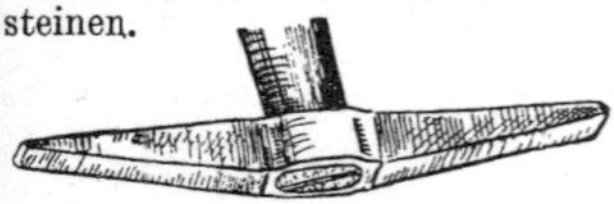

Zweispitz.

Zwerchgiebel. Es ist die Aufgabe des →Giebels, das Dachdreieck zu füllen. Erscheint er, losgelöst von diesem Zweck, auch an der Längsfront, so wird er zum ~; er steht dann quer = „zwerch" zur Dachfläche.

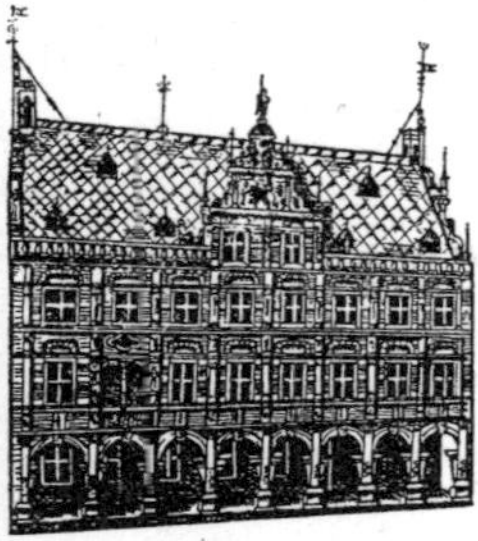

Zwerchgiebel. Bocholt (Westf.): Rathaus. Beg. 1618.

Zwergarkade, die. →Arkade*.

Zwergbaum. In Japan eine schwer zu züchtende Topfpflanze, die trotz ihres kleinen Wuchses wie ein jahrhundertealter Baum aussieht und dem Menschen in der Enge des Hauses die Weite des Alls vor Augen stellen soll. →Japanische Kunst.

Zwerggalerie, die. Zierform der →Romanik: ein Laufgang mit niedrigen →Bogenstellungen ist in der Außenwand unter dem Dachansatz ausgespart; meist nur an der →Apsis*. Ältestes Beispiel Mitte 11. Jahrh., vor allem in Deutschland und in Oberitalien, nicht in Frankreich. Dient der Auflockerung und dem Schmuck der Mauer. →Arkade*.

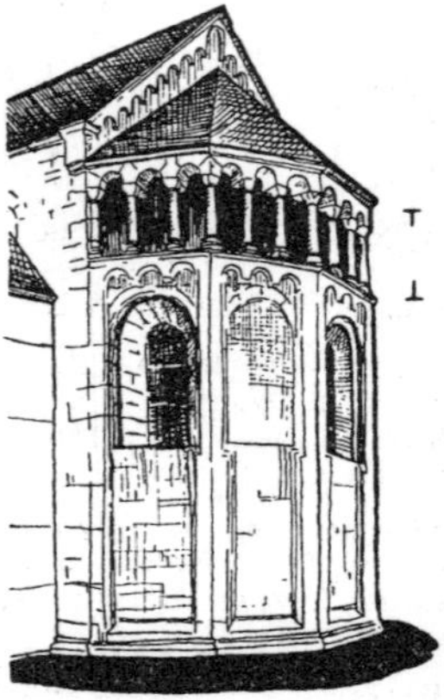

Zwerggalerie. Worms (Rhein): St. Paul. Apsis. Anf. 13. Jahrh.

Zwickel, der. Ein von →Bögen* oder →Gewölben* gebildetes, mit der Spitze nach unten gerichtetes sphärisches Dreieck. →Hängezwickel*, Kuppel*.

Zwiebeldach. →Dachformen 10*.

Zwiebelmuster. Muster aus Blüten, Blättern und knollenähnlichen Früchten in Anlehnung an →chin. →Porzellan; eigtl. chin. Pfirsiche. Bes. auf Delfter →Fayencen, meist einfarbig blau. Später auch zum Schmuck des Porzellans verwandt.

1

2
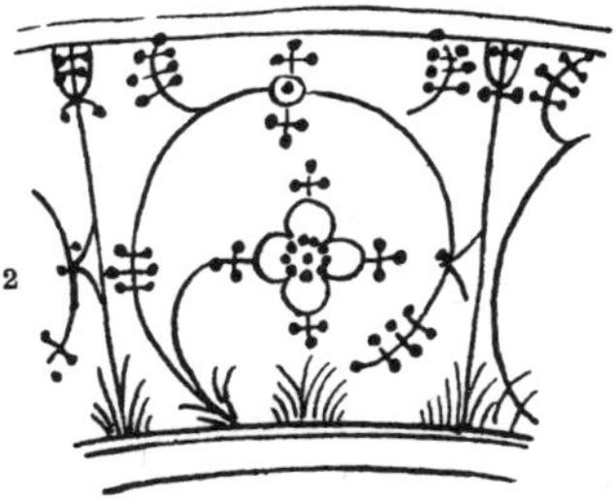

Zwiebelmuster. 1. Um 1740. 2. Modernes ~

Das sog. ~ der Meißner Manufaktur ist in Wahrheit ein Astermuster in meist kobaltblauer → Unterglasurmalerei.

Zwillingsfenster. →Romanisches →Fenster*, das durch eine Mittel→säule* in zwei Öffnungen gegliedert ist.

Zwinger, der. Der Umgang zwischen der äußeren und inneren Ringmauer einer Stadt- oder →Burgbefestigung*, für ritterliche Kampfspiele und Feste benützt. – Der Name wurde auf den Dresdner ~ übertragen, der ein von großartigen Barockbauten eingegrenzter Festhof ist (1711–1722).

Zwischengoldglas. →Goldgläser*.

Zwölf Arbeiten des Herkules. Die großen Taten des griech. Heros →Herakles*, durch die er Unsterblichkeit erlangte.

I. Besiegung des Löwen von Nemea.
II. Besiegung der neunköpfigen Hydra.
III. Einfangen der windschnellen Hirschkuh von Keryneia.
IV. Einfangen eines Ebers auf dem Berge Erymanthos.
V. Erlegung oder Vertreibung furchtbarer Vögel am See Stymphalos.
VI. Reinigung eines Stalles bei König Augeias.
VII. Bändigung eines wilden Stiers auf Kreta.
VIII. Bändigung der Pferde des Diomedes.
IX. Beschaffung des Gürtels der Amazonenkönigin Hippolyte.
X. Beschaffung der Rinder des Riesen Geryones.
XI. Beschaffung der Äpfel der Hesperiden.
XII. Heraufholung des Hundes Kerberos aus der Unterwelt.

Zyklopenmauerwerk. Mauerung aus großen vieleckigen, unregelmäßigen Steinen mit dicht schließenden Fugen. Erstes europäisches Beispiel in der 1. Hälfte des 2. Jahrtausends v. Chr. auf dem griech. Festland. →Bruchstein 3*.

ABKÜRZUNGEN

ägypt.:	ägyptisch
ahd.:	althochdeutsch
Anf.:	Anfang
arab.:	arabisch
beg.:	begonnen
bes.:	besonders
byzant.:	byzantinisch
chin.:	chinesisch
christl.:	christlich
dgl.:	dergleichen
Dyn.:	Dynastie
ehem.:	ehemalig
eigtl.:	eigentlich
einschl.:	einschließlich
Einz.:	Einzahl
engl.:	englisch
evang.:	evangelisch
franz.:	französisch
geb.:	geboren
gegr.:	gegründet
gest.:	gestorben
gew.:	geweiht
Ggstz.:	Gegensatz
griech.:	griechisch
hebr.:	hebräisch
Hl.:	Heilige(r)
hl.:	heilig
holländ.:	holländisch
ind.:	indisch
ital.:	italienisch
Jahrh.:	Jahrhundert
Jahrtsd.:	Jahrtausend
jap.:	japanisch
kath.:	katholisch
lat.:	lateinisch
Mehrz.:	Mehrzahl
mhd.:	mittelhochdeutsch
nördl.:	nördlich
östl.:	östlich
röm.:	römisch
röm.-kath.:	römisch-katholisch
Sanskr.:	Sanskrit
sog.:	sogenannt
Sp.:	Spalte
span.:	spanisch
südl.:	südlich
türk.:	türkisch
urspr.:	ursprünglich
voll.:	vollendet
westl.:	westlich

ZEICHEN

~	das Hauptstichwort ist zu wiederholen.
→	siehe (bei Verweisungen).
ạ	Punkt unter einem Buchstaben: die betreffende Silbe ist zu betonen.
⁞	die so getrennten Buchstaben sind getrennt auszusprechen.
:	(vor Aussprachebezeichnungen) sprich!
⊤	bei Abbildungen grenzt dieses Zeichen denjenigen Teil ein, der in
⊥	dem betreffenden Stichwort behandelt ist.
1	arabische Ziffern bezeichnen Abbildungen.
*	das Stichwort, bei dem * steht, ist bebildert.

AUSSPRACHE

Soweit nötig,	ist die Aussprache vereinfacht in Klammern angegeben.
Hochgestellte	Buchstaben z. B. band^e^rọl: Der betreffende Laut ist nur leicht anzuschlagen.
añ äñ oñ öñ	Durch die Nase zu sprechendes (nasaliertes) a, ä, o, ö.
ß	scharfes s (wie in „Haus").
[th]	mit der Zunge anstoßendes s, das englische th (wie in „this").
[sch]	summendes sch (wie im franz. jour).
x	ch wie in dem deutschen Wort „noch".

WICHTIGE NACHSCHLAGEWERKE

Allgemeines Lexikon der Bildenden Künstler des 20. Jahrhunderts. Hrsg. von Hans Vollmer. 6 Bde. Leipzig 1953–1962.

Allgemeines Lexikon der Bildenden Künstler von der Antike bis zur Gegenwart. Hrsg. von Hans Vollmer. 37 Bde. Leipzig 1907–1950.

Aurenhammer, Hans: Lexikon der christlichen Ikonographie. 6 Lieferungen. Wien 1959–1967.

Bilzer, Bert: Begriffslexikon der Bildenden Künste. 2 Bde. Reinbek 1971.

Braun, Joseph: Liturgisches Handlexikon. Regensburg 1922. – Ders.: Tracht und Attribute der Heiligen in der deutschen Kunst. Stuttgart 1943.

Cabrol, Fernand und Henri **Leclerq:** Dictionnaire d'Archéologie chrétienne et de Liturgie. 15 Bde. Paris 1907–1953.

Darmstädter, Robert: Künstlerlexikon. Bern 1961.

Der Kunst-Brockhaus. 10 Bde. Mannheim/Wien/Zürich 1987.

Die große Enzyklopädie der Malerei. Hrsg. von Hermann Bauer 8 Bde Freiburg 1976–1978

Die Religion in Geschichte und Gegenwart. 3 Aufl 6 Bde. Tübingen 1958–1962.

DuMont's Bildlexikon der Kunst. Köln 1976.

Emblemata Handbuch zur Sinnbildkunst des 16 und 17. Jahrhunderts. Hrsg. von A. Henkel und A. Schöne Erg. Neuausg. Stuttgart 1976

Gay, Victor: Glossaire archéologique du Moyen âge et de la Renaissance. 2 Bde. Paris 1887–1928.

Glossarium artis. Deutsch-franz. Wörterbuch zur Kunst. 6 Bde. Tübingen, Strasbourg 1972–1975.

Heinzel, Erwin: Lexikon historischer Ereignisse und Personen in Kunst, Literatur und Musik. Wien 1956.

Heinz-Mohr, Gerd: Lexikon der Symbole. Düsseldorf 1971.

Hoops, Johannes: Reallexikon der germanischen Altertumskunde. 4 Bde. Straßburg 1911–1919.

Hunger, Herbert: Lexikon der griechischen und römischen Mythologie. Wien 1953.

Jahn, Johannes und Wolfgang **Haubenreisser:** Wörterbuch der Kunst 10 Aufl Stuttgart 1983

Jakovsky, Anatole: Lexikon der Laienmaler aus aller Welt. Basel-Tübingen 1976.

Kindlers Malerei-Lexikon. Bd. 1–6. Zürich 1964–1971. Auch als Taschenbuch.

Klein, Heijo: DuMont's kleines Sachwörterbuch zur Drucktechnik und graphischen Kunst. Köln 1974.

Knaurs Lexikon abstrakter Malerei. Von Michel Seuphor. München 1957.

Knaurs Lexikon der modernen Architektur. Hrsg. von Gerd Hatje. München 1963.

Knaurs Lexikon moderner Kunst. Hrsg. von Lothar-Günther Buchheim. München 1955.

Knaurs Lexikon der modernen Plastik. Hrsg. von Alfred P. Zeller. München 1961.

Koch, Wilfried: Kleine Stilkunde der Baukunst. Gütersloh 1968.

Koepf, Hans: Baukunst in fünf Jahrtausenden 3 Aufl Stuttgart 1960 – Ders : Bildwörterbuch der Architektur 2. Aufl Stuttgart 1985

Kraus, Franz Xaver: Real-Encyklopädie der christlichen Altertümer. 2 Bde. Freiburg i. Br. 1882–1886.

Künstle, Karl: Ikonographie der christlichen Kunst. 2 Bde. Freiburg i. Br. 1926 und 1928.

Laag, Heinrich: Wörterbuch der altchristlichen Kunst. Kassel 1959.

Lamer, Hans: Wörterbuch der Antike. 4. Aufl. Leipzig 1955.

Lexikon der christlichen Ikonographie. Hrsg. von Engelbert Kirschbaum. 8 Bde. Rom 1968–1976.

Lexikon des Impressionismus. Hrsg. von Maurice Serullaz. Köln 1975.

Lexikon der Islamischen Welt. Hrsg. von K. Kreiser, W. Diem, H. G. Majer. 3 Bde. Stuttgart 1974.

Lexikon der Kunst 5 Bde Leipzig 1968–1978

Lexikon der Kunst. Mehrere Bde Freiburg Ab 1988.

Lexikon des Surrealismus Hrsg. von René Passeron. Köln 1975.

Lexikon für Theologie und Kirche 2. Aufl 14 Bde Freiburg 1957–1968

Lexikon der Weltarchitektur. Hrsg. von Nikolaus Pevsner, John Fleming, Hugh Honour. 2 Bde. Reinbek 1976.

Linnenkamp, Rolf: Begriffe der modernen Kunst. München 1974.

Lipffert, Klementine: Symbol-Fibel. Kassel 1956.

MacGraw-Hill: Dictionary of Art. 5 Bde. New York 1969.

Marle, Raimond van: Iconographie de l'art profane au Moyen-Age et à la Renaissance et la décoration des demeures. 2 Bde. New York 1971.

Molsdorf, Wilhelm: Christliche Symbolik der mittelalterlichen Kunst. 1926. Nachdruck Graz 1968.

Muller, Joseph-Émile: DuMont's kleines Lexikon des Expressionismus. Köln 1974.

Otte, Heinrich: Archäologisches Wörterbuch zur Erklärung der in den Schriften über mittelalterliche Kunst vorkommenden Kunstausdrücke. Leipzig 1857.

Pauly-Wissowa: Realencyklopädie der klassischen Altertumswissenschaft. Reihe 1 49 Halbbde. München 1893–1981.

Pawlik, Johannes und Ernst **Straßner:** Bildende Kunst – Begriffe und Reallexikon. Köln 1969.

Pierre, José: DuMont's kleines Lexikon des Surrealismus. Köln 1974.

Pigler, A.: Barockthemen. Eine Auswahl von Verzeichnissen zur Ikonographie des 17. und 18. Jahrhunderts. 3 Bde. Budapest 1956.

Propyläen-Kunstgeschichte in 18 Bänden. Berlin 1967–1977.

Reallexikon für Antike und Christentum. Bisher 11 Bde Stuttgart 1950–1981

Reallexikon zur byzantinischen Kunst. Hrsg. von Klaus Wessel und Marcell Restle Bisher 3 Bde Stuttgart 1966–1978.

Reallexikon zur deutschen Kunstgeschichte Begr von Otto Schmitt Bisher 7 Bde Stuttgart/München 1937–1981

Réau, Louis; Dictionnaire polyglotte des termes d'art et d'architecture. Paris 1953. – Ders.: Iconographie de l'art chrétien. 3 Bde. Paris 1955–1959.

Roscher, W. H.: Ausführliches Lexikon der griechischen und römischen Mythologie. 6 Bde. Leipzig 1884–1937.

Rubens, Alfred: A Jewish Iconography. London 1954.

Tervarent, Guy de: Attributs et symboles dans l'art profane. 1450–1660. 3 Bde. Genf 1958–1964.

The Pelican History of art. 40 Bde. Harmondsworth 1953–1976.

Thomas, Karin: DuMont's kleines Sachwörterbuch zur Kunst des 20. Jahrhunderts. Köln 1973.

Torsy, Jakob: Lexikon der deutschen Heiligen. Köln 1959.

Ullsteins Kunstlexikon. Hrsg. von H. Knell und H.-G. Sperlich. Frankfurt a. M. 1972.

Viollet-Le-Duc, Eugène: Dictionnaire raisonné de l'architecture française du XI au XVI siècle. 10 Bde. Paris 1854–1870. – Ders.: Dictionnaire raisonné du Mobilier français de l'époque Carlovingienne à la Renaissance. 6 Bde. Paris 1874.

Wagner, Anni: Von Ädikula bis Zwerggalerie. 100 Begriffe der Architektur in Bildern vorgestellt. München 1975.

Wasmuths Lexikon der Baukunst. 5 Bde. Berlin 1929–1937.